ALISON BING

VENEDIG & VENETIEN
CITYGUIDE

Eine Formation von Gondeln unterwegs auf dem Canal Grande (S. 141)

Diese Stadt sieht aus, als hätte sie nur ihre schmucke Fassade im Sinn. Doch der nostalgische Glanz der Paläste am Canal Grande täuscht. Denn Venedig steckt voller Dynamik.

Die meisten kennen Venedig als Wunder der Ingenieurskunst, dessen Marmorkirchen und -paläste auf alten, in die *barene* (Schlammbänke) der Lagune gerammten Holzpfählen stehen – in Wirklichkeit aber gründet sich die Stadt vor allem auf schiere Nervenstärke. Selbst vernünftige Leute werden blass, wenn das Wasser über die Türschwelle schwappt, und ergreifen bei den ersten Anzeichen von *acqua alta* (Hochwasser) die Flucht. Die Venezianer sind nicht unvernünftig, vor allem aber sehr beharrlich: Statt den Rückzug anzutreten, haben sie ihrerseits die Welt mit einer Flut sinnlich-roter Gemälde und Weine, sinnenfroher Musik sowie bohemianisch schicker Mode und betörender Aromen von Marco Polos Gewürzroute bedacht. Und sie sind noch lange nicht am Ende.

STADTLEBEN IN VENEDIG

Eine Stadt, die mehr künstlerische Meisterwerke pro Quadratkilometer beherbergt als jeder andere Ort der Erde, könnte es ruhig angehen lassen und sich auf ihren Lorbeeren ausruhen. Venedig aber denkt nicht daran, sich aus dem kreativen Geschäft zurückzuziehen. In seinen engen *calli* (Gassen) stoßen die Besucher auf Schuhmacher, deren Kreationen an bunte Vögel erinnern, Köche, die auf einer einzelnen Kochplatte 4-Sterne-Gerichte fabrizieren, und Musiker, die jahrhundertealte Celli zu einem Barockkonzert schleppen, um dort so feurig aufzuspielen wie Punkrocker. Die Romantiker des 19. Jhs. lagen völlig falsch: Venedig ist keineswegs dem vornehmen Verfall geweiht. Milliardenschwere Mäzene und avantgardistische Ausstellungen füllen die alten Palazzi mit restaurierten Kunstschätzen der Vergangenheit und aufsehenerregenden Schöpfungen der Gegenwart – und im Schatten dieser Attraktionen blühen in stillen Gassen Werkstätten und Galerien auf. Es lohnt sich mehr denn je, die Stadt zu besuchen.

Niemand sollte jedoch damit rechnen, Venedig für sich allein zu haben. Selbst im feuchtkalten Januar sind Gassen und Kanäle mit fröstelnden Touristen bevölkert. Der Vorteil ist, dass es nie an interessanten Gesprächspartnern fehlt. Leichter erreichbar als je zuvor und trotz seiner Einzigartigkeit immer noch erstaunlich erschwinglich, ist die Stadt nämlich nach wie vor kein Ort für jedermann: Besucher müssen auf alle Annehmlichkeiten des Autoverkehrs und der flotten Fortbewegung auf breiten Straßen verzichten und stattdessen mit langsamen Booten und Fußmärschen durch verwinkelte Gässchen vorliebnehmen. In den engen *osterie* sitzen Chefköche und Cembalisten, Bildhauer und verträumte Buchhalter dicht gedrängt an zerschrammten Holztischen und essen *risotto di seppie* (Risotto mit Tintenfisch) von gut gefüllten Tellern. An einem gewöhnlichen Mittwochabend herrscht in manchem Lokal ein Betrieb, als wären gerade alle Besucher der Biennale zu Gast. Am schönsten ist die Stadt darum in den Zwischenzeiten – wenn die Tagesausflügler abgerauscht sind, um dem Feierabendverkehr zuvorzukommen, und die Kreuzfahrtschiffe noch nicht angelegt haben.

Besucher, die Venedig tatsächlich einmal für sich hätten, wären sehr schnell hoffnungslos verloren. Wer am Ende einer Sackgasse plötzlich vor einem Kanal steht oder in einem Wasserbus landet, der trotz richtiger Liniennummer in die völlig falsche Richtung fährt, fühlt sich wie die arme kleine Spielfigur in einem besonders vertrackten Videospiel, die den Weg aus einem Labyrinth finden soll. Wer sich einmal bis zum gesuchten Orientierungspunkt durchgefragt hat, hat das Initiationsritual für Venedig-Touristen hinter sich. Doch es ist besser, erst nach Wegweisern oder auf den eigenen Stadtplan zu schauen und sich mit den Mitreisenden zu beraten. Denn wenn jeder Tagesausflügler auch nur einmal einen Einheimischen nach dem Weg zum Markusplatz fragt, hört jeder Bewohner der Stadt diese Frage 333-mal im Jahr. Zwar sind die Venezianer eigentlich recht auskunftsfreudig – aber lieber bei Fragen, die ihre Leidenschaften wecken: Was ist an den Marktständen auf dem Rialto gerade besonders zu empfehlen, und wie wird es zubereitet? Wer wird dieses Jahr wohl den Goldenen Löwen beim Filmfestival gewinnen? Und wie stehen sie zum Taubenfüttern auf der Piazza San Marco?

Das heikelste Thema in Venedig ist nach wie vor Mose (*Modulo Sperimentale Elettromeccanico*), das umstrittene, aber inzwischen im Bau befindliche System beweglicher Flutbarrieren. Aber auch die Auswirkungen von industriellen Schadstoffen und globaler Erwärmung auf das empfindliche Ökosystem der Lagune werden hier überaus aufmerksam registriert.

Weiter Blick auf die Lagunenstadt

3

HIGHLIGHTS

MEISTERWERKE DER KUNST

Einzigartige Kunstschätze sind in Venedig hinter jeder Kanalbiegung zu finden. Auf 500 Jahre alten Leinwänden wirken die kraftvollen Farben so lebendig, als kämen sie frisch aus dem Atelier, und zugleich sind hinter mancher ehrwürdigen Fassade die allerneuesten Arbeiten der Gegenwartskunst versammelt.

❶ Gallerie dell'Accademia
Mit ihren dramatischen Szenen und leuchtenden Farben sorgten diese Gemälde einst für Aufsehen – und riefen gelegentlich die Zensur auf den Plan (S. 84).

❷ Scuola Grande di San Rocco
Tintorettos kraftvolle, kontrastreiche Darstellung zeigt so manche biblische Szene in völlig ungewohntem Licht (S. 93).

❸ I Frari
Die feurigen Rottöne auf Tizians Altarbild bringen eine ganze Klosterkirche zum Glühen (S. 92).

❹ Collezione Peggy Guggenheim
Im Schaufenster moderner Kunst zeichnen sich die Trends der Zukunft ab (S. 87).

❺ Palazzo Grassi
Die von Tadao Ando modernisierten Marmorsäle bilden den Rahmen für frappierende neue Kunsterfahrungen (S. 80).

❻ Ca' Pesaro
Hier versammelt Venedig die besten Ankäufe von der Biennale und dazu die schönsten Stücke aus asiatischen Ländern (S. 97)

TAFELFREUDEN ALLA VENEZIANA

Die Garteninseln und Aquakulturen der Lagune von Venedig versorgen die Stadt mit Spezialitäten, die es anderswo nicht gibt. Erfindungsreiche venezianische Küchenchefs zaubern daraus phantasievolle neue Gerichte, die sie mit verführerischen Aromen abschmecken.

❶ Markt auf dem Rialto

An den Marktständen auf dem Rialto sind alle Zutaten für Venedigs Spezialitäten im Angebot (S. 93).

❷ Venetische Spezialitäten

Babyartischocken von der Insel Sant'Erasmo, zarter *radicchio trevisano* (dunkelroter, fein bitterer Radicchio), weißer Spargel aus Bassano – das feinste Gemüse finden die Venezianer in ihrem Vorgarten (S. 195).

❸ Fangfrisch aus der Lagune

In der Pescaria (Fischmarkthalle) haben Fisch und Meeresfrüchte immer Saison – ob Seespinnen oder fette Garnelen, zarter Oktopus oder *bottarga* (Kaviarpaste; S. 93).

❹ Ein, zwei, drei Aperitifs

Bei einem *giro di ombre* (Kneipentour am frühen Abend) entdeckt so mancher einen neuen Lieblingsdrink (S. 219).

❺ Kreative Kochkunst

Frische Zutaten aus der Region und Gewürze aus aller Herren Länder verleihen der venezianischen Küche ihren Reiz (S. 195).

HIMMLISCHE ARCHITEKTUR

Architektonische Wunder zeugen vom Streben der Venezianer nach Höherem: Engelscharen bevölkern die himmlischen Sphären barocker Deckengemälde, in byzantinischen Kirchenkuppeln strahlen Mosaiken golden wie die Sonne, während die bautechnischen Wunder der Renaissance im kühlen Glanz des Marmors schimmern.

❶ Basilica di San Marco
Die goldenen Decken- und Kuppelmosaiken sind Tummelplatz für Engel und Heilige (S. 78).

❷ Chiesa di San Giorgio Maggiore
Andrea Palladios Meisterwerk ist ein helles Juwel im Stadtbild (S. 124).

❸ Ca' Rezzonico
Mit Trompe-l'œil-Effekten liftete Tiepolo die Decke eines barocken Adelspalastes (S. 88).

❹ Chiesa di Santa Maria della Salute
Baldassare Longhenas Kirchenbau feiert das Überleben der Stadt (S. 89).

❺ Chiesa di Santa Maria dei Miracoli
Mit dem kleinen Marmorwunder hielt in Venedig die Renaissancearchitektur Einzug (S. 100).

❻ Cattedrale di Santa Maria Assunta
Die Mosaikmadonna von Torcello aus dem 12. Jh. präsentiert sich in Goldglanz (S. 131).

④

SOUVENIRS OHNEGLEICHEN

Gewiefte Jäger und Sammler reisen nach Venedig, um sich mit erstaunlichen Einzel-stücken einzudecken. Zu den Mitbringseln aus der Lagunenstadt gehören außergewöhn-liche Schmuckkreationen, Notizbücher aus handgeschöpftem Papier, elegante Mode und die dekorativen Erzeugnisse der Glasbläser von Murano.

③

❶ Glas aus Murano

Mundgeblasene Mitbringsel können durchaus erschwinglich sein (S. 191).

❷ Designerstücke aus dem Hause Fortuny

Jugendstilmuster sorgen für nostalgische Extravaganz (S. 122).

❸ Maßschuhe

Schuhwerk nach Maß für den großen Auftritt liefern exklusive Läden wie Daniela Ghezzo (S. 180), Gmeiner (S. 188) und Giovanna Zanella (S. 191).

❹ Handgeschöpftes Papier

Fotoalben aus Marmorpapier aus Papiergeschäften wie Cartè verleihen auch alltägliche Urlaubsschnappschüssen einen künstlerischen Rahmen (S. 184).

❺ Haute Couture aus dem Gefängnis

Die Modedesigner von Banco 10, Venedigs gemeinnützigem Berufseingliederungsprogramm für Strafgefangene, können es mit manchem etablierten Couturier aufnehmen (S. 190).

MUSIK AUF ALLEN KANÄLEN

Diese Stadt ist selbst ein Hit, und sie bietet für jede Melodie den richtigen Rahmen: Im Teatro La Fenice schmettern Goldkehlen ihre Arien unter Stuckdecken, Vivaldi-Klänge gesellen sich zu Gemälden, aus alten Gefängniszellen erklingt Kammermusik, während Plätze und Kanäle im Takt von Jazz und Tango swingen.

❶ La Fenice
Nach Feuersbrunst und Wiederaufbau sind in Venedigs Opernhaus wieder Arien und Orchesterstücke, Bravorufe, Szenenapplaus und Zugaben zu hören (S. 228).

❷ Piazza San Marco
Die Kapelle des Caffè Florian begleitet den Sonnenuntergang mit Tangomelodien (S. 216).

❸ Interpreti Veneziani
Zum Repertoire des Streicherensembles gehört natürlich auch Vivaldis *Vier Jahreszeiten,* Venedigs heimliche Hymne (S. 227).

❹ Konzerte in den Prigion Nuove
Bei den schwungvollen Klassikkonzerten des Collegium Ducale wird ein Abend im Gefängnis zum wahren Vergnügen (S. 227).

❺ Venice Jazz Club
Mitten in Dorsoduro erhalten Evergreens allabendlich eine neue Note (S. 227).

INHALT

Alison Bing

Wenn sie nicht gerade in irgendeiner Kirchenbank kauert, um sich Notizen zu machen, oder ganz akribisch eines ihrer Venedigs *sestieri* (Stadtvierteln) durchkämmt, dann schreibt Alison Bing vermutlich gerade an den Lonely Planet Reiseführern Venedig, Toskana & Umbrien und Marokko oder Artikel für Hochglanzmagazine über Architektur, gutes Essen und Kunst wie *Architectural Record, Cooking Light* und das italienische *Flash Art.* Zurzeit lebt sie zusammen mit ihrem Partner Marco Flavio Marinucci teils in San Francisco und teils in einem Städtchen auf der Kuppe eines Hügels an der Grenze zwischen der Toskana und Latium. Sie hat einen Universitätsabschluss (Bachelor) in Kunstgeschichte und ein Diplom (Master) der Fletcher School of Law and Diplomacy, einer Gemeinschaftseinrichtung der Universitäten Tufts und Harvard für das Studium internationaler Beziehungen – höchst honorige Referenzen also, zu denen sie mit ihren unkonventionellen Kulturkommentaren in Zeitungen, Zeitschriften, Fernsehen und Radio regelmäßig einen anregenden Kontrapunkt setzt.

ALISONS PERFEKTER TAG IN VENEDIG

La bea vita (das schöne Leben) auf Venezianisch: Das fängt mit einem Cappuccino im

Café des Museo Correr (S. 78) an – unter den Augen der gemalten Greifen an den Wänden und mit Blick über die Piazza San Marco. Dann geht's über den Platz hinüber und hinein in die Basilica di San Marco (S. 73), um gemeinsam mit den Menschenmassen die Goldmosaiken in den Kuppeln zu bestaunen. Es folgt ein Spießrutenlauf zwischen den Boutiquen, die die Strecke vom Markusplatz zum Ponte dell'Accademia säumen. Der Galleria Rosella Junck und Caterina Tognon Arte Contemporanea kann ich allerdings nicht widerstehen, und so erkunde ich die aktuellen Sensationen der Gegenwartskunst (S. 82). Davon will ich nun gleich noch viel mehr sehen, und so bietet sich als nächste Station die Punta della Dogana (S. 89) an.

In Venedigs altem Zollhaus, das Tadao Ando in eine luftige Galerie verwandelt hat, ist sicher die neueste Auswahl aus François Pinaults Sammlung zu besichtigen. Von hier führt ein gemütlicher Spaziergang die sonnigen Zattere entlang und über die Calle Lunga San Barnaba zur Ristoteca Oniga (S. 200). Nach einem ausgedehnten Mittagessen mit klassischen venezianischen Fischspezialitäten geselle ich mich auf einen Kaffee zu den Künstlern, Fischhändlern und fachsimpelnden Philosophiestudenten im Caffè Rosso (S. 218) am Campo Santa Margherita. Frisch gestärkt schaue ich bei meinen alten Freunden Rosalba Carriera und Pietro Longhi an den Wänden der Ca' Rezzonico (S. 88) vorbei, aber ich kann nicht lange bleiben: In der Kirche der Frari (S. 92) wartet ein feuriger roter Tizian auf mich und unterwegs die Schokolade mit Balsamessig von VizioVirtù (S. 184). Bis zur Happy Hour auf dem Rialto mache ich noch einen Umweg durch die Läden in Santa Croce, um die aktuellen Kreationen der Kunsthandwerker kennenzulernen, und so schleppe ich am Ende den ein oder anderen von ihnen auf dem Canal Grande zu einem Drink im Al Mercà (S. 219).

Bei Sonnenuntergang überquere ich die Rialtobrücke und komme gerade noch rechtzeitig zu I Rusteghi (S. 218), um die letzten *crostini* (Röstbrotscheiben) mit Eberfleischsalami und *einen köstlichen Amarone zu ergattern. Und schon muss ich wieder los, zum Konzert mit den Interpreti Veneziani* (S. 227). Eine Melodie von Vivaldi summend, lande ich erneut vor der düster schimmernden Markusbasilika.

Marmorpaläste, die aus dem glitzernden grünblauen Wasser der Lagune ragen wie eine hyperrealistische Fata Morgana – auf den ersten Anblick von Venedig kann sich niemand wirklich vorbereiten. Ansonsten ist etwas Vorbereitung aber wie bei jeder Reise sehr von Nutzen. Um zu erfahren, warum sich alle Welt seit fünf Jahrhunderten nach Venedig aufmacht, wann immer in der Stadt groß gefeiert wird, ist es natürlich am besten, als Reisetermin einen der Höhepunkte aus dem venezianischen Fest- und Eventkalender auszuwählen (s. S. 17) und sich entsprechend früh um eine Unterkunft zu kümmern (s. S. 232). Wer vorausschauend plant, kann bei der Ankunft bereits die Eintrittskarten für den Opernabend im Teatro La Fenice im Gepäck haben, die Schlangen an den Schaltern für Museums- und andere Eintrittskarten links liegenlassen und im Restaurant seiner Wahl einen reservierten Tisch Platz nehmen.

Von Deutschland, Österreich oder der Schweiz aus ist die Fahrt nach Venedig keine Weltreise, und auch wenn die Serenissima kein billiges Pflaster ist, hat sie doch selbst für Gäste mit schmalerem Geldbeutel eine Menge erlesener Erlebnisse zu bieten (s. Kasten S. 22). Der Abschnitt „Preise" in diesem Kapitel (s. S. 21) informiert über die Kosten, mit denen durchschnittlich zu rechnen ist, und gibt auch ein paar Tipps zum Sparen, damit es bei der Traumreise kein böses Erwachen gibt. Günstig gelegen, weltberühmt und mit einem höchst attraktiven Rahmenprogramm zu jeder Jahreszeit, zieht die zauberhafte Lagunenstadt voller idyllischer Winkel und kostbarer Kunstschätze natürlich wahre Massen an Besuchern an – ein guter Grund, sich ein bisschen verantwortungsvoll zu zeigen. Schon ein paar einfache Entscheidungen (s. S. 24) können einen beliebigen Touristen in den Augen der Einheimischen in einen willkommenen Gast verwandeln.

REISEZEIT

Wer auf Ellbogenfreiheit zum Zeichnen in den Gallerie dell'Accademia, Schwätzchen mit den Einwohnern und spontane Lokalbesuche ohne Reservierung am Wochenende aus ist, besucht Venedig am besten in den ruhigeren Monaten von Oktober bis März. Andererseits

REISEPLANUNG

So früh wie möglich

Statt gleich ein Zug- oder Flugbillett zu buchen, macht man sich am besten erst einmal im Internet über verschiedene Unterkunftsmöglichkeiten (S. 232) schlau: Wer in der Mitte der Woche oder kurz vor einem Feiertag reist, kann nämlich einiges Geld sparen, und wer früh genug die Fühler ausstreckt, findet noch eine reiche Auswahl an Pensionen und Apartments. Für Großereignisse wie die Biennale oder den Karneval gibt es häufig Karten mit Frühbucherrabatt auf der Website VeniceConnected (www.veniceconnected.com) des städtischen Fremdenverkehrsamtes oder spezielle Besucherpässe über die Website Hello Venezia (www.hellovenezia.com; auf Italienisch und Englisch). Auch Eintrittskarten für die Oper La Fenice sind im Internet zu bekommen: auf der Website des Hauses www.teatrolafenice.it (S. 227).

Eine Woche vor der Abreise

Für Eintrittskarten zu besonders beliebten Sehenswürdigkeiten muss man nicht unbedingt Schlange stehen; es gibt sie auch im Internet beim Fremdenverkehrsamt (www.turismovenezia.it), ebenso wie Last-Minute-Tickets bei www.weekenda venezia.com (s. S. 290). Wer während des Karnevals, zur Zeit des Internationalen Filmfestivals oder an einem Feiertag in Venedig essen gehen will, sollte jetzt einen Tisch reservieren.

Ein bis zwei Tage vor der Reise

Auch bei der Planung des Abendprogramms hilft das Internet: Auf www.aguestinvenice.com und www.veneziadavivere. com finden sich Anregungen z. B. für Konzerte mit örtlichen Ensembles wie Venice Jazz Club, Interpreti Veneziani oder Musica a Palazzo (s. S. 227).

lassen sich bestimmte Erfahrungen nur in der Menge machen: die Stimmung in einer vollen Bar beim Aperitif, tosende Beifallsstürme im Opernhaus La Fenice oder der Chor von „Ohs" und „Ahs", wenn sich der Besucherstrom in die Basilica di San Marco schiebt und die funkelnden Mosaiken hoch über den Köpfen sichtbar werden. Um sowohl kollektive Begeisterung als auch ruhige Momente zu erleben, gibt es ein einfaches Rezept: in Venedig übernachten und zuschauen, wie die Stadt sich abends allmählich leert, wie der Mond aufgeht und wie am nächsten Morgen die Einwohner ihren Espresso herunterstürzen und die tägliche Show für die Touristen in Gang setzen.

Das Privileg, während der Maskenbälle des Karnevals, der Eröffnungsgalas der Biennale oder der Premierenabende des Internationalen Filmfestivals gleichzeitig mit den Reichen und Prominenten in der Stadt zu weilen, kostet in aller Regel einen Preisaufschlag. Aber dafür zeigt Venedig bei diesen Gelegenheiten, dass es nicht umsonst seit dem 16. Jh. für seine eleganten Feste berühmt (und berüchtigt) ist. Und Anlässe zum Feiern gibt es ziemlich oft – siehe den Festkalender auf den folgenden Seiten, aber auch die Liste der offiziellen Feiertage (S. 290).

Schlechtes Wetter in Venedig ist kein Grund, sich über einen verdorbenen Urlaub zu grämen; schließlich sind die zahllosen historischen Baudenkmäler nicht nur von außen sehenswert. Und vielleicht ist das Spiegelbild der prächtigen Fassaden in einer Pfütze ja genauso faszinierend wie der erste Eindruck von der Lagunenstadt – der seltene Anblick der gotischen Bögen und schwarzen Gondeln inmitten von weißem Schnee ist es ganz gewiss. Klirrende Kälte im Januar und Februar geht außerdem oft einher mit einem kristallklaren blauen Himmel: das ideale Wetter für ergiebige Fotostreifzüge und heißen, süßen Kakao auf der Piazza San Marco. Die regenreichste Zeit bieten in der Regel die Monate Dezember bis März, aber auch mitten im Sommer kann es ziemlich nass werden, wenn plötzlich ein heftiges Gewitter losbricht – wer einmal die Blitze über die Lagune zucken sieht, gewinnt ein ganz neues Verständnis für Tintorettos wild bewegten Pinselstrich und das Donnergrollen in Vivaldis Vier Jahreszeiten. Im Juli und August ist es oft heiß und schwül, und wenn es allzu ungemütlich wird, hilft nur noch, es den Venezianern gleichzutun und an die Strände des Lido (s. S. 126) oder an die Riviera del Brenta (s. S. 252) zu flüchten.

FESTE & EVENTS

Besonders beschwingte Partygänger werden auf Schildern an den wichtigsten Haltestellen der *vaporetti* an drei maßgebliche Regeln erinnert: Es ist verboten, Abfälle in die Kanäle zu werfen, historische Gebäude zu verschandeln und mit nacktem Oberkörper herumzulaufen. Das dritte Verbot lässt darauf schließen, dass Gelegenheiten und der Drang zur ausdrucksstarken Selbstdarstellung nicht auf den Karneval beschränkt sind.

Ob einem der Sinn nach künstlerisch-elitärer, schweißtreibend-lärmender oder mystisch-geschichtsträchtiger Unterhaltung oder auch einer Mixtur aus allen Kategorien steht, mit Kunstbiennalen, Marathonläufen, Hochzeiten zwischen Stadt und Meer und vielem anderen hat Venedig für fast jeden Geschmack ein überreiches Programm zu bieten. Zumindest die traditionellen Festlichkeiten sind in den wärmeren Monaten von Mai bis September besonders zahlreich; was jeweils in den nächsten Wochen ansteht, wird großenteils auf der Website Cultura & Spettacolo (www.cultura spettacolovenezia.it, auf Italienisch) angekündigt. An den betreffenden Tagen ist übrigens die Gefahr, in einen Kanal zu plumpsen, deutlich erhöht, und das nicht nur bei erhöhtem Alkoholkonsum: Die Teilnehmer der Festumzüge bewegen sich auf schmalen Booten stehend vorwärts, und für Fußgänger wird so mancher Weg über behelfsmäßige Pontonbrücken umgeleitet.

Januar
REGATA DELLA BEFANA

Hexen reiten in Venedig nicht auf Besen, sie fahren natürlich Boot. Das beweist diese Regatta, bei der muskulöse männliche Gondolieri als *befane* (Weihnachtshexen) verkleidet um die Wette zur Rialtobrücke fahren. Die Befana ist der italienischen Legende zufolge eine gute Hexe, die den drei Weisen aus dem Morgenland mit Süßigkeiten auf dem Weg nach Bethlehem folgte, dabei aber ihre Spur verlor und darum von Haus zu Haus ging und ihr Naschwerk an die Kinder verschenkte. Traditionell ist sie es, die am 6. Januar braven Kindern Süßigkeiten und Geschenke bringt, während die bösen nur mit Kohlen bedacht werden. So gab es lange Zeit in Italien überhaupt erst am Dreikönigstag Geschenke, bis *Babbo Natale* (der Weihnachtsmann) seiner Kollegin den Rang ablief. In Venedig kommt der guten alten Hexe aber nach wie vor die

top picks

KARNEVAL FÜR KENNER

- Kostümiert in Kniebundhosen zum Calcio Storico auf der Piazza San Marco auflaufen, einem Fußballspiel nach alten Regeln, bei dem die Spieler in historischer Verkleidung antreten.
- Sich den Bauch mit *fritole veneziane* vollschlagen, der venezianischen Variante der Fastnachtskrapfen mit Rum und Rosinen, die morgens, mittags und abends gegessen werden – am besten frisch aus dem Ofen, solange sie noch warm sind.
- Auf dem Maskenball des Teatro La Fenice am zweiten Karnevalssamstag die ganze Nacht Quadrille tanzen (Eintrittskarten gibt's ab 200 €, Kostüm und Tanzstunden nicht inbegriffen).
- Einen guten Platz für die Festparade auf dem Canal Grande ergattern, wo die Karnevalisten im wörtlichen Sinn an den Zuschauern „vorbeiströmen".
- Der Tradition frönen und zugleich der eigenen Kreativität freien Lauf lassen – sich bei Ca' Macana (S. 182) eine historische Maske basteln und im Teatro Junghans (S. 228) die Kunst des Maskenspiels studieren.

Ehre zu, den Reigen der jährlich mehr als 100 Bootsrennen in der Lagunenstadt eröffnen zu dürfen.

Februar

CARNEVALE

www.carnevale.venezia.it (auf Italienisch und Englisch)

Zehn Tage und Nächte lang tobt im Februar (und zuweilen bis Anfang März) ein spektakulärer Maskenball auf Venedigs Straßen und Plätzen – bis die Leber zuckt, die Perücke juckt und der Aschermittwoch die Fastenzeit einläutet. Der klassische venezianische Karneval, jahrhundertelang ein Markenzeichen der Stadt, aber nach dem Verbot durch die napoleonischen Besatzer 1797 fast verschwunden, ist nach einem kurzzeitigen Intermezzo unter Mussolini erst seit 1980 wieder lebendig. Aufwendig gewandete Gestalten, viele wie einst mit langnasigen Masken und Kostümen aus der Commedia dell'Arte, flanieren nun wieder auf den Straßen, versammeln sich bei Festgesellschaften und Massenveranstaltungen und fallen gelegentlich auch in die Kanäle. Wer sich beim Mitfeiern schon nach einer Woche verkatert

fühlt, sollte an den Karneval des 18. Jhs. zurückdenken, als die Party noch ganze vier Monate dauerte.

März

SALONE NAUTICO DI VENEZIA

www.festivaldelmare.com (auf Italienisch und Englisch)

Seit 2002 ist die Stazione Marittima, das Terminal für Fähr- und Kreuzfahrtschiffe, Schauplatz der beliebten internationalen Bootsschau, mit Regatten vor der Tür im Canale della Giudecca und einer Ausstellung im Arsenal, bei der rund 100 historische Wasserfahrzeuge zu sehen sind.

April

FESTA DI SAN MARCO

www.comune.venezia.it, http://venicexplorer.net/tradizione/festa-san-marco (beide auf Italienisch und Englisch)

Am 25. April, dem Festtag des Stadtpatrons, zelebriert der Patriarch von Venedig ein Hochamt mit Prozession in der Basilica di San Marco. Danach kaufen die Männer eine Rosenknospe (*bocolo*), um sie ihrer Frau oder Freundin zu schenken.

Mai

VOGALONGA

www.vogalonga.de

Auf der 32 km langen Strecke der Regatta am dritten Maisonntag ist Ausdauer fast wichtiger als Geschwindigkeit. 1000 Ruderboote werden vor dem Dogenpalast zu Wasser gelassen, dann geht es bis zur Insel Burano und nach deren Umrundung über Murano und durch den Canal Grande zurück zur Punta della Dogana, wo die wackeren Ruderer schweißgebadet und mit Blasen an den Händen eintreffen, aber dafür mit großem Beifall empfangen werden.

FESTA DELLA SENSA

www.sensavenezia.it, www.comune.venezia.it (beide auf Italienisch und Englisch)

Venedig liebt das Meer so sehr, dass es seit über 1000 Jahren immer wieder Hochzeit mit ihm feiert. Der Ursprung dieses Sposalizio del Mar (Hochzeit des Meeres) am Sonntag nach Christi Himmelfahrt reicht bis ins Jahr 998 zurück, als die Stadt ihre Flotte am Himmelfahrtstag mit großem Gepränge zu einem Feldzug gegen die Städte Dalmatiens verabschiedete. Zwei Jahre später kehrten die Kriegsschiffe siegreich zurück, und fortan wurde jedes Jahr zu Christi Himmelfahrt die Stadt symbolisch mit dem Meer vermählt. Dazu fuhr der Doge auf einem Prunkboot zum Lido hinaus und warf dort mit feierlichen Worten einen goldenen Ring ins Meer. Die 1797 abgeschaffte Zeremonie wurde 1965 wiederbelebt. Den Platz des Dogen nimmt heute natürlich der Bürgermeister ein, der in der Lagune vor San Nicolò auf dem Lido neben dem Ring auch einen Lorbeerkranz in die Fluten wirft.

PALIO DELLE QUATTRO ANTICHE REPUBBLICHE MARINARE

www.comune.venezia.it (auf Italienisch und Englisch)
Hier werden alte Rivalitäten auf glanzvolle Art gepflegt: Im jährlichen Wechsel richten die Hauptstädte der früheren italienischen Seerepubliken Amalfi, Genua, Pisa und Venedig eine besondere Regatta aus. Für jede Stadt treten acht Ruderer und ein Steuermann in einem klobigen Ruderboot an, um zu beweisen, dass ihre Heimat auf dem Wasser immer noch die Nase vorn hat. Dazu kommen Bootsparaden, bei denen man in historischen Kostümen an die Seesiege der einstigen Republiken erinnert, mit denen aber auch die jeweilige Siegermannschaft geehrt wird. Wie jeder Venezianer sofort hervorheben wird, hat seit dem ersten Palio im Jahre 1955 Venedig deutlich öfter gewonnen als die drei anderen Städte zusammen. 2011 ist die Lagunenstadt das nächste Mal Gastgeberin des Wettkampfs.

Juni

VENEZIA SUONA

www.veneziasuona.it, www.veneziasi.it/it/tradizioni-venezia (beide auf Italienisch)
Ein herrliches Juniwochenende lang ertönen auf mittelalterlichen *campi* (Plätzen) und in barocken *palazzi* (Palästen) die neuesten Klänge aus aller Welt. Die meisten Konzerte finden zwischen 16 und 22 Uhr statt.

FESTA DI SAN PIETRO DI CASTELLO

www.sanpierodecasteo.org (auf Italienisch)
Der Festtag des Apostels Petrus am 29. Juni wird im *sestiere* Castello eine Woche lang mit einem zünftigen Jahrmarkt auf den Stufen der einstigen Bischofskirche der Stadt gefeiert – inklusive Musik und Imbissbuden. Das traditionsreiche Stadtteilfest bildet den Rah-

men für die religiösen Feiern und trägt alle Kennzeichen einer ordentlichen italienischen *sagra* (Kirmes): Karussells für die Kleinen, herzhaftes rustikales Essen und Amateurbands im Stil von Abba.

BIENNALE DI VENEZIA

www.labiennale.org (auf Italienisch und Englisch)
Venedigs internationales Schaufenster für Kunst und Architektur sorgt seit 1895 regelmäßig für Furore und zuweilen auch Skandale. In geraden Jahren findet die Kunstbiennale statt – üblicherweise von Juni bis November –, in ungeraden die Architekturbiennale, die im September beginnt. Dazu kommen jeden Sommer die aktuellsten Trends aus den Bereichen Tanz, Theater, Kino und Musik. Hauptquartier der Kunstbiennale sind die ständigen Pavillons in den Giardini Pubblici (S. 113), während die Architekturbiennale auf dem Gelände des Arsenals residiert. Die eine wie die andere haben jedoch stets auch Ableger, die sich über die ganze Stadt verteilen. Dasetwas anders ausgerichtete Festival Internazionale di Danza Contemporanea (Internationales Festival für zeitgenössischen Tanz) beginnt jedes Jahr Mitte Juni und dauert ungefähr sechs Wochen.

top picks

ZUM ERSTEN MAL IN VENEDIG

- **Basilica di San Marco** (S. 73) Der Glanz der goldenen Mosaiken versetzt die Besucher des Gotteshauses heute genauso in Erstaunen wie vor 750 Jahren.
- **Canal Grande** (S. 141) Die belebte Wasserstraße zwischen den gotischen Marmorfassaden der Adelspaläste ist der wohl großartigste Boulevard der Welt.
- **Gallerie dell'Accademia** (S. 84) Action, Romantik, Katastrophen, dramatische Konflikte und Erlösung – die Bilderflut in diesem Museum stellt jedes Multiplexkino in den Schatten.
- **I Frari** (Chiesa di Santa Maria Gloriosa dei Frari; S. 92) In der riesigen gotischen Klosterkirche reiht sich ein kostbares Meisterwerk ans andere, aber für überirdischen Glanz sorgt vor allem Tizians feurig rotes Altarbild.
- **Scuola Grande di San Rocco** (S. 93) Tintoretto, der Meister des venezianischen Manierismus, dekorierte hier flächenhaft Wände und Decken mit kraftvollem Pinselstrich; der scharfe Kontrast von Licht und Schatten sorgt für dramatische Effekte.

Juli

FESTA DEL REDENTORE

www.comune.venezia.it (auf Italienisch und Englisch), www.redentorevenezia.it (auf Englisch)

Auf der Insel Giudecca am Ufer des gleichnamigen Kanals ließen Venedigs Stadtobere nach dem Ende einer Pestepidemie 1577 die Chiesa del SS. Redentore (S. 122) errichten. Seither zieht jedes Jahr am dritten Sonntag im Juli eine Dankesprozession dorthin. Honoratioren und Gläubige wandeln auf einer schwankenden, wackligen Pontonbrücke über den Canale della Giudecca. Auf dem Canal Grande gibt es wieder einmal eine Regatta, doch der wahre Höhepunkt findet bereits am Vorabend statt: Dann versammeln sich Tausende an den Ufern des Kanals oder in Booten auf dem Wasser, picknicken und sehen bei einem großen Feuerwerk zu – ein rundum fröh-liches und nur in seltenen Fällen unfreiwillig feuchtes Fest.

SUGGESTIVA

www.culturaspettacolovenezia.it (auf Italienisch), www.veneziasi.it (auf Italienisch und Englisch)

Das noch relativ junge sommerliche Festival wechselt bisher fast jedes Jahr den Namen, aber die inhaltlichen Schwerpunkte bleiben die gleichen: Jazz, Theater und Tanz an den verschiedensten Schauplätzen von der Insel Giudecca bis Mestre auf dem Festland. Höhepunkt ist regelmäßig das Jazzfestival mit italienischen Stars wie Paolo Conte und dem Orchester des Teatro La Fenice auf dem Markusplatz und Jazzlegenden wie dem Trompeter Wynton Marsalis, die im Opernhaus selbst für Beifallstürme sorgen. Die aktuellen Programme gibt's bei den Touristeninformationsbüros; nicht selten dauert das Festival bis zum Sommerende im September.

August

MOSTRA INTERNAZIONALE D'ARTE CINEMATOGRAFICA

www.labiennale.org/en/cinema (auf Englisch)

Heißer als die Strände ist im Spätsommer auf dem Lido der rote Teppich vor dem Palazzo della Mostra del Cinema. Hier paradieren anlässlich der Internationalen Filmfestspiele von Ende August bis Anfang September die Stars der Kinowelt.

Als die Veranstalter der Kunstbiennale 1932 erstmals ein jährliches Festival der Filmkunst ankündigten, sorgte das noch für einen richtigen Skandal. Freunde und Rivalen der Stadt tönten, die Stadt würde für den Flirt mit dem Entertainment ihren guten Ruf aufs Spiel setzen. Doch als dann zu den Vorführungen Greta Garbo, Joan Crawford, Clark Gable und 25 000 Zuschauer erschienen, erwies sich das Konzept samt feierlicher Verleihung von Goldenen und Silbernen Löwen als gelungene Kombination von Kunst und Glamour. Venedigs Filmfestspiele waren nie eine Heimstatt des unabhängigen oder alternativen Kinos, doch oft wurden hier Regisseure preisgekrönt, die für ihre Kreativität eigentlich auch einen Oscar verdient hätten, darunter z. B. Darren Aronofsky (The Wrestler), Spike Jonze (Being John Malkovich) und Ang Lee (Brokeback Mountain) – ebenso wie die ewigen Favoriten Woody Allen, Takeshi Kitano, Martin Scorsese und Zhang Yimou.

September

REGATA STORICA

www.comune.venezia.it, www.regatastoricavenezia.it (beide auf Italienisch und Englisch)

Besuchern von auswärts kann es egal sein, wer gewinnt; viel interessanter ist das kunstvoll gestaltete Drumherum: Kostüme nach Art des 16. Jhs., Gondeln mit acht Bootsführern und prunkvolle Festbarken sind nur einige Attraktionen einer historischen Inszenierung, die an die Zeremonien vergangener Zeiten beim Empfang auswärtiger Potentaten erinnert. Die Parade am ersten Sonntag im September bildet den Auftakt für vier Bootsrennen. Die Rennstrecke führt vom sestiere Castello den Canal Grande hinauf bis auf die Höhe des einstigen Klosters Santa Chiara, wo die Boote um eine bricola (einen Pylon) wenden und bis zur Universität Ca' Foscari zurückfahren. Jugendliche, Frauen und Gondolieri auf zwei verschiedenen Bootstypen kämpfen verbissen um den Sieg in ihrer Gruppe und die Trophäen, die an der macchina überreicht werden, einem eigens aufgebauten Gerüst für die Siegerehrung.

VENICE VIDEOART FAIR

www.venicevideoartfair.org (auf Italienisch und Englisch)

Poetisch, freundlich und ein bisschen verrückt präsentiert sich Italiens führende Ausstellung für Videokunst in 25 Büdchen auf der Insel San Servolo (S. 134), eine kurze Überfahrt von den Gärten der Biennale entfernt und umgeben vom altertümlichen Ambiente einer Irrenanstalt aus der Barockzeit.

SAGRA DEL PESCE

Die verschlafene Insel Burano (S. 129) erwacht während des alljährlichen Fischfestes zu quirligem Leben. Begleitet von traditioneller Musik, genießen die zahlreichen Besucher jede Menge Fisch, Polenta und Weißwein. Am Nachmittag findet vor der Insel Venedigs einzige Ruderregatta statt, bei der Männer und Frauen gemeinsam antreten – und weil es das letzte nennenswerte Rennen der Saison ist, geben alle noch einmal das Letzte für den Sieg.

Oktober

FESTA DEL MOSTO

www.veneziasi.it (auf Italienisch und Englisch)
Am ersten Sonntag im Oktober wird auf Venedigs „Garteninsel" Sant'Erasmo (S. 132) nordöstlich der Stadt die Lese der Traube gefeiert – ein dörfliches Fest im alten Stil, mit Festumzug, Bauernmarkt und Livemusik. Dazu gibt's natürlich Wein und leckeres Essen von verschiedenen Imbissständen.

VENICEMARATHON

www.venicemarathon.com
6000 Läufer quälen sich beim Stadtlauf auf 42 km durch eine spektakuläre Szenerie. Erst geht es den Fluss Brenta entlang, vorbei an den feudalen Villen der venezianischen Adelsfamilien, dann hinein in die Lagunenstadt und über eine 160 m lange schwimmende Brücke zur Piazza San Marco. Da heißt es aufpassen, wo man hintritt …

November

FESTA DELLA MADONNA DELLA SALUTE

www.turismovenezia.it, www.veneziasi.it, www.comune.venezia.it (alle drei auf Italienisch und Englisch)
Wer die Pest, diverse Überschwemmungen, französische Eroberer und österreichische Besatzer überlebt, hat Grund zum Feiern. Seit dem 17. Jh. ziehen die Venezianer jedes Jahr am 21. November auf einer Pontonbrücke über den Canal Grande in die Chiesa di Santa Maria della Salute (S. 89), um der Gottesmutter feierlich und mit vielen tausend Kerzen zu danken

und anschließend auf dem Kirchenvorplatz süße Winterkrapfen zu naschen.

PREISE

Die Kostbarkeiten Venedigs kennenzulernen ist nicht unbedingt kostengünstig, doch wenn man bedenkt, dass alles auf Booten in die Stadt geschafft und dort über Fußgängerbrücken geschleppt werden muss, erscheinen die Preise für Kost und Logis auf einfachem Niveau vielfach überraschend maßvoll. In Rom oder Mailand ist vieles genauso teuer oder teurer, und das ohne den Blick auf den Canal Grande, ohne die köstlichen Weine aus Venetien und die frisch gefangenen Fische und Meeresfrüchte aus der Lagune.

Wer bei den Besichtigungskosten sparen will, sollte vorab die Preise der Eintrittskarten für verschiedene Tage vergleichen, die Venice-Connected (www.veniceconnected.com), der neue Internetdienst des städtischen Tourismusbüros, online bekanntgibt. Auf derselben Website werden auch im Vorverkauf preisreduzierte Tickets für den öffentlichen Nahverkehr, städtische Museen und Parkplätze angeboten – separat oder in unterschiedlichen Kombinationen eines Reservierungssystems.

Die wichtigsten Ausgabenposten sind in der Regel Unterkunft, Mahlzeiten, Verkehrsmittel und der Eintritt zu den Sehenswürdigkeiten. Vor allem in der Hochsaison dürfte ein einfaches Doppelzimmer für weniger als 80 € pro Nacht schwer zu finden sein. Während der Nebensaison von November bis März (mit Ausnahme der Karnevalstage) lässt sich dagegen bei vorausschauender Planung schon für 65 € ein Zimmer in einer zauberhaften, zentral gelegenen Pension ergattern, Schlafplätze in einer Herberge mit Kanalblick oder sogar mit Fresken an Wänden und Decken sind noch

---

WAS KOSTET WIE VIEL?

Espresso an der Bar: 0,90–1 €

Cicheti (Appetithäppchen auf Zahnstochern): je 1–4 €

Chorus-Pass (Eintrittskarte für 16 Kirchen): 9 €

Ring aus mundgeblasenem Muranoglas: 10–30 €

Handgemachtes Reisetagebuch aus Marmorpapier: 15–25 €

12-Stunden-Ticket für Vaporetto-Fahrten: 16 €

Mietfahrrad auf dem Lido pro Tag: 10 €

billiger, und Apartments für eine ganze Woche gibt es dann schon ab etwa 300 €. In der mittleren Preisklasse sind in diesen Monaten für 100 € – in der Hauptreisezeit für etwa 160 € – mit etwas Glück Zimmer in einer schicken Boutique-Unterkunft oder gar in einem echten Palast zu haben.

Am Tisch eines Lokals zu sitzen und ein vollständiges Dreigängemenü plus Nachtisch und Wein zu verspeisen, kostet selten weniger als 25 oder 30 €, aber es gibt ja eine Alternative: *cicheti*, die venezianische Version von Häppchen, eine günstige Gaumenfreude auch für Gourmets. Schon 10 € reichen für zwei bis vier Tellerchen an der Theke mit Fleischbällchen, *crostini* (knusprigen belegten Broten) oder gar

kleinen Delikatessen aus dem Meer, meist sogar noch für ein Glas Wein dazu. Viele Bars servieren für 3 bis 5 € *panini* (belegte Brötchen) und andere Kleinigkeiten, die Preise für eine großzügig bemessene komplette Pizza fangen bei 7 € an und für ein Stück zum Mitnehmen schon bei 2 €. Wie fast überall in Italien, kosten Kaffee und Imbiss an der Theke weniger als an einem Tisch. Selbstverpflegung ist natürlich ebenfalls eine günstige Möglichkeit, sich zu ernähren (Picknicken ist allerdings an vielen Stellen verboten); dazu mehr auf S. 201.

Bei den Fahrpreisen im Linienverkehr zahlt es sich aus, etwas länger in der Stadt zu bleiben, denn Tickets für 12 bis 72 Stunden oder gar eine Woche sind pro Fahrt erheblich bil-

TOP 10: ERLESEN ERLEBEN & GÜNSTIG GENIESSEN

Mit etwas Köpfchen und den vielfältigen Anregungen aus diesem Buch lässt sich in Venedig ein Maximum angenehmer Erlebnisse mit einem Minimum an Kosten verbinden. Hier kurz zusammengefasst ein paar Ideen für Erlebnisse der erlesenen Art und ähnlich genussvolle, aber wesentlich günstigere Alternativen.

- Erlesen: einen echten **Bellini** (Prosecco-Pfirsich-Cocktail) schlürfen – dort, wo er erfunden wurde, in Harry's Bar (15 €; S. 215). Günstig: einen starken **spritz** (Weißwein mit Bitter und Mineralwasser) auf das schöne Leben trinken – für 1,50 bis 3 € in einer urwüchsigen **osteria** (Gastwirtschaft; s. S. 214, mit Adressen).
- Erlesen: die Stadt auf die romantische Tour erkunden – bei einer 40-minütigen **Gondelfahrt** (80 € ohne Trinkgeld und Extras wie z. B. Gesang; s. S. 285). Günstig: wagemutig wie die Einheimischen im Stehen über den Canal Grande gleiten – für 1 € auf einem **traghetto** (Gondelfähre; s. S. 285).
- Erlesen: unter Deckengemälden in einem antiken Aristokratenbett nächtigen – im **Palazzo Abadessa** aus dem Jahr 1540 (Doppelzimmer 145–325 €; S. 240). Günstig: unter Fresken aus dem 18. Jh. im Schlafsaal übernachten – für 22 € in der **Foresteria Valdese** (S. 243), einer Herberge in einem Palast des 17. Jhs.
- Erlesen: dinieren wie ein dekadenter Fürst – im **Hotel Metropole**, dessen Restaurant Met mit zwei Michelin-Sternen aufwarten kann (zwei Gänge ab 70 €, Wein nicht inbegriffen; S. 207). Günstig: für 10 bis 20 € 5-Sterne-cicheti (Appetithäppchen auf Zahnstochern) schlemmen und dazu ein bis zwei Gläser Wein aus Venetien mit Herkunftsprädikat („DOC") trinken – bei **All'Arco** (S. 204).
- Erlesen: Logensitze für eine Opernpremiere reservieren und eine Aufführung erleben, über die die Welt spricht – unter den vergoldeten Stuckaturen im **Teatro La Fenice** (153 €; S. 228). Günstig: mit etwas Glück noch am Tag der Aufführung für 24 € eine Konzertkarte ergattern – für einen Auftritt der **Interpreti Veneziani** in der ehemaligen Kirche **San Vidal** (S. 227).
- Erlesen: im Sommer aus der Stadt flüchten und sich am Strand vergnügen – in einer privaten **Strandkabine** am **Lido** (17 € plus Überfahrt mit dem vaporetto; S. 126). Günstig: auf der Uferpromenade abhängen – an den **Zattere** mit einem *gelato gianduiotto* von **Da Nico**, einem großen Eis mit einer üppigen Portion Schlagsahne (8 €; S. 200).
- Erlesen: ein signiertes Einzelstück mit hohem Sammlerwert von einem der führenden Glaskünstler der Welt erstehen – bei **Murano Collezioni** (ab 300 €; S. 129). Günstig: unsignierte Ringe und Perlenketten von aufstrebenden jungen Glaskünstlern aus Murano kaufen – für 7 bis 15 € bei **Linea Arte Vetro** (S. 190).
- Erlesen: in feudalem Ambiente eine heiße Schokolade genießen – im **Caffè Florian** an der Piazza San Marco (10 € plus 6 € Zuschlag für die Musiker an den Tischen im Freien; S. 216). Günstig: eine hausgemachte, herrlich süße, heiße Schokolade für 2 € schlürfen – frisch aus dem Schokoladenbrunnen bei **VizioVirtù** (S. 184).
- Erlesen: Karten für eine **Abendvorstellung** im Kino reservieren – beim **Internationalen Filmfestival von Venedig** im **Palazzo della Mostra del Cinema** auf dem Lido (40 € pro Ticket; S. 20). Günstig: die **Tagesvorstellungen** beim **Filmfestival** besuchen – ebenfalls auf dem Lido, aber im **PalaBiennale** hinter dem Palazzo della Mostra del Cinema (8 € pro Ticket).
- Erlesen: in einer historischen Palladio-Villa in Milch, Honig und Rosenwasser baden und Erholung tanken – im ökologisch orientierten **Bauer Palladio Hotel & Spa** (Behandlung ab 90 €; S. 244). Günstig: mit einem gekühlten Prosecco (perlender Weißwein) für 4 € unter Bäumen sitzen und Sonne tanken – in dem von Carlo Scarpa künstlerisch gestalteten Garten des **Palazzo Querini-Stampalia** (S. 114).

liger als Einzelfahrscheine. Genaueres hierzu im Kapitel „Verkehrsmittel & -wege", S. 283.

Ähnliches gilt für die Eintrittspreise in Venedigs Museen und Kirchen: Auch hier sind Pauschaltickets sehr viel günstiger, als jedes Mal gesondert zu bezahlen. Zu den verschiedenen Angeboten (Venice Card, Museum Pass, Chorus Pass usw.) siehe S. 290 und die Angaben bei den einzelnen Sehenswürdigkeiten.

Insgesamt müssten sparsame Reisende, die grundsätzlich nur in Jugend- und ähnlichen Billigherbergen übernachten, nach Möglichkeit zu Fuß gehen, statt ins *vaporetto* (Linienboot) zu steigen, sich von *cicheti*, *panini* und Landwein ernähren und eifrig Gebrauch von Museums- und Kirchenpässen machen, mit 50 bis 60 € pro Tag über die Runden kommen. Im mittleren Preissegment dürfte ein Budget von 100 bis 250 € angemessen sein – je nach Reisezeit, Unterkunft und Speisezettel.

INFOS IM INTERNET

Was in den jeweils nächsten Tagen und Wochen wo und wann in Venedig zu erleben ist, steht zumeist in der monatlich erscheinenden Broschüre *Eventi*, die bei den Touristeninformationsbüros der städtischen Fremdenverkehrsamts APT (S. 291) zu bekommen ist, oder auch im Veranstaltungskalender auf der städtischen Homepage www.comune.venezia.it (auf Italienisch und Englisch).

Neben der immer wieder hilfreichen (englischsprachigen) Website www.lonelyplanet.com finden sich nützliche Informationen, Hotelverzeichnisse, Veranstaltungshinweise und Spartipps im Internet unter anderem bei folgenden Adressen:

Agenda Venezia (www.agendavenezia.org; auf Italienisch und Englisch) Ausführlicher und übersichtlich gestalteter Veranstaltungskalender des städtischen Kulturdezernats, wobei eine ergiebige Auswahl nur für die nächsten Wochen und genauere Erläuterungen großenteils nur auf Italienisch verfügbar sind.

A Guest in Venice (www.aguestinvenice.com, auf Italienisch und Englisch) Website der venezianischen Hotelportiervereinigung Chiavi d'Oro delle Trevenezie mit kurzen, praktischen Informationen über ausgewählte Konzerte, Ausstellungen und andere Kulturveranstaltungen sowie Museen und Konsulate, dazu Adressen einiger Hotels der oberen und mittleren Preisklasse, fast durchweg ohne detaillierte Informationen oder direkte Links.

Chorus (Associazione per le Chiese del Patriarcato di Venezia: Vereinigung für die Kirchen des Patriarchats Venedig; www.chorusvenezia.org; auf Italienisch und Englisch) Beschreibung

der 16 Kirchen, für die der Chorus Pass gilt, Möglichkeit zur Buchung des Chorus Pass.

HelloVenezia (www.hellovenezia.com; auf Italienisch, Englisch, Französisch und Spanisch) Informationen der städtischen Verkehrsbetriebe über Fahrpläne, Ermäßigungen, Zeitkarten und die Venice Card, allerdings ohne direkte Buchungsmöglichkeit.

In Venice Today (www.invenicetoday.com; nur teilweise auf Deutsch) Kurzinformationen über Museen und Laguneninseln, nachlässig aktualisierter Veranstaltungskalender, Angebote für Standardführungen.

Stadt Venedig (www.comune.venezia.it; auf Italienisch und in verkürzter Form auf Deutsch) Die wohl umfangreichsten Informationen über Veranstaltungen und die verschiedensten Seiten des Lebens in Venedig aus offizieller Perspektive.

Städtisches Fremdenverkehrsamt (Azienda Promozione Turistica di Venezia; www.turismovenezia.it; auf Italienisch und Deutsch) Umfangreicher und detaillierter Veranstaltungskalender und das wahrscheinlich umfassendste Verzeichnis von Übernachtungsmöglichkeiten mit Hunderten von Hotels, Pensionen und anderen Unterkünften.

Venezia da Vivere („The Creative Guide to Contemporary Venice"; www.veneziadavivere.com ; auf Italienisch und Englisch) Ein ausführlicher Führer zu Ausstellungen, Konzerten, Vernissagen, Designern, durch das Nachtleben und über vieles andere, was in Venedig gerade angesagt ... war: guter Blick zurück, aber komplizierter und weniger ergiebiger Blick nach vorn.

VeneziaSì (www.veneziasi.it; auf Italienisch und in verkürzter Form Englisch) Detaillierter und übersichtlicher Veranstaltungskalender und (teilweise etwas knapper) Hotelführer der Associazione Veneziana Albergatori.

Venice Explorer (http://venicexplorer.net; nur z. T. auf Deutsch) Fundgrube mit detaillierten Stadtteilplänen, Veranstaltungskalender und Listen von Hotels, ausgewählten Lokalen, Geschäften, Apotheken und Nachtbars, dazu Fahrpläne der öffentlichen Verkehrsmittel.

Weekend a Venezia (http://en.venezia.waf.it; auf Italienisch, Englisch, Französisch, Spanisch) Verkauf von ermäßigten und Last-Minute-Tickets für die besonderen touristischen Attraktionen der Stadt, dazu zahlreiche Angebote für thematische Führungen.

VERANTWORTUNGS-VOLL REISEN

Nur ein paar Meter trennen Venedigs imposante Kirchenkuppeln, die charakteristischen gotischen Fensterwölbungen und die schmalen Brückenstege vom grünlich-blauen Wasser der Lagune. Gerade einmal 7,6 km² trockenen Bodens umfasst die historische Kernstadt inmitten von über 500 km² Wasserfläche und Kanälen, und selbst wenn man alle anderen Inseln hinzunimmt, gehört zum Stadtgebiet mehr Wasser als Land. Doch die Bewohner dieses kleinen Fleckchens haben in über 1000 Jahren ihr nasses Umfeld nachhaltig umgestaltet – zuweilen auch mit ungewünschten Folgen.

Der Lagune auch nur 7,6 km² dauerhaft abzuringen, war für die Venezianer des Mittelalters harte Arbeit, die sich jahrhundertelang hinzog. Um das Wasser rings um die winzigen Inselchen bei Ebbe schneller aus der seichten Lagune abfließen zu lassen, gruben sie vertiefte Kanäle in das flache Becken; und um die Siedlungsfläche zu vergrößern und zu stabilisieren, bauten sie Plattformen aus Abertausenden harter Pfähle aus Eichenholz, die sie dicht nebeneinander in den schlammigen Lagunenboden trieben. Darüber kamen nacheinander Schichten aus waagerecht liegenden Planken, Ziegel- und Bruchsteinen und schließlich massivem istrischem Kalkstein. Im Lauf der Jahrhunderte ließ das Salzwasser die Holzpfähle geradezu versteinern und damit die Konstruktion immer härter werden, während die feste Kalksteinschicht die darauf errichteten Häuser gegen Fluten und aufsteigende Feuchtigkeit schützte. Auf diesen genialen Fundamenten entstanden die einmaligen venezianischen Baudenkmäler, die größtenteils bis heute allen Stürmen der Zeit trotzen. Allein für Baldassare Longhenas spektakulären Kuppelbau der **Chiesa di Santa Maria della Salute** (S. 89) wurden von 1631 an mindestens 100 000 Pfähle in den weichen Untergrund nahe der Landspitze des Stadtteils Dorsoduro gerammt.

Dass Venedig nach und nach im Meer versinkt, wie oft gesagt wird, stimmt nur zum Teil. Viele hundert Jahre lang haben die hölzernen Fundamente der Stadt erstaunlich gut gehalten – trotz Ebbe, Flut und wiederholter Überschwemmungen. Doch heute sind sie stärkeren Belastungen ausgesetzt als je zuvor, sowohl durch industrielle Schadstoffe als auch durch Turbulenzen im Wasser, wie sie die zahlreichen Dampfer und Motorboote verursachen. Vor allem aber hat das Ausbaggern breiter und tiefer Durchfahrtkanäle für Fähr-, Kreuzfahrt- und Tankschiffe dafür gesorgt, dass sich der Tidenhub seit 1900 verdoppelt hat. Damals stand der Markusplatz etwa zehnmal im Jahr unter Wasser, heute geschieht das in vielen Jahren bis zu 60-mal. Gewaltige bewegliche Sperrvorrichtungen auf dem Meeresgrund an den Ausgängen der Lagune sollen künftig dabei helfen, die Fluten zu kontrollieren (s. S. 40). Doch selbst wenn dieses Projekt mit dem eingängigen Namen Mose so manche Überschwemmung reduzieren dürfte, so bleiben noch genug andere Gefahren für das empfindliche Ökosystem im Lagunenbecken, das Venedig über Wasser hält. Seit den 1960er-Jahren hat die Stadt ein paar kühne Schritte unternommen, um die schädlichen Folgen der bis dahin kräftig geförderten Industrialisierung zurückzudrehen. So wurden neue Bestimmungen zur Begrenzung der Emissionen erlassen, mit denen die Chemiefabriken von Porto Marghera am Ufer des Festlands das Wasser und die Luft belasten, aber auch Geschwindigkeitsbeschränkungen für Schiffe und Boote.

Wenn es aber darum geht, komplexe Umweltbedingungen günstig zu beeinflussen, können 60 000 Venezianer die Flut der Probleme nicht allein aufhalten – hier sind auch die Besucher gefragt. 22 Mio. Gäste im Jahr können in der Tat schon durch kleine Korrekturen in ihrem Verhalten gewaltige Veränderungen zum Positiven bewirken und damit den Venezianern einen Teil der Belastungen abnehmen. Hier ein paar Ideen für solche kleinen Schritte, die den Gastgebern ein geschärftes Bewusstsein für die eigene Verantwortung zeigen:

Mit dem Zug anreisen Große Fähr- und Kreuzfahrtschiffe haben einen unverhältnismäßig großen Anteil an den Umweltbelastungen für die kleine Inselstadt und die empfindliche Lebenswelt ihrer Lagune. Sie verursachen hohe und schnelle Wellen (*motoschiaffi*, „Motorohrfeigen" genannt), deren Turbulenzen die uralten Fundamente erschüttern, und entlassen jede Menge schmutziges Kiel-, Ballast- und Toilettenspülwasser in die Kanäle. Der schweflige Rauch aus ihren Schornsteinen greift den Stein der Gebäude ebenso an wie die Ausdünstungen der Chemiefabriken, lässt filigrane gotische Fenster und Balkone zerbröseln und verwandelt selbst Marmor in Pulver. Auch Reisebusse und erst recht Privatautos stoßen weit mehr Abgase aus als die Eisenbahn, die zudem innerhalb Italiens das schnellste und kostengünstigste Verkehrsmittel ist.

In der Stadt übernachten Weniger als ein Drittel aller Besucher bleibt über Nacht in Venedig und genießt dort einen Aperitif, ein Abendessen, eine Konzert- oder Theatervorstellung und die Nachtruhe in einem Hotel- oder Pensionsbett. Die Venezianer versuchen das nicht persönlich zu nehmen, aber es belastet ihr Verhältnis zu den Auswärtigen doch – ebenso wie ihre Finanzen, denn sie nehmen weniger ein und müssen dafür höhere Gebühren für städtische Dienstleistungen wie die Abwässer und den Unterhalt der Brücken bezahlen. Wer mindestens einmal, möglichst noch öfter, in der Stadt übernachtet, gibt ihnen eine Chance, ihre einst legendäre Gastfreundschaft zu beweisen, und beteiligt sich ein wenig an ihren Aufwendungen.

Ein gemütliches Tempo vorlegen Passagiere von Wassertaxis, die ihren Fahrer bitten, das Tempo zu drosseln, um Venedigs Fundamente zu schonen, werden eines Tages zu den Vorbildern zählen. Und wer sich die Zeit nimmt, die Stadt zu Fuß zu durchstreifen, hat viel mehr Gelegenheiten, Werkstätten von Handwerkern, *gelaterie* (Eisdielen) und abseits gelegene *osterie* (Gaststätten) zu entdecken, die oft vom Strom der Touristen wenig profitieren.

Abfälle ordentlich entsorgen oder mitnehmen Besucher, die sich für ihren Unrat verantwortlich zeigen und ihn regelgemäß entsorgen, erleben die Venezianer selten und bewundern sie dafür umso mehr. Und wenn die Abfallbehälter voll oder gar nicht vorhanden sind, ist es auch nicht so schlimm, den Müll einzupacken und eine Weile mitzunehmen. Also am Besten: nicht so viel hamstern!

Nach acqua del rubinetto (Leitungswasser) fragen Wasser aus der Leitung statt aus Flaschen zu trinken, erspart der Stadt einen kleinen Teil des Aufwands und der Kosten für die Entsorgung bzw. Wiederverwertung von 20–60 Mio. Wasserflaschen pro Jahr.

Produkte aus örtlicher Herstellung kaufen Das zeigt den Gastgebern, dass all ihre Anstrengungen, den Laden am Laufen zu halten, die Mühe wert sind und von ihren Besuchern wahrgenommen und geschätzt werden.

GESCHICHTE

Es war allein schon eine Kühnheit, eine Stadt aus Marmorpalästen in einer Lagune zu bauen! Doch Venedig gab sich mit der Eroberung bekannter Welten nicht zufrieden. Stattdessen segelten Venedigs mächtige Schiffe über den Kartenrand hinaus und entdeckten neue Handelsrouten gen Osten. Als die Seemacht ihren Zenit überschritten hatte, weigerte sich Venedig, die Niederlage auf der Weltbühne einzugestehen. Stattdessen überfluteten die Venezianer die Welt mit leuchtenden Bildern in venezianischem Rot, mit Barockmusik und moderner Oper, Freigeistern und Festen, die ihresgleichen suchten. In seiner verwegenen 1000-jährigen Geschichte wuchs Venedig nicht nur über den Meeresspiegel hinaus, sondern zeigte sich auch wiederholt jeder Herausforderung gewachsen.

VOM SUMPF ZUR SEEMACHT

Ein Malariasumpf scheint ein merkwürdiger Ort zur Gründung eines Reichs zu sein, es sei denn die Umstände sprechen dafür: Vom 5. bis 8 Jh. n. Chr. plünderten Hunnen, Goten und verschiedene andere Barbaren wiederholt römische Städte an der venetischen Adriaküste. Das ließ die schlammigen Sümpfe vor der Küste vergleichsweise wohnlich erscheinen. Keltische Veneter lebten seit 1500 v. Chr. relativ friedlich in der Region und waren seit 49 v. Chr. römische Bürger. Zudem gaben sie sich nicht besonders kriegerisch. Als Alarich mit seinen Westgoten 402 n. Chr. in die Provinz Venetia einfiel, flohen viele Veneter auf die sumpfigen Inseln der Lagune, die sich entlang der venetischen Adriaküste erstreckt. Nach dem Rückzug der Westgoten kehrten viele Veneter von dort zögerlich auf das Festland zurück. Nach dem Überfall des Hunnenkönigs Attila 452 in Norditalien und der Zerstörung Aquilejas blieben zahlreiche Flüchtlinge jedoch für immer auf den Inseln.

Die jungen Inselgemeinden wählten Tribune und bildeten schließlich 466 auf Grado südlich von Aquileia einen losen Bund. Nachdem Kaiser Justinian 540 die Nordostküste Italiens dem Heiligen Römischen Reich einverleibt hatte, wählten Venetia (ungefähr das heutige Venetien) und die Inseln Repräsentanten für die byzantinische Regierung in Ravenna, die der zentralen Herrschaft in Konstantinopel unterstand. Als jedoch kriegerische Langobarden 568 über die Poebene nach Osten vordrangen, flüchteten die Veneter in nie gekannten Massen auf die Inseln. Der Sumpf wurde bald zu einer Stadt. Tausende ließen sich im Handelszentrum Torcello nieder, andere strömten auf die mittlerweile überschwemmte Insel Malamocco, in das ländliche Chioggia und zum Fischer- und Handelszentrum Rivoalto (umgangssprachlich Rialto genannt).

Geschickte venezianische Siedler besiegten bald das sumpfige Land und hoben es über die Flutlinie, indem sie Holzpfeiler 30 m tief in den weichen Schlick trieben. Als sich die byzantinische Herrschaft schwächte, ergriff Venedig die Gelegenheit: 726 wählten die Einwohner Venedigs Orso Ipato zu ihrem ersten

HINTERGRUND GESCHICHTE

top picks

BÜCHER ÜBER VENEDIG

- *Shakespeare in Venice* von Alberto Toso Fei – ein fesselnder Führer in englischer Sprache, der sich den venezianischen Inspirationen für Shakespeares Dramen wie *Othello* und *Der Kaufmann von Venedig* annähert.
- *Verlangen* von Jeanette Winterson – Napoleons Koch stellt in dieser magisch-realistischen Fabel einer geheimnisvollen venezianischen Kartenlegerin nach.
- *History of Venice* von John Julius Norwich – ein gewaltiges und opulentes englischsprachiges Werk, wenn auch zu detailliert bei der Schilderung von Seeschlachten; leider findet die jüngere Geschichte zu wenig Berücksichtigung.
- *Corto Maltese* – Der kosmopolitische Kapitän, Hugo Pratts italienische Comic-Legende, löst die Geheimnisse der *calli* (Gassen).
- *Die Flügel der Taube* von Henry James – ein Betrüger und eine kränkliche Erbin begegnen sich in Venedig, mit vorhersehbaren Folgen, aber toll geschrieben.

PIRATENBRÄUTE

Die einzigen Piraten, die heute in Venedig anzutreffen sind, verkaufen imitierte Prada-Handtaschen am Ponte dell'Accademia, aber früher haben über Jahrhunderte hinweg Piratenschiffe die Gewässer um den Lido durchstreift. 944 segelte eine Schar reicher venezianischer Bräute auf dem Weg zu ihrer Vermählung mit einer funkelnden Mitgift aus Gold auf dem Lido. Ihr Schiff wurde von Piraten gekapert und die Frauen zu einem nahen Hafen in Caorle verschleppt. Doch einige Venezianer waren ihnen dicht auf den Fersen, entdeckten den Schlupfwinkel, töteten die Piraten und brachten die verstörten Bräute zu ihren künftigen Ehegatten, die sich allerdings wohl vergleichsweise als Enttäuschung entpuppten.

Das Ereignis wurde lange Zeit mit der jährlichen Festa delle Marie (Fest der Marien) gefeiert, in deren Rahmen die zwölf reichsten Familien Venedigs Geld für die Aussteuer von zwölf armen, aber schönen jungen Frauen spendeten. Heute werden die „Marien" im Karneval mit einem aufwändigen Umzug und einem Schönheitswettbewerb geehrt, auf dem die schönste der zwölf Mariens gekrönt wird.

dux (lat.: Führer) bzw. Dogen mit venezianischem Dialekt. Er war der erste von 118 gewählten Dogen, die Venedig über mehr als 1000 Jahre regieren sollten. Wie einige seiner Nachfolger versuchte auch Orso seine Machtstellung in eine Erbmonarchie umzuwandeln. Er wurde wegen Übertretung seiner Befugnisse ermordet; andere Dogen, die in späterer Zeit ebenfalls eine Neigung zur absoluten Macht erkennen ließen, wurden dagegen lediglich geblendet. Zunächst war niemand in der Lage, das brisante Amt des Dogen lange auszuüben: Orsos Nachfolger Teodato verlegte 742 den Dogensitz nach Malamocco, wurde aber kurz darauf abgesetzt. Nach und nach verwandelte sich das Amt des Dogen zum Wahlamt, das von zwei Ratsmitgliedern und dem Arengo (einer Volksversammlung) kontrolliert wurde.

Die Langobarden konnten die Lagune nicht erobern, die Franken hingegen glaubten an ihren Erfolg. Als sie jedoch in die Lagune einfielen, wurden sie vom gut organisierten Widerstand unter Agnello Partecipazio überrascht. Er hatte sich in dem flachen Gewässer um Rivoalto verschanzt, das für große Kriegsschiffe praktisch unpassierbar war, wenn sie das Gewirr an Fahrrinnen in der Lagune nicht kannten.

Partecipazio wurde 809 zum Dogen gewählt, die Inselgruppe um Rivoalto zum Brennpunkt der Bautätigkeit. Man legte Land trocken und hob Kanäle aus, und schließlich baute Partecipazio eine Festung, auf deren Position später der Palazzo Ducale entstehen sollte. Die Dogenherrschaft ließ Handels- und Kriegsflotten vom Stapel laufen, die im Adriaraum viele Neider fanden. Venezianische Handelsschiffe fuhren bis nach Ägypten.

DER GESTOHLENE HEILIGE

Venedig besaß alle Eigenschaften einer unabhängigen Handelsmacht – viele Häfen, eine verteidigungsfähige Lage gegen Zugriffe Karls des Großen und der Hunnen, eine Führung zur Beilegung unvermeidlicher Handelskonflikte – aber keinen glorreichen Schrein, der Venedigs Platz in der Welt markierte. Also tat Venedig, was jede ehrgeizige, gottesfürchtige Mittelalterstadt tun würde: Es besorgte sich einen Schutzheiligen. Unter der byzantinischen Herrschaft war dies zunächst St. Theodor (San Teodoro), später dann St. Markus.

Der lokalen Legende nach soll der Evangelist St. Markus (San Marco) die Laguneninseln einmal besucht haben, wobei ihm ein Engel prophezeite, dass sein Leichnam einst hier ruhen werde. Also beschlossen einige venezianische Kaufleute, die Prophezeiung zu erfüllen. 828 stahlen venezianische Schmuggler die Gebeine von St. Markus aus seinem Grab im ägyptischen Alexandria und verbargen die heilige Leiche, so heißt es, in einem Fass mit Schweinefleisch, um die muslimischen Zollbeamten abzuschrecken. Venedig holte die besten Handwerker aus Byzanz und anderen Regionen in die Stadt, um für diese Reliquie eine Kirche des Dogen als Schrein zu bauen, der die Besucher mit der Macht und dem Glanz Venedigs beeindrucken sollte. Die üblichen mittelalterlichen Bauverzögerungen in Form von Aufständen und Feuer zerstörten dreimal die äußeren Mosaiken und schwächten das Fundament. Manchmal ging das hehre Anliegen im Baustaub unter: Die Gebeine von St. Markus wurden zweimal verlegt. Doch schon während der Bauzeit der Basilika wurde der geflügelte Löwe von St. Markus als offizielles Wahrzeichen des venezianischen Reichs eingeführt. Er war ein Symbol für die Loslösung Venedigs von Konstantinopel und für die Vereinnahmung von St. Markus als Schutzheiligen eines unabhängigen Reichs.

STRATEGISCHES GESCHICK

Nachdem erst einmal für festen Boden unter den Füßen gesorgt war, kümmerten sich die Venezianer auch um die Festigung ihrer Geschäftsinteressen. Als der geschickte Diplomat Pietro Orseolo 991 zum Dogen gewählt wurde, erklärte er die Neutralität Venedigs zwischen dem westlichen Heiligen Römischen Reich und dem östlichen Konstantinopel. Auf diese Weise gewann er das mittelalterliche Äquivalent der meistbegünstigten Nation von beiden rivalisierenden Reichen.

Selbst zu Beginn der Kreuzzüge behielt Venedig die strategische Neutralität bei und handelte auch weiterhin mit muslimischen Herrschern von Syrien bis Spanien – während vom venezianischen Hafen die Kreuzfahrer ausliefen, um das Heilige Land der muslimischen Kontrolle zu entreißen. Die Kreuzfahrer brauchten Schiffe, und Venedig stach die Rivalen Genua und Pisa aus, indem es die Arsenale-Werften in Castello errichtete, die zum größten Industriekomplex im mittelalterlichen Europa wurden. Diese lieferten schnell und reichlich Kriegsschiffe, ansonsten zog es La Serenissima (die Durchlauchtigste) allerdings vor, sich aus dem Getümmel rauszuhalten und nahm nur gelegentlich an Flotteneinsätzen der Kreuzfahrer teil – und das fast immer nur gegen Handelsbefugnisse.

Konstantinopel wusste sehr wohl, wer die Kreuzfahrerschiffe lieferte. Venedigs Beziehungen mit Byzanz waren daher nach dem ersten Kreuzzug von 1095 angespannt. Der gerissene byzantinische Kaiser Manuele Comnenus nutzte die Rivalität zwischen Venedig und Genua und inszenierte 1171 einen Überfall auf Konstantinopels Genueser Kolonie, den er den Venezianern in die Schuhe schob. Diese wurden prompt in Ketten gelegt. Venedig entsandte eine Flotte zur Hilfe, doch die Mannschaft infizierte sich über Schiffsratten mit der Pest, und die Schiffe dümpelten heimwärts, ohne auch nur einen Schuss abgegeben zu haben.

Auch von Land aus wurde Venedig nun bedroht. Friedrich Barbarossa, Kaiser des Heiligen Römischen Reiches, wollte Italien und den Papst zur Anerkennung seiner Oberhoheit zwingen. 1154 schien Barbarossas Strategie zunächst aufzugehen: Teile und herrsche über Italiens Stadtstaaten, die schon lange untereinander zerstritten waren und häufig in Opposition zum Papst standen. Doch nach mehreren Angriffen erkannte Barbarossa, dass Norditalien nicht so einfach zu beherrschen war. Als seine Armee 1167 von der Pest heimgesucht wurde, musste sich Barbarossa nach Pavia zurückziehen. Dort erfuhr er schließlich, dass 15 italienische Stadtstaaten, einschließlich Venedig, den Lombardenbund gegen ihn geschlossen hatten. Barbarossa erlitt eine spektakuläre Niederlage und wurde, um noch eins draufzusetzen, zudem exkommuniziert. Die Venezianer begriffen, dass sie nur mit einem Heiligen Krieg und nicht mit mehreren gleichzeitig fertigwerden konnten und überzeugten mittels geschickter Diplomatie Papst Alexander III. und den reumütigen Kaiser, 1177 in Venedig Frieden zu schließen. Nach dem Frieden von Venedig hatten alle Zeit, sich in neue Konflikte zu stürzen.

In Sachen Gewieftheit konnte selbst der gerissenste venezianische Kaufman nicht mit dem Dogen Enrico Dandolo konkurrieren. Der tattrige 90-jährige Doge, der schon Jahre zuvor sein Augenlicht verloren hatte, mag den Franken, die sich um Venedigs Unterstützung im Vierten Kreuzzug bemühten, anfangs als leichtes Überzeugungsopfer erschienen sein. Doch Doge Dandolo war ein harter Verhandlungspartner: Venedig bot an, eine Flotte für 20 000 Kreuzfahrer zu bauen, aber nur gegen 84 000 Silbermark – etwa das Doppelte des Jahreseinkommens des damaligen englischen Königs.

Im folgenden Jahr tauchte nur ein Drittel der geplanten fränkischen Streitkräfte auf, deren Führer allerdings nicht zahlen konnten. Venedig hatte die Schiffe jedoch parat und somit seine

ca.1500 v. Chr.	726 n. Chr.	828
Keltische Stämme der Veneter treffen vermutlich aus Anatolien (in der heutigen Türkei) in Norditalien ein und besiedeln das heutige Venetien.	Orso Ipato wird erster gewählter Doge Venedigs eingesetzt. Die Byzantiner halten seine Wahl für eine Rebellion und sind, auch wenn sie selbst ihre Finger nicht mit im Spiel hatten, über seine Ermordung 737 nicht gerade unglücklich.	Der Legende nach wird der Leichnam des Evangelisten St. Markus aus Alexandria (Ägypten) in einem Fass mit Schweinefleisch nach Venedig geschmuggelt. St. Markus wird zum Schutzheiligen Venedigs bestimmt.

Seite des Geschäfts eingehalten. Um die Restschuld abzudecken, schlug Doge Dandolo vor, dass die Kreuzfahrer auf dem Weg nach Palästina den Venezianern bei ein paar Kleinigkeiten in eigener Sache unter die Arme griffen. Dazu gehörte der Einmarsch nach Dalmatien und 1203 ein Abstecher nach Konstantinopel, der ein Jahr dauern sollte. Während dieser Zeit wurde die Stadt von venezianischen und fränkischen Truppen gründlich geplündert.

Doge Dandolo verkündete schließlich, dass Konstantinopel nun ausreichend für die Christenheit eingenommen sei und erklärte sich im Alter von 96 Jahren als „Herrn über ein Viertel und ein halbes Viertel des Römischen Reichs" von Byzanz – ein Titel, der Venedig komfortable drei Achtel der Beute einbrachte, darunter auch die monumentalen Bronzepferde in der Basilica di San Marco. Die venezianischen Schiffe zogen es vor, mit voller Beuteladung nach Hause zu segeln, anstatt ihre christliche Pflicht zu erfüllen. Die Franken brachen allein auf zu den Kreuzzügen. Nachdem sie ihre Vorherrschaft über die Adria gesichert hatten, schickten die Venezianer Schiffe direkt ins Heilige Land – diesmal jedoch quasi als Tourismusgeschäft: Sie transportierten nun statt Kreuzfahrer Pilger zu und von den heiligen Stätten.

DER NEID DER GENUESER

Der Marionettenkaiser, den Doge Dandolo auf den Thron von Konstantinopel gesetzt hatte, hielt sich nicht lange: Schon bald verschworen sich die Genueser mit den Byzantinern zum Sturz des venedigfreundlichen Regimes. Als Konstantinopel, oder die davon übrig gebliebenen Teile, Venedig entrissen war, peilten die Venezianer entferntere Gefilde an. Nach der Reise des Venezianers Marco Polo 1271–91 ins Reich der Mitte erstreckten sich Venedigs Handelswege bis hin nach China. Der Startschuss für den Rivalen Genua zum Handel mit der Neuen Welt sollte noch auf sich warten lassen, und so warf Genua ein neidisches Auge auf Venedigs Gewürz- und Seidenstraßen.

1372 kam es schließlich zwischen Genua und Venedig zum Streit über einen Vorfall auf Zypern. Es folgte ein achtjähriger Seekrieg, der Venedig schwer belastete. Zu allem Übel brach in den 1370er-Jahren die Pest in Venedig aus. Genuas Verbündete Padua und Ungarn ergriffen die Gelegenheit und nahmen die venezianischen Hoheitsgebiete auf dem Festland ein. 1379 tauchte eine Genueser Flotte vor dem Lido auf. Die venezianischen Kriegsschiffe des Kommandanten Carlo Zeno befanden sich zur selben Zeit gerade auf Patrouillenfahrt im Mittelmeer, sodass die Stadt ungeschützt einer feindlichen Übermacht gegenüberstand.

Die Genueser jedoch machten einen strategischen Fehler: Statt ins Land einzufallen, versuchten sie die Bevölkerung auszuhungern. Die Venezianer hatten für just diesen Fall genug Korn gespeichert und bauten Tag und Nacht neue Schiffe und Verteidigungsanlagen um die Inseln. Der venezianische Kommandant Vittore Pisani trat mit allen zur Verfügung stehenden Kräften zu einem Gegenangriff auf die Genueser Flotte an – aber seine Truppenstärke reichte nicht aus. Es schien keine Hoffnung mehr für Venedig zu geben, bis am Horizont Schiffe mit der Flagge des Markuslöwen auftauchten: Carlo Zeno war zurückgekehrt. Venedig vertrieb die Genueser, errang wieder die Kontrolle über die Adria und herrschte schließlich über ein Gebiet, das von Dalmatien bis Bergamo reichte.

RATTEN & ERRETTUNG

Venedig war eine nicht zu übersehende Seemacht, und so herrschte in den Häfen täglich reger Schiffsverkehr. Die Schiffe waren beladen mit Seide, Gewürzen und einem unfreiwilligen Im-

1094	1171	1204
Die Basilica di San Marco wird geweiht. Die spektakuläre „Chiesa d'Oro" (Goldene Kirche) des Dogen mit ihren schimmernden Kuppeln aus Goldmosaiken ist ein Symbol die Pracht Venedigs, St. Markus und einer ganzen Schar geschickter, mediterraner Künstler.	Nach einem inszenierten Überfall auf die Genueser in Konstantinopel, der Venedig untergeschoben wird, befiehlt Byzanz die Verhaftung aller Venezianer im byzantinischen Reich. Die Atmosphäre rund um die Adria wird merklich kühler.	Der Doge Dandolo führt eine venezianische Flotte, die eigentlich fränkische Kreuzritter zum Vierten Kreuzzug transportieren soll, auf einen Abstecher nach Konstantinopel. Dort metzeln venezianische Truppen die Bevölkerung nieder und plündern die Stadt, um dann mit reicher Beute nach Venedig zurückzukehren.

TRENDSETTER & UNRUHESTIFTER: VENEZIANER, DIE GESCHICHTE MACHTEN

Doge Marin Falier (1285–1355)

Vorfall Der hitzköpfige Doge war acht Monate an der Macht. Offenbar als Reaktion auf einen venezianischen Höfling, der anscheinend einen Witz auf Kosten Marin Faliers gemacht hatte, plante der Doge, in einem Staatsstreich den Großen Rat zu stürzen. Informationen sickerten durch, er wurde verhaftet und in der gleichen Stunde enthauptet. **Folgen** In der Sala del Maggior Consiglio des Palazzo Ducale ist das Porträt des Dogen Falier geschwärzt. Sein Sarg wurde geleert und als Waschtrog in Venedigs Krankenhaus benutzt. Der vereitelte Umsturz diente dem venezianischen Geheimdienst als Rechtfertigung für den Consiglio dei Dieci (Zehnerrat), der die Venezianer zum Ausspionieren ihrer Nachbarn anhielt.

Isotta Nogarola (ca. 1418–1466)

Vorfall Das in Verona geborene begabte Mädchen korrespondierte auf Lateinisch mit Renaissancephilosophen. Seine Schriften wurden in Rom und Venedig veröffentlicht. Ein neidischer anonymer Kritiker griff öffentlich intellektuelle Frauen an, behauptete, „eine wortgewandte Frau sei niemals keusch" und beschuldigte Nogarola 1439 des Inzests. Venezianische Gelehrte verteidigten die junge Frau, und sie setzte ihre Korrespondenz mit führenden Humanisten fort. **Folgen** Zusammen mit dem venezianischen Diplomaten Ludovico Foscarini veröffentlichte Nogarola 1453 eines der frühen einflussreichen feministischen Traktate Europas, ein Dialog, der geltend machte, dass Adam und Eva gemeinsam für die Vertreibung aus dem Paradies verantwortlich und Männer und Frauen daher gleichwertig seien.

Paolo Sarpi (1552–1623)

Vorfall Als der Papst 1606 die Republik Venedig wegen Missachtung römischer Anweisungen exkommunizierte, verteidigte der Servitenmönch Paolo Sarpi Venedigs „gottgegebenes" Recht auf eine eigenständige Regierung. Unter Sarpis Führung befahl Venedig den Kirchen, die Exkommunizierung zu ignorieren. Venezianische Ordensgemeinschaften, die

portgut: Ratten voller Flöhe, die, was damals noch niemand wusste, die Beulenpest übertrugen. 1348 brach die Pest aus, als sich die Stadt immer noch von einem Erdbeben erholte, das Häuser zerstört und den Canal Grande entwässert hatte. Bald starben täglich bis zu 600 Menschen, und auf den Kanälen ertönte von den Barkassen der Leichenbestatter der jammervolle Ruf: „*Corpi morti! Corpi morti!*" (Gebt eure Toten heraus!). Innerhalb eines Jahres war über ein Drittel der Bevölkerung Venedigs verstorben.

In jener Zeit war nicht bekannt, wie sich die Krankheit verbreitete. Venedig jedoch ergriff eine beispiellose Maßnahme und ernannte drei Gesundheitsbeamte, um die Krise in den Griff zu bekommen. Es stellte sich heraus, dass Ausbrüche stets mit der Ankunft von Schiffsladungen zusammenfielen. Also beschloss Venedig 1403 Vorsichtsmaßnahmen und leitete alle Schiffe aus infizierten Gegenden zu einer Insel namens Lazaretto am Rand der Lagune um. Bevor irgendein Schiff die Stadt anlaufen durfte, musste es sich einer Inspektion unterziehen. Die Passagiere wurden dazu angehalten, eine *quarantena* abzuwarten, einen 40-tägigen Zeitraum, um sicherzugehen, dass keine Symptome der Pest auftraten. Damals entstand also die erste Quarantänestation der Welt, und Venedig konnte die Ausbrüche durch diese frühen Vorsorgemaßnahmen auf ein Minimum reduzieren.

Während die Pest auf dem italienischen Festland vor 1500 noch weitere 50-mal ausbrach, schien Venedig auf wundersame Weise verschont zu bleiben. Die Gläubigen der Stadt schrieben

1271	ca. 1295	1297
Die Kaufmänner Nicolò und Matteo Polo machen sich mit Nicolòs 20-jährigem Sohn Marco auf nach Xanadu, dem Hof von Kublai Khan. Die Polos machen in Asien mit Schmuckhandel ein Vermögen.	Nach seiner Rückkehr nach Venedig landete Marco Polo den wahren Volltreffer: er veröffentlicht seine Memoiren. Kritiker behaupten, seine Geschichten wären übertrieben. Aber das hindert die Leser nicht daran, sich auch in den nächsten 700 Jahren mit ihnen zu vergnügen.	Venedig beendet die konstitutionelle Monarchie und löst den Großen Rat auf. An der neuen Versammlung dürfen nun nur noch Venezianer aus dem Adel teilnehmen – bis Venedig unter Geldmangel leidet und Kaufleuten erlaubt, Adelstitel zu kaufen.

keine Messe mehr lasen, wurden geschlossen und ihr Besitz beschlagnahmt. Die Exkommunizierung wurde ein Jahr später aufgehoben. **Folgen** Sechs Monate nach Roms Widerruf griffen auf dem Campo Santa Fosca fünf Meuchelmörder Sarpi mit Messern an und flohen danach in päpstliches Hoheitsgebiet. Sarpi überlebte und schrieb weitere 13 Jahre lang juristische und wissenschaftliche Traktate. Venedig stellte zu Ehren Scarpis am Schauplatz des versuchten Mordanschlags ein Denkmal auf (s. S. 165).

Sara Copia Sullam (1592–1641)

Vorfall Sullam war eine führende jüdische Intellektuelle, die in den literarischen Salons der Accademia degli Incogniti in Venedig ein- und ausging und für ihre Dichtkunst und geistreiche Korrespondenz mit einem Mönch in Modena bewundert wurde. Ein Kritiker beschuldigte sie, die Unsterblichkeit der Seele zu leugnen, eine Ketzerei, die unter der Inquisition mit dem Tod bestraft wurde. Sullam antwortete darauf mit einer in zwei Tagen verfassten Abhandlung über die Unsterblichkeit; ihr Manifest wurde zum meistverkauften Buch jener Tage. **Folgen** Sullams Schriften gelten noch immer als Schlüsselwerke der frühen italienischen Literatur. Ihr Werk trug dazu bei, der jüdischen Gemeinde Venedigs in der Öffentlichkeit mehr Präsenz zu verschaffen.

Daniele Manin (1804–1857)

Vorfall Als der junge venezianische Rechtsanwalt den österreichischen Herrschern Reformen vorschlug, wurde er wegen Hochverrats verhaftet. Am 22. März 1848 von seinen Landsleuten befreit, führte er deren Aufstand an. Manin wurde zum Präsidenten von Venedig erklärt. Unter seiner Regierung überstand die Republik 17 Monate lang österreichischen Beschuss, Hunger und Cholera. Manin handelte günstige Kapitulationsbedingungen aus, darunter Straferlass für alle Venezianer außer für ihn selbst. **Folgen** Manin ging nach Frankreich ins Exil, wo er für ein unabhängiges Italien eintrat. Er selbst erlebte die Erfüllung seines Traums nicht mehr, aber sein Leichnam wurde 1868 nach Venedig für ein Staatsbegräbnis zurückgebracht. Die Via Lunga XXII Marzo (Straße des 22. März) erinnert heute an den Aufstand von Venedig.

ihre Errettung göttlicher Vorsehung zu und bauten zum Dank zwei prachtvolle Kirchen: die Chiesa del Redentore (Erlöserkirche) und die Chiesa di Santa Maria della Salute (Kirche der hl. Maria der Gesundheit). Die Bruderschaft des San Rocco, des Schutzheiligen der Pestkranken, gewann an Popularität und gab eines der großartigsten Meisterwerke der Stadt in Auftrag: die Wandgemälde Tintorettos für die Scuola Grande di San Rocco (S. 90).

KULTURELLE TOLERANZ & GEHEIMDIENSTE

Wie ihr Wahrzeichen, die Basilica di San Marco, war das venezianische Reich außerordentlich kosmopolitisch. Venedig hatte ein Händchen dafür, Neuankömmlinge jeglicher Nation und jeglichen Glaubens zu Handelspartnern mit gemeinsamem Credo zu machen: Solange jeder zu Geld kommt, spielen kulturelle Grenzen keine Rolle. Armenier, Türken, Griechen und Deutsche lebten am Canal Grande Tür an Tür, und jüdische Flüchtlinge und andere in Europa verfolgte Gruppen ließen sich in bereits bestehenden Gemeinden in Venedig nieder.

Der Handel sorgte für eine gemeinsame Grundlage. Auf dem Gipfel der Seemacht bauten die 16 000 Arbeiter in 300 Werften im Arsenale pro Tag eine Galeere. Mitte des 15. Jhs. war Venedig dank der Handelsmacht eingehüllt in goldene Mosaiken, raschelnde Seide und Weihrauch, der die blubbernden schwefligen Gerüche, die ein Lagunenreich

1310	1348–49	1444
Als sich im Adel rebellische Tendenzen bemerkbar machen, wird ein vorübergehender Sicherheitsdienst, der Consiglio dei Dieci (Zehnerrat) einberufen, um die Lage in den Griff zu bekommen. Er bleibt für fast fünf Jahrhunderte im Amt und regiert Venedig praktisch für 200 Jahre.	Eine verheerende Pestepidemie bricht in Venedig aus und als Folge der Krankheit sterben über 60 % der Bevölkerung.	Die zweite Rialtobrücke bricht unter den Zuschauern zusammen, die eine Hochzeitsflotille auf dem Canal Grande beobachten. Nach abgewiesenen Entwürfen von Palladio und Michelangelo baut Antonio da Ponte 148 Jahre später eine spektakuläre neue Steinbrücke, die die geplanten Kosten allerdings gewaltig überschreitet.

DIE FEHDE & DIE BULLE

Ende des 16. Jhs. ging das Gerücht um, dass Kardinal Camillo Borghese mit dem venezianischen Gesandten in Rom, Leonardo Donà, im Streit lag, seit die beiden in den römischen Hallen der Macht aneinandergeraten waren. Der Kardinal fauchte, dass er, wäre er Papst, die gesamte venezianische Bevölkerung exkommunizieren würde. Die Antwort Donàs: „Und ich würde mich einen Pfifferling um die Exkommunizierung scheren."

Wie das Schicksal es wollte, waren der Kardinal und der Gesandte 1606 jeweils zu Papst Paul V. und zum Dogen aufgestiegen. Rom hatte Venedigs Forderung nach einem gewissen Maß an Kontrolle über kirchliche Angelegenheiten nie anerkannt. Als Venedig geltend machte, dass Kirchenerweiterungen innerhalb der Stadt per Gesetz genehmigt werden müssten, erließ Papst Paul V. eine päpstliche Bulle zur Exkommunizierung Venedigs. Wie versprochen widersetzte sich Doge Donà dieser Bulle und befahl allen Kirchen auf venezianischem Boden, ihre Pforten geöffnet zu lassen. Jede Kirche, die der Bulle gehorchte, würde permanent geschlossen, ihr Besitz konfisziert und die Geistlichen aus Venedig vertrieben.

Der venezianische Mönch und Philosoph Paolo Sarpi (s. Kasten S. 30) trat überzeugend für Venedig ein und behauptete, dass Venedigs Recht auf Selbstbestimmung direkt von Gott käme, nicht von Rom. Bevor die Exkommunizierung der Kirche in Venedig weitere Verluste in puncto Ansehen oder finanzieller Art bescheren oder Sarpis Argumentation weitere katholische Geltungsbereiche überzeugen konnte, widerrief Papst Paul V. seine Bulle.

mit sich bringt, überdeckte. Bei Handelsstreitigkeiten oder anderen Fehden zwischen Nachbarn bewahrte La Serenissma dank eines ausgefeilten politischen Systems aus Kontrollen, Machtausgleich und verwickelten Verfahren zur Dogenwahl den Frieden. Der Doge führte den Vorsitz über Ratsangelegenheiten.

Unter dem roten Samtmäntelchen der herrschenden Elite verbarg Venedig jedoch eine eiserne Hand. Venedigs undurchsichtiger Geheimdienst, der Consiglio dei Dieci (Zehnerrat), durchkreuzte Verschwörungen mittels einer Heerschar von Spionen in ganz Venedig und auch in wichtigen europäischen Städten. Die Herrschenden hatten auch keine Skrupel, die eigenen Bürger zu bespitzeln, um die Machtverhältnisse im Gleichgewicht zu halten. Prozesse, Folter und Hinrichtung fanden meist im Geheimen statt. Im Vergleich mit den Nachbarn blieb Venedig jedoch eine Oase der Toleranz.

Manchmal statuierte der Zehnerrat ein Exempel an Gesetzesbrechern. Denunzierungen von Übeltätern wurden an das Tor des Palazzo Ducale genagelt und in der venezianischen Presse veröffentlicht – und wenn durch diese Aktionen die Botschaft nicht deutlich genug wurde, befahl der Zehnerrat die Züchtigung oder Enthauptung jener Personen, die eines Verbrechens gegen den Dogen schuldig waren. Abgeschlagene Köpfe wurden auf Säulen vor dem Palazzo Ducale und diverse Körperteile in den *sestieri* (Stadtvierteln) für exakt drei Tage und vier Nächte ausgestellt – bis sie zu stinken begannen.

FREUNDLICH, ABER GNADENLOS

Wie sich herausstellen sollte, gehörten verfaulende Köpfe zu den geringsten Problemen Venedigs. Auch wenn Konstantinopel von den Venezianern geplündert worden war oder sich mit Genua gegen Venedig verbündet hatte: Krieg hinderte die beiden Seemächte über Jahrhunderte hinweg nicht daran, miteinander einen blühenden Handel zu treiben. Als Konstantinopel 1453 an die Osmanen fiel, setzte sich der Handel mit Venedig reibungslos fort. Die rivalisierenden Mächte schienen sich recht gut zu verstehen; die venezianische Sprache war im östlichen Mittelmeerraum weit verbreitet und wurde in Dalmatien bis ins 19. Jh. benutzt.

1492	1494	1498
Die Neue Welt des Genuesers Cristoforo Colombo ist der Auftakt für das Zeitalter der Entdeckungen – und für Venedigs langen Marsch in die Bedeutungslosigkeit.	Aldo Manuzio begründet Venedigs Aldine Press, die Kursivschrift und preiswerte Taschenbücher einführt. Venedigs literarischer Ruf erlebt einen Aufschwung. 1500 wird nahezu jedes sechste Buch in Europa in Venedig gedruckt.	Der portugiesische Seefahrer Vasco da Gama segelt um das Kap der Guten Hoffnung. Der transatlantische Handel lässt viele mediterrane Kaufleute außen vor.

Die diplomatischen Beziehungen mussten jedoch auch ein paar heikle Momente verkraften: Beide Seiten nahmen regelmäßig Kriegsgefangene, die sie selten freiließen. Die Gefangenen wurden üblicherweise zur Knechtschaft und/oder Konvertierung gezwungen. 1428 begründete Venedig ein spezielles Gefängnis in Dorsoduro zur Konvertierung gefangener muslimischer Türkinnen zum Christentum. Die Osmanen hielten Venezianer eher als Geiseln für Lösegeld, was sich aber nicht immer als profitabel erwies. Venedig stellte zwar 1586 offiziell Sammelkisten in Kirchen für das Gefangenenlösegeld auf, aber die meisten davon blieben leer.

Als 1571 Süleyman der Prächtige Zypern einnahm, sah Venedig die eigene Seemacht bedroht und verbündete sich mit dem Kirchenstaat, mit Spanien und sogar mit dem Erzrivalen Genua, um den osmanischen Sultan in Schach zu halten. Im gleichen Jahr vertrieb eine gewaltige Flotte der Verbündeten (die meisten Schiffe stammten aus Venedig) die Türken aus Lepanto in Griechenland. Sebastiano Venier und seine venezianische Flotte kehrten mit 100 türkischen Frauen als Kriegstrophäen zurück.

Der Legende nach sollen die Türken nach Einnahme der Insel Paros auch Cecilia Venier-Baffo gefangen genommen haben. Sie war anscheinend eine illegitime Tochter aus dem venezianischen Adelshaus Venier, eine Nichte des Dogen und vermutlich eine Kusine Sebastianos (der in Lepanto kämpfte). Cecilia wurde die Lieblingsfrau des Sultans Salim II. in Konstantinopel (mittlerweile Istanbul genannt). Als er 1574 starb, übernahm sie die Herrschaft als Sultana Nurbani (Prinzessin des Lichts), war Mutter und Regentin von Sultan Murad III. und ergebene Brieffreundin der englischen Königin Elisabeth I. und von Katharina von Medici in Frankreich. Dem Historiker Alberto Toso Fei zufolge begünstigte die Sultana die venezianischen Interessen derart, dass der venezianische Senat besondere Mittel bereitstellte, um ihre Wünsche nach venezianischen Spezialitäten zu erfüllen, ob nun Schoßhunde oder goldene Kissen. Genua war über diese Günstlingswirtschaft keineswegs erfreut. 1582 wurde sie vergiftet, mutmaßlich von Genueser Attentätern.

DAS ZEITALTER DER DEKADENZ

Während Italiens Stadtstaaten sich noch gegeneinander verschworen, begannen politisch-strategische Heiraten die Bündnisse zwischen Frankreich, England und dem Habsburger Reich zu festigen. Da sich Venedigs Einfluss gegenüber den europäischen Großstaaten auf dem Sinkflug befand und die Stadt das Meer an Piraten und Osmanen verloren hatte, schlugen die Venezianer einen anderen Kurs ein und eroberten Europa mit Charme.

Venedigs Hauptattraktionen waren Feste, Musik, Kunst und Frauen, nicht unbedingt in dieser Reihenfolge. Nonnenklöster in Venedig hielten Soirees, die jenen in den *ridotti* (Salons) gleichkamen, und der Karneval wurde bis zu drei Monate lang gefeiert. Claudio Monteverdi bekam 1613 das Amt des Chorleiters von San Marco und führte mehrstimmige Harmonien und historische Opern mit populären tragikomischen Szenen ein. Durch Monteverdis neuen modernen Stil setzte sich die Oper durch: Ende des 17. Jhs. präsentierte die Stadt 30 verschiedene Opern in einer Saison, darunter zehn brandneu komponierte.

Die vielen neuen Orchester brauchten Musiker, ein Problem, für das Venedig eine schlaue Lösung hatte: Waisenmädchen. Die Umstände sorgten für eine beispiellose Zahl von venezianischen Waisen: Da gab es zum einen Pest und Quacksalbermedizin, zum anderen skandalöse Maskenbälle und eine blühende Prostitution. Die *ospedaletti*, die Waisenhäuser, wurden üppigst von anonymen Spendern finanziert, und die großen Barockmusiker Antonio Vivaldi und Domenico Cimarosa traten als Konzertmeister der Waisenorchester (s. Kasten S. 116) hervor.

1508	1630	1678
Das Heilige Römische Reich, der Kirchenstaat, Spanien und Frankreich verbünden sich in der Liga vom Cambrai gegen Venedig – aber da Venedig nebenbei ohnehin andere Bündnisse sucht, bleibt die norditalienische Landkarte trotz achtjährigem Krieg nahezu unverändert.	Die Pest schlägt erneut zu und tötet in 16 Monaten ein Drittel der Bevölkerung. Da nur noch wenige führende Persönlichkeiten übrig bleiben, erlaubt die Versammlung reichen Venezianern, sich in das Goldene Buch des Adels einzukaufen.	Die venezianische Gelehrte Eleonora Lucrezia Corner Piscopia ist die erste Frau mit einem Universitätsabschluss. Sie erhält den Titel Doktor der Philosophie an der Universität Padua – und eine Plakette nahe dem Rathaus Venedigs.

DER FÜRST DER LÜSTE

Nie wurde ein Hedonist zu einer günstigeren Zeit und an einem passenderen Ort geboren. Das Venedig des 18. Jhs. hatte sich vom beschwerlichen Geschäft als Seemacht zurückgezogen und war auf dem besten Weg, zur Vergnügungshauptstadt Europas zu werden. Giacomo Casanova wurde 1725 in diese dekadente Halbwelt hineingeboren. Als Kind war er sich selbst überlassen und entwickelte sich, als er in Padua Recht studierte, zum Spieler und angehenden Lebemann. Mit 17 machte er seinen Abschluss und nahm eine kirchliche Stellung in Venedig an. Doch Casanovas vorrangige Karriere wurde bald die des Abenteurers, mit kleinen Nebenbeschäftigungen wie die Abfassung von Liebesbriefen für Kardinäle, blendenden Auftritten in einer Militäruniform und miserablem Geigenspiel in einem Orchester aus Trunkenbolden. Sein Charme sorgte für offene Türen in den Häusern reicher Gönner – und in den Schlafzimmern von deren Frauen, Geliebten und Töchtern.

Venedig war eine lasterhafte Stadt, aber einige politische Tabus galten wie immer. Casanovas Eskapaden mögen zwar Ehen gefährdet haben, aber seine Flirts mit dem Freimaurertum und verbotenen Büchern wurden als staatsbedrohend betrachtet. Nach einem vergnüglichen Abend zu viert mit dem französischen Gesandten und zwei Nonnen wurde Casanova unter der nebulösen Anklage des „Frevels gegen die Religion" verhaftet und in die Piombi, das gefürchtete Dachgefängnis im Palazzo Ducale, geschleppt. Verurteilt zu fünf Jahren in einer drückend heißen, von Flöhen befallenen Zelle beschwerte sich Casanova bitterlich und schnitt eine Fluchtluke durch den Holzboden. Aber just als er fliehen wollte, ließ ihn ein mitfühlender Wächter in eine komfortablere Zelle bringen. Aber Casanova ersann bald einen Plan B: Er entkam durch das Dach seiner neuen Zelle, betrat den Palast und zog am Morgen beiläufig an den Wachen vorbei.

Casanova floh aus Venedig, um sein Glück in Paris zu machen, wo er kurze Zeit als französischer Spion diente. Aber seine außerberuflichen Gewohnheiten bereiteten ihm jede Menge Ärger: In Deutschland ging er Pleite, in Polen überlebte er ein Duell, er zeugte mehrere Kinder (möglicherweise auch ein Kind mit einer seiner Töchter), und in England steckte er sich mit Geschlechtskrankheiten an. In seinem späteren Leben kehrte er als Berühmtheit nach Venedig zurück. Er ließ sich von der Regierung als Spion einsetzen, wurde aber wegen der Veröffentlichung einer Satire auf den Adel verbannt. Er endete als Bibliothekar in einer abgelegenen Burg in Böhmen, wo ihn die Langeweile schließlich zur Abfassung seiner Memoiren trieb. Letztendlich, so folgerte er, könne er behaupten: „Ich habe gelebt."

Der venezianische Staat übernahm die Versorgung und die musikalische Ausbildung der Waisenmädchen, die wiederum ihren Unterhalt durch öffentliche Konzerte und Wohltätigkeitsgalas der *ospedaletti* verdienten. Fremde Würdenträger, denen ein Waisenkonzert gegeben wurde, erhielten den guten Rat, den Waisen Trinkgelder zu geben: Man wisse nie, wessen uneheliche Tochter sonst beleidigt würde.

Die feine Gesellschaft verschenkte als modernes Zeichen ihrer Wertschätzung Schnupftabakdosen und von venezianischen Künstlern gemalte Porträts. Salonlöwen in ganz Europa gewöhnten sich an den Anblick mythologischer und biblischer Themen, die im sinnlichen venezianischen Stil und mit der unverkennbaren Stadt am Wasser als Hintergrund gemalt wurden. Auf den Fresken an den barocken Kirchendecken Venedigs spielen Engel auf Lauten und Trompeten himmlische Musik – Instrumente, die von Rom offiziell in den Kirchen verboten waren. Mit Tizian und Veronese wurde venezianische Kunst ungeheuer wagemutig: Die Maler gaben den vertrauten religiösen Themen eine erotische Färbung und listige Gesellschaftskritik.

Die Kirchenobrigkeit war über die venezianischen Eskapaden keineswegs erfreut. Rom tadelte Venedig wiederholt für die Darstellung heiliger Motive in weltlichem venezianischen Licht und für fröhliches Musizieren in den Kirchen. Derartige Mahnungen wurden in Venedig jedoch weitgehend ignoriert. Als Rom schließlich wieder einmal eine offizielle Rüge erteilte, beschloss der venezianische Staat zu reagieren: Venedig veranlasste 1767 eine offizielle Wirtschaftsprüfung

1703–40	1718	1807
Antonio Vivaldi dient als Kapellmeister in der Pietà, wo er unterrichtet und Hunderte Konzerte für die Orchester von Waisenmädchen komponiert. 1709 wird er entlassen, aber zu Venedigs großer Ehre schnell wieder eingestellt.	Venedig und Österreich schließen mit dem Osmanischen Reich den Frieden von Passarowitz und teilen unter sich die besten Küstengebiete auf. Dem einst mächtigen Venedig überlassen sie lediglich symbolisch die Kontrolle über die dalmatinische Küste und ein paar ionische Inseln.	Napoleon vertreibt Ordensgemeinschaften in Venedig, um Widerspruch zu ersticken. Der Widerstand setzt sich jedoch bis zur Unabhängigkeit fort, nach der einige Kirchen wieder geweiht werden. Viele von ihnen sind bis heute stillgelegt und dienen lediglich als Archive oder Touristenattraktionen.

über 11 Mio. Golddukaten, die in der vorigen Dekade als Steuergelder an Rom gegangen waren, und beschloss den Schaden zu begrenzen: 127 Klöster und Abteien wurden in Venetien umgehend geschlossen. Dadurch halbierte sich die Anzahl der Geistlichen, und Millionen Dukaten konnten in die Staatskasse Venedigs umverteilt werden.

ROTE LICHTER, WEISSE WITWEN & GRAUZONEN

Die römische Geistlichkeit kritzelte noch immer blindwütig ihre Missbilligungen, als venezianische Trends klammheimlich die Salons in Europa eroberten und die *palazzi* (Paläste) am Canal Grande und die venetischen Villen an der Brenta zu Tummelplätzen der europäischen Hautevolee wurden.

Die verschwenderische Kleidung, die wahnwitzigen Plattformschuhe von bis zu 50 cm Höhe und die maskulinen Haartollenfrisuren der venezianischen Frauen schockierten den europäischen Adel, der die Stadt besuchte. Venedig schließlich fühlte sich genötigt, ein Luxusgesetz einzuführen, das Frauen verbat, männliche Frisuren und protzige Juwelen auf tiefen Dekolletés zu tragen. Venezianische Damen beschwerten sich beim Dogen und beim Papst mit dem Ergebnis, dass die Einschränkungen zurückgenommen wurden.

Gegenüber den rückläufigen Einnahmen aus dem Seehandel und des Wertverlusts des venezianischen Dukaten im 16. Jh. brachten die Freudenhäuser Venedigs viel zu viel wertvolles ausländisches Geld ein, um sie zu verbieten. Stattdessen entschied sich Venedig für Regulierung und Besteuerung. Anstatt in den finsteren Straßen im Rialto alle Hüllen fallen zu lassen, durften die Prostituierten im Handelsgüter nur in Fenstern von der Taille aufwärts präsentieren oder auf dem Fensterbrett sitzend ihre nackten Beine zeigen. Venedig schrieb vor, dass die Damen der Nacht in Gondeln mit roten Lichtern zu fahren hätten, um sich von den Edelfrauen zu unterscheiden, die sich zunehmend wie Prostituierte kleideten. Ende des 16. Jhs. gab es in der Stadt 12 000 registrierte Prostituierte, die buchstäblich ein Rotlichtviertel bildeten. Heute kündigen rote Lichter meist nur eine Baustelle an, aber einen Hauch jener Zeit vermittelt ein dekadentes Abendessen im Antiche Carampane (Alte Straßenmädchen; s. S. 202) nahe der Ponte delle Tette (Tittenbrücke).

Jenseits der roten Lichter rund um die Rialtobrücke trafen Besucher des 16. bis 18. Jhs. auf ausgedehnte Grauzonen der venezianischen Sitten. Venedigs „ehrbare" Kurtisanen, alles andere als von der feinen Gesellschaft verfemt, wurden weithin als Dichterinnen, Musikerinnen und als Stilikonen bewundert (s. Kasten S. 36). Da sich im 16. bis 18. Jh. freigeistige, finanziell unabhängige venezianische Frauen Liebhaber erlaubten und üppige Geschenke von Verehrern annahmen, war der Begriff *cortigiana* (Kurtisane) in gewisser Weise verwässert. Historiker diskutieren noch immer, wovon die intellektuelle Venezianerin Gaspara Stampa (ca. 1523–54), lebte. Sie war berühmt als Lautenspielerin, Gastgeberin literarischer Salons und Verfasserin von Liebessonetten, die unverblümt ihren Liebhabern gewidmet waren. Venedigs „weiße Witwen", deren Ehemänner monate- oder jahrelang auf See waren, nahmen sich gut aussehende *cicisbei* (Diener), um ihre Bedürfnisse zu befriedigen. Nicht ganz zufällig verfielen venezianische Damen gelegentlich einem plötzlichen religiösen Eifer mit anschließender dreimonatiger Abgeschiedenheit.

Auf den winterlichen Maskenbällen und im Karneval brach der venezianische Adel unter Masken und Umhängen aus der Langeweile der Salons und der Amtspflichten aus und sorgte für genug Klatsch, bis die Sommersaison in den Villen von Riviera Brenta neue Skandale lieferte. Einige Venezianer ließen die Maske der Schicklichkeit gleich ganz fallen, lebten mit ihren

1846	1848	1866
Der erste Zug überquert die neue Eisenbahnbrücke zwischen Venedig und dem Festland. Die Großtat präsentiert sich jedoch bittersüß: Kirchen werden für den Bahnhof abgerissen, die Züge transportieren noch mehr österreichische Besatzungssoldaten, und die Venezianer zahlen die Zeche.	Daniele Manin führt einen Aufstand gegen die Österreicher an und erklärt Venedig wieder 17 Monate lang zur Republik. Die Österreicher nehmen die Stadt 1849 erneut ein, und die Venezianer bleiben für die nächsten 17 Jahre unter der ziemlich unberechenbaren österreichischen Herrschaft.	Venedig und Venetien treten dem neuen Königreich Italien bei. Die Einigung Italiens ist damit aber nur fast vollbracht: Rom, mit dem Kirchenstaat, das größte Hindernis der italienischen Einheit, wird erst 1870 zur Hauptstadt Italiens ernannt.

VENEDIGS „EHRBARE KURTISANEN"

Hoch gelobt, hoch bezahlt und sogar hoch verehrt: Venedigs *cortigiane oneste* waren keine gewöhnlichen Dirnen. Eine „ehrbare Kurtisane" verdiente ihren Titel nicht durch anständige Preise, sondern weil sie mit Stil, Bildung und Verstand für zusätzliche Qualitäten sorgte, die auch auf ihre Kunden ein gutes Licht warfen. Sie waren nicht immer schön oder jung, doch von den *cortigiane oneste* wurde Bildung erwartet, um ihre Verehrer mit Dichtung, Musik, philosophischem Tiefgang und treffender Gesellschaftskritik betören zu können. Im 16. Jh. scheuten manche venezianische Familien mit beschränkten Mitteln keine Kosten für die Bildung ihrer Töchter: Abgesehen von vorteilhaften Heiraten oder anständigen Berufen konnten gebildete Frauen auch *cortigiane oneste* werden und einen Preis verlangen, der um das 60-fache höher lag als jener der durchschnittlichen *cortigiana di lume* (wörtlich „Kurtisane der Laterne" bzw. Straßenmädchen).

Ihren Beruf verbargen sie keineswegs in versteckten Gassen. 1565 erschien ein Katalog, der 210 von Venedigs *„piu ho-norate cortigiane"* (höchst ehrbare Kurtisanen) auflistete. Er nannte auch Adressen und geltende Preise, die direkt dem Diener, der Mutter oder gelegentlich auch dem Ehemann zu zahlen waren. Eine *cortigiana onesta* konnte sich in der venezianischen Gesellschaft als anerkannte Geliebte eines oder mehrerer ergebener Verehrer bewegen. Diese bezahlten sie für das Privileg ihrer Gesellschaft anstatt für geleistete Dienste, und das eher mit einer Apanage und nicht mit Stundenlohn. Bei seltenen Gelegenheiten konnte ihr ein besonders gelungenes Liebessonett auch Gefälligkeiten einbringen. Syphilis war ein Berufsrisiko, und so wurden für sie che Kurtisanen spezielle Hospize eingerichtet.

Die teuerste Kurtisane im Katalog von 1565 war Veronica Franco (1546–91), die Tochter einer *cortigiana onesta*. Sie war mit einem reichen Arzt verheiratet und wurde in jungen Jahren Mutter. Doch mit 20 verließ sie ihre stürmische Ehe, um Kurtisane zu werden. Als sie 30 Jahre alt war, gehörte auch König Heinrich III. von Frankreich zu ihren exklusiven Kunden. In dieser Zeit veröffentlichte sie einen vielgepriesenen Band mit ihren Gedichten. Als sie 1575 wegen eines Pestausbruchs aus der Stadt floh, wurde ihr Haus geplündert. Sie kehrte zwei Jahre später in die Stadt zurück, um für ihre sechs Kinder und verwaisten Verwandten zu sorgen, wurde aber von der Inquisition der Hexerei beschuldigt. Die Franco verteidigte sich erfolgreich und veröffentlichte 1580 rund 50 ihrer Briefe (darunter zwei Sonette an Heinrich III.). Mit den Erlösen gründete sie eine Wohlfahrtseinrichtung für Kurtisanen und ihre Kinder.

Geliebten das ganze Jahr über offen zusammen und erkannten illegitime Erben in ihren Testamenten an. Im 18. Jh. kümmerten sich knapp 40 % der venezianischen Edelleute gar nicht mehr um eine förmliche Eheschließung, und die häufigen Eheannullierungen in Venedig schockierten sogar französische Höflinge.

AUFSTÄNDE

Als 1797 Napoleon eintraf, war Venedigs Bevölkerung durch Pest und andere Ursachen von 175 000 auf knapp 100 000 Menschen gesunken. Ihr Ruf als feierfreudiges Völkchen hielt die Franzosen und Österreicher keineswegs davon ab, die Stadt und ihre Bewohner als Kriegstrophäe hin- und herzuschieben. Venedig erklärte sich im Krieg zwischen Frankreich und Österreich als neutral, was aber auf Napoleon keine Wirkung hatte. Venezianische Kriegsschiffe konnten zwar ein französisches Schiff am Lido abwehren, doch als Napoleon klarmachte, dass er die Stadt bei Widerstand zerstören würde, verfügte der Maggior Consiglio (Große Rat) das Ende der Republik. Der Doge legte seine Amtsmütze ab und erklärte: „Ich werde sie nicht mehr benötigen". So viel Feigheit erboste die aufständischen Bürger, aber französische Truppen erstickten den Aufruhr und plünderten anschließend systematisch die Stadt.

Napoleon beherrschte Venedig zwar im Verlauf von etwa elf Jahren nur zeitweilig, aber die Auswirkungen seiner Herrschaft sind noch immer ersichtlich. Er schnappte sich jedes venezia-

1895	1902	1918
Venedig veranstaltet die erste Biennale, um seine Rolle als international stilprägende Stadt wieder geltend zu machen. Andere Nationen werden schließlich zur Beteiligung eingeladen, zunächst jedoch nur vorsichtig – ein provokativer Picasso wird 1910 aus dem Spanischen Pavillon entfernt.	Der Campanile (Glockenturm) von San Marco stürzt plötzlich in sich zusammen. Wunderbarerweise ist das einzige Opfer die Katze des Hausmeisters. 1912 wird eine Kopie des Turms erbaut, der aus Sicherheitsgründen immer noch restauriert wird.	Österreichisch-ungarische Flugzeuge werfen fast 300 Bomben auf Venedig ab, aber sie treffen daneben, weswegen gottlob kaum Schaden oder Opfer zu beklagen sind.

nische Meisterwerk, das nicht niet- und nagelfest war, und vertrieb Ordensgemeinschaften, um Platz für Museen und Trophäengalerien, wie in den Gallerie dell'Accademia und im Museo Correr, zu schaffen. Napoleons Stadtplaner hoben die Beschränkungen für das jüdische Ghetto auf, legten Kanäle trocken und erweiterten die Straßen, um Truppenbewegungen und Beutetransport zu erleichtern. Seine Innenausstatter führten die Mode protziger Goldgesimse und neckischer Grotesken ein. Napoleons Herrschaft über Venedig ging 1814 zu Ende. Zwei Jahre später war ein Viertel der venezianischen Bevölkerung mittellos.

Österreich hatte jedoch große Pläne für Venedig und erwartete von den verarmten Venezianern, dass sie die Rechnung dafür übernahmen. Sie mussten österreichischen Soldaten Unterkunft gewähren, die sich in ihrer Freizeit auf den *campi* (Plätze) mit Stierkämpfen, Biergärten und ihrer neuen Erfindung, dem *spritz* (ein Cocktail aus Prosecco und Bitterlikör), amüsierten. Danach wieder den Weg nach Hause zu finden war in den venezianischen *calli* (Gassen) gar nicht so einfach, also führten die Österreicher Straßennummern ein. Um den Schiffszugang für Truppenverstärkung und Nachschub zu erleichtern, baggerten sie die Einfahrten zur Lagune aus und bauten 1841 eine Eisenbahnbrücke – alles mit venezianischen Arbeitskräften und venezianischen Sondersteuern. Für den Bau des neuen Bahnhofs 1846 wurden *scuole,* Klöster und ein Palast abgerissen.

Ohne Mitspracherecht in der österreichischen Marionettenregierung, stimmten viele Venezianer mit den Füßen ab: Unter der österreichischen Herrschaft fiel die Bevölkerungszahl von 138 000 auf 99 000 Einwohner. Als 1848 ein junger Rechtsanwalt namens Daniele Manin den Österreichern Reformen vorschlug, wurde er ins Gefängnis geworfen – was zu einem Volksaufstand gegen die Besatzer führte, der 17 Monate dauern sollte (s. Kasten S. 31). Österreich reagierte mit Beschuss und Blockade der Stadt. Im Juli eröffnete Österreich ein 24 Tage andauerndes Geschützfeuer, das ca. 23 000 Granaten auf die Stadt und auf die hungernde und von Cholera geschwächte Bevölkerung niederregnen ließ. Manin konnte schließlich eine Kapitulation mit der Garantie aushandeln, dass die Österreicher keine Vergeltungsmaßnahmen ergriffen. Die Demütigung durch die österreichische Unterdrückung schwärte jedoch weiterhin. Als sich dann 1866 die Gelegenheit bot, stimmten die Menschen Venedigs und Venetiens für den Beitritt zum neuen unabhängigen Königreich Italien unter König Vittorio Emanuele II.

LEBEN IM KRIEG

Im glanzvollen Venedig entwickelte sich im 19. Jh. allmählich ein Alltagsleben. Fabriken entstanden auf der Giudecca und um Mestre und Padua, Textilbetriebe eröffneten um Vicenza und Treviso. Als zunehmend strategisch bedeutsames Industriegebiet wurde Venedig wieder ein attraktives Eroberungsziel. Als jedoch österreichisch-ungarische Truppen auf Venedig zumarschierten, stellten sich ihnen die italienischen Marineinfanteristen in den Weg. Zwei Tage nach der Kriegserklärung Italiens an Österreich 1915 begannen die Luftangriffe auf Venedig, die sich während des ganzen Ersten Weltkriegs bis 1918 fortsetzten. Venedig hatte Glück: Die Bombardierungen verursachten wenig Schäden und kosteten kaum Menschenleben.

Als nach dem Ersten Weltkrieg Mussolini an die Macht kam, setzte er sich zum Ziel, Venetien zu einem modernen industriellen Zentrum und einer faschistischen Modellgesellschaft zu machen – trotz Venedigs berühmten Rufs des Laissez-faire. Mussolini ließ einen Fahrdamm vom Festland nach Venedig bauen und brachte die Provinz somit buchstäblich auf Linie mit dem Rest Italiens. Während auf den Boulevards von Padua Italiens größte faschistische Massenversammlungen mit bis zu 300 000 Menschen stattfanden, trafen sich die Führer der italie-

1933	1948	1966
Mussolini eröffnet die Ponte della Libertà (Freiheitsbrücke) zwischen Mestre und Venedig und schafft somit eine weitere Landverbindung zum Festland. Der 3,85 km lange, zweispurige Damm ist der einzige Zugang nach Venedig mit Auto oder Bus.	Die amerikanische Erbin Peggy Guggenheim trifft in Venedig ein, samt ihren Schoßhunden und begleitet von bedeutenden Künstlern der Moderne. Sie erneuert das Interesse an der italienischen Nachkriegskunst, holt den Futurismus aus dem Faschismus zurück und setzt sich für den venezianischen abstrakten Expressionismus ein.	Fluten in Rekordhöhe verursachen ausgedehnte Schäden und entfesseln Diskussionen über Maßnahmen zum Schutz der lagunenstadt. Venedigs Verehrer aus der ganzen Welt tun sich zusammen, um die Stadt und ihre Schätze vor dem angeschwemmten Schlamm zu retten.

nischen Widerstandbewegung in den Parks Paduas, um Aufstände in ganz Norditalien zu planen. Als sich Mussolinis Einfluss in der Region schwächte, schlossen sich die Partisanen den alliierten Truppen an, um Venetien von den Faschisten zu befreien.

Venedig blieb von den Bombeneinsätzen der Alliierten auf Industrieanlagen auf dem Festland relativ unbeschädigt. 1945 wurde die Stadt von neuseeländischen Truppen befreit. Doch die Massendeportationen der jüdischen Bevölkerung Venedigs von 1943–44 erschütterten die Stadt bis in ihre Grundfesten.

Als sich Venetien nach dem Krieg allmählich wieder erholte, gingen viele Venezianer auf das Festland, nach Mailand und in andere Wirtschaftszentren der Nachkriegszeit. Die legendäre Lagunenstadt schien im Schlamm festzustecken, unfähig, die jüngste Geschichte mit ihrer einstigen Größe in Einklang zu bringen, und ungewiss, was die Zukunft anging.

ACQUE ALTE (HOCHWASSER)

Am 4. November 1966 kam es zur Katastrophe. Fluten in Rekordhöhe strömten in erschreckenden Wellen in 16 000 venezianische Wohnhäuser und ließen die Bewohner in den Trümmern von 1400 Jahren Zivilisation zurück. Doch der kosmopolitische Charakter Venedigs war die Rettung: Hilfe von Verehrern aus aller Welt – von Mexiko bis Australien, von Millionären bis Rentnern – floss in die Stadt, und die Unesco koordinierte 27 Privatorganisationen, um die Flutschäden zu beheben. Fotografien aus jener Zeit (über www.albumdivenezia.it einzusehen) zeigen, wie Venezianer antiquarische Bücher Seite für Seite trocknen und Gondeln Bars ansteuern, um dort für die Hilfswilligen einen *spritz* zu bekommen, der von Barkeepern in hüfthohen Anglerhosen serviert wird.

Venedigs tapfere Haltung gegenüber den *acque alte* könnte die Rettung sein. Heute scheinen die Venezianer mit 60 000 gemeldeten Einwohnern gegenüber den Tagesausflüglern, die diese Zahl locker übertreffen, in ihrer eigenen Stadt eine Minderheit zu sein. Doch trotz düsterer Prognosen ist Venedig noch nicht zu einer karnevalsmaskierten Parodie seiner selbst oder zum untergegangenen Atlantis geworden. Die Stadt zeigt sich noch immer bedeutungsvoll und realitätsbezogen und kreiert auch weiterhin neue Musik, Kunst und Kunsthandwerk, auch wenn sie nach zukunftsfähigen Lösungen für den steigenden Wasserspiegel sucht. Venedig ist noch immer fest verankert, nicht etwa nur durch die alten Pfähle, sondern auch durch die Menschen, die sie in den Schlick gerammt hatten: die Venezianer.

GEGENWART

All die großartigen Paläste, Gemälde und Kirchen wurden von einer Handvoll Venezianer geschaffen. In der gesamten Geschichte Venedigs gab es nur etwa 3 Mio. Venezianer, deren Großeltern bereits dort lebten. Die Bevölkerung hat sich seit 1848 halbiert, und 25 % der Einwohner sind über 65 Jahre alt. Aber auf Venedigs *campi* spielen noch 2000 Kinder fangen, und die lokalen Universitäten halten die Stadt jung und ideenreich. Wenn auf den Hauptverkehrswegen kaum Einheimische zu sehen sind, liegt es daran, dass sie *„andare per le fodere"* vorziehen – „innen entlang gehen" in einer Stadt mit um die 3000 Gassen.

Trotz seines Rufs ist Venedig keine Stadt der reichen Müßiggänger. Die meisten Venezianer leben in Wohnungen, und die 1000 venezianischen Paläste sind heute Hotels oder Pensionen. Die Leute gehen mit bescheidenen Mitteln kunsthandwerklichen Berufen nach, die etwas abseitig klingen: Papiermarmorierer, Glasbläser, Tintenfischfischer. Doch die Venezianer erfinden

1996	2003	2006
La Fenice brennt zum zweiten Mal bis auf die Grundmauern nieder; zwei Elektriker werden schließlich der Brandstiftung für schuldig befunden. Die Stadt baut für 90 Mio. € eine Replik des Opernhauses aus dem 19. Jh., die 2003 fertiggestellt wird.	Nach jahrzehntelangen Auseinandersetzungen setzt Silvio Berlusconi offiziell den Bau des Modulo Sperimentale Elettromeccanico (Mose) in Gang, das katastrophale Fluten infolge des durch den allgemeinen Klimawandel erhöhten Meeresspiegels verhindern soll. Fertigstellung soll 2014 sein.	François Pinault verlegt seine hochkarätige Sammlung zeitgenössischer Kunst in den Palazzo Grassi, der von Tadao Ando umgestaltet wurde. Pinault und Ando bauen 2009 die Lagerhäuser der Punta della Dogana in eine weitere Galerie um.

NOALTRÌ VERSO VOALTRÌ (WIR GEGEN DIE)

Die übliche Outsider-Insider-Trennung sucht man vergeblich im kosmopolitischen Venedig, einer Stadt, deren exzellenter internationaler Geschmack angefangen bei den byzantinischen Mosaiken bis hin zu den Filmfestspielen stets und überall deutlich wird. Eine hochkarätige Kunstsammlung im Gepäck hilft jedoch durchaus bei der Integration, wie Peggy Guggenheim und François Pinault (Besitzer des Palazzo Grassi und der Punta Dogana) feststellten. Aber ein Mogul muss niemand sein, um zu *Venexianàrse*, also „zum Venezianer zu werden". Von den 20 Mio. Venedig-Besuchern pro Jahr bleiben nur etwa 3 Mio. über Nacht. Eine Übernachtung in einer von Einheimischen geführten Pension oder einem Gasthaus bietet die Chance, Venedig unter Venezianern zu erleben. Man kann zwar wie ein Venezianer essen, ein paar Worte Venetisch aufschnappen oder ein venezianisches Kunsthandwerk lernen. Doch die sicherste Methode, die Venezianer für sich einzunehmen, ist Neugier für sie und ihre Stadt zu zeigen. Da die normalerweise eher gehetzten Tagesausflügler selten für einen freundlichen Schwatz innehalten, wird das Bemühen auch mit besonderer Überraschung und Dankbarkeit begrüßt. Schade, dass die anderen 17 Mio. Besucher diese wunderbaren Begegnungen versäumen.

diese Traditionen stets aufs Neue. In winzigen Läden verabeiten Kunsthandwerker Papier zu Handtaschen, Glas zu Schmuck und Babytintenfische zu leckeren *cicheti* (venezianische Barsnacks). Es ist leicht, sich auf vergangenem Ruhm auszuruhen, ihn zu übertreffen, ist unmöglich. Doch wie üblich streben die Venezianer nach dem Unmöglichen.

Auch für die Zukunft bleibt die Erhaltung der Stadt sowohl ein Segen als auch eine Last, für die Region Veneto. Die Steuereinnahmen gehen überwiegend an die Regierung in Rom. Wie die Venezianer gern betonen, subventionieren Steuergelder aus Venedig eigentlich öffentliche Ausgaben in anderen Teilen Italiens, anstatt die erheblichen Kosten für den Erhalt Venedigs zu finanzieren. 2007 versprach die Regierung in Rom, dass Extragelder und Sondergenehmigungen für Venedig bei der Bewältigung des kostenintensiven Massentourismus helfen würden. Doch in der derzeitigen ökonomischen Krise Italiens warten die venezianischen Behörden noch immer darauf. Internationale und gemeinnützige Organisationen haben großzügig Gelder zur Verfügung gestellt, um Venedig über Wasser zu halten. Doch oft gehen deren Zuschüsse an öffentlichkeitswirksame Lieblingsprojekte, die zur Erhaltung von Venedigs Baudenkmälern und Meisterwerken beitragen sollen, anstatt an Projekte, die für das alltägliche Venedig erforderlich sind, wie die Instandhaltung öffentlicher Anlagen oder die Unterstützung einheimischer Kunsthandwerker.

Um die Unterhaltskosten zu decken hat Venedig ein paar umstrittene Maßnahmen ergriffen. So hat die Stadt jüngst die Fahrpreise für öffentliche Verkehrsmittel erhöht und einige Konservierungsgesetze für historische Bauten gelockert. Kettenläden dürfen sich immer noch nicht an den Ufern niederlassen, aber offenbar mangels Finanzen und Urteilsvermögen erlaubte die Stadt Firmensponsoren und der deutschen Werbeagentur Plakativ Media die Verhüllung von Palästen, die gerade restauriert werden, mit eklatant unzeitgemäßen Werbebannern. Es stehen wohl noch mehr solche Banner ins Haus: Im März 2007 verkündete Bürgermeister Massimo Cacciari, dass er für eine neue Brücke, die den knarzenden hölzernen Ponte dell'Accademia ersetzen soll, Sponsoren suche.

Doch ehrgeizige Stadtplaner sehen eine Alternative zu weiteren Werbebannern: die Touristen. Mit einem wachsenden Angebot an Konzerten, Kochkursen, Vernissagen und Veranstaltungen hofft Venedig, mehr Übernachtungsgäste anzuziehen, deren Steuern aus dem Hotel-, Restaurant- und Einzelhandelsgewerbe Venedigs Kostenlast erleichtern könnten. Besucher, die sich die Zeit nehmen für *venexianàrse* (das Leben venezianisch genießen; s. Kasten oben), könnten es Venedig ermöglichen, die lästige Werbeverkleidung abzuwerfen und seinen legendären Zauber zu enthüllen.

DIE EMPFINDLICHE LAGUNE

Mit 400 Brücken, die über mehr als 150 Kanäle 117 Inseln verbinden, ist Venedigs Lage außergewöhnlich – und außergewöhnlich empfindlich. Die Lagune ist eine große, flache Schüssel, durchzogen von schiffbaren Kanälen und versehen mit Meeresgezeiten, die auf die Süßwasserströmungen von einmündenden Alpenflüssen treffen. Der Blick bis zum fernen Horizont lässt die Lagune wie eineen Teil des Meeres wirken. Doch ihr empfindliches Gleichgewicht aus Salz-

und Süßwasser, ihre *barene* (Schlickbänke) und grasbewachsenen Marschen, ihr fester Grund und die Wandersandbänke fördern eine einzigartige Aquakultur. Silberreiher hocken auf Felszungen, in der Pescaria werden Berge von Lagunenkrebsen verkauft, und die Gewässer schimmern in einem verblüffenden Türkisblau. Besucher halten Venedig oft für ein künstliches Wunder, doch die Venezianer reichen das Kompliment an die Lagune weiter, ein Naturwunder, das für seine Anwohner ein Jahrtausend lang gesorgt hat.

Das Leben in der Lagune ist durch einen dünnen Inselbogen vor der Adria geschützt. Das Bollwerk aus schmalen Sandbänken, das sich von Nord nach Süd in einem 50 km langen Bogen zwischen Punta Sabbioni und Chioggia erstreckt, wird von den drei *bocche di porto* (Hafeneinfahrten) durchbrochen, die einen Zufluss der Adria erlauben. Da es nun tiefe Fahrrinnen für den Tankerverkehr mit den Industriegebieten auf dem Festland und für Kreuzfahrtschiffe mit Ziel Venedig gibt, hat die Adria während der jahreszeitlich bedingten *acque alte* (s. unten) mehr Durchlaufraum, um die Lagune zu überschwemmen. Das kommt z. B. vor, wenn der Schirokko Meereswellen in die venezianische Bucht drängt oder wenn *seiche* (Oberflächenwellen) an der Adriaküste sanft abrollen.

Kaum jemand wird wohl bei einem Besuch in Venedig durch einschwappendes Meerwasser stapfen müssen. Extreme Fluten gibt es nur etwa alle drei bis fünf Jahre – aber sie sind dennoch eine Bedrohung für Venedig. Der Salzgehalt der Lagune steigt und zerfrisst die Steinfundamente. An den Uferwegen sind klaffende Löcher entstanden, und die Punta della Dogana musste mit Einspritzbeton verstärkt werden. 2003 begannen die Arbeiten zur Absicherung der Piazza San Marco, einer der tiefsten Punkte der Stadt. Das Ufer wurde um 1,1 m über den Meeresspiegel angehoben und man reparierte die unterirdischen Regenabflüsse. Ingenieure schätzen, dass mit Hilfe der Technologie Venedig einem um 26 bis 60 cm erhöhten Wasserstand im 21. Jh. standhalten könnte – eigentlich eine gute Nachricht, allerdings hat ein internationales Forschungsgremium zum Klimawandel jüngst vorausgesagt, dass der Wasserstand bis zu 88 cm steigen wird.

MOSE ODER NICHT MOSE...

Das heiße Thema in Venedig ist seit 30 Jahren eine mobile Flutbarriere, der Mose (Modulo Sperimentale Elettromeccanico bzw. Experimentelle elektromechanische Module). Diese aufpumpbaren 30 m hohen und gut 20 m breiten Barrieren werden derzeit gebaut und sollen 2014 fertig sein. Sie sollen die drei Einfahrten in die Lagune absperren, sobald der Meeresspie-

DIE FLUT STEIGT

Heulen die Sirenen in einer stillen Winternacht, treibt es die Venezianer keineswegs in einen Luftschutzraum; es gibt auch keine Panik über eine Invasion Außerirdischer – die Menschen ziehen sich schlimmstenfalls zum Ausgehen Gummistiefel an. Die Alarmsignale der 16 Sirenen dienen als Warnung, dass in den nächsten drei oder vier Stunden die *acque alte* (Hochwasser) in der Stadt zu erwarten sind. Der Alarm ertönt nicht oft: Der Wasserspiegel steigt nur vier- oder fünfmal im Jahr 110 cm über den normalen Lagunenpegel, meist in der Regensaison von November bis April. Ertönen dann die Sirenen, handelt es sich nicht um Katastrophenalarm wie bei einer Flut, sondern um ein zu erwartendes jahreszeitliches Hochwasser, das lediglich tiefer gelegene Stadtgebiete betrifft und meist nach ein paar Stunden wieder absinkt.

Die Sirenentöne sind bei genauem Zuhören höchst informativ. Der Ton gibt die zu erwartende Maximalhöhe des Wassers über dem normalen Lagunenpegel an: Ein flacher Ton bedeutet bis zu 110 cm, zwei aufsteigende Töne 120 cm, drei aufsteigende Töne 130 cm und vier aufsteigende Töne über 140 cm. Ein einzelner Ton bringt noch nicht einmal eine Gesprächsunterbrechung in der Bar mit sich, der vierfache Ton lässt Ladenbesitzer meist früher schließen und niedrige Flutbarrieren vor die Tür schieben.

Selbst wenn die Flut auf den höchsten Pegel steigt, können die Venezianer meist noch in den niedrigeren Stadtgebieten in Stiefeln wie üblich ihren Geschäften nachgehen. Entsprechend der venezianischen Etikette mögen die *acque alte* zwar eine gute Entschuldigung für Verspätungen und einen feuchten Händedruck sein, sie rechtfertigen aber absolut nicht die Absage einer Verabredung.

Venedigs kommunale Website (www.comune.venezia.it) informiert darüber, wo es *passarelle* (erhöhte hölzerne Lauftstege) gibt und welche Stadtgebiete trocken liegen. Wenn die *acque alte* über 120 cm steigen, sind *stivali di gomma* (Gummistiefel) nötig. Unverzagte Besucher können dann ausgerüstet mit Gummistiefeln und Kamera losziehen: Die Spiegelungen der venezianischen Baudenkmäler in anschwellenden Pfützen können übrigens besonders berückend sein.

gel gefährlich ansteigt. Die geschätzten Kosten betragen etwa 1,7 Mrd. € für eine Maßnahme, die, wie selbst Befürworter sagen, nur eine Teillösung ist. Überflutungen können nämlich auch durch extreme Regenfälle, Abflüsse und angeschwollene Festlandsflüsse verursacht werden. Doch Mose-Verfechter behaupten, dass die Stadt um jeden Preis gerettet werden muss. Zudem sind seit der großen Flut von 1966 der Unesco nahestehende Organisationen höchst besorgt um dieses Schmuckkästchen, das die großartigsten Kunstwerke der Welt birgt.

Aber ebenso viele Venezianer machen deutlich, dass die Stadt eben nicht nur eine Schatztruhe ist, sondern auch ihr Zuhause, und dass jegliche Behelfsmaßnahme auch auf ihre Auswirkung auf das öffentliche Leben überprüft werden muss. Würden die Flutbarrieren die Lagune zu einem stehenden Gewässer machen und somit Gesundheitsrisiken mit sich bringen und die Touristen vertreiben? Könnte Mose die einheimische Aquakultur verändern und die Lagunenfischerei beenden? Wird er Lösungen für ursächliche Probleme nur verschieben? Die Diskussionen nehmen kein Ende, während der Mose-Bau weitergeht.

Unterdessen haben die Venezianer beim Erhalt des Lagunenlebens Fortschritte gemacht. Industriebetriebe in Porto Marghera wurden im Lauf der Jahre abgebaut, und das Wasser ist heute sauberer als in den 1980er-Jahren. Der Stadtrat konnte die meisten Kreuzfahrtgesellschaften davon überzeugen, bei der Einfahrt in den Hafen weniger schwefelhaltigen Treibstoff zu verwenden, um den Zerfall der Steinbauten zu reduzieren. Es gibt Pläne, die Industrieanlagen am Festland zu High-tech-Parks, nachhaltigen Fischereizonen und in Feuchtgebietsreservate umzuwandeln.

MIT RÜCKSICHT AUF DIE LAGUNE

Nach all den Debatten über Mose und den dramatischen Fotos der Überschwemmung der *acque alte* in den Medien ist es vielleicht überraschend, dass die Bodenabsenkung für die Lagune ein großes Problem darstellt. Schadstoffe und Verschlickung haben Teile der flachen Lagune belastet. Durch Absenkung des Wasserspiegels und durch die keineswegs sanft plätschernden Kielwasser der schnellen Motorboote wurden die alten Fundamente Venedigs plötzlich der Luft ausgesetzt – und verrotten. Algen lagern sich an, bedrohen die Fundamente und ersticken andere Meereslebewesen. Seit 1930 verschwanden etwa 20 % der einheimischen Vögel, 80 % der Lagunenflora sind tot, und die Transparenz des Lagunenwassers nahm um 60 % ab. Die Vögel auf ihren Felsen, das reiche Krebsvorkommen, das schimmernde türkisfarbene Wasser: All die Besonderheiten des venezianischen Lebens sind höchst gefährdet.

Es gibt keine einfachen Patentlösungen, dafür aber ein paar einfache Verhaltensregeln: Ein paar Tipps für einen umweltfreundlichen Besuch sind auf S. 23 zu finden. Die Entscheidung für geangelte statt netzgefischte Lagunenmeeresfrüchte und für lokal und biologisch angebaute (*biologico* oder *bio*) Lebensmittel reduziert nicht nur die individuelle CO_2-Bilanz, sondern unterstützt auch nachhaltige Fischerei- und Landwirtschaftsmethoden, die das Meeresleben dieser Lagune für ein Jahrtausend intakt gehalten haben. Dinge, die jeder bereits daheim zur Reinhaltung des Wassers praktiziert – Verwendung von Seifen und Produkten ohne chemische Zusätze, Bettwäsche und Handtücher nicht täglich wechseln, eher Duschen als Baden – machen einen großen Unterschied für das Lagunenleben.

Wer seinen Aufenthalt in Venedig grüner gestalten möchte, sollte ganz bewusst venezianische Restaurants, Reiseveranstalter und Betriebe unterstützen (s. GreenDex S. 319). Die Lagune kann übrigens auch ohne nasse Füße zu bekommen in **Punto Laguna** (☎ 041 529 35 82; www.salve.it; Campo Santo Stefano, San Marco 2949; ☺ Mo–Fr 14.30–17.30 Uhr, Aug. geschl.) im Rahmen von Multimediaausstellungen und Iniativen zur Bewahrung dieses außerordentlichen Ökosystems erkundet werden.

KUNST & ARCHITEKTUR

KUNST

Bereits im 13. Jh. hatte Venedig das scheinbar Unmögliche erreicht: Von der flachen Lagune aus, in der sich majestätische Paläste über den schlammigen Grund erhoben, hatte es ein maritimes Reich aufgebaut. Das Goldene Zeitalter der venezianischen Kunst und Architektur fiel allerdings nicht mit dem Höhepunkt seiner Macht zusammen. Verheerende Pestepidemien dezimierten von 1348–49 an in mehreren Attacken die Bevölkerung der Stadt; neue Handelsrouten nach Westen in die Neue Welt ließen Venedig und seine Zolleintreiber links liegen, und um die Mitte des 15. Jhs. war das Osmanische Reich im Osten zu einer Weltmacht aufgestiegen. Reichtum und Macht zählten nicht mehr als die Stützen des Reichs, doch Venedig überlebte dank seiner Kultur: Neu entwickelte Stilrichtungen in Kunst, Musik, Theater und Dichtung festigten seinen Ruf. Nach all der Energie, die La Serenissima in den Bau von Schiffen und seine Rivalitäten mit Genua und Konstantinopel gesteckt hatte, feierte sie ihren endgültigen Triumph nicht auf dem Schlachtfeld oder auf hoher See, sondern in Galerien, Kirchen, Bibliotheken und Konzerthäusern.

KUNST & ARCHITEKTUR KUNST

BILDENDE KUNST

Die schiere Masse von Meisterwerken, die in Venedig zu sehen ist, wirft die Frage auf, ob diese Häufung mit einer besonderen Zusammensetzung des Wassers zu tun hat. Der wirkliche Grund ist einfacher: Künstler und Architekten mussten in Venedig nicht hungern. Anstatt für die Kunst zu leiden, hatten viele venezianische Künstler und Architekten ein gutes Auskommen. Wohlhabende private Bauherren, Stadt und Kirche vergaben langfristige Aufträge, die den Künstlern Sicherheit boten. Sie konnten Neues kreieren, ohne dass jemand Einfluss nahm. Diese ungewöhnlichen Arbeitsbedingungen waren auch der Tatsache zu danken, dass die Stadt sich weigerte, die Verordnungen und Zensurvorschriften der Inquisition umzusetzen.

Venedigs größte Talente standen also nicht vor der Herausforderung, dem Desinteresse oder einem Mangel an Ideen zu begegnen; sie mussten sich hartem Wettbewerb stellen. Anstatt jung, verarmt und in Ungnade gefallen zu sterben, wurden Maler wie Tizian oder Giovanni Bellini sowie Architekten wie Jacopo Sansovino oder Baldassare Longhena über 80 Jahre alt und hinterließen ein eindrucksvolles Lebenswerk. Diese Blüte der Kreativität führte vor allem in der Malerei zu Innovationen. Es entwickelten sich eigenwillige Stilformen, die verglichen mit den künstlerischen Arbeiten des restlichen Italiens und Europas einzigartig waren.

Frühe venezianische Malerei

Schon auf den ersten Blick sind an den Mosaiken der Basilika San Marco oder Santa Maria Assunta in Torcello die grundlegenden Elemente der frühen venezianischen Malerei zu erkennen: Große Augen und ein ernster Gesichtsausdruck zeichnen die überlebensgroßen Heiligenfiguren aus, die vor goldenem Hintergrund über gotischen Thronen zu schweben scheinen. Byzantinische Einflüsse manifestieren sich in Paolo Venezianos (etwa 1300–62) 1325 geschaffenem Gemälde *Die ergebene Jungfrau auf dem Thron* in der Gallerie dell'Accademia (S. 84): Wie Bühnenarbeiter, die einen Theatervorhang teilen, ziehen zwei Engel die Enden eines mit Sternen übersäten, roten Umhangs auseinander und enthüllen eine übergroße Madonna mit einem goldenen Jesuskind. Vor ihrem Thron knien zwei winzige Stifter. Obwohl dieses Gemälde viel Ähnlichkeit mit byzantinischen Ikonen aufweist, sind darauf bereits Kennzeichen der späteren venezianischen Malerei zu erkennen: strahlende Farben, intensiver Ausdruck und die für jeden Künstler unabdingbare Fähigkeit, dem Mäzen mit seinen Kunstwerken zu schmeicheln, ohne sich zu sehr anzubiedern.

Zu Beginn des 15. Jhs. lebte eine Reihe von Künstlern in Venedig, die in der Kunst, überirdisch-religiöse Bilder im spätgotischen Stil zu schaffen, bestens bewandert waren: Gentile da Fabriano, Pisanello, Jacobello del Fiore und Michele Giambono hinterließen Gemälde, die die

Architektur der venezianischen Gotik spiegelten und ergänzten. Zur gleichen Zeit entwickelte sich die Universität in Padua zu einem Anziehungspunkt für Humanisten aus ganz Italien; auch Florentiner Künstler wie Donatello und Filippo Lippi fanden in dieser fortschrittlichen Stadt Arbeit. Andrea Mantegna (1431–1506) aus Padua setzte die neuen, aus Florenz stammenden Lehrsätze der Renaissance in puncto Realismus und Perspektive am radikalsten um: In seinen biblischen Szenen reagieren die Umstehenden mit Schrecken, Angst, Ambivalenz, Scheu, Wut und sogar mit unangemessenem Lachen auf sich gerade ereignende Wunder oder die Leiden der Märtyrer (s. auch S. 272).

In Venedig brachen die Maler allmählich mit der byzantinischen Tradition: Die *Maria mit dem Kinde und Engeln* in der Accademia, um 1455 von Jacopo Bellini (etwa 1396–1470) geschaffen, ist ein Bild, das alle Eltern verstehen: Mit großen Augen streckt das Jesuskind einen mit einer Sandale bekleideten Fuß über die Balkonbrüstung, während die offensichtlich unter Schlafmangel leidende Maria es geduldig vom Rand wegzieht. Als der aus der Toskana stammende Maler Gentile da Fabriano den Übergang von der Hochgotik zum Realismus der Renaissance vollzog, hielt er sich gerade in Venedig auf. Sein Einfluss auf den jungen, in Murano geborenen Maler Antonio Vivarini (etwa 1415–80) ist offensichtlich. Dessen Polyptichon *Passion* in der Ca' d'Oro strahlt intensives Pathos aus. Antonios Bruder Bartolomeo Vivarini (etwa 1432–99) schuf ein Altarbild für I Frari: Darauf windet sich ein verspieltes Jesuskind aus den Armen seiner Mutter. Anstatt zwischen Engeln in goldenen Sphären zu schweben, sitzt die Madonna auf ihrem marmornen Renaissance-Thron vor einem blauen Himmel.

Venedigs leidenschaftliche Renaissance

Jacopo Bellinis Söhne Gentile (1429–1507) und Giovanni (etwa 1430–1516) setzten Venedigs Renaissance einen Glorienschein auf. Gentiles 1500 angefertigtes Gemälde *Das Kreuzeswunder auf der Brücke von San Lorenzo* in der Accademia zeigt einen Heiligen, der weder hoch auf einem Thron noch im Himmel weilt, sondern im Canal Grande treibt. Erstaunt halten die Umstehenden inne. Sein Bruder Giovanni nähert sich in *Mariä Verkündigung* (1489), die ebenfalls in der Accademia hängt, der Leinwand auf gänzlich andere Art: Strahlende Rot- und Orangetöne ziehen die Aufmerksamkeit auf die einsam in einem marmorgetäfelten Zimmer kniende Maria; der eintretende Engel ist in ein zerknittertes Gewand gehüllt. Die Leuchtkraft erzielte Giovanni nicht durch traditionelle Temperafarben aus mit Eidotter und Wasser angerührten Pigmenten, sondern mit einem neuen Material, das die venezianische Malerei revolutionieren sollte: Ölfarben.

Jahrhundertelang waren die venezianischen Künstler anonym gewesen; in der Renaissance wurden sie dank ihres sehr individuellen Stils und der Signaturen an den Arbeiten zu Persönlichkeiten. Der Gilde venezianischer Hofmaler entstammen einige der berühmtesten Namen der Kunstgeschichte: Angefangen mit Giovanni Bellini, der seine hohe Kunstfertigkeit mit menschlichem Ausdruck und leuchtenden Farben bereicherte, bis hin zu zwei sehr begabten Schülern: Giorgione (1477–1510) und Tizian (etwa 1488–1576), deren Arbeiten Besucher in der Accademia vergleichen können. Gemeinsam – der junge Tizian war Lehrling von Giorgione – schufen sie die Fresken für den Fondaco dei Tedeschi, von denen nur einige wenige Bruchstücke in der Ca' d'Oro (S. 103) erhalten sind. Als typischer Renaissance-Mensch schrieb Giorgione Gedichte und komponierte; ihm wird die Erfindung der Staffelei zugeschrieben. Man sagt außerdem von ihm, er habe darauf verzichtet, sein Objekt zu skizzieren und es stattdessen vorgezogen, spontan zu malen. So entstand 1508 das geheimnisvolle Meisterwerk *La Tempesta* (Das Gewitter, Gallerie dell'Accademia S. 84). Die

top picks

VENEZIANISCHE GEMÄLDE, DIE DIE MALEREI VERÄNDERTEN

- *Gastmahl im Hause des Levi* (Veronese, Gallerie dell'Accademia, S. 84)
- *Mariä Himmelfahrt* (Tizian, I Frari, S. 92)
- *Die Kreuzigung* (Tintoretto, Scuola Grande di San Rocco, S. 93)
- *Das Gewitter* (Giorgione, Gallerie dell'Accademia, S. 84)
- *Madonna mit dem Kind und den Heiligen Katharina und Magdalena* (Giovanni Bellini, Gallerie dell'Accademia, S. 84)

KUNST & ARCHITEKTUR KUNST

magische Stimmung und die dramatische Landschaft dieses Gemäldes erinnern an einen Besucher, der um 1500 in Venedig weilte: Leonardo da Vinci.

Nachdem Giorgione mit 33 Jahren wohl an der Pest gestorben war, beendete sein Mitarbeiter Tizian einige seiner Werke. Schon bald setzte sich der junge Tizian vom Meister ab. Seine Pinselstriche hauchten den Figuren Bewegtheit ein; die Porträtierten entwickelten ein Eigenleben. Das 1510 angefertigte Gemälde *Hl. Markus thronend* in der Chiesa di Santa Maria della Salute zeigt ihn als maßvollen, methodischen Maler, doch sein Pinsel ist bereits so locker und mit Zinnoberrot gesättigt, dass die relativ einfach aufgebaute Szene an Dynamik gewinnt. Nachdem er Michelangelos bewegend-expressives *Jüngstes Gericht* gesehen hatte, legte Tizian richtig los. Sein Streben um Ausdruck wird in seiner letzten Arbeit, der *Pietà* von 1576 spürbar: Mit bloßen Händen trug er die Farbe auf die Leinwand auf.

Auch wenn Tizian viele Meisterwerke geschaffen hat, so ist seine 1518 vollendete *Assunta* (Mariä Himmelfahrt) in I Frari doch von faszinierender Vollkommenheit. Vittore Carpaccio (1460–1526) stand mit seinen blutroten Tönen in Konkurrenz zu Tizians Rot, aber es war eben dieses Rot der *Assunta,* das Venedigs Ruf, Wiege der herrlichsten Farben zu sein, begründete, während Carpaccio zum Namensgeber für ein blutiges Rindfleischgericht avancierte, das Harry's Bar dreist nach ihm benannte. Tizian fing jenen Moment ein, in dem die Madonna sich über die einfachen Sterblichen unter ihr erhebt und die Engel sie mit dem letzten Schwung gen Himmel tragen. Das Altarbild scheint das Kirchenschiff mit der strahlenden Wärme des roten Madonnenkleides auszufüllen. In Venedig erzählt man sich, dass ihr bleiches, durch den verrutschten Ärmel enthülltes Handgelenk manch einen Priester so erregte, dass er nicht in der Lage war, vor dem Bild zu beten.

Die Unbequemen: Venedigs Manieristen

Die Kunstgeschichte neigt dazu, die Verdienste zwischen Venedig und Florenz aufzuteilen: Venedig die Farbe, Florenz die Inspiration. Allerdings mangelte es auch der venezianischen Schule nicht an Ideen, die sie wiederholt in Schwierigkeiten brachte: Tizian war in der Wirkung schwer zu übertrieben, aber mit dem Venezianer Jacopo Robusti, alias Tintoretto (1518–94) und Paolo Caliari aus Verona, der Veronese (1528–88) genannt wurde, hatte er starke Konkurrenz: Tintoretto zog wichtige öffentliche Aufträge an Land, wenngleich seine wie ein Blitz über die Leinwand fegende Pinselführung, die selbst in religiösen Szenen das menschliche Drama verdeutlichte, umstritten war. Biblische Szenen, mystische Allegorien, Lobgesänge auf große Venezianer – seine Themen waren typisch für Auftragsarbeiten, doch mit Hilfe manieristischer Kunstgriffe wie düsterem Licht, stürmischem Hintergrund und schwindelerregenden Perspektiven gestaltete er sie neu.

Kunstinteressierte sollten ihre Begegnung mit Tintoretto in seiner erhaltenen *bottega* (Atelier) in Cannaregio (S. 164) beginnen. Danach geht es um die Ecke in die Pfarrkirche Chiesa della Madonna dell'Orto, die den ruhigen Hintergrund für das aktionsreiche, 1546 gemalte *Jüngste Gericht* (S. 103) bildet. Als echter Venezianer stellt Tintoretto das Jüngste Gericht als türkisblaue Flutwelle dar, gegen die sich die verlorenen Seelen vergebens stemmen wie eine menschliche Variante des Sperrwerks Mose. Ein Engel stürzt sich ins Wasser, um einen letzten Menschen zu retten. Dieses fesselnde Motiv nahm Tintoretto im Obergeschoss der Scuola Grande di San Rocco (S. 93) wieder auf. Rund 15 Jahre lang malte er für San Rocco; seine biblischen Szenen lesen sich wie ein moderner Bilderroman. Vor beinahe schwarzem Hintergrund vollziehen sich die verhängnisvollen Dramen um die letzten Ta-

---

DAS ULTIMATIVE FESTPLANUNGS-KOMITEE

Bei den Vorbereitungen für den Empfang des jungen Königs Heinrichs III. von Frankreich 1574 übertrafen sich Venedigs Festplaner selbst: Als sich seine von 400 Männern geruderte königliche Barke der Stadt näherte, wurde sie von Flößen flankiert, auf der Glasbläser ihre Kunst vorführten, was sicherlich mehr Eindruck machte als das Aufpusten von Tierballons. Eine Schwarm in Weiß gekleideter venezianischer Schönheiten, in deren tief ausgeschnittenen Dekolletees kostbare Juwelen glitzerten, begrüßte den König. Dann kam das Bankett mit 1200 Gerichten und 300 Süßspeisen – Besteck und Servietten bestanden aus Zuckergespinst. Der eigentliche Geniestreich aber war das hochkarätig mit Palladio, Veronese und Tintoretto besetzte Dekorationskomitee, das für diesen Anlass einen Triumphbogen errichtet und mit Gemälden verziert hatte. Wer kann das wohl bei seinem nächsten Betriebsfest toppen?

ge Jesu und das Wüten des Schwarzen Todes, denen Tintoretto mit weißen Umrissen eine Aura von Hoffnung verleiht. Der Maler bediente sich besonderer Effekte, um sein Anliegen verständlich zu machen. Wie viele andere venezianische Künstler jener Zeit intensivierte er seine Farben mit einem vor Ort in großen Mengen verfügbaren Material, fein gemahlenem Glas.

Veroneses Farben besitzen eine völlig eigenständige Strahlkraft. Diese brachte ihm fürstliche Aufträge, einen Raum in der Chiesa di San Sebastiano (S. 89), in dem er sich austoben konnte, sowie Abstufungen von Rosarot und Grün ein, die seinen Namen tragen. Leider geriet er durch seine Themenwahl in Konflikt mit einigen sehr wichtigen Kunden. So bekam Veronese den Auftrag, das *Letzte Abendmahl*, zu malen. Das Meisterwerk sah am Ende verdächtig nach einer venezianischen Abendgesellschaft aus. Die Apostel, gekleidet in venezianische Mode, mischten

top picks

VENEZIANISCHE ANSICHTEN IN MUSEEN

- *Prozession auf der Piazza San Marco* (1496, Gentile Bellini; Gallerie dell'Accademia, S. 84)
- *Rio dei Mendicanti* (1723–24, Canaletto; Ca' Rezzonico, S. 88)
- *Piazza San Marco, Messe nach dem Sieg* (1918, Emma Ciardi; Museo Correr, S. 78)
- *Bacino di San Marco mit Blick auf San Giorgio Maggiore und die Giudecca* (1770–74, Francesco Guardi; Gallerie dell'Accademia, S. 84)
- *Rio dei Mendicanti und die Scuola di San Marco* (1738–40, Bernardo Bellotto; Gallerie dell'Accademia, S. 84)

sich ungeniert unter türkische Händler, jüdische Gäste, Dienstmädchen, Zwerge, bettelnde Schoßhündchen und, was am schockierendsten war, deutsche Protestanten. Die Inquisition nahm die Darstellung eines heiligen Ereignisses im irdischen, venezianischen Licht nicht gerade freundlich auf und forderte von Veronese, das Gemälde zu übermalen. Veronese weigerte sich nicht nur, die beanstandeten Deutschen zu entfernen, er ließ das Gemälde fast unberührt und änderte nur den Titel in *Gastmahl im Hause des Levi*. Venedig stand zu dieser Entscheidung und verhalf damit der künstlerischen Freiheit zum Sieg. Diese Hartnäckigkeit hatte einen mehrere Jahrhunderte anhaltenden Konflikt zwischen Stadt und Kirche über hehre Kunst und höchste Autorität zur Folge.

Ein Vertreter der nächsten Manieristen-Generation war Palma il Giovane (1544–1628), Enkel des angesehenen Malers Palma il Vecchio (1480–1528) aus Cremona. Palma il Giovane beendete Tizians letztes Werk, die *Pietà*, und wandte sich dann mit düsterem Licht und bewegten Szenen Tintorettos Stil zu. In seinem Spätwerk verschmolz er den frühen Naturalismus seines Vorbilds mit dessen Hang zum Dramatischen. Das Oratorio dei Crociferi (S. 105) ist die Bühne seiner Erfolge.

Auch Jacopo da Ponte (1517–92), ein weiterer Gefolgsmann von Tizian, übernahm Tintorettos dramatische manieristische Lichtgebung. Weil seine Familie aus Bassano del Grappa stammte, wurde er Bassano genannt. Jacopos Vater Francesco Bassano il Vecchio war ein angesehener Maler, dessen vier Söhne mit manieristischem Eifer in seine Fußstapfen traten. Jacopos Brüder waren Francesco Bassano il Giovane (etwa 1549–92), Leandro (1557–1622) und Gerolamo (1566–1621). Jacopos Arbeiten hängen in den Gallerie dell'Accademia (S. 84), in der Chiesa di San Giorgio Maggiore (S. 124) und im Museo Civico (S. 270) in Bassano del Grappa.

Auf ins Barockzeitalter

Zu Beginn des 18. Jhs. hatte Venedig mehrere Pestepidemien überstanden, es hatte sich gegen die türkische Invasion verteidigt und musste zusehen, wie seine Ambitionen auf die Weltherrschaft scheiterten. Doch die Stadt machte das Beste aus der schlimmen Lage, und das Kunstschaffen des 18. Jhs. ist ein Spiegel dieser tragikomischen Tendenz. Pietro Longhi (1701–85) verzichtete auf schmeichelnde Porträts eitler Auftraggeber und malte boshaft-witzige Sozialsatiren des venezianischen Alltags. Giambattista Tiepolo (1696–1770) verwandelte religiöse Themen in Vorlagen für schwindelerregende Deckenfresken, aus denen Rokoko-Sonnenstrahlen brachen. Die Ca' Rezzonico (S. 88) sollte beiden Talenten Raum bieten. Ein kompletter Saal ist Pietro Longhis Salon-Szenen gewidmet. *Die Morgenschokolade* (1775) zeigt modebewusste Venezianer beim exzessiven Genuss von gerade in Mode gekommenem Kakao und Schmalzgebäck. Die Knöpfe an den Westen sind zum Platzen gespannt, ein Schoßhündchen beobachtet die Szene aufgeregt und missbilligend. Giambattista Tiepolo freskierte die Decken der Ca' Rezzonico mit einem hemmungslos schmeichelnden Motiv: Er stellte Ludovico Rezzonico und seine Braut in Gesellschaft von Ruhm, Weisheit und Verdienst dar. Doch seine mit Trompel'œil-Szenen ausgefüllten Kuppeln sind so pfiffig, farbenfroh und übertheatralisch, dass es scheint, Tiepolo habe mit großem Spaß geprotzt.

Anstatt Päpste auf dem Thron zu malen, verewigte die Porträtistin Rosalba Carriera (1675–1757) ihre berühmten Modelle auf Tabaksdosen. Sie war Vorreiterin in der Pastellmalerei. Ihre Porträts in der Ca' Rezzonico bilden einen gelungenen Mittelweg zwischen Tiepolos Schmeichelei und Longhis Satire. Sie enthüllen jede Eigenheit und jede Falte ihres Modells und bilden auch jenes süffisante Grinsen ab, das wohl typisch war für die Gesellschaften des 18. Jhs. Auch ihr spätes Selbstporträt in der Accademia ist kaum schmeichelhaft und nicht weniger entlarvend. Doch die Krähenfüße um ihre Augen scheinen deren Glanz nur zu verstärken.

Gegen Ende des 18. Jhs. versöhnte Tiepolos Sohn Giandomenico (1727–1804) die brütende Thetralik der Manieristen mit seines Vaters Pastellschönheiten. Sein früher, 1747–49 gemalter *Kreuzweg* in der Chiesa di San Polo (S. 97) zeichnet in hellen Farben, die den Hohn in den Gesichtern von Jesu Folterknechten hervorheben, ein vernichtendes Bild von der Menschheit. Etwas lockerer präsentiert sich Giandomenico bei der Arbeit an den Fresken der Villa Valmarana 'ai Nani' (S. 270) außerhalb von Vicenza, die er mit seinem Vater ausführte. Die Wände sind überzogen mit chinesischen Motiven, ländlichen Szenen und Karnevalsfiguren.

ZIMMER MIT AUSSICHT: DIE VEDUTISTEN

Viele venezianische Künstler richteten im 18. Jh. ihren Blick weg vom Himmel auf die heimische Landschaft. Antonio Canal, genannt Canaletto (1697–1768) avancierte zum führenden Künstler der *vedutisti* (Landschaftsmaler). Jeder, der seine detailgenauen *vedute* (Ansichten) von Venedig bewundert, mag sich vorstellen, dass der Maler nach der Arbeit von Krämpfen in den Händen geplagt war. Vergleicht man Fotografien von Venedig mit Canalettos Gemälden, ist die Ähnlichkeit zwischen seinem Werk und dem aktuellen Bild beeindruckend. Tatsächlich arbeitete Canaletto mit einem Vorläufer der Fotokamera, der *camera oscura* (Camera obscura). In diesem Instrument reflektierte das eindringende Licht das Bild auf einer Glasscheibe, die Canaletto abmalte. Sobald er die Umrisse festgehalten hatte, konzentrierte er sich darauf, sie mit Details zu füllen: von Passanten bis hin zu in der Lagune wachsenden Algen, die der Gezeitenwechsel freilegte.

Je mehr Venedigs Wohlstand zusammenschmolz, desto stärker war die Stadt auf durchreisende Bewunderer angewiesen, um zurechtzukommen. Die Arbeiten der *vedutisti* wurden als eine Art Postkarte des reichen Mannes von Venedigbesuchern gerne gekauft. Canaletto gewann die Unterstützung des englischen Sammlers John Smith, der fast sein ganzes Leben in Venedig verbrachte und den Künstler einer soliden englischen Kundschaft bekannt machte. Canaletto hatte so großen Erfolg im Ausland, dass heute in Venedig kaum noch ein Bild von ihm zu sehen ist. Die wenigen vorhandenen Exponate befinden sich in den Gallerie dell'Accademia (S. 84) und in der Ca' Rezzonico (S. 88).

Canalettos Neffe Bernardo Bellotto (1721–80) übernahm die Technik der *camera oscura* ebenfalls in seine Malerei. Seine Landschaften mit ihren starken Chiaroscuro(Licht und Schatten)-Kontrasten wirken aber weniger fotografisch als expressionistisch. Einige seiner Gemälde hängen in den Gallerie dell'Accademia unweit des Werks eines anderen angesehenen *vedutista*, Francesco Guardis (1712–93) *Bacino di San Marco mit Blick auf San Giorgio Maggiore und die Giudecca*. Guardi legte seinen Schwerpunkt nicht auf Details, sondern versuchte eine impressionistische Annäherung. Venedigs Schönheit fing er gespiegelt in der Lagune ein. Zu den letzten großen *vedutisti* zählt die venezianische Impressionistin Emma Ciardi (1879–1933), die Venedigs Mysterien in leuchtendem Dunst enthüllte. Der frühe Nebel hebt sich und lässt den Blick auf Nachtschwärmer fallen, die vom Karneval nach Hause ziehen. Ciardis Arbeiten sind in der Ca' Rezzonico (S. 88) und der Ca' Pesaro (S. 97) ausgestellt.

Goldgrube: Venedigs Grabskulptur

Venedigs Errungenschaften in der Malerei werden nur von den Meisterwerken übertroffen, die Bildhauer vorrangig für verblichene Bürger geschaffen haben. Zur Zeit der Gotik waren die

Bildhauer in Venedig gut beschäftigt, denn mehr als 200 Kirchen mussten mit Altären ausgestattet werden; das feuergefährdete Palazzo Ducale wurde nahezu 300 Jahre lang immer wieder neu aufgebaut und *dogi* (Dogen) und Adel, deren politische Karrieren durch hohes Alter, Pest und Intrigen oft abrupt endeten, benötigten Grabmäler. Bildhauer wurden mit besonderen Projekten beauftragt, wie dem Grabmal für den Dogen Marco Corner in Zanipolo (S. 108), das Nino Pisano (etwa 1300–68) aus Pisa anfertigte. Pisanos ausladendes Epitaph zeigt den Dogen scheinbar schlafend. Die Darstellung übertreibt den Einfluss des Dogen: Seine Amtszeit dauerte nicht einmal drei Jahre.

Pisanos bombastisches Werk wird von den Grabmälern für andere Dogen noch übertroffen, die Pietro Lombardo (1435–1515) und seine Söhne Tullio (1460–1532) und Antonio (1458–1516) für die gleiche Kirche anfertigten. Da ältere Dogen oft bereits nach wenigen Jahren auf Venedigs Thron verschieden, hatten die Lombardi mit heroischen klassischen Monumenten gut zu tun. So z. B. für Nicolo Marcello, der von 1473 bis 1474 ein Jahr lang Doge war, für Pietro Mocenigo, der ihm 1474–76 im Amt nachfolgte, und Andrea Vendramin, Doge von 1476 bis 1478. Die Arbeiten am letzten Denkmal leitete wahrscheinlich Tullio. Bei der Fertigstellung des riesigen, vergoldeten Grabmals scheint er sich die Arbeit durch einige Kunstgriffe erleichtert zu haben: Die Figuren skulptierte er im Halbrelief, und um Platz für Vendramin zu schaffen, schlug er einfach einen Teil des Epitaphs für Corner ab. Komplexe, auf Entfernung wirkende Monumente waren nicht Tullios Stärke. Sein besonderes Talent lag in den idealen Proportionen der Gesichter. Ein gutes Beispiel ist das Halbrelief eines Heiligen im Kreuzgang der Chiesa di Santo Stefano (S. 80). Die nahezu durchsichtigen Augen, die leicht geöffneten Lippen und die Locken, die von seinem nach oben gerichteten Gesicht fallen, sind atemberaubend schön. Angeblich hat dieses Werk Tizian zu der Madonna seiner meisterlichen *Assunta* in I Frari inspiriert.

Da ein kluger Kurator die Arbeiten in Santo Stefano lenkte, ist der Einfluss des schönen Knaben von Tullio Lombardo deutlich auch im Werk des Antonio Canova (1757–1822), des berühmtesten Bildhauers aus dem Veneto, sichtbar. Im Kreuzgang sind Canovas Fingerübungen für ein großes Relief zu besichtigen, das eigentlich für Tizians pyramidenförmiges Grab in I Frari (Chiesa di Santa Maria Gloriosa dei Frari) vorgesehen war und schließlich sein eigenes Grabmal wurde. Trauernde mit gebeugtem Kopf klammern sich in ihrem Schmerz aneinander, ohne zu bemerken, dass ihre nahezu transparente Kleidung herunterrutscht. Sogar der mächtige, geflügelte Löwe von St. Markus windet sich am Eingang zum Grabmal vor Kummer (S. 92). Dieses Meisterwerk oder die strahlenden Orpheus und Eurydike im Museo Correr (S. 78) sollten nicht darüber hinwegtäuschen, dass penible Arbeit und aus Gips geformte Modelle die Quelle von Canovas makelloser Perfektion waren. Wie dieser kreative Prozess ablief, wird in seinem Studio, der Gipsoteca Canoviana (S. 256) außerhalb seiner Heimatstadt Possagno im Veneto nachvollziehbar.

Nicht nur akademisch: Venezianischer Modernismus

Napoleon Siegeszug 1797 war eine Katastrophe für Venedigs Kunstschätze. In den wenigen Jahren, die dem Königreich Italien beschieden waren (1806–14), machten Napoleon und seine Armee kurzen Prozess mit den in Jahrhunderten geschaffenen Kunstwerken der Serenissima. Zu Ehren des Kaisers wurden Kirchen abgerissen und Venedig und sein Umland systematisch seiner Kunstschätze beraubt. Einige Werke hat Venedig zurückbekommen, darunter Bronzepferde, die wahrscheinlich nach Istanbul gehören, denn eigentlich wurden sie in Konstantinopel gestohlen. Doch sobald Venezianer anfangen, über die Schätze aus Venedig zu lamentieren, die im Louvre ausgestellt sind, gibt es kein Halten mehr. Selbst unter der französischen Besatzung im 19. Jh. blieb Venedig dennoch ein Höhepunkt der Grand Tour, die Europäer wie Amerikaner scharenweise in die Stadt brachte, wo sie sich von ihren Monumenten inspirieren ließen – viele im wahrsten Sinne des Wortes: Künstler auf der Durchreise hinterließen eindrucksvolle Stadtbeschreibungen (s. Kasten S. 48).

Nach Venedigs Beitritt zum neu vereinten Italien 1866 leistete die Stadt mit Francesco Hayez (1791–1882) einen markanten Beitrag zur Kunstgeschichte der jungen Nation. Der venezianische Maler erfüllte seine Aufgabe mit Porträts von Persönlichkeiten und historischen Tableaus der Lagunenstadt. Doch am nachhaltigsten in Erinnerung bleiben seine romantischen, von offenherziger Sexualität geprägten Arbeiten wie sein kühnes Frühwerk *Rinaldo und Armida* (1814) in den Gallerie dell'Accademia.

DIE FÜNF BESTEN MALER, DIE IN VENEDIG LEBTEN

- **Albrecht Dürer** (1471–1528) verließ 1494 seine Heimatstadt Nürnberg, weil er hoffte, in Venedig mit eigenen Augen jenen aufsehenerregenden Experimenten mit Perspektive und Farbe beiwohnen zu können, über die ganz Europa sprach. Giovanni Bellini nahm ihn unter seine Fittiche, und nach seiner Rückkehr nach Deutschland 1495 vollzog Dürer den Übergang vom Maler der Gotik zum Künstler der Renaissance. Als er 1505 nach Venedig zurückkehrte, wurde er von den dort ansässigen Deutschen als Visionär gefeiert.

- **William Turner** (1775–1851) zog es 1819, 1833 und 1840 insgesamt dreimal nach Venedig. Er war fasziniert von der einstmals so mächtigen Handelsrepublik, die wie seine Heimat England ihre Größe einer Überlegenheit auf See verdankte. Turners verschwommene Porträts der Stadt sind Studien des Lichts, wie es zu verschiedenen Zeiten die Stimmung prägte, und erfassen eher Venedigs kühnen Geist als sein majestätisches Stadtbild. John Ruskin gegenüber erklärte er dann auch, „die Atmosphäre ist mein Stil". Ruskin bewunderte den Ansatz, aber in London übten viele Kritik an Turners Werken.

- **James Whistler** (1834–1903) kam 1879 bankrott und erschöpft in Venedig an, nachdem er eine Verleumdungsklage gegen den unerbittlichen Kunstkritiker John Ruskin verloren hatte. Der amerikanische Maler fand seine Energie und den Pinselschwung wieder und schuf vielschichtige Gemälde der Lagunenstadt. 1880 kehrte er mit einer exzellenten Mappe nach London zurück, die sein Ansehen wieder festigte.

- **John Singer Sargent** (1856–1925) war Amerikaner, der überwiegend Gesellschaftsbilder malte, aber auch lebenslanger Bewunderer von Venedig. Bereits als junger Mann kam er erstmals in die Lagunenstadt, und von 1880 bis 1913 lebte er zeitweise hier. Sargents intime Kenntnisse der Stadt spiegeln sich in seinen Gemälden wieder, die vertraute Venedig-Panoramen aus ungewöhnlichen Perspektiven zeigen und die Aufmerksamkeit auf bislang übersehene Details oder vernachlässigte Monumente lenken.

- **Claude Monet** (1840–1926) tauchte 1908 in Venedig auf und fand beim Anblick der Architektur, die sich in den Nebeln und glitzernden Wassern der Lagune aufzulösen schien, sofort seine impressionistische Anregung. Zu den wichtigsten Venedig-Arbeiten des französischen Malers zählen Bilder der Ca' Dario und von San Giorgio Maggiore in der Dämmerung.

Venedig hatte nie Probleme, für sich zu werben, und so veranstaltete es 1895 seine erste Biennale (alle zwei Jahre stattfindende Internationale Kunstausstellung s. S. 19). Die Kunstschau sollte Venedigs weltweit stilprägende Rolle wieder festigen und der Brutalität der industriellen Revolution und den Jahrzehnten unter militärischer Besatzung ein wichtiges Korrektiv entgegenstellen. Ein großer Gartenpavillon bildete die Bühne für einen werbewirksamen und bewusst nicht provozierenden Ausschnitt des jüngsten italienischen Kunstschaffens – in erster Linie wurden bezaubernde Damen, hübsche Blumen und bezaubernde Damen, die hübsche Blumen trugen, gezeigt. 1907 bekamen auch andere Länder eigene Pavillons, aber die Kontrolle oblag der Biennale. 1910 musste ein Picasso aus dem spanischen Pavillon entfernt werden, weil man Angst hatte, das Publikum mit allzu viel Modernität zu verschrecken.

Die Antwort auf diesen Konservatismus kam aus den Reihen der venezianischen Maler. Ihre frühen Experimente mit modernen Stilrichtungen können als Reaktionen auf das als erstickend empfundene Beharren auf akademische Kunst angesehen werden. Die Fürstin Felicita Bevilaqua La Masa unterstützte Ausstellungen junger Künstler und gab ihren Werken ein Zuhause. Sie stiftete der Stadt 1902 mit der Ca' Pesaro (S. 97) ein Museum für moderne Kunst. Einer der in der Ca' Pesaro vertretenen Künstler war Gino Rossi (1884–1947), dessen brillante Blautöne und kraftvoller Symbolismus Gauguin, Matisse und die Fauvisten in Erinnerung rufen. Später wandte er sich dem Kubismus zu. Rossi, der „venezianische van Gogh", verbrachte viele Jahre in psychiatrischen Kliniken, wo er schließlich auch starb. Ein anderer bedeutender Vertreter der Ca' Pesaro-Gruppe war der Bildhauer Arturo Martini (1889–1947), dessen Arbeiten in der Ca' Pesaro von der grobkantigen Terrakotta-Skulptur *Prostituta*, die um 1913 entstand, bis zur radikal stromlinienförmigen Gesso-Büste von 1919 reichen.

Vollendete Zukunft: Vom Futurismus zur Fluidität

Währenddessen warf 1910 am anderen Ende der Stadt Filippo Tommaso Marinetti (1876–1944) Pakete mit seinem Manifesto vom Torre dell'Orologio, und warb darin für eine neue Vision in

Kunst und Literatur, den Futurismus. Marinetti forderte, Venedig, diese „prachtvolle Wunde aus der Vergangenheit", solle ausradiert und durch eine neue, kraftvolle Industriestadt ersetzt werden, die wieder über die Adria herrsche. In der Ära der Dogen wäre er wegen Häresie angeklagt worden. Die Futuristen sahen in Industrie und Technik kulturelle Katalysatoren und bewunderten deren Kraft und Geradlinigkeit. Mussolini vereinnahmte diese Haltung in den 1930er-Jahren für seine Vision eines monolithischen, modernen Italiens. Der Futurismus blieb so lange mit Mussolinis brutaler Durchsetzung einer künstlichen Ordnung verbunden, bis eine Heldin der Avantgarde in Venedig von ihm Besitz ergriff: Die vor den Nazis geflohene US-amerikanische Kunstsammlerin Peggy Guggenheim erkannte im Futurismus die radikale Fluidität und den Fluss des modernen Lebens.

Venedig hatte noch nie dazu geneigt, Roms Diktat darüber, was wahre Kunst sei, schnell zuzustimmen. Künstlerisch Andersdenkende opponierten gegen Mussolinis kantige, eisengestählte Ästhetik. Emilio Vedova (1919–2006) schloss sich der Bewegung *Corrente* an, in der sich Künstler offen in einer Zeitschrift gegen faschistische Tendenzen stellten. 1940 verboten die Faschisten das Magazin. In der Nachkriegszeit wandte sich Vedova der abstrakten Malerei zu. Einige seiner Arbeiten sind in der Peggy Guggenheim Collection (S. 87) und in der Galleria d'Arte Moderna in der Ca' Pesaro (S. 97) ausgestellt. Giovanni Pontini (1915–70) war ein einfacher Arbeiter aus Venedig, der in seiner Freizeit malte. 1947 unternahm er eine Rundreise durch Europa und entdeckte die Arbeiten von Kokoschka, van Gogh und Roualt. Deren Einflüsse sind in seinen eindringlichen Gemälden von Fischern bei der Arbeit oder verfallenen Hauslandschaften spürbar. Seine Pinselstriche sind aufgeladen mit ausdrucksstarkem Smaragdgrün und Kobaltblau.

Während Italien mit Frankreich im Krieg lag, malte sich der Venezianer Giuseppe Santomaso (1907–90) mit lyrisch-grenzenlosen, abstrakten Landschaften von der klassizistischen Rigidität der Faschisten frei. Die intensiven Türkistöne und das leuchtende Blau waren inspiriert von der modernen französischen Malerei und den Farben seiner Lagune. Nach dem Krieg gründete Santomaso die italienische Gruppe Fronte Nuovo delle Arti (Neue Front der Künste) und ließ sich zunehmend von Palladio und architektonischen Formen zu seinen zurückgenommenen, essenzialistisch-abstrakten Gemälden inspirieren. Rigidität und Liquidität prägen als Gegensatzpaar die Arbeiten eines weiteren Avantgardekünstlers, des in Bologna geborenen Wahl-Venezianers Fabrizio Plessi (geb. 1940). Das Kunstschaffen des von der Unesco ausgezeichneten Videokünstlers, der einen Teil des Jahres in Venedig wohnt, basiert auf Experimenten der Arte Povera (Arme Kunst) mit einfachsten Materialien in den 1970er-Jahren. Plessi entwickelte daraus multimediale Installationen mit dem simpelsten und herrlichsten Material,

VENEDIGS MINIMALISTISCHES INNENLEBEN

Paris ist immer noch zu Tode beleidigt, weil der französische Milliardär François Pinault beschloss, seine große Kunstsammlung nicht in einem Pariser Vorort auszustellen, sondern in Venedig. 2006 kaufte Pinault der Fiat-Gruppe das Palazzo Grassi ab und engagierte den umjubelten japanischen Architekten des Minimalismus, Tadao Ando, das Museum für Pinaults eigene Sammlung zeitgenössischer Kunst und für ambitionierte Ausstellungen mit neuer Sicht auf die Kunstgeschichte umzubauen. Das Ergebnis ist ebenso aufsehenerregend wie sinnlich. Über Andos weißen Trennwänden spannen sich die Decken mit Originalfresken, und perfekt angeordnete Lichtschienen beleuchten Vergangenheit wie Zukunft aus einem neuen Blickwinkel.

Andos und Pinaults nächstes Kunststück war die Umgestaltung von Venedigs Zollhaus an der Punta della Dogana zu einem innovativen Museum für Pinaults zeitgenössische Sammlung. Ando erfüllte die von rohen Ziegeln und Holzbalken geprägten Lagerhallen mit Licht. Die mit Glas verschlossenen Wassertore und die Kanäle aus geschliffenem Beton orientierten sich an Carlo Scarpas Entwürfen für den Palazzo Querini-Stampalia. Eröffnet wurden diese auf kreativste Weise neu interpretierten Museumsräume 2009 mit einer Ausstellung über die Arbeitsprozesse zeitgenössischer Künstler.

Doch diese modernen Museen zeichnet mehr aus als spektakuläre Ausstellungsräume und kluge Kuratoren. Das Café in der ersten Etage des Palazzo Grassi ist de facto eine Kunstinstallation, in der man auch Espresso bekommt. Das Dekor wird passend zur jeweiligen Ausstellung von einem zeitgenössischen Künstler neu konzipiert. Sowohl Grassi als auch Punta della Dogana besitzen Piers zum Wasser hin, auf denen wechselnde Skulpturen-Installationen gezeigt werden. Gondelpassagiere auf dem Canal Grande werden so vielleicht auf Arbeiten wie Charles Rays 2,50 m hohes *Boy with Frog* oder Subodh Guptas *Very Hungry God* treffen. Letzteres stellt sich als Riesentotenkopf aus Aluminiumtöpfen dar.

das Venedig besitzt, nämlich Wasser. Die charakteristische Fluidität, die Venedig und auf der Inselgruppe seine Kunst über die Jahrhunderte prägte, trägt die Stadt nun ins 21. Jh. In San Marco und auf der Inselgruppe Giudecca haben neue Kunstgalerien eröffnet, die von Landschaften über abstrakte Kunst bis hin zu Video- und Installationskunst alles zeigen.

MUSIK

In der Vergangenheit erwarben sich die venezianischen Musiker den Ruf, sie machten Musik, als hinge ihr Leben davon ab – eine Einschätzung, die gar nicht so falsch war. Zur Blütezeit seines Handelsimperiums besaß die Serenissima angestellte Musiker, spezielle, für Feste vorgesehene Kompositionen und den angesehenen flämischen Kapellmeister Adrian Willaert (1490–1562), der 25 Jahre lang

top picks

HISTORISCHE VERANSTALTUNGSORTE

- **Teatro La Fenice** (S. 228) Oper mit Glorienschein.
- **Interpreti Veneziani in der Chiesa di San Vidal** (S. 227) Barockmusik umgeben von Meisterwerken.
- **Musica a Palazzo im Palazzo Barbarigo-Minotto** (S. 227) Arien in einem Rokoko-Schlafgemach.
- **Venice Chamber Music Orchestra in der Ca' Rezzonico** (S. 88) Klassisches in einem Palast von Longhena.
- **Collegium Ducale im Palazzo delle Prigioni** (S. 226) Symphonien im Gefängnis.

die Capella Ducale leitete. Als dann im 17. und 18. Jh. harte Zeiten anbrachen, entdeckte Venedig seine musikalische Berufung. Bei schrumpfenden Einnahmen aus dem Handel fasste die Stadt den närrischen Beschluss, in die musikalische Erziehung von Waisenmädchen zu intensivieren. Diese Investition brachte unvorstellbaren Gewinn.

Einer der Maestri, die angestellt wurden, dieses Orchester zu führen, war Antonio Vivaldi. In den 30 Jahren seines Engagements komponierte er Werke, die von den Waisenmädchen gesungen wurden, er schrieb Hunderte von Konzerten und machte die venezianische Barockmusik in ganz Europa bekannt. Besucher verbreiteten die Nachricht von den außergewöhnlichen Darbietungen des Mädchenchors. Venedigs guter Ruf als Stadt der musikalischen Unterhaltung zog wohlhabende Damen und Herren der Gesellschaft an. Die heute im Fernsehen übertragenen Talentwettbewerbe können mit Venedigs Geschick, Begabungen wie Claudio Monteverdi (1567–1643) zu entdecken, nicht mithalten. Er wurde als Musikdirektor der Basilica di San Marco engagiert und erfand daraufhin die moderne Oper.

Heutige Venedig-Besucher können Musik und Oper in nahezu den gleichen Veranstaltungsorten erleben, wie zu Vivaldis Zeit. In *palazzi* (Paläste), Kirchen und *ospedaletti* (Waisenhäuser) wird teils noch auf Originalinstrumenten aus dem 18. Jh. musiziert. Klassische Musik und Oper werden allerdings meist nicht im Stil der Zeit, sondern mit modernem Schwung und Esprit interpretiert. So setzten Venedigs Künstler die musikalische Konversation fort, die vor vielen Jahrhunderten angestoßen wurde.

Oper

Ganz gleich, was an jedem beliebigen Abend auf dem Programm von La Fenice steht – es wird allemal dramatisch! Der Auftrieb beginnt bereits vor Öffnung der Tore in den Cafés an der Piazza, in denen lässige Künstlertypen und aufgedonnerte Salonlöwen dem Glas Prosecco einen Espresso hinterherschicken. Drinnen enthüllen die abgelegten Stolen der Damen in den Logen der unteren Ränge Colliers aus Muranoglas, während die *loggione* (Opernkritiker) auf den billigen Plätzen der oberen *loggie* (Ränge) darüber tuscheln, welcher Sänger heute gut bei Stimme sein dürfte und welche zweite Besetzung mehr Aufmerksamkeit verdiene. Sobald die Ouvertüre beginnt, verstummen die Stimmen, und die Luft scheint vor Vorfreude elektrisch aufgeladen. Kein Zuschauer will auch nur eine Note der Vorstellung verpassen, die sich mit historischen Premieren von Strawinski, Rossini, Prokofjew und Britten messen kann, nicht zu vergessen Giuseppe Verdis *Rigoletto* und *La Traviata*.

Heute sind Operninszenierungen in La Fenice und überall in der Stadt in Kirchen und Konzertsälen sowie auf den *palazzi* zu hören. Bis 1637 jedoch benötigte man eine besondere Einladung, um einer Oper beizuwohnen. Opern und so gut wie jedes Kammerkonzert waren dem Adel vorbehalten und wurden in privaten Salons aufgeführt. Das änderte sich, als Venedig die Portale des ersten öffentlichen Opernhauses öffnete. Zwischen 1637 und 1700 wurden 358 Opern in 16 Theatern aufgeführt, ein Angebot, das die musikalischen Bedürfnisse der 140 000 Einwohner voll und ganz erfüllte. Als einziger Komponist mit Erfahrung in diesem Genre schrieb der greise Monteverdi die beiden herausragenden Opern dieser Ära, *Il Ritorno di Ulisse al suo Paese* (Die Heimkehr des Odysseus) und *L'Incoronazione di Poppea* (Die Krönung der Poppea). Beiden gemeinsam sind eine erstaunlich komplexe Handlung mit Haupt- und Nebensträngen, ausgeprägte Charaktere und kraftvolle Musik. Die Reaktion seiner Kritiker hätte nicht positiver ausfallen können: Er wurde mit allen Ehren in I Frari beigesetzt.

Spätere Komponisten bereicherten die lokale Opernszene. Pier Francesco Cavalli (1602–76) war unter Monteverdis Leitung Sänger an der Basilica di San Marco und entwickelte sich mit 42 Opernkompositionen zum herausragenden Vertreter der italienischen Oper des 17. Jhs. Baldassare Galuppi (1706–84) verlieh in enger Zusammenarbeit mit Carlo Goldoni (S. 56) der *opera buffa* (Komische Oper) mit Publikumsrennern wie *Il Filosofo di Campagna* (Der Philosoph von Campagna) einen Hauch von Leichtigkeit.

Klassische Musik

Bereit zum Barock-n-Roll? Klassische venezianische Musiker haben eine Wiederbelebung der „Alten Musik" vom Mittelalter über die Renaissance und den Barock eingeleitet. Sie wird in historisch genauen Arrangements und *con brio* (mit Feuer) auf Originalinstrumenten gespielt. Zuschauer, die klassische Musik für ein beruhigendes Hintergrundgeräusch halten, werden von den temperamentvollen Renaissance-Melodien für den Karneval überrascht sein. Und ins Cembalo gehämmerte Barock-Solos klingen erstaunlicherweise nach den Pianoeinlagen auf Chuck Berrys „Johnny B. Goode".

Der Vergleich passt besser, als es auf dem Papier erscheinen mag. Barockmusik war die Rebellenmusik jener Zeit. Sie wandte sich offen gegen die Edikte aus Rom, die bestimmten, welche Instrumente eine Predigt begleiten durften und welche Melodien und Rhythmen dazu geeignet waren, die Moral zu heben. Die Venezianer blieben stur und spielten in ihren Kirchen weiterhin auf Saiteninstrumenten. Sie sangen die derben Lieder der *opera buffa* mit und ließen die ganze Bandbreite der menschlichen Erfahrungen in die anrührend-sinnlichen Kompositionen einfließen. Das moderne Missverständnis, barocke Musik sei eine nette Begleitung für Hochzeitszeremonien, strafen Musikensemble für barocke „Alte Musik" Lügen. Ein Beispiel dafür ist das 1997 vom Cambalisten und Dirigenten Andrea Marcon gegründete Venice Baroque Orchestra, das sich mit frischen, schockierend zeitgenössischen Interpretationen auf Originalinstrumenten des 18. Jhs. internationale Anerkennung erspielt hat.

Venedigs Lieblingskomponist ist Antonio Vivaldi (1678–1741). Er hinterließ ein Riesenwerk von rund 500 Konzerten, begründete die Tradition des Dreisatzes und ließ Raum für virtuose Soli. Auch wer seine heute noch überaus beliebten *Vier Jahreszeiten* als Hintergrundmusik in

---

O-TON: DAVIDE AMADIO

Fisch und Kunst in Giudecca Noch vor einigen Jahrzehnten war die Giudecca ein richtiges Fischerviertel. Heute gibt es hier Kunstausstellungen, Theater, Musiker und immer noch jede Menge Fisch.

Was Barockmusik und Punk gemeinsam haben Barockkomponisten empfanden die gleichen Gefühlsregungen wie wir: Angst, Leidenschaft, Gewalt. Und zwar deshalb, weil ihr Leben kurz und intensiv war. Wir können ihre Werke höflich aufführen oder ehrlich ihren wahren Geist zeigen.

Verhindertes Cello von 1787 Dieses Instrument wurde für venezianische Kirchen gebaut, die eine perfekte Feuchtigkeit und eine einzigartige Akustik besitzen. Wenn wir auf Tournee sind, trocknet das Holz aus und zieht sich zusammen. Dann muss ich meine Spielweise anpassen, um den perfekten Klang zu erreichen.

Musikalische DNA Ich komme aus einer Künstlerfamilie: Mein Vater [Gianni] spielt Kontrabass und meine Schwester [Sonia] die Viola bei den Interpreti Veneziani. Geschwister können völlig unterschiedlich aussehen, aber eine ganz ähnliche Gestik besitzen. Wir spielen verschiedene Instrumente und Stile, aber wenn wir musizieren, kann man angeblich irgendwie erkennen, dass wir verwandt sind.

Davide Amadio ist Cellist bei den Interpreti Veneziani (S. 227) und besitzt eine Fangemeinde bei YouTube, die eines Rockstars würdig ist.

Hotel-Lobbys und als Klingelton sofort erkennt, hat den Blitzschlag im Sommer und die Quelle, die jeden Augenblick das Zimmer überschwemmen könnte, erst dann richtig gehört, wenn er einer Vivaldi-Interpretation der Interpreti Veneziani (S. 227) lauscht.

Auch ein Konzert des venezianischen Barockkomponisten Tomaso Albinoni (1671–1750) ist hörenswert, besonders seine exquisiten *Sinfonie e Concerti a 5*. In den unterschiedlichsten Filmmusiken wie z. B. zu den Filmen *Gallipoli*, *Flashdance* oder *The Doors* ist das *Adagio in G Minor* wiederzuerkennen, das lange Zeit Albinoni zugeschrieben wurde. Heute weiß man, dass es sein Biograf 1958 komponierte. Einen avantgardistischeren Blick auf klassische Musik eröffnen die Werke von Bruno Maderna (1920–73) und Luigi Nono (1924–90). Auch der Veranstaltungsort ist wichtig: Eine klassische Vorstellung in der intimen Casa di Goldoni (S. 98), der von Tiepolo ausgeschmückten Ca' Rezzonico (S. 88) oder dem Ospedaletto (S. 116) versetzt den Zuhörer auf einen Schlag ins 18. Jh. und katapultiert ihn mit dem nächsten ins 21. zurück.

Leggera (Pop)

So gut wie jede Musik, die aus den Wassertaxis oder den *bacari* (altmodischen Bars) schallt, ist *musica leggera* (wörtlich „leichte Musik", aber etwas anders interpretiert als bei uns). Der Begriff deckt sowohl einheimische Rock-, Jazz-, Folk- und Hip-Hop-Talente ab wie auch Interpreten von kurzlebigen, aber durchaus packenden Tanzhits und Popballaden. Beim San Remo Musikfestival, das RAI 1 im Fernsehen überträgt, werden jedes Jahr Italiens beste Lieder prämiert und die schlechtesten barmherzig bereits frühzeitig aussortiert.

Neben Vertretern der bekannten italienischen und internationalen Radiokost und den skurrilen Gewinnern von Talentshows gibt es in Venedig eine unabhängige Jazz-, Reggae- und Ska-Szene. Im Venice Jazz Club (S. 227) finden häufig spontane Sessions oder Themenabende statt. Hörenswert sind Auftritte des venezianischen Jazz-Saxophonisten Pietro Tonolo oder des ebenfalls aus Venedig stammenden Trompeters und Musikwissenschaftlers Massimo Donà. Dank der natürlichen Affinität zu der von Inseln stammenden Musik liebt Venedig jamaikanischen Reggae und seine lokale „Reggae-n-Roll"-Band Ciuke e I Aquarasa. Auch bei Auftritten der Ska-Formation SkaJ wird ordentlich „geskankt" Hauptbühne für diese und andere Bands sowie Reggae-DJs ist Torino@Notte (S. 216). Eine Auflistung von Livemusik-Lokalen findet sich auf S. 226.

LITERATUR

Gemessen an den idealen Bedingungen für einen Hafen wäre Venedig dazu prädestiniert gewesen, eine Seemacht zu werden; doch überraschenderweise nahm die Geschichte im 15. Jh. eine unerwartete Wendung, und Venedig wurde Verlagsstadt. 1455 druckte Johannes Gutenberg die erste Bibel auf einer Maschine mit beweglichen Lettern; Venedig zählte zu den ersten, die diese innovative Technik übernahmen. Die venezianischen Chroniken erwähnen Druckereien bereits in den 1470er-Jahren, und nur kurze Zeit später führten Anwälte die ersten Prozesse wegen Urheberrechtsverletzungen. Venezianische Druckereien veröffentlichten nicht nur religiöse Texte, sondern auch Geschichtsbücher, Gedichte, Lehrbücher, Schauspiele, Partituren, Flugschriften und Manifeste.

Ein Meister der Frührenaissance war Pietro Bembo (1470–1547). Der Buchhändler, Stadthistoriker, Diplomat und Dichter definierte in seinen *Rime* (Verse) und anderen Arbeiten das Konzept der platonischen Liebe. Da er die italienische Grammatik in eine feste Form goss, ist er schuld am heimtückischen, italienischen Konjunktiv Imperfekt. Lob gebührt ihm für seine Zusammenarbeit mit Aldo Manuzio: Die beiden gründeten die Aldine-Druckerei, die das Lesen revolutionierte und das Lernen demokratisierte. Dank ihrer hielten Schrägschrift und kartonierte Bücher Einzug ins Verlagswesen. Die Familie Manuzio stieg zur berühmtesten Verlegerdynastie Europas auf; in ihrem Verlag erschienen die ersten gedruckten Ausgaben vieler lateinischer und griechischer Klassiker sowie relativ preiswerte Ausgaben literarischer Werke wie Dantes *La Divina Commedia* (Die Göttliche Komödie). Um 1500 stammte jedes sechste in Europa erscheinende Buch aus Venedig.

Während Werke von Frauen im übrigen Europa kaum Verleger fanden, avancierten Venezianerinnen zu prominenten und erfolgreichen Autorinnen in allen möglichen Fachgebieten von Mathematik bis Politik. Noch heute sind Werke von über hundert venezianischen Autorinnen des 15. bis 18. Jhs. lieferbar. Dank der guten Bildungschancen brachte Venedig hoch talentierte Mädchen wie Eleonora Lucrezia Corner Piscopia hervor, die als erste Frau in Europa 1678 an der Universität von Padua ihren Hochschulabschluss machte. Weitere Koryphäen dieser Epoche waren die Philosophin Isotta Nogarola (etwa 1418–66, s. S. 30), die Musikerin und Interpretin der Sonette von Petrarcha Gaspara Stampa (1523–54) sowie die Dichterin und jüdische Philosophin Sara Copia Sullam (1592–1641, s. S. 31), die trotz Kritik und Inquisition durch ihre gedruckten Werke unsterblich wurde.

Dichtung

Venedigs Muttersprache ist weder Italienisch noch Venezianisch, sondern die Sprache der Duelle, der Politik und natürlich der Romanze. Mag Shakespeare für seine Sonette gefeiert werden – in punkto technischer Perfektion ist Petrarch (alias Francesco Petrarca; 1304–1374) eine ebenbürtige Konkurrenz für den Barden. Seine an die Verehrte gerichteten Gedichte machten das typisch italienische Schmachten berühmt. Der Italienisch wie Lateinisch dichtende Petrarch bediente sich einer strengen Rhythmus- und Reimstruktur, um seine verehrte Laura zu besingen: In einem 14-Zeiler mit höchstens fünf Reimen genügten ihm zwei Quartette, um die Sehnsucht zu beschreiben und eine Sestine, um diese zu erfüllen. Er hätte ebenso gut Schokolade schicken können, denn Laura erwiderte seine Gefühle nicht. Petrarch lebte viele Jahre in Venedig und zog sich im Ruhestand in die Dichterstadt Arquà Petrarca (S. 264) zurück, die zum literarischen Wallfahrtsort avancierte und von Künstlern wie Rilke, Byron und Mozart aufgesucht wurde.

Posthum wurde Petrarch zum Liebling von Venedigs umschwärmtesten *cortigiane oneste* (gebildete „ehrenwerte Kurtisanen"). Eine der leidenschaftlichsten Anhängerinnen seiner Sonette war die aus Rom stammende Tullia d'Aragona, die mit ihren eigenen, klugen Gedichten die Männer um den Verstand brachte: Adelige verrieten Staatsgeheimnisse, Könige setzten ihren Thron aufs Spiel, nur um sie heiraten zu können, und es wurde viel Tinte verbraucht für Loblieder auf ihre Hakennase.

Ein mit Witz verfasstes und mit Leidenschaft vorgetragenes gutes Gedicht konnte eine kostenloses Stelldichein mit einer der begehrtesten Kurtisanen einbringen oder auch den Tod, je nachdem, wie die Reaktion ausfiel. Leonardo Giustinian (1388–1446), Mitglied des Consiglio dei Dieci (Rats der Zehn) verbrachte, wenn er nicht gerade seine Nachbarn ausspionierte, seine Freizeit damit, Gedichte in elegantem venezianisch beeinflusstem Italienisch zu schreiben, so *Canzonette* (Lieder) und *Strambotti* (Stanzen). Ugo Foscolo (1778–1827), einer der größten Dichter Italiens, studierte in Padua und kam als junger Mann zu einer Zeit politischer Umbrüche nach Venedig. Mit einer 1797 gedichteten Ode an Napoleon warf der junge Foscolo all sein literarisches Gewicht in die Waagschale, weil er hoffte, damit die Republik Venedig wiederzubeleben. Später trat er sogar in die französische Armee ein. Napoleon aber hielt Foscolo für gefährlich, und der Dichter beschloss seine Tage im Exil in London.

Nicht alle venezianischen Dichter waren so hochintellektuell. Giorgio Baffo (1694–1768), ein Freund von Casanova, huldigte diesem mit schlüpfrigen Oden. Überall sonst wäre das ein Hindernis für eine politische Karriere gewesen – in Venedig stieg er jedoch zum Senator auf. Derbe Dichtung im Geiste Baffos wird nicht in den Buchhandlungen angeboten. Viel eher ist sie in irgendeiner beliebigen venezianischen *osteria* (Kneipe) zu finden: Wenn sich der Abend zu Ende neigt und billiger Wein die Zungen lockert, fühlt sich manch einer inspiriert zu schlüpfrigen Versen im Dialekt.

Lebenserinnerungen

Das Leben in der Lagune war exotischer als die Dichtung, und venezianische Memoirenschreiber fanden stets bereitwillige Zuhörer für ihre „wahren" Geschichten, deren Lügengehalt ebenso hoch war wie der Campanile von San Marco. Der in Venedig geborene Händler Marco Polo (1254–1324) erzählte seine Abenteuer, die er in Zentralasien und China erlebt hatte, Rustichello da Pisa, der die Memoiren in französischer Sprache um 1299 unter dem Titel *Il Milione* veröffentlichte. Obwohl die Druckerpresse noch nicht erfunden war, erreichte das Buch den Status eines Bestsellers. Jede Ausgabe musste von Hand abgeschrieben werden. Zwar scheinen im Zuge der Übersetzungen in die vielen anderen europäischen Sprachen einige

top picks

BÜCHER VON VENEDIG-BESUCHERN

- **Ufer der Verlorenen** (1993) Der in Russland geborene amerikanische Literaturnobelpreisträger Joseph Brodsky breitet seine 17 Jahre anhaltende Leidenschaft für Venedig in meditativen Texten über die nächtlichen Geräusche der Lagune und über die damaligen Venedig-Bewohner und Mussolini-Unterstützer Ezra Pound aus.

- **Engel und Narren** (1905) E. M. Forsters erster publizierter Roman ist eine Komödie über anglo-italienische Beziehungen. Eine junge englische Witwe büchst auf der Grand Tour aus und heiratet einen zwölf Jahre jüngeren Italiener. Sie stirbt unter tragischen Umständen und hinterlässt ein noch junges Kind, das zum Entsetzen der Familie als Italiener aufwächst.

- **Der Trost von Fremden** (1981) Der dichte, komplexe Bestseller des Booker Prize-Gewinners Ian McEwan handelt von einem Paar auf Urlaubsreise, das die Einladung eines einheimischen Paares annimmt. Doch der Abend schlägt ins Perverse um.

- **Briefe aus der Nacht** (1997) In Robert Dessaix' Roman schreibt ein Mann, bei dem soeben eine unheilbare Krankheit festgestellt wurde, auf seiner 20-tägigen Reise von Zürich nach Venedig jede Nacht einen Brief. Marco Polo und Casanova kommen vor, Vergangenheit und Gegenwart gehen ineinander über, und die Fiktion bringt viel Wahres zutage.

- **Tod in Venedig** (1912) Der Literaturnobelpreisgewinner Thomas Mann erzählt bedächtig, aber fesselnd von einem deutschen Schriftsteller, der die Sommerfrische am Lido verbringt und von einer unerfüllbaren Leidenschaft ergriffen wird, als eine geheimnisvolle Epidemie über die Stadt hereinbricht.

Details hinzugefügt worden zu sein, doch seine Geschichten vom Hof des Kublai Khan sind dennoch eine spannende Lektüre. Der zeitgenössischere Bericht eines heimgekehrten Reisenden, *Venezia, la Città Ritrovata* (Venice Rediscovered; 1998) des Ingenieurs Paolo Barbaro, fängt den umgekehrten Kulturschock ein: Nach Jahren der Abwesenheit hat er Mühe, mit der winterlichen Lagunenstadt zurechtzukommen.

Besonders gut verkauften sich Memoiren, in denen Sex und ein Hauch von Skandal eine Rolle spielen: Die „ehrenwerte Kurtisane" Veronica Franco (1546–91; s. S. 36) poussierte in ihren Bestseller-Memoiren, was das Zeug hielt. Doch in punkto Prahlerei kann es niemand mit den Erinnerungen von Casanova (1725–98; s. S. 34) aufnehmen.

Francesco Gritti (1740–1811) parodierte die dekadente venezianische Aristokratie mit herrlich bösartigem Dialekt in seinen *Poesie in Dialetto Veneziano* (Poesie auf Venezianisch). Der venezianischen Memoiren-Mode setzte er mit seinem überzogenen Abenteuerroman *La mia storia ovvero Memorie del Signor Tommasino. Scritte da lui medesimo. Opera narcotica del Dottor Pifpuf* (Meine Geschichte, das heißt die Memoiren des Signor Tommasino. Von ihm selbst geschrieben. Ein einschläferndes Werk von Doktor Pifpuf) ein satirisches Denkmal.

Moderne Literatur

Venedig ist heute nicht mehr die Verlagsstadt von einst, aber einige venezianische Autoren stehen immer noch ganz oben auf der Liste zeitgenössischer italienischer Literatur. Die zeitlose Wahrheit von Camillo Boitos 1883 erschienener Novelle *Senso* (Gefühl), die eine komplizierte Geschichte von Liebe und Betrug im österreichisch besetzten Venedig erzählt, war ein ideales Sujet für die filmische Umsetzung durch den berühmten Regisseur Luchino Visconti 1954. Die in Venedig lebende amerikanische Krimi-Schriftstellerin Donna Leon fand in der geheimnisvollen Stadt eine perfekte Kulisse für ihren Commissario Guido Brunetti. Er ermittelt in der Halbwelt der venezianischen Subkultur, angefangen bei Inselfischern (*Das Gesetz der Lagune*) bis hin zu Umweltaktivisten (*Wie durch ein dunkles Glas*). Weil Leon in ihrer Wahlheimat möglichst anonym bleiben möchte, dürfen ihre Romane nicht in italienischer Sprache erscheinen. Die Krone der venezianischen Literaturszene gebührt Tiziano Scarpa (geb. 1963), der 2009 den Premio Strega gewann. Italiens höchste literarische Auszeichnung wurde Scarpa für *Stabat Mater* verliehen. Die Geschichte erzählt von einem venezianischen Mädchen, das bei Antonio Vivaldi das Geigenspiel erlernt.

FILM

In den 1980er-Jahren errechnete das venezianische Filmarchiv, dass die Stadt in der einen oder anderen Form in 380 000 Filmen vorgekommen sei – u. a. in Spielfilmen, Kurzfilmen und

Dokumentationen. Venedigs fotogene Schauseite ist zugleich Segen und Fluch. Die Stadt ist so einzigartig, dass sie sich nicht als unauffälliger Hintergrund eignet. Vielmehr wertet sie ihre Mitspieler auf. In vielen belanglosen Filmen hat Venedig die eindringlichste Rolle, und auch in den wenigen sehenswerten Streifen kann es sich gut behaupten.

Da Casanovas Eskapade und einige Shakespeare-Dramen in Venedig spielen, lag es nahe, die Filmversionen dieser klassischen venezianischen Geschichten in der Lagunenstadt zu realisieren. Was Casanova angeht, sind zwei hervorragende Filme über den Schürzenjäger zu erwähnen: Alexandre Volkoffs 1927 gedrehter *Casanova* und Federico Fellinis 1977 mit Donald Sutherland in Szene gesetzter *Casanova*. 1995 verfilmte Oliver Parker seine Version von *Othello*, aber diese reicht nicht an das 1952 entstandene Meisterwerk von Orson Welles heran, dessen *Othello* nur zum Teil in Venedig und größtenteils in Marokko realisiert wurde. Auch spätere Adaptionen dieses Kinoklassikers konnten sich mit dem Original nicht messen. Michael Radfords 1994 gedrehter *Der Kaufmann von Venedig* bot sogar Al Pacino in der Rolle des jüdischen Geldverleihers Shylock auf. Der schwedische Regisseur Lasse Hallström setzte *Casanova* 2005 mit einem nicht schlüssigen Plot und einem charmant verwuschelt-verwegenen Heath Ledger in der Titelrolle in Szene.

Einige der frühesten in Venedig spielenden Filme wurden von deutschen Regisseuren, die in den 1930er-Jahren vor Hitler geflohen waren, nicht in der Lagunenstadt, sondern vor Hollywoodkulissen gedreht. Ernst Lubitschs *Ärger im Paradies* (1932) erlaubte sich in der Lagunenstadt eigenwillige deutsch-hollywood-typische Freiheiten: Da sang ein Gondoliere mit phantastischer Stimme, die vielen Zuschauern bekannt vorkam, die neapolitanische Weise *O Sole Mio*. Der berühmte neapolitanische Tenor Enrico Caruso hatte die Szene synchronisiert. Viele venezianische Gondoliere sind heute bereit, egal was zu singen – *Volare*, Elvis, U2 – nur nicht dieses neapolitanische Lied, das Venedig nun seit den 1930er-Jahren verfolgt.

Nach dem Zweiten Weltkrieg entdeckte Hollywood Venedigs romantisches Flair: Die Stadt war 1955 Hintergrund für Katherine Hepburns späte italienische Liebe in David Leans 1955 gedrehtem *Traum meines Lebens*. Lean behauptete, dass dieser Film ihm der liebste sei, sogar lieber als *Lawrence von Arabien* und *Doktor Schiwago*. Venedigs atemberaubende Kulisse beschädigte für einige seltsame Gesangseinlagen in Woody Allens romantischem Musical *Everyone Says I Love You* (1996). Doch der erste Preis der venezianischen Liebesfilme gebührt Silvio Soldinis *Pane e Tulipani* (Brot und Tulpen; 1999). Der Film erzählt von einer italienischen Hausfrau, die in Venedig ein neues Leben beginnt und ihren Verfolger, einen Krimi-lesenden Klempner, geschickt immer wieder austrickst.

Häufiger als gut scheinen in Venedig gedrehte Liebesgeschichten furchtbar schlecht auszugehen. In *Morte a Venezia* (Tod in Venedig), den Luchino Visconti 1971 nach einer Novelle von Thomas Mann drehte, wird Liebe zu Besessenheit und das Gleiche passiert in *Der Trost von Fremden* (1990). Harold Pinter schrieb das Drehbuch nach Ian McEwans Roman. Regisseur Paul Schrader setzte es in einen Film um, dessen Handlung unlogisch wirkt, denn das Liebespaar Natasha Richardson und Rupert Everett folgt aus unerklärlichen Gründen dem durch und durch unheimlichen Christopher Walken durch die düsteren Gässchen Venedigs. Eine bessere Umsetzung eines weniger bedeutenden Romans lieferte *Die Flügel der Taube* (1997) nach Henry James' Erzählung. Der Film des Regisseurs Iain Softley wurde weitgehend in den USA gedreht, wenngleich der Hintergrund hinter Helena Bonham-Carters Haarpracht kaum zu erkennen ist.

Venedig tat sein bestes, Kinogänger immer wieder ordentlich zu schockieren. Unübertroffen ist diese Wirkung in Nicolas Roegs fesselndem *Wenn die Gondeln Trauer tragen* (1973) mit Donald Sutherland, Julie Christie und einem unheimlichen, verderbten Venedig. *Die Kurtisane von Venedig* (1998) ist schlüpfriger aber auch dümmer; die Gelegenheit, das Venedig des 16. Jhs. durch die Augen einer Kurtisane zu zeigen, wurde verpasst. Der in Venedig geborene Tinto Brass hat vor venezianischem Hintergrund einige Softpornos inszeniert, bei denen man sich nur wünscht, die Schauspieler würden aufhören, den Blick auf die schöne Kulisse zu verstellen. Bekanntester ist *Monamour!* (2005), in dessen Titel das französische *mon amour* (meine Liebe) eine Verbindung mit dem venezianischen *mona* eingeht, was sich sowohl auf weibliche Genitalien bezieht als auch „Narr" bedeutet.

Venedig als Schauplatz für Action spielt in *Indiana Jones and the Last Crusade* (1989) und dem James Bond/Daniel Craig-Abenteuer *Casino Royale* (2006) eine Rolle. Beim Finale am Canal Grande kam, der Computeranimation sei Dank, kein einziger gotischer Palast zu Scha-

top picks

FILME ÜBER VENEDIG

- **Pane e Tulipani** (Brot und Tulpen) Eine Hausfrau bricht aus ihrer Ehe aus und beginnt ein neues Leben in Venedig.
- **Casanova** Fellinis Version vom Leben des berühmten Schürzenjägers mit Donald Sutherland in der Hauptrolle – nicht die Version von Lasse Hallström – wenngleich Heath Ledger bezaubert.
- **Wenn die Gondeln Trauer tragen** Julie Christies und Donald Sutherlands Dämonen folgen dem Paar in Nicolas Roegs spannendem Thriller nach Venedig.
- **Casino Royale** Das actiongeladene Finale absolviert Bond auf dem Canal Grande – keine Sorge, der Palast hat's überstanden!
- **Tod in Venedig** Viscontis Umsetzung von Thomas Manns Novelle über einen an Mahler erinnernden Komponisten, eine leidenschaftliche Liebe und ein tödliches Ende.

THEATER & DARSTELLENDE KÜNSTE

Venedig ist ein Theater. Ganz gleich, wann man die Stadt besucht – es ist immer Showtime! Kaum hat man sich auf einem der größeren *campi* (Plätze) niedergelassen, da beginnt sie schon, die Commedia dell'Arte (Stegreifkomödie). Eine Gruppe festgelegter Charaktere improvisiert zu bekannten Themen: Da ist der vom ungewohnten Prosecco beim Lunch beschwipste Tourist, das Kind, dem das Pistaziengelato von der Eistüte gefallen ist, die selbstvergessenen Studenten, die auf einer Bank herumknutschen, als wollten sie ihre Zimmerkameraden nicht stören. *Opera buffa* hat ihren Auftritt in den *calli* (Gassen): Studenten feiern ihren Abschluss torkelnd mit einer weiteren Runde von Trinksprüchen in der nächsten Kneipe, während die Nachbarn beim Aufhängen der Wäsche ihre Ansichten über die Wirtschaftskrise und die Reality-Show vom letzten Abend austauschen. Am Canal Grande bieten verwunschene Paläste mit Balkonen die besten Voraussetzungen für märchenhaft-romantisches wie tragisches Geschehen. Nur wer Venedig gesehen hat, kann seine Impulse fürs Theater schätzen.

den. Welcher aktuelle große Film in Venedig für Furore sorgt, zeigt zuverlässig jedes Jahr das Filmfestival von Venedig (S. 20).

Commedia dell'Arte

In der Karnevalszeit, mit ihrem Höhepunkt im Februar, nehmen die Regeln der Commedia dell'Arte Besitz von der Stadt. Ganz Venedig ist maskiert, extravagant kostümiert und exzentrisch agierend auf der Straße unterwegs. Auch wenn es heute wunderlich erscheint, war die Commedia dell'Arte jahrhundertelang Italiens alles beherrschende Theaterform. Wissenschaftler sehen ihren Einfluss in einigen von Molières komödiantischen Szenen und Shakespeares romantischen Handlungen. Shakespeare wäre allerdings schockiert gewesen, wenn er gewusst hätte, das Frauenrollen in Italien normalerweise von Frauen gespielt wurden. Doch nach einem 90-minütigen Spielfilm wirken selbst die besten Witze und die romantisch-komödiantische Handlung ermüdend, und so ist es kaum verwunderlich, dass Venedig nach einigen Jahrhunderten solider Commedia dell'Arte im 18. Jh. genug hatte von witzigen Einlagen und zunehmend derben Szenarien. Farce und Karikatur ersetzten anspruchsvolle Improvisationen; das Theater hatte seinen subversiven Schwung verloren.

Komödie & Opera Buffa

Auftritt Carlo Goldoni (1707–93): Der Tausendsassa war nacheinander Lehrling bei einem Arzt, Rechtsanwalt und Librettist. Er hatte sich der ernsten Oper verschrieben, wie sie zu jener Zeit von der Aristokratie sehr geschätzt wurde. Rund 160 Schauspiele und 80 Libretti verfasste er unter eigenem Namen oder dem Anagram Carlindo Grolo. In Erinnerung aber blieb er wegen seiner *opera buffa* und der schonungslosen Sozialsatiren, deren Themen bis heute aktuell und treffend scheinen: Geschlechterkampf, eingebildete Leute der Gesellschaft, die ihren Teil abbekommen, die Unmöglichkeit, den Ansprüchen des Chefs zu genügen.

Goldoni war ein unbeschwerter Mensch, aber er war kein Leichtgewicht: Sein komödiantisches Genie veränderte das italienische Theater grundlegend. Anstatt blumig zu dichten machte Goldoni mit Wortspielen und Doppeldeutigkeit das Beste aus der italienischen Prosa und dem venezianischen Dialekt. Seine *Pamela* (1750) war das erste Theaterstück, das komplett auf Masken verzichtete; seine Charaktere ließen sich nicht klar Gut und Böse zuordnen, jeder war unvollkommen, und das oft auf sehr komische Weise. Die meisten einnehmenden Rollen waren für Frauen und *castrati*, männliche Countertenöre mit Sopranstimme, reserviert, angefangen mit seinem 1735 geschriebenen Frühwerk, der Adaptation von *Griselda* von Apostolo Zeno, das auf Bocaccios *Dekameron* basierte und von Vivaldi umkomponiert wurde, bis zum gefeierten *Le Donne Vendicate* (Die Rache der Frauen) von 1763. Dessen Auftraggeberin war die Prinzessin Cecilia Mahony Giustiniani von Bassano Romano. Es geht um zwei Frauen, die einem angeberischen Chauvinisten mit unendlich witzigen Dialogen und eher harmlosem Schwertgeplänkel auf den rechten Weg bringen. Goldonis Komödien sprachen die billigen Plätze ebenso an wie die bessere Gesellschaft, und jede Seite war überzeugt, dass die andere durch den Kakao gezogen wurde.

Ein venezianischer Dramatiker fand das allerdings alles andere als lustig. Carlo Gozzi (1720–1806) war überzeugt, dass Theater berauschend und erhaben sollte als eine, Einladung, das Unmögliche zu denken. Gozzi hielt Goldonis von Molière beeinflusste Komödien über das Leben der Mittelschicht für prosaisch. Er brachte 1761 eine bissige Parodie von Goldoni auf die Bühne, die so ungeheuer populär war, dass Goldoni angewidert nach Frankreich floh und nie wieder nach Venedig zurückkehrte. Gozzi hatte mit seinen märchenhaften Bühnenwerken, von denen eines Puccini zu seiner Oper *Turandot* inspirierte, bescheidenen Erfolg. Und da seine Fantasien nicht weit reichten, wandte er sich schließlich doch der Komödie zu.

Goldoni indessen erlebte in Frankreich schwere Zeiten. König Ludwig XVI. hatte ihm anlässlich seiner Heirat mit Marie Antoinette eine Pension ausgesetzt, doch die Revolution hatte sie wieder kassiert. Er starb arm, aber nicht ganz vergessen, und da seine französischen Kollegen sich für ihn einsetzten, zahlte der französische Staat die Rente schließlich an Goldonis Witwe. Gozzis Stücke werden selten gegeben, während Goldoni neben Shakespeares in Venedig spielendem *Der Kaufmann von Venedig* und *Othello* nach wie vor mit zahlreichen Aufführungen am wichtigsten Theater der Stadt, dem Teatro Goldoni (S. 228), vertreten ist.

Zeitgenössische darstellende Kunst

Die zeitgenössische Theaterszene bietet mehr als nur Wiederholungen von Goldoni und Shakespeare. Avantgarde-Gruppen und experimentelles Theater wie das Teatro Junghans (S. 228) bringen neue Stücke, Performances und Choreographien auf die Bühnen Venedigs. Die moderne Tanzszene greift immer wieder einmal Tanzelemente der Commedia dell'Arte auf. Seit 2003 nimmt der zeitgenössische Tanz mit dem Festival Internazionale di Danza Contemporanea (Internationales Festival des zeitgenössischen Tanzes, s. S. 18) einen wichtigen Platz innerhalb der Kunst- und Architektur-Biennale ein. Auch die Fondazione Giorgio Cini (S. 124) fördert den Tanz mit regelmäßigen Vorstellungen und Workshops über die zeitgenössische Tanzszene aus allen Teilen der Welt.

ARCHITEKTUR

Wenn in Venedig die Gespräche zur Happy Hour zu stocken drohen, bringt sie eine unschuldige Frage wieder in Schwung: Was genau ist denn nun venezianische Architektur? So gut wie jeder hat eine Lieblingsperiode in der vielfältigen Architekturgeschichte Venedigs, und es gibt kaum Einigkeit darüber, welche Epoche die Stadt am nachhaltigsten prägte. Ruskin schwärmte überschwänglich von der byzantinischen Gotik der Basilica di San Marco und verachtete Palladios San Giorgio Maggiore. Palladio-Anhängern missfiel das Rokoko, Bewunderer des majestätischen Rokoko der Ca' Rezzonico regten sich über den dekadenten Liberty-Stil des Lido auf (*stile liberty* ist die italienische Variante des Jugendstils), und so gut wie jeder war vom Vordringen der Industrie im Umkreis der Stadt schockiert, die Venedig ganz seines Dekors zu berauben drohte.

Nachdem die Barockbauten der Giudecca Fabriken und der Ferrovia (Bahnhof) weichen mussten, brauchte die Stadt Jahrzehnte, um sich von diesem Schrecken zu erholen. Venedig fiel in die im 19. Jh. verbreitete *venezianitá* zurück, in eine Tendenz, besonders auffallende Elemente verschiedener venezianischer Perioden zusammenzuführen – hier ein gotischer Dreipassbogen, dort eine barocke Kuppel. Die Innenräume wurden mit seidigem Damast

TOP FIVE DER UMSTRITTENEN BRÜCKEN

- Die **Ponte di Calatrava** (S. 105) – der offizielle Name der Brücke lautet Ponte della Costituzione (Verfassungsbrücke) – zwischen Piazzale Roma und Ferrovia, ein Entwurf des spanischen Architekten Santiago Calatrava, wurde 1999 für 4 Mio. Euro in Auftrag gegeben und die folgenden zehn Jahre wahlweise als überflüssig, fehlerhaft und nicht behindertengerecht diskreditiert. Da der Bau von Modeunternehmen gesponsert wurde, die hofften, in den alten Bahnhofsgebäuden am Fuß der Brücke ein luxuriöses Einkaufszentrum eröffnen zu können, wird sie von einigen Venezianern „Benetton-Brücke" genannt. Die Brücke kostete dreimal so viel wie ursprünglich angesetzt, doch jetzt, nachdem sie eingeweiht ist, überqueren viele Venezianer und Besucher mit großem Vergnügen das minimalistische Werk aus Stahl, Glas und Stein.

- **Ponte di Rialto** – die Hauptbrücke über den Canal Grande war jahrhundertelang katastrophenanfällig: Die 1255 ursprünglich aus Holz erbaute Brücke brannte bei einem Aufstand 1310 ab; der Ersatzbau brach 1444 unter dem Gewicht von Schaulustigen zusammen, die einer Hochzeitsparade beiwohnten. Für das Projekt einer Steinbrücke, um das sich Palladio, Sansovino und Michelangelo bewarben, fehlte der Stadt 1551 das Geld; schließlich übernahm Antonio da Ponte 1588 die Aufgabe. Die veranschlagten Kosten wurden dramatisch überschritten, denn das Mauerwerk senkte sich, und die Brücke brach ein. Legenden zufolge konnte Ponte die Brücke nur dank eines Paktes mit dem Teufel 1592 fertigstellen. Der Architekt Vincenzo Scamozzi unkte, dass die Konstruktion niemals halten könne. Doch da Pontes Brücke bleibt bis heute ein teuflisch-kluges Meisterwerk der Ingenieurskunst.

- **Ponte dei Pugni** (Brücke der Fäuste) – auf dieser kampferprobten Brücke fanden regelmäßig Boxkämpfe zwischen den Bewohnern des nördlichen Bezirks von Venedig, den Nicolotti, und den Castellani vom südlichen Bezirk statt. Anstelle der oft tödlich endenden Raufereien veranstaltete man richtige Boxkämpfe, deren Startaufstellung die Fußabdrücke an den vier Ecken am Scheitelpunkt der 2005 restaurierten Brücke markieren. Das Ganze war ein Riesenspaß, auch wenn dabei das ein oder andere Auge ausgeschlagen wurde. Die Runden endeten damit, dass die blutüberströmten und mit blauen Flecken übersäten Kämpfer in den Kanal fielen. König Heinrich III. von Frankreich scheint dieses Spektakel genossen zu haben. 1705 wurde der Brauch aufgegeben, nachdem die Kämpfe in tödliche Messerstechereien ausgeartet waren. Die heutigen Venezianer wetteifern mit Regatten und rudern um den Ruf ihres Viertels.

- **Ponte delle Tette** – die „Titten-Brücke" verdankt ihren Namen einer Verordnung vom Ende des 15. Jhs. Die Prostituierten des Viertels wurden darin aufgefordert, ihre Reize in den Fenstern der Häuser oberhalb der Brücke zu zeigen, anstatt sie auf der Straße feilzubieten. Die lokale Überlieferung schreibt dieser Zurschaustellung in reichlich bizarrer Logik eine dramatische Zunahme der Sodomie zu. Die Brücke führt zum Rio Terà delle Carampane, der nach einem Adelshaus, der Ca' Rampani, benannt ist und bei den einheimischen Straßendirnen, den *carampane*, sehr beliebt war.

- Die von Antonio Contino 1600 erbaute **Ponte dei Sospiri** (Seufzerbrücke), eine Brücke, die ihren Namen von Lord Byron erhielt, verbindet die oberen Etagen von Palazzo Ducale und Prigioni Nuove (Neue Gefängnisse). Byron bildete sich ein, dass die verurteilten Gefangenen beim letzten Blick durch die Brückenfenster auf Venedig geseufzt hätten. Bei der Führung durch den Palazzo Ducale merkt man allerdings, dass die Lagune durch die mit Steingittern verschlossenen Fenster kaum zu erahnen ist. Die Legende besagt, dass für Paare, die sich unter der Brücke küssen, die Liebe nie enden wird. Zweifelsohne hatten die venezianischen Gefangenen einen weniger romantischen Eindruck von dem Bau.

ausgeschlagen und mit Lüstern aus Muranoglas sanft erhellt, was nicht dazu beitrug, die gegensätzlichen Architekturelemente zu verbinden. Das so entstandene Stil-Sammelsurium schien das Ende der goldenen Jahre venezianischer Architektur einzuläuten. Mit der Flut von 1966 war Venedigs architektonisches Erbe vermeintlich endgültig verloren. Doch Architekturliebhaber weltweit legten ihre Differenzen bei und halfen den Venezianern, ihre *palazzi* zu retten und die Fundamente in der ganzen Stadt zu verstärken.

Die Architektur Venedigs hat sich über die Jahrhunderte zu einem derart verwirrenden Gemisch aus Materialien, Stilen und Einflüssen entwickelt, dass man die einzige prägende Element leicht übersieht: Sie schwimmt. Ganz gleich, welchem Dekor sie den Vorrang geben – in einem sind sich alle Kritiker einig: Venedig ist ein Wunder der Ingenieurskunst. Tausende von im Lagunenschlamm verankerter Holzpfähle tragen die steinernen Fundamente, denen elegante Ziegelfassaden mit rustikalen Deckenbalken, niedrigen *sotoportegi* (Durchgängen), luftigen Loggien, großen Wassertoren und verborgenen *cortile* (Innenhöfen) entwachsen. Anstatt diese grundlegenden venezianischen Bauelemente zu verbergen oder zu umhüllen, haben moderne Architekten begonnen, sie hervorzuheben. So verwandelte die Fondazione Giorgio Cini (S. 124) eine Marineakademie in eine Kunstgalerie, und Tadao Ando baute das Zollhaus Punta della Dogana (S. 89) in einen Ausstellungsraum für zeitgenössische Kunst um. Venedigs neue/alte Architektur ist frisch und vital wie immer.

VENETO-BYZANTINISCHE KUNST

Die auf Venedig verteilte Fülle an Schönheit mag ungerecht erscheinen, aber die Stadt hat auch eine lange Geschichte: Das kosmopolitische Flair sorgte ab dem 7. Jh. dafür, dass der venezianischen Architektur ein Spitzenrang zukam. Venedig selbst war damals ein bunt zusammengewürfelter, schlammiger Vorposten von Flüchtlingsbehausungen, aber die nicht weit entfernte Insel Torcello boomte als Handelsstadt mit 20 000 Einwohnern um die Cattedrale di Santa Maria Assunta (S. 131) als spirituellem Zentrum. Von weitem sieht sie aus wie eine in Ravenna entliehene, byzantinische Basilika. Aus der Nähe betrachtet entdeckt man die romanischen Bögen in den Apsiden aus dem 7. bis 9. Jh., und die Ikonostase, die das Hauptschiff vom Presbyterium trennt, stammt direkt aus der orthodoxen Kirche. Zu Torcellos Blütezeit gingen Kaufleute aus Frankreich, Griechenland oder der Türkei hier von ihren Schiffen, betraten die Kirche und fühlten sich wie zu Hause.

Als Hinweis an die Besucher, dass sie sich hier in einem mächtigen Handelszentrum befanden, glänzt Santa Maria Assunta mit goldenen Mosaiken aus dem 12./13. Jh. Jüngste Ausgrabungen haben ergeben, dass es in Torcello bereits im 7. Jh. Glashütten gab. In deren Tag und Nacht brennenden Schmelzöfen wurden die Tausende winziger Glas-*tesserae* (Plättchen) produziert, die für die eindrucksvolle Madonna mit Kind benötigt wurden, der die Apostel über dem Altar Gesellschaft leisten. Ganz zu schweigen von dem aufregend detailgetreuen Mosaik des *Jüngsten Gerichts,* auf dem das züngelnde Höllenfeuer die Füße der Verdammten zum unfreiwilligen Tanzen bringt.

Als Venedig im 9. Jh. endgültig mit Byzanz brach, benötigte es ein Wahrzeichen, mit dem sich die Stadt abheben konnte, und eine Bühne, auf der sich das Goldene Zeitalter des Seehandels entrollen sollte. Die Basilica di San Marco (S. 73) fängt Venedigs große Ambitionen in fünf riesigen, mit Goldmosaiken ausgelegten Kuppeln ein, die verirrte Sonnenstrahlen aus einem Feuerwerk im Inneren bündeln. Bis heute entlockt dieser Anblick den Massen von Bewunderern aus aller Welt ein hörbares Keuchen. Die Basilika wurde im 9. Jh. dreischiffig gebaut; nach einem Feuer kamen zwei Schiffe hinzu, sodass sie den Grundriss eines griechischen Kreuzes erhielt. Vorbild war die Apostelkirche in Konstantinopel. Der Ost-trifft-West-Stil symbolisierte Venedigs Stellung als neue Macht an der Adria aufs Schönste. Die besten Kunsthandwerker des Mittelmeerraums wurden engagiert, um die Blendkraft der Basilika ins Unvorstellbare zu steigern, angefangen bei meisterliche Marmorreliefs aus dem 12./13. Jh. über die romanischen Torbögen bis hin zu den Steinböden mit Einlegearbeiten aus Halbedelsteinen in komplexer islamischer Geometrie, die figürliche Darstellungen ablehnt.

Die Basilika diente als offizielle Kirche des Dogen. Jedesmal, wenn Venedig durch Handel oder Krieg neue Territorien errungen hatte, wurde des Dogen Anteil an der Beute in der Basilika ausgestellt. So erklären sich die Wände aus vielfarbigem, in Ägypten gestohlenem Marmor und die römischen Bronzepferde des 2. Jhs., die Venedig der Plünderung des Hippodroms von Konstantinopel 1204 verdankt. Die Ausgestaltung der Basilika veränderte sich mit dem Geschmack der Jahrhunderte zu Gotik und Renaissance. Ihre Botschaft an die Würdenträger, die sie besuchten, blieb die gleiche: Gottes Ruhm mag über allem stehen, aber die irdische Macht liegt in den Händen des Dogen.

ROMANIK

Im 9. Jh. war die Romanik überall in Westeuropa, von der Lombardei bis zur Toskana, im südlichen Frankreich und nordöstlichen Spanien, später auch in Deutschland und England, der letzte Schrei. Ganz gleich ob aus einfachen Ziegeln oder feinstem Marmor gebaut: Runde Bögen, tonnengewölbte Decken, dreischiffiger Grundriss und stille Kreuzgänge definierten die mittelalterliche Kirchenarchitektur. Der nüchterne, klassische Stil war eine bewusste Bezugnahme auf das Römische Reich und die frühchristlichen Märtyrer, die alles für die Kirche geopfert hatten. Und er erinnerte die Gläubigen an ihre Pflicht, die Kreuzzüge zu

top picks

GÖTTLICHE ARCHITEKTURERLEBNISSE

- **Basilica di San Marco (S. 73)** Mosaiken.
- **Chiesa di San Giorgio Maggiore (S. 124)** Palladios lichter, schwereloser gen Himmel strebender Innenraum.
- **Scuola Grande dei Carmini (S. 89)** Longhenas Himmelstreppe.
- **Chiesa di Santa Maria dei Miracoli (S. 100)** Ein Wunder der Renaissance aus vielfarbigem Marmor.
- **Schola Spagnola (Spanische Synagoge) (S. 103)** Eine luftige, elliptische Frauengalerie.

unterstützen. Um sicherzustellen, dass die Nachricht wirklich verstanden wurde, feierten plastische Reliefs an den Eingangstoren das Heldentum, während in die Steinkapitelle düsterer Gruften eingemeißelte Engel und Dämonen in den Gläubigen die Angst vor dem Teufel weckten.

Als Venedig im 13. Jh. zur Seemacht aufstieg, wurden viele kleinere byzantinische und romanische Bauten abgerissen, um Platz zu schaffen für die Grandezza der Hochgotik. Die schönsten Beispiele der Romanik im Veneto und vielleicht in ganz Norditalien sind Veronas riesige, im 12. bis 14. Jh. erbaute Basilica di San Zeno Maggiore (S. 271) und Paduas Freskenjuwel, das romanische Baptisterium (S. 261). In Venedig selbst ist romanische Schlichtheit in der Chiesa di San Giacomo dell'Orio (S. 98) und ihrem Glockenturm erhalten. Sehenswert ist auch der schöne Kreuzgang aus einem früheren Benediktinerkloster im Museo Diocesano d'Arte Sacra (S. 261).

VENEZIANISCHE GOTIK

Im 12. Jh. erhoben sich himmelhohe Turmspitzen und Strebwerke über Paris, und das übrige Europa sah im Vergleich dazu plötzlich klein und gedrungen aus. Es dauerte nicht lange und jede europäische Hauptstadt versuchte, Paris mit eigenen gotischen Wunderwerken zu übertreffen. Charakteristisch waren die scheinbar filigranen Kreuzrippengewölbe, die das Gewicht der Steinwände verteilten und so Öffnungen für große farbige Glasfenster möglich machten. Außerdem wird der Druck auf das äußere Strebewerk geleitet.

Europas mittelalterliche Großmächte nutzten diesen prachtvollen internationalen Architekturstil, um ihren Glanz und ihre Stellung zu demonstrieren. Venedig allerdings überbot seine Nachbarn nicht an Höhe, sondern indem es eine eigene Abwandlung der Gotik erfand. Die Stadt unterhielt seit Jahrhunderten Handelsbeziehungen rund ums Mittelmeer vom Libanon bis Nordafrika. Der beständige Austausch von Baumaterialien, technischen Neuerungen und ästhetischen Idealen mündete in einer kreativen Durchdringung westlicher und nahöstlicher Architektur. Anstatt die Fenster mit einem einfachen Spitzbogen einzurahmen, wie es in Frankreich und Deutschland üblich war, erweiterte Venedig seine Bögen um den Dreipass, eine elegant geformte, maurische Verzierung in Kleeblattform. Sie wurde das Kennzeichen venezianischer Gotik.

Wie in Frankreich und Deutschland wurden die Kathedralen auch in der Toskana aus Marmor erbaut; Venedig hingegen bevorzugte einen strengeren, feierlichen Stil, so bei I Frari (S. 92), die in Form eines lateinischen Kreuzes aus Ziegeln errichtet und nach hundertjähriger Bauzeit 1443 fertiggestellt wurde, und dem 1430 geweihten Zanipolo (S. 108). Die reicher geschmückte Madonna dell'Orto (S. 103) wurde ebenfalls aus Ziegeln auf einem Fundament aus dem 10. Jh. erbaut; 1460–64 erhielt ihre Fassade die hellen, feinspitzigen Ornamente aus Porphyr. Der Kontrast von weißem Stein auf rotem Ziegel beruht möglicherweise auf Einflüssen aus dem arabischen Raum. Ein ähnlicher Stil ist im Jemen beliebt, wohin Marco Polo im 13. Jh. Handelsbeziehungen aufgebaut hatte.

Gotische Architektur war so kompliziert und teuer, dass sie normalerweise nur bei Kathedralen reicher Gemeinden Verwendung fand. In Venedig allerdings galt: War Gotik gut genug für Gott, so war sie auch gut genug für den Dogen. Der extravagante Palazzo Ducale (S. 74) ist eine der wenigen säkularen gotischen Bauten. Er wurde ab 1340 in grandioser venezianischer Gotik errichtet und erhielt bis Ende des 15. Jhs. Verschönerungen und Erweiterungen. Kaum beendet, zerstörte ein Feuer 1577 den Palast. Venedig hatte die Qual der Wahl: Sollte es den Bau im originalen *gotico fiorito* (Flamboyantstil) wieder aufbauen oder auf die in Mode gekommene Renaissance setzen, die Palladio und seine Anhänger propagierten. Man entschied sich für die Gotik und wählte für die Fassade anstelle von Ziegel ein elegantes Puzzle aus weißem, istrischen Stein und rosafarbenem Marmor aus Verona. Eine luftige, weißspitzige Loggia blickt auf den Canal Grande. 1853 bezeichnete der kritische und unerschrockene Kämpfer für die gotische Architektur, John Ruskin, den eleganten Palazzo Ducale als das „wichtigste Gebäude der Welt".

Der Dogenpalast ist der Knüller, aber auch viele andere venezianische Adelige lebten im 14. Jh. nicht gerade in schäbigen Anwesen. Sogar ohne ihre ursprüngliche Vergoldung ist die Ca' d'Oro (S. 103) unbestritten ein Höhepunkt am Canal Grande. Der typische venezianische *palazzo* (Palast) einer Adelsfamilie besaß ein Tor, das Booten Zugang zum Innenhof oder dem Erdgeschossbereich bot. Die Empfangshalle befand sich im *piano nobile*, meist in der ersten Etage. Das *piano nobile* sollte Eindruck machen: Das Licht strömte durch die überhohen Fenster der Loggia und der Balkone herein. Eine elegante Arkade, die von Marmorbögen in venezianischer Gotik und Dreipassfenstern gekrönt war, schmückte oft die zweite Etage. Dekorative Zinnen bildeten den Abschluss am Dach.

RENAISSANCE

Jahrhundertelang strebten gotische Kathedralen in die Höhe und zogen Augen und Hoffnungen der Gläubigen himmelwärts. Erst als die Renaissance eine Ära der Vernunft und des Humanismus einläutete, wurde die Architektur wieder zugänglicher und in ihrem Aufbau rationaler. Venedig sprang nicht gleich auf diese radikal neue, toskanische Weltsicht an. Doch die Wiederbelebung klassischer Ideale fasste dank der Universität in Padua und venezianischer Verlagshäuser allmählich Fuß.

Mit dem Studium der klassischen Philosophie ging eine neue Wertschätzung der strengen klassischen Ordnung, der harmonischen Geometrie und menschlicher Proportionen einher. Ein hervorragendes frühes Beispiel hierfür ist die 1489 erbaute Chiesa di Santa Maria dei Miracoli (S. 100). Die kleine Kirche ist eine Meisterleistung des Bildhauers und Architekten Pietro Lombardo (1435–1515) und seiner Söhne Tullio und Antonio. Von Außen präsentiert sie sich mit wild geädertem, vielfarbigem Marmor sehr unruhig, doch der gleichförmige Rhythmus korinthischer Pilaster schafft Ordnung. Das komplett aus Marmor gestaltete Innere bildet den Rahmen für eine Reihe fein gearbeiteter Skulpturen; die Kassettendecke bevölkern Heilige in

GROSSE ARCHITEKTUR, GRATIS

Kostenloser Rundgang

Zu Fuß die Welt der modernen Architektur erkunden: Der Spaziergang beginnt in den Gärten der Biennale (S. 113) und führt vom austro-ungarischen Pavillon im Sezessionsstil zum postindustriellen Pavillon von Südkorea in einem umgebauten E-Werk. Danach geht es am Kanal entlang mit herrlichem Blick auf die Chiesa di San Giorgio Maggiore (S. 124) zur Basilica di San Marco (S. 73), wo die unschätzbaren Mosaiken umsonst zu besichtigen sind. Von der Piazza San Marco verläuft die Calle Larga 22 Marzo an Schaufenster von Designerläden entlang nach Westen zur Chiesa di Santo Stefano (S. 80). Durch ein gotisches Portal betreten Besucher das Gotteshaus, dessen im 15. Jh. erbaute *carena di nave*, die Schiffskieldecke, sich als Meisterwerk der venezianischen Handwerkskunst präsentiert.

Nordöstlich am Campo Manin lässt sich vom Hof des Palazzo Contarini del Bovolo aus ein Blick auf ein verborgenes Renaissancejuwel, die Spiraltreppe Scala del Bovolo (S. 80), werfen. Dann geht es vom Campo Manin nach Osten zum Campo San Luca und von dort weiter nach Norden und Osten zur Calle del Teatro, die in die Mercerie 2 Aprile mündet. Die meisten Menschen hier streben der Rialto-Brücke zu, die Tour aber führt weiter nach Norden, zwei kleine Brücken überquerend über den Campo San Bartolomeo und wendet sich dann nach rechts in die Salizada San Cancian. Die vierte *calle* (Durchgang) rechts mündet auf den Campo San Maria Nova mit dem Ziel dieser Wallfahrt, dem vielfarbigen Marmorwunder der Renaissancekirche Chiesa di Santa Maria dei Miracoli (S. 100). Wer Antonio da Pontes Marmorbrücke im goldenen Licht des Nachmittags erstrahlen sehen möchte, sollte nun zur Ponte di Rialto zurückkehren. Auf der Ruga degli Orefici lässt es sich unter den freskengeschmückten Arkaden der Fabbriche Vecchia spazieren.

Jetzt ist es Zeit für eine preiswerte Happy-Hour-*ombra* (Glas Wein) und *cicheti* (traditionelle Barsnacks) in der nahen Al Mercà (S. 219). Dazu erfreut der anregende Blick auf den Canal Grande oberhalb von Sansovinos Fabbriche Nuove. *Cin-cin* (hoch die Gläser) – auf die venezianische Architektur!

KUNST & ARCHITEKTUR ARCHITEKTUR

venezianischer Kleidung der Zeit. Mit diesem intimen, gefälligen Gotteshaus kehrt die Sakralarchitektur auf die Erde zurück.

Der in Florenz geborene und in Rom in klassischer Architektur ausgebildete Jacopo Sansovino (1486–1570) war als Venedigs *proto* (offizieller Stadtbaumeister) ein Meister der Renaissance. Seine besten Arbeiten verdeutlichen nicht nur den Wandel im ästhetischen Bereich, sondern auch den grundlegenden Umbruch im Denken. Das gotische Ideal war eine unglaublich hohe Turmspitze, die ein Kreuz krönte. Sansovinos Libreria Nazionale Marciana (S. 135) hingegen ist die perfekte Verkörperung der Renaissance, ein niedriges, von einem Flachdach abgeschlossenes Monument, das Statuen berühmter Männer schmücken. Die Großen der Geschichte sind auch Thema der Scala dei Giganti im Palazzo Ducale (S. 74): Die Treppe war venezianischen Würdenträgern vorbehalten und sollte sie als unmissverständliches Symbol daran erinnern, dass jeder, der die Höhen der Macht erklimmen will, auf den Schultern von Giganten stehen muss.

Die Renaissancearchitektur streckte sich nicht nach dem Himmel, sondern suchte den Horizont. Mit seiner Arbeit an insgesamt 15 Bauten veränderte Sansovino das Stadtbild Venedigs, so auch mit der ebenso klaren wie prächtigen Chiesa di San Francesco della Vigna (S. 167). Palladio vollendete sie mit einer Säulenfassade; Pietro und Tullio Lombardo sorgten für den Skulpturenschmuck. Nur eines der ambitioniertesten Projekte Sansovinos wurde glücklicherweise nie realisiert: Er wollte die Piazza San Marco in ein römisches Forum verwandeln.

Der Einfluss der Renaissance wurde in Venedig vor allem entlang des Canal Grande sichtbar: Gotische Spitzbögen entspannten sich zu Arkadenbögen, wiederkehrende geometrische Formen und klassische Ordnung ersetzten den Dreipass, Paläste erhielten Fundamente aus Buckelquadern roh behauenen Marmors. Einer der stilbildenden Bauherrn am Canal Grande war der in Bergamo geborene Mauro Codussi (etwa 1440–1504), dessen erste Arbeit in Venedig die zierliche Chiesa di San Michele (S. 127) war. Er hatte keine Mühe, seinen klassischen Formenkanon auch an säkularen Bauten und Palästen umzusetzen. Codussi baute im 15. Jh. den Torre dell'Orologio (S. 79) sowie mehrere außergewöhnliche *palazzi*, darunter Palazzo Vendramin-Calergi (S. 106) am Canal Grande.

Michele Sanmicheli (1484–1559) stammte aus Verona und hatte wie Sansovino in Rom gearbeitet, bis ihn die Stadt 1527 entließ und er gezwungen war, nach Venedig zu fliehen. Die Republik Venedig beschäftigte ihn mit dem Ausbau von Verteidigungsanlagen wie dem Forte Sant'Andrea (s. S. 132), das auch unter dem Namen Castello da Mar (Meeresfestung) bekannt ist. Sogar Sanmichelis Arbeiten für private Auftraggeber sind geprägt von einer eindrucksvollen, kaiserlich-römischen Grandezza; das Palazzo Grimani (1557–59 als Lustschloss erbaut) ist mit einem Triumphbogen im Erdgeschoss geschmückt und passt ideal zu seiner heutigen Funktion als städtisches Berufsgericht.

Obwohl der Barock bereits die klaren Linien der Renaissance mit Schmuck und Geschnörkel zu verwässern begann, verweigerte sich der in Padua geborene Andrea Palladio (1508–80) diesem neuen Einfluss und legte damit die Grundlage für die moderne Architektur. Seine Fassaden sind ein offenes Buch der klassischen Architektur, zusammengesetzt aus den Grundformen der Geometrie: Ein dreieckiger Ziergiebel ruht auf runden Säulen über dem Rechteck einer Treppe. Dadurch wirken die eleganten Fassaden von San Giorgio Maggiore und die Redentore unwiderstehlich konsequent.

Der kritische John Ruskin verachtete die Renaissancearchitektur generell und Palladio im Besonderen. Über San Giorgio Maggiore notierte er in seinem Buch *The Stones of Venice*: „Es ist wohl kaum möglich, einen Entwurf zu ersinnen, der grobschlächtiger, barbarischer und kindischer in der Konzeption, kriecherischer in der Nachahmung, abgeschmackter im Ergebnis und verachtenswerter unter jedem rationalen Gesichtspunkt sein könnte (…) Das Innere der Kirche gleicht einem großen Konferenzraum und verdiente nicht einen einzigen Augenblick Aufmerksamkeit, enthielt es nicht wertvollste Gemälde." Man sollte diese Wertung nicht ernst nehmen. Vielleicht sehen Palladios blendend weiße Fassaden aus istrischem Stein aus der Ferne kühl aus; aus der Nähe gewinnen sie jedoch an Charakter: Gewölbte Decken und zarte Anmut nehmen den Barock und den Modernisme vorweg.

BAROCK & KLASSIZISMUS

In anderen Teilen Europas erschien Barockarchitektur mit ihrer Kombination von Verspieltheit und Schauer als oberflächlich: Keinerlei Vernunft oder Würde, wie die Renaissance sie vertreten hatte, lagen ihr zugrunde. Am Canal Grande hingegen machte die Beschwingtheit des Barocks Sinn. Die weißen, mit Ornamenten überreich geschmückten Adelspaläste sahen aus wie schwimmende Hochzeitstorten. Baldassare Longhena (1598–1682) übernahm die Funktion des Stadtbaumeisters zu einem Zeitpunkt, als die Stadt nach überstandenen Pestepidemien aufatmete. Mit der strahlenden, weißen Kuppel der Chiesa di Santa Maria della Salute (S. 89) setzte Longhena einen architektonischen Kontrapunkt gegen die dunkle Epoche.

Architekturhistoriker schreiben den ungewöhnlichen Kuppelbau auf achteckigem Grundriss dem Einfluss römischer Heiligtümer, Kabbalasymbolen und Palladios in die Höhe strebenden, klassischen Linien zu. Longhena entfesselte bei der Außendekoration von Santa Maria della Salute all seine Phantasie: Er bevölkerte die Fassade mit jubilierenden Statuen und ließ sie sich sogar über den Haupteingang beugen. Die Kirche avancierte zum Lieblingsmotiv für Landschaftsmaler von Turner bis Monet. Der Anti-Barock-Kämpfer Ruskin musste eingestehen, dass „ein in den schlechtesten Schulen ausgebildeter Architekt, dessen Werk gänzlich frei war von Inhalt oder Bedeutung, dennoch so viel natürliches Talent besaß, Figuren zu gruppieren oder anzuordnen, dass seine Strukturen aus der Ferne betrachtet durchaus Wirkung hatten". Longhenas überreich mit Riesenstatuen besetzte Fassade des Ospedaletto erschien Ruskin „monströs" – Bewunderer des Barock denken anders darüber. Longhenas Meisterwerk wurde die Ca' Rezzonico, dank sonnendurchströmter Salons und spektakulärer Deckenfresken von Tiepolo gänzlich den Genuss feiernd.

Trotz all dieser Ornamente verlor Venedig den harmonischen Geist der Renaissance nie ganz. Im 18. Jh. wurde der monumentale Klassizismus Mode. Der von Palladio beeinflusste Giorgio Massari (etwa 1686–1766) konzipierte die Chiesa dei Gesuati als ein großes Schauspiel und Bühne für Tiepolos Trompe-l'œil-Decken. Er ordnete die Salons des zierlichen Palazzo Grassi um einen zentralen, von Arkaden umgebenen Lichthof an. Schließlich beendete er die von Longhena begonnene Ca' Rezzonico am Canal Grande.

Napoleon brach 1797 wie ein Tyrann über Venedig herein. Er war entschlossen, das Gesicht der Stadt zu erneuern. Als Erstes ordnete er an, Sansovinos Chiesa di Geminiano abzureißen, um Platz zu schaffen für ein Bauwerk, das ihn selbst ehren sollte. Giovanni Antonio Selva (1753–1819) bekam den Auftrag für die Ala Napoleonica (s. Museo Correr, S. 78).

Der Kaiser ließ ein ganzes Stadtviertel mit vier Kirchen schleifen, um die Giardini Pubblici (auch bekannt als Biennale) und die Via Garibaldi in Castello anzulegen.

Obwohl Napoleon Venedig nur elf Jahre beherrschte, tauchten nun überall in der Stadt französische Boulevards auf, wo früher Kirchen gestanden hatten: Sant'Angelo, San Basilio, Santa Croce, Santa Maria Nova, Santa Marina, San Mattio, San Paterniano, San Severo, San Stin, Santa Ternita, San Vito und viele weitere Gotteshäuser verschwanden in dieser Zeit.

DAS 20. JAHRHUNDERT

Nach nahezu einem Jahrhundert französischer und österreichischer Dominanz entfesselte Venedig am Lido mit dem *stile liberty* ein Feuerwerk beschwingter Eleganz. Schmiedeeiserne Pflanzen umwucherten die Balkone der Strandvillen, und die wildesten Fantasien brachen sich an den Fassaden von Grandhotels wie Giovanni Sardis 1898–1908 errichtetem Excelsior im byzantinisch-maurischen Stil und Guido Sullams Hungaria Palace Hotel Bahn. Eklektische Rückgriffe auf japanische Kunst sowie der Natur und vergangenen venezianischen Stilepochen entliehene Ornamente auf Fliesen, farbigem Glas, Schmiede-

top picks

MEILENSTEINE MODERNER ARCHITEKTUR

- **Pavillons der Biennale** (S. 113) Die Pavillons im Stil der Moderne stehlen der Kunst bei den Biennalen oft die Schau.
- **Punta della Dogana** (S. 89) Tadao Ando hat die Zollgebäude kreativ zu einem Schaufenster für moderne Kunst umgestaltet.
- **Palazzo Querini Stampalia** (S. 114) Carlo Scarpa und sein ehemaliger Student Mario Botta verfremdeten das Erdgeschoss des eleganten Palasts mit modernen Elementen.
- **Fondazione Giorgio Cini** (S. 124) Die ehemalige Marineakademie sorgt als avantgardistische Kunstgalerie für Aufsehen.
- **Palazzo Grassi** (S. 79) Tadao Andos Minimalismus befreite Massaris Palast von seiner neoklassizistischen Überladenheit.

eisen und Fresken im *stile liberty* verliehen den Bauten am Lido ein kosmopolitisches Flair und einen Hauch bohèmehafter Dekadenz.

In den 1930er-Jahren bestimmten die Faschisten auf dem Lido. Strenger, funktionaler Neoklassizismus prägte nun selbst Vergnügungsorte wie den 1937–38 errichteten Palazzo Della Mostra Del Cinema, das ehemalige Casinò, der heute als Kongresszentrum dient. Die Architektur der faschistischen Ära taucht hier und da wie ein Schock auch im Herzen Venedigs auf, und nimmt kantige Kaufhausfassaden im Stadtkern vornweg. Man denke nur an das Hotel Bauer und den Erweiterungsbau des Hotel Danieli (S. 242). Letzteres repräsentiert einen architektonischen Widerspruch in sich, das luxuriöse Fascho-Déco-Hotel.

Mit der Biennale kam neue, internationale Architektur nach Venedig (s. S. 113), doch blieb die Moderne in erster Linie ein importierter Architekturstil, bis der Venezianer Carlo Scarpa (1906–78) ihn für die Stadt entdeckte. Scarpa verzichtete allerdings auf die glatten, modernen Oberflächen und legte häufig die darunter liegenden, strukturellen Elemente frei oder versah sie mit einem unerwarteten poetischen Touch: Er führte Wasserrohre über den Boden, verkleidete die Wände liebevoll mit rauen Betonplatten, als seien sie Marmor, und ließ Terrassen in der Luft schweben wie Sprungbretter in die Unendlichkeit. Scarpas aus Betonplatten errichteter Venezuela-Pavillon (S. 171) war seiner Zeit ein gutes halbes Jahrhundert voraus. Er ist auch in den Jahren zwischen den Kunstbiennalen eine wichtige Attraktion. Anhänger der Moderne pilgern außerhalb Venedigs in die Nähe von Asolo zu Scarpas Friedhof Brion (s. S. 256) und zum Castelvecchio (s. S. 273) in Verona. Überall in Venedig sind auch kleinere Arbeiten von Scarpa zu sehen, so der ehemalige Ticket-Kiosk der Biennale (S. 171) mit seinem Metalldach in Heuschreckenform, Eingang und Gärten des Palazzo Querini Stampalia und die zurückhaltende Instandsetzung der Accademia.

VENEDIG HEUTE: AKTUELLE PROJEKTE

Die Bedenken der Denkmalschützer haben so manchen Bau in Venedig verhindert, aber dennoch gibt es mehr moderne Architektur, als man erwarten würde. Ein gutes Drittel der Häuser wurde nach 1919 errichtet, wenngleich das nicht ohne Konflikte abging. Zu den modernen Architekturprojekten, die nie über das Reißbrett hinauskamen, zählen ein 1953 von Frank Lloyd Wright entworfenes Studentenwohnheim am Canal Grande, Le Corbusiers 1964 konzipiertes Krankenhaus in Cannaregio und Luis Kahns 1968 geplantes Palazzo dei Congressi in den Giardini Pubblici. Der ein Jahrzehnt dauernde Aufruhr um die Ponte di Calatrava (s. Kasten S. 58) wütete zeitgleich mit den Auseinandersetzungen um den Wiederaufbau des 1996 abgebrannten Teatro Fenice: Architekturkritiker sprachen sich für den Avantgarde-Entwurf von Gae Aulenti aus, doch die Stadt gab der akribischen Wiederherstellung der im 19. Jh. erbauten Oper den Vorzug, die 90 Millionen Euro kostete und 2003 fertiggestellt wurde.

Vor diesem Hintergrund überrascht die Zahl der Avantgarde-Projekte, die trotz der strengen Bauvorschriften und der Arbeitsbedingungen realisiert werden konnten: Das Material muss per Boot herangeschafft, mühevoll mit dem Kran entladen und mit der Handkarre zum Bestimmungsort gebracht werden. Die Unterstützung der Stadt und seine eigenen, gut gefüllten Taschen versetzten den französischen Luxuskonzern-Magnaten und Kunstsammler François Pinault in die Lage, den japanischen Minimalisten-Architekt Tadao Ando mit dem Umbau zweier historischen Bauten in puristische und zugleich faszinierende Galerien zu beauftragen, in denen nun Pinaults Sammlung zeitgenössischer Kunst ausgestellt ist: Giorgio Masaris 1749 errichtetes, klassizistisches Palazzo Grassi und das Lagerhaus Dogana da Mar an der Punta della Dogana, die um 1675 erbaut und 2002 aufgegeben wurde (s. Kasten S. 49).

Unterdessen stieß der am MIT ausgebildete italienische Architekt Cino Zucci 1995 mit dem Umbau der im 19. Jh. errichteten Ziegelfabriken und am Wasser liegenden Lagerhäuser zu Kunststätten und Lofts eine Wiederbelebung der Giudecca an. Aus einem dreieckigen Bunker, in dem während des Zweiten Weltkriegs Bomben lagerten, wurde das Teatro Junghans, das 2005 als Venedigs Hotspot für experimentelles Theater, Videokunst und Performance-Workshops eröffnete (s. S. 228). Ernest Wullekopfs Getreidemühle Molino Stucky von 1896 wurde als mega-komfortables Hilton-Hotel mit einem Rundum-Spa und einem Pool samt Bar auf dem Dach wiederbelebt. (s. S. 122).

An ganz unüblichen Orten in der Lagune tauchen neue Projekte auf: David Chipperfield Architects arbeiten auf der Friedhofsinsel San Michele an einer Erweiterung des von ihnen errichteten Corte dei quattro Evangelisti (s. Cimitero S. 127). Die Insel Tronchetto ist kaum mehr als ein riesiger Parkplatz, soll sich aber nach Realisierung der funkelnagelneuen Standseilbahn People Mover verändern (S. 287). In die historischen Werften des Arsenale ist nun die Architekturbiennale eingezogen: Im Innenhof gibt es ein schickes neues Café, und die riesigen Hallen, in denen früher Galeeren zusammengebaut wurden, dienen heute als miteinander verbundene Galerien. In Venedig selbst löste das Glam-Rock-Dekor der hochklassigen Ca' Pisani einen Trend zum Design-Hotel aus. Vor kurzem hat Architekt Alvin Grassi den am Canal Grande gelegenen Palazzo Barbarigo in ein modernes Luxushotel verwandelt. Den im Erdgeschoss gelegenen Eingangsbereich mit Wassertor baute er zu einer gepflegten, komplett ausgestatteten Bar um (s. S. 238).

Auch in Zukunft wird Venedig auf der Landkarte zeitgenössischer Architektur zu finden sein. Es gibt Pläne, am Lido ein funkelnagelneues Konferenz- und Kinozentrum für das Internationale Filmfestival von Venedig zu errichten, weil das bisherige Kino zu klein ist und offen gesagt aussieht wie ein Flughafen aus der faschistischen Ära. Der eigentliche sehr düstere Flughafen Venedigs, der 12 km von der Stadt entfernte Aeroporto Marco Polo, soll als Teil des von Stararchitekt Frank Gehry geplanten Venice Gateway rundum erneuert werden und einen dringend benötigten neuen Terminal für den Wassersport erhalten.

STADTVIERTEL (SESTIERI)

top picks

- **Basilica di San Marco** (S. 73) Ein Denkmal für die schillernde Phantasie einer einzigartigen Stadt.
- **Gallerie dell'Accademia** (S. 84) Voller Ränke, Schönheit und Blut.
- **Palazzo Ducale** (S. 74) Das hübsche rosafarbene gotische Machtzentrum der venezianischen Republik.
- **I Frari** (S. 92) Eine gestrenge gotische Kathedrale mit der strahlenden *Assunta* von Tizian.
- **Scuola Grande di San Rocco** (S. 93) Tintorettos vom Boden bis zur Decke.
- **Ca' Rezzonico** (S. 88) *Bea vita* („herrliches Leben") unter Tiepolos Himmel.
- **Palazzo Grassi** (S. 79) Zeitgenössische Kunst trifft auf barocke Pracht.
- **Biennale** (S. 113) Internationale Pavillons für moderne Kunst und Architektur.
- **Burano** (S. 129) Leuchtend bunte Häuser spiegeln sich berückend in Lagunengewässern.
- **Torcello** (S. 130) Ein Reich aus vergangener Zeit ist in schimmernden Mosaiken eingefangen.

Tipps von Travellern für Traveller – www.lonelyplanet.com/venice

STADTVIERTEL (SESTIERI)

Der geflügelte Löwe des hl. Markus war einst das weithin bekannte Wahrzeichen von Venedig. Heute jedoch verbinden die meisten Besucher die Stadt mit einem ganz anderen Symbol: einem gelben Verkehrsschild mit der Aufschrift „Piazza San Marco" und einem Pfeil, der in beide Richtungen zeigt. Fast überall in Venedig sind diese verräterischen Zeichen zu entdecken, die fürsorglich den Weg zum San Marco weisen, aber dabei das Gewirr aus *calli* (Gassen), *sotoportegi*

> „Wer sich in Venedigs Labyrinth stürzt, wird die Stadt hinter den Fassaden entlang des Canal Grande entdecken."

(überdachte Durchgänge) und Kanälen vermeiden. Das Geheimnis eines wunderbaren Venedigabenteuers ist jedoch, diese Schilder zu *ignorieren*! Wer sich in Venedigs Labyrinth stürzt, wird die Stadt hinter den Fassaden entlang des Canal Grande entdecken.

Die Kreuzfahrttouristen, die nur zwei Stunden Zeit für Venedig haben, sind echt zu bedauern. Das ist gerade mal genug Zeit, um die umwerfende Piazza San Marco zu bestaunen, aber längst nicht genug um zu sehen, was sich sonst hinter Venedigs maurisch-venezianischen gotischen Portalen verbirgt. Wer länger bleibt, kann wie ein Einheimischer in einem verborgenen *cortile* (Innenhof) speisen, in einem *palazzo* (Palast) übernachten und anstatt vom Stadtlärm röhrender Motoren und Hupen unsanft geweckt zu werden, lullt der sanfte Rhythmus der Kanalstadt einen ein – das Plätschern der Paddel der Gondoliere oder das Tapsen von Zwergspanieln über eine Fußgängerbrücke.

Venedig ist, auch wenn es unglaublich scheint, auf 117 kleine Inseln gebaut, die durch 400 Brücken über mehr als 150 Kanäle miteinander verbunden sind. Vier *ponti* (Brücken) überqueren den Canal Grande: Ponte di Calatrava, Ponte dei Scalzi, Ponte di Rialto und Ponte dell'Accademia. Seit 1171 ist Venedig in sechs *sestieri* (Stadtviertel) aufgeteilt: Cannaregio, Castello und San Marco an der Nordostseite des Canal Grande, und Dorsoduro, San Polo und Santa Croce auf der anderen Seite. Die Anreise ist zwar mit Zug, Bus oder Auto möglich, aber die einzige Möglichkeit, sich durch die *sestieri* zu bewegen, ist zu Fuß oder mit dem Boot (s. S. 284).

Zum Inselkoller kommt es jedoch in Venedig nicht. Die *sestieri* sind so unterschiedlich, dass sich nach Überqueren von ein paar Brücken oder einer kurzen Fahrt auf einem Vaporetto (Wasserbus) eine neue Perspektive der Stadt eröffnet. Überwältigt von all der byzantinischen Pracht, den Bellinis oder vom Schuhshoppen in San Marco? Dann nichts wie hin nach Santa Croce, wo Kunsthandwerker werkeln, der Wein direkt aus dem Fass kommt und sich die Gespräche um Boote und Berlusconi drehen. Wer in San Polo bald keine Kirche mehr sehen mag, sollte sich stattdessen Synagogen in Cannaregio anschauen. Wenn die hochkomplizierten Arbeiten venezianischer Kunsthandwerker schwindlig gemacht haben, dann bietet Castello am Horizont kühne Biennale-Architektur, um die Fernsicht wieder scharf zu stellen. Nach einem Tag auf den Beinen von einem Baudenkmal zum nächsten, bietet das Zattere-Ufer in Dorsoduro bei einer großen Schale Eis am Canale della Giudecca den müden Füßen Erholung.

Die dramatischste Abwechslung ist, über die Lagune auf die Inseln am Horizont zu finden. Der 10 km lange Lido di Venezia im Osten dient als Wellenbrecher und Freizeitstrand Venedigs. Im Süden leuchten Palladios weiße Marmorgebäude auf San Giorgio Maggiore und Giudecca. Giudecca war einst eine Verbannungsinsel für venezianische Adlige, die sich daneben benommen hatten. Heute lockt sie Bewunderer mit ihren Galerien und bezahlbaren Uferrestaurants, experimentellem Theater in ehemaligen Munitionslagern und schnieken Hotels in umgebauten Nonnenklöstern und Fabriken. Auf dem Lido wartet Strandvergnügen und höchste Eleganz an den weiten Sandstränden und auf den luftigen Balkons der Villen im *stile liberty* (italienischer Jugendstil). Sollte der Lido von der Schickeria in riesigen Hüten überfüllt sein, gibt es noch mehr auf den Inseln jenseits der flachen Gewässer der Laguna Veneta im Norden zu entdecken: glühend rot mundgeblasenes Glas auf Murano, frischer Fisch und quietschbunte Farborgien auf Burano und güldene Mosaikschätze in der Wildnis von Torcello.

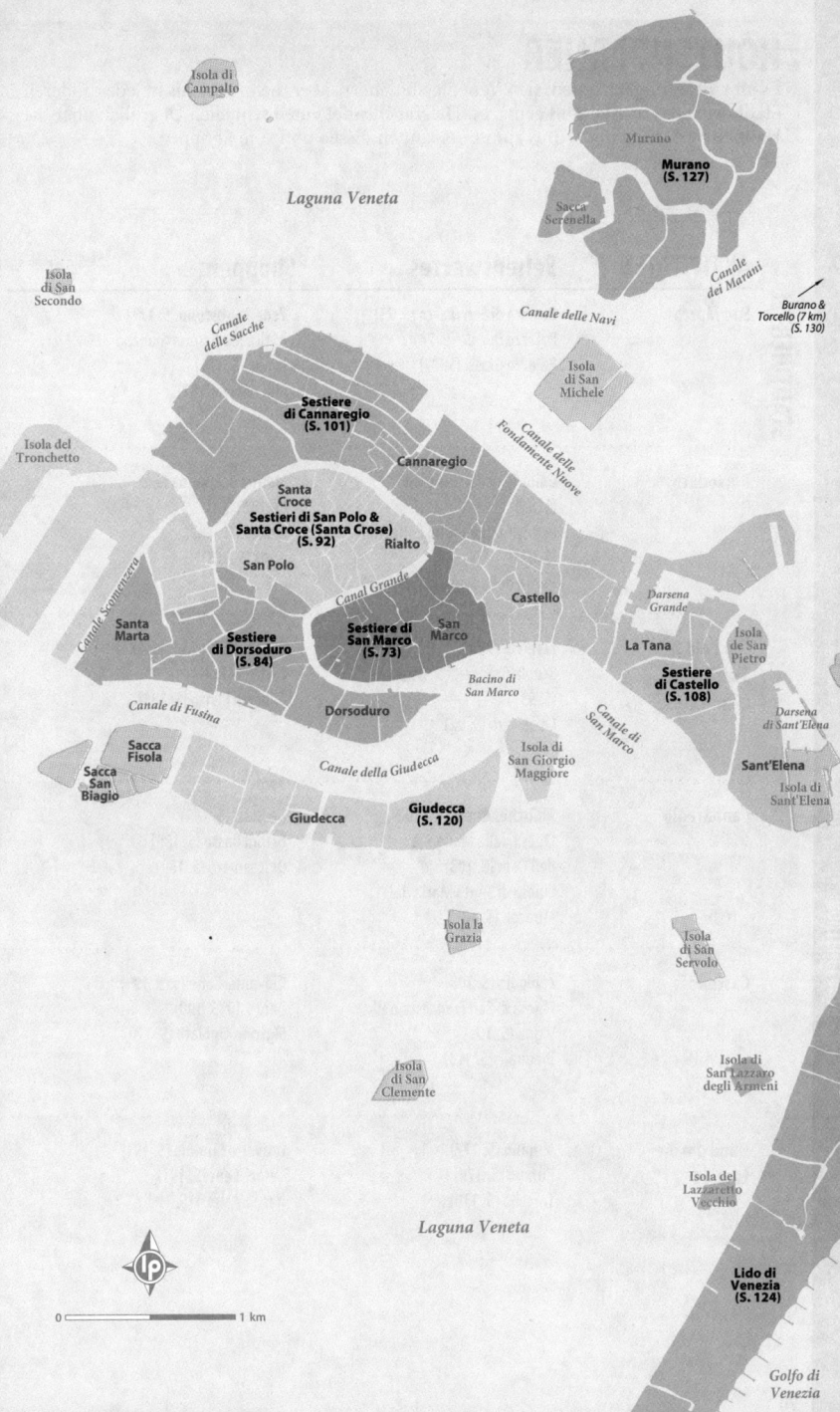

Isola di
Campalto

Laguna Veneta

Murano
**Murano
(S. 127)**

Sacca
Serenella

Isola di San
Secondo

Canale delle Navi

Canale
dei Maranzi

Burano &
Torcello (7 km)
(S. 130)

Canale
delle Sacche

Isola di San
Michele

Isola del
Tronchetto

**Sestiere
di Cannaregio
(S. 101)**

Cannaregio

Canale delle
Fondamente Nuove

Santa
Croce

**Sestieri di San Polo &
Santa Croce (Santa Crose)
(S. 92)**

Rialto

San Polo

Canal Grande

Castello

Darsena
Grande

Isola
de San
Pietro

Canale Scomenzera

Santa
Marta

**Sestiere
di Dorsoduro
(S. 84)**

**Sestiere di
San Marco
(S. 73)**

San
Marco

La Tana

**Sestiere
di Castello
(S. 108)**

Bacino di
San Marco

Darsena
di Sant'Elena

Canale di Fusina

Dorsoduro

Canale di
San Marco

Sant'Elena

Isola di
Sant'Elena

Sacca
Fisola

Sacca
San
Biagio

Canale della Giudecca

Isola di
San Giorgio
Maggiore

Giudecca

**Giudecca
(S. 120)**

Isola la
Grazia

Isola
di San
Servolo

Isola
di San
Clemente

Isola di
San Lazzaro
degli Armeni

Isola del
Lazzaretto
Vecchio

Laguna Veneta

**Lido di
Venezia
(S. 124)**

0   1 km

Golfo di
Venezia

ROUTENPLANER

Es gibt viele Möglichkeiten, sich Venedig zu nähern, aber mehr noch als in jeder anderen Stadt, wird das hier zu Fuß gemacht. Die Tabelle gibt einen schnellen Überblick über die Hauptattraktionen und Tipps zum Entspannen, Essen und zum Shoppen.

	AKTIVITÄTEN	Sehenswertes	Shoppen
STADTVIERTEL	**San Marco**	Basilica di San Marco (S. 73) Palazzo Ducale (S. 74) Palazzo Grassi (S. 79)	Venetia Studium (S. 177) Antica Modisteria Giuliana Longo (S. 179) Millevini (S. 181)
	Dorsoduro	Gallerie dell'Accademia (S. 84) Peggy Guggenheim Collection (S. 87) Punta della Dogana (S. 89)	Marina e Susanna Sent (S. 182) Madera (S. 182) Arras (S. 181)
	San Polo & Santa Croce (Santa Crose)	I Frari (S. 92) Scuola Grande di San Rocco (S. 93) Ca' Pesaro (S. 97)	Drogheria Mascari (S. 185) Cartè (S. 184) Gilberto Penzo (S. 183)
	Cannaregio	Jüdisches Ghetto (S. 101) Chiesa della Madonna dell'Orto (S. 103) Chiesa di Santa Maria dei Miracoli (S. 101)	De Rossi (S. 189) Gianni Basso (S. 189) Dolceamaro (S. 189)
	Castello	Zanipolo (S. 108) Chiesa di San Francesco della Vigna (S. 103) Biennale (S. 113)	Giovanna Zanella (S. 191) Banco 10 (S. 190) Sigfrido Cipolato (S. 190)
	Rund um die Lagune	Murano (S. 127) Burano (S. 129) Torcello (S. 130)	Orovetro Murano (S. 191) Cesare Sent (S. 191) NasonMoretti (S. 192)

ÜBER DIE TABELLE

Die Tabelle erlaubt die Planung von Aktivitäten für einen ganzen Tag in jedem Teil der Stadt. Der gewünschte Stadtteil wird einfach ausgesucht und dann können die entsprechenden Vorschläge beliebig zusammengestellt werden. Die erste Erwähnung in jedem Baustein ist ein bekanntes Highlight der jeweiligen Gegend, alle weiteren Erwähnungen sind eher kleine Schätze jenseits der ausgetretenen Pfade.

Essen	Ausgehen
Sangal (S. 197)	Caffè Florian (S. 216)
Cavatappi (S. 198)	B Bar (S. 217)
I Rusteghi (S. 198)	Aurora (S. 215)
Ristoteca Oniga (S. 200)	Cantinone Già Schiavi (S. 218)
Enoteca Ai Artisti (S. 200)	Il Caffè Rosso (S. 218)
Ristorante La Bitta (S. 199)	El Chioschetto (S. 218)
All'Arco (S. 204)	Al Mercà (S. 219)
Vecio Fritolin (S. 201)	Ai Postali (S. 219)
Antiche Carampane (S. 202)	Sacro e Profano (S. 220)
Osteria Alla Vedova (S. 206)	Al Timon (S. 221)
Anice Stellato (S. 206)	Ardidos (S. 222)
Taverna del Campiello Remer (S. 206)	Un Mondo di Vino (S. 222)
Met (S. 207)	Bar Terazzo Daniele (S. 222)
Trattoria Corte Sconta (S. 208)	QCoffee Bar (S. 223)
Il Ridotto (S. 208)	Paradiso (S. 223)
Al Gatto Nero (S. 211)	Colony Bar (S. 224)
I Figli delle Stelle (S. 210)	Harry's Dolci (S. 224)
La Favorita (S. 211)	Locanda Cipriani (S. 245)

GROSSRAUM VENEDIG

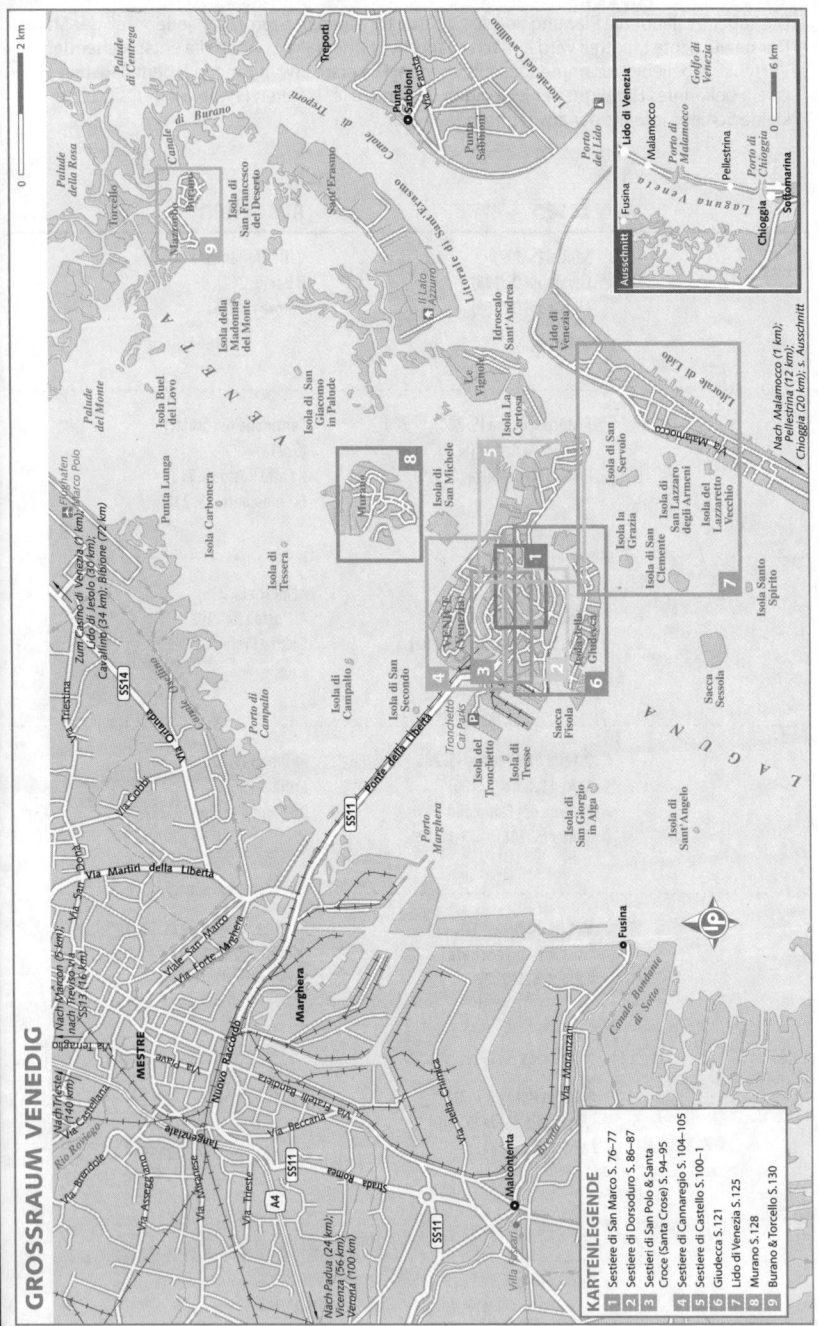

SESTIERE DI SAN MARCO

Essen S. 197; Shoppen S. 177; Schlafen S. 234

Heutige Besucher treffen in Venedig per Bus oder Auto auf die Piazzale Roma ein, wo die autofreie Stadt einen Parkplatz hat. Der Bahnhof liegt an der Brücke zum Festland. Aber über Jahrhunderte war der Ankunftsort die Piazza San Marco. Was für ein Entree: Paläste vorne, Arkaden drum herum und himmelwärts die goldenen Kuppeln der Basilica di San Marco.

Sobald sich das Staunen über die Wahnsinnspracht der Piazza San Marco gelegt hat – kann ein paar Stunden oder Jahrzehnte dauern – gibt es noch weitaus mehr im *sestiere* gleichen Namens zu entdecken. Die Kaufleute von Venedig eilten geschäftig direkt von der Piazza San Marco ins historische Finanzzentrum um den Rialto, was ihnen Venedig aber nicht leicht machte: Das Gassenlabyrinth Marzarie (oder Mercerie) gehört zu den verwinkelsten Gegenden der Stadt und ist noch immer voller verlockender *bacari* (Bars) sowie Künstler, die vor den Augen der Besucher geschmolzenes Glas in schimmernde Libellen verwandeln. Die Hauptstraßen um die Piazza San Marco sind gesäumt von Markengeschäften, einschließlich große Designer in der Calle Frezzaria und der Calle Largo XXII Marzo – aber auch von genug Karnevalsmasken als Kühlschrankmagneten, um einen ganzen Ozeandampfer damit zu bedecken.

Es wäre aber unfair, San Marco nur als Touristenfalle abzuhaken. Das Viertel ist keineswegs nur ein verstaubtes Museumsstück, sondern steckt voller Galerien mit zeitgenössischer Kunst, quirligen Cafés und *osterie* (Osterias), wo der Feierabend nach Abzug der Massen mit einem *ombre* (Glas Wein) und einer eindrucksvollen Palette an *cicheti* (traditioneller Imbiss) gefeiert wird. Und warum nicht La Fenice, den Palazzo Grassi und den Palazzo Ducale anschauen, nur um anders zu sein? San Marcos Wahrzeichen ruhen sich keineswegs auf ihren Weltklasselorbeeren aus, sondern verdienen sie jedesmal, mit jedem überwältigten Besucher, aufs Neue.

Der mäandernde Canal Grande bildet eine spektakuläre natürliche Südwestgrenze zu San Marco. Im Osten ist San Marco von Castello durch den Kanal Rio di Palazzo della Paglia getrennt, der hinter dem Palazzo Ducale und der Basilica di San Marco verläuft. An der Nordostseite wird San Marco von den Kanälen Rio di San Zulian, Rio della Fava und Rio del Fontego dei Tedeschi begrenzt, der nördlich des Ponte di Rialto in den Canal Grande mündet. Die Vaporetti 1 und N haben mehrere Haltestellen in San Marco, u. a. Rialto, Sant'Angelo, San Samuele, Santa Maria del Giglio und Vallaresso.

BASILICA DI SAN MARCO
(MARKUSDOM) Karte S. 76–77

☎ 041 522 56 97; www.basilicasanmarco.it; Piazza San Marco; Basilika Eintritt frei, Pala d'Oro/Loggia dei Cavalli & Museum/Schatzkammer Eintritt 2/3/2 €; ☾ Mo–Sa 9.45–17, So & Feiertage 14–16 Uhr; ⚓ Vallaresso, San Marco, San Zaccaria

Schimmernde Engel verkünden auf glitzernden Mosaiken über großen Portalen das Entree zu San Marco. Das immense Bauwerk ist noch immer der Maßstab für grandiosen Pomp, von der komplexen Geometrie der vielfarbigen Marmorböden aus dem 12. Jh. bis zu den Mosaikkuppeln aus dem 11. bis 15. Jh. mit ihren Millionen glitzernden goldfarbenen *tesserae* (Glasstückchen).

Zur Vollendung dieses Glanzstücks waren über 800 Jahre lang die besten Kunsthandwerker des Mittelmeerraums, wie auch schwerer Raub nötig. Der Legende nach schmuggelten venezianische Kaufleute im Jahr 828 den Leichnam des Hl. Markus aus Ägypten heraus. Die Ankunft der Leiche in Venedig ist in Mosaiken von 1270 links der

Fassade dargestellt. Aufstände und Feuer zerstörten dreimal die äußeren Mosaiken und schwächten das Fundament der Basilika. Jacopo Sansovino und andere Kirchenarchitekten bauten daraufhin Abstützungen ein und jeglichen wertvollen Marmor, den sie erwerben oder plündern konnten. Gelegentlich verschwand das hehre Ziel im Zuge des Bauenthusiasmus: Die Gebeine des Hl. Markus wurden zweimal verlegt. Die Kirchenoberen in Rom waren von Venedigs Neigung, sich selbst und Gott gleichermaßen zu glorifizieren, nicht sehr erfreut. Aber Venedig vollendete San Marco in ganz eigenem ost-westlichen Stil: Östliche Zwiebeltürme, ein griechisch-orthodoxer Kreuzgrundriss, gotische Bögen und ägyptische Porphyrsteinmauern.

Der mit Seilen abgeteilte Rundgang durch die Kirche ist kostenlos und dauert etwa 15 Minuten. In den Nischen beidseitig des Haupteingangs innerhalb des Narthex (Vorhalle) sind glitzernde Abbildungen der Apostel mit der Madonna, die für ihr Alter hinreißend aussehen: Sie sind über 950 Jahre alt und die

73

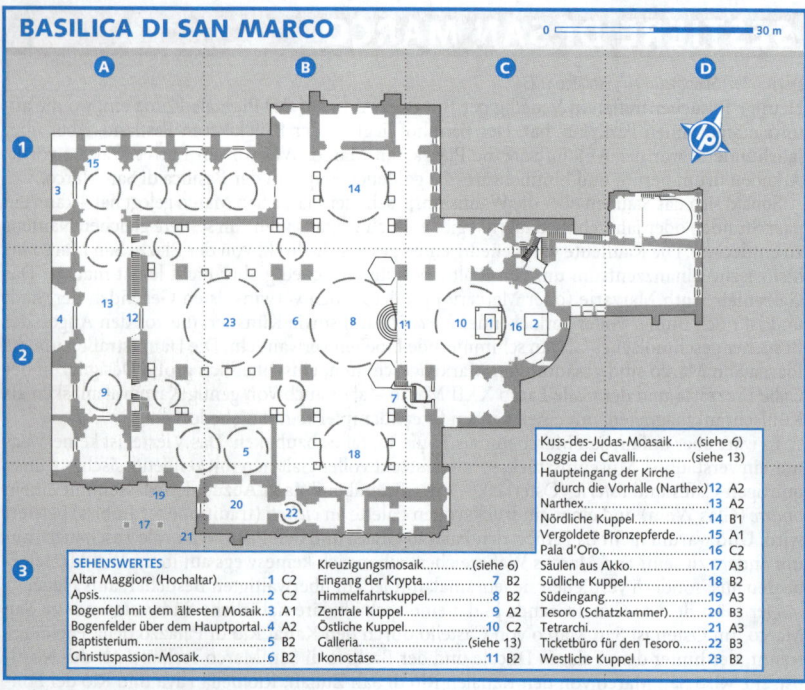

BASILICA DI SAN MARCO

0 ———————— 30 m

Kuss-des-Judas-Mosaik	(siehe 6)
Loggia dei Cavalli	(siehe 13)
Haupteingang der Kirche durch die Vorhalle (Narthex)	12 A2
Narthex	13 A2
Nördliche Kuppel	14 B1
Vergoldete Bronzepferde	15 A1
Pala d'Oro	16 C2
Säulen aus Akko	17 A3
Südliche Kuppel	18 A3
Südeingang	19 A3
Tesoro (Schatzkammer)	20 B3
Tetrarchi	21 A3
Ticketbüro für den Tesoro	22 B3
Westliche Kuppel	23 B2

SEHENSWERTES

Altar Maggiore (Hochaltar)	1 C2
Apsis	2 C2
Bogenfeld mit dem ältesten Mosaik	3 A1
Bogenfelder über dem Hauptportal	4 A2
Baptisterium	5 B2
Christuspassion-Mosaik	6 B2
Kreuzigungsmosaik	(siehe 6)
Eingang der Krypta	7 B2
Himmelfahrtskuppel	8 B2
Zentrale Kuppel	9 A2
Östliche Kuppel	10 C2
Galleria	(siehe 13)
Ikonostase	11 B2

ältesten Mosaiken in der Basilika. Ein weiteres mittelalterliches Meisterwerk ist die **Kuppel der Schöpfungsgeschichte**, in der die Trennung von Himmel und Erde, sowie Engel mit überraschend abstrakten, konzeptionellen Motiven dargestellt sind, die die moderne Kunst um 650 Jahre vorwegnehmen. Die goldene Mittelkuppel aus dem 13. Jh. schildert die **Himmelfahrt Christi** mit schwebenden Engeln und einem Hl. Markus, der verträumt vom Pendentif (Kuppelspitze) blickt.

Die Alabasterkelche und anderen Beutestücke aus den Kreuzzügen im **Tesoro** (Schatzkammer; Eintritt 3 €; ☾ April–Okt. Mo–Sa 9.45–17 Uhr, Nov.–März Mo–Sa 9.45–16 Uhr, So & Feiertage 14–16 Uhr) können mit der juwelenübersäten Altartafel **Pala d'Oro** (Eintritt 2 €; ☾ April–Okt. Mo–Sa 9.45–17 Uhr) kaum mithalten. Der verborgene Schatz hinter dem Hochaltar, der über dem Sarkophag des Hl. Markus hochragt, besteht aus fast 2000 Smaragden, Amethysten, Saphiren, Rubinen, Perlen und anderen Edelsteinen. Eindrucksvoller noch sind die winzigen Heiligenbilder und anschaulichen biblischen Szenen in leuchtendem Goldemail. Die ältesten wurden ab 976 in Konstantinopel hergestellt und ab 1209 von venezianischen Goldschmieden ausgearbeitet.

San Marco war offiziell bis 1807 die Hauskapelle der Dogen (Herzöge), deren weitreichender Einfluss durch vergoldete Bronzepferde oben in der **Galleria** (Museo di San Marco; Eintritt 4 €; ☾ wie Basilika) deutlich wird. Durch die Galleria geht es in die **Loggia dei Cavalli**, wo Nachbildungen der galoppierenden Bronzepferde vom Balkon Richtung Piazza San Marco blicken. Züchtige Bekleidung (z. B. Knie und Schultern bedeckt) wird in der Basilika verlangt. Große Taschen müssen um die Ecke hinter der Piazzetta San Marco dei Leoni im Ateneo di San Basso in der für eine Stunde kostenlosen **Gepäckaufbewahrung** (☾ tgl. 9.30 bis 17.30 Uhr) deponiert werden.

PALAZZO DUCALE Karte S. 76–77

Dogenpalast; ☎ 041 271 59 11; www.museicivici-veneziani.it; Piazzetta di San Marco 52; Eintritt inkl. Museo Correr plus 1 staatl. Museum nach Wahl mit/ohne Ermäßigungskarte 8/13 €; ☾ April–Okt. 9–19 Uhr, Nov.–März 9–17 Uhr; ⚓ Vallaresso, San Marco Die gotische Eleganz sollte nicht täuschen: Das Gebäude war ein reiner Zweckbau, von den mittelalterlichen gemeißelten Steinkapitellen an den Arkaden, die die wichtigsten venezianischen Zünfte darstellen, bis zur Porta della Carta (Papiertür) aus dem 15. Jh. zur Piazza hin. Die Porta ist das Werk von Giovanni und Bartolomeo Bon und diente als Anschlagtafel für Regierungserlasse. Das Gebäude wurde 1577 durch Feuer beschädigt, aber Antonio da Ponte (der auch den Ponte di Rialto entwarf) hat es seinerzeit restauriert.

Nach Eintritt durch den Arkadenhof sind Sansovinos Statuen von Mars und Neptun zu sehen. Sie stehen beidseitig der Scala dei Giganti (Treppe der Giganten), die Antonio Rizzo als angemessenen Prunkaufgang für Venedigs Würdenträger schuf und die derzeit restauriert wird. Die Scala dei Censori (Treppe der Zensoren) und Sansovinos prachtvolle Scala d'Oro (Goldtreppe) mit ihrer vergoldeten Stuckatur führen in die Räume im 3. Stock, die mit großartiger Selbstverherrlichung bestückt sind sind.

In der Sala delle Quattro Porte (Saal der vier Türen) warteten die Gesandten auf Audienzen mit dem Herzog. Die Decke des Saals wurde von Palladio entworfen und von Tintoretto mit Fresken bemalt, die Justizia darstellen, wie sie Schwert und Waage dem venezianischen Dogen Girolamo Priuli überreicht. Weitere bestechende Darstellungen venezianischer Überlegenheit sind Tizians Gemälde *Doge Antonio Grimani knieend vor dem Glauben* von 1576 und Giambattista Tiepolos *Neptun bietet Venedig die Schätze des Meeres* aus den 1740er-Jahren, auf dem Venedig als hinreißende Blondine lässig an einem Löwen lehnt. Besondere Abgesandte warteten im Anticollegio (Ratsvorzimmer), wo Tintoretto nicht gerade dezente Parallelen zwischen römischen Göttern und der venezianischen Regierung zog: *Vulkan und Zyklop schmieden Waffen für Venedig, Merkur mit den drei Grazien,* die Venedigs Fleiß mit Schönheit belohnen, und *Minerva trennt Krieg und Frieden* als venezianischen Triumph der Klugheit über rohe Gewalt. In den Räumen befindet sich ebenfalls eine anschauliche Mahnung an wenig erfolgreiche Diplomatie: Paolo Veroneses *Raub der Europa*.

Nur wenige erhielten eine Audienz im von Palladio entworfenen Collegio (Ratszimmer), dessen Deckentäfelungen mit den *Tugenden der Republik* von 1578–82 Veroneses durch und durch rosigen Blick auf Venedig widerspiegeln. Tintoretto versuchte sich in ähnlicher Schmeichelei mit dem *Triumph Venedigs* an der Decke der angrenzenden Sala de Senato (Senatssaal), doch die dunklere Farbgebung deutet auch auf die Schattenseite venezianischer Politik. Der Gerichtssaal des Zehnerrats zeigt Veroneses wunderbar leuchtendes Deckengemälde *Juno überschüttet Venedig mit Gaben.* In der dunklen holzgeschnitzten Ecke ist ein Schlitz, durch den dem gefürchteten venezianischen Geheimdienst Hochverratsanschuldigungen zugesteckt wurden.

In der riesigen Sala del Maggior Consiglio (Saal des Großen Rats) von 1419 im 2. Stock befindet sich der Dogenthron vor dem 22 mal 7 m großen Gemälde *Paradies* von Tintorettos Sohn Domenico, das eher politisch korrekt denn schön ist: Im Himmel wimmelt es von 500 prominenten Venezianern, darunter auch mehrere von Tintorettos Gönnern. Veroneses politische Darstellung ist in seinem Deckengemälde *Die Apotheose Venedigs* eleganter: Götter bestaunen die Krönung Venedigs durch Engel, während ausländische Würdenträger und venezianische Blondinen vom Balkon darunter neugierig zuschauen.

Nur auf den Itinerari Segreti sind das Präsidium des Zehnerrats und das Gefängnis Piombi unter dem Dach (s. Kasten unten) zu erreichen.

ENTHÜLLTE STAATSGEHEIMNISSE: ITINERARI SEGRETI

Zu den finstersten Geheimnissen des Palazzo Ducale führt ein Korridor, dessen Eingang als Aktenschrank in der Sala del Consiglio dei Dieci (Saal des Zehnerrats) getarnt ist. Der Saal ist geschmückt mit fröhlichen Putten und Veroneses optimistischem Bild *Triumph der Tugend über das Laster.* Die faszinierenden 1½-stündigen Itinerari Segreti (Geheime Touren; ☎ 041 520 90 70; Erw./Stud./unter 6 Jahren 16/7 €/frei; ⌚ Touren auf Englisch 9.55, 10.45 & 11.35 Uhr, auf Italienisch 9.30 & 11.10 Uhr, auf Französisch 10.20, 12 & 12.25 Uhr) führen Besucher in die enge, schmucklose Zentrale des Zehnerrats, dann nach oben in die Gerichtskammer voller streng geheimer Akten. Schließlich folgt ein fensterloser Raum mit einem einzigen Strick, der auf pervers einfallsreiche Weise zur Informationsbeschaffung genutzt wurde. Karten für die Tour gibt es am Eingang des Palazzo Ducale. Dankenswerterweise wurde der Raum bereits im 17. Jh. kaum noch benutzt. Gleiches kann aber nicht von Venedigs berüchtigtem Dachgefängnis, den Piombi (Bleikammern) gesagt werden. 1756 wurde Casanova zu fünf Jahren Haft in den Piombi verurteilt, und zwar weil er Nonnen verdorben haben soll und wegen des ernsthafteren Verdachts der Verbreitung des Freimaurertums. Aber nach ein paar Monaten konnte er seinen Wächtern entkommen.

s. Karte Sestiere di San Polo & Santa Croce (Santa Crose) S. 94–95

s. Karte Sestiere di Dorsoduro S. 86–87

Canal Grande

Dorsoduro

San Polo

Accademia

Besucher können jedoch einen Abstecher zur dunklen Seite der Dogen über den Korridor von der Sala del Maggior Consiglio machen. Dort gibt es eine Kammer mit unheilvollen Szenen des Meisters apokalyptischer Visionen, Hieronymus Bosch. Der Weg der verurteilten Verbrecher führt über den überdachten Ponte dei Sospiri (Seufzerbrücke) bis zu Venedigs Prigioni Nuove (neues Gefängnis) aus dem 16. Jh., in dessen nasskalten Zellen

Gefangene mit an die Wand gekritzelten Worten ihre Unschuld beteuerten.

TEATRO LA FENICE Karte S. 76–77

☎ 041 78 65 11, Kartenvorbestellung 041 24 24; www.teatrolafenice.it; Campo San Fantin 1965; Führungen Erw./Student & Sen. 7/5 €; ☺ unterschiedlich; 🚶 Santa Maria del Giglio

Venedig eröffnete das Zeitalter der Oper, als die Stadt im 17. Jh. Claudio Monteverdi, den Vater der modernen Oper, als Chorleiter von

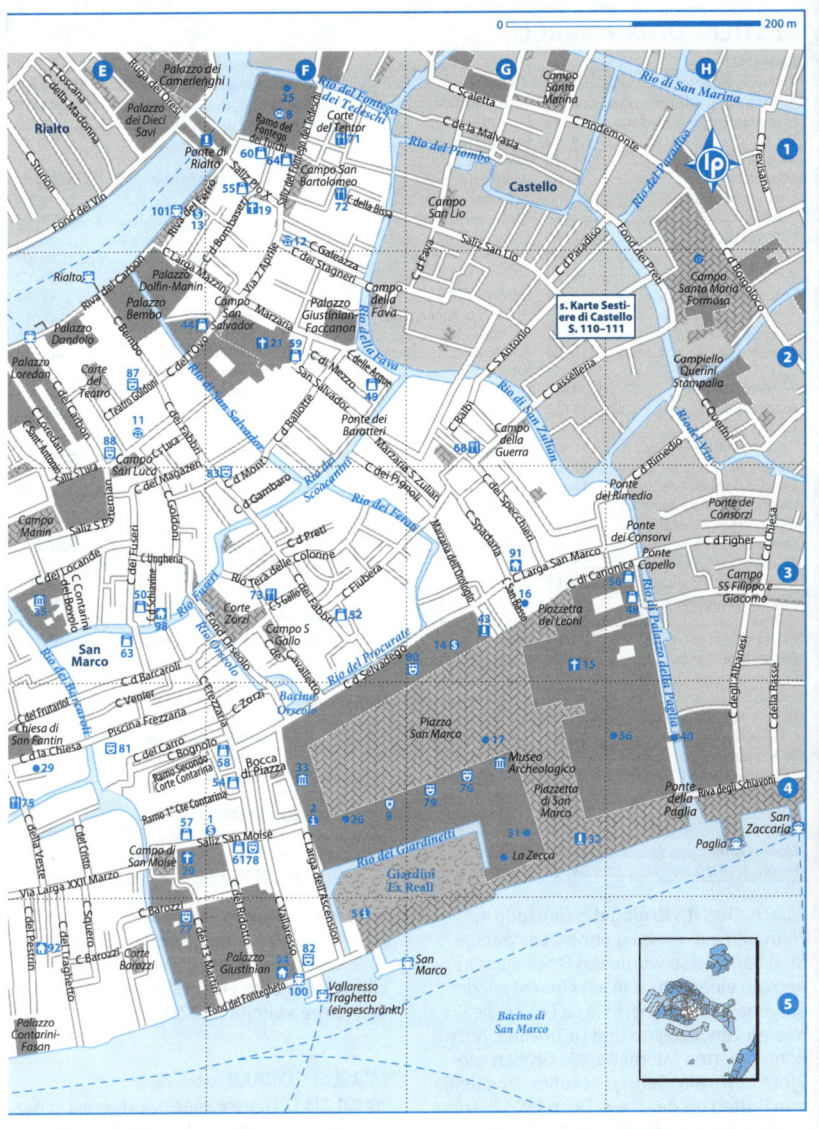

San Marco ernannte und 1792 das Opernhaus La Fenice (wörtl.: Phönix) mit großem Trara eröffnete (weitere Information s. S. 149). Im 19. Jh. waren Venedigs führende Familien weitgehend ruiniert und konnten sich die Beheizung ihrer riesigen *palazzi* (Paläste oder Villen) nicht mehr leisten. So diente La Fenice als geschlossener Club, wo die Mitglieder besonders im Winter fast den ganzen Tag beim Kartenspiel, Klatsch und ständigen Kommentaren während der Vorstellungen verbrachten. Das Publikum im Fenice war so berüchtigt für seine Schwatzhaftigkeit, dass der Komponist Richard Wagner bei seiner ersten Aufführung in dem Opernhaus zum Ärger der Venezianer ausdrücklich auf absolute Ruhe bei den Vorstellungen bestand.

In dem Haus hatten Rossini und Bellini Opern aufgeführt, über die ganz Europa

SESTIERE DI SAN MARCO

sprach. Doch 1836 ging das Gebäude in Flammen auf. Venedig ohne Oper war undenkbar, und so wurde das Opernhaus innerhalb eines Jahres in aller Pracht wieder aufgebaut. Verdi feierte in La Fenice die Premieren von *Rigoletto* und *La Traviata*. Auch komponierten internationale Größen wie Igor Strawinsky, Sergej Prokofiew und Benjamin Britten für das Haus. Doch 1996 brannte La Fenice erneut durch Brandstiftung nieder. Zwei Elektriker wurden als schuldig befunden. Sie wollten durch die Brandstiftung ihren Arbeitsverzug vertuschen. Eine akribisch nachgebaute Replik des Opernhauses aus dem 19. Jh. wurde Ende 2003 wiedereröffnet. Die Kritiken an der Architektur waren zwar gemischt – einige Kritiker hatten für einen avantgardistischeren Entwurf von Gae Aulenti plädiert –, doch die Wiederaufführung von *La Traviata* war eine Sensation. Das Haus ist während der Opernsaison stets voll. Onlinereservierungen für Vorstellungen und Führungen sollten rechtzeitig getätigt werden (Einzelheiten s. S. 228).

MUSEO CORRER Karte S. 76–77

☎ 041 240 52 11; www.museiciviciveneziani.it; Piazza San Marco 52; Eintritt inkl. Palazzo Ducale plus 1 staatl. Museum nach Wahl mit/ohne Ermäßigungskarte 8/13 €; ☺ April–Okt. 10–19 Uhr, Nov.–März 9–17 Uhr; ⚓ Vallaresso, San Marco
Napoleon hatte an dieser Stelle eine Kirche abgerissen, um Platz für einen prachtvollen Ballsaal zu schaffen. Aber viel Zeit hatte er nicht, um das Tanzbein in seiner *Ala Napoleonica* (S. 137) zu schwingen: Nur ein paar Jahre nach Fertigstellung des Gebäudes nahmen die

Österreicher Venedig ein. Als Venedig unabhängig wurde, übernahm die Stadt auch die kaiserliche Bude mit allem Drum und Dran: alte Landkarten, griechisch-römische Statuen und grandiose mittelalterliche Gemälde. Nach Durchschreiten dieser Salons Richtung Palazzo Ducale erwartet einen Jacopo Sansovinos spektakuläre Libreria Nazionale Marciana (S. 135) aus dem 16. Jh. mit Darstellungen der Weisheit von Veronese und Tizian. Wechselausstellungen im klassizistischen Ballsaal zu Themen wie Futurismus und italienische Architektur haben unterschiedlichen Erfolg, aber Antonio Canovas Statuen der Liebenden Orpheus und Eurydike von 1777 sind dauerhafte Stars. Die Eintrittskarte ins Museum gewährt auch Zugang ins Caffè dell'Art des Museums. Dort gibt es einen DOC (denominazione d'origine controllata) Veneto-Merlot für 5 € in einem Raum mit prächtigen Grotesken und einem kaiserlichen Blick auf die Basilica di San Marco.

Ponte dell'Accademia Karte S. 76–77
zwischen Campo di San Vidal & Campo della Carità; 🚇 Accademia

Der hölzerne Ponte dell'Accademia, der sich wie ein Katzenbuckel über den Kanal krümmt, wurde 1933 als provisorischer Ersatz für eine eiserne Brücke von 1854 gebaut, ist aber bis heute eine vielgeliebte Landmarke. Der Ingenieur Eugenio Miozzi baute später größere Monumente des Faschismus, wie das Casino auf dem Lido und den Ponte della Libertà, die Brücke aufs Festland. Aber nichts davon überdauerte die Zeiten so, wie diese elegante kleine Fußgängerbrücke. Längst überfällige Renovierungen sollen 2010/11 beginnen. Die Stadt hat den glühenden Bewunderern jedoch versprochen, dass die Umarbeiten überwiegend strukturell seien.

PALAZZO GRASSI Karte S. 76–77
☎ 041 523 16 80; www.palazzograssi.it; Campo San Samuele 3231; Erw./Stud. 15/6 €; 🕐 tgl. 10–19 Uhr; 🚇 San Samuele

Paris ist immer noch zutiefst entrüstet über die Standortentscheidung des französischen Luxuswarenmagnaten François Pinault. Er zeigt nämlich hochklassige Kunstausstellungen und Werke aus seiner eigenen herausragenden Sammlung zeitgenössischer Kunst nicht in einer Pariser Vorstadt, sondern in einem Palast am barocken Canal Grande (s. S. 141 und S. 146). Aber selbst der patriotischste Pariser kann es nach einem Blick auf den Galerieumbau von 2005 dem Mann kaum übel-

nehmen. Giorgio Massaris klassizistischer Palast von 1749 wurde in den Händen des minimalistischen Architekten Tadao Ando zu einem prachtvollen Anachronismus. Die beweglichen Wandpaneele, von hinten beleuchtete Stofffahnen und strategisch platzierte Lichtkegel erlauben dem Betrachter die Konzentration auf erhellende Kunst und Konzepte ohne die bemalten Decken und Marmorarkaden in den Hintergrund zu drängen. Zu erwarten sind außerordentliche Bildauswahl und schamlose Wichtigtuerei mit berühmten Namen: Pinault platziert regelmäßig Skulpturen von Künstlern wie Jeff Koons vorne ans Ufer und feierte 2009 im Grassi seine Hochzeit mit Salma Hayek mit Gästen wie Bono, Charlize Theron, Ed Norton und Javier Bardem. Mehr Werke zeitgenössischer Kunststars sind in der Punta della Dogana (S. 89) zu sehen. Die alten Zollgebäude wurden von Ando umgebaut und 2009 als permanenter Ausstellungsraum für Pinaults Sammlung von über 2000 Kunstwerken eröffnet.

TORRE DELL'OROLOGIO Karte S. 76–77
Uhrturm; ☎ 041 520 90 70; www.museicivici-veneziani.it; Piazza San Marco; Erw./VENICEcard-Besitzer 12/7 €; 🕐 nur reservierte Führungen, auf Englisch Mo–Mi 10, 11 & 13, tgl. 13, 14 & 15 Uhr, auf Italienisch tgl. 12 & 16 Uhr, auf Französisch Mo–Mi 13, 14 & 15 Uhr; 🚇 Vallaresso, San Marco

top picks

VENEDIG UMSONST

- **Basilica di San Marco** (S. 73) San Marcos goldener Himmel kann kostenlos auf einem 15-minütigen Rundgang durch die Kirche bewundert werden – ein Beweis dafür, dass die schönsten Dinge im Leben manchmal umsonst sind.
- **Galerientour** (s. Kasten S. 82) Hier ist spannende zeitgenössische Kunst zu sehen, bevor sie auf der Biennale Furore macht.
- **Museo della Musica** (S. 83) Nach einer Tour entlang der Meilensteine von Venedigs Musikgeschichte wird jeder vor sich hin summen.
- **Museo della Follia** (S. 134) Angesichts der einstigen Scharlatanpsychiatrie in dieser ehemaligen Irrenanstalt wird jeder erkennen, was für ein Segen die moderne Medizin ist.
- **Palazzo Contarini del Bovolo** (s. S. 72) Der romantische verborgene Hof bietet einen Blick auf eine Renaissancetreppe.

VENEZIANISCHE VERKEHRSREGELN

Es gibt zwar keine Autos in Venedig, aber dafür einige Verkehrsregeln für Fußgänger:

- In schmalen Gassen sollten alle hintereinander und auf der rechten Seite gehen, um andere Fußgänger in jeder Richtung passieren zu lassen. Sagt jemand *permesso* („Entschuldigung") ist das eine Bitte zum Ausweichen – meist von einem Einwohner, der zur oder von der Arbeit oder Schule eilt.
- Beim Betrachten eines Schaufensters oder beim Fotografieren heißt es zur Seite treten, aber nicht lange stehen bleiben: Es wäre sonst wie Parken in zweiter Reihe für Fußgänger.
- Auf der Rialto- und Accademia-Brücke kann nach Herzenslust fotografiert werden – jeder fotografiert gerne die Kanalaussichten, sogar die Einheimischen. Aber auf kleineren Brücken sollte niemand stehen bleiben, sonst kommt es wohlmöglich zu einem Verkehrsstau.
- Wenn sich jemand mit einem Kinderwagen oder einer schweren Tasche auf einer Brücke abrackert, führt ein Hilfsangebot zu einem dankbaren *Grazie!*

Der Legende nach sollen die Erfinder dieser vergoldeten Uhr mit Mondphasen und astrologischen Bewegungen als Dank für ihre Arbeit geblendet worden sein, sodass keine andere Stadt außer Venedig ein ähnliches Wunder der Technik besitzen kann. Führungen durch Mauro Codussis Turm von 1496 bis 1499 (s. S. 137) gehen über vier Stockwerke auf einer steilen, Klaustrophobie erzeugenden Wendeltreppe bis zur Plattform hinauf, auf der die Figuren der zwei Mohren die Stunde auf einer Glocke anschlagen. Am Dreikönigstag und zu Himmelfahrt erscheinen drei Könige und ein Engel. Karten für die Führung gelten ebenso für den Eintritt ins Museo Correr, wo die Führung auch gebucht werden kann. Kinder unter sechs Jahren dürfen nicht auf den Turm.

PALAZZO CONTARINI DEL BOVOLO
Karte S. 76–77

☎ 041 532 29 20; Calle Contarini del Bovolo 4299; Innenhof Eintritt frei; ☽ tgl. 10–18 Uhr; ⚓ Rialto
Der Palazzo aus dem 15. Jh. ist ein verborgenes Juwel der Renaissancearchitektur mit einer äußeren Wendeltreppe, einem *bovolo* (Schneckengehäuse), die zur Zeit der Recherche wegen Restaurierung gesperrt war. Es gibt aber einen schattigen Innenhof, der Abgeschiedenheit zum Knutschen und tolle Aussichten auf die Treppe bietet (s. S. 150).

CHIESA DI SANTO STEFANO Karte S. 76–77

Campo Santo Stefano 2773; Kirche Eintritt frei, Museum Eintritt 3 € oder mit Chorus Pass; ☽ Mo–Sa 10–17, So 13–17 Uhr; ⚓ Accademia
Die gotische Kirche hat einen beunruhigend schiefen Glockenturm (s. S. 139) und eine riesige Kielbogendecke (*carena di nave*), die wie eine gekenterte Arche Noah wirkt. Das Museum im Kreuzgang (Eintritt 3 € oder

Chorus Pass) zeigt Canovas Grabstelen von 1808 mit schönen trauernden Frauen, die ihre Augen mit den Säumen ihrer Umhänge betupfen, sowie Tulio Lombardos großäugigen Heiligen von 1505, auf den sich Tizian in seiner *Assunta* in der I Frari (S. 92) bezogen haben soll. Auch drei düstere Gemälde von Tintoretto sind ausgestellt: *Das letzte Abendmahl* mit einem Hund, der in den Brotkorb linst, das dräuende Unheil des *Christus am Ölberg* und die fast abstrakte, überwiegend schwarze *Fußwaschung*.

CHIESA DI SANTA MARIA DEL GIGLIO
Karte S. 76–77

Campo di Santa Maria del Giglio 2541; Eintritt 3 € oder Chorus Pass; ☽ Mo–Sa 10–17, So 13–17 Uhr; ⚓ Santa Maria del Giglio
Die polyglotte Kirche, im venezianischen Dialekt Santa Maria Zobenigo genannt, besteht aus einem byzantinischen Grundriss des 10. Jhs., hat eine barocke Fassade mit Landkarten europäischer Regionen, die von Venedig im 17. Jh. erobert wurden (s. S. 138) und drei faszinierende Werke verschiedener europäischer Meister. Hinter dem Altar verbirgt sich Veroneses *Madonna mit Kind,* Tintorettos *Vier Evangelisten* umrahmen die Orgel, und in der Molin-Kapelle befindet sich Peter Paul Rubens' Maria mit dem Hl. Johannes und einem zauberhaft pummeligen Jesuskind.

CAMPANILE Karte S. 76–77

Glockenturm; ☎ 041 522 52 05; www.basilicasanmarco.it; Eintritt 8 €; ☽ Juli–Sept. tgl. 9–21 Uhr, April–Juni & Okt. 9–19 Uhr, Nov.–März 9.30 bis 15.45 Uhr; ⚓ Vallaresso, San Marco
Der 90 m hohe Glockenturm wurde seit seinem erstmaligen Bau 888 zweimal neu gebaut und diente lange Zeit als wichtigster Leuchtturm der Stadt. Kritiker hatten den

Turm als plump und ungraziös bezeichnet. Aber als er 1902 plötzlich zusammenbrach, bauten ihn die Venezianer exakt und Stein für Stein wieder so auf, wie er war (s. S. 136). Auf den Turm gelangt man durch die Loggetta, ein Stück Renaissance von Sansovino. Ein Aufzug transportiert die Besucher zur Spitze, wo sich ein spektakulärer Blick über die Stadt eröffnet. Möglicherweise ist der Campanile aber nur von unten zu bewundern, da der Glockenturm wegen andauernder Stabilisierungsarbeiten geschlossen sein kann.

PALAZZO FORTUNY Karte S. 76–77

☎ 041 520 90 70; www.museicivicveneziani.it; Campo San Beneto 3958; Erw./VENICEcard-Inhaber 8/5 €; 🕒 Mi–Mo 10–18 Uhr; 🚶 Sant'Angelo
Die alles andere als bescheidene Atelierwohnung des extravaganten spanisch-venezianischen Jugendstildesigners Mariano Fortuny y Madrazo stellt über drei Stockwerke dessen bedruckte Textilien aus, die stimmungsvoll mit seinen charakteristischen gemusterten Glasleuchten angestrahlt sind. Heute zeigen die üppigen Säle wechselnde Ausstellungen moderner Künstler. Die werden aber fraglos von Fortunys erhaltenem Atelier im Obergeschoss und seinen Zeichnungen unkonventioneller Roben für die Diva von 1910 übertroffen, die heute auf den roten Teppichen Furore machen könnten. Wer sich von den Salons für die eigene Wohnungsdekoration inspiriert fühlt, kann sich bei Fortuny Tessuti Artistici (S. 122) in Giudecca umschauen. Dort werden die schimmernde Stoffe noch immer nach Fortunys streng geheimen Methoden handbedruckt. Siehe S. 42.

CHIESA DI SAN SALVADOR Karte S. 76–77

☎ 041 523 67 17; www.chiesasansalvador.it; Campo San Salvador 4835; Eintritt frei; 🕒 Juni–Aug. Mo–Sa 9–12 & 16–18, So 16–18 Uhr, Sept.–Mai Mo–Sa 9–12 & 15–18, So 15–18 Uhr; 🚶 Rialto
San Salvador ist ein Stein gewordener Traum: Im 7 Jh. erschien Jesus dem schlafenden Bischof Magnus und wies auf den exakten Punkt auf einer Lagunenkarte, wo er eine Kirche bauen sollte. Es gab jedoch ein kleineres technisches Problem: Die Stadt Venedig gab es noch gar nicht und die Gegend bestand überwiegend aus Schlammbänken. Doch Bischof Magnus war zuversichtlich, dass nach dem Bau der Kirche die Gemeindemitglieder schon folgen würden. Dass die Kirche heute an einem quirligen *campo* (Platz) steht, beweist, dass er recht hatte. San Salvador wurde

auf einem Grundriss aus drei griechischen Kreuzen, die Kopf an Fuß miteinander verbunden sind, gebaut und wurde über die Jahrhunderte mehrmals ausgeschmückt. Die derzeitige Fassade stammt von 1663. Zu den bemerkenswerten Werken im Innenraum gehören zwei Tizians: die *Verklärung* hinter dem Hauptaltar, und seine spektakuläre *Verkündigung* an Sansovinos Altar (der dritte rechts Richtung Hauptaltar) mit einer strahlenden Taube über dem errötenden jungen Engel, der einer verblüfften Maria beflissen die Neuigkeit überbringt.

PALAZZO FRANCHETTI Karte S. 76–77

☎ 041 240 77 11; www.istitutoveneto.it; Campo Santo Stefano 2842; Ausstellungen Erw./Stud. 9/6 €, Café Eintritt frei; 🕒 tgl. 10–19 Uhr; 🚶 Accademia
Gründliche Neugestaltung konnte den eigentlichen Charme einer der am meisten bewunderten Paläste am Canal Grande nicht schmälern. In dem Palais aus dem 16. Jh. lebten ursprünglich nicht weniger als drei weit verzweigte Familien unter einem gotischen Dach, und offensichtlich konnten sie sich nicht immer auf die Ausstattung einigen. Im 19. Jh. erwarb der Erzherzog Friedrich von Österreich den gotischen Palast. Er versuchte, die rivalisierenden Stile durch eine moderne Umgestaltung zu vereinen. Nach der Unabhängigkeit lebte hier mehrere Jahrzehnte die Familie Franchetti und beauftragte den Architekten Camillo Boito, die Gotik wieder einzusetzen, einschließlich eines Barockgartens und einer prächtigen Jugendstiltreppe. Von 1922 bis 1999 war der Palast Sitz einer Privatbank, bis schließlich das Istituto Veneto di Scienze, Lettere ed Arti (Venezianisches Institut der Wissenschaften, Literatur und Künste) einzog und die Galerien für Ausstellungen und Konferenzen modernisierte (Programm s. Website). Jüngste Ergänzung ist seit 2009 das Palazzo Franchetti Caffè (S. 216) in den Gartenarkaden. Dessen komplex gemusterte Fensterscheiben vereinen harmonisch die gotischen, modernen und Jugendstilelemente des Palastes. Siehe S. 139.

CHIESA DI SAN MOISÈ Karte S. 76–77

☎ 041 528 58 40; Campo di San Moisè; Eintritt frei; 🕒 Mo–Sa 9.30–12.30 Uhr; 🚶 Vallaresso, San Marco
Die Fassade aus den 1660er-Jahren wirkt mit ihren steinernen Zuckergussornamenten absolut zum Anbeißen, auch wenn der Architekturkritiker John Ruskin im 19. Jh. die Zuckertortenerscheinung ungenießbar fand:

GALERIENTOUR IN SAN MARCO

Trotz all des Glanzes vergangener Zeiten ist San Marco nicht nur ein Museumsstück. Die Galerien in den Gassen hinter der Santa Maria del Giglio bilden eine wunderbare Vorschau auf Werke der nächsten Generation italienischer und internationaler Künstler, von denen einige kurz vor ihrem Durchbruch stehen. Es beginnt bei Glasskulpturen und geht bis zu Videoinstallationen und vielem mehr. In den folgenden Galerien San Marcos ist der Eintritt frei und die Inspiration unerschöpflich:

- **Caterina Tognon Arte Contemporanea** (Karte S. 76–77; ☎ 041 520 78 59; www.caterinatognon.com; Campo San Maurizio 2671; ⏱ Mo–Sa 15–19 Uhr und nach Vereinbarung; ⛴ Santa Maria del Giglio) Der kleine Raum sollte nicht täuschen: Tognon beeindruckt zutiefst mit einer kühnen Mischung aus jungen und etablierten zeitgenössischen Künstlern. Ähnliches gilt auch für die angrenzende stART-Galerie im Palazzo da Ponte aus dem 17. Jh. Eine größere Ausstellung von Avantgarde-Glasarbeiten präsentierte jüngst Kiki Smiths körperhafte Gefäße und Roberta Silvas Atem, der für die Nachwelt in einer Glasblase eingefangen ist. Siehe S. 139.

- **Galleria Rosella Junck** (Karte S. 76–77; ☎ 041 521 07 59; www.rossellajunck.it; Calle Larga XXII Marzo 2360; ⏱ Mo–Sa 10–12.30 & 16–19.30 Uhr; ⛴ Santa Maria del Giglio) Einen Schritt von der hellen Boutiquenstraße in diese verdunkelte Galerie ist wie ein Eintauchen in ein Aquarium: Angestrahlte Glasobjekte in Glasvitrinen verströmen ein ätherisches Unterwasserlicht. Wie durch ein Wunder, aber auch dank hoher Regale, blieben die zerbrechlichen Wunderwerke aus dem 16. bis 18. Jh. erhalten. Zu ihnen zählen eine Muschelkanne mit Fetzenfischhenkel und eine erlesene Vase, die wie ein Igel geformt ist. Neben den historischen Glaskunstwerken der Jahrhundertwende von den Murano-Glasbläsern Salviati und Fratelli Toso gibt es auch herausragende zeitgenössische Stücke: Donald Robertsons Kriegerhelme aus Mattglas, Marie Aimée Grimaldis filigraner Hamlet-Schädel aus Muranoglas und Xavier Le Normands Säulenvasen mit kleeblattförmigen Einschneidungen. Siehe S. 138.

- **La Galleria van der Koelen** (Karte S. 76–77; ☎ 041 520 74 15; www.galerie.vanderkoelen.de; Ramo Primo dei Calegheri 2566; ⏱ Mo–Sa 10–12.30 & 15.30–18.30 Uhr; ⛴ Santa Maria del Giglio) Hinter dem pompösen, stolzen Teatro La Fenice übt sich dezenter Minimalismus in Zurückhaltung. Die Ausstellungen bilden eine heikle Balance zwischen abstraktem Konzept und konkreter Gefälligkeit. Dazu gehören Günther Ueckers grazil-brutale, übermalte Nagelbilder und detaillierte Zeichnungen von Glasscherben. Zwischen dem Farb- und Dramenansturm der Gallerie dell'Accademia und dem Wirbelwind spiritueller Erhebung der Basilica di San Marco, bildet La Galleria van der Koelen das ruhige Auge im Zentrum des ästhetischen Sturms Venedigs. Siehe S. 149.

- **Galleria Traghetto** (Karte S. 76–77; ☎ 041 522 11 88; www.galleriatraghetto.it; Campo Santa Maria del Giglio 2543; ⏱ Mo–Sa 15–19 Uhr; ⛴ Santa Maria del Giglio) Die Galerie zeigt mutige Ausstellungen junger italienischer und internationaler Künstler, kurz vor dem Durchbruch. Interessant sind die kunstvoll verschwommenen Digitalfotografien mit roten Blutschlieren des in Rom lebenden Serafino Maiorano, die an Carpaccio erinnern. Gleiches gilt für die Historienbilder des Litauers Andrius Zakarauskas, die geschickt auf militärische Grüße, Fingerzeige und andere bedeutungsschwere Gesten reduziert sind.

- **Jarach Gallery** (Karte S. 76–77; ☎ 041 522 19 38; www.jarachgallery.com; Campo San Fantin 1997; ⏱ Di–Sa 10–13 & 14.30–19.30 Uhr; ⛴ Santa Maria del Giglio) La Fenice steht zwar im Zentrum dieser Piazza, aber in den Seitenbühnen wartet hinter einem dunklen *sotoportego* (Durchgang) zeitgenössische Fotografie auf Entdeckung. In der alten Hofgalerie entfalten sich leise Dramen und unwiderstehliche Rätsel mit Ausstellungen wie Giorgio Barreras inszenierte Verbrechen, die durch venezianisch-gotische Fenster betrachtet werden. Siehe S. 149.

"Eines der schlichtesten Beispiele der schlichtesten Schule der Renaissance", spie der unverblümte Verfechter sparsamer venezianischer Gotik. Das mag ein bisschen übertrieben sein, aber in technischer Hinsicht hatte Ruskin recht: Mehrere Fassadenstatuen mussten im 19. Jh. entfernt werden, um die Fassade vor dem Zusammenbruch unter deren Gesamtgewicht zu bewahren. Die verbliebenen Statuen des flämischen Bildhauers Heinrich Meyring (oder Merengo auf Italienisch) bestehen kaum aus frommen Werken, sondern aus etlichen unterwürfigen Hommagen an die Familie Fini, die großzügige Kirchenmäzene waren. Im Vergleich mit der nackten, völlig schmucklosen faschistischen Fassade des Bauer Hotels daneben, ist San Moisés überschäumende Parteilichkeit jedoch weitaus appetitlicher. Zu den überwältigenden Werken im Innenraum gehören Tintorettos *Fußwaschung* im Altarraum links vom Hauptaltar und Palma il Giovanes *Abendmahl* an der rechten Seite des Kirchenschiffs.

CHIESA DI SAN VIDAL Karte S. 76–77

Campo di San Vidal 2862; Eintritt frei;
⏱ Mo–Sa 9–12 & 15.30–18 Uhr; ⛴ Accademia
San Vidal dient heute nicht mehr als Kirche, sondern wird als Konzertraum für die Interpreti Veneziani (S. 227) genutzt. Venedigs führende Vi-

valdi-Interpreten spielen hier auf originalen Instrumenten aus dem 18. und 19. Jh. Die stattliche Kirche wurde einst zu Ehren Gottes und zweier venezianischer Dogen (s. S. 139) gebaut und ist am bekanntesten für das Meisterwerk hinter dem Hauptaltar: *Der Hl. Vitalis zu Pferd,* ein untypisch unblutiges Werk von Vittore Carpaccio mit Spuren seines charakteristischen Ampelrots und der Sorgfalt eines Miniaturisten in den Details.

MUSEO DELLA MUSICA Karte S. 76–77

☎ 041 241 18 40; Campo San Maurizio 2761; Eintritt frei; ⏱ tgl. 9.30–19.30 Uhr; 🚤 Santa Maria del Giglio

Die Sammlung seltener und oft sehr merkwürdiger Instrumente in der restaurierten klassizistischen Chiesa di San Maurizio umfasst einen Zeitraum vom 17. bis 19. Jh. und wird durch informative Tafeln zum Leben und der Epoche Antonio Vivaldis ergänzt (s. S. 138 und S. 38). Wer den Originalklang der Instrumente hören will, findet am Verkaufsstand eine Reihe von CDs mit Musik aus vergangenen Epochen. Dort gibt es auch Karten für die Interpreti Veneziani, die das Museum finanzieren und die musealen Instrumente mit modernem Elan um die Ecke in der Kirche San Vidal spielen.

FONDACO DEI TEDESCHI Karte S. 76–77

Salizada del Fontego dei Tedeschi 5346; Eintritt frei; ⏱ Mo–Sa 8.30–18.30 Uhr; 🚤 Rialto

Briefmarken sind das Haupthandelsgut, das nahe der alten Quelle im düsteren Innenhof des ehemaligen *fondaco* (Handelskontor) verkauft wird – in dem Gebäude hat sich 1937 das Hauptpostamt Venedigs niedergelassen. Aber wie anders muss das Gebäude in seiner Glanzzeit als Wall Street der deutschen Gemeinde Venedigs im 13. bis 17. Jh. ausge-

sehen haben, bevor die schleichende Feuchtigkeit die Fresken von Giorgione und Tizian an der Fassade zerstörten. Nur wenige Fragmente blieben erhalten und sind in der Ca' d'Oro (S. 103) ausgestellt. Die Kaufleute haben hier hart verhandelt: Als Giorgione und Tizian ihr Honorar von 150 Dukaten für ihre Arbeit verlangten, wurde ihnen mitgeteilt, dass sie nur 130 Dukaten wert sei. Erbost bestanden sie auf ein unabhängiges Gutachten, das ihr ursprüngliches Honorar bestätigte. Doch den Künstlern wurde gesagt, sie könnten das Angebot akzeptieren oder gehen.

CHIESA DI SAN BARTOLOMEO
Karte S. 76–77

Campo San Bartolomeo 5178; Eintritt frei; ⏱ Di, Do & Sa 10–12 Uhr; 🚤 Rialto

Deutsche Kaufleute mussten sich nicht weit von den Kontoren des Fondaco dei Tedeschi entfernen, um für einen Konjunkturaufschwung für ihre Waren zu beten. Die Kirche bediente in verschiedenen Formen und über wechselnde Finanzen hinweg die geistlichen Bedürfnisse der deutschen Kaufleute Venedigs. Das ursprünglich 1170 erbaute dreischiffige Gotteshaus wurde durch die Gebäude, die ringsum nach dem Bau der Rialtobrücke entstanden, ziemlich eingeengt. Der heutige Bau ist das Resultat eines Umbaus von Giovanni Scalfarotto von 1723, dessen düstere Fassadengestaltung einer Kirche angemessen ist. Sie wurde einem lebendig gehäuteten Heiligen geweiht, dargestellt durch die Figur mit verzerrtem Gesicht oberhalb des Glockenturms mit 1755 mit dem bayerischen Zwiebeltürmchen. Bei einer Besichtigung oder einem Konzertbesuch überraschen die klaren Farben der Gemälde von Palma il Giovane. Weitere bedeutende Werke sind heute in den Gallerie dell'Accademia (S. 84) ausgestellt.

SESTIERE DI DORSODURO

Essen S. 199; Shoppen S. 181; Schlafen S. 236

Nach dem erschöpfenden Anblick von San Marco sind ein belebender Espresso, ein aufbauendes *gelato* (Eis) und womöglich ein Ave Maria nötig, bevor man sich der Kunst im Dorsoduro zuwendet. Veronese schmückte seine kleine Gemeindekirche San Sebastian verschwenderisch mit Meisterwerken aus. Tiepolo und Baldassare Longhena vollbrachten Wunder am Palast Ca' Rezzonico am Canal Grande und am Kloster Scuola Grande dei Carmini, das auch als Herberge diente. Und der minimalistische Maestro Tadao Ando verwandelte die Punta della Dogana vom Zolllagerhaus zum Ausstellungsraum zeitgenössischer Kunst.

Anders als in den kunstorientierten Vierteln anderer Städte ist Schmuddeligkeit nicht unbedingt die Sache des Dorsoduros, wo sich die weißen Häuser und die frisch geschrubbte Chiesa di Santa Maria delle Salute funkelnd in den Kanälen spiegeln. Allerdings hatten sich Anwohner durchaus beschwert, als eine besonders kunstvolle Dreckpatina von der Chiesa dell'Arcangelo Raffaele entfernt wurde. Zu den hochkarätigen Kunstmäzenen im Dorsoduro gehören François Pinault, Peggy Guggenheim und Napoleon. Letzterer konfiszierte ein Kloster, um in den heutigen Gallerie dell'Accademia Platz für geraubte venezianische Kunstschätze aus dem gesamten Veneto zu schaffen.

All die verschwenderischen Gaben stiegen dem Dorsoduro jedoch nicht zu Kopf. Das Viertel trifft sich noch immer jeden Abend auf dem Campo Santa Margherita für die obligatorische Happy Hour, steht an sonnigen Tagen auf dem Zattere für ein *gelato* Schlange und feilscht um den Preis von Tomaten am Gemüsekahn, der an der kampfeslustigen Ponte dei Pugni (s. S. 58) festgemacht hat. Wer den Trick raus hat, sich rüber zum Kahn zu lehnen, ohne in den Kanal zu fallen, hat offiziell den Dreh raus, was Sache ist im Dorsoduro.

Das *sestiere* deutet wie ein verbogener, misslungener Gondelbug in die Lagune, mit dem Canal Grande an der Nordostseite und dem Canale della Giudecca und dem Canale di Fusina im Südwesten. Im Norden liegen die Bars und Restaurants des quirligen Campo Santa Margherita. Im Westen jedoch wird die Gegend gespenstisch still, außer wo die Universitätsfachbereiche studentisches Leben in die Gegend um die Chiesa di San Nicolò dei Mendicoli bringen. Alle Vaporetti auf dem Canal Grande halten an der Accademia, Vaporetto 1 auch am Ca' Rezzonico und Salute. Eine Nebenlinie des Vaporetto 82 und der N-Nachtvaporetto halten am Zattere und San Basilio. Die Nummern 51, 52, 61 und 62 legen ebenfalls am Zattere und San Basilio an.

GALLERIE DELL'ACCADEMIA

Karte S. 86–87

☎ 041 522 22 47, Vorbestellung 041 520 03 45; www.gallerieaccademia.org; Campo della Carità 1050; Erw./EU-Bürger 18–25 Jahre/unter 12 Jahren & EU-Bürger unter 18 Jahren oder über 65 Jahre 6,50/3,25 €/frei, Video-/Audioführung 6/4 €; Mo 8.15–14, Di–So 8.15–19.15 Uhr, letzter Eintritt 45 Min. vor Schließung; Accademia

Ganz unakademisch enthalten die Galerien mehr mörderische Intrigen, verbotene Liebschaften, dreiste politische Aktivitäten und Beinaheaufstände als die skandalösesten venezianischen Parteien. Das einstige Kloster Santa Maria della Carità bewahrte über Jahrhunderte seine ruhige Gelassenheit, auch dank der herausragenden architektonischen Arbeit von Bartolomeo Bon, Palladio und Carlo Scarpa (s. S. 170). Doch seit Napoleon 1807 seine venezianische Beutekunst in dem Kloster unterbrachte, gibt es in diesen Gemäuern ständig Bilder mit Dramen zu sehen.

Als Orientierungshilfe durch diesen visuellen Ansturm ist die Besichtigung grob in Stilrichtung, Thema und Künstler vom 14. bis 18 Jh. aufgeteilt. Startpunkt ist Paolo Venezianos *Marienkrönung* von ca. 1350, das darstellt, wie Jesus seiner Mutter mit einem sanften Klaps auf den Kopf die Krone verleiht, während darüber ein Engelsorchester musiziert. Glänzendes Blut, das beängstigend frisch wirkt, kommt nirgends so gut wie in Carpaccios *Kreuzigung und Verklärung der zehntausend Märtyrer auf dem Berg Ararat* im Saal 2 zum Ausdruck – Harry's Bar (S. 216) hatte schon recht, die blutroten rohen Rindfleischscheiben nach dem Maler zu benennen.

Andrea Mantegnas hochmütig schöner *St. Georg* von 1466 und Giovanni Bellinis liebliche und von neonroten Putten umgebene *Madonna mit Kind* demonstrieren die beiden künstlerischen Vorlieben Venedigs: höchste Dramatik und leuchtende Farben. Die Säle 6 bis 10 zeigen manieristische Meisterwerke der Renaissance, wie Tintorettos *Schöpfung der Tiere*, ein phantastisches Bestiarium, das andeutet, dass Gott sich bei der Erfindung venezianischer Meeresfrüchte größte Mühe gegeben hat (kein Widerspruch hier). Auch befindet sich hier eines der letzten Werke Tizians, vermutlich nach seinem Tod von Palma il Giovane vollendet: eine *Pietà* von 1576, wo die Form hinter der reinen Empfindung zurücksteht und Tizian Farbe mit bloßen Händen auftrug (s. S. 42).

Das Glanzlicht der Accademia befindet sich in Saal 10: Paolo Veroneses kontroverses *Gastmahl im Haus des Levi*. Das Werk war ursprünglich mit *Abendmahl* betitelt, bis die Inquisition Veronese für die Abbildung von Trunkenbolden, Zwergen, Hunden und (am allerbedenklichsten) reformationsnahen Deutschen zwischen den Aposteln, für gottlos erklärte. Veronese weigerte sich, irgendetwas an dem Bild zu verändern, außer dem Titel. Venedig unterstützte diesen Akt künstlerischen Ungehorsams gegen Rom. Ein genauer Blick auf die Gespräche, Gesten und Augenkontakte zwischen den Figuren macht deutlich, dass nicht ein maurischer Kaufmann, stolpernder Diener, Spieler oder munterer Schoßhund übermalt hätte werden können, ohne dass ein wesentlicher Teil dieses venezianischen Puzzles verlorenginge.

An diesem Punkt ist erst die Hälfte des kunsthistorischen Beitrags Venedigs geschafft – uff. Aber die Säle 16 bis 18 sollten nicht übergangen werden. Sie zeigen Cana-

TOP-ATTRAKTIONEN & TOLLE ALTERNATIVEN

Gallerie dell'Accademia

Attraktion Hier ist zu erleben, wie sich venezianische Renaissancegemälde als farbenfrohes Pendant zu den Werken der formellen florentinischen Malerei entwickelten und biblische Figuren glamourös erscheinen lassen.

Nachteil Die Genickstarre beim Bemühen, inmitten all der Kunstgeschichtsstudenten auf Exkursion einen Blick auf einen Tintoretto oder Tizian zu erhaschen ...

Alternative Tintoretto ist auch sehr szenenhaft in der Scuola Grande di San Rocco (S. 93) zu bewundern, und Tizian in Topform in der Kirche I Frari (S. 92).

Gondeln

Attraktion Die schwimmenden, rotsamtigen Sofas sind die weltbeste Art, beim Küssen und Umarmen von Punkt A nach Punkt B zu kommen (S. 284).

Nachteil Von freier Liebe kann bei 80 € für 40 Minuten, plus Trinkgeld und Aufpreise für Serenaden, keine Rede sein.

Alternative Alle mit einem Hang zur Waghalsigkeit – und gutem Gleichgewicht – sollten für 1 € mit dem *traghetto* (Fährengondel) (s. Kasten S. 285) über den Canal Grande fahren, und zwar aufrecht stehend wie die Venezianer. Nach erfolgreicher Fahrt gibt es dann zum Sonnenuntergang einen Drink in der Bar Terazza Danieli (S. 222) mit Blick auf die Gondeln, die am Kai von San Marco für die Nacht festmachen.

Teatro la Fenice

Attraktion Wer möchte nicht zu den Glücklichen gehören, die es schaffen, die größten Operndiven der Welt auf dieser winzigen Bühne zu erleben; siehe S. 76.

Nachteil Angesichts kurzer Laufzeiten von Bravouraufführungen und mickrigen 900 Sitzen verkaufen sich die Eintrittskarten schneller, als man „Bravo!" rufen kann.

Alternative Es gibt nicht nur Oper in der Stadt – auf www.hellovenezia.it sind Konzerte mit alter venezianischer Festmusik aufgelistet. Die Konzerte werden an historischen Orten mit Instrumenten aus der Renaissance aufgeführt.

Ponte di Rialto

Attraktion Antonio da Pontes historische Steinbrücke bietet einen der grandiosesten Blicke auf den Canal Grande; S. 98.

Nachteil Feilschende Souvenirkäufer sorgen auf der Brücke für Fußgängerstaus und sind mitunter eine harte Konkurrenz für die Aussicht.

Alternative Die schönste Aussicht auf die Rialtobrücke hat man tatsächlich vom Canal Grande aus. Und ohne nass zu werden sollten Besucher mit der Vaporetto-Linie 1 (S. 285) über den Canal Grande fahren. Die beste Zeit dafür ist der Abend, wenn die untergehende Sonne die Brücke aus istrischem Stein rosig färbt.

www.lonelyplanet.de

STADTVIERTEL SESTIERE DI DORSODURO

SESTIERE DI DORSODURO

lettos panoramische Ansichten von Venedig und Giorgiones *Der Sturm (La Tempesta)* von 1508, ein aufgewühltes Szenario mit einer stillenden Mutter, einem vorbeigehenden Soldaten und einem Sommergewitter. Die angrenzenden Porträtgalerien quellen förmlich über von herausragenden venezianischen Persönlichkeiten. Dazu gehören Giorgiones eindeutig botoxfreie *Die Alte,* Lorenzo Lottos introvertiertes *Porträt eines jungen Ge-*

lehrten von 1525, Rosalba Carrieras brutal ehrliches Selbstporträt von ca. 1730 (s. S. 46) und Gian Battista Piazzettas aufreizende Gesellschaftsdame in seiner *Wahrsagerin* von 1740. Saal 20 greift nochmals auf Gentile Bellini und Vittore Carpaccio zurück: Multikultigruppen venezianischer Kaufleute sind integriert in venezianische Versionen der *Wunder der Kreuzreliquie.* Das große Finale ist schließlich Tizians *Mariä Tempelgang* von 1534–39,

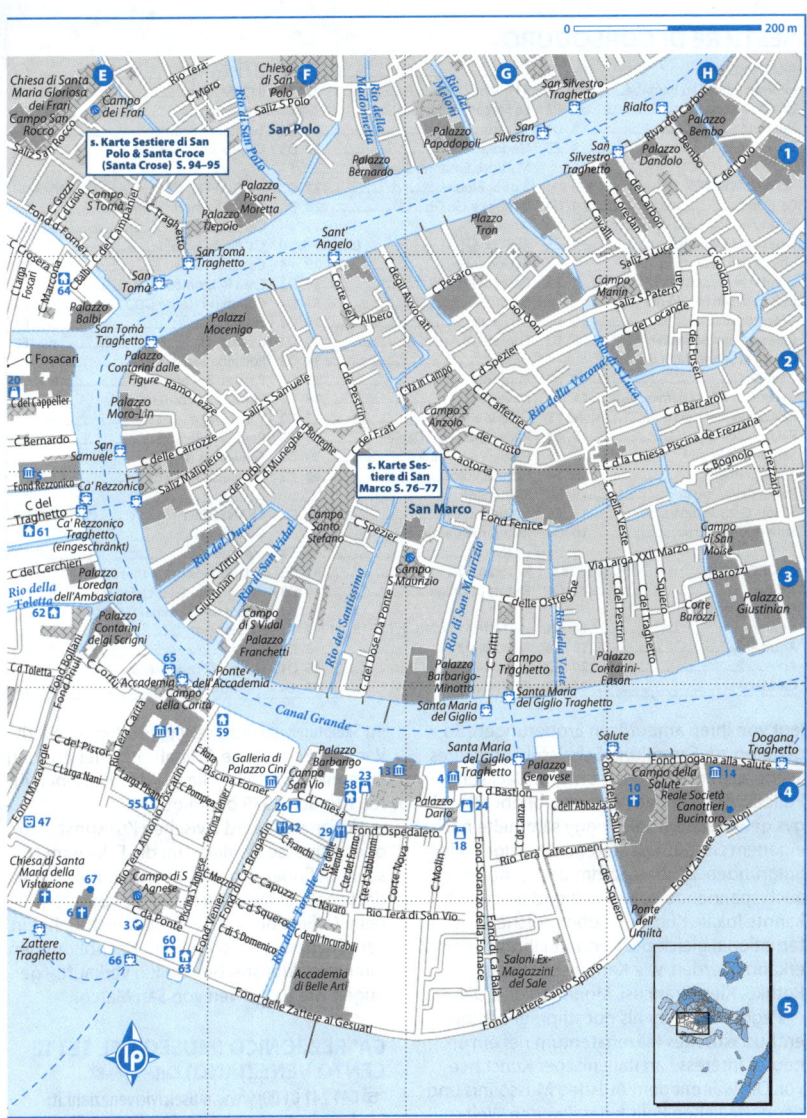

in dem eine junge Madonna gehorsam eine imposante Treppe hinaufschreitet, während Betrachter auf sie zeigen.

PEGGY GUGGENHEIM COLLECTION
Karte S. 86–87

☎ 041 240 54 11; www.guggenheim-venice.it; Palazzo Venier dei Leoni 701; Erw./über 65 Jahre/Stud. mit Ausweis bis 26 Jahre/unter 10 Jahren 10/8/5 €/ frei; 🕐 Mi–Mo 10–18 Uhr; 🚤 Accademia

Nachdem die Erbin Peggy Guggenheim ihren Vater auf tragische Weise auf der *Titanic* verloren hatte, freundete sie sich mit Dadaisten an, ging Nazis aus dem Weg und sammelte Avantgardewerke von 200 modernen Künstlern in ihrem feudalen Haus am Canal Grande (s. S. 152). Peggys Palazzo Venier dei Leoni wurde zu einem Schrein der Moderne, eine Chronik des Surrealismus, des italienischen Futurismus und abstrakten Expressionismus, unter-

SESTIERE DI DORSODURO

legt von ihren amourösen Eroberungen. So gehören zur Sammlung Schlüsselwerke ihres Exehemannes Max Ernst und von Jackson Pollock, der einer der vielen Liebhaber Peggys gewesen sein soll. Peggy sammelte nach eigenem Gutdünken statt aus Prestige- oder Stilgründen. Zu ihrer Sammlung gehören so auch spannende Volkskunst und weniger bekannte lokale Künstler, neben solchen, die international gleich bei Nennung ihres Namens erkannt werden, wie Kandinsky, Picasso, Rothko, Klee, Brancusi, Mondrian und Dalì.

Peggy war mehr als nur stilprägend. Ihr enthusiastisches Mäzenatentum rief ein erneutes Interesse an italienischer Kunst hervor. Die war mit dem Aufstieg Mussolinis und der parteilichen Politik des Zweiten Weltkriegs in Ungnade gefallen. Für die jüdisch-amerikanische Verfechterin italienischer Kunst, die die Gefahren von Zensur und Parteivorschriften miterlebt hatte, sollte wahre Kunst gesehen und nach ihren Werten beurteilt werden. Ihre Förderung führte zur Neubewertung von Umberto Boccioni, Giorgio Morandi, Giacomo Balla und Giorgio de Chirico und förderte Emilio Vedova aus Venedig. Werke von Moore, Giacometti und Arp sind

im Skulpturengarten zu sehen, für den die Stadt Venedig Peggy eine Ausnahmegenehmigung ehrenhalber erteilte: Sie wurde hier neben ihren Hunden 1979 beerdigt.

Im Gartencafé wird zwischen Kunstinstallationen Espresso serviert. Um die Ecke vom Museum befindet sich in der Fondamenta Venier dei Leoni der Buchladen der Peggy Guggenheim Collection. Hier werden Kunstbücher in verschiedenen Sprachen und Nachbildungen ihrer charakteristischen Brillen verkauft – geflügelt wie die Löwen von San Marco.

CA' REZZONICO (MUSEO DEL SETTE-CENTO VENEZIANO) Karte S. 86–87

☎ 041 241 01 00; www.museicivicivenziani.it; Fondamenta Rezzonico 3136; Erw./Stud. & Kind 6,50/4,50 €; ⏰ April–Okt. Mi–Mo 10–18 Uhr, Nov.–März Mi–Mo 10–17 Uhr, letzter Eintritt 1 Std. vor Schließung; 🚤 Ca' Rezzonico
Andere Museen mögen leuchten, aber dieses funkelt. Der historische Longhena-Palast präsentiert Kunst des 18. Jhs. in prunkvollen Musiksalons, üppigen Boudoirs und sogar in einer Apotheke mit heilkräftigen Skorpionen. Die Decken mehrerer Salons sind von Meisterwerken von Giambattista Tiepolo mit sel-

ten sinnlicher Schönheit und schamloser Schmeichelei bemalt. Der Thronsaal zeigt die hinreißende Allegorie des Verdienstes, der zum Ruhmestempel aufsteigt und ein goldenes Buch mit den Namen venezianischer Adliger in den Händen hält – einschließlich der von Tiepolos Mäzenen, der Familie Rezzonico. Zu den weiteren Highlights der Sammlung gehören der Pietro Longhi Salon, wo die Torheiten der feinen Gesellschaft von missbilligenden Schoßhunden betrachtet werden, die Sala Rosalba Carriera mit ihren unverblümten Pastellporträts von Mitgliedern der Gesellschaft, die nicht gerade hübsch sind, aber so aussehen, als wären sie wahre Stimmungskanonen (s. S. 44), und die Vedustisti-Galerien (S. 44) im obersten Stock mit Emma Ciardis düsteren Kanalbildern. Unten sind Programme des Venezianischen Kammerorchesters erhältlich, das in der passend historischen Pracht des bemalten Ballsaals Konzerte gibt.

CHIESA DI SANTA MARIA DELLA SALUTE Karte S. 86–87

☎ 041 522 55 58; www.marcianum.it, auf Italienisch; Campo della Salute 1b; Sakristei Eintritt 1,50 €; ⏱ tgl. 9–12 & 15–17.30 Uhr; 🚢 Salute
Dankbarkeitsbezeugungen könnten nicht monumentaler ausfallen als bei der prachtvollen Barockkirche für die Heilige Maria der Gesundheit. Der venezianische Senat hatte sie der Madonna geweiht, weil sie die Stadt vor weiteren Verwüstungen nach einem erbarmungslosen Pestausbruch von 1630 bis 1631 bewahrt hatte. Damals wurde innerhalb von 18 Monaten ein Drittel der Stadtbevölkerung getötet. Mindestens 100 000 Pfeiler mussten tief in die barene (Schlammbänke) getrieben werden, um das Fundament an der Spitze von Dorsoduro zu verstärken und das Gewicht dieses barocken Wunders der Technik zu stützen. Baldassare Longhenas ungewöhnlicher achteckiger und überkuppelter Grundriss ist ein genialer Entwurf, den Architekturwissenschaftler mit griechisch-römischen Tempeln und jüdischen Kabbala-Diagrammen verglichen haben. In der Kirche beten auch die Venezianer alljährlich um Gesundheit (s. S. 20). Im Innenraum fällt Tintorettos überraschend fröhliche Hochzeit von Kanaa ins Auge. Das Bild befindet sich Richtung Sakristei, in der zwölf Tizians hängen. Darunter befindet sich auch ein anschauliches Selbstporträt in Form des hl. Matthäus, sowie sein frühestes bekanntes Werk, das mit noch frühreifem Purpurrot gemalte Bild Hl. Markus auf dem Thron von 1510.

CHIESA DI SAN SEBASTIAN Karte S. 86–87

☎ 041 528 24 87; Campo San Sebastian 1687; Eintritt 3 € oder Chorus Pass; ⏱ Mo–Sa 10–16.45 Uhr; 🚢 San Basilio
Die eigentlich gestrenge Gemeindekirche, die über drei Jahrhunderte von oben bis unten mit Meisterwerken von Paolo Veronese (s. S. 155) ausgeschmückt wurde, ist ein verborgener Schatz inmitten von Dorsoduro. Veroneses Rösser bäumen sich über die Rahmen der Kassettendecke hinweg auf und die Orgeltüren sind innen und außen mit Episoden aus dem Leben Christi in lebhaften und für Veronese typischen Farben bemalt. In des Meisters Martyrium des Hl. Sebastian nahe dem Altar starrt der gefesselte Heilige auf seine Peiniger inmitten einer Zuschauermenge aus venezianischen Adligen, orientalischen Händlern und einem von Veronese gern gemalten drolligen Spaniel hinab. Sein letztes Werk mag für Veronese von persönlicher Bedeutung gewesen sein. Der Legende nach soll er 1555 Zuflucht in San Sebastian gefunden haben, als er vor einer Mordanklage aus Verona floh. Seine Werke in der Kirche drücken überschwänglichen Dank für die Gemeinde aus und sind ein besonders genialer Fußtritt für seine Ankläger. Nur solche großartigen Werke waren in der Lage, Tizians herausragenden San Nicolò (Hl. Nikolaus), nach dem Eingang rechts, zu übertreffen.

PUNTA DELLA DOGANA

☎ 199 139 139; www.palazzograssi.it; Punta della Dogana, Dorsoduro; Erw./12–18 Jahre, Sen. & Behind./ unter 11 Jahre 15/10 €/frei, mit Karte zum Peggy Guggenheim innerhalb 3 Tagen/Kombiticket mit Palazzo Grassi 12/20 €; ⏱ Mi–Mo 10–19 Uhr; 🚢 Salute
Fortuna, die Wetterfahne auf der Punta della Dogana, drehte sich Richtung Venedig, als bürokratische Scherereien in Paris den milliardenschweren Kunstsammler François Pinault überzeugten, am Palazzo Grassi (S. 79) einen Galerieflügel anzubauen und seine hochkarätige Sammlung zur Punta della Dogana (s. S. 154) zu verlegen. Venedigs historisches Zollhaus aus dem 17. Jh. am Bugende von Dorsoduro wurde nach dreijährigen Umbauarbeiten des Architekten Tadao Ando als Venedigs sensationellster Ausstellungsraum für moderne Kunst 2009 eröffnet (s. Kasten S. 49). Die Eröffnungsausstellung folgte der künstlerischen Entwicklung von Takashi Murakami, Jeff Koons, Cindy Sherman und anderen zeitgenössischen Kunststars von groben Entwürfen bis zum Endprodukt. Sie wurden in umgebauten Speichern ausgestellt, die durch

Lichtschächte aus Sichtbeton und Obertore beleuchtet sind. Die Räume gelten als eine raffinierte Hommage an Carlo Scarpas Entwurf für den Palazzo Querini Stampalia (S. 114) und die Biennale (s. S. 113 and S. 19).

SCUOLA GRANDE DEI CARMINI
Karte S. 86–87

☎ 041 528 94 20; Campo Santa Margherita 2617; Erw./Sen. & Stud. 5/4 €; ☾ April–Okt. Mo–Sa 9–17, So 9–16 Uhr, Nov.–März 9–16 Uhr; ☎ Ca' Rezzonico
Backpacker im 18. Jh. müssen geglaubt haben, dass sie tot und im Himmel gelandet seien, als sie die Scuola Grande dei Carmini erblickten. Die einst von Karmeliterinnen betriebene Herberge ist mit Werken von Tiepolo und Longhena ausgeschmückt, die eines Dogen würdig wären (s. S. 156). Longhena entwarf die stuckverzierte Treppe, Tiepolo bemalte oben die neunteilige Decke mit einer prachtvollen *Heiligen Madonna*, und der hohe Schlafsaal selbst ist ein Wunder der *boiserie* (Holzschnitzerei). Leider vermietet die Herberge in diesem architektonischen Schmuckstück keine Betten mehr, aber immerhin tritt hier manchmal die Venice Opera (www.venice-opera.com) auf.

CHIESA DI SAN NICOLÒ DEI MENDICOLI Karte S. 86–87

☎ 041 528 45 65; Campo San Nicolò 1907; ☾ Mo–Sa 10–12 & 16–18 Uhr; ☎ San Basilio
Andere Kirchen mögen grandioser und glanzvoller sein, aber San Nicolò dei Mendicoli hat als die venezianischste Kirche einen besonderen Platz in den Herzen der Einheimischen. Von außen hat sich die niedrige, kahle, veneto-gotische Backsteinkirche, die den Armen gewidmet ist, seit dem 12. Jh. kaum verändert.

Damals dienten die Kreuzgänge als Asyl für Frauen und der Portikus als Unterschlupf für *mendicoli* (Bettler). Der winzige malerische *campo* vor der Kirche ist ein Venedig im Kleinen. Er ist an drei Seiten von Kanälen umgeben und hat eine Säule mit dem geflügelten Markuslöwen obenauf, einer der wenigen, die Napoleons Soldaten als Übungszielscheibe entgingen.

Der dämmerige Innenraum wird durch einen goldenen Bogengang und eine Fülle an Obergadengemälden aufgeheitert. Darunter befindet sich ein Werk, das zu den bemerkenswertesten von Palma Il Giovanes zahlreichen Arbeiten in Venedig gehört: Eine *Auferstehung* mit Betrachtern, die verschreckt und

erstaunt Schutz suchen, als Jesus im Glanz von blendend goldenem Licht aus dem Grab steigt. Die Kapelle rechts ist eine typisch venezianische Antwort auf nachdrückliche Befehle Roms, Musik in venezianischen Kirchen einzuschränken: Eine Madonna mit Heiligenschein genießt aus ganzem Herzen ein Konzert der Engel mit Flöten, Lauten und Geigen, was von der römischen Obrigkeit als gefährlich weltlich erachtet wurde.

Die Seefahrerexistenz der Gemeinde wird in Leonardo Coronas Deckengemälde *San Niccolo geleitet Seemänner durch einen Sturm* aus dem 16. Jh. gewürdigt. Es stellt den Heiligen dar, wie er mit einem Leuchtfeuer heftig rudernde Seemänner durch einen Sturm führt.

CHIESA DEI GESUATI Karte S. 86–87

☎ 041 523 06 25; Fondamenta delle Zattere 918; Eintritt 3 € oder Chorus Pass; ☾ Mo–Sa 10–17 Uhr; ☎ Zattere
Wer noch immer nicht von Barockkunst begeistert ist, sollte sich in Giorgio Massaris Hochbarockkirche von 1735 begeben und nach oben schauen. Tiepolo erzählt auf Deckengemälden von 1737–39 Geschichten aus dem Leben des Hl. Dominikus mit einem Himmel in solch leuchtend sonnigen Farben, dass sich mancher Betrachter fragen mag, ob der Glaubensmann genug Sonnencreme aufgetragen hat.

Der ebenfalls venezianische Virtuose der Leuchtkraft Sebastiano Ricci fertigte 1730–33 das kristallklar gemalte Bild *Hl. Petrus und Thomas mit Papst Pius V.* rechts im Kirchenschiff. Es steht in ziemlichem Kontrast zu Tintorettos benachbarter *Kreuzigung* von 1565, wo in der heraufziehenden Düsternis nur Andeutungen von dunklem Rot und Grün zu sehen sind.

Falls die Seitentür zum Kreuzgang offen sein sollte, besteht die Möglichkeit, einen Blick in die wenig besuchte Chiesa di Santa Maria della Visitazione zu werfen.

Die wegen ihrer Rolle als Gotteshaus für Venedigs Künstler auch Chiesa di Santa Maria degli Artigianelli genannte Kirche ist zwar ansonsten eher schlicht, hat aber eine schöne Schachbrettdecke aus dem 15. Jh. mit Szenen aus der Erscheinung.

Die Ordensgemeinschaft betreibt ein Kulturzentrum, in dem gelegentlich Ausstellungen zur Burano-Spitze oder anderer Kunstfertigkeiten stattfinden, sowie ein religiöses Gästehaus (Infos und Reservierung s. www.donorione-venezia.it/ing/home.htm).

CA' DARIO Karte S. 86–87
Ramo Ca' Dario 352; 🚣 Salute
Die Paläste am Canal Grande gehören zu den feinsten Immobilien der Welt, mit Ausnahme des absolut hinreißenden Ca' Dario von 1487. Die markante vielfarbige Marmorfassade spiegelt sich auf faszinierende Weise im Canal Grande wider, was kein geringerer als Claude Monet eingefangen hatte. Aber die Sache hat einen Haken. Eine ungewöhnlich hohe Zahl von Besitzern, angefangen bei der Tochter des ursprünglichen Besitzers Giovanni Dario, starben auf mysteriöse Weise, verloren ein Vermögen und/oder wurden schwer krank. Das war lokalen Gerüchten zufolge genug, um Woody Allen in den 1990er-Jahren vom Kauf des Palastes abzuhalten. Der frühere Manager der Popgruppe The Who und damaliger Besitzer, verübte hier Selbstmord, und 2002 starb hier eine Woche nachdem er den Palast als Ferienhaus gemietet hatte, der Bassist der Who, John Entwistle, an einem Herzinfarkt. Zwar werden hier manchmal Ausstellungen von Peggy Guggenheim gezeigt, aber Ca' Dario bleibt unverkauft; hat jemand Interesse? Siehe S. 154.

SQUERO DI SAN TROVASO
Campo San Trovaso 1097; 🚣 Zattere
Wenn die Gondel aufpoliert werden muss, begeben sich *gondolieri* zu einem *squero* (kleine Bootswerft). Die Holzhütte an der Ecke des Rio di San Trovaso mag zwar wie eine falsch platzierte Skihütte aussehen, ist aber tatsächlich Teil der drei *squeri* Venedigs. Vom rechten Ufer aus sind die im Hof trocknenden, neu lackierten Gondeln zu sehen. Falls geöffnet ist, können Besucher einen Blick hineinwerfen, gegen eine Spende in die Dose neben der Tür. Blitzlicht ist jedoch nicht erlaubt, da es die Gondelbauer erschrecken oder blenden könnte, wenn sie gerade mit scharfem Werkzeug komplizierte Holzarbeiten durchführen.

PALAZZO ZENOBIO Karte S. 86–87
☎ 041 522 87 70; www.collegioarmeno.com; Fondamenta del Soccorso 2597; Eintritt 5 €; 🕐 Mo–Sa 10–17 Uhr; 🚣 San Basilio
Eine barocke Schönheit und ein großartiges Denkmal für Venedigs Multikulturalismus ist Antonio Gasparis goldener Palast aus dem Jahr 1690. Er hat extravagante französische Rokokofresken mit Motiven aus der griechischen Mythologie, sowie armenische Sakralobjekte – der Palast war jahrhundertelang Sitz des Collegio Armeno dei Padri Mechitaristi (Armenisches Kolleg der Mechitaristen). Oben in der Sala della Musica – auch Sala dei Specchi (Spiegelsaal) genannt – wechseln sich vergoldete und vom Alter getrübte Spiegel mit Nischen ab, in der augenscheinlich frische Blumen in klassischen Urnen stehen. Doch es handelt sich nur um einen raffinierten Trompe-l'œil-Trick von Louis Dorigny. Links um die Ecke wartet eine ernsthaftere und gelehrtere Welt, wo Porträts armenischer Geistlicher und Theologen Gelehrsamkeit anregen sollten. Unten lockt Venedigs größter und üppigst bewachsener Barockgarten, ein idyllischer Ort für ein Picknick. Und noch besser: Der angrenzende Flügel, der einst als Schlafsaal diente, wurde von den armenischen Mechitaristen als Hostel samt privaten Zimmern zu niedrigen Preisen eröffnet (s. S. 238).

CHIESA DELL'ARCANGELO RAFFAELE
Karte S. 86–87
☎ 041 522 85 48; Campo Anzolo Raffaele 1721; Spende erbeten; 🕐 Mo–Sa 9–12 & 16–18 Uhr; 🚣 San Basilio
Das Volk sprach und will seinen Dreck zurück: Als jüngst die Fassade aus dem 17.Jh. vom jahrhundertealten Dreck auf den steinernen Engelsflügeln über den Portalen gesäubert wurde, gab es im Viertel einen Aufschrei. Hat Venedig seinen Respekt vor der Patina des Alters verloren? Es gab jedoch keinen Streit über die Restaurierung des Innenraums: In der Taufkapelle hinter dem Altar Francesco Fontebassos scheinen die frisch restaurierten Fresken ein Morgenlicht aus rosa, goldenen und zartgrünen Tönen zu verströmen. Der Gemäldezyklus über dem Hauptaltar wurde den Guardi-Brüdern zugeschrieben, aber niemand weiß welcher von beiden – der *vedutista* (Landschaftsmaler) Francesco (1712–93) oder sein weniger bekannter älterer Bruder Gian Antonio (1699–1760). Nachmittags übt der Organist vielleicht die eine oder andere Fuge; über anstehende Konzerte weiß jedoch der Aufseher Bescheid.

www.lonelyplanet.de

STADTVIERTEL SESTIERE DI DORSODURO

SESTIERI DI SAN POLO & SANTA CROCE (SANTA CROSE)

Essen S. 201; Shoppen S. 183; Schlafen S. 238

Himmlische Andacht und irdische Freuden sind in San Polo und Santa Croce (Santa Crose) Nachbarn. Dort gibt es wahrhaft göttliche Kunst, wie auch das alte Rotlichtviertel der Stadt, in dem sich heute Kunsthandwerker und hervorragende *osterie* niedergelassen haben. San Polo ist mit einladenden *bacari* rund um die Rialto-Märkte der geselligere und aufgeschlossenere *sestiere*. Dort drängen sich Fotografen und Feinschmecker um die glitzernde Fische, die auf der Pescaria (Fischmarkt) auf Bergen von Eis kunstvoll auf ihren Schwänzen stehend aufgebaut sind, und um Gemüsestände voller seltener, exotischer Sorten aus sumpfigen Lagunengärten, die wie Opfergaben an die Gourmetgötter aussehen. San Polo kann sich zweier Meisterwerke rühmen, die kaum unterschiedlicher sein könnten: Tizians leuchtende, hinreißende Madonna in der Frari und die aktionsreichen, turbulenten Tintorettos in der Scuola Grande di San Rocco.

In Santa Croce bietet Venedig mehr als nur Unterhaltung. Dort flitzen Kinder auf Dreirädern um romanische Kirchen, während die Eltern Prosecco schlürfen, Pizzaläden gleichzeitig Alternativkultur bieten und Mosaikkünstler behutsam Glas in winzige Stückchen brechen. In den Kunstateliers um den Campo Santa Maria Mater Domini in Santa Croce und um die Calle dei Botteri in San Polo können Besucher zuschauen, wie schlichtes Papier in raffinierte Taschen, auffällige Halsketten oder winzige klassische Friese verarbeitet wird.

Da dies aber schließlich Venedig ist, gibt es auch hier einige zauberhaft schräge Museen in historischen *palazzi* am Canal Grande: moderne Kunst und japanische Antiquitäten im Ca' Pesaro, original barocke Mode im Palazzo Mocenigo und, echt jetzt, Dinosaurier im Fondaco dei Turchi. Doch jenseits dieser Museen und ein paar spannenden Kirchen inmitten des Gassengewirrs gibt es hier nicht viel touristisch Interessantes zu sehen. Deswegen ist das Viertel ideal zum Relaxen: weder Verkehr noch Andenkenverkäufer, nur das Murmeln müßigen Geplauders in den versteckten *bacari*, plätscherndes Wasser an der *fondamenta* (Straße neben dem Kanal) und gemächliche Schritte in schmalen *calli*.

Gemeinsam wirken die beiden *sestieri* wie eine komisch geformte Auster, mit Santa Croce als die westliche Hälfte und San Polo als die östliche. Die Auster zwängt sich am Canal Grande diagonal zwischen die Piazzale Roma und dem Ponte di Rialto. Die Viertel scheinen zwar weit entfernt von den Touristenpfaden zu sein, liegen aber überraschend zentral. Im Süden sind beide Viertel nicht weit vom Nachtleben des Campo Santa Margherita in Dorsoduro entfernt. Und gleich über den Ponte dei Scalzi im Nordwesten liegt Cannaregio und die Ferrovia (Bahnhof). Der Orientierungssinn geht jedoch bald verloren in den verwinkelten, engen Gassen, die manchmal kaum breiter sind als eine Armspanne. Aber wer sich verläuft, stößt oft zufällig auf einen alten *palazzo*, eine von der Zeit vergessene Kirche oder eine leckere Osteria an einem abgelegenen *campo*.

Die meisten Vaporetti halten an der Piazzale Roma oder dem Bahnhof an der Nordwestecke von Santa Croce. An der Rialto-Haltestelle in San Polo halten die Linien 1, 4 und N. Linie 1 hält auch am Riva de Biasio, San Stae (Linie N hält hier auch), San Silvestro und San Tomà (die N hält hier ebenfalls). Die Haltestelle Rialto Mercato (Linie 1) ist nur tagsüber in Betrieb.

I FRARI (CHIESA DI SANTA MARIA GLORIOSA DEI FRARI) Karte S. 94–95

Campo dei Frari, San Polo 3004; Eintritt 3 € oder Chorus Pass; ⊙ Mo–Sa 9–18, So 13–18 Uhr; 🚢 San Tomà

Besucher zieht es unaufhaltsam wie Motten in eine ewige Flamme in diese riesige, dämmerige gotische Kirche. Die Attraktion ist ein kleines Altarbild, das sein eigenes Sonnenlicht zu verströmen scheint. Es handelt sich um Tizians *Assunta* (bzw. *Mariä Himmelfahrt*) von 1518. Es fängt den Moment ein, in dem die strahlende Madonna nach dem Himmel greift, ihr charakteristisches glutvoll tizianrotes Gewand in herrlicher Unordnung, während sie auf einer Wolke balanciert. Sowohl im als auch außerhalb des Gemäldes staunen Zuschauer mit offenem Mund und machen sich gegenseitig auf die aufsteigende Madonna aufmerksam.

Als wäre das noch nicht genug, hat die hohe Ziegelsteinkirche I Frari (oder Chiesa di Santa Maria Gloriosa dei Frari) noch mehr Faszinierendes vorzuweisen: winzige Intarsien im *coro* (Chorgestühl), Bellinis herzzerreißend liebliches Tryptichon *Madonna mit Kind*

VENEDIG FÜR KINDER

Erwachsene glauben, dass Venedig nur für sie geschaffen wurde. Kinder sehen das anders. Hier nämlich werden Märchen lebendig, ob nun Dachgefängnisse in rosa Palästen (s. Palazzo Ducale, S. 74), versteckte Drachenknochen in Kirchenmauern (s. Chiesa dei SS Maria e Donato, S. 128), Handwerksmeister, die winzige Gondeln schnitzen (s. Gilberto Penzo, S. 183) oder Fische, die wie durch Zauberkraft auf ihren Schwänzen balancieren (s. Rialto-Märkte, s. S. 94): Harry Potter kann da kaum mithalten.

Ein Aufstieg zum Torre dell'Orologio (S. 79) oder zum Glockenturm der Chiesa di San Giorgio Maggiore (S. 124) erschöpft hyperaktive Eltern und rabiate Kinder gleichermaßen. Manchmal verwöhnen die Kleinen die Großen auch mit Schaukel-schubsen in den Giardini Pubblici (S.113), einem Nickerchen am Lido-Strand (S.126) oder einem *gelato* (Eis) in der Alaska Gelateria (S. 205) – aber wer mag auch Artischockeneis ... Wenn sich die Eltern gut benommen haben, dürfen sie auf dem Campo San Giacomo dell'Orio (S. 220) einen Prosecco trinken und vielleicht auch lernen, wie in Venedig Fangen gespielt wird.

in der Sakristei, Tizians *Ca' Pesaro Madonna* links vom Chor und Canovas marmorne Grabpyramide, die er ursprünglich als Grabmal für Tizian schuf. Der große Maler starb im Alter von 90 Jahren 1576 an der Pest. Der Legende nach wurden jedoch angesichts seiner Arbei-ten für die Kirche die strengen Quarantäne-gesetze Venedigs gelockert, um ihm ein Be-gräbnis in der Frari zu gestatten.

Die Kirche wurde im 14. und 15. Jh. von den Franziskanern überwiegend aus Ziegeln gebaut. Ihr fehlen die Strebebögen, Fialen und Steinfratzen, die ansonsten typisch für die Gotik sind. Doch ihre hohen Gewölbede-cken, ihr breites Dreifachschiff und kreuzför-miger Grundriss verleihen der Kirche die Er-habenheit einer Kathedrale, die ihren Meis-terwerken gerecht wird.

SCUOLA GRANDE DI SAN ROCCO
Karte S. 94–95

☎ 041 523 48 64; www.scuolagrandesanrocco.it; Campo San Rocco, San Polo 3052; Erw./18–26 Jahre/ unter 18 Jahren 7/5 €/frei; ⏱ Ostern–Okt. 9 bis 17.30 Uhr, Nov.–Ostern 10–17 Uhr; 🚊 San Tomà
Man könnte schwören, dass die Farbe auf den 50 aktionsreichen Tintorettos, die von 1575 bis 1587 für die Scuola Grande di San Rocco gemalt wurden, noch nicht trocken ist. Alle wollten den Auftrag für die Bilder des Gebäudes, das dem Schutzheiligen der Pestkranken gewidmet ist. Also hat Tintoret-to etwas geschummelt: Anstatt Skizzen wie sein Rivale Veronese vorzulegen, malte Tin-toretto ein prachtvolles *tondo* (Deckenge-mälde) und widmete es dem Heiligen, wohl wissend, dass ein solches Geschenk nicht ab-gelehnt noch von anderen Künstlern über-troffen werden konnte.

Die Scarpagnino-Treppe führt zur Sala Grande Su-periore, wo Tintoretto die Decken mit Szenen aus dem Alten Testament ausschmückte, die

sich wie ein moderner Comic lesen. Mit ei-nem Handspiegel ist die ansonsten unver-meidliche Genickstarre beim Bewundern von Tintorettos spannenden Deckenbildern zu vermeiden. Fast ist von oben das Rauschen zu hören, wenn ein Engel hinabsaust, um den notleidenden Elias zu speisen.

Anders als andere venezianische Farben-künstler konzentrierte sich Tintoretto auf dynamische Linien für seine Szenen aus` dem Neuen Testament und ließ damit schon Jahrhunderte zuvor den abstrakten Expressi-onismus ahnen. Vor dem schattenhaften Hintergrund des Schwarzen Todes hebt Tin-toretto seine Figuren durch Lichtstrahlen der Hoffnung hervor.

Der Versammlungssaal unten birgt eine Hand-voll Werke mit Episoden aus dem Leben der Maria wie sie andere Künstler sahen, darunter Tizian, Giorgione und Tiepolo. Die Geschichte der heiligen Jungfrau beginnt an der linken Wand mit der *Verkündigung* und endet ge-genüber mit der *Himmelfahrt* – dunkel und unheilvoll im Vergleich mit Tizians leuchten-der Version in der I Frari.

Scarpagninos protobarocke Renaissancefassa-de (s. S. 149) bildet einen architektonischen Ge-gensatz zur Bruderschaft des San Rocco, der 1315 im Alter von 20 Jahren durch Südfrank-reich und Norditalien wanderte und bis zu seinem Tod mit 32 Jahren Pestopfern half. Sein Leichnam wurde 1485 als Glücksbringer zur Pestverhütung nach Venedig umgebettet und ergänzte somit das neue strenge Quaran-tänegesetz, das von Venedig erstmals mit Ins-pektionen und Wartezeiten einlaufender Schiffe in Lazaretto (s. S. 30) eingeführt wurde. Diese mehrwöchige Absonderung sorgte da-für, dass Venedig den schlimmsten Pestaus-brüchen entkommen konnte, die Europa zu-grunde richteten und Italien über Jahrhun-derte hinweg verwüsteten.

SESTIERI DI SAN POLO & SANTA CROCE (SANTA CROSE)

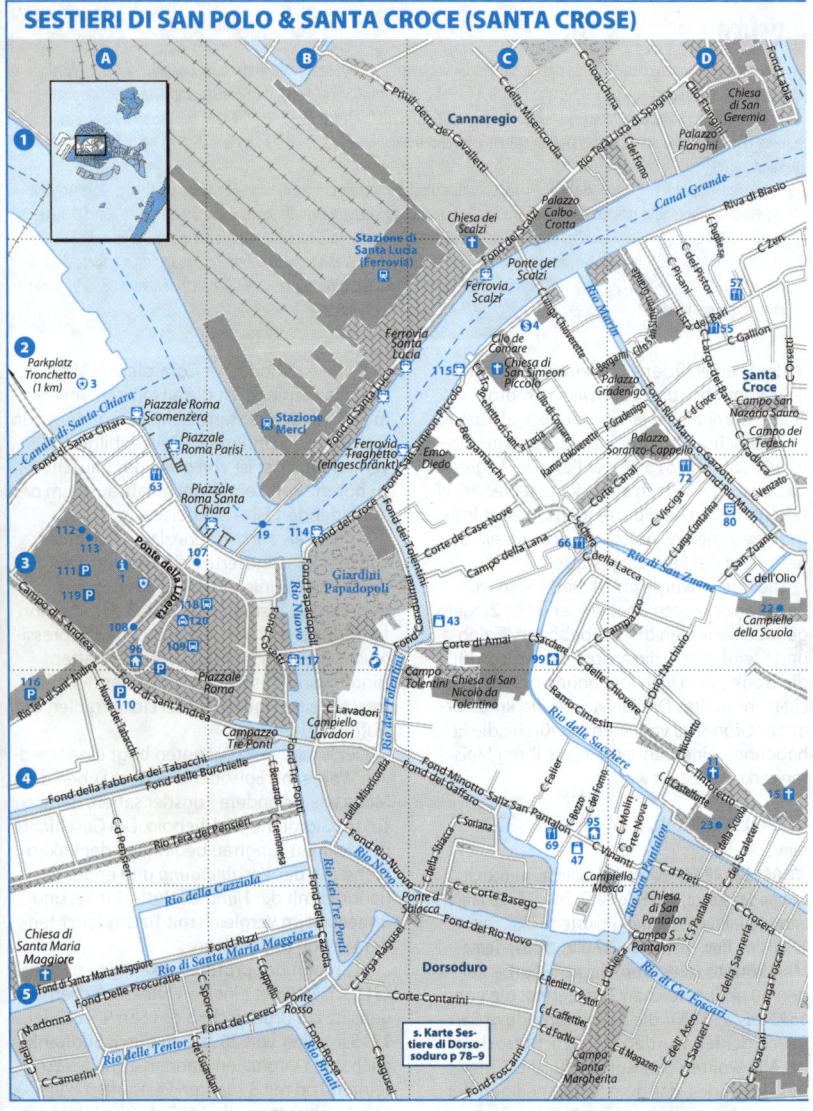

RIALTO-MÄRKTE Karte S. 94–95

Rialto Mercato; 🚇 Rialto

Weltweit lernen innovative Restaurants allmählich ein Geheimnis, das die Rialto-Märkte seit 700 Jahren ganz offen betreiben: Essen schmeckt besser, wenn es frisch, saisonal und lokal angebaut ist. Für die venezianische Küche entscheidender noch als jeder Spitzenkoch sind die Fischhändler der Pescaria (Fischmarkt; 🕑 7–14 Uhr). Sie ist für jeden Feinschme-

cker das erste Ziel in Venedig, um venezianische Spezialitäten in ihrer Naturform zu bewundern: glänzende Berge von *moscardini* (junge Tintenfische), Krebse von winzigen *moeche* (Taschenkrebse) bis zu *granseole* (Seespinnen), und tintige *seppie* (Tintenfische) in vielen Größen. Was alles auf der Karte steht: siehe S. 195.

Nachhaltige Fischereipraktiken sind in der Pescaria nichts Neues. Dort weisen Marmorta-

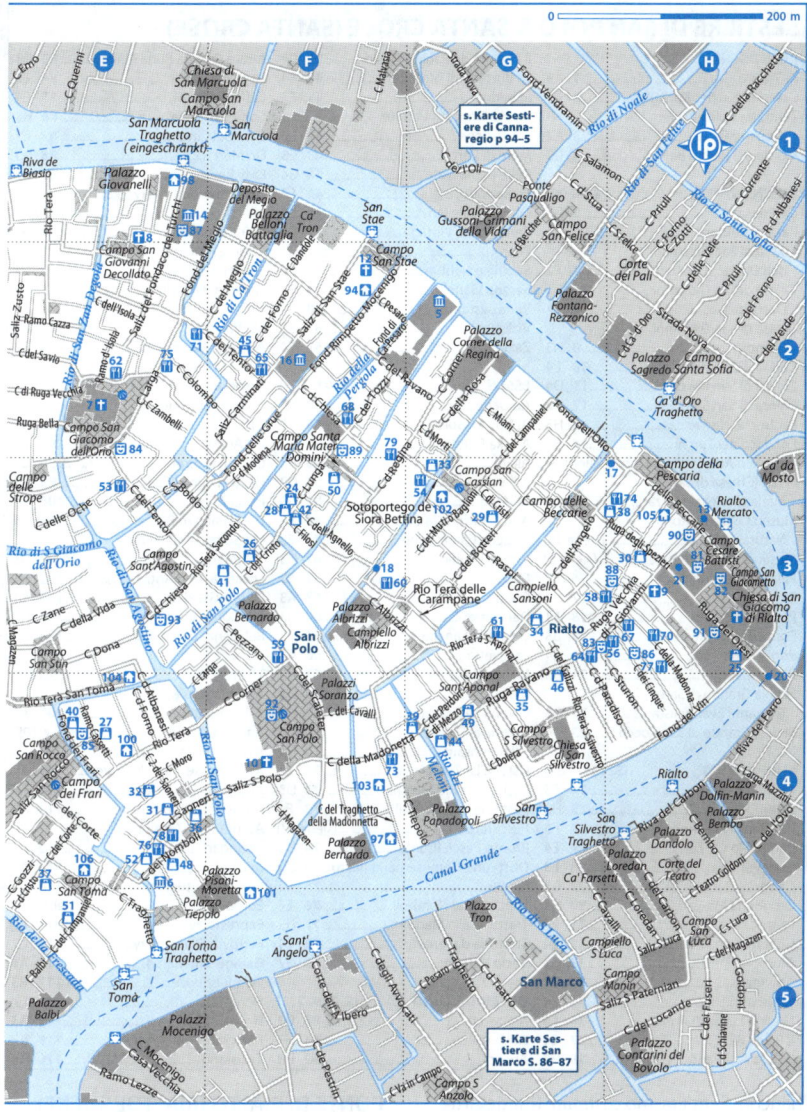

feln auf Vorschriften hin, die vor Jahrhunderten schon Minimalgrößen für Lagunenfische vorgaben. Beim Lesen der Tafeln an den Ständen ist jedoch klar, dass neben geangelten Lagunenfischen auch eingeflogene Meeresfrüchte aus Lateinamerika und Asien, sowie im Schleppnetz gefangene gefährdete Blauflossenthunfische verkauft werden. Den Gourmetansprüchen gerecht zu werden, ist nicht einfach, angesichts des dezimierten

Fischbestands im Mittelmeer (s. S. 39). Aber kluge Feinschmecker können etwas bewirken, indem sie auf die frischesten Lagunenfische achten und leckere und nachhaltige Gerichte auf der Karte wählen.

Im Vergleich mit den schlappen Angeboten im normalen Supermarkt sieht das Gemüse aus Venetien an den Gemüseständen am Kanal wie gerade von einem anderen Planeten eingeflogen aus. Winzige, violett ange-

SESTIERE DI SAN POLO & SANTA CROCE (SANTA CROSE)

hauchte Sant'Erasmo *castraure* (junge Artischocken) wirken wie Köpfe von Außerirdi-
schen, weißer Bassano-Spargel ist unheimlich
geisterhaft und der *radicchio trevisano* (bitterer roter Zichorien-Salat) sieht aus wie eine
mutierte Marsblume. Selbst vertraute Produkte sind hier völlig ausgeflippt: suggestiv
geformte Tomaten und rote Paprika sehen in
der Tat knackfrisch aus, und die saftigen kleinen Erdbeeren könnten selbst erwachsene
Männer zu Tränen rühren.

PONTE DI RIALTO (RIALTOBRÜCKE)
Karte S. 94–95

🚇 **Rialto**

Antonio da Pontes Marmorbrücke von
1592 war ihrerzeit eine erstaunliche Meisterleistung der Technik und über Jahrhunderte
die einzige Verbindung über den Canal Grande. Der Bau kostete 250 000 Golddukaten,
eine gigantische Summe, die Kostenüber-
schreitungen für die neue Calatravabrücke
relativiert. Heute, da die Rialtobrücke mit Bu-

den und Fußgängern verstopft ist, meiden die Einheimischen sie, wo es nur geht odere nutzen die weniger malerische Nordseite der Brücke. Die Südseite blickt auf San Marco, und wenn die Massen der Hobbyfotografen und Reisegruppen am Abend verschwinden, bietet sie eine eine romantische Aussicht auf die Gondeln, die vor den *palazzi* des Canal Grande an Anlegepfosten festmachen, die wie schwimmende Zuckerstangen aussehen.

CA' PESARO Karte S. 94–95
☎ 041 72 11 27; www.museiciviciveneziani.it; Fondamenta di Ca' Pesaro, Santa Croce 2076; Erw./Sen., Stud. & Kind 5,50/ 3 €; ☽ April–Okt. Di–So 10–18 Uhr, Nov.–März Di–So 10–17 Uhr; 🚤 San Stae
Auf drei Stockwerken zeigt der von Baldassare Longhena 1710 entworfene *palazzo* eine bunt gemischte Sammlung, die vom Klimt-Meisterwerk bis zu Samuraischwertern reicht. Als der Palast 1902 der Stadt als Ausstellungsgebäude für neue Konzepte geschenkt wurde, hatte die Galleria d'Arte Moderna gerade die Biennale initiiert. Auf ihr wurden venezianische Landschaften, venezianische Maler (besonders Giacomo Favretto) und venezianische Prominente ausgestellt, die mythologische Tugenden verkörperten. Kenntnisreiche Biennale-Sammler jedoch sorgten bald für eine Erweiterung des Spektrums und kauften wichtige Werke wie Gustav Klimts *Judith II* (Salome) von 1909 und Marc Chagalls *Rabbi von Witebsk* (1914–22). Das De-Lisi-Vermächtnis von 1961 fügte noch Kandinskys und Morandis zur Sammlung der Moderne mit de Chiricos, Mirós und Moores hinzu.

Oben führt das kuriose Museo d'Arte Orientale durch eine Schlachtreihe von Samuraikriegern in eine vergangene Zeit. Es handelt sich um Souvenirs von den Reisen des Prinzen Enricodi Borbone durch Asien 1887–89, die für die Nachwelt in alten Kuriositätenkabinetten aufbewahrt sind. Der Prinz kam nach Japan, als die Edo-Kunst zugunsten der modernen Meiji verschmäht wurde. So gehören Schwerter der Edo-Periode, Netsukes und eine Lacksänfte zu seinen herausragenden Anschaffungen in dieser Sammlung aus 30 000 Kunstobjekten. Die Sammlung wurde weitgehend so belassen, wie man sie 1928 organisierte. Sie bot daher eine perfekte historische Kulisse für einen der *Indiana-Jones*-Filme. Siehe S. 160.

PALAZZO MOCENIGO Karte S. 94–95
☎ 041 72 17 98; www.museiciviciveneziani.it; Salizada di San Stae 1992; Eintritt mit/ohne Ermäßigungskarte 2,50/4 €; ☽ April–Okt. Di–So 10–17 Uhr, Nov.–März Di–So 10–16 Uhr; 🚤 San Stae
In den mondänen Salons des 18. Jh. in dem Palast am Canal Grande spielen sich mit all den barocken Originalkleidern ganze Kostümdramen ab. Tiefe Ausschnitte sind im Roten Salon zu bewundern, mörderische Korsetts im Schlafzimmer der Contessa und dunkelrote Anwaltsroben mit tiefen Taschen und weitem Bauchumfang im Speisezimmer. Unter dem Deckengemälde zu den Freuden der Ehe im Grünen Salon sind erblühende Romanzen leicht vorzustellen, wie auch Verhandlungen zur Dogenwahl in der gräflichen Bibliothek – sieben Mitglieder der Mocenigo-Familie dienten als Dogen. Die fünf großen Porträts stellen Verbündete der Mocenigos und manchmal Partygäste dar, wie Karl II. von England. Doch selbst auf den extravagantesten Festen in diesen Salons waren Gäste gut beraten, sich vorsichtig zu äußern: Der Philosoph und Hausgast der Mocenigos Giordano Bruno wurde von seinen Gastgebern der Inquisition übergeben (s. S. 160).

PONTE DELLE TETTE
🚤 Rialto
Die „Busenbrücke" erhielt ihren Namen Ende des 15. Jhs., als Prostituierte aus dem Viertel ermuntert wurden, ihre Waren in den Fenstern zu zeigen, anstatt ihre Werbekampagnen auf der Straße zu betreiben (s. S. 161). Jenseits der Brücke geht es zum Rio Terà delle Carampane, der seinen Namen nach dem Haus einer Adelsfamilie (Ca' Rampani) erhielt, das sich einen zweifelhaften Ruf als Treffpunkt der Straßenmädchen erwarb. Sie werden bis heute *carampane* genannt. Statt sich in Fenstern zu zeigen, waren ehrgeizigere Damen des Gewerbes mit dem l ernen beschäftigt: Für gebildete Unterhaltung konnten Kurtisanen das 60-fache des Grundpreises einer durchschnittlichen *carampane* verlangen (s. Kasten S. 36).

CHIESA DI SAN POLO Karte S. 94–95
Campo San Polo, San Polo 2118; Eintritt 3 € oder Chorus Pass; ☽ Mo–Sa 10–17 Uhr; 🚤 San Tomà
Die meisten Reisenden eilen an San Polo vorbei, ohne die Existenz der byzantinische Kirche aus dem 9. Jh. zu bemerken. Sie gab sich über Jahrhunderte unauffällig, während um sie herum Wohnhäuser entstanden. Der Innenraum von San Polo mit der hohen Kielbogendecke und den Buntglasfenstern aus dem 14. und 15. Jh. ist überraschend geräumig,

wenn auch etwas dunkel – was auch für die Kunst gilt. Tintorettos *Abendmahl* steckt voller Anspannung, als die Apostel mit Empörung, Kränkung und Wut auf die Ankündigung von Jesus reagieren, dass einer von ihnen ihn verraten werde. In der Sakristei zeigt Giandominico Tiepolo (Sohn des barocken Deckenmalers Giambattista) in seinem *Kreuzweg* die dunkle Seite der Menschheit: Johlende Zuschauer quälen Jesus, dessen blutbefleckte Lumpen in perversem Kontrast zu deren barocken Putz stehen. Tiepolo hat buchstäblich und metaphorisch dick aufgetragen. Wenn ein üppigst gemalter Jesus aus seinem Grab an der Golddecke springt, ist es die ultimative Abrechnung.

CHIESA DI SAN GIACOMO DELL'ORIO
Karte S. 94–95

Campo San Giacomo dell'Orio, Santa Croce 1457; Eintritt 2,50 € oder Chorus Pass; ⏱ **Mo–Sa 10–17, So 13–17 Uhr;** ⛴ **Riva de Biasio**
La Serenissima erscheint so heiter wie üblich in der kühlen Düsterkeit dieser romanischen Kirche aus dem 13. Jh. Venedigs frühe maritime Eroberungen sind mit all den Trophäen nachzuvollziehen, die aus weit enfernten venezianischen Hoheitsgebieten hierher geschleppt wurden: eine byzantinische Säule aus grünem Marmor, die vermutlich in Konstantinopel gestohlen wurde, ein Taufbecken aus dem 13. Jh. und eine lombardische Kanzel auf einer Säule aus dem 6. Jh. aus Ravenna. Die bedeutendste gotische Ergänzung aus dem 14. Jh. ist die bemerkenswerte hölzerne *carena di nave*, eine Kielbogendecke. Aber einige spätere Kunstwerke sind ebenfalls beachtenswert: das Holzkruzifix von Veronese und ein seltenes Werk des Meisters der Bewegtheit, Lorenzo Lotto, *Madonna mit Kind und Heiligen*. Siehe S. 159.

CASA DI GOLDONI
Karte S. 94–95

☎ **041 275 93 25; www.museicivicivenezianit; Calle dei Nomboli, San Polo 2794; Erw./Sen., Stud. & Kind 2,50/1,50 €;** ⏱ **April–Okt. Mo–Sa 10–17 Uhr, Nov.–März Mo–Sa 10–16 Uhr;** ⛴ **San Tomà**
Komödianten, Musiker und Schriftsteller werden spüren, wie aus den Steinböden im Geburtshaus von Carlo Goldoni (1707–93) die Inspiration wie ein dröhnendes Lachen nach oben steigt. Goldoni war Venedigs größter Dramatiker und Meister der köstlichen Sozialsatire und der *opera buffa* (komische Oper; s. S. 52). Wie die Ausstellung im 1. Stock erläutert (auf Italienisch), war Goldoni ein Virtuose des zweiten und dritten Akts: Er ging bei

einem Arzt in die Lehre, bevor er zur Jursiterei überwechselte, ein Zweitberuf, der sich als nützlich erwies, als sich einige Komödien nicht verkauften. Goldoni hatte jedoch den letzten Lacher mit seinen Salonkomödien, die die feine Gesellschaft über sich selbst lachen ließen. Hauptanziehungspunkt im Museum sind die Marionetten und das Puppentheater aus dem 18. Jh. Unbedingt hörenswert sind aber auch die hier veranstalteten Kammermusikkonzerte (Programm s. Website). Der Eingang ist der eindrucksvollste Teil des gotischen Hauses aus dem 15. Jh. mit seinem stillen Innenhof, privatem Brunnen und einem Treppenaufgang aus istrischem Stein.

SCUOLA GRANDE DI SAN GIOVANNI EVANGELISTA
Karte S. 94–95

☎ **041 71 82 34; Campiello della Scuola 2454; Eintritt 3 €;** ⏱ **unterschiedlich;** ⛴ **Ferrovia**
Politische Macht hatte für diese einflussreiche venezianische Bruderschaft seine Vorzüge, darunter auch der verschwenderische Versammlungssaal im 1. Stock, der 1729 von Giorgio Massari entworfen wurde. Der doppelte Treppenaufgang stammt von Codussi und Pietro Lombardos Torbogen von 1481, stellt in Sachen großer Auftritt jeden roten Teppich in den Schatten (s. S. 157). Bellini und Tizian lieferten hochklassige Werke für die *scuola* (religiöse Bruderschaft), die sich heute in den Gallerie dell'Accademia (S. 84) befinden – aber Palma Il Giovanes Arbeiten schmücken noch immer die Sala d'Albergo. Auch Pietro Longhis zauberhafte *Huldigung der hl. drei Könige* mit dem hellen, strampelnden Jesuskind ist noch hier. Da der Zehnerrat zu seinen Kunden in der *scuola* gehörte, war Giandomenico Tiepolo verpflichtet, die unvollendeten Aufträge seines Vaters Giambattista fertigzustellen, als dieser nach Spanien ging. Heute dient die *scuola* als Tagungshaus und ist gelegentlich der Öffentlichkeit zugänglich.

Gegenüber der *scuola* befindet sich die säkularisierte Chiesa di San Giovanni Evangelista mit einer *Kreuzigung* von Tintoretto. In der Kirche finden manchmal Kunstausstellungen statt. Eine private Kapelle der Familie Badoer von 970 beinhaltet ein wunderbares Bildnis von Pietro Vecchia des Evangelisten Johannes mit einer Feder in der Hand, in Erwartung eines Diktats von Gott, der über dem Altar einen Globus stemmt.

FONDACO DEI TURCHI
Karte S. 94–95

☎ **041 275 02 06; www.museicivicivenezianit; Salizada del Fontego dei Turchi, Santa Croce 1730;**

Eintritt frei; 🕐 Di–Fr 9–12.30, Sa & So 10–15.30 Uhr; 🚇 San Stae

In dem Palais aus dem 12. Jh. herrschten die Herzöge von Ferrara, bis sie 1621 verdrängt wurden, um Platz für Venedigs wichtigsten Handelspartner zu schaffen: die Türkei (s. S. 33). Jahrhundertelang diente das Gebäude türkischen Kaufleuten als Durchgangsstation und Warenlager. Sie waren in Venedig während all der wechselnden Beziehungen zwischen Seemächten eine feste Größe und wurden mit dem Handelsstatus für bevorzugte Nationen und interkulturellen Eheschließungen geehrt. Getrübt wurde das Verhältnis nur durch gelegentliche Piraterie, Invasionen und Plünderungen. Der Fondaco dei Turchi blieb bis 1858 an die Türken vermietet. Danach erfuhr das Gebäude eine katastrophale Modernisierung, die nur wenige Zeugnisse des mittelalterlichen Originals übrig ließ. Ursprüngliche Fassadengestaltungen fielen den architektonischen Launen jener Zeit zum Opfer, darunter merkwürdige Zinnen, die das anmutige gotische Gebäude mehr wie ein Gefängnis aussehen lassen.

Heute birgt es eine wissenschaftliche Bibliothek und das eher halbherzige **Museo Civico di Storia Naturale** (Naturkundemuseum), das aus zwei Ausstellungsbereichen besteht. Der eine ist im Erdgeschoss: ein ziemlich kleines, bescheiden wirkendes Aquarium, in dem venezianische Küstenfische etwas mehr Aufmerksamkeit verdient hätten. Im 2. Stock ist eine spannendere Ausstellung zu Dinosauriern, darunter ein *Ouransaurus* aus der Sahara, ein 12 m langes prähistorisches Krokodilskelett und ein 120 Mio. Jahre alter *Psittacosaurus mongoliensis,* ein 50 cm langes Skelett eines Dinosaurierjungen, das in der Wüste Gobi gefunden wurde.

CHIESA DI SAN GIOVANNI ELEMOSINARIO Karte S. 94–95

Ruga Vecchia di San Giovanni, San Polo 477; Eintritt 2,50 € oder Chorus Pass; 🕐 Mo–Sa 10–17, So 13–17 Uhr; 🚇 Rialto

Die backsteinerne Renaissancekirche, von Scarpagnino (alias Antonio Abbondi) nach einem verheerenden Feuer gebaut, das 1514 fast das ganze Rialtoviertel vernichtete, ist leicht zu übersehen. Die Kirche und ihr separater Glockenturm hinter all den Buden, die T-Shirts mit dem Aufdruck „Venezia" in Glitzersteinchen verkaufen, sind von den umgebenden Häusern verdeckt. Ihre nüchterne, hochragende Existenz ist daher eine Überraschung. Eine tolle Entdeckung sind jedoch

ein Tizian-Gemälde mit dem Namensgeber *Hl. Johannes der Almosenspender* (frisch restauriert und zurück aus der Accademia), ein manieristisches Altarbild, sowie jüngst restaurierte Kuppelfresken von Pordenone.

CHIESA DI SAN ROCCO Karte S. 94–95

☎ 041 523 48 64; Campo San Rocco, San Polo 3053; **Eintritt frei;** 🕐 tgl. 8–12.30 & 15–17.30 Uhr; 🚇 San Tomà

Wer von Tintoretto erschlagen aus der **Scuola Grande di San Rocco (S. 93)** wankt, braucht wohl einen Moment innerhalb der fröhlich rosa Wände der Kirche gegenüber, um die Sehnerven wieder zu normalisieren. Hier sind ein paar vergleichsweise ruhige Tintorettos gefahrlos an der Wand des Haupteingangs und um den Altar herum versteckt. Die Kirche wurde zwar etwa zur gleichen Zeit wie die *scuola* gebaut, aber im 18. Jh. komplett neu gestaltet – daher die barocke Fassade und das Portal mit Statuen von Giovanni Marchiori an beiden Seiten. Siehe S. 156.

CHIESA DI SAN STAE Karte S. 94–95

Campo San Stae, Santa Croce 1981; Eintritt 3 € oder Chorus Pass; 🕐 Mo–Sa 10–17, So 13–17 Uhr; 🚇 San Stae

Der englische Maler William Turner, ein Bewunderer des venezianischen Lichts, malte gerne die sonnenüberflutete palladianische Kirche, deren Fassade von Kardinaltugend- und Engelsstatuen übersät ist. Es ist ersichtlich, was ein Lichteffekten besessener Maler an dieser Kirche bewundern mag: Trotz aller leuchtend weißen klassischen Pracht behielt sie doch ein legeres Küstenflair bei, wenn der frühmorgendliche Lagunennebel mystisch um ihr Fundament wabert. Gegründet wurde die Kirche 966, aber erst 1709 vollendet. Ihr Innenraum ist zwar für eine Barockgebäude überraschend schlicht, aber es gibt ein paar bemerkenswerte Werke: Giambattista Tiepolos *Das Martyrium des hl. Bartholomäus* und Sebastiano Riccis *Die Befreiung des hl. Petrus*. Siehe S. 160.

CHIESA DI SAN GIOVANNI DECOLLATO Karte S. 94–95

☎ 041 97 25 83; Campo San Giovanni Decollato, Santa Croce; 🕐 Mo–Sa 10–12 Uhr; 🚇 Riva de Biasio

Um die seit langem verlassene Kirche wirbeln wie Kanalnebel kopflose Gerüchte. Benannt wurde sie nach San Zan Degolà, oder St. Johannes der Kopflose, auch weniger dramatisch Johannes der Täufer genannt. An der

Südfassade am *campo* steht eine Medaillonskulptur, die mutmaßlich Johannes darstellt, nachdem ihm Salome den Kopf abgeschlagen hatte. Doch einem venezianischen Gerücht zufolge soll es ein Abbild von Biagio (oder Biasio) Cargnio sein, der im 16. Jh. in seinem Metzgerladen in der Nähe Würste mit einer geheimen Zutat verkaufte: Kinder.

Als man sein Rezept entdeckte, köpfte und vierteilte ihn die Obrigkeit, und sein Haus und Geschäft wurden zerstört. Dennoch ist nicht weit von der Kirche einer der hübschesten Kanalwege am Canal Grande noch immer nach ihm benannt.

Nach dem Zweiten Weltkrieg wurde die Kirche, die als Lagerhalle diente, restauriert. Die Arbeiten legten eine hölzerne Kielbogendecke und einige veneto-byzantinische Fresken aus dem 11. bis 13. Jh. frei.

Sie sollten möglichst schnell angeschaut werden, da die feuchten Innenräume ihren Zustand ständigverschlimmern. 1994 eröffnete die Kirche wieder als russisch-orthodoxes Gotteshaus.

SESTIERE DI CANNAREGIO

Essen S. 205; Shoppen S. 189; Schlafen S. 240

Jeder könnte Venedig schon wegen des Aussehens anbeten, aber in Cannaregio werden sich alle in ihre Persönlichkeit verlieben. Cannaregio, zwischen dem extrovertierten San Marco, dem introvertierten Santa Croce, dem rauen Castello und dem frommen San Polo gelegen, vereint alle Eigenschaften seiner Nachbarn. Tagesausflügler eilen auf der breiten Strada Nuova vom Bahnhof zum Rialto, und nur ein paar Straßen weiter hallen Schritte durch die düsteren Ecken der Fondamenta della Misericordia, ohne dass auch nur eine T-Shirt-Bude in Sicht kommt. Das jüdische Ghetto erinnert an eine Gemeinde, die gegen alle Widrigkeiten in diesem Malariasumpf gedieh. Charakteristisch sind die Dachsynagogen, die neben der benachbarten gotischen Schönheit der Chiesa della Madonna dell'Orto, dem Renaissancejuwel Chiesa di Santa Maria dei Miracoli und der großen, pompösen, barocken I Gesuiti ein wesentlicher Bestandteil der Szenerie sind.

Einige Cannaregio-Charaktere machen jedoch gerne einen drauf. Im Casino di Venezia entfalten sich an den Spieltischen noch immer Dramen wagnerianischen Ausmaßes, ein Jahrhundert, nachdem Wagner seinen Ring genau hier vollendete. Und die wie von durchbrochenen Klöppelspitzen gezierte Ca' d'Oro ist noch immer einer der grandiosesten *palazzi* am Canal Grande, mit einer venezianischen Kunstsammlung, die von Baron Franchetti gestiftet und von Napoleon konfisziert wurde. Nachts treffen sich verbliebene Besucher und die größte Bevölkerungsgruppe des Viertels – Studenten der nahen Universität Foscari – in kaum bekannten *osterie* in der Fondamenta degli Ormesini zum Trinken und Quatschen und auch zum Essen, das zu den preisgünstigsten Venedigs gehört.

Cannaregio liegt an der Nordwestecke Venedigs zur Lagune hinaus, die nur im Osten von Murano und der Isola di San Michele (Friedhof Venedigs) abgegrenzt ist. Im Süden am Rialto stößt Cannaregio an San Marco und im Osten am Zanipolo an Castello.

Abgesehen vom Bahnhof gibt es nur zwei Haltestellen am Canal Grande: San Marcuola (Linie 1 und 82 sowie N) und Ca' d'Oro (1 und N). Die Linien 41, 42, 51 und 52 schippern vom Bahnhof in den Canale di Cannaregio und den Canale delle Fondamente Nuove. Vom Fondamente Nuove fahren Fähren zu den nördlichen Inseln, darunter San Michele, Murano, Burano, Le Vignole und Sant'Erasmo.

CHIESA DI SANTA MARIA DEI MIRACOLI Karte S. 104–105

Campo dei Miracoli 6074; Eintritt 2,50 € oder Chorus Pass; ⏰ **Mo–Sa 10–17, So 13–17 Uhr am;** 🚤 **Fondamente Nuove**

Als Nicolò di Pietros Madonnenikone in ihrem Straßenschrein um 1480 wunderbarerweise zu weinen begann, waren die Massen in diesem beengten Teil Cannaregios kaum zu bändigen. Aus Ehrerbietung für ihre Heiligkeit – und wahrscheinlich um die verstopften Straßen zu entlasten – sammelten die Anwohner Geld, um eine Kapelle für das Bildnis und seine ekstatischen Bewunderer zu bauen. Aber das Viertel erlebte noch ein weiteres Wunder: Pietro und Tullio Lombardos Entwurf überging die damals übliche Gotik und entschied sich für eine einfachere, klassischere Architektur, die schließlich als Renaissance Furore machte.

Die Kirche wird zwar häufig als „Schmuckkästchen" bezeichnet, wirkt innen aber nicht besonders protzig. Sie ist schlicht mit schimmerndem Marmor ausgekleidet, der das Augenmerk auf die wundersame Ikone vorne in der Kirche richtet. Bei genauem Hinsehen sind im Geländer der Chortreppe von Tullio Lombardo geschnitzte Engel und die Madonna zu erkennen. Pier Maria Pennacchi bemalte in einem herausragenden Beispiel des Humanismus der Renaissance jedes der 50 hölzernen Paneele der Kassettendecke mit einem strahlenden Heiligen- oder Prophetenporträt, die als Venezianer gekleidet sind. Die Kirche, die als bescheidene Kapelle begann, wurde zu einer wahren Ikone venezianischer Erfindungsgabe und ein Denkmal für den Gemeinsinn. Siehe S. 166.

MUSEO EBRAICO & JÜDISCHES GHETTO Karte S. 104–105

☎ **041 71 53 59; www.museoebraico.it; Campo di Ghetto Nuovo 2902b; Erw./Stud. 3/2 €, Eintritt mit Führung 8,50/7 €;** ⏰ **Juni–Sept. So–Fr 10–19 Uhr, außer jüd. Feiertage, Okt.–Mai So–Fr 10–18 Uhr;** 🚤 **Guglie**

Die Gegend war einst der Ort eines *getto* (Gießerei, ital.: *ghetto*) auf einer Insel, weit ge-

EINE KURZE GESCHICHTE DER JÜDISCHEN GEMEINDE

In den meisten europäischen Städten früherer Zeiten musste die jüdische Bevölkerung weitgehend getrennt vom Rest der Stadtgemeinde leben. Wie Aufzeichnungen belegen, gab es seit dem 10. Jh. eine jüdische Gemeinde in Venedig. Die ersten jüdischen Venezianer kamen aus dem deutschen Raum. Und sie hatten, wie alle anderen Immigranten, gleich welchen Glaubens, nur eingeschränkte Rechte. So mussten sie u. a. regelmäßig ihre kostenpflichtigen Aufenthaltsgenehmigungen erneuern. 1382 bestimmte der Maggior Consiglio (Großrat), dass Juden als Geldverleiher tätig sein sollten. Sie wurden geradezu aufgefordert, denn der Krieg mit Genua (1378-1381) hatte Venedigs Finanzen fast vollständig erschöpft.

Nach Kriegen mit der päpstlichen Liga von Cambrai, zu der Frankreich und Teile Spaniens gehörten, strömten Flüchtlinge aller Nationalitäten nach Venedig. Daraufhin erließ die Republik am 29. März 1516 ein Dekret, nach dem alle in Venedig ansässigen Juden (rund 1000) in ein bestimmtes Gebiet umgesiedelt werden sollten. Offiziell eingegrenzte Judenviertel gab es bereits seit Jahrhunderten in Spanien, aber in Venedig erhielten die jüdischen Einwohner Aufenthaltsgenehmigungen, die für 10 Jahre Gültigkeit besaßen – damals ein Novum.

Einfach waren die Lebensbedingungen nicht in Venedigs Getto Novo (neue Gießerei; Ghetto Nuovo auf Italienisch), einer von Moskitos verseuchten Insel in Cannaregio. Die Juden durften zwar tagsüber Geschäfte in der Stadt tätigen, mussten aber abends wieder zurück ins Ghetto und waren anfänglich gezwungen, erkennbare Mützen oder Abzeichen zu tragen. Außerdem wurden die Tore um das Ghetto bewacht und von Mitternacht bis zum Morgengrauen geschlossen.

Trotz dieser Einschränkungen hatten jüdische Intellektuelle einen bemerkenswerten Einfluss auf die Kultur Venedigs – von Sara Copia Sullams richtungsweisenden Literatursalons (s. S. 31) bis zu Leon Modenas Predigten in der Schola Italiana (italienische Synagoge; s. S. 164), die zugunsten seiner christlichen Zuhörerschaft auf Italienisch gehalten wurden. Sephardisch-jüdische Ärzte, die sich mit der damals enorm fortschrittlichen Medizin der Araber auskannten, durften das Ghetto zu jeder Zeit, Tag und Nacht, für ihre nichtjüdischen Patienten verlassen.

Venedigs jüdische Gemeinde durfte ihre Religion ohne Einschränkung ausüben. 1541 fanden jüdische Flüchtlinge, die vor der Inquisition in Spanien und Portugal geflohen waren, sicheren Unterschlupf in Venedigs Ghetto. Die ohnehin überfüllten Wohnhäuser entwickelten sich daher bald zu mittelalterlichen sechsstöckigen Wolkenkratzern.

Viele der Neuankömmlinge waren reiche Kaufleute, die einen wesentlichen Beitrag zu Venedigs Wirtschaft leisteten, insbesondere als der Seehandel einen Niedergang erfuhr. Um der wachsenden jüdischen Gemeinde mehr Platz zu bieten, wies die Stadt ihr weitere Gebiete zu: das Getto Vecio (oder Ghetto Vecchio; alte Gießerei) und die Calle del Ghetto Nuovissimo (allerneueste Ghetto-Straße).

Mitte des 16. Jhs. blühte nicht nur die jüdische Gemeinde, sondern Venedig wurde auch zum kulturellen Zentrum Europas. Jüdische Drucker begründeten Venedigs Ruf als Stadt der Verleger – die erste Druckversion des Talmud entstand hier. Es war die große Zeit der Humanisten wie Veronese und Tintoretto, die jüdische Personen in Bibeln nicht als Karikaturen, sondern als Persönlichkeiten abbildeten, die man als Nachbarn und intellektuell Gleichgesinnte ansah.

Venedigs kreativer Umgang mit konventioneller interreligiöser Trennung kam bei der römischen Obrigkeit nicht immer gut an. Papst Julius verfolgte die Verleger, Tintoretto wurde wegen seiner Darstellung heiliger Figuren in zu weltlichem Licht kritisiert und die Inquisition befahl Veronese, seine Darstellung von Protestanten, Türken und Juden, die sich in seinem *Abendmahl* unbeschwert vermischten, abzuändern. Venedig jedoch veröffentliche weiterhin Bücher, Tintorettos menschliche Dramen fanden Gefallen und Veronese änderte lediglich den Titel seines Meisterwerks in *Gastmahl im Haus des Levi* (s. S. 84). Als 1606 eine päpstliche Bulle Venedig wegen Missachtung kirchlicher Entscheidungen exkommunizierte, löste die Stadt die Klöster auf. Die Bulle wurde innerhalb eines Jahres widerrufen.

1797 schaffte Napoleon alle Einschränkungen für Juden ab und ließ das Ghetto öffnen. Die Rabbiner widersetzten sich anfangs der Öffnung, da sie die Zerstreuung der Gemeinde fürchteten. Aber die bürgerlichen Freiheiten waren nicht aufzuhalten, und schließlich wurde 1866 nach der Annexion Venedigs in das Königreich Italien allen Bürgern gleiches Recht und Religionsfreiheit gewährleistet.

Mussolinis Machtaufstieg war ein Rückschritt in die Frühzeit des Ghettos: Die Rassengesetze von 1938 setzten wieder die alten Einschränkungen und gelbe Sterne in Kraft. Im November 1943 erklärte seine faschistische Marionettenregierung von Salò die Juden zu Staatsfeinden. Um die rund 1650 jüdische Venezianer wurden in das italienische Konzentrationslager Fossoli geschickt. 289 wurden in die Todeslager der Nazis verschleppt.

Heute sind etwa 420 Juden als venezianische Bürger registriert. Die meisten ziehen jedoch einen Wohnort außerhalb des Ghettos vor – die Erinnerung an 1943 ist in Venedig noch zu lebendig. Eine Stadtlegende behauptet, dass der Geist eines Rabbiners, der nach den Deportationen im Zweiten Weltkrieg im Campo di Ghetto Nuovo herumspukte, erneut in den 1990er-Jahren gesichtet wurde. Einige behaupten, es sei Leon Modena, der Venedig an Toleranz gemahnen will.

nug vom Zentrum Cannaregios weg, um die Feuergefahr zu bannen. Aber die Funktion als ausgewiesenes jüdisches Viertel vom 16. bis

18. Jh. verlieh dem Begriff „getto" eine völlig neue Bedeutung. Nach dem Erlass der Republik Venedig von 1516 durften jüdische

Handwerker und Geldverleiher tagsüber am venezianischen Geschäftsleben teilnehmen, waren aber nachts an christlichen Feiertagen auf die abgeschlossene Insel Ghetto Nuovo beschränkt.

Bei einem Blick auf die Obergeschosse der Gebäude rings um den Campo di Ghetto Nuovo sind drei Synagogen oder *schole* („Schulen'") zu erkennen, die sich von den reinen Wohnhäusern durch kleine Kuppeln unterscheiden, die den Standort der Kanzel kennzeichnen. Eine schlichte Holzkuppel an der Ecke des *campo* markiert den Standort der Schola Canton (Ecksynagoge). Daneben befindet sich die Schola Tedesca (deutsche Synagoge), die an einer Reihe von fünf größeren Fenstern erkennbar ist.

Als jüdische Kaufleute 1541 vor der spanischen Inquisition nach Venedig flohen, konnten sie sich nur nach oben ausbreiten: Um den Campo di Ghetto Nuovo und dem angrenzenden Campo di Ghetto Vecchio, wurden auf bestehende Häuser zusätzliche Stockwerke für Neuankömmlinge gebaut. Jüdische Flüchtlinge aus Portugal und Spanien errichteten zwei Synagogen am Campo di Ghetto Vecchio, die zu den schönsten Norditaliens zählen. Ihre Innenräume wurden im 17. Jh. mutmaßlich von Baldassare Longhena renoviert. Die Schola Levantina (levantinische Synagoge) hat eine prachtvolle holzgeschnitzte Kanzel aus dem 17. Jh., der Hauptsaal der Schola Spagnola (spanische Synagoge) einen imposanten Treppenaufgang. Die Schola Italiana (italienische Synagoge) am Campo di Ghetto Nuovo ist eine schlichte Dachsynagoge, die von neu eingewanderten und überwiegend verarmten italienischen Juden gebaut wurde, die aus dem damals von Spaniern beherrschten Süditalien geflohen waren.

Nachdem Napoleon die Beschränkungen 1797 aufgehoben hatte, erhielten die Gettobewohner den Status als venezianische Bürger. Doch Mussolinis Rassengesetze von 1938 waren eine Rückkehr in das 16. Jh. 1943 wurden die meisten der 1679 Juden Venedigs zusammengetrieben und in Konzentrationslager verschleppt. Nur 37 kehrten zurück. Heute besteht Venedigs jüdische Gemeinde aus etwa 400 Mitgliedern, von denen einige im alten Ghetto leben.

Einen guten Einblick in den Einfluss dieser wesentlichen Gemeinde auf venezianisches Kunst, Architektur und Handel bietet das Museo Ebraico (jüdisches Museum), u. a. auch mit englischsprachigen Führungen alle halbe Stunde ab 10.30 Uhr, sowie ein Besuch in drei der Ghetto-Synagogen, wie der Schola Canton, der Schola Italiana und entweder der Schola Levantina im Sommer oder der Schola Spagnola im Winter. Das 1955 eröffnete Museum zeigt eine kleine Sammlung fein gearbeiteter Silberwaren und anderer jüdischer Kunstobjekte, die in privaten Gebeten und zur Ausschmückung der Synagoge benutzt wurden. Das Museum informiert auch über Führungen durch den Antico Cimitero Israelitico (alter jüdischer Friedhof; S. 126) auf dem Lido. Weitere Informationen zum Ghetto und eine Führung zu Fuß durch das Viertel siehe S. 163. Informationen zur jüdischen Geschichte s. Kapitel „Geschichte" S.26 und Kasten S. 102.

CHIESA DELLA MADONNA DELL'ORTO
Karte S. 104–105

Campo della Madonna dell'Orto 3520; Eintritt 3 € oder Chorus Pass; Mo–Sa 10–17, So 13–17 Uhr; Madonna dell'Orto

Die elegant dezente gotische Backsteinkathedrale von 1365 ist eines der best gehütesten Geheimnisse Venedigs und den Fährleuten, Kaufmännern und Reisenden (hey, das sind wir) gewidmet. Zudem war sie jahrzehntelang Tintorettos Lieblingskirche. Kein Wunder: Er lebte gleich hinter der Fußbrücke (s. S. 164) und fand zusammen mit seiner Familie in der Eckkapelle die letzte Ruhe. Einige seiner besten Arbeiten sparte Tintoretto für die hiesige Apsis auf. Sein goldgetönter *Tempelgang Mariä* zeigt entzückte Scharen von Engeln und Sterblichen, die sich um einen Blick auf Maria reißen, und in seinem *Letzten Gericht,* von 1546 versuchen verlorene Seelen, eine blaugrüne Flutwelle aufzuhalten, während ein Engel eine letzte Person vor der endgültigen *acque alte* (Flut) rettet. Tintoretto wird im Allgemeinen nicht für einen der großen venezianischen Farbenkünstler gehalten. Aber diese sinnträchtige Verwendung von Farben zur Betonung seiner charakteristischen Dramatik offenbart tizianisches Talent. Siehe S. 164.

CA' D'ORO Karte S. 104–105

Goldenes Haus; ☎ 041 522 23 49; www.cadoro.org, auf Italienisch; Calle di Ca' d'Oro 3932; Erw./EU-Stud. unter 26 Jahren/EU-Bürger unter 18 oder über 65 Jahre 5/2,50 €/frei; Mo 8.15–14, Di–So 8.15 bis 19.15 Uhr; Ca' d'Oro

Die atemberaubende Ca' d'Oro aus dem 15. Jh. ist am Canal Grande nicht zu übersehen. Die spitzenartige Fassade ist auch ohne die originalen Goldblattverzierungen, die

SESTIERE DI CANNAREGIO

Canale delle Sacche

Priscina Comunal di Sant'Alvise
Parco Villa Groggia
Teatrino Groggia

Rio di Sant'Alvise

Fond Case Nuove
Fond Contarini

Ponte Moro
Fond Carlo Coletti
Fond di San Girolamo
Fond della Cappuccine
Chiesa di San Girolamo
Campo di Ghetto Nuovo
Casa Israelitica di Riposo

Tre Archi
C. dell Batteria
C. del Magazen
delle Canne
Campo San Giobbe
Crea

Palazzo Surian

Rio del Batello
Rio del Ghetto di Cannaregio

Campo del Ghetto Vecchio
C. del Perteri

Ponte della Libertà
Rio della Crea
Rio di San Giobbe

Palazzo Savorgnan
Guglie
Parco Savorgnan

Rio Terà San Leonardo
Campo San Leonardo

Chiesa di San Geremia
San Marcuola Traghetto (eingeschränkt)

Rio di Noale
Campo San Geremia

Palazzo Giovanelli
Riva de Biasio

Canal Grande
Stazione di Santa Lucia (Ferrovia)
Palazzo Calbo-Crotta

Campo San Giovanni Decollato
Santa Croce

Stazione Marci
Ponte del Scalzi

Ferrovia Santa Lucia
Ferrovia Tragetto (eingeschränkt)
Palazzo Gradenigo
Palazzo Soranzo-Cappello
Campo San Nazario Sauro
Campo delle Strope
Ruga Bella
Campo San Giacomo dell'Orio

Piazzale Roma Parisi
Canale di Santa Chiara
Fond di Santa Chiara

Piazzale Roma Santa Chiara

Garage Comunale
Campo di Andrea
Piazzale Roma

Campo della Lana
Rio delle Sacche
Campo Sant'Agostin

---

dem Haus den Namen verliehen hatten („Goldenes Haus"), eine Pracht. Die Ca' d'Oro wurde der Stadt Venedig vom Baron Franchetti (jener vom Palazzo Franchetti; s. S. 81) zusammen mit einer eindrucksvollen Kunstsammlung gestiftet. Diese Werke sind heute in der Galleria Franchetti im 2. Stock ausgestellt, neben einem Füllhorn an Kunstwerken im unteren Stock, die während Napoleons Eroberung Italiens aus Kirchen in Venetien geraubt wurden. Napoleon hatte einen exzellenten Geschmack bei seinen Souvenirs, wie der 1. Stock zeigt: Die Bronzen, Tapisserien, Gemälde und Skulpturen, herausgerissen (manchmal buchstäblich) aus Kirchen in Venetien, waren im Mailänder Brera Museum als napoleonische Kriegstrophäen gelagert, bis sie Venedig für die Ca' d'Oro zurückforderte.

Zu den Highlights der Sammlung im 2. Stock gehören Andrea Mantegnas Altarbild des von Pfeilen durchbohrten, schreienden *Hl. Sebastian*, Pietro Lombardos liebevolle *Madonna mit Kind* in glänzendem Carraramarmor sowie Teile von Tizians Fresken und ein verblichenes, aber immer noch sinnliches Freskenfragment einer Nackten von Giorgione, das von der Fassade der Fondaco dei Tedeschi (S. 83) gerettet wurde.

Ein großer Besuchsanreiz sind die Fotogelegenheiten von den Loggia-Balkons über dem Canal Grande, die künstlerische Perspektiven durch spitzenfeines Mauerwerk bieten. Siehe S. 165.

I GESUITI Karte S. 104–105

☎ 041 528 65 79; Salizada dei Specchieri 4880; ⏱ tgl. 10–12 & 16–18 Uhr; ⚓ Fondamente Nuove

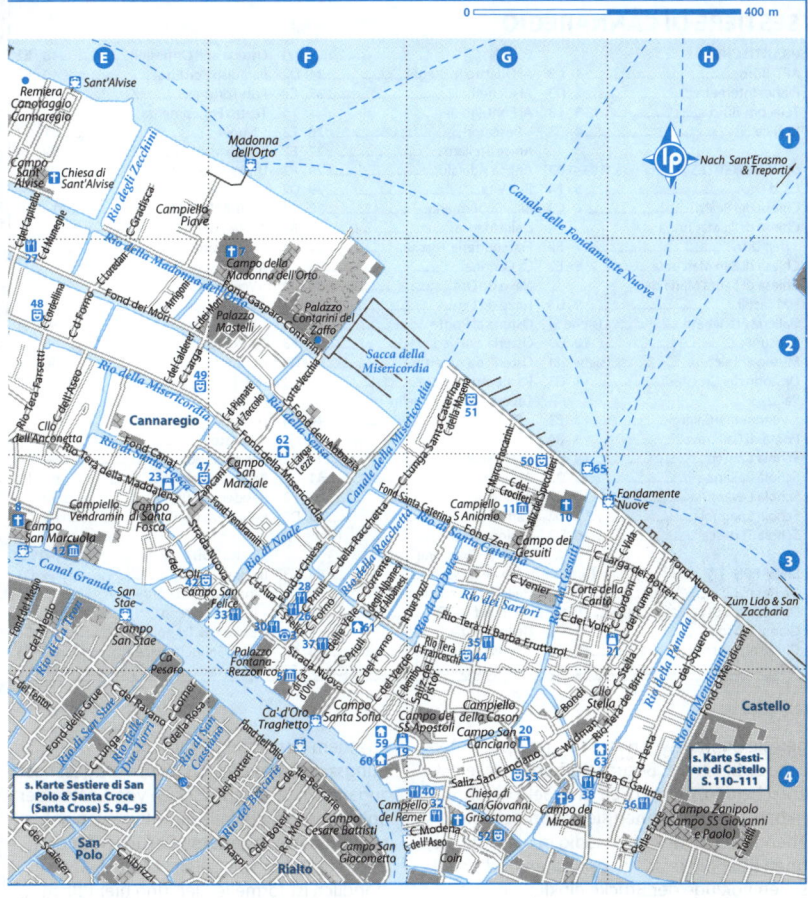

Die prachtvolle Jesuitenkirche aus dem 18. Jh. mit ihrer raumschiffgroßen Kanzel und ondulierten Marmorwänden ist selbst für den Rokoko schwindelerregend übertrieben. Sie in Gänze zu erfassen, ist nahezu unmöglich. Die Kirche ist üppigst mit weißen und goldenen Stuckaturen, weißen und grünen Marmorböden sowie Marmorschnörkeln auf jeder freien Fläche ausgestattet. Für etwas Erdenschwere sorgt Tizians uncharakteristisch dunkles, schwermütiges Gemälde *Martyrium des Hl. Laurentius,* links vom Eingang aus. Ebenfalls untypisch ist Tintorettos *Mariä Himmelfahrt* im nördlichen Querschiff. Das Bild ist die Antithese seiner düsteren Gemälde in der Scuola Grande di San Rocco (S. 93), da es die Jungfrau auf fröhlicher Himmelfahrt zeigt, durchflutet von einem rosigen Leuchten, das an Tizian, und eine gewandte Leichtigkeit, die an Tiepolo erinnert.

PONTE DI CALATRAVA Karte S. 104–105

🚤 **Piazzale Roma, Ferrovia**

Die Brücke über den Canal Grande zwischen Santo Croce und Cannaregio, vom spanischen Architekten Santiago Calatrava 2008 gebaut, wurde schon so manches genannt: Fischschwanz, Glas- und Stahlphantasie, unnötig, überfällig, erfreulich schnittig sowie unerfreulich nicht barrierefrei. Ihre Kritiker weisen darauf hin, dass die Kosten dreimal so hoch waren als ursprünglich 2001 veranschlagt. Außerdem arbeiten Ingenieure noch immer an einer 4 cm großen Abweichung, um für die Stabilität der Brücke zu sorgen. Selbst unter den Befürwortern gibt es Unstimmigkeiten. Einige behaupten, dass sie nachts am schönsten sei, wenn sie von weitem wie ein kometenhafter Lichtschweif über dem Canal Grande schwebt. Andere bevorzu-

SESTIERE DI CANNAREGIO

gen sie bei Tag, wenn ihre rot gerippte Unterseite zu sehen ist. Besucher können es selbst entscheiden, ob sich Zeit und Geld gelohnt haben. Und sie können sich dann bei einem abendlichen Drink in Venedig in die Diskussionen über die relativen optischen und praktischen Vorzüge der Brücke einklinken.

PALAZZO VENDRAMIN-CALERGI
Karte S. 104–105

☎ 041 529 71 11, Wagner-Museum 041 276 04 07; www.casinovenezia.it; Palazzo Vendramin-Calergi 2040; Eintritt 5 €; ☾ Casino So–Do 15–2.30, Fr & Sa 15–3 Uhr, Museumsführungen Di & Sa 10.30, Do 14.30 Uhr; ⚓ San Marcuola

In dem Palast aus dem 16. Jh. trifft Hochrenaissance auf hoch Riskantes – in ihm ist seit Jahrhunderten das Casino (s. S. 226) untergebracht. Er mag wohl ein merkwürdiger Ort für eine Genesung sein, aber der Komponist Richard Wagner hatte einen Sinn für Dramatik: er zog sich 1882–83, anscheinend nach einem Herzanfall, hierher zur Erholung zurück und vollendete seine 20-jährige Arbeit an seinem Ring-Zyklus. Wagner erreichte sein Ziel, starb aber hier nach ein paar Monaten

an einem Herzinfarkt. Während der Öffnungszeiten des Casinos ist das Erdgeschoss zugänglich. Aber abgesehen von Gästen der Spitzenhotels, die freie Eintrittskarten anbieten, müssen alle anderen Besucher für den Zugang zu den Spielsälen zahlen. Selbstverständlich ist formelle Kleidung hier Pflicht.

Drei der von Wagner bewohnten Salons wurden als Wagner-Museum abgesondert. Hier gibt es dreimal pro Woche Führungen, aber nur gegen vorherige Anmeldung, und zwar mindestens 24 Stunden im Voraus. Das erste Zimmer wird von einem Bechsteinflügel und diversen Wagneriana beherrscht, darunter auch frühe Ausgaben seines Parsifal. Der zweite Raum war Wagners Arbeits- und Wohnzimmer, wo als eher makabrer Touch eine Kopie jenes Sofas in der Ecke steht, auf dem er seinen tödlichen Herzinfarkt erlitten hatte. Dort können Besucher auch Kopien von Partituren besichtigen, die Wagner in den 1830er-Jahren geschrieben hatte.

Da die Originale heute um die 700 € pro Blatt wert sind, wäre es selbst für ein Casino ein zu großes Risiko, sie hier herumliegen zu lassen. Der dritte Raum war Wagners Schlafzimmer, in dem Briefe und andere Schriftstücke ausgestellt sind. Unter den Schriftstücken befindet sich u. a. eine Anforderung von Wagners Frau an das Hotel de l'Europe, ihrem Gondoliere zwölf *demi-bouteilles* (halbe Flaschen) Moet & Chandon zu liefern – beim nächsten Trinkgeld für ein Liedchen sollte an die Wagners gedacht werden.

ORATORIO DEI CROCIFERI Karte S. 104–105

☎ 041 532 29 20; Campo dei Gesuiti 4095; Eintritt 3 €; ☽ April–Okt. Fr & Sa 15.30–18.30 Uhr; ⚓ Fondamente Nuove

Das schlichte Oratorium oder Bethaus aus dem 12. Jh. sieht zwar von außen recht bescheiden aus – besonders nach der Opulenz der I Gesuiti gegenüber –, ist aber innen geradezu gepflastert mit Meisterwerken des 16. Jhs. von Palma Il Giovane.

Die Kapelle war ursprünglich Teil eines Hospizes, das von den Crociferi-(Kreuzesträger)-Mönchen als Herberge für Pilger und zur Pflege von Kranken eröffnet wurde und im 13.Jh. einen mächtigen Wohltäter fand, den Dogen Renier Zen. Der Doge Pasquale Cicogna beauftragte schließlich die Fresken zu Ehren der Crociferi, des Dogen Zen, Venedigs und (natürlich) seiner selbst anzufertigen. Mit Werken wie sein *Doge Renier Zen und die Schenkung an die Crociferi,* von 1585 brachte Palma Il Giovane die Wände mit Sonnenuntergangstönen aus Goldgelb und Rosenrot zum Leuchten.

CHIESA DEI SCALZI Karte S. 104–105

Fondamenta dei Scalzi 55-57; Eintritt frei; ☽ Mo–Sa 7–11.45 & 16–18.45, So & Feiertage 7.45–12.30 & 16–19 Uhr; ⚓ Ferrovia

Die von Longhena entworfene Kirche mit einer Fassade von Giuseppe Sardi voller Säulen und Nischenstatuen ist neben dem tristen Bahnhof ein unerwarteter Ausbruch barocker Extravaganz. Es ist eine ungewöhnliche Abweichung für Venedig, wo sich barocke Überschwänglichkeit meist auf die Innenräume von Renaissancegebäuden beschränkte. Tatsächlich war es eine bewusste Nachahmung eines Stils, der häufig in Rom verwendet wurde, damit sich die Karmeliter aus Rom hier zu Hause fühlten. Leider sind die Gewölbefresken von Tiepolo in zwei der Seitenkapellen beschädigt.

Vor dem Hauptaltar befindet sich rechts das Grab des letzten Dogen von Venedig, Ludovico Manin, der 1797, vor der Bedrohung durch Napoleon, bei der Auflösung der Republik den Vorsitz führte und fünf Jahre später in Schande starb.

CHIESA DI SAN MARCUOLA
Karte S. 104–105

☎ 041 71 38 72; Campo San Marcuola 1758; Eintritt frei; ☽ Mo–Sa 15–18 Uhr; ⚓ San Marcuola

Das turmlose Gotteshaus liegt direkt am Canal Grande und beseitzt nach oben nur eine Abrundung des Kirchenschiffs. In der Kirche aus dem 9. Jh. wurde einst die rechte Hand von Johannes dem Täufer aufbewahrt. Doch die Kirche brannte im 14. Jh. nieder. Was heute zu sehen ist, wurde im 18. Jh. von den Architekten Giorgio Massari und Antonio Gaspari zusammengestückelt und nicht ganz vollendet. Innen zeigt Tintorettos *Abendmahl* von 1547 Christus und die Apostel unheilvoll gegen einen schwarzen Hintergrund angestrahlt, der aussieht wie ein theatralisches Mysterienspiel aus dem Neuen Testament.

SESTIERE DI CASTELLO

Essen S. 207; Shoppen S. 190; Schlafen S. 242

Seeleute, Heilige und moderne Künstler haben Castello zu dem gemacht, was es heute ist: ein Viertel am Wasser mit bodenständigen *osterie*, himmlischen Ikonen und dem absoluten Hit, der Biennale. Mehrere Kirchen sind hier bis zum Anschlag vergoldet, historische 4-Sterne-Hotels breiten sich am Canal Grande aus und die Pavillons der Biennale sind Schaustücke moderner Architektur. In diesen verwinkelten Gassen lebten neben türkischen und syrischen Kaufleuten Venedigs armenische und die größte griechische Gemeinde außerhalb Griechenlands. Sie alle brachten ein kosmopolitisches Flair in die lokalen Restaurants und noch mehr glitzernde Ikonen ins Viertel. Castello beweist, dass höchste Kultiviertheit möglich ist, ohne die lebendige Derbheit zu verlieren. Um die 5000 Schiffsbauer arbeiteten einst hier im Arsenale und bauten die Flotte, die Venedigs Reich bis nach Konstantinopel ausdehnte. Spuren dieser ruhmreichen Zeit sind im Museo Navale zu sehen und manchmal im schlüpfrigen Humor bei einem Drink zu hören.

Der Kanal gleich hinter den Prachtfassaden der Basilica di San Marco und des Palazzo Ducale bildet die Grenze zwischen dem Sestiere di San Marco und dem Sestiere di Castello. Von dort aus Richtung Osten oder Norden ist schnell zu spüren, dass sich die Massen ausdünnen. Einer der letzten wirklich überfüllten Fußgängerwege ist die Salizada San Lio. Bereits am Campo Santa Maria Formosa entsteht der Eindruck, dass die Anwohner noch wenigstens teilweise das Heft in der Hand haben. Das prächtige Bauwerk des Viertels ist ganz im Norden die Kirche Zanipolo (Chiesa dei SS Giovanni e Paolo), in deren einstiger Klosteranlage daneben das städtische Krankenhaus untergebracht ist. Gewissermaßen die letzte mentale Markierung ist der von Norden nach Süden verlaufende Rio di San Lorenzo, hinter dem die Touristen nur noch als Rinnsal dahinströmen, bevor es weitergeht zum Arsenale, dem industriellen Zentrum des mittelalterlichen Venedigs.

Der südliche Eingang zum Arsenale liegt dicht am Ufer, das von überall großartige Aussichten auf den Canale di San Marco bietet. Die Esplanade Richtung San Marco ist von exklusiven Hotels gesäumt. Doch ein Stück weiter weg Richtung Giardini Pubblici breitet sich eine friedliche Atmosphäre aus. In der Via Giuseppe Garibaldi und ihren Seitengassen gehen die Anwohner ihren Geschäften so ungestört wie möglich nach. Während der Biennale tummeln sich hier reichlich Eindringlinge, aber ansonsten bietet die Gegend einen faszinierenden Einblick in das „wahre" Venedig, nämlich einfache Läden, Restaurants, lautstarke Familien und der Klang des venezianischen Dialekts. Dahinter geht das Viertel in das grüne Sant'Elena und die verschlafene Isola de San Pietro über.

Die Vaporetti 41 und 42 fahren im und gegen den Uhrzeigersinn auf ihrer Ringroute um Castello herum. Die Vaporetti 51 und 52 machen das Gleiche, schließen aber den Lido mit ein. Sie halten am San Zaccaria, der wichtigsten Castello-Haltestelle nahe der Piazza San Marco (wo auch viele andere Linien halten). Die Biennale-Haltestelle wird nur während des Festivals angefahren. Ansonsten ist Giardini die Haltestelle für das Biennale-Gelände.

ZANIPOLO (CHIESA DEI SS GIOVANNI E PAOLO) Karte S. 110–111

☎ 041 523 59 13; Campo SS Giovanni e Paolo; Eintritt 2,50 €; ◷ Mo–Sa 9.30–18, So 13–18 Uhr; ⚓ Ospedale

Wer kriegt die schönste Backsteingotik hin? Als die Dominikaner 1333 die 100 Jahre während Aufgabe angingen, Zanipolo schöner als die Chiesa di Santa Maria Gloriosa dei Frari (S. 92) der Franziskaner zu bauen, erweckte die Kirche architektonische Leidenschaften und Parteilichkeiten. Beide haben rote Ziegelfassaden mit kontrastierenden Details aus weißem Stein. Aber da die Fassade der Zanipolo unvollendet blieb, war die Frari eindeutig die

Gewinnerin über Zanipolos himmelsstrebender Anmut. Zudem war die Frari mit Tizians Altarbild *Mariä Himmelfahrt* an vorderster Front unmöglich zu übertreffen.

Über die Jahrhunderte mag Zanipolo mit dem schieren Ausmaß und der Vielfalt der Meisterwerke mindestens gleichgezogen haben. Erst einmal hat die Kirche mehr Dogen – 25 davon in opulenten Gräbern von so angesehenen Bildhauern wie Nino Pisano und Tullio Lombardo. Das riesige Murano-Buntglasfenster aus dem 15. Jh. im Querschiff wird derzeit restauriert, um den Entwurf von Bartolomeo Vivarini und Girolamo Mocetto wieder zum Strahlen zu bringen. Und in der Cappella del Rosario im Nordflügel des Querschiffs stellt Paolo Veroneses Deckengemälde *Mariä Himmelfahrt* die rosige Jungfrau dar, wie sie auf einer gigantischen Treppe hinaufsteigt, um von Cherubim gekrönt zu werden, während Engel vor Freude herumtollen.

Angesichts der Meisterwerke von Bellini, Canova und Tizian in der Frari ist der künstlerische Vergleich hart – nicht zu vergessen die Chiesa della Madonna dell'Orto (S. 103) als Mitbewerberin für Backsteingotikpracht und Tintorettos. Aber Zanipolo zeigt viel Herz im künstlerischen Wettkampf. Guido Renis barockes Gemälde *San Giuseppe* ist ein seltener Ausdruck heiliger Vater-Sohn-Liebe: Es zeigt Josef, der mit dem Jesuskind innigste Blicke austauscht. Die Kapellenkuppel am Südwestende des Schiffs zeigt Giambattista Lorenzettis Gemälde *Jesus der Steuermann,* in dem Jesus den Himmel absucht wie ein besorgter venezianischer Kapitän. Ein Polyptychon des *San Vincenzo Ferreri* (Hl. Vinzenz Ferrer) vom anerkannten Meister herzzerreißender Zartheit, Giovanni Bellini, befindet sich über dem zweiten Altar im rechten Gang.

Weitere Informationen zur Dominikanerkirche Zanipolo siehe S. 166.

CHIESA DI SAN ZACCARIA Karte S. 110–111
☎ 041 522 12 57; Campo San Zaccaria 4693; ⏰ Mo–Sa 10–12 & 16–18, So 16–18 Uhr; 🚤 San Zaccaria
Wenn die venezianischen Paris Hiltons der 15. Jhs. sich mehr für Seemänner denn für Heilige interessierten, wurden sie oft für eine Weile in das Kloster neben der Chiesa di San Zaccaria gesteckt. Dort verbrachten Venedigs verzogene Töchter ihre Zeit mit Gebeten, unterbrochen von Konzerten und gelegentlich skandalösen Maskenbällen (s. S. 172). Der Reichtum, mit der diese Kirche von den dankbaren (oder zumindest hoffnungsvollen) Eltern überhäuft wurde, ist unübersehbar. Die Cappella di Sant'Anastasia rechts hinter dem Eingang birgt Werke von Tintoretto und Tiepolo sowie ein prächtig gefertigtes Chorgestühl. Und durch eine weitere Kapelle geht es von hier zur mit Fresken bemalten Cappella di San Tarasion (auch Cappella d'Oro oder goldene Kapelle genannt). Auch Mosaiken aus dem 12. Jh. blieben erhalten, und die romanische Krypta aus dem 10. Jh. stammt noch von einer früheren Kirche an dieser Stelle.

Gotik- und Renaissancefans gleichermaßen bewundern die Fassade, die Antonio Gambello im unteren Abschnitt im gotischen Stil begann und die sich dann bis zur Spitze in die Renaissance mit Codussis abgerundeten Verzierungen aus weißem istrischen Stein

steigert. Zu den nennenswerten venezianischen Kunstschätzen gehören Tiepolos Version der Flucht nach Ägypten in einem venezianischen Boot, Bellinis *Jungfrau mit Jesus auf dem Thron, mit Engelsmusikant und Heiligen* mit einer Leuchtkraft, als wäre das Bild elektrisch aufgeladen, sowie Antonio Vivarinis Gemälde der Hl. Sabina von 1443, die ungerührt erscheint, während Engel wie Lagunenmoskitos um ihren Kopf schwirren.

PALAZZO GRIMANI Karte S. 110–111
☎ 041 521 05 77; www.palazzogrimani.org; Ramo Grimani 4858; Erw./Stud. & Sen. 9/5 €; ⏰ Führungen auf Italienisch Di–So 9.30, 11.30 & 13.30 Uhr
Rechts von der Ruga Giuffa ab geht es über Venedig und die Toskana der Renaissance ins alte Rom. Der Palast war 27 Jahre lang öffentlich nicht zugänglich (s. S. 173) und wurde dann in all jener phänomenalen Pracht restauriert, die im Auftrag des Dogen Antonio Grimani begann, dessen Herrschaft kurz (1521–23), aber dessen Hinterlassenschaft verschwenderisch war. Die Grimanis waren Trendsetter der Renaissance: Sie hatten griechisch-römische archäologische Raritäten gesammelt, bevor sie allgemein im 14. Jh. cool wurden. Einige ihrer besten Stücke können heute im Museo Correr (S. 78) bewundert werden. Um ihr Haus zu einem passenden Rahmen für solche Herrlichkeiten zu machen, gingen die Grimanis aufs Ganze: Böden in verwirrenden mehrfarbigen Marmormustern, der herrschaftliche Treppenaufgang vermutlich von Palladio und Wände mit vergoldeten Stuckaturfriesen tanzender Nymphen.

Das Beste ist jedoch, dass die Grimanis 1540 die Crème der Freskenmaler anheuerten, die auf phantasievolle Grotesken und lebhafte mythologische Szenen im Pompejistil spezialisiert waren. Francesco Salviati sorgte für die leuchtenden Farben à la Raffael, die Raffael für den Palazzo Vecchio in Florenz und den Palazzo Farnese in Rom verwendet hatte. Hinzu kam Francesco Menzocchi, der für die Fresken im Vatikan zuständig war, und der römische Maler Giovanni da Udine. Udine wurde zu den besten Schülern von Raffael und von Giorgione gezählt. Die Deckenfresken der Meister sind schlicht umwerfend: Eine Lagunenente schießt aus Bäumen herab, die zwischen Gewölbebögen hervorwachsen, und ein marmornes Atrium ist von einem Gewölbe mit Trompe-l'œil-Kassetten überdacht. Schließlich wird ein Innenkreis an der Decke aus vergoldeten mythologischen Figuren komplett von resektlosen Grotesken

SESTIERE DI CASTELLO

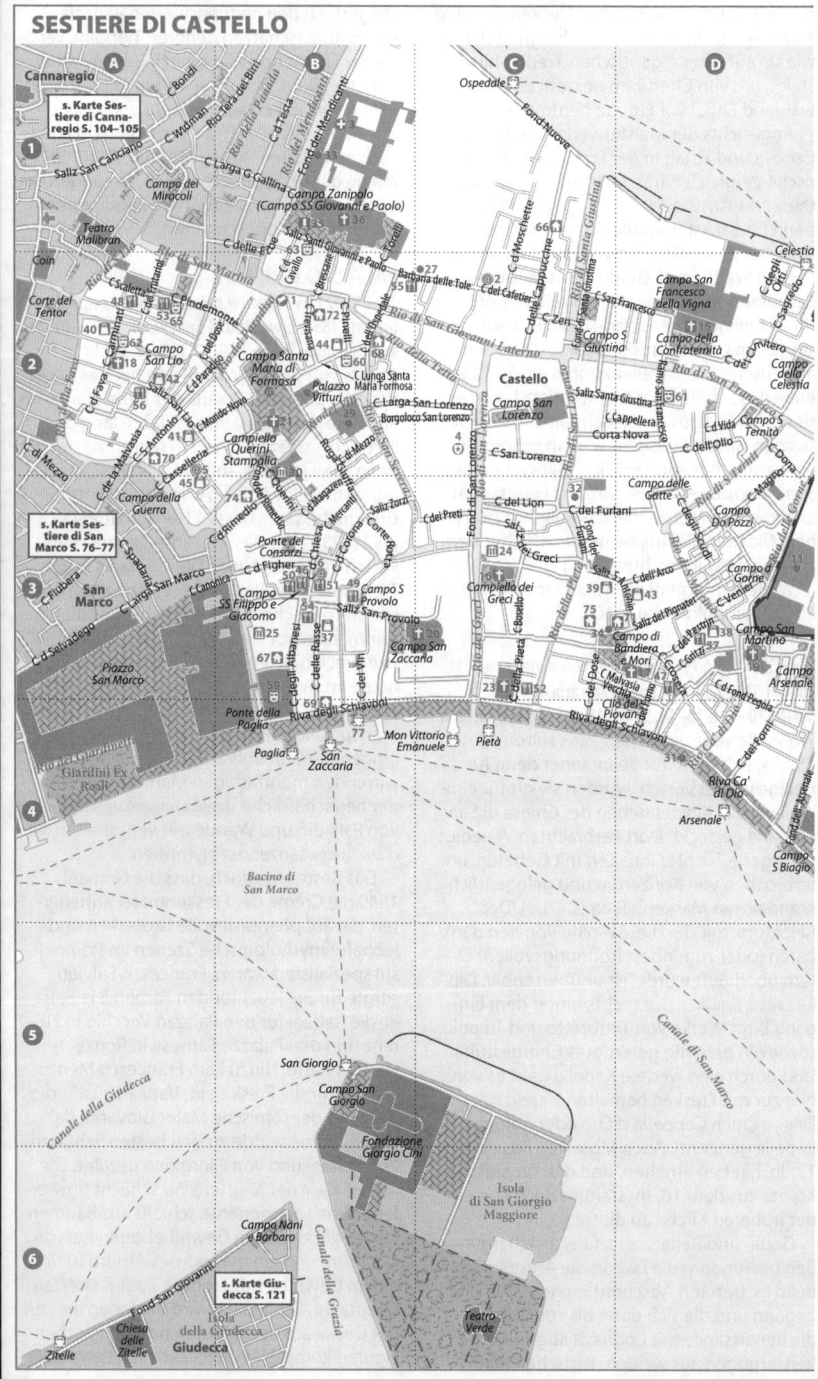

0 — 400 m

E F G H

1

Canale delle Fondamente Nuove

2

Arsenale-
Werkshallen

9

Bacino di
Camagnola

Canale delle Galeazze

Darsena Arsenale Vecchio

Darsena
Grande

Bucintoro-
Speicher

10

San
Pietro

3

Fond della
Madonna

28

Arsenale

La Tana

La Tana

Rio delle Vergini

Rio di San Gerolamo

Rio della Riello

C. Larga San Pietro

Campo
San Pietro

Campanile

C. di
Campanile

Former
Patriarchate

Isola
San
Pietro

Campo
di
Ruga

Campo della Tana

Palazzetto
dello Sport

Rio della Tana

Fond della Tana

Chiesa di San
Francesco
di Paola

Fond di San Gioacchin
Fond di Sant'Anna

Rio di Sant'Anna

Campiello di
Pomeri

Rio di Quintavalle

4

Darsena di
Sant'Elena

12

C. dei Preti

Corte Nova

Viale Giuseppe Garibaldi

C. del Piope

C. Capo

C. Cobotti

C. Colonne
Corte Colonne

C. Pedrochi

C. Schiavona

Riva dei Sette Martiri

C. San Domenico

Viale Garibaldi

Corte Solesin

Fond dei Nicoli
C. delle Ancore

Seco Marina

Corte
Stabilimento

76

73

C. Quintavalle

C. Saloman

C. Marafani

C. Crosera

Fond Rielto

Riva dei Sette Martiri

C. Cattapan
C. di Napoli
C. Correra

5

Giardini

Spielplatz

Biennale

Rio di San Giuseppe

Fond San Giuseppe

Fond Sotta

Chiesa di
San Giuseppe
di Castello

Rio Terà San Giuseppe

Paludo di S. Antonio
C. dentro il Giardino

Viale Trento

Viale Trieste

Riva dei Partigiani

32

Rio dei Giardini

Viale Quattro Novembre

Campo del
Grappa

C. d Pasubio

Sant'Elena

C. del Carso

C. Gen Chinotto

Zum Stadio
Penzo (200 m)

Isola di
Sant'Elena

6

13

Parco delle
Rimembranze

58

SESTIERE DI CASTELLO

in den Deckenwinkeln in den Schatten gestellt. Besuche sind derzeit nur auf angemeldeten Führungen auf Italienisch möglich – aber „Ooooooh!" braucht keine Übersetzung.

CHIESA DI SAN FRANCESCO DELLA VIGNA Karte S. 110–111

☎ 041 520 61 02; Campo San Francesco della Vigna 2787; ⏰ tgl. 8–12.30 & 15–19 Uhr; 🚤 Celestia
Die entzückende Franziskanerkirche, von Jacopo Sansovino entworfen und gebaut und mit einer Fassade eines frühreifen Palladio mit seinem ersten Kirchenauftrag, ist eine der am meisten unterschätzten Attraktionen Venedigs (s. S. 167).

Die Madonna in Bellinis *Madonna und Heilige* von 1507 in der Capella Santa gleich hinter dem blumenübersäten Kreuzgangshof glüht förmlich. Und schwimmende Engel sowie umherstolzierende Vögel stehen in Antonio da Negropontes entzückender *Jungfrau auf dem Thron* von ca. 1460–70 im Mittelpunkt.

Palladios Fassade und die Madonna sind nur schwer zu schlagen, aber die Marmorreliefs von Heiligen und dem Leben Christi im Inneren sind ein Glanzlicht der Geschichtenerzählung. Sie stammen aus dem 15. Jh. von den Bildhauern (Vater und Sohn) Pietro und Tullio Lombardo und befinden sich in der Cappella Giustiniani im nördlichen Querschiff, links des Altars. Besonders bemerkenswert sind die ausdrucksstarken Reaktionen der Nebenfiguren in dieser biblischen Erzählung, bis hin zum erschrockenen Maultier. Durch die Marmorbäume Lombardos scheinen Brisen zu wehen, und lebensgroße Löwen wirken bereit, direkt von der Wand zu springen.

Der Glockenturm hinter der Kirche sieht aus wie der verloren geglaubte Zwilling des Campanile di San Marco. Nach Norden raus geben ein paar Stufen hinauf zu einem Portikus mit klassischen Säulen dem *campo* das Aussehen einer echten römischen Agora. Das alles bietet eine ungezwungene Kulisse für Venedigs schönstes jährliches Stadtteilfest, die Festa di Francesco della Vigna, während der Wein und derbe Kost im imposanten Schatten von Palladio serviert wird. Das Fest findet meist in der dritten Juniwoche statt.

PFERDE & STÖCKELSCHUHE

Die Straße hinter der Kirche Zanipolo erhielt den Spitznamen Calle Cavallerizza, nach den Ställen, die hier einst standen und bis zu 70 Pferden Platz boten. Sie waren vorwiegend für Reittiere von Edelleuten reserviert, die während der *acque altae* (Flut) ihre feinen Kleider nicht mit Schlamm beschmutzen wollten. In die dazugehörigen Gasthäuser kamen auch feine Damen des Barock und Edelkurtisanen, die in ihren 50 cm hohen venezianischen Stöckelschuhen (s. S. 35) nicht weit laufen konnten. Die abgeschiedene *calle* (Gasse) war ferner berüchtigt für ihre Straßenmädchen. Und so wird es wohl niemanden verwundern, dass Giacomo Casanova diese Straße häufig aufsuchte. 1755 wurde er hier wegen des Vorwurfs verhaftet, Nonnen verdorben zu haben, und in das Dachgefängnis des Palazzo Ducale verbracht, um dort zu verrotten – jedenfalls bis zu seiner waghalsigen Flucht (s. Kasten S. 75). Schließlich stand die Gasse Anfang des 20. Jhs. im Mittelpunkt eines blühenden Schwarzmarktes für Penicillin, ein damals begehrtes Syphilisheilmittel.

GIARDINI PUBBLICI & BIENNALE
Karte S. 110–111

🚇 Giardini, Biennale

Moderne Blickwinkel und Schaukeln, die aus der Grünanlage hervorlugen, künden die Giardini an, Schauplatz der Kunst-Biennale von Venedig (s. La Biennale di Venezia, S. 19). Während der Biennale, die jedes ungerade Jahr von Juni bis September stattfindet, drängeln sich Kuratoren und Kunstkenner in den nationalen Ausstellungshallen. Sie reichen von Geza Rintel Marotis sezessionisttischem Ungarischen Pavillon von 1909 mit seinen glitzernden Mosaiken bis zu Peter Coxs gelbem kastenförmigen Australischen Pavillon (S. 171) von 1988, der oft mit einem Bauwagen verwechselt wird. Carlo Scarpa trug auf die eine oder andere Art von 1948 bis 1972 zu den Pavillons bei. Er versuchte das Beste aus Duilio Torres' faschistischem Italienischen Pavillon von 1932 zu machen (heute der Palazzo delle Esposizione) und fügte den Eingangshof an. Ferner entwarf Scarpa den gewagten Venezolanischen Pavillon von1956 aus Sichtbeton und Glas sowie die gefällige, bugförmige Biglietteria (Kartenschalter). In den Jahren mit gerader Zahl zwischen den Biennalen sind die Gärten wunderbar friedlich. Dann können Besucher die Pavillons in Ruhe bewundern, wie etwa die Fassade des organischen Kanadische Pavillon von 1958. Hierbei handelt es sich um eine Art Retro-Skihütte mit einem Baum, der direkt aus dem Haus wächst. Ebenfalls sehenswert ist der postmoderne Koreanische Pavillon von 1996, bei dem ein ehemaliges Elektrizitätswerk raffiniert umgebaut wurde.

Während der Biennale kann es schwer sein, den Wald vor lauter Baumkunstinstallationen in den Gärten zu sehen. Aber es ist die größte Grünanlage Venedigs, mit schattigen Bänken, ein paar *giostre* (Schaukeln und andere Spielplatzausstattung) und dem Bar-Restaurant Paradiso (S. 224) am Ufer. Die Giardini

entstanden 1807, nachdem Napoleon beschlossen hatte, etwas Luft zu brauchen und schließlich den Bau der Gärten dieser Stelle befahl. Es tat nichts zur Sache, dass es hier einen ganzen Wohnbezirk gab, einschließlich vier Kirchen: Der Kaiser wollte sein Gebüsch. Lange konnte er die Anlage jedoch nicht genießen, da sie nur vier Jahre vor seinem Niedergang 1812 fertiggestellt wurde.

SCUOLA GRANDE DI SAN MARCO
Karte S. 110–111

☎ 041 529 43 23; Fondamente dei Mendicanti 6776; Eintritt frei; 🕙 tgl. 8.30–14 Uhr; 🚇 Ospedale

Anstatt nur ein schlichtes samstägliches Handwerksprojekt von Vater und Sohn, hatten der Bildhauer Pietro Lombardo und seine Söhne etwas Ehrgeizigeres im Sinn: eine mehrfarbige Marmorfassade der Hochrenaissance für die wichtigste Bruderschaft Venedigs (s. S. 167) zu schaffen. Das ist das Resultat an der Marmorfassade im rechten Winkel zur Zanipolo (S. 108) hinreißend – obwohl Codussi für den letzten Schliff an dem Renaissancejuwel hinzugezogen wurde. Unbedingt sehenswert sind die Trompe-l'œil-Perspektiven in der unteren Hälfte der Fassade zu Füßen der prächtigen Markuslöwen, die über den Portalen herumstreunen.

Die *scuola* bildet zum Ospedale Civile den Haupteingang, ein Balkendach, das von zwei Reihen aus fünf Säulen gestützt wird. Dahinter ist das eigentliche Krankenhaus, das einst der Convento dei Domenicani und die Chiesa di San Lazzaro dei Mendicanti war. Es sollte, abgesehen im Krankheitsfall, nicht betreten werden, da Sightseeing zwischen Kranken nicht gerade von gutem Benehmen zeugt.

RIVA DEGLI SCHIAVONI Karte S. 110–111

🚇 San Zaccaria

Der Uferweg westlich des Rio Ca' di Dio bis zum Palazzo Ducale in San Marco ist Venedigs Promenade, die Riva degli Schiavoni. Schiavoni (wörtlich „Slawen") bezieht sich auf die Fischer aus Dalmatien, die im Mittelalter in Venedig eintrafen und in der Lagune gerne ihre Netze auswarfen.

Über Jahrhunderte legten hier mitten im Herzen Venedigs Schiffe an – falls sie einen Parkplatz zwischen all den Galeonen und Gondeln fanden. Hier herrschte ein Sprachengewirr wie beim Turmbau zu Babel, wenn Händler, Würdenträger, Seeleute und Dienstboten aus dem ganzen Mittelmeerraum und darüber hinaus eintrafen. Paolo Veroneses *Gastmahl im Haus des Levi* in den Gallerie dell'Accademia (S. 84), vermittelt einen Eindruck von Kleidung und Aussehen der Menschen. Türkische, deutsche, nordafrikanische und griechische Kaufleute kungelten und handelten am Ufer, sobald sie von Bord gegangen waren. Der große Dichter Petrarca fand Unterkunft und Inspiration in Nr. 4175 östlich des Rio della Pietà.

Heute geht es hier so geschäftig wie eh und je zu, allerdings mit einigen Abwandlungen. Die Gondeln sind noch vorhanden, aber die Vaporetti haben die Galeonen weitgehend ersetzt – der Großsegler *Amerigo Vespucci*, das Schulschiff der italienischen Marine, ist jedoch manchmal noch am Dock des Arsenale zu sehen.

Die Touristen kommen sogar von weiter her als die einstigen Kaufleute, und ihre größte Herausforderung ist die Bewältigung der Touristenmenüs in San Marco (Tipp: einfach ignorieren und à la carte bestellen). Einige der prächtigen alten Paläste sind heute teure Hotels, wo nun jeder übernachten und sich zu einem Sonett inspirieren lassen kann.

PALAZZO QUERINI STAMPALIA
Karte S. 110–111

☎ 041 271 14 11; www.querinistampalia.it, auf Italienisch; Campiello Querini Stampalia 5252; Erw./Stud. & Sen. 8/6 €; ⏱ Di–Do 10–20, Fr & Sa 10–22, So 10–19 Uhr; 🚢 San Zaccaria

Designfans trinken ihren Prosecco-Cocktail mit einem Touch Hochmoderne im von Carlo Scarpa entworfenen Hofgarten oder im von Mario Botta entworfenen Café des Palazzo Querini Stampalia aus dem 16. Jh. Die äußere Hülle des Bauwerks stammt aus der ersten Hälfte des 16. Jhs., aber dahinter könnte die Überraschung nicht größer sein: eine Brücke von 1963, Eingang und Garten aus den 1940er-Jahren und im 1. Stock eine Bibliothek von 1959. Die Bibliothek wurde von Scarpa entworfen und enthält bemerkens-

werte Ausschmückungen von Botta aus den 1990er-Jahren.

Durch den von Botta entworfenen Buchladen geht es zum Café und Hofgarten. Im Laden gibt es auch Eintrittskarten für das Museo della Fondazione Querini Stampalia im 2. Stock. In den luxuriösen und gut erhaltenen Salons aus dem 18. Jh. stehen historische Möbel meist noch so, wie sie die Querinis um 1868 arrangiert hatten. Dort sind um die 400 Gemälde ausgestellt, meist untergeordnete Werke und Porträts berühmter Familienmitglieder. Eindeutig herausragend ist Giovanni Bellinis faszinierendes Bild *Maria mit Jesus im Tempel,* in dem das unglückliche Kind mit den eng gewickelten Windeln wie eine Babymumie aussieht.

In einem kleinen Anbau vor dem Bellini sind *Szenen aus dem venezianischen Leben* zu sehen, etwa 70 volkstümliche Gemälde des Künstlers Gabriele Bella (1730–99). Wechselnde zeitgenössische Kunstinstallationen fügen den seidenbehangenen Räumen und der Galerie im obersten Stock ein weiteres Element des Unerwarteten hinzu.

Konzerte und Vorträge im barocken Musikzimmer ziehen freitags und samstags die venezianische Szene ebenso wie Senioren an (Programm s. Website).

Siehe dazu auch S. 173.

ARSENALE Karte S. 110–111

☎ 041 270 95 46; www.labiennale.org; Campo Arsenale 2407; Eintritt je nach Ausstellungen; ⏱ unterschiedlich; 🚢 Arsenale

Der 1104 gegründete Arsenale wurde rasch zur größten mittelalterlichen Schiffswerft Europas. 300 Reedereien mit 16 000 Arbeiten waren dort angesiedelt, die im Akkord jeden Tag eine neue Galeere bauen konnten. Venedigs Seestreitmacht blieb im östlichen Mittelmeerraum über Jahrhunderte unschlagbar, doch heute entern kunstbeflissene Besucher während der Kunst- und Architektur- Biennale (s. S. 19) das Gelände.

In seiner Blütezeit belegte der Arsenale 46 ha und muss mit seinem brodelnden Pech, Metallwerkstätten, Schiffszimmerleuten und Schreinereien einen enormen Eindruck gemacht haben. Dante nutzte ihn als Vorbild für die Höllenszene in seiner *Divina Commedia* (Göttliche Komödie; Canto XXI., Zeilen 7–21). Kernstück war der Arsenale Vecchio (altes Arsenal), wo auch der *bucintoro,* die Prunkgaleere des Dogen, stand. 1303–04 kam die erste Erweiterung, La Tana, hinzu, die fast die gan-

VENEDIGS GEHEIMWAFFE: DIE ARSENALOTI

Die Basis für heutige Konstruktionsmethoden, von Autos bis zu Websites, wurde nicht während der Industriellen Revolution entwickelt, sondern im mittelalterlichen Venedig. Jedes Schiff wurde in einer Art früher Fließbandarbeit Stück für Stück in verschiedenen Werkhallen zusammengesetzt, und zwar von den *arsenaloti* (Arsenale-Arbeitern). Sie waren jeweils auf einen bestimmten Arbeitsbereich spezialisiert, vom Bau des Schiffsrumpfs über Kalfaterung bis zur Takelageherstellung. Frauen nähten Segel, Kinder kamen mit 10 Jahren in die Lehre und drehten Hanfseile.

Es war keineswegs eine unterbezahlte und untergeordnete Arbeit wie etwa das Be- und Entladen der Schiffe. Die *arsenaloti* wurden gut entlohnt und hatten besondere Privilegien, die selbst der Adel nicht genoss. Sie waren in der gesamten Geschichte der Republik dem Dogen und dem Staat treu ergeben und bewiesen mehrmals ihre Loyalität und Muskelkraft, wenn sie bei Unruhen oder Rebellionen zur Waffe gerufen wurden. Mit ihren bewährten Schiffsbautechniken schufen sie auch die riesigen *carena di nave*, Kielbogendecken, wie sie in venezianischen Kirchen und in der Sala del Maggior Consiglio des Palazzo Ducale zu sehen sind (s. S. 74).

Zu den Arbeitsanforderungen der *arsenaloti* gehörten Fachkunde, Kraft und Verschwiegenheit. Selbst in den ruppigen Castello-*bacari* (Schenken) hielten sich die *arsenaloti* mit genaueren Angaben zu ihrer Arbeit vorsichtig zurück, in der Art: „Ich könnte es dir erzählen, aber dann müsste ich dich töten". Der Arbeitsvorgang war streng geheim, und Industriespionage galt als Hochverrat. Die mit Zinnen bewehrten Mauern des Arsenale verbargen jahrhundertelang die fieberhaften Tätigkeiten der Schiffsbauer, die Galeeren, Handelsschiffe und andere Boote herstellten.

Hätten andere Seemächte gelernt, Kriegsschiffe so schnell und flink wie Venedig zu bauen, hätte die winzige Lagunenrepublik ihren übergroßen Vorsprung verloren und wäre von ihren Gegnern vernichtet worden. Als 1379 die Flotte des venezianischen Kommandanten Carlo Zeno anderweitig beschäftigt war, umringte der Seemachtsrivale Genua die Stadt und versuchte sie auszuhungern. Doch Genua hatte nicht mit den *arsenaloti* gerechnet, die wie wild eine Flotte bauten, die einen Gegenangriff durchhalten konnte, bis Zeno am Horizont auftauchte.

Als die *arsenaloti* 1570 aufgefordert wurden, so viele Schiffe wie möglich für eine Notfallflotte zu bauen, schafften sie erstaunliche 100 Galeeren in nur zwei Monaten – obwohl im Jahr zuvor ein Feuer den Arsenale teilweise zerstört hatte. Doch von nun an ging es bergab. Ein Pestausbruch merzte ein Drittel der Stadtbevölkerung aus, einschließlich *arsenaloti,* und Venedigs Seemachtsrivalen (das damalige) Österreich und das Osmanische Reich entdeckten ihre eigene Geheimwaffe: Freihandelsabkommen, die Venedig ausschlossen.

Im Jahr 1797 lag der Schiffsbau nahezu danieder und La Serenissima ergab sich kampflos Napoleon.

ze Länge der Südseite des Arsenale einnahm. Dort stellten vor allem Kinderarbeiter die erforderlichen Stricke her. La Tana ist aber 1579 von Antonio da Ponte (Architekt der Rialto-Brücke) umgestaltet worden. Der Arsenale Nuovo (neues Arsenal) kam 1325 hinzu, 1473 gefolgt vom Arsenale Nuovissimo (allerneuestes Arsenal). Im 16. Jh. erforderte der Bau des *galeazze* (große Kriegsschiffe mit enormem Tiefgang) weitere Werkstätten und Bauhallen, wie auch die Schaffung eines tieferen Canale delle Galeazze.

Das Landportal des Arsenal mit dem Markuslöwen obenauf, der einer Zerstörung durch Napoleons Truppen entkam, wird von Vielen als frühestes Beispiel der Renaissancearchitektur Venedigs betrachtet. Es entstand vermutlich 1460. Eine Plakette erinnert an den Sieg von Lepanto 1571, und die eingezäunte Aufgangsterrasse wurde 1692 angefügt. Unterhalb der Statuen befinden sich ein paar Steinlöwen. Der größte, in majestätischer Sitzhaltung, wurde von Francesco Morosini als Beutegut aus dem griechischen Piräus mitgebracht, was wohl gar nicht so einfach war. An der rechten Flanke des Löwen sind

einige Wikingerrunen zu sehen. Sie sollen angeblich eine Art Kriegstrophäeninschrift aus dem 11. Jh. sein, mit der norwegische Söldner mit ihrer Rolle bei der Niederschlagung einer griechischen Rebellion gegen Byzanz prahlten – eine Art von Berichterstattung nach Söldnerart.

Der Arsenal war nicht nur Werft, sondern auch Kriegshafen. Selbst heute noch gehören Teile des Areals der italienischen Marine. Seinerzeit stand immer eine Reserveflotte von mindestens 25 Schiffen im Arsenale bereit, sei es als Kriegs- oder als Handelsflotte. Im Lauf der Jahrhunderte wurde der Rohstoffmangel (besonders Holz) zum Problem. Außerdem wurde es für die Republik immer schwerer, Mannschaften für die schwere Aufgabe zu finden, Schiffe über Monate, sogar Jahre, auf See zu rudern und zu segeln. Schließlich griff Venedig auf Sklaven, Gefangene und Zwangsrekrutierte zurück.

In den letzten Jahren übernahm die Biennale-Organisation weite und lange vernachlässigte Teile des Arsenale und ließ einige Räume zu Ausstellungszwecken restaurieren. Heute befinden sich in den Bauhallen des Ar-

senale Ausstellungen der Architektur- und Kunst-Biennale. Sie bieten Einblicke in die alte Anlage,
wie etwa in die ehemalige Corderia (wo
Schiffstaue gefertigt wurden), die Artiglierie
(Kanonen) sowie in verschiedene Kaianlagen.
Kreativere Nutzungen sind geplant: Der gesamte Arsenale wird derzeit umgebaut, um
moderne Wartungswerften, Läden, Restaurants, Ausstellungsräume, ein Studienzen-
trum und dergleichen zu schaffen.

SCUOLA DI SAN GIORGIO DEGLI SCHIAVONI

Karte S. 110–111

☎ 041 522 88 28; Calle dei Furlani 3259a; Eintritt 3 €;
🕓 Di–Sa 9–13 & 14.45–18, So 9–13, Mo 14.45 bis
18 Uhr; 🚶 San Zaccaria

Im 15. Jh. war die slawische Gemeinde in Castello so groß geworden, dass ihre religiöse
Bruderschaft nicht nur einem, sondern drei
Schutzheiligen geweiht war: Georg, Tryphon
und Hieronymus von Dalmatien. Das Gebäude
wurde im 16. Jh. errichtet, und die Renaissance-
räume blieben mehr oder weniger unversehrt.

Venedigs dalmatinische Gemeinde war so
einflussreich, dass der meisterhafte Maler Vittore Carpaccio persönlich 1502–07 den Bil-
derzyklus des Lebens der Heiligen im Erdgeschoss malte. Carpaccio hatte zwar Venedig
nie verlassen, hat aber offenbar gründlich re-
cherchiert: Seine Szenen mit dalmatinischer
Landschaft im Hintergrund sind so detailliert,
dass mancher slawische Besucher als seine Heimatregion zu erkennen behauptet.
Auch sind Carpaccios imaginierte Welten so

überzeugend, dass in seinen Bildern des Hl.
Georg mit dem Drachen dieser Drache aussieht, als wäre er mit dem Tagesfang auf der
Pescaria eingeholt worden. Carpaccio nutzte
jede Gelegenheit, um mit reichlich roter Farbe schimmerndes Blut zu malen, weswegen
vor dem Drachen die Reste seiner Opfer verstreut sind – diverse Gliedmaßen, Knochen
und der halbaufgefressene Leichnam einer
jungen Frau.

OSPEDALETTO

Karte S. 110–111

☎ 041 270 90 12, 041 532 29 20; Barbaria delle Tole
6691; Führung durch die Sala da Musica 3 €;
🕓 April–Okt. Do–Sa 15.30–18.30 Uhr,
Nov.–März Do–Sa 15–18 Uhr; 🚶 Ospedale

So viel zu Roms Versuch, Venedigs Liebe zur
Musik einzuschränken: Die 1664 von Baldassare Longhena entworfene Kapelle und der
angrenzenden Musiksaal des historischen
Hospizes und Waisenhauses (s. S. 167) wird
von einem musikalischen Thema dominiert.
Die Kapelle ist mit Absicht erhebend gestaltet – ein trompetender Engel, der an der Decke schwebt, und ein an die Decke gemaltes
Spiegelbild der gewaltigen Orgel ziehen den
Blick nach oben. Jacopo Guarana malte die
eleganten Fresken in der Sala da Musica, in der
Waisenmädchen europaweit gefeierte Konzerte gaben (s. unten).

MUSEO STORICO NAVALE

Karte S. 110–111

☎ 041 520 02 76; Riva San Biagio 2148; Eintritt 3 €;
🕓 Mo–Fr 8.45–13.30, Sa 8,45–13 Uhr; 🚶 Arsenale

VENEDIGS WAISENORCHESTER

Es passiert nicht oft, dass eine Schiffsbaukrise den Kurs der Musikgeschichte verändert. Doch im 17. Jh. war die Seemacht
von La Serenissima im Niedergang begriffen, da Holz aus dem Veneto für den Schiffsbau knapp wurde und die Pest die
Schiffsmannschaften dahinraffte. Die Staatskassen waren im Minus, also ergriff Venedig Maßnahmen, die heute radikal und
ein bisschen überspannt wirken würden: Die Stadt bot verwaisten oder ausgesetzten Mädchen in vier *ospedaletti* (Waisenhäuser) Venedigs einfache Unterkunft, Verpflegung und Musikunterricht – nur mit der Auflage, regelmäßig Gesangsauftrit-
te und Konzerte zu geben.

Die *putte* (kleine Engel) oder *figlie del coro* (Chormädchen) waren ein eigentümliches venezianisches Phänomen, das
Musikliebhaber, die Schickeria und Neugierige aus ganz Europa nach Venedig zog. Es waren jedoch ernsthafte Konzerte,
keine musikalischen Intermezzi. Cimarosa arbeitete kurz im Ospedaletto und Vivaldi über Jahrzehnte permanent als Konzertmeister in La Pietà (S. 119), wo er Stücke speziel für die *putte* komponierte. Die Orchester setzten in der Barockmusik
neue Maßstäbe und entfachten eine Besessenheit nach allem, was aus Venedig kam. Die Wirtschaft der Republik hielt sich
damit über Wasser. Venedigs bescheidene Investition in die Ausbildung der Mädchen zahlte sich prächtig aus.

Die Waisenorchester spielten auf Konzerten manchmal hinter Abschirmungen, was angeblich dazu diente, sie von ab-
lenkenden lüsternen Blicken zu schützen. Einige Legenden behaupteten jedoch, dass die Mädchen mit sichtbaren Geburts-
fehlern davor bewahrt werden sollten, als Zirkusnummern behandelt zu werden. Die Abschirmungen verhinderten jedoch
auch zweckmäßigerweise, dass die Mädchen das Publikum sahen, in dem jederzeit auch die Eltern sitzen konnten, die sie
ausgesetzt hatten. Nach dem musikalischen Beweis, dass ihre Töchter am Leben und musikalisch erfolgreich waren, hinterließen die Eltern oft aus Schuldgefühl ein üppiges Trinkgeld oder anonyme Spenden, bevor sie sich davonschlichen.

Maritimer Wahnsinn nimmt vier Stockwerke und 42 Säle im Museum für die Seefahrtsgeschichte Venedigs ein. Zu den maßstabsgerechten Booten gehören die herzogliche Prunkbarkasse, Peggy Guggenheims keineswegs minimalistische Gondel, Ozeandampfer und Kriegsschiffe des Zweiten Weltkriegs (s. S. 170). Erster Anlaufhafen im Erdgeschoss sind die weitläufigen Ausstellungen furchterregender Waffen – Kanonen, Donnerbüchsen, Schwerter und Säbel – mit kaum merklichen Blutflecken. Die großen Kanonen wurden in der Inselstadt selten gebraucht, da die flache und schwer zu navigierende Lagune selbst der beste Schutz Venedigs vor Eindringlingen war. Die Dioramakarten aus dem 17. Jh. zeigen die unglaubliche Anzahl venezianischer Häfen und Festungen an der Adria und dem Mittelmeerraum. Zu den vielen großformatigen Modelsegelschiffen im 1. Stock gehört auch ein Modell des luxuriösen *bucintoro,* der Prunkbarkasse der Dogen. Napoleons Truppen hatten das Original 1798 zerstört. Der 2. Stock umfasst die italienischen Marinegeschichte samt Memorabilia von der Einigung bis heute, und im 3. Stock ist ein Saal speziell den Gondeln gewidmet, einschließlich Peggy Guggenheims protziger Gondel. Ein kleiner Raum über dem 3. Stock widmet sich der – echt jetzt – schwedischen Marinegeschichte.

Die Eintrittskarte gilt auch für den **Padiglione delle Navi** (Schiffspavillon; Fondamenta della Madonna) nahe dem Eingang zum Arsenale. Das auffälligste unter all den ausgestellten Booten ist die *Scalé Reale,* ein Prunkboot aus dem frühen 19. Jh., das den König Vittorio Emanuele 1866 zur Piazza San Marco beförderte, als Venedig dem neuen Königreich Italien beitrat. Das Schiff legte das letzte Mal 1959 ab, um den Leichnam des venezianischen Papstes Pius X. zu seiner Ruhestätte in der Basilica di San Marco zu bringen.

CATTEDRALE DI SAN PIETRO DI CASTELLO
Karte S. 110–111

☎ 041 520 61 02; Campo San Pietro 2787; ⏲ tgl. 8–12.30 & 15–19 Uhr; 🚇 San Pietro

So unwahrscheinlich es erscheinen mag, aber diese verschlafene Kirche auf der entlegenen Insel San Pietro war von 1451 bis 1807 Venedigs Hauptkathedrale – nicht etwa die augenfälligere und praktischer gelegene Basilica di San Marco und zudem die Privatkapelle des Dogen. Grund hierfür ist wohl, dass San Pietro (ursprünglich Olivolo genannt) eines der ersten Siedlungsgebiete von Venedig und bereits 775 ein Bischofssitz war.

Die heutige Kirche ist beinahe, aber nicht ganz ein Entwurf Palladios. Palladio erhielt zwar in den 1550er-Jahren den Auftrag, aber der Tod des Patriarchen führte, als Palladio gerade mal zwei Jahre an dem Projekt arbeitete, zu einer Unterbrechung, die bis lange nach dem Tod des Architekten andauerte. Palladios Nachfolger respektierten weitgehend seine Ideen und orientierten sich an der Chiesa del Redentore (S. 122) in Giudecca. Die monumentale Fassade wurde schließlich Ende des 16. Jhs. vollendet. Bemerkenswert sind die schönen Arbeiten an der gewaltigen 54 m großen Kuppel, die in der Größe Michelangelos Kuppel im Vatikan gleichkommt. Baldassare Longhena schuf den barocken Hauptaltar.

Zwischen dem zweiten und dritten Altar rechts in der Kirche steht ein Sessel mit verschlungen gemeißelter Lehne, der als „Petrusthron" bezeichnet wird. Einer der zahlreichen Legenden Venedigs nach wurde der eindrucksvolle Sessel vom Apostel Petrus in Antiochia benutzt und diente später als Versteck des heiligen Grals. Die Geschichte hat alle Zutaten für eine Fortsetzung von *Indiana Jones,* aber nur wenig Wahres: Die Sessellehne ist ein gestohlener muslimischer Grabstein.

San Pietros blendend weißer Glockenturm aus istrischem Stein erreicht von Codussi (vollendet 1490), neigt sich in einem befremdlichen Winkel. Daneben befindet sich das bröckelige ehemalige Patriarchat, einst als Militärkaserne genutzt und heute teilweise von Wohnungen belegt.

MUSEO DELLE ICONE
Karte S. 110–111

☎ 041 522 65 81; www.istitutoellenico.org; Campiello dei Greci 3412; Erw./Stud. 4/2 €; ⏲ Mo–Sa 9–12.30 & 13.30–16.30, So 9–17 Uhr; 🚇 San Zaccaria

Leuchtende Farben und alles sehende Augen füllen das Ikonenmuseum, eine Schatzkammer mit etwa 80 griechischen Ikonen, die im 14. bis 17. Jh. in Italien entstanden sind. Besonders eindrucksvoll ist die des *San Giovanni Climac,* (Johannes Klimakos). Sie zeigt den frommen Verfasser eines griechischen geistlichen Pamphlets, wie er von Visionen über Seelen, die in die Hölle fahren, abgelenkt wird. Das Museum hat etliche verwirrende Namen: Es wird auch *Museo dei Dipinti Sacri Bizantini* (Museum heiliger byzantinischer Gemälde) genannt, das zur Chiesa di San Giorgio dei Greci zählt und damit eigentlich zum Istituto Ellenico (hellenistisches Institut) gehört. Dieser Sitz der griechisch-orthodoxen Gemeinde Venedigs wurde von Baldassare Longhena erbaut und diente bis ins 20. Jh. als Armenkrankenhaus. Es ist ein Denkmal für die ethnische Vielfalt und religiöse Toleranz der Stadt.

CHIESA DI SAN GIORGIO DEI GRECI
Karte S. 110–111

☎ 041 522 65 81; Campiello dei Greci 3412; Eintritt frei; ⏰ Mi–Sa & Mo 9–12.30 & 14.30–16.30, So 9–13 Uhr; 🚢 San Zaccaria

Griechisch-orthodoxe Flüchtlinge, die mit dem Aufstieg des Osmanischen Reichs aus der Türkei nach Venedig kamen, bauten hier 1536 eine Kirche, und zwar mit Hilfe einer Sondergenehmigung, Steuern von einlaufenden griechischen Schiffen zu erheben (s. S. 172). Die kleine Kirche mit dem Spitznamen „Hl. Georg der Griechen" besitzt eine eindrucksvolle Ikonostase und etliche byzantinische Ikonen sowie feinen Weihrauch, der noch immer beim Gottesdienst benutzt wird. Der separate schlanke Glockenturm wurde 1603 vollendet und neigte sich von Anfang an nach rechts. Mittlerweile scheint er fast in den Kanal zu fallen.

CHIESA DI SAN GIOVANNI IN BRAGORA Karte S. 110–111

☎ 041 520 59 06; Campo di Bandiera e Mori 3790; Eintritt frei; ⏰ Mo–Sa 9–11 & 15.30–17.30 Uhr; 🚢 Arsenale

Die heitere Backsteinkirche aus dem 15. Jh. mag abweisend wirken, aber innen erstrahlt sie mit Bartolomeo Vivarinis Bild Madonna auf dem Thron mit dem hl. Andreas und Johannes dem Täufer von 1478, das die Madonna mit einem hüpfenden Jesuskind auf ihren Knien zeigt. Bartolomeos Neffe Alvise Vivarini malte 1494 einen älteren Jesus in seinem großartig restaurierten Bild Segnung des Erlösers mit einem wolkenartigen Bart und Augen, die dem Betrachter zu folgen scheinen. Die Kirche vereint harmonisch und mit offensichtlicher Leichtigkeit Gotik und Renaissance, alte und avantgardistische Stilformen, die den passenden Ton für Antonio Vivaldi setzten, der hier getauft wurde. Siehe S. 169.

CHIESA DI SAN MARTINO Karte S. 110–111

☎ 041 523 04 87; Campo San Martino 2298; Eintritt frei; ⏰ tgl. 9–12 & 16.30–19.30 Uhr; 🚢 Arsenale

Mit der Hand im Maul des Löwen etwas Nettes über seine Nachbarn zu sagen, mag vielleicht dabei helfen, all die gefährlichen Gerüchte wiedergutzumachen, die über die Jahre über die bocca di leoni (Maul des Markuslöwens) verbreitet wurden. Venezianer wurden aufgefordert, anonyme Denunziationen über ihre Nachbarn durch das Maul zu stecken. Sie meldeten so dem gefürchteten venezianischen Geheimdienst, dem Zehnerrat, gottlose Taten von Fluchen (verzeihlich) bis zur Freimaurerei (mit dem Tod zu bestrafen).

Das Thema der Verfolgung setzt sich innen mit den Gemälden von Palma Il Giovane fort, auf denen Jesus auf dem Weg nach Golgatha ausgepeitscht wird. Sie hängen nahezu außer Sicht im Chorgestühl, sind aber dennoch vom Altar aus zu sehen. Der Namensgeber der Kirche, der Hl. Martin von Tours (316–97), war der erste christliche Heilige, der eines natürlichen Todes und nicht als Märtyrer starb. Er war ein Priester, der nach seinem Dienst in der römischen Armee in Gallien bekehrt wurde. Andrea Sansovino hat 1654 die heutige Kirche entworfen. Die Fassade aus hellem istrischem Marmorstein wurde jedoch erst 1897 hinzugefügt.

Siehe auch S. 170.

CHIESA DI SANTA MARIA FORMOSA
Karte S. 110–111

Campo Santa Maria Formosa 5267; Eintritt 3 € oder Chorus Pass; ⏰ Mo–Sa 10–17, So 13–17 Uhr; 🚢 San Zaccaria

Das Gotteshaus, das 1492 von Mauro Codussi an der Stelle einer Kirche aus dem 7. Jh. erbaut wurde, trägt einen merkwürdigen Namen (kurvenreiche Maria), der zu zwei Legenden führte. Die eine behauptet, dass der Name aus Versehen über eine verwirrende Adressangabe einer drallen ortsansässigen Kurtisane enstand, und zwar in einem venezianischen Reiseführer des frühen 16. Jhs. in den finsteren Zeiten vor Lonely Planet (s. S. 173). Die andere erzählt die Geschichte von San Magno, Bischof von Oderzo, der an dieser Stelle eine Vision der Jungfrau Maria hatte. Anders als die übliche Vorstellung der Madonna war diese venezianische Vision wunderschön und wohlgeformt formosa.

Durch eine österreichische Bombe wurde der Innenraum der Kirche 1916 beschädigt. Aber zu den erhaltenen Kunstwerken gehören ein Altarbild von Palma il Vecchio mit der Hl. Barbara, einer ganzen Schar Heiliger und des Leichnams Christi in den Armen seiner Mutter. Gleich links nach dem Haupteingang hängt eine byzantinische Ikone der Hl. Maria von Lepanto aus dem 16. Jh. Neben der ersten

Kapelle auf der gleichen Seite befindet sich ein ägyptische-koptisches Gewand aus dem 8. Jh., das der Schleier der Hl. Marina gewesen sein soll – ein seltenes Relikt aus der nach ihr benannten und zerstörten Kirche der Heiligen, die einst auf dem nahen Campo Santa Marina stand.

STATUE DES BARTOLOMEO COLLEONI
Karte S. 110–111

Campo SS Giovanni e Paolo; 🚇 **Ospedale**
Wenn der gallopierende Bartolomeo Colleoni (s. S. 166) in Sicht kommt, wurde die Grenze von Cannaregio nach Castello überschritten. Die bronzene Reiterstatue ist nur eine von zwei solcher Statuen in der Stadt, die an einer der loyaleren venezianischen Söldnerbefehlshaber auf dem Festland erinnern. Colleoni kommandierte seit 1448 Armeen für die Republik. Allerdings wechselte er, wie es unter Söldnern üblich ist, mehrmals die Seiten, etwa wenn er sich bei der Bezahlung oder Beförderung übergangen fühlte. Nach seinem Tod 1474 vermachte er Venedig 216 000 Gold- und Silberdukaten sowie einige Immobilien, allerdings zu einer Bedingung: Die Stadt sollte ihm zu Ehren auf der Piazza San Marco eine Statue errichten. Da selbst kein Doge je einen solchen Ehrenplatz erhielt, fand der Senat ein Hintertürchen, indem sie die Vereinbarung weitläufig interpretierten: Die prächtige Statue sollte stattdessen auf der Piazza vor der Scuola Grande di San Marco aufgestellt werden. Wenigstens kann Colleoni beruhigt sein, dass die Republik nicht an der Statue selbst geknausert hat. Sie wurde mit imposanter Pracht vom Bildhauer Verrocchio (1435–88) geschaffen.

SOTOPORTEGO DEI PRETI Karte S. 110–111

abzweigend von der Salizada Pignater, Ecke Campo di Bandiera e Mori; 🚇 **Arsenale**
Die Treppen hinunter und durch den Bogen dieses *sotoportego* (Durchgang) befindet sich ein rötlicher herzförmiger Stein in Handgröße. Der Legende nach sollen Paare, die ihn berühren, sich für immer lieben. Wer aber noch nicht bereit für eine Bindung ist, kann hier wenigstens ungestört knutschen.

MUSEO DIOCESANO D'ARTE SACRA
Karte S. 110–111

☎ 041 522 91 66; www.museodiocesanovenezia.it; Chiostro di Sant'Apollonia 4312; Eintritt je nach Ausstellung; 🕐 Mo–Sa 10–12.30 Uhr; 🚇 San Zaccaria
Das Museum, das in einem ehemaligen, der Sant'Apollonia geweihten Benediktinerkloster untergebracht ist, zeigt eine ziemlich vorhersagbare Sammlung sakraler Kunst und gelegentlich eine herausragende Wechselausstellung. Der herrliche romanische Kreuzgang auf dem Weg zum Museum ist jedoch ein in Venedig seltenes Beispiel dieser Art und zudem oft länger geöffnet als das Museum. Das angrenzende Gebäude war bis 1906 eine Kirche und birgt nun Ausstellungsräume.

CHIESA DI SAN LIO Karte S. 110–111

Campo San Lio; Eintritt frei; 🕐 **Mo–Sa 15–18 Uhr;** 🚇 **Rialto**
Giandomenico Tiepolo hatte wirklich ein Händchen dafür, einen Raum zum Leuchten zu bringen. Wenn sich die Augen an die atmosphärische Dunkelheit der Kirche aus dem 11. Jh. gewöhnt haben, sollten sie nach oben zum prachtvollen Deckenfresco *Die Herrlichkeit des Kreuzes und der hl. Papst Leo IX.* von Tiepolo gehen. Links nahe dem Haupteingang befindet sich Tizians *Hl. Jakob der Ältere*. Aber die Kirche ist berühmter für einen anderen venezianischen Künstler, nämlich den großen *vedutista* (Landschaftsmaler) Canaletto, der in dieser seiner Gemeindekirche getauft und bestattet wurde. Siehe S.173.

LA PIETÀ Karte S. 110–111

☎ 041 523 10 96; Riva degli Schiavoni 4149; 🕐 nur bei Konzerten; 🚇 San Zaccaria
Die von Giorgio Massari entworfene Kirche heißt eigentlich Chiesa di Santa Maria della Visitazione, wird aber liebevoll La Pietà genannt. Sie ist am bekanntesten für ihre Verbindung mit dem Komponisten Vivaldi, der hier Anfang des 18. Jhs. Konzertmeister war – deswegen auch die gelegentliche Nutzung als Konzertsaal. Die ursprüngliche Kirche befand sich nebenan. Ein paar ihrer Fragmente sind noch im Hotel Metropole (s. S. 172) zu sehen.

RUND UM DIE LAGUNE

Essen S. 210; Einkaufen S. 191; Schlafen S. 243

Andere Städte sind von Vororten und Einkaufszentren umgeben; bei Venedig ist es eine blaue Lagune mit fotogenen Inseln, Villen am Wasser und seltenen Tierarten. Auf den Inseln findet sich alles von verlassenen Klöstern bis zu Luxusresorts und von modernen Zentren der Glasbläserkunst bis hin zu alten byzantinischen Städten, oft nur durch einen schmalen Kanal voneinander getrennt.

Die am nächsten gelegene Insel ist Giudecca, ein ehemaliger Industrie- und Gefängnisdistrikt, das Gartenviertel des venezianischen Adels und heute das inoffizielle siebte *sestiere* Venedigs. Jetzt sind in den Lagerhäusern avantgardistische Theater und Kunstausstellungen untergebracht. Luxusreisende können sich in den Wellnesshotels am Wasser entspannen, und im Gefängnis wird jetzt Biogemüse angebaut. Daneben liegt die Isola di San Giorgio Maggiore, die von Palladios gleichnamiger Kirche dominiert wird und das Zentrum für Zeitgenössische Kunst und Kultur der Giorgio Cini Stiftung beherbergt.

In nur 10–15 Minuten Fahrt mit dem Vaporetto erreicht man den Lido, Venedigs langen Strand mit Grandhotels, *stile liberty*-Villen unter Pinien und dem verschlafenen Fischerort Malamocco, der an einer schützenden Seemauer liegt. Neben dem Sand hat der Lido zwei Dinge zu bieten, die es im Zentrum von Venedig nicht gibt: Die Internationalen Filmfestspiele mit Spitzenstars auf dem roten Teppich und Autos inklusive der unvermeidlichen Staus. Tiefer in der Lagune erstreckt sich die schmale Insel Pellestrina wie ein knochiger Finger in Richtung Festland.

Nördlich von Venedig liegen die drei am häufigsten besuchten Inseln. Schon seit dem 8. Jh. wird auf Murano Glas geblasen, und heute locken die in Kleinserie hergestellten modernen Glaskunstwerke die Käufer in Scharen auf die Insel. Interessant sind auch die Störche, die versonnen auf einem Bein balancieren, und Kormorane, die nach einer Fischmahlzeit die Flügel zum Trocknen ausbreiten. Für jeden, der genauso gern Fisch isst, sind die Restaurants der Fischerinsel Burano mit dem fröhlichen Durcheinander bunter Häuser ein Geheimtipp.

Die fast menschenleere Insel Torcello mit den goldenen Mosaiken von Santa Maria Assunta ist ein schöner Ort, um das Lagunenabenteuer mit einer himmlischen Note ausklingen zu lassen. Wer gern seine Ruhe hat, kann entspannte Tage auf einem Boot in der Lagune verbringen und die Reiher beobachten, die auf den flachen *barene* kauern. Oder man lässt sich im Boot an der Irrenhausinsel San Servolo vorbei zur armenischen Klosterinsel San Lazzaro degli Armeni treiben und weiter zur überwucherten Pest-Quarantänestation auf Lazzaretto.

Die Linien 41, 42 und N fahren regelmäßig nach Giudecca, das am einfachsten von Ferrovia, Piazzale Roma und San Zaccaria zu erreichen ist. An den Lido geht es mit den Vaporetti 1, 51, 52, 61, 62 und N von diversen Anlegestellen. Nach Murano fahren 41 und 42 am regelmäßigsten. Für Burano ist es die LN von der Fondamente Nuove über Murano und Mazzorbo. Von Burano fährt der T-Vaporetto jede halbe Stunde nach Torcello. Linie 13 steuert Le Vignole und Sant'Erasmo an, Linie 20 San Servolo und San Lazzaro.

GIUDECCA

Die wegen ihrer Form ursprünglich *spina longa* (lange Gräte) genannte Insel oder besser Inselgruppe Giudecca hat im Laufe der Zeit einiges erlebt. Vor der Errichtung des Ghettos lebte hier Venedigs jüdische Gemeinde, doch entgegen der Legende ist Giudecca nicht vom Wort „jüdisch" abgeleitet (was auf Italienisch *hebrei* heißt). Vermutlich stammt es von Zudega bzw. von *giudicato* („den Gerichteten") ab, der Bezeichnung für jene rebellischen venezianischen Edelleute, die nach Giudecca verbannt worden waren.

Diese Verbannungen erfüllten ihren Zweck jedoch nicht. Giudecca kam in Mode, und vornehme venezianische Familien (wie die Dandolos, die Mocenigos und die Vendramins) kauften Land, um von Gärten umgebene Villen zu errichten – im Norden mit Aussicht auf Venedig und im Süden auf die offene Lagune. Um das 16. Jh. hatte die Insel durch Landgewinnung etwa ihre heutige Form erreicht. Kaufleute bauten Lagerhäuser und ein florierender Handel machte Giudecca zu einem begehrten Wohnsitz. Mehrere religiöse Orden richteten Mönchs- und Nonnenklöster auf der Insel ein.

In Zeiten der Pest und des Krieges mieden die Menschen ihre Wochenendhäuser für eine Weile. Mit dem Fall der Republik 1797

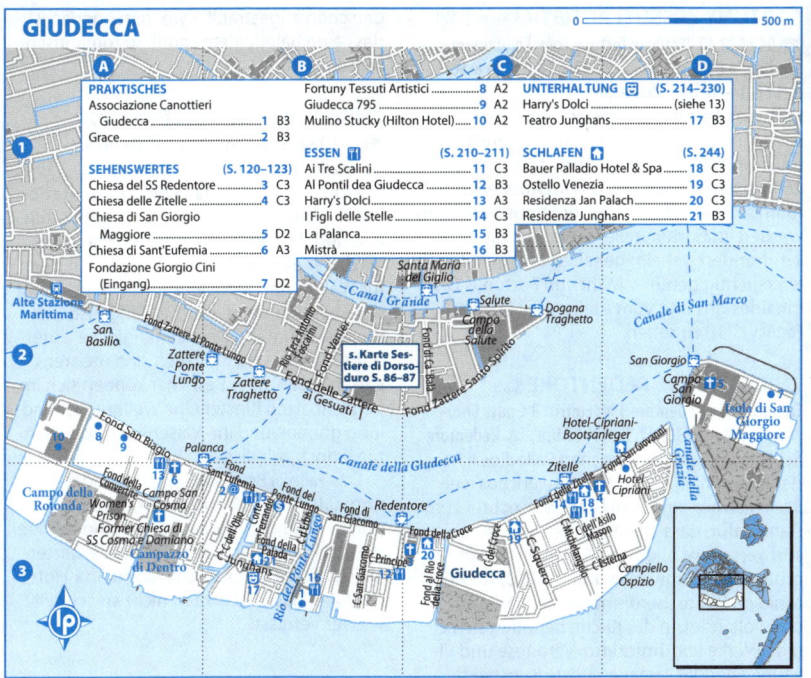

GIUDECCA

0 ———————— 500 m

A

PRAKTISCHES
Associazione Canottieri
Giudecca..................................1 B3
Grace..2 B3

SEHENSWERTES (S. 120–123)
Chiesa del SS Redentore 3 C3
Chiesa delle Zitelle 4 C3
Chiesa di San Giorgio
Maggiore 5 D2
Chiesa di Sant'Eufemia 6 A3
Fondazione Giorgio Cini
(Eingang).................................7 D2

B

Fortuny Tessuti Artistici 8 A2
Giudecca 795.................................9 A2
Mulino Stucky (Hilton Hotel)...10 A2

ESSEN (S. 210–211)
Ai Tre Scalini 11 C3
Al Pontil dea Giudecca 12 B3
Harry's Dolci...............................13 A3
I Figli delle Stelle 14 C3
La Palanca 15 B3
Mistrà 16 B3

C

UNTERHALTUNG (S. 214–230)
Harry's Dolci ....(siehe 13)
Teatro Junghans 17 B3

SCHLAFEN (S. 244)
Bauer Palladio Hotel & Spa ..18 C3
Ostello Venezia 19 C3
Residenza Jan Palach 20 C3
Residenza Junghans 21 B3

D

und auch danach änderte sich vieles, vor allem für die Orden auf der Insel. So wandelte die Obrigkeit z. B. 1857 ein Nonnenkloster und Hospiz in ein Frauengefängnis für geläuterte Prostituierte um. Schließlich mussten die Gärten Kasernen, Fabriken und Wohnblocks für Arbeiter weichen. An der Fondamenta Rio di Sant'Eufemia wurden die einstige Kirche und das Kloster von SS Cosma e Damiano in eine Fabrik umgewandelt und der Glockenturm war fortan der Schlot. Als der Jugendstil Designer Fortuny sein Geschäft erweitern wollte, verlegte er seine Werkstatt in eine Gartenvilla an der Fondamenta San Biagio.

Heute zeigt Giudecca ein ganz anderes Gesicht. Das ehemalige Kloster SS Cosma e Damiano ist zu wunderschönen Lofts zum Leben und Arbeiten umgebaut worden. In Ateliers im einstigen Kreuzgang verkaufen Künstler Glas, handgeschöpftes Papier und Parfüms. Das ehemalige, nicht weit entfernte Munitionslager ist jetzt ein Theater, das Teatro Junghans (s. S. 228). In den Lagerhäusern neben Fortuny auf der Fondamenta San Biagio haben sich Galerien etabliert. Und das von Palladio entworfene Kloster und Waisenhaus bei seiner klassischen Zitelle-Kirche aus weißem Marmor ist heute das vornehme, ökolo-

gisch orientierte Bauer Palladio Hotel & Spa (S. 244). Das beste Biogemüse (s. Kasten S. 201) und alle schicken Handtaschen bei Banco 10 (S. 190) stammen aus Ausbildungsprogrammen im Frauengefängnis. Erst vor kurzem haben Elton John und sein Partner eine Villa nahe des erstaunlich idyllischen Gefängnisses gekauft. Giudecca ist keine Insel mehr – es ist eine unabhängige Strähne in der Mitte einer Lagune.

Ein paar Dinge haben sich aber nicht geändert: Gondeln werden immer noch in der *squero* von Giudecca gebaut. Und wer bei der alljährlichen Regatta Storica (s. S. 20) im September auf die vermutlich siegreiche Mannschaft wetten möchte, ist gut beraten, sein Geld auf Giudecca zu setzen.

Frischeres *fritto misto* (frittierte Meeresfrüchte) gibt es nirgendwo und abgesehen von dem exklusiveren Harry's Dolci (s. S. 210) gehören die Restaurants von Giudecca zu den preiswerteren rund um Venedig. Den Blick auf die glitzernde Lagune bekommt man überall gratis dazu.

Mit den Vaporetti 41, 42, 82 und N (abends) ist Giudecca von San Marco oder Dorsoduro leicht zu erreichen, ebenso die Piazzale Roma und der Lido.

FORTUNY TESSUTI ARTISTICI Karte S. 121

☎ 041 522 40 78; www.fortuny.com; Fondamenta San Biagio 805; ⏰ Mo–Fr 9 –13 & 14–18, Sa & So 9–11 & 14–18 Uhr; 🚊 Palanca

Marcel Proust war begeistert von Fortunys seidigen Baumwolldrucken mit Jugendstilmustern. Besucher können zwischen rund 260 verschiedenen Designs im Ausstellungsraum stöbern, aber die Produktionstechniken werden im Gartenatelier schon seit einem Jahrhundert geheim gehalten und geradezu eifersüchtig gehütet. Mehr von Fortunys Originaldesigns und vom Atelier sind im Palazzo Fortuny (S. 81) zu sehen.

CHIESA DEL SS REDENTORE Karte S. 121

Campo del SS Redentore 194; Eintritt 3 € oder Chor-Pass; ⏰ Mo–Sa 10–17, So 13–17 Uhr; 🚊 Redentore

Schon von weitem sieht man Palladios Il Redentore von 1577, ein Meisterwerk aus weißem Marmor am Canal Grande, errichtet zum Dank dafür, dass die Stadt vom Schwarzen Tod verschont blieb. Die Arbeit an diesem großartigen Bauwerk wurde 1592 unter Antonio da Ponte (berühmt für die Rialtobrücke) vollendet. In der Kirche befinden sich einige Werke von Tintoretto, Veronese und Vivarini, aber das faszinierendste Kunstwerk wird oft übersehen: Innen über dem Portal zeigt Paolo Piazzas erstaunlich modernes Bild *Der Dank Venedigs für die Befreiung von der Pest* von 1619 die Stadt, wie sie von Engeln in nüchternen Grautönen hochgehalten wird. In dieser Gezeitenstadt hat man das Überleben nie als Selbstverständlichkeit betrachtet und drückt seinen Dank während der Festa del Redentore (Fest des Erlösers; S. 20) aus. Die Venezianer unternehmen diesen Pilgerzug auf einem wackligen Ponton über den Giudeccakanal von der Zattere schon seit 1578.

MULINO STUCKY Karte S. 121

☎ 041 522 12 67; www.hilton.com; Fondamenta San Biagio 753; 🚊 Palanca

Der auffallende, neugotische Klotz der bekanntesten Fabrikanlage der Insel, das Mulino Stucky, wurde im späten 19. Jh. gebaut und beschäftigte einst 1500 Arbeiter. 1954 wurde die Fabrik geschlossen und entging 2000 durch das Eingreifen der Hilton-Hotelkette nur knapp dem Abriss. Nach dem Umbau wurde das Molino Stucky Hilton mit seinen 380 Zimmern, dem Konferenzzentrum und der großartigen Lounge am Pool auf dem Dach 2007 eröffnet. Die Originalfassade ist erhalten geblieben und wird nachts wunderschön angestrahlt – wer hätte gedacht, dass eine beleuchtete Fabrik so romantisch aussehen kann?

CHIESA DELLE ZITELLE Karte S. 121

☎ 041 260 19 74; Fondamenta delle Zitelle; 🚊 Zitelle

Die Chiesa di Santa Maria della Presentazione, die Palladio im späten 16. Jh. entworfen hat, und die allgemein nur Zitelle genannt wird, war eine Kirche und zugleich ein Heim für Waisen und arme junge Frauen (*zitelle* ist der überkommene örtliche Slangausdruck für „alte Jungfer"). Die Kirchenglocke läutet nur sonntags und die Türen sind meistens verschlossen, aber Besucher können sich im benachbarten Kloster eine Wellnessbehandlung gönnen und im Waisenhaus übernachten – doch, wirklich.

Das Palladio Hotel & Spa (S. 244) hat das originale Bauwerk kreativ umgestaltet, ohne Palladios Entwurf, die Marmorwände, die Deckenbalken oder den Klostergarten anzutasten. Das Ergebnis ist ein Spa-Hotel der Oberklasse, das man nicht so schnell wieder vergisst.

top picks

INSELHOPPING AM SONNTAG

- Lido (S. 124) 15 Minuten dauert eine Fahrt mit dem Vaporetto zu Stränden. Außerdem kann man Fahrradtouren oder einen Besuch auf dem Antico Cimitero Israelitico unternehmen.
- Murano (S. 127) Viele Geschäfte sind zwar geschlossen, aber nicht die wichtigsten Sehenswürdigkeiten: Museo del Vetro, Murano Collezioni und die Chiesa dei SS Maria e Donato.
- Burano (S. 129) Massenhaft Fotomotive bieten die quietschbunten Häuser. Ein geruhsames Mittagessen gibt es in der Trattoria al Gatto Nero mit anschließendem Abhängen in Mazzorbo.
- Torcello (S. 130) In der Wildnis von Torcello verbirgt sich ein glitzernder Schatz in der Cattedrale di Santa Maria Assunta und dem Museo di Torcello. Im Locanda Cipriani dürfen Gäste es sich dann in Hemingways Zimmer gemütlich machen.
- Le Vignole (S. 132) Der Tag lässt sich wunderbar auf einer Bootstour mit Terra e Acqua (S. 292) vertrödeln, einschließlich einem Mittgessen am Kanal und einer Wanderung zu Venedigs verlassener Inselfestung.

PALLADIO: EIN ARCHITEKTONISCHES ANTIDEPRESSIVUM

Bevor praktisch jede säulenbestandene Bank und jedes überkuppelte Herrenhaus im Britischen Empire nach seinen Entwürfen gebaut wurde, schuf Andrea Palladio (1508–80) in seiner Heimat Venedig Kirchen und Villen von überragender Leichtigkeit und Kraft. Palladianische Fassaden im ganzen Veneto wurden 2008 anlässlich seines 500. Geburtstages auf Hochglanz gebracht. Es ist also die beste Zeit, um seine charakteristischen weißen Marmorbauten in all ihrer blendenden Pracht anzuschauen. Ihre markanten Formen scheinen extra für spirituelle Erhebung und romantische Spiegelung in den venezianischen Kanälen und im Brenta Riviera im Veneto geschaffen worden zu sein.

Romantiker mögen sich zwar mit dem nächtlichen Anblick der mondbeschienenen Fassaden der Chiesa di San Giorgio Maggiore (S.124) oder der Chiesa del SS Redentore (S. 122) von der anderen Seite des Kanals aus zufrieden geben, aber Architekturliebhaber werden wohl lieber die facettenreichen Gebäude von Nahem betrachten wollen. Innen schaffen umsichtige Verwendung von Gewölben, Dachstühlen und hohen Fenstern großzügige und lichtdurchflutete Räume. Die verschnörkelten Kapitelle und die sparsamen, klaren Flächen lassen einen frühen Rokoko wie auch die historisierende Moderne von Le Corbusier und Tadao Ando erkennen.

Selbst in den kleineren *palazzi* (Stadtpaläste) in Vicenza und Villen an der Brenta lässt Palladio Räume groß, luftig und lichtdurchflutet wirken. Der Legende nach nannte man die von Palladio gebaute Villa Foscari (S. 252) auch La Malcontenta, die Unglückliche, weil angeblich eine Dame von ihrem Ehemann in flagranti erwischt und von Venedig hierher geschickt wurde, um über die üblen Folgen eines Ehebruchs nachzudenken. Draußen stehen zwar Trauerweiden, aber eine Verbannung in diesen Lustbau am Ufer der Brenta und mit Fresken umhertollender mythologischer Figuren geschmückt scheint eher eine Ermutigung zu neuen Untaten zu sein.

Palladio wurde nach dem Tod von Jacopo Sansovino 1570 Venedigs Staatsbaumeister. Doch die konservative Obrigkeit hatte keine Absicht, ihn auf Venedigs Zentrum loszulassen, wo er bestehende Bauwerke mit kühnen, modern-antiken Gebäuden ersetzen wollte. In Vicenza hatte Palladio mehr Glück. Dort bestimmen auch heute noch seine großartigen Entwürfe das Stadtbild. Dicht zusammen betrachtet verleihen Palladios Paläste, Regierungsbauten und das Teatro Olimpico (S. 267) der Stadt eine leichte Anmut. Doch im Schatten Palladios wirken die benachbarten Gebäude unweigerlich plump und ungraziös. Der Architekt starb, bevor er viele seiner Projekte in und um Vicenza vollenden konnte. Aber Vincenzo Scamozzi (1552–1616) führte Palladios Pläne gewissenhaft aus.

CHIESA DI SANT'EUFEMIA Karte S. 121

☎ 041 522 58 48; Fondamenta Sant'Eufemia 680; ⏱ tgl. 9–12 & 15.30–17 Uhr ; 🚊 Palanca

Ursprünglich vereinte die Kirche, die 890 hier stand, vier heilige Frauen unter ihrem Dach, doch Dorothea, Tekla und Erasma waren längst nicht so berühmt wie die byzantinische Märtyrerin Euphemia. Sie wurde hungrigen Löwen zum Fraß vorgeworfen, aber nachdem sie ihr die Hand abgebissen hatten, weigerten sie sich, noch mehr von dem heiligen jungfräulichen Fleisch zu fressen. Ein Wunder? Die schlichte venezianisch-byzantinische Kirche, die heute hier steht, stammt aus dem 14. Jh., aber einige Kapitelle und Säulen im Innern sind noch aus dem 11. Jh. Die hübsche dorische Säulenhalle, die Michele Sanmicheli zugeschrieben wird, wurde um 1596 hinzugefügt.

GIUDECCA 795 Karte S. 121

☎ 340 8798327; www.giudecca795.com; Fondamenta San Biagio 795; ⏱ während der Führungen Di–Fr 15–20, Sa & So 11–20 Uhr; 🚊 Palanca

Wer die Bilder von Tizian mag oder vielleicht die von Tintoretto bevorzugt, ist auf jeden Fall richtig bei Giudecca 795, denn hier gibt es Werke von Künstlern mit einem starken Sinn für Farbe und dynamische Linienführung zu sehen. Besonders beeindruckend sind Vito Campanellis rote Gemälde und Guitamachis grafische Darstellungen von Stadtansichten mit Schienensträngen.

ISOLA DI SAN GIORGIO MAGGIORE

Freunde der Architektur pilgern schon seit Jahrhunderten in diese Ecke der Lagune, denn östlich von Giudeccas Zitelle und Redentore steht Palladios schönste Kirche San Giorgio Maggiore, ein Traum in Weiß, gegenüber von San Marco.

Heute kann man sich kaum noch vorstellen, wie heruntergekommen diese Insel um die Mitte des 20. Jhs. war. Die Kirche bedeckt vom Schmutz der Zeiten und die Gebäude, in denen einst prächtige Klosteranlagen miteinem Kreuzgang und eine wichtige Marineakademie waren, ähnelten Ruinen, ebenso der Hafen. Aber nicht jeder wollte sich mit dem Untergang gerade dieses Werks von Palladio abfinden. Nachdem Vittorio Cini mit seinem Sohn Giorgio aus dem Konzentrationslager

Dachau fliehen konnte, kehrte er 1949 mit der Mission nach Venedig zurück, San Giorgio Maggiore zu retten. Mit ihren Anteilen am Porto Marghera Industriekomplex und an Adriatic Shipping hatten die Cinis 1951 die Mittel zum Kauf der Insel erwirtschaftet. In den folgenden Jahrzehnten hat die Cini Foundation die Insel zu einem Kulturzentrum ausgebaut mit Galerien, in denen Kunst- und Designausstellungen stattfinden, und mit einem avantgardistischen Theater im Garten.

CHIESA DI SAN GIORGIO MAGGIORE
Karte S. 121

☎ 041 522 78 27; Isola di San Giorgio Maggiore; ☽ Mai–Sept. Mo–Sa 9.30–12.30 & 14.30–18.30 Uhr, Okt.–April 9.30–12.30 & 14.30–16.30 Uhr; ⚓ San Giorgio

Bei der Anfahrt auf San Giorgio ist schon auf dem Vaporetto die Sonnenbrille ein Muss, denn Palladios Meisterwerk von 1565–1580 soll den Betrachter blenden. Von vorn wirkt die Fassade aus weißem istrischen Marmor einfach nur gleißend, aber erst aus der Nähe fällt die Tiefe der massiven Säulen auf, die das dreieckige Tympanon tragen. Dieses und weitere Dreiecke symbolisieren die heilige Dreifaltigkeit. Die klassischen Proportionen erinnern an alte römische Tempel, nicht an den pompösen Barockstil, der zu Palladios Zeit modern war. Innen ist San Giorgio die einzige venezianische Kirche, bei der man sich daran erinnern muss, auf die Gemälde zu achten. Die Decke wölbt sich über dem großzügigen Mittelschiff und die hohen Fenster lassen die Sonne herein. Der schwarz, weiß und rot gehaltene Boden lenkt den Blick auf einen Altar, der von Tintorettos *Mannalese* und *Abendmahl* flankiert wird. Seine *Kreuzabnahme* ist in der nahen Cappella dei Morti zu sehen. Mit dem Fahrstuhl (3 €) geht es auf den 60 m hohen Glockenturm mit der großartigen Aussicht auf Giudecca, San Marco und die Lagune.

FONDAZIONE GIORGIO CINI Karte S. 121

☎ 041 271 02 80; www.cini.it; Isola di San Giorgio Maggiore; Erw./Sen. & Stud./Kind 7–12 Jahre/unter 7 Jahren 12/10/8 €/frei; ☽ Mo–Sa 10–18.30 Uhr; ⚓ San Giorgio

Eine ehemalige Marineakademie beherbergt jetzt das schiffsförmige Museum der Fondazione Giorgio Cini. Die ursprüngliche hohe Schiffsdecke ist erhalten geblieben und die Treppen aus Glas und rostigem Eisen tragen zum verwitterten Look bei. Gezeigt werden neben italienischen auch internationale Aus-

stellungen, darunter phantastische japanische Typographien und eine Retrospektive von Werken des 1907 in Venedig geborenen poetischen Abstrakt-Künstlers Giuseppe Santomaso, darunter seine *Briefe an Palladio*, informelle Gemälde von Briefumschlägen mit palladianischen Motiven.

Hinter Palladios großartiger Kirche erstreckt sich das Gelände des ehemaligen Klosters mit seiner langen Geschichte, die im 10. Jh. mit den Benediktinern begann und mit der von Longhena in den 1640er-Jahren gebauten Treppe und Bibliothek endete. Der Chiostro dei Cipressi (benannt nach den vier Zypressen im Kreuzgang) ist der älteste erhaltene Teil der Anlage und wurde 1526 im Stil der Frührenaissance erbaut. An einer Seite davon liegen die Zellen der 56 Benediktinermönche, die hier einst lebten.

Ein Spaziergang durch den Garten führt zum Freilufttheater Teatro Verde, das aus den 1950er-Jahren stammt und in dem im Sommer manchmal Aufführungen stattfinden.

Der Chiostro del Palladio (von ihm entworfen) befindet sich am Ort einer großen Bibliothek, die durch Feuer zerstört wurde. Er war ein Geschenk von Cosimo de' Medici als Dank für seinen Aufenthalt während der Verbannung von Florenz im Jahr 1433.

Palladio entwarf auch das monumentale Refektorium, wo Veroneses Meisterwerk, *Nozze di Cana* (Die Hochzeit zu Kana) hing – zumindest bis zur Ankunft von Napoleon. Ihm gefiel das Bild, und so schnitt er es in zwei Hälften, rollte es zusammen und schickte es nach Paris, wo es noch heute im Louvre zu sehen ist. Aber 2009 hat Regisseur Peter Greenaway das Werk mit seinen gefeierten Video Art Projections von Veroneses Gemälden wieder an seinen rechtmäßigen Platz „zurückgebracht". Diese Arbeit hat den anderen Künstlern der Biennale fast die Schau gestohlen, denn die digitale Bearbeitung brachte die Videoversionen näher an Veroneses unverwechselbare Farben und seine nahtlose Komposition heran als die zusammengeflickte Leinwand im Louvre es vermag.

LIDO DI VENEZIA

Als Karl Lagerfeld nach der passenden Location für Chanel's Bademoden-Kollektion 2009 suchte, war der Lido seine erste Wahl. Die schmale Insel bringt schon seit dem späten 19. Jh. die Schickeria an den Strand. Damals flüchtete die Oberschicht von Venedig vor den heißen, überfüllten Sommern in ihre luftigen *stile liberty*-Villen. Noch heute stehen rund 200 von ihnen zwischen den windumspielten Pinien des Lido. Thomas Manns melancholische Erzählung *Tod in Venedig* spielt am Lido der Jahrhundertwende und noch heute kann man schmiedeeiserne Balkongitter und Ferienanlagen am Strand entdecken, die aus dieser vornehm-dekadenten Zeit stammen.

Die Strände des Lido haben nichts von ihrer Anziehungskraft verloren, vor allem auf der Adriaseite, wo das sauberere Wasser an heißen Tagen für eine maximale Sonnenschirmdichte sorgt. Hier stehen auch die großen alten Luxushotels, darunter das prunkvolle Hotel des Bains (s. S. 244) mit seiner wunderbaren Verandabar (Colony Bar; S. 224). Nach 14 Uhr lässt der Andrang am Strand nach und die Zugangspreise sinken um ein paar Euro. Ein guter Tipp, um nichts bezahlen zu müssen und dem Ansturm zu entgehen: Bei Lido on Bike an der Vaporetto-Anlegestelle ein Fahrrad mieten und Richtung Süden nach Alberoni oder an einen der anderen leeren, windigen Strände fahren. Aber Vorsicht, hier herrscht Verkehr – nach ein paar Tagen in Venedig können die auf der Fähre von Tronchetto hergebrachten Autos ein ziemlicher Schock sein.

Das größte Event auf dem Kalender des Lido findet im September statt, wenn Starlets und ihr Gefolge bei den Internationalen Filmfestspielen (auch bekannt als Mostra del Cinema di Venezia; s. S. 20) versuchen, die Paparazzi mit italienischer Mode zu blenden. Die Veranstaltungen finden im Palazzo della Mostra del Cinema aus den 1930er-Jahren statt. Das Event live zu erleben, erfordert Planung und viel Geld. Vermutlich muss man nicht nur mit Brangelinas ganzem Stab um Zimmer- und Restaurantreservierungen konkurrieren, sondern auch damit rechnen, dass die Hotels ihre Hochsaisonpreise mindestens verdoppeln.

Der Lido, der mit den Vaporetti 1, 51, 52, 61, 62, 82 und N von San Marco in nur 15 Minuten zu erreichen ist, bildet eine Landgrenze zwischen der Lagune und der Adria. Nach Malamocco im Süden der Insel kommt man am besten mit dem Fahrrad oder dem Bus B von der Haltestelle nahe der Vaporetto-Anlegestelle bei Gran Viale Santa Maria Elisabetta. Auf der Lagunenseite ist die Isola di San Lazzaro degli Armeni (s. S. 133) nicht weit entfernt, und dichter am Ufer befindet sich die ehemalige Leprakolonie und Pest-Quarantäne-Insel Isola del Lazzaretto Vecchio.

LIDO DI VENEZIA

0 ——— 1 km

Sant'Elena
Isola di Sant'Elena
Zum Aerodrome (100 m);
Chiesa di San Nicolò (200 m);
San Nicolò
Zum Ultima Spiaggia di Pachuka (700 m)
Isola di San Servolo
Lido
Riviera di Santa Maria Elisabetta
Piazza Tedla
Piazzale S. M Elisabetta
Laguna Veneta
Isola di San Lazzaro degli Armeni
Piazzale Bucintoro
Isola di San Clemente
Lido di Venezia
Piazza Flume
Golfo di Venezia
Isola del Lazzaretto Vecchio
Piazzale del Casino
Piazza Antonio
Piazza Tria
Piazza Lido Antonio
Garage
Zum Cà del Borgo (3 km); Malamocco (3 km); Trattoria da Scarso (4 km); Alberoni Beaches (6 km)

LIDO STRÄNDE Außerhalb von Karte S. 125

Lido di Venezia; Pfand/Liegestuhl/Sonnenschirm & Stuhl/Hütte 5/6/11/17 €; ⏱ die meisten Strände Mai–Sept. 9.30–19 Uhr; 🚊 Lido

Zwischen dem schwülheißen Venedig im Sommer und Liegestühlen und gebräunten Rettungsschwimmern scheinen Welten zu liegen, aber tatsächlich trennen sie nur 15 Minuten mit der Fähre. An den meisten Stränden des Lido muss man für Liegestuhl, Schirm und Hütte bezahlen, aber der Andrang der Sonnenhungrigen lässt gegen 14 Uhr nach, und dann sinken auch die Preise um ein paar Euro. Um nichts bezahlen zu müssen und den Massen italienischer Wochenendurlauber aus dem Weg zu gehen, geht es mit dem gemieteten Fahrrad Richtung Süden nach Alberoni und an die anderen, noch einsameren Strände.

LIDO ON BIKE Karte S. 125

☎ 041 526 80 19; www.lidoonbike.it; Gran Viale 21b; Single/Paar/Fam.-Räder pro Std. 3/7/14 €, Tandem 6–18 €, Single/Tandem pro Tag 9/8 €; ⏱ März–Okt. tgl. bei gutem Wetter 9–19 Uhr; 🚊 Lido

Dieser freundliche Betrieb am Vaporetto-Anleger vermietet Fahrräder, mit denen sich der Lido in aller Ruhe erforschen lässt. Die Preise sind moderat, und eine Karte gibt es gratis. Es herrscht allerdings Ausweispflicht, da nur an Erwachsene vermietet wird. Und bitte auf den Verkehr achten – hier fahren Autos.

MALAMOCCO Außerhalb von Karte S. 125

🚊 Lido

Der Ponte di Borge führt in ein nicht gerade überwältigendes Lagunenstädtchen mit Kanälen und *calli*, in dem es ein paar *campi*, Kirchen, *osterie* und große *palazzi* mit gotischen Fassaden zu sehen gibt. Diese Miniaturausgabe von Venedig, komplett mit Markuslöwen an den mittelalterlichen Fassaden, war von 742 bis 811 die Hauptstadt der Lagune. Alte Berichte erwähnen aber noch einen weiteren Ort namens Malamocco, der in den frühen Jahren der Republik von dem fränkischen König Pippin belagert wurde und dann plötzlich verschwand. Manche Leute vermuten, dass dieses venezianische Atlantis immer noch wie unberührt dasteht und in den Tiefen der Lagune versunken ist.

ANTICO CIMITERO ISRAELITICO

Karte S. 125

☎ 041 71 53 59; Eintritt durch das Museo Ebraico Erw./Schüler 8,50/7 €; ⏱ 1-stündige Führungen auf Italienisch & Englisch April–Sept. So 14.30 Uhr; 🚊 Lido

Epische Gedichte scheinen sich in diesem stillen, aber leider überwucherten Garten, der von 1386 bis zum 18. Jh. Venedigs jüdischer Hauptfriedhof war, ganz von selbst zu schreiben. Die meisten Grabsteine wurden im späten 19. Jh. von Bauarbeitern entdeckt und man beschloss, sie in einer gewissen Ordnung aufzustellen. Im Stil reichen sie von der venezianischen Gotik bis hin zu eindeutig osmanisch beeinflussten Grabmälern. Die einstündigen Führungen des Museo Ebraico (S. 101) erzählen von denen, die hier begraben sind, und der Zeit, in der sie gelebt haben. Führungen in englischer Sprache finden gewöhnlich nur am letzten Sonntag des Monats statt.

PALAZZO DELLA MOSTRA DEL CINEMA Karte S. 125

🚊 Lido

Das faschistische Monument, das aussieht wie ein Flughafenterminal, scheint am Playboy Lido ebenso fehl am Platz zu sein wie ein Badeanzug aus Wolle. Aber sobald der rote Teppich ausgerollt ist und die Stars für die Internationalen Filmfestspiele (s. S. 20) eintrudeln, ergibt alles einen Sinn: Der „Palast des Kinos" ist weniger eine Partylocation als vielmehr ein Ort, an dem neue Filme vorgeführt werden. Doch ohne den roten Teppich schreit der „Wellen"-Eingang von C+S Associates geradezu nach einem Skateboard. Nebenan liegt das ehemalige Casino, eine weitere grellweiße Monstrosität, die in einem bedauerlichen Anfall von faschistischer Bauwut in den 1930er-Jahren das 1527 von Palladio gebaute Originalcasino ersetzte.

PELLESTRINA

Das durch den Porto di Malamocco von der Südspitze des Lido getrennte ländliche Pellestrina (außerhalb von Karte S. 72) ist eines der drei Seetore zwischen der Adria und der Lagune. Auf der 11 km langen Barriereninsel, einer abgetrennten Nehrung gibt es einige Dörfer, in denen aber nur wenige Bauern- und Fischerfamilien leben (insgesamt rund 2900 Menschen). Eine Handvoll kleiner Familienrestaurants serviert hervorragende Fischgerichte und über der Insel kreisen die Vögel der Lagune und warten auf ihren Anteil am Tagesfang. Am Chioggia-Ende der Insel, in der Umgebung der Ca' Roman gibt es ein Vogelschutzgebiet, in dem man die Tiere beobachten kann. Auf der Seeseite stehen die

Murazzi, beeindruckende Zeugnisse der Ingenieurkunst des 18. Jhs. Auch wenn sie nicht besonders imposant aussehen, sind diese massiven Flutmauern doch ein wahres Wunderwerk, denn sie wurden ohne die Hilfe von Kränen oder anderen mechanischen Hilfsmitteln errichtet. Sie sind von monumentaler Größe, um die Lagune vor dem Hereinbrechen des Seewassers zu schützen und lang genug, um noch heute wirksame Wellenbrecher zu sein. Der Pellestrinastreifen und ein Teil der Lidomauern sind noch da, aber die Murazzi haben sich einst von der Südspitze von Pellestrina ohne Unterbrechung rund 20 km weit bis halbwegs an die Küste des Lido erstreckt. Die verheerende Flut von 1966 (s. S. 38) hat enorme Schäden angerichtet, doch die Mauern wurden in den 1970er-Jahren teilweise instandgesetzt. An ruhigen Tagen trennen wenig besuchte graue Sandstrände die Murazzi vom Meer; bei rauer See krachen die Wellen gegen die Steine.

Einen abgelegeneren Ort, um das Lagunenleben Venedigs zu erleben, gibt es kaum. Die gute Seeluft und der geringe Verkehr laden zu einer langen Radtour vom Lido aus ein (s. gegenüber). Eine Alternative: am Vaporetto-Anleger Bus 11 nach Pellestrina nehmen.

ISOLA DI SAN MICHELE

Diese ruhige Friedhofsinsel hat eine hübsche Renaissancekirche zu bieten und ist letzte Ruhestätte vieler einheimischer und ausländischer Persönlichkeiten. Die Vaporetti 41 und 42 von der Fondamente Nuove legen auf dem Weg nach Murano hier an.

CIMITERO

☎ 041 72 98 11; Eintritt frei; April–Sept. tgl. 7.30–18, Okt.–März 7.30–16 Uhr; Cimitero
Der Stadtfriedhof auf der Isola di San Michele wurde erst unter Napoleon eingerichtet. Vorher wurden die Venezianer auf Gemeindefriedhöfen in der Stadt beerdigt – nicht gerade die ideale Lösung, wie Napoleons Inspektoren erkannten. Heute finden sich hier Nekrophile, unverbesserliche Romantiker und Musikliebhaber ein, um die Gräber von Ezra Pound, Sergei Diaghilev und Igor Strawinsky zu besuchen. Sie befinden sich im (ausgeschilderten) Nordostsektor der Insel im „nicht-katholischen" (also protestantischen und orthodoxen) Bereich.

Hierher kommen Architekturliebhaber wegen der hohen Renaissancekirche Chiesa di San Michele in Isola aus weißem istrischen Stein, mit deren Bau Codussi 1469 begann. Die Erweiterung des Friedhofs liegt in den Händen des Architekturbüros David Chipperfield. Bereits fertiggestellt ist der Hof der vier Evangelisten, ein ziemlich düsterer Bunker mit einer Kolonnade aus Beton und Basaltwänden mit eingravierten Szenen aus den Evangelien.

MURANO

Kristall und Glas stellen die Venezianer schon seit dem 10. Jh. her, aber wegen der Feuergefahr beim Glasblasen wurde dieser Industriezweig im 13. Jh. auf die Insel Murano verlagert. Wehe dem Glasbläser mit Wanderlust: Die Geheimnisse des Handwerks wurden so eifersüchtig gehütet, dass jeder Arbeiter, der die Stadt verlassen wollte, als Verräter angesehen und ermordet wurde. Einen kurzen Einführungskurs (keinen Crashkurs!) zum Thema Glas gibt im Museo del Vetro, das absichtlich ein wenig länger geöffnet ist als die Verkaufsräume, damit Besucher erst einkaufen und danach Fragen stellen.

Heute haben die Glaskünstler kein Problem mehr damit, in den mit „Fornace" (Brennofen) ausgeschilderten Werkstätten an der Fondamenta dei Vetrai der Öffentlichkeit zu zeigen, was sie können, weil sie genau wissen, dass niemand sonst Glas von dieser Qualität hervorbringt. Um sicherzugehen, dass das in Venedig gekaufte Glas wirklich Handarbeit aus Murano ist, unbedingt auf das herzförmige Garantiesiegel achten.

Abgesehen von den Glaswerkstätten und ihren Läden hat Murano nicht allzu viel zu bieten. Die Chiesa dei SS Maria e Donato hat ein paar schöne mittelalterliche Glasmosaiken und über die Insel verteilt stehen diverse moderne Glas-Skulpturen. Im Palazzo da Mula (Karte S. 128) am Canal Grande di Murano nahe dem Ponte Vivarini finden gelegentlich Ausstellungen statt, meistens zu einem allgegenwärtigen Thema: Glas. Auf der anderen Seite des Canal di San Donato steht eines der wenigen privaten Anwesen der Insel, die eine gewisse Bedeutung haben, der Palazzo Trevisan aus dem 16. Jh.

Sobald die Ausstellungsräume und Glasstudios um 17 oder 18 Uhr schließen, leeren sich die Straßen sehr schnell, und an den Vaporetto-Anlegern herrscht großer Andrang. Heute müssen die Glasbläser nicht mehr in der Nähe der *fornaci* (Brennöfen) wohnen, um das Feuer zu schüren. Und so leben viele in Mestre oder Venedig. Bei Nacht wirkt Murano geradezu wie ausgestorben.

MURANO

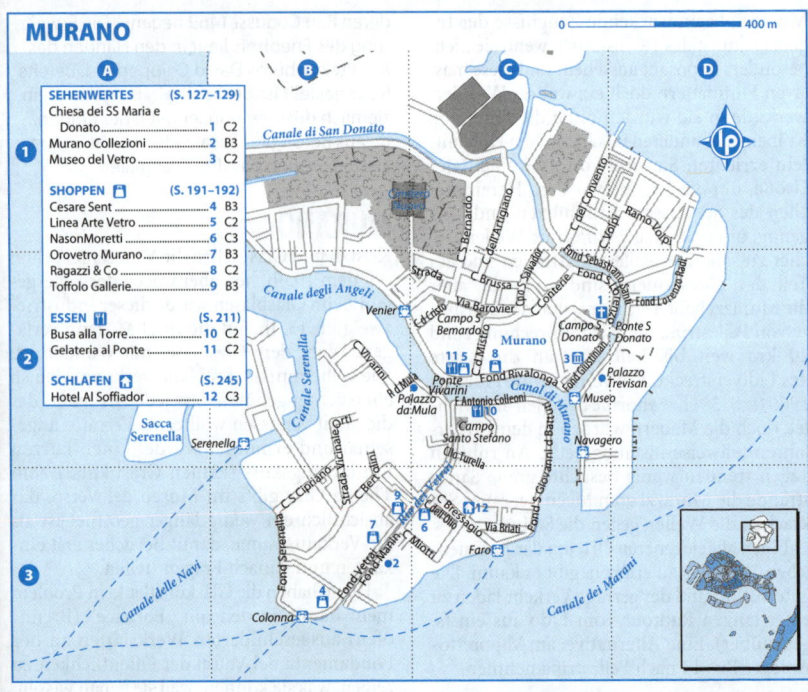

0 — 400 m

SEHENWERTES (S. 127–129)
Chiesa dei SS Maria e
Donato 1 C2
Murano Collezioni 2 B3
Museo del Vetro 3 C2

SHOPPEN (S. 191–192)
Cesare Sent 4 B3
Linea Arte Vetro 5 C2
NasonMoretti 6 C3
Orovetro Murano 7 B3
Ragazzi & Co 8 C2
Toffolo Gallerie 9 B3

ESSEN (S. 211)
Busa alla Torre 10 C2
Gelateria al Ponte 11 C2

SCHLAFEN (S. 245)
Hotel Al Soffiador 12 C3

CHIESA DEI SS MARIA E DONATO
Karte S. 128

☎ 041 73 90 56; Campo San Donato; ◷ Mo–Sa 9–12 & 15.30–19, So 15.30–19 Uhr; ⚐ Museo

Die Religiosität und die Kunstfertigkeit im Herstellen von Glas zeigen sich an einem einzigen Bauwerk von Murano: Der Chiesa dei SS Maria e Donato, die berühmt ist für das aus dem 12. Jh. stammende Apsismosaik der Jungfrau Maria aus vergoldeten Glassteinchen. Das andere Meisterwerk ist auf dem Boden zu finden: Ein Mosaik im byzantinischen Stil, ebenfalls aus dem 12. Jh. Die Kirche wurde im 7. Jh. gegründet und später dem heiligen Donato umgeweiht, nachdem seine Gebeine von der Ionischen Insel Cephalonia dorthin gebracht wurden, zusammen mit vier Knochen eines Drachen, den er angeblich erlegt hat und die jetzt hinter dem Altar hängen. Der Besuch der Kirche hat Zeit, bis das Museum und die Geschäfte zwischen 17 und 18 Uhr schließen.

MUSEO DEL VETRO Karte S. 128

Glasmuseum; ☎ 041 73 95 86; www.museiciviciveneziani.it; Fondamenta Giustinian 8; Erw./Sen. & Schüler 6–14 Jahre/mit Museumspass oder VENICEcard & unter 6 Jahren 5,50/3 €/frei; ◷ April–Okt. Do–Di 10–18, Nov.–März Do–Di 10–16 Uhr; ⚐ Museo

Schon seit 1861 ist die Glaskunst von Murano im Museo del Vetro zu bewundern. Im Untergeschoss steht irisierendes römisches Glas aus dem 3. Jh. neben der postmodernen, 1992 aus makellosem Glas geblasenen Waschmittelflasche von Maria Grazia Rosin. Oben werden die technischen Einzelheiten der Herstellung von *murrine* gezeigt, der Technik zur Produktion der venezianischen Glasperlen. Der Abschnitt über die Glasmosaiken informiert über mineralische Quellen und die chemischen Reaktionen, die die verschiedenen Farben hervorbringen. Demonstriert wird dies an Miniaturporträts aus Glas, die wahre Meisterwerke sind. Auf der linken Seite liegt der Salone Maggiore (Große Saal) mit seinen Fresken, in dem Kunstwerke von geflügelten Kelchen aus dem 17. Jh. bis hin zu dem Oktopus ausgestellt sind, den Carlo Scarpa 1930 geschaffen hat.

Auch das Museumsgebäude ist bemerkenswert – ein Landhaus aus dem 15. Jh. mit einem friedvollen Garten. Von 1659 bis zu seiner Auflösung im frühen 19. Jh. war es Sitz des Bistums Torcello und danach kurze Zeit das Rathaus von Murano.

O-TON: MARINA SENT

Durchbrechen der Glasdecke Meine Familie gehört seit Generationen zu den Glasdesignern in Murano. Aber in den 1980er-Jahren war die Glasbläserei ein Beruf, der vorwiegend von Männern ausgeübt wurde. Und ich selbst habe Architektur studiert. Als also meine Schwester und ich mit Glas zu arbeiten begannen, war das nur zum Vergnügen, nur um zu sehen, was wir damit machen konnten. Glasschmuck gehörte nicht zur Familientradition, und wir wollten etwas Neues schaffen.

Aufgepeppt Wer sich für Glas interessiert, sollte ins Museo del Vetro (S. 128) gehen und in Murano die Werkstätten und die Schmelzöfen besuchen. Aber Anregungen gibt es überall in Venedig: Ich wurde neulich von Gewürzen, den Bergen von Paprika und Zimt auf den Rialto-Märkten (S. 94) inspiriert.

Engel der Architektur Da mittelalterliche Handwerker die Kapitelle am Palazzo Ducale (S. 74) bezahlt hatten, finanzieren wir nun die Restaurierung der Statue der Tugend an der Seite des Gebäudes – es ist uns eine Ehre, die Handwerkertradition im Herzen von Venedig fortzusetzen.

Marina Sent ist Architektin und Vorkämpferin für modernes Murano-Glasdesign (s. S. 182).

MURANO COLLEZIONI Karte S. 128

☎ 041 73 62 72; www.muranocollezioni.com; Fondamenta Manin 1c-d; ☉ Di–So 10–17 Uhr; ⚓ Colonna
Wie Diven im Teatro La Fenice posieren die wundervollen Kunstwerke aus Glas in diesem dunkel gehaltenen Ausstellungsraum in einem Backstein-Lagerhaus auf angestrahlten Podesten. Hier sind die berühmten Glas-Designer von Murano vertreten: Barovier & Toso, Carlo Moretti und Venini, und auch wenn die hier gezeigten Dinge die Reisekasse sprengen sollten, sind Besucher doch willkommen, sich die funkelnden Kunstwerke aus den verschiedenen Herstellungstechniken anzusehen.

BURANO & MAZZORBO

Nach so viel gotischer Baukunst in Venedig ist Burano ein farbliches Schockerlebnis. Man sieht die Insel schon von weitem, denn die Häuser sind von den hier ansässigen Fischern leuchtend bunt bemalt worden, damit sie das eigene Haus auf der Rückkehr vom Meer möglichst früh erkennen können. Aber da es hier mehr als ein kobaltblaues Haus mit rotem Dach gibt, mussten sich die Einwohner von Burano etwas einfallen lassen – z. B. ein orangefarbenes Vordach oder Blumenkästen mit knallroten Geranien. Damit verglichen sieht der Backsteinbau der Chiesa di San Martino geradezu langweilig aus. Durch die Feuchtigkeit aus der Lagune und die salzige Meeresluft bleibt die Farbe nicht lange erhalten, und deshalb ist der Ort ein ständig wechselnder Flickenteppich aus Struktur, Patina und (Vorsicht beim Anlehnen!) frischer Farbe.

Die 40-minütige Fahrt mit der LN-Fähre von der Fondamente Nuove treten vor allem Fotografen an, die in Buranos Seitenstraßen stürmen, um etwa grüne Strümpfe und violette Slips zu knipsen, die zum Trocknen zwischen pink- und orangefarbenen Häusern hängen. Entweder verlangt irgendein örtliches Gesetz, dass die Einwohner ihre Unterwäsche farblich auf die Häuser abstimmen, oder Burano ist von Natur aus das Fischerdorf mit dem ausgeprägtesten Sinn für Kunst im ganzen Mittelmeerraum.

Viele kommen wegen der Farben und bleiben wegen der Plätzchen: Die ring- und S-förmigen, leicht nach Limonen schmeckenden Vanillebiskuits sind ideal zum Eintauchen in Dessertweine. Die Fische für die leckeren Seafoodgerichte sind hier so frisch wie selbst geangelt, und die schlichte, hervorragende Küche der Trattoria al Gatto Nero (s. S. 211) zieht Gourmets aus ganz Italien an – also unbedingt einen Tisch reservieren.

Burano ist berühmt für seine Spitzen, doch als dieser Bericht geschrieben wurde, war das Museo del Merletto (Spitzen-Museum; ☎ 041 73 0034, www.museicivicveneziani.it) an der Piazza Galuppi 187 wegen Renovierung geschlossen, und ein Großteil der Waren in den örtlichen Boutiquen ist importiert – also unbedingt nach einem Echtheitsnachweis fragen. An sonnigen Tagen kann man in Parks und *campi* immer noch Frauen sehen, die plaudernd zusammensitzen und Spitzenkanten für Kopfkissenbezüge klöppeln.

Wenn die nach Spitze verrückten Reisegruppen einfallen, bleibt die Flucht über die Holzbrücke ins benachbarte Mazzorbo, wo es viel Grün gibt, einen Spielplatz und eine scheinbar gotteslästerliche öffentliche Toilette in der Apsis einer ehemaligen Kapelle. Auch in den ruhigen Ecken des Ortes gibt es viel zu entdecken: Trattorien am Wasser, eine byzantinische Kirche, die gerade restauriert wird, und mit einfachen Laubsägearbeiten geschmückte Häuser mitten zwischen den

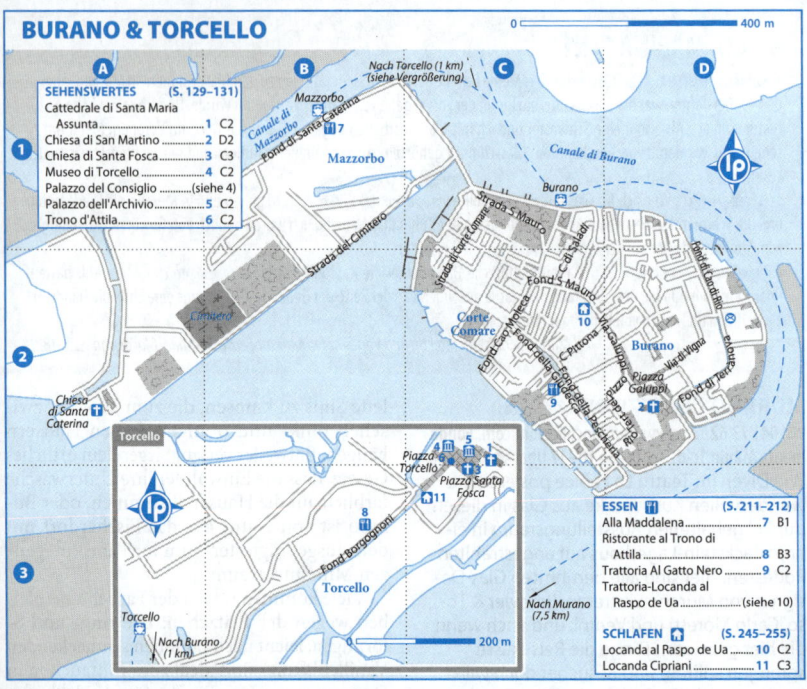

BURANO & TORCELLO

SEHENSWERTES (S. 129–131)
Cattedrale di Santa Maria Assunta	1 C2
Chiesa di San Martino	2 D2
Chiesa di Santa Fosca	3 C3
Museo di Torcello	4 C2
Palazzo del Consiglio	(siehe 4)
Palazzo dell'Archivio	5 C2
Trono d'Attila	6 C2

ESSEN (S. 211–212)
Alla Maddalena	7 B1
Ristorante al Trono di Attila	8 B3
Trattoria Al Gatto Nero	9 C2
Trattoria-Locanda al Raspo de Ua	(siehe 10)

SCHLAFEN (S. 245–255)
Locanda al Raspo de Ua	10 C2
Locanda Cipriani	11 C3

Marktgärten (Artischocken oder *melanzane* sind die einheimische Spezialität). Und um dann noch Lichtjahre weit von den Sehenswürdigkeiten und dem Gedränge in Venedig wegzukommen, gibt es nichts Besseres als ein Nickerchen im Gras.

CHIESA DI SAN MARTINO Karte S. 130

☎ 041 73 00 96; Piazza Galuppi; Eintritt frei;
🕒 Mo–Sa 8–12 & 15–19 Uhr; 🚤 Burano

Diese Kirche aus dem 16. Jh. lohnt einen kurzen Besuch, vor allem wegen der *Kreuzigung* von Giambattista Tiepolo. Der schräge, mit Unkraut auf dem Dach bewachsene Glockenturm hilft beim Spaziergang durch die farbenfrohen *calli* bei der Orientierung. An die Kirche grenzt ein stiller *campo* mit einem einzigen Baum an, der irgendwie ernster wirkt als andere Orte und der vor einiger Zeit nach einer Tragödie umbenannt wurde, deren Auswirkungen bis nach Burano reichten: Corte Settembre 11, 2001.

TORCELLO

Auf der ländlichen Insel Torcello, die in nur drei Minuten von Burano aus mit der Fähre der T-Linie zu erreichen ist, übersteigt die Zahl der Schafe die der rund 20 Einwohner bei weitem. Und doch war dieses verschlafene Örtchen einst eine byzantinische Metropole mit 20 000 Menschen, was die großartigen Mosaiken in der Cattedrale di Santa Maria Assunta beweisen. Doch die Rivalität mit Venedig und eine Reihe von Malariaepidemien dezimierten systematisch den Prunk und die Bevölkerung, bis nur noch romantische Ruinen und die *anatra* (Wildenten) übrig blieben. Hemingway hatte an beidem große Freude und zog sich in den 1930er-Jahren zum Novellenschreiben nach Locanda Cipriani (s. S. 246) zurück.

Von der Fähre kommend, geht es über den Weg am Kanal, die Fondamenta Borgognoni, in nur zehn Minuten ins Herz der Insel. Um den zentralen Platz drängt sich alles, was vom alten Torcello übrig ist: die Archive, die Wohnungen der Geistlichen und ein paar Antiquitätenläden zwischen den wenigen historischen Wohnhäusern. Betrachtet man die heruntergekommenen Gebäude und Denkmäler auf dem *campo* mit den Augen Hemingways, lässt sich erahnen, wie dieser Ort in seiner Blütezeit von der Mitte des 7. bis zum 13. Jh. aussah, als er Sitz des Bischofs von Altinum (dem heutigen Altino) auf dem Festland war. Falls vor der Abfahrt der letzten T-Fähre noch Zeit ist, unbedingt über den *campo* gehen und im leicht verschrobenen Museo di Torcello die Bronzen und Steinrelikte aus Torcellos byzantinischer Blütezeit ansehen.

CATTEDRALE DI SANTA MARIA ASSUNTA Karte S. 130

☎ 041 296 06 30; Piazza Torcello; Kathedrale 4 €, Glockenturm 2 €, beides inkl. Museum 6 €; ♥ März–Okt. 10.30–18, Nov.–Feb. 10–17 Uhr, letzter Zugang zur Kirche/zum Turm 30 Min./1 Std. vor dem Schließen; 🚊 Torcello

Die aus dem 7. Jh. stammende Santa Maria Assunta spiegelt den Ruhm des byzantinischen Reiches wider. Die heilige Jungfrau steigt in einer östlichen Apsis mit Goldmosaiken empor wie die Sonne, hoch über eine Phalanx von Heiligen auf der Ikonostase.

An der Westwand stellt ein Mosaik des Jüngsten Gerichts die Adria als Meerjungfrau dar, die auf See verlorene Seelen zum heiligen Petrus schickt, der die Schlüssel zum Paradies schwenkt wie der Türsteher Gottes. Die Alternative, die diese Mosaiken aufzeigen, hat sicher ausgereicht, um die Gläubigen des Mittelalters schaudern zu lassen, und lässt sogar moderne Horrorfans erblassen: ein grinsender blauer Teufel über aufgespießten Seelen und Schädeln voller Würmer.

Das heutige Bauwerk setzt sich aus der aller ersten Erweiterung der Kirche im Jahr 824 und dem Neubau von 1008 zusammen, womit sie das älteste venezianische Monument im byzantinisch-romanischen Originalzustand ist. Vom Glockenturm lässt sich die Aussicht auf die Lagune und die Tiere genießen, die heute keine Angst vor Ernest Hemingways Jagdgesellschaften mehr haben müssen. Von März bis Oktober schließt der Turm eine halbe Stunde vor der Kirche.

Vor der Kathedrale liegen die ausgegrabenen Überreste der runden Taufkapelle aus dem 7. Jh. Sie wurde mehrmals erneuert, später dann nicht mehr genutzt und schließlich vergessen, bis man sie im 19. Jh. wiederentdeckte. Stufen führen hinab zu einem kleinen Wasserbecken, dem frühchristlichen Standardmodell für Taufen. Andere Überreste auf dem Gelände der Taufkapelle stammen sogar aus dem 4. Jh., was darauf hindeutet, dass die Insel schon zu Zeiten des Römischen Reiches bewohnt war.

Die an die Kathedrale angrenzende Chiesa di Santa Fosca (♥ tgl. 10–16.30 Uhr) wurde im 11. Jh. für die Gebeine der heiligen Fosca gründet.

Es ist eine traurige Geschichte, wie dieses in Libyen aufgewachsene römische Mädchen zur Märtyerin und Heiligen wurde: Als Fosca mit 15 ihren Übertritt zum Christentum verkündete, übergab sie ihr wutentbrannter Vater der Obrigkeit, doch ein Engel verscheuchte die Soldaten. Fosca stellte sich freiwillig, wurde gefoltert und verblutete unter dem Schwert. Nachdem Libyen Mitte des 7. Jhs. von den muslemischen Omaijaden erobert wurde, brachte ein venezianischer Seemann namens Vitale ihre sterblichen Überreste nach Torcello.

MUSEO DI TORCELLO Karte S. 130

☎ 041 270 24 64; Piazza Torcello; Eintritt 3€, inkl. Kathedrale, Glockenturm 6 €; ♥ März–Okt. Di–So 10.30–17.30, Nov.–Feb. Di–So 10–17 Uhr; 🚊 Torcello

Gegenüber der Kathedrale liegt der aus dem 13. Jh. stammende Palazzo del Consiglio mit dem Inselmuseum. Im Erdgeschoss befinden sich ein paar Skulpturenfragmente aus der Kathedrale, ein Weihwasserbecken aus dem 6. Jh. und merkwürdigerweise auch byzantinische Objekte aus Konstantinopel.

Oben in der Sammlung hängen überraschend düstere religiöse Gemälde aus der Werkstatt von Veronese und diverse alte Bürogegenstände aus Torcellos Verwaltung, darunter ein Bleisiegel aus dem 7. Jh.

Die antiken Exponate des Museums sind im Palazzo dell'Archivio untergebracht, gegenüber dem Palazzo del Consiglio. Dazu gehören römische Werkzeuge und Figuren aus Bronze sowie einige Grabstelen (Steinsäulen mit Inschriften) und kleinere figürliche Darstellungen. Die Artefakte aus der Römerzeit wurden fast alle im heute verschwundenen Altino gefunden.

Der grob behauene Stuhl aus Stein draußen wird Trono d'Attila (Attilas Thron) genannt. Der Legende zufolge gehörte diese und beeindruckende Sitzgelegenheit einst dem Hunnenkönig Attila, was historische Erkenntnisse aber mit ziemlicher Sicherheit widerlegen. Er zog zwar 452 nach Norditalien, hatte aber keinen Thron auf der Insel.

Vielleicht ist der Stuhl bei einer Plünderung erobert und dann mit einer guten Story an einen leichtgläubigen Einwohner von Torcello verkauft worden. Heute kann niemand genau erklären, warum er hier auf dem *campo* steht; man nimmt an, dass hohe Beamte hier Platz nahmen, um amtliche Ankündigungen zu machen.

DIE KLEINEREN INSELN

Isola di San Francesco del Deserto

Die einzigen Seelen in dieser Inselwildnis im Herzen der Lagune (s. Karte S. 72) sind die Franziskaner, die diese Insel schon seit Jahrhunderten hüten. Außerdem wurden Beweise für eine frührömische Präsenz gefunden und einer Legende zufolge soll Franz von Assisi 1220 nach einer langen, mühevollen Palästinareise hier Zuflucht gesucht haben. Es heißt, der sanfte Heilige hätte hier seinen Wanderstab eingepflanzt und es wäre ein Baum daraus gewachsen. Das sahen die Franziskaner als Zeichen und wählten die Insel als Rückzugsort. Doch Malaria und harte Lebensbedingungen zwangen die Mönche 1420, die Insel zu verlassen (daher der Name).

Ein anderer Zweig des Ordens beschloss im selben Jahrhundert, einen erneuten Versuch zu wagen und musste festellen, dass das Inselleben immer noch schwierig war. Im 18. Jh. folgte ihnen ein weiterer Zweig der Franziskaner. Papst Leo XIII. vereinte diese reformierten Gruppen im 19. Jh. und schuf den Orden der Frati Minori. Mit neuer Kraft durch ihre Anzahl ist der Orden seitdem auf der Insel geblieben, von einer Unterbrechung unter Napoleon abgesehen.

Heute kann die Insel nach vorheriger Absprache mit dem Kloster (☎ 041 528 68 63; www.isola-sanfrancescodeldeserto.it; Eintritt frei, Spenden erwünscht; ⏰ 9–11 & 15–17 Uhr Di–So nach Anmeldung) besucht werden. Unbedingt vorher anrufen, denn ob die Führungen stattfinden hängt davon ab, ob einer der Franziskanermönche Zeit hat, die Anlage zu zeigen.

In ihr sind noch einige Stücke aus dem 13. Jh. erhalten geblieben, darunter der erste Kreuzgang. Besucher werden gebeten, nur gedämpft zu sprechen, denn dies ist noch immer ein heiliger Ort des Gebets und der Meditation.

Dort hinzukommen ist nicht ganz einfach. Der Besuch lässt sich eventuell als Teil eines Tagesausflugs mit dem Boot buchen, z. B. bei Terra e Acqua (S. 292) oder Città d'Acqua (S. 292). Andere Optionen sind ein Privatboot oder Wassertaxi von Burano, aber das kostet ungefähr so viel wie sonst ein ganzer Tag auf der Lagune. Wenn es das Taxi sein soll, gibt es Infos dazu an der Vaporetto-Anlegestelle in Burano. Für die Hin- und Rückfahrt für vier Personen inklusive 40 Minuten bis eine Stunde Wartezeit ist mit 80 bis 100 € zu rechnen.

Le Vignole & Sant'Erasmo

Willkommen auf dem Land! Zusammen sind die beiden Inseln Vignole Vecchie und Vignole Nuove fast so groß wie Venedig, aber damit endet auch schon jede Ähnlichkeit. Die ländliche Lagunenlandschaft von Le Vignole (s. Karte S. 72) besteht aus Feldern, Wäldchen und Weinbergen. Menschen bekommt man hier nur selten zu Gesicht. Lange Zeit produzierte die Insel den Großteil des Weins für die Dogen und noch heute leben die rund 50 Einwohner von der Landwirtschaft. Das südöstliche Ende der Insel ist immer noch Militärgebiet, aber da es schon lange nicht mehr genutzt wurde, haben es die Vögel für sich entdeckt. Ein paar *osterie* auf der bewohnten Südwestspitze der Insel öffnen gelegentlich an sonnigen Wochenenden und im Sommer, wenn es ein paar Besucher aus Venedig hierher verschlägt.

Eine Landzunge an der Südostspitze von Le Vignole führt auf die Isola di Sant'Andrea mit der am besten erhaltenen Festung der Lagune: dem aus dem 16. Jh. stammenden Forte Sant'Andrea. Die bescheidenen Kanonen der von Michele Sanmicheli erbauten und gewöhnlich nur Castello da Mar (Seeburg) genannten Festung sind aufs Meer gerichtet. Als sie 1797 das letzte Mal abgefeuert wurden, gelang es eins von Napoleons Schiffen zur Umkehr zu bewegen. Außerdem versperrte einst eine Kette von der Festung hinüber zum (nicht mehr vorhandenen) Forte di San Nicolò auf dem Lido feindlichen Kriegsschiffen den Weg in die Lagune. Allerdings wurden die Kanonen und die Kette selten gebraucht, denn die Lagune war berüchtigt für ihr tückisches Fahrwasser und ohne einheimischen Lotsen kaum zu befahren.

Die Stadt ist dabei, das nicht mehr genutzte Militärgelände auf der Isola Sant'Andrea in einen Park umzuwandeln. Schon jetzt gibt es einen gepflegten Weg und mehrsprachige Infotafeln zu den Ruinen der Festung und den dahinterliegenden Kasernen. Davon abgesehen ist das Gebiet eine Wildnis und die einzige Anlegestelle liegt auf der Westseite der Insel. Besuche der Festung lassen sich mit Bootsfahrten verbinden, die z. B. bei Terra e Acqua (S. 292) gebucht werden können – mit Mittagspause am Anleger und einem kurzen Spaziergang zum Castello. Auch Laguna Eco Adventures (S. 292) und Città d'Acqua (S. 292) machen bei ihren Bootstouren auf Wunsch Zwischenstation auf Le Vignole.

Zusammen mit Le Vignole ist Sant'Erasmo (s. Karte S. 72) bekannt als *orto di Venezia* (Venedigs Garten). Auf der Insel leben etwa 750 Menschen, die meisten in der Nähe des Fähranlegers Chiesa. Dem römischen Geschichtsschreiber Martial zufolge war Sant'Erasmo einst übersät mit den Landhäusern der wohlhabenden Einwohner des längst verschwundenen Festlandzentrums Altinum (Altino). Bis 1800 war die Insel den Wellen der Adria schutzlos ausgeliefert, doch der Bau von Deichen in der Zufahrt zum Porto del Lido-Lagune führte zu einer Anhäufung von Sediment, aus der die Punta Sabbioni entstand. Zwischen den Deichen und der Punta Sabbioni ist Sant'Erasmo jetzt der vollen Wucht der Gezeiten ausgesetzt.

Vom Anleger Chiesa geht man zu Fuß eine halbe Stunde zum weiter südlich gelegenen Anleger Capannone und weitere 15 Minuten Richtung Osten zu den Überresten des runden Torre Massimiliana, einer österreichischen Festung aus dem 19. Jh., in der heute manchmal Wanderausstellungen stattfinden. Der kleine Strand und das nahe Restaurant sind bei den jungen und ruhelosen Venezianern besonders angesagt, die hier die Motoren ihrer Speedboote aufheulen lassen, um einander zu beeindrucken. Il Lato Azzurro (S. 246) ist ein beliebter Rückzugsort für Künstler, die im Sommer nach Venedig kommen, denn hier gibt es Kulturveranstaltungen und preiswerte Unterkünfte, von denen aus die Biennale in nur 25 Minuten mit der Fähre zu erreichen ist.

Vaporetto 13 fährt von der Fondamente Nuove über Murano (Anleger Faro) nach Le Vignole und Sant'Erasmo.

Isola La Certosa

La Certosa (s. Karte S. 72), einst in den Händen der Karthäusermönche (daher der Name der Insel) war vom Einmarsch Napoleons bis nach dem Zweiten Weltkrieg militärisches Sperrgebiet. Erst seit kurzem herrscht auf dieser lange verlassenen Insel wieder Leben. Jetzt gibt es hier ein Kunstzentrum, einen Yachthafen und einen Park.

Seit 2007 bringt auch das Istituto Europeo di Design (S. 296) Design-, Mode- und Fotografiestudenten auf die Insel, wo diese an drei- bis vierwöchigen Intensivkursen teilnehmen und auch ihren Master machen können.

Die Insel versorgt Venedig auch mit dem dringend benötigten Yachthafen. Vento di Venezia (☎ 041 520 85 88; www.ventodivenezia.it) bietet Liegeplätze für 100 Yachten und soll in den kommenden Jahren auf 400 Plätze ausgebaut werden. Zu den Serviceangeboten des Hafens

gehören u. a. Bootsreparaturen und –restaurierungen, ein Hotel mit 18 geräumigen Zimmern und einer Restaurant-Bar, Charterboote sowie eine Segelschule für Anfänger und Fortgeschrittene. Der Rest der Insel (der ein wenig unter einem Kaninchenproblem leidet) wird zu einem Park umgestaltet.

Vaporetti 41 und 42 verbinden Certosa mit Zwischenstopps am Castello bei San Pietro und Sant'Elena, aber der Fahrplan ist saisonabhängig (s. S. 285).

Isola di San Lazzaro degli Armeni

1717 wurde dem armenischen Orden der Mechitaristen (benannt nach seinem Gründervater Mechitar) die Nutzung der Insel gestattet, die zuvor ein Benediktinerhospiz für Pilger und danach eine Leprakolonie gewesen war. Das Mechitaristenkloster (Karte S. 125; ☎ 041 526 01 04; Erw./Stud. & Kind 6/4,50 €; ☷ tgl. Führungen 15.25–17 Uhr) ist bis heute ein wichtiges Zentrum des Lernens und eine Hochburg der armenischen Kultur. Der Orden unterhält auch eine Herberge in einer mit Fresken geschmückten ehemaligen Schule im Palazzo Zenobio in Dorsoduro (s. S. 238).

Die Insel ist nur im Rahmen einer Tour zu erreichen. Nach dem Weg durch den Kreuzgang geht es in die Kirche, die voller funkelnder Mosaiken und Gemälde ist; das armenische Kloster war das einzige in Venedig, das der Plünderung durch Napoleon entgangen ist. Nach dem Refektorium aus dem 18. Jh. folgt die Bibliothek, die in mehreren Räumen untergebracht ist. Zwischen wertvollen Büchersammlungen stehen Vitrinen mit Antiquitäten aus dem alten Ägypten, Sumer und Indien. Ein Raum ist der armenischen Kunst und landestypischen Artefakten gewidmet.

Eine ägyptische Mumie und ein indischer Thron aus dem 15. Jh. sind die etwas merkwürdigen Höhepunkte des Raumes, der an Lord Byron erinnern soll, der auf der Suche nach innerem Frieden auf dieser Insel verweilte. Seiner exzentrischen Natur folgend sah man ihn oft von der Insel zum Canal Grande schwimmen – Byron war nicht der Mensch, den ein Kanal von einer schönen Frau fernhalten konnte. Zu guter Letzt kommt noch ein runder Raum mit wertvollen Manuskripten, darunter viele aus Armenien und eines aus dem 6. Jh.

Nach San Lazzaro fährt Vaporetto 20 von San Zaccaria.

Isola di San Clemente & San Servolo

Auf der Insel San Clemente (s. Karte S. 72) gab es einst eine Herberge für Pilger, die aus dem Nahen Osten zurückkehrten. Später wurde hier ein Kloster gebaut und von 1522 war hier eine Quarantänestation. Die Schuld an der Pest, die Venedig 1630 heimsuchte, gab man einem Zimmermann, der auf San Clemente gearbeitet hatte, sich infizierte und die Krankheit in die Stadt brachte. Die Österreicher verwandelten das Gebäude in eine Irrenanstalt für Frauen (die erste in Europa), und bis 1992 war ein Teil der Anlage eine psychiatrische Klinik.

Heute ist die gesamte Insel ein Luxushotel. Wer in das San Clemente Palace (s. S. 246) eincheckt, den erwarten mit Seidendamast bezogene Wände, Wellnessbehandlungen, ein Golfplatz und bestimmt keine Schocktherapie (von der Rechnung vielleicht abgesehen). Aber für die Venezianer bedeutet „nach San Clemente gehen" nur eines: dass man nicht mehr alle Tassen im Schrank hat.

San Servolo (s. Karte S. 72) war vom 18. Jh. bis 1978 ebenfalls Teil der Anstalt. Vom 7. bis zum 17. Jh. hatten die Benediktiner hier ein Kloster und im ehemaligen Krankenhaus sind auch heute noch einige architektonische Elemente aus dieser Zeit zu finden.

Ein Teil des Krankenhauses ist jetzt das Museo della Follia (Museum der Verrückten; ☎ 041 524 01 19; www.fondazionesanservolo.it; Eintritt frei; ◷ telefonische Anmeldung Mo–Do 9.30–17.30, Fr 9.30–15.30 Uhr). In zwei faszinierenden Räumen voller Gerätschaften wird erklärt, warum die Heilungsaussichten auf San Servolo eher gering waren.

Im ersten Raum gibt es eine Reihe von Vorher-Nachherfotos von Insassen aus dem 19. Jh. Ihr Leiden war häufig die Folge von extremer Armut verbunden mit Halluzinationen und unspezifischen Symptomen, die ganz offensichtlich durch Unterernährung und Vitaminmangel hervorgerufen wurden. Im Hauptraum sind die Instrumente für die Elektroschocktherapie zu sehen, die auf andere bringen sollte, und in einem Anbau andere „therapeutische" Gerätschaften wie etwa Ketten und Zwangsjacken.

Besonders interessant ist die alte Apotheke, wo jahrhundertlang viele von Venedigs Medikamenten hergestellt wurden. Zu diesen Medikamenten gehörten zahlreiche Heilmittel gegen Syphilis, eine verbreitete Ursache für Geisteskrankheit, selbst nach der Entdeckung des Penicillins.

Aber da das meiste Penicillin bis weit ins 20. Jh. dem Militär vorbehalten war, blieb es die am meisten nachgefragte Arznei, die hinter Zanipolo verkauft wurde (s. Kasten S. 113). Zur Führung über die Insel, die im Voraus gebucht werden muss, gehört auch eine Besichtigung des Parks und die bescheidene Kirche.

Die Internationale Universität Venedig (S. 296) hat ihren Hauptsitz auf dieser Insel und bietet in Kooperation mit mehreren anderen Universitäten in Europa (u.a. München), Amerika und Japan anerkannte Kurse (Masterstudium an. Die Schwerpunkte des Programms sind Kunstgeschichte, Musik und Geschichte. Außerdem gibt es ein Institut zur Erforschung sozialer und kultureller Ausgrenzung.

Nach San Servolo fährt Vaporetto 20 von San Zaccaria; das Hotel auf der Isola di San Clemente bietet einen Shuttle-Service an.

STADTSPAZIERGÄNGE

Vermutlich kann man Venedig besser zu Fuß entdecken als jede andere Stadt. Die folgenden Spaziergänge führen durch die *sestieri* der Stadt: San Marco, Dorsoduro, San Polo, Santa Croce (Santa Crose), Cannaregio und Castello. Die angegebenen Zeiten für die einzelnen Strecken sind für ein gemächliches Tempo veranschlagt. Das bedeutet: Museumsbesuche sind ebenso wenig enthalten wie Unterhaltungen mit Straßenkünstlern oder ein ordentlicher, zweistündiger *pranzo* (Mittagessen), allesamt empfehlenswerte Aktivitäten, die die Spaziergänge locker auf einen ganzen Tag oder eine ganze Woche ausdehnen können.

Die Streckenführungen sind nur als Vorschläge zu betrachten und müssen natürlich nicht komplett „abgearbeitet" werden. Wer weglässt, was ihn nicht interessiert und nur das ansteuert, was ihm Freude macht, wird sich in Venedig nie verloren vorkommen.

SESTIERE DI SAN MARCO
Von der Piazzetta di San Marco zum Torre dell'Orologio

1 Säulen von San Marco Hier heißt es aufpassen, wo man sich hinstellt: Die beiden Säulen aus rotem und grauem Granit, die allein am Kai von San Marco stehen, sollen Unglück bringen, und viele Venezianer hasten deswegen eilig an ihnen vorbei. Das ist nicht nur Aberglaube, sondern eine alte Erinnerung, denn jahrhundertelang haben zwischen den beiden Säulen Hinrichtungen stattgefunden. Danach wurden die Leichen hier gevierteilt und die Stücke zur Abschreckung potenzieller Verbrecher an vier Orten der Stadt zur Schau gestellt, bis sie anfingen zu stinken (drei Tage, bei schönem Wetter auch weniger). Der ursprüngliche Zweck der Säulen von 1172 ist nicht bekannt, abgesehen davon, dass auf ihnen die Schutzheiligen Venedigs dargestellt sind: der geflügelte Löwe von St. Markus und der heilige Theodor, der gelassen über einem Drachen steht, der eher aussieht wie ein Krokodil mit Flügeln. Angeblich gehörte noch eine dritte Säule dazu, aber als sie vom Boot gehievt wurde, rutschte sie in die Lagune und wurde nie geborgen.

2 Palazzo Ducale (S. 74) Der offizielle Dogenpalast, ein hübsches rosafarbenes Zentrum der Macht, hat seine dunklen Geheimnisse. Auch wenn er seit kurzem wieder in Rosa erstrahlt, ist er doch seit seiner Errichtung im 9. Jh. mehrfach im Feuer verkohlt oder ganz niedergebrannt – z. T. unter sehr mysteriösen Umständen. Der zur Lagune gewandte Teil mit dem Sitzungssaal des Maggior Consiglio (Großen Rats) wurde 1419 fertiggestellt. Aber nach einem weiteren Brand 1577 überlegte man in der Stadt, Palladios Angebot anzunehmen, an dieser Stelle einen seiner typischen klassizistischen Tempel zu errichten. Am Ende bekam schließlich Antonio da Ponte den Auftrag, die beeindruckenden gotischen Fassaden mit weißem istrischen Stein und rosafarbenem veroneser Marmor zu restaurieren. Die Loggia, die an der *piazzetta* (dem kleinen Platz) entlangführt, mag wie eine Spielerei des Architekten erscheinen, aber sie diente einem ernsten Zweck: Zwischen der neunten und zehnten Säule von links wurden Todesurteile verkündet. Diese Säulen sind leicht zu erkennen, denn sie sind deutlich dunkler als die anderen. Manchmal blieb den Verurteilten der Strick erspart und sie wurden nach oben in die gefürchteten Piombi (Bleikammern) gebracht, den Gefängniszellen unter dem Dach des Palazzo Ducale.

3 Libreria Nazionale Marciana (S. 78) Gegenüber dem Palazzo Ducale auf der anderen Seite der Piazzetta di San Marco steht ein weiteres Gebäude mit einer Arkade, das aber einem ganz anderen Zweck diente. In dem von Jacopo Sansovino im 16. Jh. erbauten Renaissancegebäude befindet sich die erste öffentliche Bibliothek Venedigs. Hier lagert das in Jahrhunderten gesammelte Wissen, darunter alte griechische und lateinische Manuskripte, Notenblätter und Opernpartituren, das Testament von Marco Polo und Bücher, die im 15. Jh. in Venedig gedruckt wurden, zu einer Zeit, als Druckerpressen noch als neumodische Technologie galten, der man anfangs im übrigen Europa keine großen Chancen einräumte.

4 Basilica di San Marco (S. 73) Es lohnt sich, San Marco auch von den Seiten zu betrachten, wo das originale Mauerwerk im Laufe der Jahrhunderte fast komplett mit einem außergewöhnlichen Flickenteppich bedeckt wurde: ein Teil besteht aus geaderten Marmorplatten, auf denen die venezianischen Handelswege abgebildet sind. Der andere Teil besteht aus klassischen Friesen, die im Stück aus griechischen Kolonien hergeschafft wurden. In der Südwestecke der Kirche steht *Die Vier Tetrarchen*, eine Statue aus ägyptischem Porphyr, die bei der Plünderung Konstantinopels geraubt wurde und die vier Mitkaiser Diokletians darstellen soll. Statt die gestohlene Statue zu verstecken, wie es andere Kunstdiebe vielleicht getan hätten, machte Venedig sie zum Wahrzeichen der offiziellen Dogenkapelle. Die Botschaft war eindeutig: Rom hatte recht ordentliche Vorarbeit geleistet, Konstantinopel hatte seinen Moment des Ruhms gehabt, aber die Ewigkeit gehörte Venedig.

5 Campanile (S. 80) Ein weiteres Monument, um das Venezianer mit gutem Gedächtnis einen großen Bogen machen, ist der Glocken-turm von San Marco. Er wurde bis zu seinem plötzlichen Einsturz 1902 manchmal als praktische Vorrichtung zum Aufhängen von Kriminellen genutzt. Doch die Venezianer, die ihren Turm dennoch irgendwie gern hatten, erbauten an gleicher Stelle einen neuen Glockenturm, allerdings mit einer etwas breiteren Basis, um weiteren Einstürzen vorzubeugen. Aber noch heute ziehen es manche nachtragende Leute vor, sich nicht allzu lange im Schatten des Turms aufzuhalten.

6 Procuratie Vecchie An der Nordseite der Piazza San Marco, von der Basilika aus in Richtung Westen, erstrecken sich diese eleganten dreistöckigen Arkaden, die Mauro Codussi im 16. Jh. entworfen hat und in denen sich einst die Büros und Wohnungen der Prokuratoren von St. Markus befanden. Diese

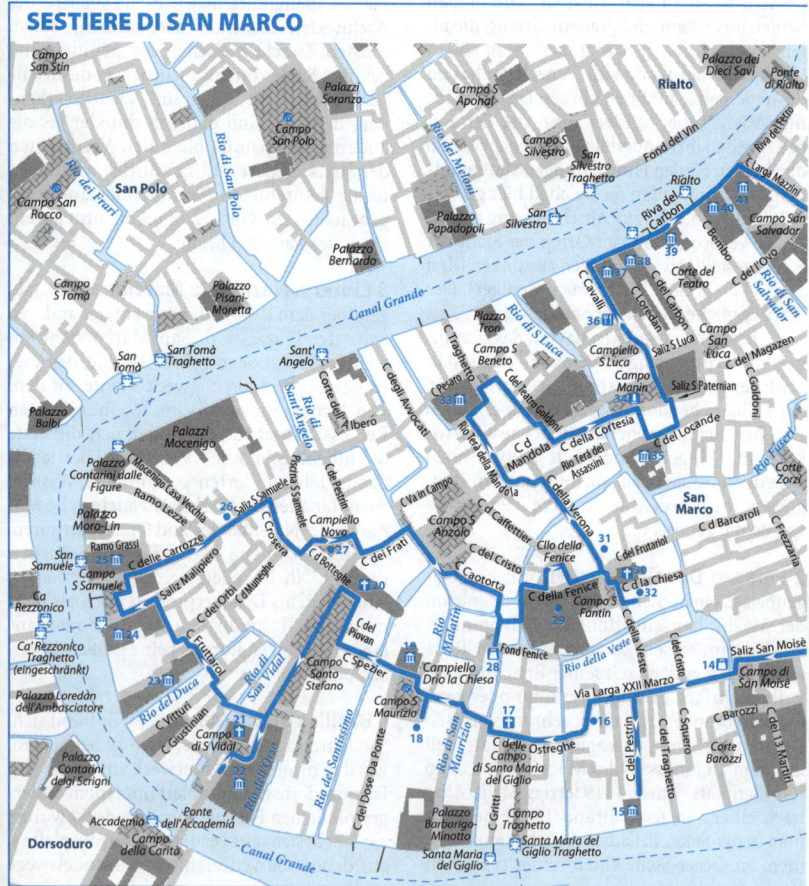

SESTIERE DI SAN MARCO

hohen Beamten waren für die Instandhaltung der Basilika verantwortlich und verwalteten auch den wertvollen Landbesitz der Kirche. Noch heute gilt es als große Ehre zum bevollmächtigten Vertreter von St. Markus ernannt zu werden, zumal der Immobilienhandel mittlerweile nicht mehr zu den Aufgaben gehört und es auch nicht mehr vorgeschrieben ist, im Büro zu wohnen.

ROUTENINFOS

Start Piazzetta di San Marco
Ziel Torre dell'Orologio
Länge 4 km
Dauer 1½ Stunden, ohne Pausen für Essen, Trinken und Fotostopps
Pausen Enoteca Il Volto, Cavatappi

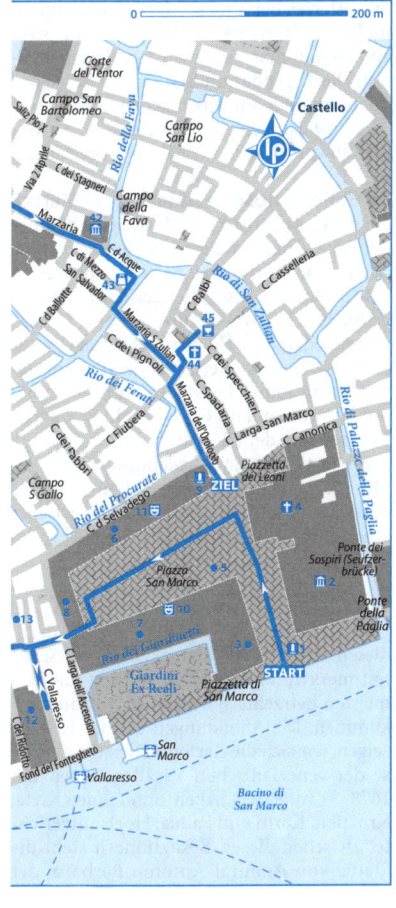

7 Procuratie Nuove Gegenüber von Codussis Arkaden steht die Procuratie Nuove, entworfen von Jacopo Sansovino und fertiggestellt von Vincenzo Scamozzi und Baldassare Longhena; hier sind mehr Elemente der klassischen Renaissance zu finden als in Codussis Procuratie Vecchie, die im Stil der venezianischen Gotik errichtet wurde. Dieser Palast war eines selbst ernannten Kaisers würdig – zumindest fand das Napoleon, als er Venedig 1797 eroberte und ihn für kurze Zeit zu seiner Residenz machte. Heute nimmt das Museo Correr (S. 78) einen großen Teil von Erdgeschoss und 1. Stock der Procuratie Nuove ein. Es zeigt alte Karten, Waffen, wunderschöne frühitalienische Andachtsgemälde und andere Beutestücke Napoleons.

8 Ala Napoleonica (S. 78) Der Palast auf der dritten Seite des Platzes wurde von Napoleon gebaut. Er fand, dass an dieser Stelle ein Bauwerk stehen sollte, das die beiden Procuratie verband und über einen großen Ballsaal verfügte, in dem der Kaiser seine Gäste empfangen konnte. Dabei spielte es keine Rolle, dass am vorgesehenen Bauplatz bereits die Kirche San Geminiano stand. Sie wurde abgerissen und schon bald stand ein klassischer Palast, der eines römischen Kaisers würdig war. Doch der Ballsaal war kaum fertiggestellt, als die Österreicher einmarschierten und den Palast übernahmen. Heute sind in der Ala Napoleonica Teile des Museo Correr (S. 78) untergebracht und aus dem wunderschönen Café hat man einen guten Blick auf den Platz.

9 Torre dell'Orologio (S. 79) Wenn die Uhr die Stunde schlägt, lohnt sich der Blick nach oben: Auf einem kleinen Absatz hämmern zwei Bronzefiguren auf eine riesige Glocke ein. Durch irgendeinen merkwürdigen Fehler in ihrem Renaissancewerk schlagen diese beiden mittags und um Mitternacht genau 132-mal. Schon seit Jahrhunderten ist das am härtesten arbeitende Duo von San Marco wegen seiner Patina als „I Mori" (die Mauren) bekannt – politische Korrektheit war damals noch kein Thema. Der Torbogen unter ihren Füßen ist der Eingang zur Marzarie, dem Viertel der Seidenhändler und einem Gassengewirr, das die Politiker von San Marco mit den Geldverdienern des Rialto verbindet.

10 Caffè Florian (S. 216) Meistens hört man dieses Café aus dem 18. Jh. schon, bevor die in rotem Samt gehaltenen Räume unter der Arkade der Procuratie Nuove in Sichtweite kommen. Das Orchester des Florian sorgt nachmittags für die musikalische Beschallung der Piazza San Marco. Und auch wenn es die musikalisch untermalte Kaffeepause mit Sitzplatz an der Piazza nicht umsonst gibt, ist dies doch der beste Platz, um zuzusehen, wie der Sonnenuntergang Muster auf die Mosaikfassade der Basilika malt.

11 Caffè Quadri (S. 216) Auf der anderen Seite der Piazza gibt es ein zweites Café aus dem 18. Jh., in dessen Wohnzimmerambiente die Morgensonne auf die barocken Wandmalereien fällt. Während der Besetzung Venedigs war dies das Lieblingscafé der Österreicher, was bei manchen Venezianern für einen bitteren Nachgeschmack sorgt, aber den vertreibt Quadris extra gehaltvolle heiße Schokolade mit Schlagsahne.

Westlich der Piazza San Marco

12 Teatro al Ridotto Das Ridotto im heutigen Hotel Monaco & Grand Canal (S. 235) in der Calle Vallaresso 1332 hat sich im 18. Jh. den Ruf als erstes Spielerparadies der Stadt erworben. Während der Jahre des Niedergangs von La Serenissima haben einige venezianischen Edelleute hier ihr Vermögen verspielt. Obwohl der Staat einen Anteil vom Umsatz des Hauses kassierte, erwies sich das angesichts der verheerenden Auswirkungen auf die ohnehin schlechte Wirtschaftslage als zu wenig. Im November 1774 wurde das Ridotto geschlossen, *per tutti i tempi ed anni avvenire* (für alle Zeiten und die Jahre, die noch kommen). „Für immer" war allerdings relativ, denn keine 20 Jahre später war das Haus wieder im Geschäft. Als Napoleon kam, befriedigten bereits mehr als 130 *ridotti* das Verlangen nach dem Glücksspiel. Aus Sorge um die Steuereinnahmen und eine eventuelle Ablenkung der Soldaten schlossen die Österreicher das Ridotto im frühen 19. Jh. endgültig. Aber noch heute führt rechts in der Hotelhalle eine Treppe hinauf in das üppig dekorierte Theater, das jetzt als Konferenz- und Bankettsaal genutzt wird. Der Geheimgang, der um den Haupteingang herumführte, ist mittlerweile geschlossen, weil sich die Gäste heutzutage nicht mehr vor ihren Gläubigern oder Ehepartnern verstecken müssen.

13 Frezzaria Wieder zurück auf der Salizada San Moisè liegt auf dem Weg zum Campo di San Moisè auf der rechten Seite eine belebte Einkaufsstraße. Die Dinge, die im Mittel-

alter am häufigsten aus diesen Läden flogen, waren keine Kleider, sondern *frecce* (Pfeile), denn jeder erwachsene Mann war verpflichtet, regelmäßig auf dem Lido das Bogenschießen zu üben, und musste jederzeit bereit sein, in den Krieg zu segeln.

14 Marina e Susanna Sent (S. 75) Auf der anderen Seite der Brücke fällt ein wässriger Schimmer in diesem Schaufenster ins Auge. Bei genauerem Hinsehen entpuppt sich der Wasserfall aber als Halsketten aus mattgrünem Muranoglas. Und auch die vermeintlichen Eiswürfel und -kugeln sind klare Glasperlen, die zu eleganten Halsketten verarbeitet wurden.

15 Palazzo Contarini-Fasan Folgt man der Calle Larga XXII Marzo, die an den kurzfristigen Sieg der venezianischen Rebellen über die Österreicher am 22. März 1848 erinnert, und biegt dann links in die Calle del Pestrin ein, kommt man zu diesem abgelegenen Palast. Der Legende zufolge, die von den Gondolieri munter am Leben gehalten wird, war dies einst das Heim von Desdemona, der Gemahlin von Othello in Shakespeares Stück.

16 Galleria Rosella Junck (s. S. 82) Zurück auf der Calle Larga XXII Marzo, gleich hinter der Ecke, gibt es in diesem Schaufenster eine zerbrechliche Schönheit nach der anderen zu entdecken: Einen schreienden Esel aus rosa getöntem Glas von Seguso aus den 1950er-Jahren oder den Helm eines Kriegers aus Mattglas, einem Material, das in krassem Gegensatz zu seiner Funktion steht. Dies sind nur Hinweise auf die Glassammlung, die von Kelchen aus dem 13. Jh. bis zu modernen Glaskunstwerken in Schädelform reicht. Wer Muranoglas mag, aber keine Zeit für das Museo del Vetro (S. 129) auf Murano hat, kann sich hier einen guten Überblick über die Geschichte des Glasblasens verschaffen.

17 Chiesa di Santa Maria del Giglio (S. 80) Über die Calle delle Ostreghe kommt man auf diesen *campo* mit der barocken Kirche. Sie ist mit merkwürdigen Karten bedeckt, die den meisten Betrachtern irgendwie bekannt vorkommen. Die Abbildungen auf der Fassade zeigen, wie sich die Kartographen die Umrisse der venezianischen Vasallenstaaten um 1678–81 vorgestellt haben, unter ihnen Kreta, Kroatien, Korfu und Padua. Hoch aufgerichtet zwischen diesen Besitztümern steht die Statue von Admiral Antonio Barbaro, der

Giuseppe Sardi den Auftrag für den Neubau der ursprünglich aus dem 9. Jh. stammenden Kirche gab – zu Ehren der heiligen Jungfrau, Venedigs und natürlich von sich selbst. Diese überwiegend weltliche und selbstverherrlichende architektonische Frechheit empörte im 19. Jh. den Architekturkritiker John Ruskin, der Barbaros Kirche eine „Manifestation flegelhaften Atheismus" nannte. In der Mitte des *campo* taucht plötzlich ein Backsteinbauwerk auf, das dort nicht hinzugehören scheint. Es ist der Stumpf des Glockenturms der Kirche, der 1775 abgerissen wurde, weil er einzustürzen drohte, wie etwa der Campanile der Basilica di San Marco.

18 Caterina Tognon Arte Contemporanea (s. Kasten S. 82) Der Weg nach Westen führt auf den Campo San Maurizio, wo diese kleine, schicke Galerie von zwei *palazzi* aus dem 14. und 15. Jh. flankiert wird. Zu sehen gibt es faszinierende zeitgenössische Kunst und Glas, von Kanopen von Starkünstlerin Kiki Smith bis zu tanzenden Glasteufeln von Attombri (S. 187). Ehrgeizige Großprojekte sind auf der Ausstellungsfläche auf der Calle del Dose im 1. Stock des Palazzo da Ponte um die Ecke zu sehen, wo die Künstler auch ihre Ateliers haben. Auf Nachfrage, ob die Ausstellung im Palazzo weitergeht, erklären die Mitarbeiter gern den Weg dorthin.

19 Museo della Musica (S. 83) Als Napoleon die Kirche von San Geminiano abreißen ließ, um Platz für seinen Ballsaal auf der Piazza San Marco zu schaffen, war man in Venedig nicht begeistert. Als Entschädigung wurde dafür 1806–28 die aus dem 9. Jh. stammende Kirche von San Maurizio erneuert. Das war eine nette Geste, doch diese neue Kirche im klassizistischen Stil wurde schon bald säkularisiert. Heute ist hier ein faszinierendes Museum für barocke Musik untergebracht. Zur Ausstellung gehören originale Instrumente aus dem 18. Jh. und gut recherchierte Berichte über die Bedeutung der Musik im Leben der Venezianer. Außerdem gibt es hier CDs mit Stücken einheimischer Musiker und Tickets für Konzerte der Interpreti Veneziani (S. 227) zu kaufen. Hinter dem Museum, auf dem Campiello Drio la Chiesa, fällt der aus dem 15. Jh. stammende Glockenturm der Chiesa di Santo Stefano auf. Er ist zwei Meter weit von seiner eigentlich vorgesehenen Senkrechten abgewichen, so als hätte er einen Gespritzten zu viel gehabt. Mit einigem Aufwand wird der Turm alle sechs Stunden auf zunehmende Schräglage kontrolliert, obwohl Ingenieure 2007 verkündet haben, dass keine unmittelbare Einsturzgefahr besteht.

20 Chiesa di Santo Stefano (S. 79) Diese massive und recht nüchterne Backsteinkirche, mit einem Hauch von Gotik an den Portalen, überragt den weiten Campo Santo Stefano. Es kostet nichts, sich die beeindruckende *carena di nave*-Decke anzusehen, die aussieht wie eine umgestülpte venezianische Galeere, was sie mehr oder weniger auch ist: Den noch vorhandenen Aufzeichnungen des Architekten zufolge wurde sie vermutlich im Arsenale von Schiffszimmerleuten gebaut und an Ort und Stelle zusammengesetzt. Wer Zeit und einen Chorpass (S. 289) hat, kann sich in der Sakristei und im Kreuzgang die grandiosen Tintorettos ansehen und die Canovas, die einem die Tränen in die Augen treiben.

21 Chiesa di San Vidal (S. 82) Am geschäftigen Ende des Campo Santo Stefano, wo der Ponte dell'Accademia nach Westen führt, steht rechts San Vidal, eine weitere Kirche, die gleichzeitig als Denkmal für Venedigs Siege auf See diente. Der Doge Vitale Falier baute die ursprüngliche Version dieser Kirche im 11. Jh. zu Ehren seines Namenspatrons, aber im 17. Jh. bekam Antonio Gaspari den Auftrag für diese beeindruckendere Kirche zur Feier von Francesco Morosonis Triumph über die Türken in Morea. Nachdem Morosoni selbst Doge geworden war, empfand er die Kirche als nicht pompös genug, und so wurde 1706–14 von Tirali eine palladianische Fassade hinzugefügt. Die Kirche wurde säkularisiert und dient jetzt als Hauptveranstaltungsort und Kartenverkaufsstelle für die Konzerte von Interpreti Veneziani. Wer nur kurz hineinschauen und sich Carpaccios angemessen würdevolles Gemälde *San Vidal zu Pferde* ansehen will, braucht noch nicht mal Eintritt zu bezahlen.

22 Palazzo Franchetti (S. 81) Durch das Eisentor gegenüber von San Vidal geht es in die Gärten dieses Palastes aus dem 16. Jh. Der Palast war kurze Zeit eine Bank bevor er seine Bestimmung als Sitz des Istituto Veneto di Scienze, Lettere ed Arti (Veneto-Institut der Wissenschaft, Literatur und Kunst) fand. In diesem 1838 von den Österreichern gegründeten Institut finden Vorlesungen und Konferenzen statt. Wenn man dem Wachmann am Eingang das magische Wort „caffè" entgegenmurmelt, wird er in die Richtung eines

kürzlich renovierten Cafés im Kreuzgang weisen, wo es vorzüglichen Espresso gibt.

Von Santo Stefano zum Ponte di Rialto

23 Ca' del Duca Am südwestlichen Ende des Campo Santo Stefano schlängelt sich die Calle Fruttarol Richtung Nordwesten auf den Palazzo Grassi zu und erlaubt einen Blick auf die Rückseiten mehrerer Canal Grande-Paläste. Folgt man dieser Straße, geht es sofort über einen Kanal und kurz darauf über einen weiteren, den Rio del Duca. Das Gebäude auf dem nordwestlichen Ufer ist ein Palast, auf den man auch bei der Fahrt mit dem Vaporetto auf dem Canal Grande einen Blick erhaschen kann. Es ist die Ca' del Duca (Haus des Herzogs), die die Familie Corner 1461 an Francesco Sforza, den Herzog von Mailand, verkaufte. Ein großer Teil des Hauses wurde im 19. Jh. neu gebaut, aber im Erdgeschoss ist etwas von den ursprünglichen facettierten istrischen Steinarbeiten erhalten geblieben. Während der Architektur-Biennalen finden hier manchmal Ausstellungen statt – zuletzt der offizielle Beitrag Luxemburgs: Eine Meditation über die moderne Architektur von einem Dutzend Europäer, manifestiert in einer Reihe Planken.

24 Palazzo Malipiero Nun geht es links in die Calle del Teatro, benannt nach dem längst verschwundenen Theater, in dem einst Stücke von Carlo Goldoni (s. S. 56) uraufgeführt wurden. Rechts davon ist die Sackgasse Salizada Malipiero mit einer Plakette an der Wand, die darauf hinweist, dass Giacomo Casanova 1725 in einem Haus in dieser Gasse geboren wurde. Schon mit 15 Jahren fing Casanova damit an, im Palazzo Malipiero seinen Standard für Verführer aufzustellen, nämlich den, jede Eroberung mit einer Kerbe im Gürtel zu markieren. Dem friedvollen Palast sieht man seinen Ruf als Schauplatz unzähliger Romanzen nicht an. Ursprünglich stammt das Gebäude aus dem 13. Jh. und ist im 16. und 17. Jh. wiederholt vergrößert und modernisiert worden. Schließlich wurde es im 18. Jh. im klassischen Stil überarbeitet. Vom Canal Grande aus kann man einen Blick auf den mittelalterlichen Garten erhaschen.

25 Palazzo Grassi (S. 79) Auf der anderen Seite des Campo San Samuele, gegenüber vom Palazzo Malipiero, steht ein noch größerer und imposanterer Palast, der von Giorgio Massari erbaut wurde: der Palazzo Grassi. Von außen sieht man kaum, dass dieser barocke Palast seit kurzem das topmoderne Museum des Kunstsammlers François Pinault und des minimalistischen Architekten Tadao Ando ist. Einzige Hinweise sind avantgardistische Skulpturen oder Installationen, die gelegentlich auf dem *campo* oder auf einer Planke auftauchen, die in den Canal Grande ragt – z. B. ein aus Kochtöpfen geformter Schädel von Subodh Gupta oder der riesige rosa Ballonhund von Jeff Koons. Seitdem Werke aus Pinaults Sammlung in den neuen Räumen der Punta Dogana zu sehen sind, finden im Palazzo Grassi neben Ausstellungen zeitgenössischer Kunst auch ehrgeizige Ausstellungsprojekte statt, so etwa der Vergleich der Kunst des alten Roms mit der der Barbaren oder die Entwicklung der modernen Kunstrichtungen in Italien. Der Besuch des Museums kann durchaus einige Stunden in Anspruch nehmen, inklusive einem Zwischenstopp im Café im 1. Stock – genauer gesagt, in einer stetig wechselnden Installation, in der es auch einen miserablen Espresso gibt und dazu eine Aussicht auf den Kanal.

26 Salizada San Samuele 3337 Weiter geht es auf der Calle delle Carrozze Richtung Osten und in die Salizada San Samuele mit den vielen Antiquitätenläden und Kunstgalerien – was Paolo Veronese, der in Nr. 3337 gewohnt hat, wohl von all dem gehalten hätte? Schockiert wäre er wohl nicht gewesen, denn zu seiner Zeit gehörte diese Straße ebenso zum Rotlichtviertel wie eine kleinere Gasse mit dem anzüglich gemeinten Namen Calle delle Muneghe (Gasse der Nonnen). Wer sich an diesem geschichtsträchtigen Ort plötzlich zum Künstler berufen fühlt, kann um die Ecke gehen, sich bei Arcobaleno (S. 177) ein paar Pigmente in den Veronese-Farben Rosa und Grün kaufen und ein eigenes Meisterwerk schaffen.

27 Campiello Novo Wie die meisten Orte in Venedig, die „Novo" heißen, ist auch dieser friedliche Platz mehrere Jahrhunderte alt. Bis Napoleon dieser Praxis im 18. Jh. ein Ende setzte, wurden die Toten unter den Kopfsteinen dieses alten Platzes beerdigt, der damals noch Campiello dei Morti (Platz der Toten) hieß. Napoleons Stadtplaner erkannten ganz richtig, dass es ein Gesundheitsrisiko war, mit Krankheiten verseuchte Leichen in Kanäle zu

(Fortsetzung auf Seite 149)

CANAL GRANDE

Pech für die Champs-Élysées, die nie eine Chance hatten: Im 15. Jh. erklärte der französische Schriftsteller Philippe de Commines den Canal Grande zur „schönsten Straße der Welt mit den schönsten Häusern". Den Canal Grande mit anderen Prachtstraßen zu vergleichen ist allerdings nicht fair, wenn blaues Wasser den Asphalt ersetzt und Flotten von Gondeln sogar dem Berufsverkehr einen Hauch Romantik verleihen.

Der Canal Grande kommt einem größer vor als er ist: Diese Wasserstraße ist nur 40 bis 100 m breit, 3,8 km lang und etwa 6 m tief. Und doch kann dieser Kanal in Form eines Fragezeichens mit seinen 185 Monumenten und den 15 sakralen Gebäuden, die in der Absicht errichtet wurden, den Ruhm Venedigs zu spiegeln, durchaus zu einem architektonischen Schleudertrauma führen. Einst steuerten mit Schätzen beladene Schiffe die beeindruckenden Wassertore der *fondachi* (Warenhäuser) an, und fremde Würdenträger, die an den Piers des Canal Grande ausstiegen, waren überwältigt von den grandiosen gotischen Stadtpalästen.

Heute muss man kein griechischer Seekapitän oder eine holländische Prinzessin sein, um den Canal Grande befahren zu können, auch wenn man sich bei der phantastischen Fahrt vielleicht so fühlt. Ein feudalerer öffentlicher Transport als die Fahrt mit dem Vaporetto1 von der Piazzale Roma nach San Marco ist kaum vorstellbar. Die gemütliche, 45 Minuten dauernde Fahrt führt vorbei an 50 *palazzi*, sechs Kirchen, vier Brücken, zwei Freiluftmärkten und anderen Sehenswürdigkeiten, von denen viele in vier James-Bond-Filmen als Kulisse gedient haben.

Viel zu sehen gibt es beim „Bummel" auf dem Canal Grande, der schönsten „Straße" der Welt

VOM PONTE DI CALATRAVA ZUR CA' PESARO

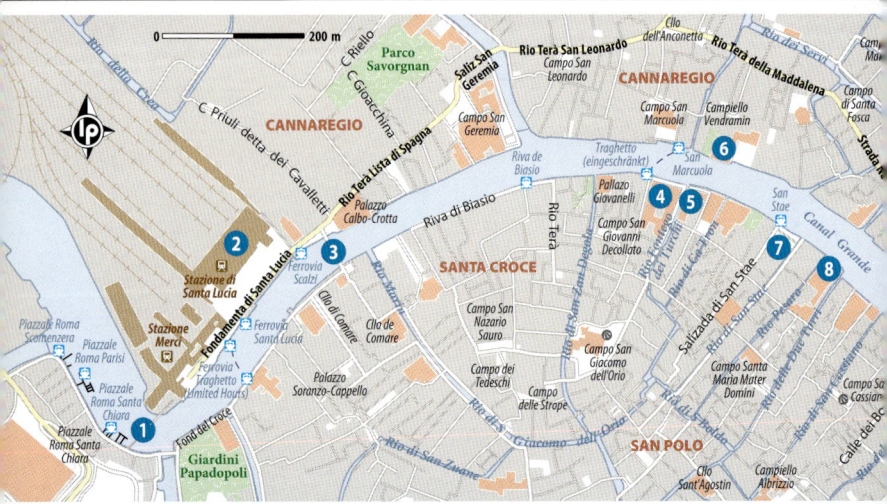

Der Canal Grande lädt ein zu einer Zeitreise, beginnend an einer futuristischen Brücke, vorbei an einer türkischen Handelsstation und Wagners Renaissanceresidenz bis zu einem Museum für moderne Kunst.

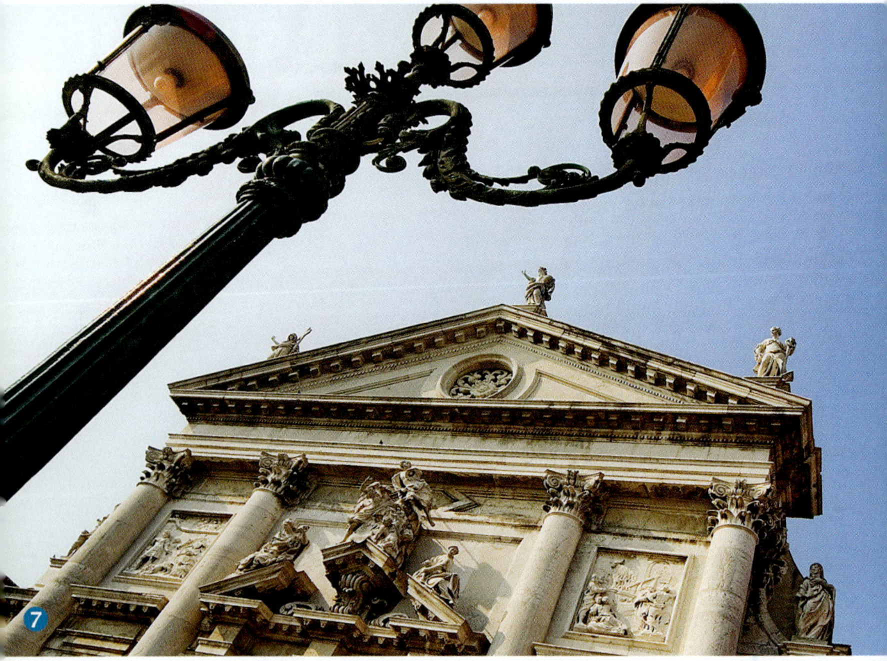

❶ Ponte di Calatrava

Der Canal Grande beginnt umstritten: Mit der funkelnden Brücke aus Glas und Stahl (S. 105) des spanischen Architekten Santiago Calatrava an der Piazzale Roma. Wegen der Baukosten, die die veranschlagten 4 Mio. Euro um das Dreifache überstiegen, weil zusätzliche Arbeiten nötig wurden, um eine Abweichung von 4 cm zu korrigieren und behindertengerechte Rampen zu bauen, sind etliche Venezianer mit ihrem Lob für das Bauwerk zurückhaltend.

❷ Stazione di Santa Lucia

1846 rumpelten die ersten Züge vom Festland nach Venedig, und 1865 musste für den Bau dieses Bahnhofs ein Nonnenkloster abgerissen werden.

❸ Ponte dei Scalzi

Eugenio Miozzis 1934 erbaute istrische Brücke aus Stein und Eisen (S. 162) verbindet den Bahnhof mit dem Südwestteil der Stadt.

❹ Fondaco dei Turchi

Das einstige türkische Handelszentrum (S. 98) trumpft mit mehrfarbigen Doppel-Kolonnaden aus Marmor und Kapitellen aus dem 13. Jh. auf. Die Wachtürme sind jedoch eher Dekoration: Obwohl Venedig Konstantinopel überfiel und sich Türken und Venezianer Seeschlachten lieferten, triumphierte der Handel über die Feindseligkeiten.

❺ Deposito del Megio

Bis dieses Silo 1922 in eine Schule umgewandelt wurde, lagerte hier Hirse für Hungersnöte und Belagerungen, was die Stadt 1559 rettete. Das Gebäude ist geschmückt mit dem Markuslöwen, dem Wahrzeichen Venedigs, einer Kopie des Originals, das von den Soldaten Napoleons schwer beschädigt wurde.

❻ Palazzo Vendramin-Calergi

Auch wenn jetzt das Spielkasino (S. 226) in Mauro Cordussis Renaissancepalast untergebracht ist, hat er Richard Wagner trotzdem kein Glück gebracht. Er zog mit seiner Familie 1882/83 hier ein und starb an einem Herzinfarkt.

❼ Chiesa di San Stae

Diese weiße Kirche (S. 99), die 1709 am Standort einer älteren Kirche erbaut wurde, hat zwar eine schlichte Fassade im Stil Palladios, aber die zahlreichen, übereinander angeordneten Statuen liebäugeln mit dem Barock.

❽ Ca' Pesaro

In diesem 1710 fertiggestellten *palazzo* (S. 97) mit der beeindruckenden Doppelarkade auf einem facettierten Marmorsockel sind in würdigem Rahmen die Galleria d'Arte Moderna und das Museo d'Arte Orientale untergebracht.

Zwischen diesen beiden gotischen Palästen liegt ein faszinierendes Stück Wasserstraße. Die Fahrt führt vorbei an Märkten, der Rialto-Brücke, von Affen und Ketzern bewohnten Villen und dem Rathaus, das Bürokratie wunderschön aussehen lässt.

❶ Ca' d'Oro

Die Vergoldung ist längst von der Fassade dieses „Goldenen Hauses" (S. 104) von 1430 abgeblättert, aber das tut der Schönheit dieses Meisterwerks der venezianischen Gotik keinen Abbruch. Die beiden Etagen fein ziselierter Arkaden sind mit kleeblattförmigen Öffnungen durchbrochen, und gekrönt wird das Ganze von Zinnen auf dem Dach, die an eine Tiara erinnern.

❷ Pescaria

Diesen Fischmarkt (S. 93) hört und riecht man schon, bevor er auf der rechten Seite auftaucht. Er wurde 1907 an der Stelle erbaut, wo der Fischhändler schon seit 700 Jahren die Vorzüge des Fangs aus der Lagune anpreisen.

❸ Rialto-Märkte

Auf dem Wochenmarkt (S. 93) ist bei den Anbietern der einheimischen Produkte von Zurückhaltung nichts zu spüren.

❹ Fondaco dei Tedeschi

Einst lebten deutsche Händler in diesem *fondaco* (S. 82), in dem heute eine Post ist. Von den Fresken von Tizian und Giorgione, die einst die Fassade schmückten, sind nur noch ein paar verblasste Fragmente übrig, die in der Ca' d'Oro (S. 104) ausgestellt sind.

❺ Ponte di Rialto

Von dieser Brücke (S. 95) hängen die Touristen herunter wie Wasserspeier, um Fotos von Antonio da Pontes architektonischem Wunderwerk von 1592 zu schießen. Der Bau hat ungeheure 250 000 venezianische Dukaten (heute etwa 19 Millionen Euro) gekostet, aber dafür strahlt der Marmorbogen bei Sonnenuntergang wie pures Gold.

❻ Ca' Farsetti & Palazzo Loredan

Bevor die Ca' Farsetti (S. 150) 1826 zum Rathaus von Venedig wurde, war sie eine noble Familienresidenz, später eine Kunstschule, an der Canova studierte, und dann ein Hotel. Mit seiner Säulenhalle aus dem 13. Jh. und der Loggia im Obergeschoss lässt der benachbarte Palazzo Loredan die Stadtverwaltung geradezu elegant wirken.

❼ Palazzi Mocenigo

Heute befinden sich in diesem gotischen Komplex (S. 97) Luxusferienwohnungen, aber früher beherbergte er namhaftere Gäste: Thomas Morus verweilte hier, der Philosoph Giordano Bruno zog sich nach dem Vorwurf der Ketzerei hierher zurück, und Byron bewohnte eines der Häuser mit seinen zwei Affen und 14 Dienstboten.

❽ Ca' Foscari

Auf der rechten Seite tauchen die Kleeblattarkaden des einstigen Hauses des Dogen Francesco Foscari aus dem 15. Jh. auf, aus dem 1866 eine Handelsschule wurde und in dem nach der Renovierung 2006 der Sitz von Venedigs Foscari-Universität sein Domizil fand. Daneben gibt es passenderweise noch eine Hochschule für Architektur..

Das große Finale des Canal Grande hat mehr Drama zu bieten als eine Aufführung in La Fenice: Angriffe moderner Kunst, herumstreunende Löwen, nackte Männer, grausige Flüche, die Schwarze Pest und ein rosa Gefängnis.

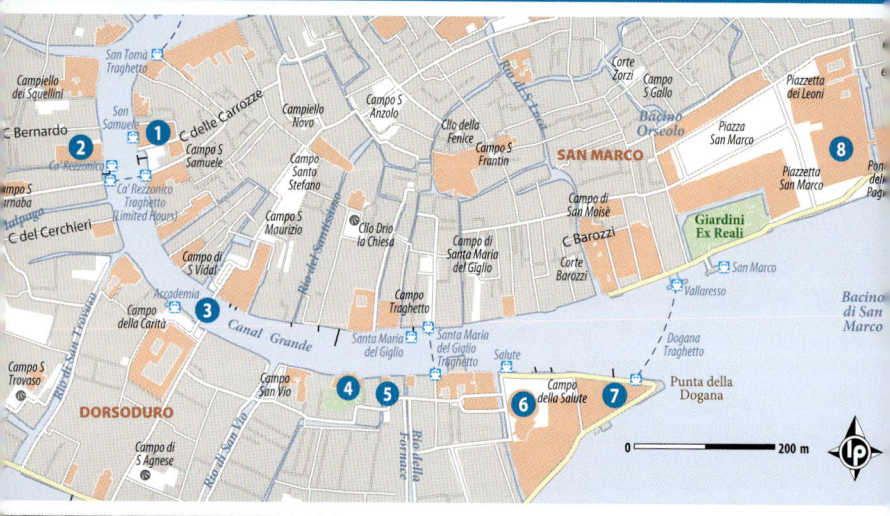

❶ Palazzo Grassi

Im Palazzo Grassi (S. 80) aus dem 18. Jh. muss mit dem Unerwarteten gerechnet werden: einem von Richard Prince bemalten Auto oder einem von Subodh Gupta aus Kochtöpfen geformten Schädel. Dieses Museum im genialen Design des japanischen Minimalisten Tadao Ando zeigt neben fesselnden Shows auch François Pinaults Sammlung zeitgenössischer Kunst.

❷ Ca' Rezzonico

Baldassare Longhenas Schmuckkästchen-Palast (S. 88) wurde einst für offizielle Zeremonien genutzt und beherbergt jetzt die barocken Schätze Venedigs. Durch die Fenster zum Sehen und Gesehenwerden lässt sich vielleicht ein Blick auf die grandiosen Deckenmalereien von Tiepolo erhaschen.

❸ Ponte dell'Accademia

Die in den 1930er-Jahren als vorübergehender Ersatz für eine Metallbrücke aus dem 19. Jh. errichtete Holzbrücke (S. 69) ist gebogen wie ein Katzenbuckel. Am Fuß der Brücke liegt die Gallerie dell'Accademia (S. 84).

❹ Palazzo Venier dei Leoni

Steinlöwen und eine Plastik von Calder flankieren diesen *palazzo*, in dem die Peggy-Guggenheim-Sammlung (S. 87) untergebracht ist. Der nackte *Engel der Stadt* hoch zu Ross, den Marino Marini 1948 aus Bronze schuf und der zwischen den Löwen steht, ist von seinem Ausblick auf den Canal Grande offensichtlich erregt.

❺ Ca' Dario

Dieser *palazzo* (S. 90) von 1487 faszinierte Monet, aber hinter der mehrfarbigen Marmorfassade schwebt ein dunkler Aberglaube. Der Legende zufolge wird jeder, der hier wohnt, einen schrecklichen Tod sterben, was Woody Allen davon abgehalten haben soll, das Haus zu kaufen.

❻ Chiesa di Santa Maria della Salute

Baldassare Longhenas achteckige von einer Kuppel gekrönte Kirche (S. 89) ist ein Dank an die Madonna dafür, dass sie Venedig von der Pest verschont hat; sie ruht auf 100 000 hölzernen Pfählen.

❼ Punta della Dogana

Am Ende von Dorsoduro steht der Punta della Dogana (S. 89), ein historisches Zolllagerhaus, das von Tadao Ando in einen Ausstellungsraum für François Pinaults Sammlung zeitgenössischer Kunst umgestaltet wurde.

❽ Palazzo Ducale

Das große Finale des Canal Grande ist dieser pfirsichfarbene gotische *palazzo* (S. 74) mit seinem Ponte dei Sospiri (Seufzerbrücke), über die einst die Verurteilten ins Gefängnis geführt wurden. In letzter Zeit haben hier allerdings nur die Denkmalschützer über die Werbeplakate geseufzt, die diese Wahrzeichen während der Restaurierung verunstalteten. Der allgemeine Protest könnte dazu führen, dass die kurze, wenig rühmliche Karriere des Palazzo Ducale als Verkaufsstelle für Swatches bald vorbei ist.

Der Ponte dei Sospiri (Seufzerbrücke) verbindet Dogenpalast und Prigioni Nuove

(Fortsetzung von Seite 140)

werfen oder sie in der Nähe von Kanälen und *pozzi* (Brunnen) hinter Kirchen zu begraben. Daher ordnete er an, dass die Toten stattdessen auf den neuen Friedhof auf der Isola di San Michele gebracht werden sollten.

28 La Galleria van der Koelen (s. S. 82) Eine byzantinisch anmutende Nebenstraße führt zu dieser Galerie zeitgenössischer Kunst, unmittelbar hinter La Fenica auf der anderen Seite des Rio della Veste. Es geht vom Campiello rechts in die Calle de Pestrin, dann links in die Calle dei Frati und über die Brücke des Rio di Sant'Angelo auf den Campo Sant'Anzolo (die venezianische Schreibweise für Angelo). Rechts geht die Calle Caotorta ab und jenseits der Brücke liegt der Ort, an dem seit drei Jahrzehnten minimalistische Kunst ausstellt wird – in letzter Zeit waren dies Segel ohne Boot und Mosaiken aus Gold und Papierfetzen.

29 Teatro La Fenice (S. 76) Zurück auf der Calle Caotorta geht es über die erste Brücke rechts, hinter der Rückseite von La Fenice links und dann wieder rechts in die Calle della Fenice. Noch einmal links abbiegen auf den winzigen Campiello della Fenice, wo ein Hotel mit Kanonenkugeln vom Versuch der Österreicher bedeckt ist, 1849 die Kontrolle über die Stadt zurückzuerobern. Durch den Bogen geht es auf den Campo San Fantin, wo sich von Januar bis Juli sowie im September und Oktober Opernfreunde in Seidenkleidern und Kordjacketts mit Lederflicken drängen, ein Glas *prosecco* in der Hand, bis das Signal für den Vorhang kommt und alles die große Treppe hinaufstürmt, um die Ouvertüre nicht zu verpassen.

30 Chiesa di San Fantin Gegenüber vom Teatro La Fenice, auf dem Campo San Fantin, steht diese hübsche Kirche aus istrischem Marmor. Scarpagnino begann 1506 mit dem Bau, starb aber, bevor die Kirche fertig war. Um 1564 beendete Sansovino das Projekt mit einer Kuppelapsis. Gebäcklieferanten halfen mit Spenden beim Bau dieser Kirche zu Ehren von San Fantin, dem Schutzheiligen der Süßwaren. Das Kruzifix im Innern aus dem 15. Jh. ist nicht fest installiert: Es wurde in Prozessionen verurteilter Verbrecher zu ihrer Hinrichtung an den Säulen von San Marco getragen.

31 Ateneo Veneto Im anderen großen Gebäude auf dem Campo San Fantin, dem Ateneo, ist die geisteswissenschaftliche Fakultät der Universität Venedig untergebracht, doch im Volksmund heißt das Gebäude immer noch Scuola di San Fantin oder „dei Picai" (der Gehängten). Letzteres deshalb, weil hier der Hauptsitz der Bruderschaft von San Girolamo und Santa Maria della Giustizia war, deren Mitglieder Verbrechern in der Todeszelle in den letzten Stunden vor der Hinrichtung beistanden. Die Aula Magna im Erdgeschoss hat eine großartige Kassettendecke, die vorsichtige Blicke auf das *Fegefeuer* zulässt, dass Palma il Giovane nach seinen Vorstellungen um 1600 malte.

32 Jarach Gallery (s. S. 82) Am Ende einer schattigen Gasse, die vom Campo San Fantin abzweigt, flackert ein Bildschirm im Fenster dieser Galerie für zeitgenössische Kunst und Fotografie. In dem alten venezianischen Hofgebäude bekommen selbst bekannte Bilder eine ganz neue Bedeutung. So gehen etwa Robert Polidoris Fotos vom überschwemmten New Orleans Ende August 2005 den Betrachtern ans Herz.

33 Palazzo Fortuny (S. 81) Auf der Calle della Verona geht es Richtung Norden und dann nach links auf den Rio Terà dei Assassini, wo früher oft Leichen in den Schatten lagen. Im Mittelalter waren nächtliche Morde in dieser Gegend so normal, dass die Regierung 1128 das Tragen von bestimmten Vollbärten im „griechischen Stil" verbot. Letztere nutzten Verbrecher manchmal, um ihre Identität zu verbergen. Die Andachtsnischen, die man überall in der Stadt sieht, wurden ursprünglich für Lampen geschaffen, die die ganze Nacht brannten – eine frühe Maßnahme zur Verbrechensbekämpfung. Auf der Calle della Mandola geht es nach links und dann nach rechts in den Rio Terà della Mandola, der direkt auf die Seite des großartigen Palazzo Fortuny zuführt, einem gotischen Bau aus dem 15. Jh. Er trägt den Namen des exzentrischen Designers, der im 19. Jh. mit seiner Mutter und seiner Schwester von Granada herzog und in seinem Atelier im Obergeschoss Modestandards setzte, die heute noch aktuell sind – vor allem die dramatischen Göttinnenkleider. In jenen Tagen der Korsetts und des Fischbeins waren Fortunys weite Kleider, unter denen nicht viel oder gar nichts getragen wurde, ein Affront gegen die strikten Moralvorstellungen, aber zugleich eine Offenbarung für internationale Trendsetter wie Isadora Duncan. Die Tänzerin hatte einen guten Geschmack in Modefragen, der ihr jedoch zum Verhängnis wurde: Sie kam ums Leben, als sich ihr Markenzeichen, der lange Schal, in der Achse ihres fahrenden Autos verfing und sie strangulierte.

34 Statue von Daniele Manin

Die Dogen genießen in Venedig hohes Ansehen, aber das gilt auch für die Unabhängigkeitskämpfer. Das beweist dieser große *campo*, der nach dem Anführer des Aufstands gegen die Österreicher 1848–49 (s. S. 31) benannt wurde und auf dem dessen Statue steht. Um vom Palazzo Fortuny herzukommen, geht es südlich die Calle del Teatro Goldoni hinunter und dann an der Kreuzung links in die Calle della Cortesia. Manin lebte in einem Haus auf der anderen Seite der Rio di San Luca.

35 Palazzo Contarini del Bovolo (S. 79)

Auf öffentlichen *campi* zu knutschen ist in Venedig schon seit Jahrhunderten beinahe Volkssport und es ist nur verwunderlich, dass die Dogen keinen Weg gefunden haben, es zu kontrollieren und mit Steuern zu belegen. Die süßesten Küsse werden aber immer noch auf dem Hof des Renaissancepalastes an der Calle della Vida ausgetauscht. Die spiralförmige Freitreppe hat dem Palast den Spitznamen Bovolo ("Schnecke") eingebracht, doch als dieser Bericht geschrieben wurde, war sie für die Öffentlichkeit gesperrt, konnte aber trotzdem vom Hof aus bewundert werden.

36 Enoteca Il Volto (S. 198)

Auf dem Weg Richtung Norden über den Campo Manin geht es über den Campiello San Luca in die Calle Cavalli, wo diese historische Weinbar liegt. Hier kann man sich in einem Achtelglas eine *ombra* von einem der Hunderte verschiedener Weine bestellen oder dem Wirt vertrauen, dass er in einer Nische im hinteren Teil der Bar zu einem großen Teller Pasta den passenden Wein serviert.

37 Ca' Farsetti

Wieder zurück im Sonnenlicht nach dem Abstecher zur Enoteca Il Volto geht es am Canal Grande vorbei an diesem *fondaco* (Warenhaus) aus dem 12. Jh. Die Ca' Farsetti ist ein klassisches Beispiel für einen *fondaco*, was im Mittelalter das angesagte "Loft" zum Leben und Arbeiten war. Die Familie lebte oben im *piano nobile* ("noblen Stockwerk", gewöhnlich der 1. Stock), während es im Erdgeschoss ein großes Tor zum Kanal gab, durch das be- und entladen wurde und durch das die wertvollen Handelswaren

hereinströmten, die den Lebensstandard der Patrizierfamilien sicherten. 1826 verlegte das Rathaus seine Büros vom Palazzo Ducale in die Ca' Farsetti.

38 Palazzo Loredan

Neben der Ca' Farsetti nimmt der Palazzo Loredan eine Schlüsselposition an der Riva del Carbon (dem Kohlekai) ein, die bis weit ins 19. Jh. Hauptanlierungsort des Kohlebedarfs der Stadt war – und zugleich der Eingang in ein Rotlichtviertel. Das hörte auf, als die Büros der Stadtverwaltung in die Ca' Farsetti verlegt wurden. 1868 erwarb die Stadt den Palazzo Loredan und an Wochentagen dürfen Besucher ins Foyer und sich dort umsehen. An der Ecke der Calle del Carbon hängt eine Plakette zu Ehren der venezianischen Gelehrten Eleonora Lucrezia Corner Piscopia. Sie war vermutlich die erste Frau, die studierte und ihr Studium an der Universität von Padua 1678 als Doktor der Philosophie abschloss.

39 Palazzo Dandolo

Auf dem Weg von der Calle del Carbon Richtung Nordosten zum Ponte di Rialto fällt dieses schmale gotische Haus aus dem 14. Jh. auf. Es gehörte dem blinden Dogen Enrico Dandolo, dessen Flotte angeheuert wurde, um die Franken im Vierten Kreuzzug (1202–1204) ins Heilige Land zu befördern, damit diese dort gegen die Ungläubigen kämpfen konnten. Doch stattdessen führte Doge Dandolo die Franken nach Konstantinopel. Die Stadt wurde geplündert, andere Christen getötet und die byzantinische Kathedrale Hagia Sophia entweiht. Der Doge soll in der Kirche unter dem Stein mit seinem Namen begraben worden sein, aber seine Taten hat man ihm nicht verziehen: als die Byzantiner Konstantinopel 57 Jahre später zurückeroberten, spuckten die Gläubigen auf seinen Grabstein (s. S. 29). Der Riss zwischen Ost- und Westkirche war vertieft.

40 Palazzo Bembo

Eingeklemmt zwischen Calle Bembo und Rio di San Salvador liegt der Geburtsort von Pietro Bembo, Kardinal, Verfasser von Traktaten, Historiker und Begründer der italienischen Grammatik – doch anders als der Konjunktiv ist diese elegante, harmonische rote Fassade aus dem 15. bis 17. Jh. kein bisschen unregelmäßig.

41 Palazzo Dolfin-Manin

Auf der anderen Seite des Rio di San Salvador ist der grandiose Eingang dieses Palastes nicht zu übersehen. Er wurde von Sansovino entworfen und

1547 fertiggestellt. Die benachbarten Bembos und Dandolos beschwerten sich über diesen Riesenbau, der alles andere überragte, und vielleicht zeigten ihre Verwünschungen Wirkung: Im 17. Jh. kamen harte Zeiten für die Familie Dolfin, die daraufhin gezwungen war, den Palast erst zu vermieten und dann an die Familie Pesaro zu verkaufen. Die Pesaros verkauften ihn schließlich an die Familie Manin weiter. Venedigs letzter Doge Ludovico Manin starb hier 1802, nicht lange nachdem Napoleon Venedig 1797 unter der Androhung der Bombardierung eingenommen hatte. Der Legende zufolge hat Doge Manin Napoleon seine Dogenkappe mit einem Seufzer überreicht und dabei gesagt „Die brauche ich nicht mehr". Zwei Tage später soll sich das Oberhaupt Venedigs in seinen Palast zurückgezogen haben, um in dessen Abgeschiedenheit sein Leben zu beenden.

Zurück zur Piazza San Marco

42 Palazzo Giustinian-Faccanon Auf dem Weg nach Süden geht es in die schmalen Gassen, die zur Piazza San Marco führen, und die allgemein Marzaria (Viertel der Seidenhändler) genannt werden, weil die Seidenhändler ihre Waren von den Kais von San Marco zu den *fondaci* (Warenhäusern) am Rialto durch diese Gegend transportierten. Die Marzaria San Salvador führt an den Nordrand des Labyrinths und wo die Straße auf den Kanal trifft, steht der gotische Palazzo Giustinian-Faccanon aus dem späten 15. Jh. Dieser romantische Palast ist ein prächtiger Ort, um mit Papieren zu hantieren: Nach der Nutzung als Post und Redaktion von *Il Gazzettino*, der größten Zeitung der Stadt, hat hier nun die Verwaltung von ACTV, dem Fährbetrieb der Stadt, ihren Sitz.

43 Camuffo (S. 179) Es lohnt sich, im Gewühl der Marzaria kurz stehen zu bleiben, um mit etwas Glück Signor Camuffo an seinem Arbeitstisch zu beobachten, wie er nur mit Hilfe von einem Gasbrenner, einer Pinzette, seiner Phantasie und seinen sehr ruhigen Händen aus einem unscheinbaren Klumpen Glas eine hauchzarte Libelle zaubert.

44 Chiesa di San Zulian In Richtung Süden nach San Marco kann man sich den Besucherscharen anschließen, um dann vor der Brücke über den Rio dei Ferati nach links zu dieser, San Zulian geweihten Kirche (☎ 041 523 53 83; ⏱ Mo–Sa 9–18.30, So 9–19.30 Uhr) abzubiegen. Am

Anfang der Marzaria dell'Orologio ist die 829 gegründete Kirche zu sehen, die später von Sansovino mit istrischem Stein verkleidet wurde. Er bekam den Auftrag dazu von dem reichen Arzt Tomasso Rangone, der sein Vermögen mit dem Verkauf von Heilmitteln gegen Syphilis und einem Buch machte, das die Geheimnisse enthüllte, wie man über 100 Jahre alt wird (er starb mit 84). Der gute Doktor ist in Bronze über dem Portal verewigt – mit Sarsaparille (einem tropischen Liliengewächs), offenbar dem wichtigsten Bestandteil seines Wundermittels gegen Geschlechtskrankheiten. Im Innern der Kirche befinden sich ein paar sehenswerte Arbeiten von Palma il Giovane und, vom Eingang aus rechts, Paolo Veroneses *Der tote Christus und Heilige*.

45 Cavatappi (S. 198) Wer die Straßen von San Marco überlebt hat – zwar lauert hier nicht mehr an jeder Ecke ein Mörder, aber die vielen Designer-Versuchungen sind fast genauso gefährlich –, darf sich einen Drink gönnen. Auf der anderen Seite des Campo della Guerra befindet sich die Bar. Um 18.30 Uhr hat man vor den Einheimischen die erste Wahl bei den *cicheti*, darunter *crostini sopressa con carciofi* (Geröstete Brotscheiben mit Salami und Artischocken).

Danach geht es zurück zur Marzaria dell'Orologio und weiter in Richtung Süden auf den Bogen unter dem Torre dell'Orologio zu. Kurz vor dem Uhrenturm sind in einem einfachen Stein die römischen Ziffern XV.VI. MCCCX eingraviert. Sie beziehen sich auf 1310, das Jahr, in dem Verschwörer den Dogen Pietro Gradenigo stürzen wollten, was aber eine Frau vereitelte, indem sie dem Anführer der Rebellen ihren Küchenmörser auf den Kopf fallen ließ. Über Sotoportego e Calle del Cappello ist ein Basrelief der Köchin, die die Republik rettete, zu sehen. Jenseits des Bogens liegt die Piazza San Marco, der Ausgangspunkt des Spaziergangs. Und wenn das Timing stimmt, lässt die untergehende Sonne die goldenen Mosaiken des Portals erstrahlen.

SESTIERE DI DORSODURO
Von der Accademia zur Punta della Dogana

1 Gallerie dell'Accademia (S. 84) Die Gebäude auf der anderen Seite des Ponte dell'Accademia, gegenüber von San Marco am Canal Grande, beherbergen Venedigs mit Abstand wichtigste Kunstsammlung und sind das Werk der bedeutendsten Architekten. 1448 vollendete Bartolomeo Bon die schlichte gotische Fassade der Santa Maria della Carità. 1561 erbaute Palladio den Convento dei Canonici Lateranensi im klassischen Stil, der später Teil der Accademia wurde. Und schließlich unternahm Carlo Scarpa (Absolvent und Professor an der Accademia) von 1949 bis 1954 die Restaurierung mit sehr viel Feingefühl, um die eleganten Symmetrien nicht zu beeinträchtigen, die seine Vorgänger geschaffen hatten.

2 Palazzo Barbarigo Zwei Fußgängerbrücken führen auf den schmalen Campo San Vio, einen von einer Handvoll Plätze, die direkt am Canal Grande liegen. Auf seiner Ostseite steht der Palazzo Barbarigo, dessen Fassade großartige Mosaiken auf goldenen Hin-

tergrund schmücken. Die Fassade ist zugleich eine Art monumentale Werbung für die Compagnia Venezia e Murano, eine Glas- und Mosaikmanufaktur, die gegen Ende des 19. Jhs. hier einzog. Vom Platz aus kann man das Mosaik kaum sehen, ohne sich gefährlich weit über den Canal Grande lehnen zu müssen. Aber im Vorbeituckern mit dem Vaporetto 1 hat man einen erstklassigen Blick darauf.

3 Peggy Guggenheim Collection (S. 87) Die Calle della Chiesa und die Fondamenta Venier dei Leoni führen zu Venedigs Schatzkammer der Kunst des 20. Jhs. Der Palazzo Venier dei Leoni wurde zwar nie fertiggestellt, aber das hat Peggy Guggenheim nicht daran gehindert, auf den vorhandenen Wandflächen und im Garten Kunstgeschichte zu schreiben. Zu den von ihr besonders geschätzten Künst-

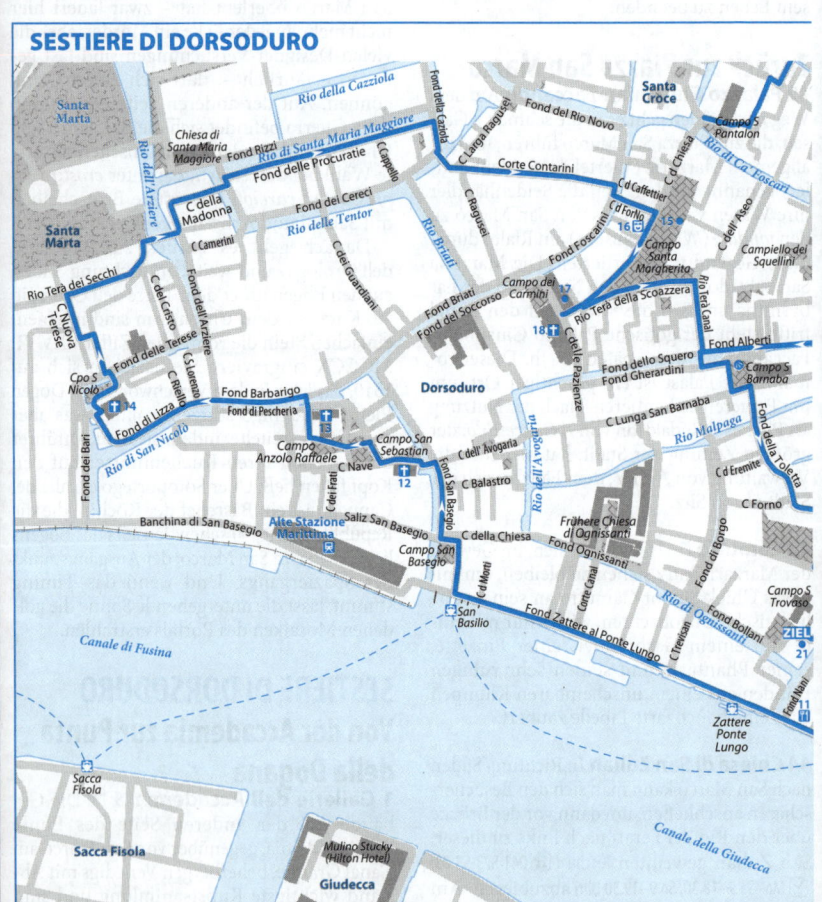

SESTIERE DI DORSODURO

lern gehören Jackson Pollock, Marcel Duchamp, René Magritte, Salvador Dalí, Henry Moore und ihr Ex-Ehemann Max Ernst.

Die amerikanische Erbin entkam zwei Tage vor dem Einmarsch der Deutschen aus Paris. 1948 traf sie in Venedig ein und musste feststellen, dass die traditionelle Hochstimmung der Stadt Mussolini und dem nachfolgenden Bürgerkrieg zum Opfer gefallen war. Als führende Sammlerin moderner Kunst weckte Peggy das Interesse der Menschen für die venezianische und italienische Kunst der Nachkriegszeit. Sie holte die bedeutendsten italienischen Futuristen, deren dynamischer Stil dazu gedient hatte, den Faschismus optisch verdaulicher zu machen, wieder aus der Versenkung. Peggys Zuneigung zu Venedig beruhte auf Gegenseitigkeit: die Stadt erteilte eine Ausnahmegenehmigung, sie ihrem Wunsch entsprechend in ihrem Skulpturengarten zu beerdigen, zwischen den Giacomettis und bei ihren geliebten Schoßhunden.

Der Museumsbesuch dauert etwa eine Stunde. An Sonnentagen ist die Versuchung allerdings groß, die Pläne für den Nachmittag umzustoßen und es sich im Gartencafé des Museums gemütlich zu machen.

ROUTENINFOS

Start Ponte dell'Accademia
Ziel Squero San Trovaso
Länge 4,5 km
Dauer 1½ Stunden, ohne Pausen für Essen, Trinken und Fotostopps
Pausen Da Nico, Il Caffè Rosso, Cantinone Già Schiavi

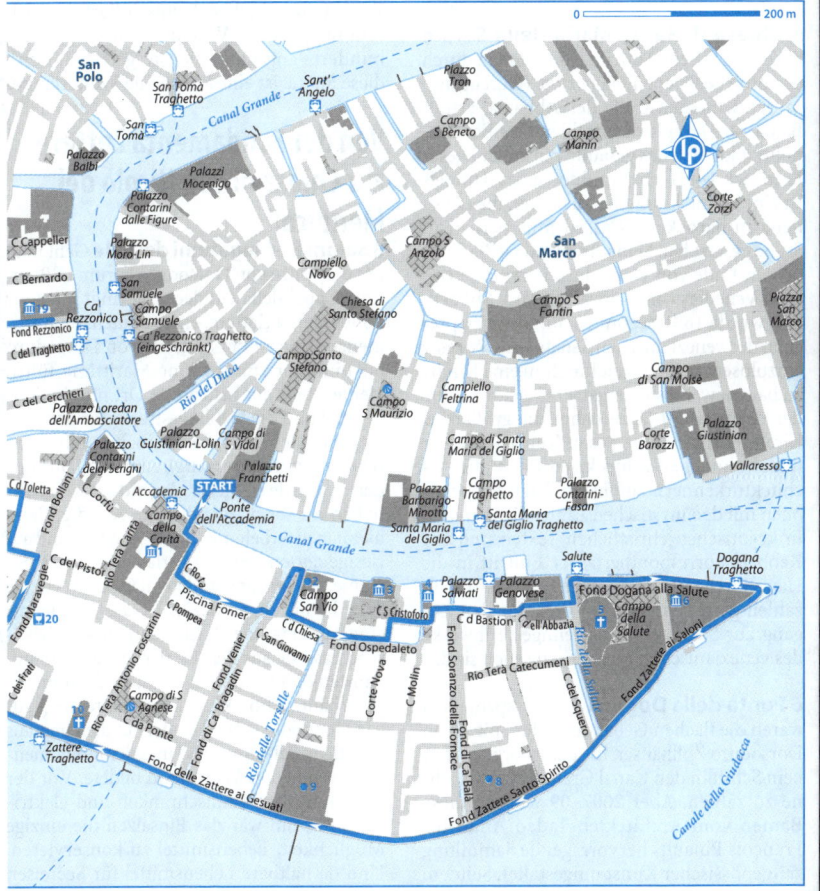

4 Ca' Dario (S. 91) Eine Ecke hinter dem Guggenheim Museum quillt eine wahre Blütenpracht über die Gartenmauern am Rio delle Toreselle. Aber es scheint, als wären Pflanzen das einzige, was im Umkreis dieser Wände aus wunderschönem mehrfarbigen Marmor aus dem 15. Jh. gedeiht: Legenden zufolge lastet schon viele hundert Jahre ein Fluch auf der Ca' Dario. Seit 1800 haben ihre Besitzer Selbstmord begangen, wurden von Liebhabern oder Drogenhändlern ermordet oder starben wegen der kostspieligen Instandhaltung vollkommen verarmt. Da verwundert es nicht, dass der Palast schon länger zum Verkauf stand, ohne dass sich ein Käufer fand. Schließlich hat die Guggenheim-Sammlung 2005 mit dem derzeitigen Besitzer (der gesund und munter ist, danke der Nachfrage) vereinbart, dass gelegentlich Ausstellungen auf dem Anwesen stattfinden.

5 Chiesa di Santa Maria della Salute

(S. 89) Was für ein Auftritt: Kommt man durch den grob behauenen *sotoportego* (Durchgang) in der schmalen Calle dell'Abbazia, erfüllt Baldassare Longhenas strahlend weißer Monolith plötzlich das gesamte Blickfeld. Dieser Eindruck von Licht am Ende eines Tunnels ist eine architektonische Metapher, die Longhena in barockem Klassizismus perfekt in Szene gesetzt hat. Seine strahlend weiße Kuppel am Ende von Dorsoduro feiert die Erlösung Venedigs vom Schwarzen Tod. Mit dem Bau wurde 1631 begonnen, um das Versprechen des venezianischen Senats vom Vorjahr einzulösen, der heiligen Jungfrau eine Kirche zu bauen, wenn sie Venedig rettete. Im Laufe der nächsten 50 Jahre nahm die großartige Kirche Form an: Eine riesige Kuppel auf einer ungewöhnlichen achteckigen Basis, die Architekturkennern zufolge in ihren Proportionen mit den mystischen Zahlendiagrammen in kryptischen christlichen Texten und der Kabbala korrespondiert. Der Eintritt in die Hauptkirche ist frei, aber die Fans von Tizian zahlen gern den geringen Preis für den Zugang zur Sakristei, in der einige Frühwerke des venezianischen Meisters zu sehen sind.

6 Punta della Dogana (S. 89) Ursprünglich waren die flachen Gebäude an der Spitze von Dorsoduro Zollhäuser, die dafür sorgten, dass kein Schiff in den Canal Grande einfuhr, ohne zu zahlen. Aber 2007–09 wurden diese Bauten vom Architekten Tadao Ando für François Pinaults hervorragende Sammlung zeitgenössischer Kunst umgestaltet. Seitdem ist Venedig auch zwischen den Biennalen eine Hochburg der modernen Kunst. Von außen sieht man den Lagerhäusern Andos kreative Umbauten nicht an, denn da ist der historische Charakter erhalten geblieben. Im Innern dagegen schaffen Betonkanäle und wassergefüllte Glastüren die Illusion von Pfützen und Lichtfluten an strategischen Punkten der Ausstellungsräume. Abhängig von der Show und den persönlichen Interessen kann der Besuch knapp eine Stunde dauern oder aber den ganzen Nachmittag.

7 Fortuna Giuseppe Benoni wollte, dass seine Punta della Dogana von 1677 aussah wie der Bug eines Schiffes auf dem Weg ins offene Meer, gekrönt mit einem Aussichtsturm. Auf dem Turm stehen zwei Bronzen des unter der Last der Welt gebeugten Atlas, während oben auf der Welt die kapriziöse Fortuna im Wind tanzt. Doch so launisch Fortuna auch sein mag, hat sie Venedig doch schon jahrhundertelang gute Dienste geleistet, denn diese Statue ist eine kunstvolle Wetterfahne.

Von der Fondamenta Zattere zur Chiesa di San Nicolò dei Mendicoli

8 Saloni Ex-Magazzini del Sale Geht man um die Spitze von Dorsoduro herum in Richtung Canal della Giudecca, gelangt man zur Fondamenta Zattere, einer breiten Steinpromenade, die an der Südseite von Dorsoduro bis hinunter zur Stazione Marittima führt. Heute ist sie der beliebteste Ort für ein Sonnenbad und die Lieblingsstrecke für den *passeggiata* (den in Italien beinahe obligatorischen Abendspaziergang). Aber vor Jahrhunderten wurde in dieser Gegend schwerer gehoben als sonst irgendwo in Venedig, denn hier haben Arbeiter Bauholz vom Festland auf riesige *zattere* (Flöße) verladen – daher der Name. Außerdem landete hier das wertvolle Salz, das in den *magazzini del sale* (Salzlagern) eingelagert wurde. Auch wenn die klassizistische Fassade aus den 1830er-Jahren stammt, wurden diese neun Lagerhäuser doch im 14. Jh. erbaut. Schon kurz darauf hatte die Stadt das Monopol für den Handel mit dem überaus wichtigen Salz inne, das eines der Fundamente von Venedigs Wohlstand bildete. Vor der Erfindung von Kühlschränken und elektrischem Strom war das Einsalzen die einzige Möglichkeit, Lebensmittel zu konservieren. Und da haltbare Lebensmittel für Seereisen wichtig waren, war Salz auch für den Seehandel unentbehrlich. Heute dienen ein paar dieser Lagerhäuser dem Bucintoro Ruderklub als Bootshaus, andere sind kürzlich umgebaut worden und werden jetzt als Sozialzentren, Labore für Umweltinitiativen und für Wanderausstellungen genutzt.

9 Ospedale degli Incurabili Dieses klobige Bauwerk wurde im 16. Jh. wegen eines Problems errichtet, das sich rasant in Europa ausbreitete. Die beschönigend „Französische Krankheit" genannte Syphilis war auch in Venedig zu einem Problem geworden. Da es zu jener Zeit noch keine wirksame Behandlung gab und Blindheit und Wahnsinn häufige Krankheitsfolgen waren, baten die Venezianer den Staat mit Petitionen um ein Hospiz für *incurabili* (Unheilbare) und die Waisen, die sie zurückließen, die z. T. ebenfalls infiziert waren. Unter den stärksten Verfechtern dieses Projekts waren Frauen und die ersten Spenden kamen von Prostituierten sowie Bordellbesitzerinnen, die das Problem natürlich besonders betraf. Mit dem Einsatz öffentlicher Gelder für dieses Gesundheitsprojekt war Venedig seiner Zeit voraus. Allerdings war sogar dieses riesige Gebäude gelegentlich hoffnungslos überfüllt. Mit der Entwicklung des Penicillins als Heilmittel wurde das Heim glücklicherweise überflüssig, und seit 2003 ist hier die Accademia delle Belle Arti (Akademie der schönen Künste) untergebracht, die vorher Teil der Gallerie dell'Accademia war.

10 Chiesa dei Gesuati (S. 90) Nach dem Überqueren einiger Brücken taucht die imposante Fassade dieser Kirche auf, die Giorgio Massari im 18. Jh. entwarf. Doch das wahre Wunder befindet sich im Innern der Kirche: Tiepolos Trompe l'œil-Deckenfresko der Himmelfahrt des heiligen Dominikus in einem strahlenden Sonnenschein. Er lässt einen glatt vergessen, dass man sich in einem Gebäude befindet.

11 Da Nico (S. 200) Nach all dem Sonnenschein an der Zattere und in der Kirche ist ein Eis bestimmt willkommen. Bei Nico gibt es entweder eine leckere Eiswaffel am Tresen oder einen raffinierten Becher *gelato* an einem der Tische auf dem sonnigen Ponton.

12 Chiesa di San Sebastian (S. 89) Fast am Ende der Zattere, gegenüber dem San Basilio Vaporetto Anleger, führt die *calle* rechts landeinwärts über den Campo San Basegio zur Fondamenta di San Sebastiano. Über die nächste Fußgängerbrücke links kommt man zu San Sebastian. Die relativ nüchterne klassische Fassade, die Antonio Scarpignano dieser Gemeindekirche 1508–48 verpasst hat, verleiht ihr einen Anstrich falscher Bescheidenheit, denn drinnen sieht alles ganz anders aus. 26 Jahre lang hat Paolo Veronese die Kirche vom Boden bis zur Decke ausgemalt, inklusive der Orgel und aller Säulen. Dies war sein Meisterwerk, was er natürlich wusste. Deswegen wurde er seinem Wunsch entsprechend hier begraben. Nur in diesem Kontext könnten Werke von Tizian und Palma il Giovane unbedeutend wirken. Für den Eintritt braucht man einen Chorpass und kann dann die nächsten Minuten (Stunden, Tage ...) staunend verbringen.

13 Chiesa dell'Arcangelo Raffaele (S. 91) Nach der überwältigenden Kirche San Sebastian geht es hinaus auf die miteinander verbundenen Höfe, auf denen das Gras durch die Kopfsteine sprießt, und die zur Chiesa di San Basilio führen, die besser als Chiesa dell'Arcangelo Raffaele bekannt ist. Diese Kirche ist bereits im 7. Jh. gegründet worden und damit eine der ältesten Venedigs. Da sie im 12. und dann noch einmal im 17. Jh. erneuert und außerdem kürzlich gereinigt wurde, sieht man der Kirche von außen ihr Alter nicht an. Francesco Contino hat die leuchtend weiße Front wegen des dramatischen Spiegelbildes im Kanal errichtet. Der Eintritt ist frei und ein freundlicher Aufseher führt alle Besucher stolz in die Taufkapelle zu den frisch restaurierten Fresken von Francesco Fontebasso, die in heiteren Grün- und Rosatönen gehalten sind und aussehen, als wären sie von Veronese entliehen.

14 Chiesa di San Nicolò dei Mendicoli (S. 90) Nach dem Überqueren der Brücke nördlich des Campo Anzolo Rafaele taucht links (im Westen) der Glockenturm der Chiesa di San Nicolò dei Mendicoli auf. Um die auffallende Backsteinkirche aus dem 12. Jh. aus der Nähe zu sehen, geht es über die *fondamenta* zum *campo*. An dieser Stelle stand bereits früher eine Kirche, möglicherweise im 7. Jh. Die heutige Kirche ist dem Schutzheiligen der Armen geweiht und steht in einem alten Fischerviertel. Früher diente sie auch als Frauenhaus. Auf den ersten Blick wirkt sie trotz der Verzierungen aus dem 18. Jh. (darunter eine goldene Arkade im Innern) eher schlicht. Filmfans erkennen in ihr vielleicht die Kirche, die Donald Sutherland in dem Julie-Christie-Streifen *Wenn die Gondeln Trauer tragen* restaurieren sollte – durchaus keine leichte Aufgabe.

Vom Campo Santa Margherita zur Fondamenta San Trovaso

15 Campo Santa Margherita Die vorgeschlagene Route führt über die Fondamenta delle Procuratie am Ufer des Kanals entlang, einer Straße, in der die Prokuratoren von St. Markus schon im 16. Jh. Mietshäuser für Menschen mit geringem Einkommen bauen ließen. Über die Brücke geht es auf den Corte Contarini und mitten zwischen die Gebäude der Universität Foscari. Wer den Studentenstrom auf den Campo Santa Margherita folgt, hat zugleich herausgefunden, wo nachts etwas los ist. Tagsüber zieht der Platz politische Protestzüge, Flohmarkthändler und –besucher sowie Fischhändler an.

16 Il Caffè Rosso (S. 218) Bevor der Stadtbummel weitergeht, raten wir zu einer Kaffeepause und Caffè Rosso bietet einen Espresso an, der einem die Augen öffnet wie die Zugschnur ein Rollo. Da gibt es nur eines: Auf der Piazza Platz nehmen und sich gegen den Aufprall wappnen.

17 Scuola Grande dei Carmini (S. 90) In der südwestlichen Ecke des *campo*s liegt dieser Rückzugsort für Karmeliterinnen, der von außen mit seinem bescheidenen Eingang recht schmucklos wirkt, wenn auch die monochromen Malereien im Erdgeschoss hübsch sind. Aber sobald Besucher die mit wolkenähnlichem Stuck verzierte Treppe von Baldassare Longhena hinaufgestiegen sich, öffnet sich ihnen eine andere Welt, umrahmt von üppigen *boiseries* (Holzschnitzereien) und gekrönt von einem Deckenfresko von Tieopolo, das die Madonna im rosigen Licht des Sonnenaufgangs zeigt. Die herausragenden Werke, die diese beiden Meister für einen Nonnenorden schufen, der sich dem Wohlergehen der Reisenden verschrieben hat, verdienen es, dass man ihnen Respekt erweist.

18 Chiesa dei Carmini Verglichen mit der benachbarten *scuola,* macht die Kirche (☪ Mo–Sa 12.30–17 Uhr) mit ihrer Backsteinfassade im Stil der venezianischen Renaissance nicht viel her. Im Innern sind aber zumindest Stuckverzierungen über dem Altar und Deckenfresken

von Sebastiano Ricci zu sehen, die zwei fliegende Engel darstellen. Der Eintritt ist frei.

19 Ca' Rezzonico (S. 88) Wer von Strenge und Nüchternheit genug hat, sollte das andere Ende des Spektrums ansteuern. Das ursprüngliche pompöse Portal von Baldassare Longhenas großartigem Palast Ca' Rezzonico liegt am Canal Grande. Aber der Seiteneingang, der jetzt als Hauptzugang dient, führt in einen kleinen Garten, in dem man den Palast von hinten sieht und außerdem picknicken kann (eine Seltenheit in Venedig). Im Innern sind die drei Stockwerke angefüllt mit Kunst und Kultur des 18. Jhs., gekrönt von Tiepolos meisterhaften Deckenmalereien. Die Rezzonicos hatten sich in Venedigs goldenes Buch des Adels eingekauft und Tiepolos phantastische Trompe l'œil-Deckenfresken sagen ohne jede Zurückhaltung den weiteren Aufstieg voraus, denn sie zeigen Ruhm und Wohlstand, die die Rezzonicos im Himmel erwarten. Wer durch das Haus wandert, wird ein paar Stunden später wieder hinausschweben wie auf Wolke Sieben.

20 Cantinone Già Schiavi (S. 218) Vom Barock geht es nun in die Bar, wo *cicheti* und *pallotine* (kleine Flaschen Bier) schon auf müde Wanderer warten – und den Rest der Nachbarschaft.

21 Squero di San Trovaso (S. 91) Vor der Bar auf der *fondamenta* ist immer Betrieb, aber wenn die durstigen Gondelbauer am Squero San Trovaso auf der anderen Kanalseite Feierabend machen, gehört ihnen der Tresen. Wer tagsüber mal einen Blick durch die Tür geworfen und diese Handwerker beim Behobeln einer Gondel beobachtet hat, erkennt, dass Dorsoduro ohne ihre Arbeit etwas fehlen würde.

SESTIERI DI SAN POLO & SANTA CROCE

Von San Rocco zu San Giacomo dell'Orio

1 Chiesa di San Rocco (S. 99) Die strahlende, optimistisch wirkende Barockfassade dieser Kirche (☪ Mo–Sa 8–12.30 & 15–17 Uhr) wird von Besuchern, die noch unter dem Eindruck der dynamischen Tintorettos an der mit ihr verbundenen Scuola stehen, oft ignoriert, was durchaus verständlich ist. Die Kirche wurde absichtlich so gebaut, dass sie auch angesichts des größten Unglücks noch Freude ausstrahlt. Nachdem die Stadt einen schweren Ausbruch des Schwarzen Todes überstanden hatte, strömten Spenden für den Bau einer Kirche herein, in der die Gebeine von San Rocco (des heiligen Rochus) ruhen sollten, dem Schutzheiligen der Pestkranken. Die ursprüngliche Kirche baute Bartolomeo Bon 1489–1508, aber nachdem Tintoretto von 1564–88 an seinem Gemäldezyklus in der Scuola gearbeitet hatte, verlor Bons Kirche sofort an Einfluss. Sie wurde 1765–71 überarbeitet, um ihre Fassade der der Scuola anzugleichen, und Bons Fensterrose, die sich ursprünglich an der Vorderseite befand, wurde an die Seite der Kirche verlegt – sie ist kürzlich restauriert worden, ebenso der ursprüngliche Seiteneingang. Nach den dramatischen Gemälden in der Scuola überrascht es die meisten Besucher, wenn sie im Sala dell'Albergo der Kirche sehr sanfte Tintorettos entdecken, darunter *Der heilige Rochus heilt die Tiere.*

2 Scuola Grande di San Rocco (S. 93)

Die Architekten dieses sorgsam komponierten klassischen Gebäudes für die Bruderschaft des heiligen Rochus kann man nur bedauern, denn ihre Arbeit wird schon seit Jahrhunderten ignoriert, was bereits vor der Fertigstellung anfing. Bartolomeo Bon begann 1517 mit dem Bau dieser *scuola,* und bis 1588 wurden mindestens drei weitere Architekten damit beauftragt, das Werk zu vollenden. Aber als Tintorettos Gemäldezyklus begann, sich über die Wände im Obergeschoss auszubreiten wie ein Feuerwerk, spielte es keine Rolle mehr, wie das Gebäude von außen aussah. Dabei ist die Fassade ein beeindruckendes Werk der Architekturkunst: Geäderter Marmor umrahmt die Fenster und Türen, von den Kapitellen beugen sich Figuren, die die Gläubigen begrüßen, und Blumengirlanden an den Säulen heißen das Leben nach der Pest willkommen. Besucher sollten sich vor dem Eintreten einen Moment Zeit nehmen, die Architektur zu betrachten, denn nach Tintorettos Meisterwerken ist es fast unmöglich, noch etwas anderes zu würdigen.

3 I Frari (S. 92)

Auf der anderen Straßenseite, gegenüber der Scuola Grande di San Rocco, fällt die strenge gotische Backsteinfassade der Frari auf, deren Eingang am Campo dei Frari um die Ecke liegt. Wie vermutlich allgemein bekannt ist, gibt es hier ein weltberühmtes Altargemälde von Tizian, aber auch der ganze Bau aus dem 14. Jh. ist etwas Besonderes. Die Fassade zur Kanalseite ist eine beeindruckende Fläche aus roten Backsteinen mit zarten Zierbögen an der Dachkante, kontrastierenden rot-weißen Leisten um die Fenster und Bögen und einem sich wiederholenden Kreismotiv aus *oculi* (runden Fenstern) um ein hohes Rosettenfenster. Der Glockenturm von 1386 steht immer noch – sehr ungewöhnlich, wenn man bedenkt, dass die *barene* von Venedig ständig in Bewegung ist –, und sein Glöckner ist einer der beharrlichsten der Stadt (und mittlerweile vermutlich ziemlich schwerhörig). Es dauert einen Moment, sich an das kühle Licht im Innern zu gewöhnen, aber Tizians *Assunta* in der Apsis scheint ihr eigenes Licht auszustrahlen, und Canovas Grabmal aus weißem Marmor sieht aus, als läge es für alle Ewigkeit im Licht des Mondes.

4 Archivio di Stato

Neben der großen Kirche erstrecken sich die Gebäude und friedlichen Kreuzgänge des Convento dei Frari der Franziskaner, die wie alle anderen religiösen Orden 1807 von Napoleon aufgelöst wurden, um möglichen Widerstand im Keim zu ersticken. Seit 1815 ist in der nüchternen klassischen Anlage das Stadtarchiv untergebracht – eine Schatzkammer mit rund 15 Millionen Dokumenten auf 70 Kilometern Regalfläche und der gesamten Bandbreite der Geschichte Venedigs vom 9. Jh. an. Jedes Jahr werden hier etwa 500 Anfragen von Leuten bearbeitet, die ihre italienische Abstammung erforschen wollen. Gelegentlich, so z. B. am 1. Mai, ist das Kloster der Öffentlichkeit zugänglich. Alles über Anträge zur Ahnenforschung und die nächsten Tage der offenen Tür ist auf der Webseite nachzulesen (www.archiviodistatovenezia.it).

5 Chiesa di San Giovanni Evangelista

Fußgängerbrücken führen auf den wenig bemerkenswerten Campo San Stin. Verlässt man ihn auf der Westseite und biegt rechts ab, taucht auf der linken Seite fast sofort der grandiose Marmorbogen von Pietro Lombardo mit dem Adler von Johannes dem Täufer auf. Die beiden imposanten Fassaden dahinter umrahmen einen Innenhof. Durch das Portal geht es zum Glockenturm und zur Kirche. Sie wurde im 10. Jh. gegründet und im 15. und 18. Jh. umgebaut, ohne dabei ihre eleganten Proportionen einzubüßen.

6 Scuola Grande di San Giovanni Evangelista (S. 98)

Gegenüber liegt eine der sechs großen venezianischen *scuole,* 1261 von einem Orden von *battuti* (Flagellanten) gegründet und später eine bevorzugte Bruderschaft des Rates der Zehn, dem gefürchteten Geheimdienst Venedigs.

Einst war die *scuola* eine bescheidene Herberge, aber mit zunehmender politischer Bedeutung erwarb sie eine Kreuzreliquie und die Halle im 1. Stock wurde von den größten Künstlern der Stadt gestaltet: Massari entwarf die Sala Capitolare mit der elf Meter hohen Decke und dem bunten Marmor, Palma il Giovane malte die vier Bilder an den Wänden der Sala d'Albergo, und die Werke, die Tizian und Bellini für die *scuola* schufen, sind jetzt im Besitz von Museen.

Der Orden wurde unter Napoleon aufgelöst. Heute finden in der *scuola* Konferenzen statt, aber für bescheidene 2–3 € dürfen manchmal auch Besucher hinein. Wenn es möglich ist, die *scuola* zu besichtigen, kann am Empfang vielleicht noch ein Besuch der Kapelle auf der anderen Straßenseite vereinbart werden.

7 Palazzo Soranzo-Cappello Bevor es nordöstlich vom Rio Marin zum Campo San Giacomo dell'Orio geht, fällt der Blick in Richtung Westen über den Rio Marin auf diesen gotischen Palazzo aus dem 15. Jh. Er wird nach der holländischen Familie, die ihn um 1628 kaufte, auch Palazzo Soranzo van Axel genannt. Der üppige Garten hinter der uralten Mauer ist der Öffentlichkeit nicht zugänglich. Dort führen zwei gotische Treppen zur Loggia des *piano nobile.* Dieser Palast soll zu den schönsten Bauwerken der venezianischen Gotik zählen. Da er zum Verkauf steht, hoffen viele Venezianer, dass er von einer

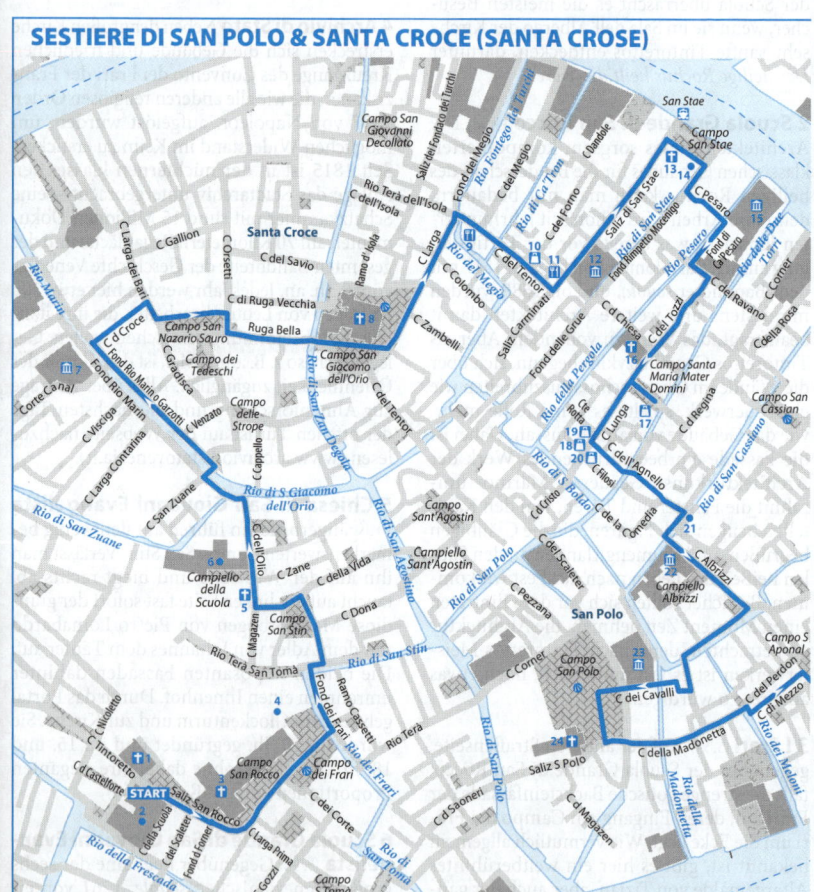

SESTIERE DI SAN POLO & SANTA CROCE (SANTA CROSE)

ROUTENINFOS

Start Chiesa di San Rocco
Ziel Al Mercà
Länge 4 km
Dauer Zwei Stunden, ohne Pausen für Essen, Trinken und Fotostopps
Pausen Osteria La Zucca, Gelateria San Stae, Al Mercà

Stiftung gekauft und endlich für Besucher geöffnet wird.

8 Chiesa di San Giacomo dell'Orio (S. 98)

Es geht Richtung Osten die Calle della Croce hinunter, danach erst rechts und dann links auf den Campo San Nazario Sauro, und von dort weiter nach Osten die Ruga Bella hinun-

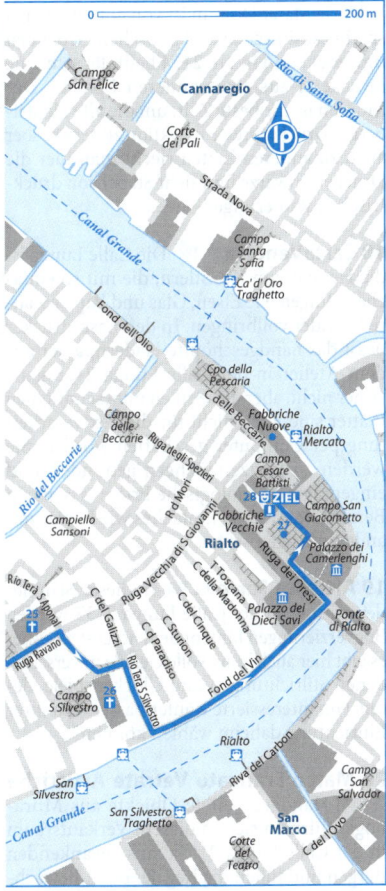

ter zum Campo San Giacomo dell'Orio. Er gilt als einer der hübschesten und entspanntesten Plätze von Venedig. Die Kirche, die ihm ihren Namen gab, wurde schon im 9. oder 10. Jh. gegründet, aber ihre derzeitige romanische Form erhielt sie 1225. Ihr bescheidender Eingang am Kanal wird von Wohngebäuden umrahmt. Die Grundform ist ein Kreuz, doch diese Form wird nicht perfekt eingehalten, denn an den Rändern befinden sich Kapellen. Im Innern wurden an verschiedenen Stellen schmückende Säulen hinzugefügt. In der düsteren Kühle gibt es einige Kunstwerke aus dem 14. bis 18. Jh. zu entdecken, darunter das aus dem 14. Jh. stammende Dach in Form eines Schiffskiels, ein seltenes Kruzifix von Veronese und Gaetano Zompinis makabres *Marienwunder,* das einen Unruhestifter zeigt, der grob die Begräbnisprozession der Jungfrau Maria stört und dessen Hände zur Strafe abfallen, als er ihren Sarg berührt.

Von San Giacomo dell'Orio nach San Polo

9 Osteria La Zucca (S. 203)

Nach der traditionellen Meeresfrüchteküche Venedigs können die Geschmacksnerven bei der kreativen mediterranen Küche von La Zucca einen Gang hochschalten. Hier sind Gemüse vom Rialtomarkt und Aromen von den Gewürzrouten die Co-Stars auf kleinen Tellern. Vom *campo* aus geht es auf der Calle Larga Richtung Norden; das Restaurant liegt rechts auf der anderen Seite der Brücke.

10 Mosaico! (S. 187)

Die byzantinische Pracht der Basilica di San Marco beeindruckt noch mehr, wenn man sich in diesem Mosaikstudio in der Calle del Tentor 1864 ansieht, wie Glasmosaiken hergestellt werden. Das Rohglas wird zunächst mit einem winzigen Hammer in Teile zerbrochen, die die Mitarbeiter anschließend so zurechtschneiden und -schleifen, dass sie perfekt ins Mosaik passen. In diesem Studio werden auch Restaurierungen vorgenommen, Repliken von byzantinischen und römischen Mosaiken hergestellt und (ein verlockender Gedanke!) auch Aufträge von Privatkunden ausgeführt.

11 Gelateria San Stae (S. 205)

Vanille ist in dieser Gourmet-*gelateria* (Eisdiele) bestimmt kein Synonym für Langeweile, denn hier verleihen hochwertige Inhaltsstoffe wie Vanilleschoten aus Madagaskar der mittäglichen

Leckerei eine eindeutig dekadente Note – und das zu sehr zivilen Preisen, die überwiegend unter 2 € liegen.

12 Palazzo Mocenigo (S. 97) Vornehme venezianische Familien, wie die Mocenigos, brauchten entsprechende Outfits, um jahrhundertelang einflussreich und bedeutend zu bleiben. Dieses faszinierende Palastmuseum zeigt, was die Elite Venedigs im Laufe der Zeit getragen hat. Die Roben der Dogen, unglaublich hohe Absätze und gewagte Ausschnitte präsentieren sich in den zeitgenössisch eingerichteten Räumen. Aber auch wenn diese Salons so vornehm wirken, haben sie doch ihren Teil Verrat und Bosheit gesehen. Bei der Familie Mocenigo war im 16. Jh. der Philosoph Giordano Bruno zu Gast, bis seine Gastgeber ihn der Inquisition übergaben, was mit Folter und Verbrennung auf dem Scheiterhaufen in Rom endete.

13 Chiesa di San Stae (S. 99) Die strahlend weiße Barockfassade dieser Kirche wirkt zwar sehr anmutig, aber der Heilige, dem sie geweiht ist, hat möglicherweise nie existiert. Der Legende zufolge war San Stae (der heilige Eustachius) ein römischer Feldherr, der zum Christentum übertrat, alles verlor und später wieder in sein Amt eingesetzt wurde. Als er sich weigerte, ein heidnisches Opferritual vorzunehmen, verurteilte Kaiser Hadrian ihn und seine Familie dazu, im Innern der Bronzestatue eines Stiers lebendig geröstet zu werden. Da kommen einem die Mocenigos plötzlich gar nicht mehr so schrecklich vor.

14 Scuola dei Tiraoro e Battioro Direkt neben San Stae war in Nr. 1980 lange Zeit der Hauptsitz der Bruderschaft der Goldschmiede, und vermutlich hat jede andere *scuole* sie um diese ideale Lage am Canal Grande beneidet. Diese vornehme Adresse ist jedoch kein Zufall: Die führenden Künstler genossen beim Adel und den Kirchenfürsten hohes Ansehen. Und die von ihnen begründeten Modetrends verbreiteten sich schnell in ganz Europa.

15 Ca' Pesaro (S. 97) Über zwei Brücken geht es in die Moderne, untergebracht in diesem Barockpalast. In ihm bilden Käufe von der Biennale die Grundlage einer bunt gemischten Sammlung von Gemälden und Plastiken des 20. Jhs. Im Obergeschoss überrascht eine Japansammlung aus der Edo-Zeit mit Unmengen asiatischer Stücke in Vitrinen und einem Arsenal von Samurairüstungen an der Treppe.

Von der Landseite ist dieser von Baldassare Longhena entworfene Palast nicht sehr beeindruckend, aber vom Canal Grande aus kann man die kühle, von der Renaissance beeinflusste Pracht richtig auf sich wirken lassen.

16 Chiesa di Santa Maria Mater Domini Von der Ca' Pesaro geht es durch eine schmale *calle* zu dieser Kirche (Mo 15.30–17.30, Di 10–12.30, Mi 10–12.30 & 15.30–17.30, Do 10–12, Fr 10 bis 12.30 & 15.30–17.30 Uhr), die um 1524 an der Stelle einer Kirche aus dem 10. Jh. errichtet wurde. Die strenge, hoch aufsteigende Fasssade aus istrischem Stein wird abwechselnd Sansovino und Scarpagnino zugeschrieben und drinnen (falls die Kirche zufällig offen ist) befindet sich ein Frühwerk von Tintoretto *Invenzione della Croce* (Die Auffindung des Kreuzes).

17 Veneziastampa (S. 188) Der Campo Santa Maria Mater Domini ist von gut erhaltenen spätbyzantinischen und gotischen Gebäuden umgeben, und in Nr. 2174 befindet sich eine Druckerei aus einer anderen Epoche. Der Morgen ist die beste Zeit, um die alte Heidelberger Druckerpresse in Aktion zu sehen, aber auch zu anderen Zeiten riecht man hier die Druckerschwärze und sieht Stapel von druckfrischen Radierungen.

18 CartaVenezia (S. 184) Die Calle Lunga ist die Heimat von Künstlern, die mit so einfachen Dingen wie Eisen, Glas und Papier wahre Wunder vollbringen. In den Laserdrucker passt das handgeschöpfte Hadernpapier aus dem Atelier in der Calle Lunga 2125 ganz sicher nicht, aber diese edlen unbeschnittenen Blätter sind auch nicht für die Textverarbeitung per Computer geschaffen worden. Sie werden zu Skizzenbüchern gebunden und eingeprägte mythologische Friese lassen den Betrachter etwas so Einfaches wie Papier mit anderen Augen sehen.

19 Artistica Ferro (S. 184) In dieser Schmiedewerkstatt in der Calle Lunga 2137 werden Bugverzierungen für Gondeln hergestellt. Aber es gibt hier auch kunstvolle Gefäße in verschiedenen Stilrichtungen und Glockenspiele, deren Ton interessierte Käufer passend zu ihrer Einrichtung daheim wählen können.

20 Marco Franzato Vetrate Artistiche (S. 186) Handgearbeitete Objekte aus Muranoglas türmen sich in diesem Verkaufsraum in der Calle Lunga 2155a zu schwankenden Bergen und füllen die Regale. Beim Betrachten der Gläser mit Glasperlen und der Auswahl an ungewöhnlichen Glasuhren vergeht hier die Zeit wie im Flug.

21 Ponte delle Tette (S. 97) Die „Tittenbrücke" spielt im örtlichen Fleischmarkt schon lange keine Rolle mehr, aber vom 14. bis 16. Jh. haben die Straßenarbeiterinnen ihre Dienste an den Fenstern, Türen und in den Gassen dieses ausgewiesenen Rotlichtviertels feilgeboten. Die Prostitution war von La Serenissima nicht verboten, aber stark reglementiert: Die vom Staat festgesetzten Gebühren hingen in den Freudenhäusern von Rialto aus (Seife kostete extra), und die Preise der *cortigiane* (Kurtisanen) der gehobenen Klasse wurden zusammen mit ihren speziellen Angeboten in einem Katalog veröffentlicht (s. S. 35). Kirchenvertreter und französische Würdenträger übten immer wieder Kritik an Venedigs lockerer Einstellung zur Prostitution, aber die Stadt erlegte den Damen nur wenige Beschränkungen auf: Sie durften keine Kunden in Männerkleidern anwerben (also falsche Werbung betreiben) und außerdem nicht in Booten mit zwei Rudern fahren – was für ein Glück, dass Gondeln nur ein Ruder brauchen.

22 Palazzo Albrizzi Sieht man vom Ponte delle Tette nach Süden den Rio di San Cassiano hinunter, fällt ein hoher, schmiedeeiserner Steg auf, der zwei Privatgärten verbindet. Der Palazzo aus dem 16. Jh. am Südostufer war im 18. Jh. Schauplatz der gefeierten Salons der Schriftstellerin Isabella Teotochi Albrizzi, zu deren Gästen der Bildhauer Antonio Canova und die Schriftsteller Walter Scott (Ivanhoe; 1819) und Ugo Foscolo (u. A. der von Gothe inspirierte Briefroman „Jacopo Ortis"; 1802) gehörten. In Venedig war es nichts Besonderes, dass sich Bordelle und die Außenposten der Kultur einen Häuserblock teilten. Und manchmal vermischten sich beide Berufszweige: Kurtisanen der Oberklasse diskutierten über Philosophie und verfassten einige der schönsten Gedichte der Stadt. Gelegentlich ließen sie sich ihre Dienste auch mit einem Sonett bezahlen.

23 Palazzi Soranzo Die beiden gotischen Paläste aus dem 14. bis 15. Jh. heben sich mit ihren detailliert ausgearbeiteten Loggien deutlich von den späteren schlichten Gebäuden auf dem breiten Campo San Polo ab. Bei genauerer Betrachtung sind auch mittelalterliche Einflüsse zu erkennen, so etwa Menschenköpfe auf den Kapitellen und Wappen. Einst sollen Fresken von Giorgione das Gebäude geschmückt haben. Der kleine Graben, der das Gebäude vom *campo* trennte, war bis zu seiner Auffüllung vor einigen Jahrzehnten, noch vor Einführung von Navigationssystemen eine echte Gefahrenquelle für Betrunkene.

24 Chiesa di San Polo (S. 97) Zwischen den vielen Wohnhäusern der Nachbarschaft geht die byzantinische Backsteinkirche aus dem 9. Jh. fast unter. Aber ihre Schiffskieldecke und der faszinierende, düstere Zyklus der *Stationen des Kreuzweges* von Giandomenico Tiepolo (dem Sohn des Barockmeisters Giambattista) lohnen die Suche nach der Tür an der Seite des Gebäudes.

Vom Campo San Polo zum Rialto

25 Chiesa di Sant'Aponal Vom Campo San Polo geht es über die Calle della Madonnetta zum Campo Sant'Aponal. Die Kirche hat eine schlichte gotische, von fünf Statuen gekrönte Fassade und einen freistehenden romanischen Glockenturm. Sie wurde um 1034 von Flüchtlingen gegründet, die vor der byzantinischen Obrigkeit in Ravenna Schutz suchten. Zu Zeiten Napoleons diente die Kirche als Gefängnis für politische Häftlinge, die sich der französischen Besatzung widersetzt hatten. Nach der Befreiung wurde das Gotteshaus erneut geweiht und restauriert, später dann aber nicht mehr genutzt. Heute ist die Kirche u. a. ein Archiv für Heiratsurkunden.

26 Chiesa di San Silvestro Der Rio Terà San Silvestro führt zu dieser Kirche (☺ Mo–Sa 7–11 & 16–18 Uhr), die im 9. Jh. gegründet wurde und zu einer gefährlichen Schieflage neigt. Sie ist deswegen schon mehrmals saniert worden, zuletzt im 20. Jh., was an der schlichten aber zumindest beruhigend stabil wirkenden klassizistischen Fassade zu sehen ist. Im Innern befindet sich Tintorettos kürzlich restaurierte *Taufe Christi*, die einst Teil des Altargemäldes war. Von hier aus geht es über die einstigen Weindocks am Canal Grande, die Fondamenta del Vin, die direkt zum Ponte di Rialto führen.

27 Il Gobbo Geht man an den mit Arkaden versehenen Fabbriche Vecchie (Alten Gebäuden) an der Ruga degli Orefici vorbei und überquert den Platz in Richtung Fabbriche

Nuove (Neue Gebäude), fällt ein Eisengeländer auf, das die 1541 auf einem Podest errichtete Statue von Il Gobbo (dem Buckligen) umgibt. Hier war das Podium für offizielle Ankündigungen und Bestrafungen. Manchmal mussten Schuldige einen Spießrutenlauf durch die johlende Menge von der Piazza San Marco bis zum Rialto machen, aber sobald sie Il Gobbo berührten, war ihre Strafe verbüßt. Seinen Buckel zu reiben, sollte Glück bringen. Das Geländer soll dafür sorgen, dass die Rückenwölbung von Il Gobbo von seinen Bewunderern nicht zu sehr abgenutzt wird.

28 Al Mercà (S. 219) Wie es in Venedig üblich ist, wird jeder Erfolg – ein Diplom, ein guter Krabbenfang oder auch nur das Aufwachen am Morgen – mit einem Drink am Rialto gefeiert. Der erfolgreiche Abschluss des Stadtspaziergangs ist natürlich auch ein Grund, den Prosecco von Al Mercà mit an die Anleger zu nehmen und zuzusehen, wie das Sonnenlicht über dem Canal Grande verblasst.

SESTIERE DI CANNAREGIO
Vom Ponte dei Scalzi zur Madonna dell'Orto

1 Ponte dei Scalzi Die schönste Brücke über den Canal Grande ist die 1934 aus istrischem Stein gebaute Ponte dei Scalzi nicht (das ist die Rialtobrücke). Sie ist ferner auch nicht mehr die neueste (das ist die Ponte di Calatrava links neben dem Bahnhof) und ersetzt eine Eisenbrücke, die die Österreicher 1858 gebaut hatten. Der Chefingenieur der

SESTIERE DI CANNAREGIO

Brücke, Eugenio Miozzi, machte diesen Ausrutscher mit seiner bescheideneren und sehr beliebten Holzbrücke Ponte dell'Accademia wett. Aber Miozzi ist auch verantwortlich für die drei hässlichsten oder fragwürdigsten Bauwerke Venedigs: den Parkplatz auf der Piazzale Roma, das Faschistenkasino am Lido und den Ponte della Libertà, die sogenannte Freiheitsbrücke zum Festland.

ROUTENINFOS

Start Ponte dei Scalzi
Ziel Osteria Al Ponte
Länge 3 km
Dauer Eine bis 1½ Stunden
Pausen Ardidos, Osteria Al Ponte

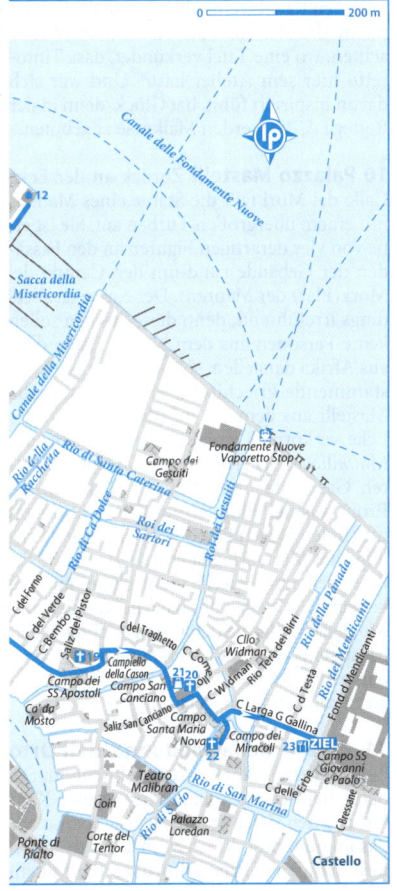

2 Ponte delle Guglie Die „Nadelbrücke", die 1580 aus Backsteinen und kontrastierendem weißem istrischen Stein errichtet wurde, erhielt ihren Namen von den merkwürdigen Obelisken an beiden Enden. Diese wurden 1832 in einem Anfall von Verschönerungswut von der damals neuen österreichischen Regierung hinzugefügt.

3 Schola Spagnola Hinter der Brücke geht es nach links und dann rechts in die Calle del Ghetto Vecchio, wo an Haus Nummer 1131 auf der linken Seite ein offizielles Dekret der Republik von 1704 in Stein gehauen ist. Es verbietet zum Christentum übergetretenen Juden den Zutritt zum Ghetto oder in jüdische Häuser unter der Androhung von Strafen, wie „dem Strick, Gefängnis, Galeere, Auspeitschen und schlimmeren Bestrafungen, abhängig vom Urteil ihrer Exzellenzen (den Zwangsvollstreckern bei Blasphemie)". Der Erlass ermutigt die Anwohner, ihre Nachbarn zu melden, und versichert, dass „geheime Denunzierungen in die üblichen Sammelkästen gelegt werden können und dass die Ankläger ein Recht auf 100 Dukaten aus dem Besitz des Angeklagten haben …". Gesetze wie dieses wurden unter Napoleon abgeschafft, tauchten aber unter Mussolini in seinen Rassegesetzen von 1938 wieder auf, die in der Deportation von Venedigs Juden gipfelten.

Ein Stück die *calle* hinunter stehen auf einem kleinen Platz zwei der fünf Synagogen des Ghettos, die auch *schole* genannt werden, weil sie dem Studium von Schriften dienten. Heute ist der Zugang zu den *schole* im Rahmen einer der täglichen Führungen durch das Museo Ebraico (S. 101) oder zum Gebet möglich. Dass es fünf Gotteshäuser, auch eine deutsche Synagoge, im Ghetto gab, reflektiert die Dichte und Vielschichtigkeit der jüdischen Gemeinde Venedigs. Als die Inquisition die Juden aus Spanien vertrieb, fanden viele in Venedig eine neue Heimat und bauten im 16. Jh. die nüchterne Schola Spagnola, die später erweitert wurde, u. a. um eine großartige elliptische Galerie für die Frauen. Die Arbeiten von 1635 werden Baldassare Longhena zugeschrieben. Es ist das Gebäude mit den hohen Bogenfenstern am Südende des Platzes nahe der Gedenktafel für die Opfer des Holocaust unter den italienischen Juden.

4 Schola Levantina Diese sephardische Synagoge von 1583 wurde 1683 bis 1700 wunderschön ausgebaut. Sie wurde ebenfalls von

163

den jüdischen Flüchtlingen aus Spanien errichtet. Aber an ihrem selbstsicheren Barockstil ist gut zu erkennen, wie venezianisch die Gemeinde bereits geworden war: in den eleganten Proportionen und den sich wiederholenden geometrischen Details ist der klassizistische Stil von Baldassare Longhena deutlich zu erkennen. Auch im Innern sind der Marmor und die Holzschnitzereien eindeutig barock, vor allem die Kanzel. Die Schola Levantina wird im Winter für den Sabbatgottesdienst genutzt (sie hat eine Heizung), die Schola Spagnola dagegen im Sommer.

5 Schola Italiana Die Calle del Ghetto Vecchio führt weiter Richtung Nordosten über eine Brücke ins Zentrum der jüdischen Gemeinde, den Campo di Ghetto Nuovo. Um 1516 wurden diese Brücken um Mitternacht auf offizielle Anweisung geschlossen. Auf dem *campo* muss man nach oben sehen, um auf einem Wohnblock die hölzerne Kuppel der Schola Italiana von 1575 zu entdecken. Die Italiener waren die ärmste Gemeinde des Ghettos. Ihre Synagoge ist schlicht und sonnig und mit wunderschönen Holzschnitzereien versehen. Im 17. Jh. genoss Rabbi Leon Modena als Denker und Wissenschaftler ein so hohes Ansehen, dass auch Christen begannen, seine Gottesdienste zu besuchen. Ihnen zuliebe hielt Modena seine Predigten auf Italienisch. Allerdings hatte der Rabbi ein Spielproblem und starb vollkommen verarmt. Sein Grab auf dem jüdischen Friedhof des Lido kennzeichnet ein schlichter Stein.

6 Schola Tedesca Die durch ihre fünf langen Fenster vom Platz aus erkennbare „deutsche" Synagoge ist seit 1529 die spirituelle Heimat der aschkenasischen Juden Venedigs. Das venezianische Gesetz des 16. Jhs. erlaubte nur den deutschen Juden, Geld zu verleihen, und der Erfolg dieses Erwerbszweigs zeigt sich an den hübschen Dekorationen. Das Innere ist prächtig, mit einer barocken Kanzel und geschnitzten Bänken sowie einer elliptischen Galerie für die Frauen.

7 Museo Ebraico (S. 101) Der bescheidene Eingang neben der Schola Tedesca führt zu einer kleinen, aber bedeutenden Sammlung venezianischer Judaika, z. B. illuminierte Heiratsverträge, silberne Menoren (siebenarmige Leuchter) und Seder-Speisenplatten für Pessachfeiern. Wer sich für die multi-ethnische und -religiöse Vergangenheit Venedigs interessiert, sollte den Besuchszeitpunkt so

legen, dass er mit den faszinierenden Führungen durch drei der *schole* des Ghettos zusammenfällt. Das Museum bietet die Führungen mehrmals täglich (auch auf Englisch) an.

8 Schola Canton An der Ecke (venezianisch *canton*) des *campo* überragt die hölzerne Kuppel dieser *schola* die Schola Tedesca. Sie wurde um 1532 erbaut, aber die Innenausstattung mit den vergoldeten Rokoko-Ornamenten stammt aus dem 18. Jh. Da es in europäischen Synagogen normalerweise keine figürlichen Darstellungen gibt, sind die acht Szenen aus dem Exodus, die hier zu sehen sind, eine Ausnahme von der Regel.

9 Bottega del Tintoretto Die Brücke Richtung Norden führt aus dem Ghetto heraus, und dann geht es über die Fondamenta degli Ormesini bis hinunter zur Calle dei Mori. Am nächsten Kanal rechts abbiegen in die Fondamenta dei Mori und auf Hausnummer 3399 achten, wo eine Tafel verkündet, dass Tintoretto hier sein Atelier hatte. Und wer sich davon inspiriert fühlt, hat Glück, denn in der Bottega (S. 296) werden Malkurse angeboten.

10 Palazzo Mastelli Zurück an der Ecke Calle dei Mori fällt die Statue eines Mannes mit einem übergroßen Turban auf. Sie ist eine von vier derartigen Figuren an den Fassaden der Gebäude rund um den Campo dei Mori (Platz der Mauren). Der Name ist allerdings irreführend, denn diese Statuen sollen keine Personen aus dem Nahen Osten oder aus Afrika darstellen, sondern die aus Morea stammende griechische Kaufmannsfamilie Mastelli aus dem 12. Jh. (die Statue an der Ecke verkörpert Sior Rioba). Die Gebrüder Mastelli waren berüchtigt für ihre zweifelhaften Geschäfte und schlugen rücksichtslos Profit aus der Plünderung Konstantinopels durch den Dogen Dandolo. Der Legende zufolge hat Maria Magdalena sie zur Strafe für ihre hartherzige Geschäftemacherei in Stein verwandelt. Wegen des Basreliefs an der zum Rio della Madonna dell'Orto gerichteten Gebäudeseite, das deutlich erkennbar ein Kamel darstellt, wird der Palazzo Mastelli auch Palazzo del Cammello genannt.

11 Chiesa della Madonna dell'Orto (S. 103) Die grandiose Backsteinkirche im Stil der italienischen Gotik mit den weißen Kanten und den vielen Statuen wurde ebenso wie das angrenzende Kloster um 1360 zu Ehren des heiligen Christophorus erbaut, dem

Schutzheiligen der Gondolieri und der Reisenden. Aber als die im *orto* (Klostergarten) zwischengelagerte Madonnenstatue anfing, Wunder zu bewirken, bekam sie den Ehrenplatz am Altar. Mit dem von Bartolomeo Bon entworfenen Portal wurde die Kirche einer Kathedrale immer ähnlicher. Es fiel dem Kloster allerdings schwer, die Mönche in dieser abgelegenen Ecke von Cannaregio zu halten. Und so wurde die Kirche schließlich zur Gemeindekirche herabgestuft und verfiel im 18. und 19. Jh. Doch auch nachdem der ursprüngliche Zustrom der Bewunderer der Madonna dell'Orto abgeebbt war, machten sich Bewunderer von Tintoretto auf den Weg zu diesem Gotteshaus: hier sind sein spektakuläres *Jüngstes Gericht* und sein *Tempelgang Mariä* zu sehen, der mit seinen leuchtenden Rottönen Tizians berühmterer Version in der Accademia durchaus Konkurrenz macht. Tintoretto war zwar berühmt für seine dramatischen Nachtszenen, aber im Umgang mit Farbe konnte er es mit den besten Malern Venedigs aufnehmen.

Von Madonna dell'Orto nach Castello

12 Casinò degli Spiriti Im Zickzack geht es durch die Gärten an der Madonna dell'Orto zu diesem Casino aus dem 16. Jh., in dem sich Literati und Glitterati mit den richtigen Kontakten zu gebildetem Geplauder und ein paar Drinks trafen. Im venezianischen Sprachgebrauch war ein Casino kein Ort, an dem gespielt wurde wie im *ridotto*, sondern ein Salon für private Unterhaltungen und politische Diskussionen im Freundeskreis – nach Möglichkeit ohne Beisein der Spione des Dogen.

13 Palazzo Contarini del Zaffo Es geht zurück zur Madonna dell'Orto und dann links in die Fondamenta Gasparo Contarini mit ihrem langen, flachen und strahlend weißen Palast aus dem 16. Jh. Das Renaissancedesign ist verblüffend schlicht und wird nur gelegentlich vom Wappen der Familie Contarini oder einem in Stein gearbeiteten Kopf über einer Tür aufgelockert. Zu den Fresken im 1. Stock gehört auch ein Deckengemälde von Tiepolo, aber der Palast ist heute in ein Bürogebäude und ein Krankenhaus geteilt.

14 Rio dei Muti Squero Überquert man den Rio della Madonna dell'Orto, folgt dem Corte Vecchia nach Südwesten zum Rio della Sensa und biegt dann rechts ab, tauchen die

Überreste einer früheren Gondel-*squero* auf, komplett mit Rutschen für Stapelläufe in den Rio dei Muti.

15 Chiesa di San Marziale Die weiß gestrichene Fassade dieser Kirche (Mo–Sa 16–18.30 Uhr) fasziniert nicht durch äußere, wenig dekorative Pracht, sondern durch ihre dramatische Spiegelung im Kanal. Innen ist sie unerwartet üppig ausgestattet, mit einem großartigen Deckengemälde des Namensheiligen von Sebastiano Ricci und Tintorettos erstem, auf Bestellung gemalten Altargemälde. Leider ist die Kirche nur selten offen. Auf dem Ponte di Santa Fosca, der ersten Brücke, die man als Nächstes überquert, fanden früher *guerre dei pugni* (Faustkämpfe) statt. Es gab keine Regeln außer der, dass derjenige verloren hatte, der in den Kanal fiel.

16 Statue von Paolo Sarpi Die Bronzestatue auf dem Platz gegenüber zeigt den Freidenker und Verteidiger von La Serenissima. Sarpi war eine Waise und erlangte Berühmtheit als Gelehrter und Mönch, der sich weigerte, den Kontakt zu Galileo Galilei und anderen der Ketzerei beschuldigten Denkern abzubrechen. Außerdem verteidigte er Venedig erfolgreich, nachdem Papst Paul V. die gesamte Stadt exkommuniziert hatte. Der Papst war davon nicht begeistert und auf diesem *campo* stachen Attentäter aus dem Vatikan mehrmals auf Sarpi ein. So leicht war er jedoch nicht auszuschalten; er überlebte den Angriff und leistete Venedig weiterhin treue Dienste.

17 Ardidos (S. 222) Links von Sarpi geht es auf die Strada Nuova, einen Boulevard, den Bulldozer durch das Viertel geschnitten haben, nachdem im 19. Jh. die Bahnverbindung eingerichtet worden war. Die nächste Fußgängerbrücke führt auf den Campiello dei Fiori. Nr. 2282 ist ein schickes neues Café mit Bohnen von den entferntesten Handelsplätzen – der aus Cannaregio stammende Marco Polo wäre sicher begeistert gewesen.

18 Ca' d'Oro (S. 103) Hinter der Strada Nuova rechts reihen sich venezianische Palazzi aneinander, was auf den ersten Blick aber niemand ahnt, weil die fotogenen Seiten dieser Privathäuser auf den Canal Grande gerichtet sind. Einzige Ausnahme ist die Ca' d'Oro, die auf allen Ebenen etwas zu bieten hat: ein polychromes Marmormosaik am Wassertor im Erdgeschoss, von Napoleon aus seinen

Kunstraublagern zurückgeforderte religiöse Gemälde im 1. Stock und ein bemerkenswerter heiliger Sebastian von Mantegna sowie ein schöner Blick auf den Canal Grande vom Balkon mit den gotischen Bögen.

19 Chiesa dei Santi Apostoli Die Strada Nuova mündet auf den hübschen Campo dei SS Apostoli mit der Kirche (☺ Mo–Sa 7.30–11.30 & 17–19, So 8.30–12 & 16–18.30 Uhr), deren Eckkapelle von Mauro Codussi aus dem 15. Jh. unbedingt sehenswert ist, vor allem das Altargemälde von Tiepolo, das die heilige Lucia zeigt, wie sie ihre Augen auf einem Teller trägt. Die schlichte Backsteinfassade wird durch Apartmenthäuser unterbrochen, aber wie der gestrenge Kommentator John Ruskin erklärte: „Das Äußere ist bedeutungslos".

20 Chiesa di San Canzian Geht man nun nach rechts über den Campiello della Cason und über den Rio dei Santi Apostoli, wird deutlich, was Henry James meinte, als er Folgendes über Venedig schrieb: „Mit seinen kleinen gewundenen Gassen, in denen sich die Leute zusammendrängen, wo die Stimmen klingen wie in den Fluren eines Hauses … der Ort hat den Charakter einer riesigen Gemeinschaftswohnung" (*Asperns Nachlaß*, 1888). Auf dem Campo San Canzian steht die sonnenüberflutete, von Antonio Gaspari entworfene Kirche von 1706 an der rechten (nordwestlichen) Seite. Sie ist innen in einem angenehmen Rosa gehalten und hat zudem noch eine hohe Kuppel.

21 Dolceamaro (S. 189) Als Salami und Käse getarnte handgemachte Pralinen und 20 weitere Leckereien erwarten Feinschmecker in diesem Gourmet-Schokotempel neben San Canzian in Nr. 6051.

22 Chiesa di Santa Maria dei Miracoli (S. 101) Kaum glaubt man, genügend Meisterwerke für einen Tag bzw. ein Jahrzehnt gesehen zu haben, taucht gegenüber der Santa Maria Nova diese Schönheit aus der Frührenaissance aus mehrfarbigem Marmor auf. Über die Brücke geht es zur Vorderseite der 1481–89 erbauten Kirche. Besonders beeindruckend sind die sorgfältig eingesetzten farbigen Marmorpaneele, die eine Art rhythmischer Wellen auf das Gebäude zaubern. Im Innern gibt es noch mehr wunderbare Steinarbeiten von Pietro und Tullio Lombardo zu sehen sowie eine Kassettendecke mit Bildern von Heiligen, die gekleidet sind wie Venezia-

ner, was an ein Klassenfoto im Jahresbericht einer Oberschule erinnert.

23 Osteria Al Ponte (S. 207) Am Rand von Cannaregio führt eine rote Tür ins *al ponte* (an der Brücke) am Rio dei Mendicanti, das immer gut ist für eine *ombra*, *cicheti* an der Bar und Riesenteller mit Pasta – vorausgesetzt, man hat das Glück, ein Plätzchen an einem der Tische zu ergattern. Dort kann man dann sein Glas *a Cannaregio!* erheben und auf einen Teil von Venedig trinken, den die wenigsten Besucher zu sehen bekommen.

SESTIERE DI CASTELLO
Vom Zanipolo zum Campo di Bandiera e Mori

1 Statue von Bartolomeo Colleoni (S. 119) Über den Campo Zanipolo (Campo SS Giovanni e Paolo) wacht die stolze Figur von Bartolomeo Colleoni, dem *condottiero* (Söldnergeneral) aus dem 15. Jh., der Verona für Venedig beanspruchte und venezianisches Territorium von den Mailändern zurückeroberte. Nachdem Mailand Venedigs Geheimwaffe gefangen genommen und eingesperrt hatte, ließ ihn Herzog Francesco Sforza wieder frei, damit er die Mailänder Truppen anführte. Colleoni war für einen Söldner jedoch ungewöhnlich loyal und stellte sich wieder auf die Seite Venedigs. Als sich dies nicht auszahlte, arbeitete er doch für Sforza und Venedig musste einen großzügigen Bonus zahlen, um ihn zurückzugewinnen. Für Colleoni war der Krieg nichts Persönliches sondern nur ein Geschäft. Er war bekannt dafür, dass er fair kämpfte. Und da er unterlegene Gegner grundsätzlich nicht ausplünderte, machte er sich auch keine persönlichen Feinde – was seiner Auftragslage zugute kam. Als er starb, hinterließ Colleoni Venedig eine beträchtliche Summe für den Kampf gegen die Türken, unter der Bedingung, dass ihm zu Ehren eine Statue auf der Piazza San Marco aufgestellt würde. Venedig nahm das Geld, änderte das Abkommen aber ein wenig ab und ließ die Statue stattdessen vor der Scuola Grande di San Marco (auf der anderen Seite des Platzes) aufstellen. Das naturnahe Denkmal stammt von Andrea del Verracchio (1436–1488).

2 Zanipolo (S. 108) Hinter dem Söldnergeneral erhebt sich die imposante Dominikanerkirche aus dem 14. Jh. mit ihren großartigen Steinarbeiten an den Seiten und einem Portal, das

Bartolomeo Bon mit Säulen erbaute, die aus Torcello herbeigeschafft worden waren. Eigentlich sollte die Fassade die der Franziskanerkirche I Frari (S. 92) ausstechen, aber da sie nie vollendet wurde, geht dieser Punkt an die Franziskaner. Arbeiten in der Capella del Rosario von Tizian und Bellini wurden 1867 ein Opfer der Flammen. Die vermutlich wunderschöne vergoldete Decke von Tintoretto ist durch Malereien von Paolo Veronese ersetzt worden, unter ihnen eine faszinierende *Himmelfahrt Mariä*, die die heilige Jungfrau auf eine Wolkenbank steigend zeigt. Zanipolo ist ein Meisterwerk der Ingenieurskunst mit raffinierten Kreuzbalken, die dafür sorgen, dass das Riesendach nicht einstürzt. Zur Inneneinrichtung, die aus allen möglichen Quellen stammt, gehören die von Tullio und Pietro Lombardo geschaffenen Grabstätten der Dogen, die unheimlich lebendig wirken, sowie das Murano-Buntglasfenster von Bartolomeo Vivarini, das beinahe aussieht wie ein Action-Comic. Zanipolo wird auch Chiesa dei Santi Giovanni e Paolo genannt, aber ihre Namensgeber sind weder die Apostel Johannes und Paulus noch die Beatles John und Paul (wie manche Venezianer gern witzeln): Diese große Kirche ehrt zwei ziemlich unbekannte Märtyrer namens Giovanni und Paolo, die auf dem Buntglasfenster zu sehen sind.

3 Scuola Grande di San Marco (S. 113) Ein
Löwe ist los auf dem Campo Zanipolo (Campo SS Giovanni e Paolo): Über dem beeindruckenden Trompe l'œil-Marmorportal wacht der geflügelte Löwe von St. Markus auf seinem auf Säulen ruhenden Podest. Einst war dies der Eingang zum wichtigsten Kloster der Stadt, heute führt das Portal ins größte Krankenhaus. Bartolomeo Bon begann im 15. Jh. mit dem Bau, doch nach einem verheerenden Feuer 1485 übernahmen Vater und Sohn Pietro und Tullio Lombardo das Projekt, das schließlich von Codussi fertiggestellt wurde. Wie bei ihrer Santa Maria dei Miracoli (S. 101) nur ein paar Fußgängerbrücken weiter, haben die Lombardis hier ein kleines Renaissancewunder geschaffen, obwohl der vorherrschende Stil jener Zeit die Gotik war. Die Fassade stellt die von Zanipolo in den Schatten und ist mit den großen Renaissancebauten des 15. Jhs. in der Toskana vergleichbar – ein Bauwerk im großen Stil, aber mit intimeren Ausmaßen.

4 Ospedaletto (S. 116) Nur einen Block entfernt von der Renaissance-Scuola steht die hochbarocke Chiesa di Santa Maria dei De-relitti (auch bekannt als Ospedaletto oder Kleines Hospital), ein ehemaliges Waisenhaus, 1664 entworfen von Palladio und von Baldassare Longhena fertiggestellt – inklusive stämmiger Statuen, die von der Fassade über die *calle* ragen wie himmlische Türsteher. Die Knaben mussten das Haus als etwa Vierzehnjährige verlassen, aber Mädchen durften bleiben und verdienten ihren Unterhalt mit dem Sammeln von Spenden bei Konzerten, die immer gut besucht waren. Die Spenden der gehobenen Gesellschaft waren allerdings nicht immer so selbstlos, wie es schien: unter den vielen Waisen in Venedigs *ospedaletti* waren auch die unehelichen Töchter der venezianischen Adligen, Kurtisanen und wohlhabenden „Strohwitwen", deren Männer manchmal jahrelang auf See waren.

5 Chiesa di San Francesco della Vigna
(S. 103) Eine Wanderung durch ruhige Wohnstraßen führt auf den Campo San Francesco della Vigna, wo das plötzliche Auftauchen von Palladios massiver Fassade von 1560 fast ein Schock ist. Hinter den weißen Marmorsäulen, die Palladios Ruhm als großer Architekt begründeten, ist Sansovinos Bauwerk von 1535 geprägt von Anmut und klassischen Proportionen. Die Reliefs von Pietro und Tullio Lombardo, die das Leben Christi und der vier Evangelisten darstellen, sind Meisterwerke der erzählenden Marmorkunst, die sich lesen wie spannende Romane. Die von Antonio da Negroponte 1460–70 geschaffene heilige Jungfrau lässt sich durch das steigende Wasser der Lagune ebenso wenig aus der Ruhe bringen wie durch die Scharen von venezianischen Engeln, die hervorragende Schwimmer sind.

6 Laboratorio Occupato Morion (S. 227) In
diesem avantgardistischen Kulturzentrum, das an sich den Anspruch stellt, ein Labor zu sein, für zeitgenössische Kunst lässt sich ein Blick in die Zukunft erhaschen. Hier finden alternative Biennalen statt und oft sind Performancekünstler zu sehen. Im Programm ist nachzulesen, wann Livemusik gespielt wird und andere Events stattfinden.

7 Scuola di San Giorgio degli Schiavoni
(S. 116) Vom Campo delle Gatte geht es nach rechts, dann ist es nicht mehr weit zum Rio di San Lorenzo. Kurz vor der Brücke liegt die Scuola der dalmatinischen Gemeinde aus dem 16. Jh. Hier können Besucher noch heute die 1502–07 entstandenen Gemälde von Vittore Carpaccio bewundern.

8 Chiesa di Sant'Antonin Folgt man dem Kanal um die Ecke, taucht diese Kirche auf, die schon im 7. Jh. dem Schutzheiligen der Schweine gewidmet wurde – und die zudem jahrhundertelang den Mönchen als Schweinestall diente. Feinschmecker fühlen sich vielleicht verpflichtet, dem sogenannten Heiligen der *sopressata* (venezianische Salami) ihre Aufwartung zu machen, aber die Kirche wurde 1982 säkularisiert. Lord Byron berichtet von einer beliebten Legende, derzufolge ein Elefant vom Rummelplatz aus seinem Zwinger ausbrach und in den *calli* von Castello herumstürmte (es muss ein ziemlich dünner Elefant gewesen sein). Schließlich wurde er in dieser Kirche gestellt und mit Kanonenfeuer zur Strecke gebracht – eine Metapher, die der venezianische Dichter Pietro Buratti benutzte, um gegen die österreichische Besetzung Venedigs zu protestieren. *Elefanteide* (Die wahre Geschichte eines Elefanten) brachte ihrem Autor einen Monat Gefängnis ein; die Story ist bei venezianischen Verlagen noch heute im Programm.

9 Banco 10 (S. 190) Früher bedeutete eine Gefängnisstrafe in Venedig die Haft auf dem brütend heißen Dachboden des Palazzo Ducale, ohne jede Form von Resozialisierung oder das geringste Interesse an der Rückfallquote. Heute bietet das Frauengefängnis auf Giudecca Arbeitsprogramme an, die den Insassen die Rückkehr in die Gesellschaft erleichtern sollen. Zu den Aufgaben gehören z. B. biologischer Landbau (s. Kasten S. 201) ebenso wie Modedesign. Mit den vom Textilkünster Bevilacqua (S. 178) gestifteten edlen Stoffen stellen die Gefangenen unter Anleitung

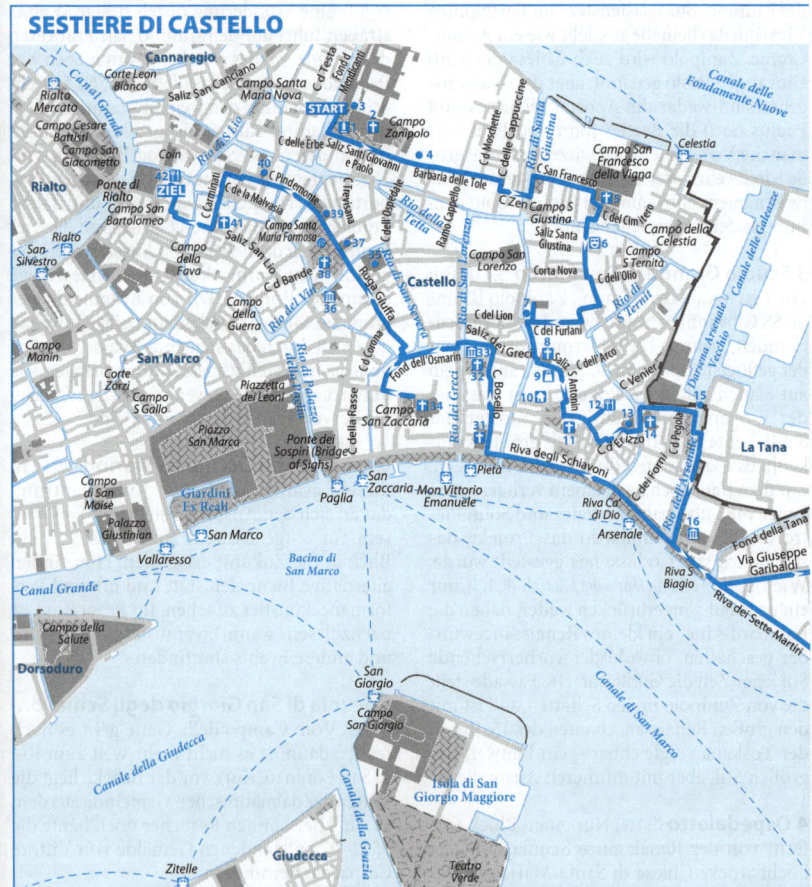

SESTIERE DI CASTELLO

STADTVIERTEL STADTSPAZIERGÄNGE

von einheimischen Designern die berühmten Wandteppichhandtaschen und Samtfräcke her, die es in dieser, von Ehrenamtlern geführten Boutique zu kaufen gibt.

10 Palazzo Soderini (S. 242) Richtung Süden führt die Hauptstraße auf den Campo di Bandiera e Mori, benannt nach den venezianischen Brüdern Bandiera, die in dem Palazzo Nr. 3611 wohnten, und ihrem Freund Domenico Moro

ROUTENINFOS

Start Campo Zanipolo (Campo SS Giovanni e Paolo)
Ziel I Rusteghi
Länge 6,5 km
Dauer Drei Stunden
Pausen Paradiso, QCoffee Bar, I Rusteghi

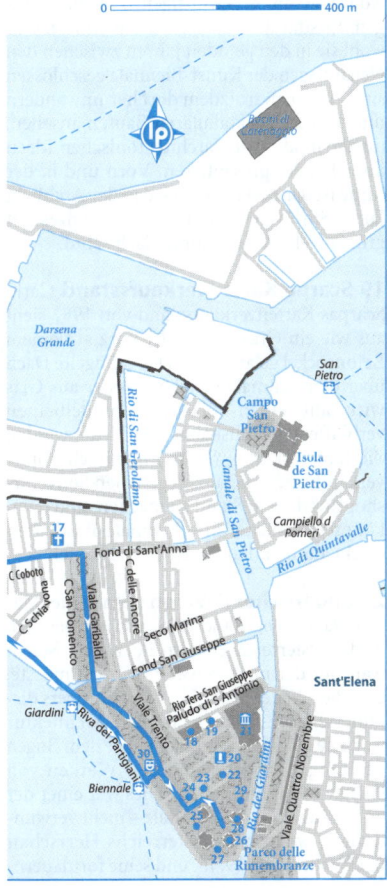

aus der Nachbarschaft. Sie wurden 1844 nach einem fehlgeschlagenen Aufstand zugunsten der italienischen Einheit in Cosenza (Kalabrien) von den Truppen des bourbonischen Königreichs der beiden Sizilien hingerichtet. In Venedig werden die Rebellen als Patrioten verehrt und haben ihre Grabstätten in Zanipolo.

11 Chiesa di San Giovanni in Bragora

(S. 118) An der Ecke des *campo* steht eine faszinierende Backstein-Kirche (Mo–Sa 15.30 bis 17 Uhr) aus dem 15. Jh., die das fehlende Glied zwischen der venezianischen Backsteingotik von Zanipolo und Mauro Codussis Chiesa di San Zaccharia (s. S. 109) im Stil der Hochrenaissance darstellt. Die Bedeutung von *bragora* ist ungeklärt, möglicherweise bezieht es sich auf einen einstigen, langsam fließenden *rio* (Wasserstraße) hinter der Kirche, aus dem ohne regelmäßige Reinigung schnell ein verstopfter, stinkender *gora* (stehender Kanal) wurde. Vivaldi wurde in dieser Kirche getauft und der Architekt Massari ist in einer stillen Ecke in der Nähe der Fragmente einiger Fresken aus dem 15. Jh. begraben.

12 Trattoria Corte Sconta (S. 208) In Castello ist man gut darin, Geheimnisse zu bewahren – das beweisen die vielen Verschwörungen, die in den gewundenen *calli* ausgebrütet wurden –, aber dieses versteckte Hofrestaurant ist kein Geheimnis mehr. Die venezianischen Meeresfrüchte sind immer eine Spezialität, und die neuesten Schöpfungen von Küchenchef Eugenio Oro, die ihm auf dem täglichen Rückweg von den Märkten in Rialto einfallen, sind ein absolutes Muss.

Vom Campo di Bandiera e Mori zur Biennale

13 Palazzo Erizzo Ein Doge musste etwas für sein Ansehen tun, und als Francesco Erizzo 1631 gewählt wurde, ließ er sein Haus im Renaissancestil des 17. Jhs. überarbeiten. Aber hinter der leichten, eleganten Fassade hatte der Doge schwere Arbeit zu leisten – mehrere Dogen starben kurz nach ihrer Wahl an plötzlichen Anfällen, die Ärzte heute als Herzattacken einordnen würden. Die Amtszeit des Dogen Erizzo dauerte 15 Jahre und war relativ friedlich, wenn man von der Pestepidemie absieht. Er starb bei Ausbruch eines Krieges mit der Türkei, ausgelöst durch die Gefangennahme türkischer Pilger auf der Schiffsreise und dem Weg nach Mekka.

14 Chiesa di San Martino (S. 118)

Als Lohn für seine Dienste als Doge bekam Erizzo ein Renaissancegrabmal in dieser Kirche (☺ Mo–Sa 11–12 & 17–18.30 Uhr) gegenüber dem Palast seiner Familie auf der anderen Seite der Brücke. Die im 10. Jh. gegründete Kirche wurde 1619 nach einem Entwurf von Sansovino in einem nüchternen, romanisch geprägten Renaissancestil erneuert. Später wurde die Fassade zwar in barockem Schwung gestaltet, aber Sansovinos bescheidenes Portal ist erhalten geblieben. Rechts daneben befindet sich die *bocca di leoni* (das Maul des Löwen von San Marco), in das die Venezianer anonyme Anzeigen gegen ihre Nachbarn stecken sollten, die sich Verbrechen vom Fluchen bis zur Ketzerei schuldig gemacht hatten (Das Leugnen der kirchenmeinung wurde normalerweise mit dem Tod bestraft).

15 Arsenale (S. 114)

Ein Stück die Straße hinunter liegt der Ort, an dem viele Tausend Schiffe vom Stapel gelaufen sind: Arsenale, das legendäre Werftenviertel von Venedig. Während der Architektur-Biennale (S. 19) werden die Lagerhäuser, in denen einst in nur einem Monat eine ganze Flotte ausgerüstet werden konnte, zu Startrampen für experimentelle Architektur. Zu den bemerkenswerten Entwürfen der letzten Zeit gehören die hoch aufragende Lehmhütte von Frank Gehry und Kleider, die sich in isolierende Hüllen verwandeln lassen, sodass man in ihnen z. B. in der Tokioter U-Bahn schlafen kann. Wenn die Anlage im Sommer oder für eine Ausstellung geöffnet ist, lohnt es, sich auf den 1,5 Kilometern Gebäudefläche umzusehen und dann in einem der von Architekten entworfenen Stühle im eleganten Hofcafé Platz zu nehmen und einen frisch gemachten Espresso zu genießen.

16 Museo Storico Navale (S. 116)

Nicht einmal ein gigantisch großes umgebautes Getreidelager bietet genügend Platz für die Leidenschaft, die Venezianer für alle Arten von Wasserfahrzeugen empfinden, von (natürlich) Gondeln über asiatische Kriegsschiffe bis hin zu schwedischen Booten (ein ganzes Stockwerk voll). Das Museum ist der maritimen Geschichte der Stadt und des ganzen Landes gewidmet. Der Traum, in den Sonnenuntergang zu segeln, beginnt hier. Und wer sich für Seemannsgarn interessiert, sollte ein paar Stunden für die vier Stockwerke voller Boote, Modelle, Karten und Navigationsinstrumente einplanen.

17 Chiesa di San Francesco di Paola

Weiter geht es Richtung Osten in ein nahezu touristenfreies Gebiet mit einem echten venezianischen Boulevard: Via Giuseppe Garibaldi. An dieser Straße steht eine strahlend weiße Kirche (☺ 8–12 & 16–19 Uhr), die im 16. Jh. gegründet und im 18. Jh. umgebaut wurde. Sie enthält ein Gemälde das Giandomenico Tiepolo zugeschrieben wird und den Namenspatron der Kirche zeigt, wie er einen von Dämonen besessenen Mann heilt. Auf der aus unbekannten Gründen außen aufgemalten Uhr ist es immer 9.30 Uhr und damit der Beginn eines neuen Tages.

18 Biennale Buchladen

Nach Stunden auf Kopfsteinpflaster zieht es die müden Füße fast automatisch von der Via Garibaldi in das Grün der Giardini Publicci. Durch den Park geht es auf die Baumgruppe am Horizont zu, wo Dächer in merkwürdigen Winkeln aufragen. Es sind die Pavillons der Biennale. Obwohl sie in den geraden Jahren zwischen den Neuauflagen der Kunst-Biennale geschlossen sind, darf man trotzdem dort herumwandern und sich die spektakulären Bauten ansehen, die die modernsten architektonischen Ideen ihres Landes präsentieren. Vorn und in der Mitte ist der Book Pavilion, den der Architekt James Stirling 1991 in Form eines Pilzes mit grün angelaufenem Kupferdach schuf.

19 Scarpa Kartenverkaufsstand

Carlo Scarpas Kartenverkaufsstand von 1952 sieht aus wie ein Grashüpfer, der kurz auf einem Betonsockel gelandet ist. Das geflügelte Dach über dem schmalen ovalen Körper aus Glas wirkt auf seinen hölzernen Spindelbeinen verblüffend gut ausbalanciert. Heute werden die Eintrittskarten (leider) nur noch online verkauft, aber man überlegt, einen Souvenirshop aus diesem Stand zu machen, und dann könnten Besucher ihre Biennale-Postkarten direkt aus dem Bauch der Bestie kaufen.

20 Ungarischer Pavillon

Geza Rintel Marotis Pavillon entstand 1909, also in einer Zeit, in der Österreich-Ungarn noch eine Macht war, mit der man weltweit rechnen musste, und die Wiener Sezession die kontrovers diskutierte Vorhut der modernen Architektur war. Die goldenen Mosaiken über dem Bogen der Eingangsnische sind den Werken von Gustav Klimt ebenbürtig. Dies war einer der ersten Pavillons der Biennale – nicht verwunderlich, wenn man Österreichs Herrschaft über Venedig im 19. Jh. und seine fortdauernden finanziellen Interessen bedenkt – und bisher in seiner Pracht unübertroffen.

21 Palazzo delle Esposizione Der aufgeblähte weiße italienische Pavillon hat für peinliche Momente gesorgt, seit Duilio Torres ihn 1932 enthüllte. Nicht jeder italienische Künstler der Zeit nach 1945 fühlt sich wohl dabei, in etwas auszustellen, das im Grunde ein Monument für Mussolinis faschistisches Italien ist. Der Pavillon wirkt ein wenig überflüssig, wenn man bedenkt, dass eigentlich ganz Venedig ein Monument der italienischen Kunst ist. Jetzt, da der Pavillon als Ausstellungshalle für die internationalen Teilnehmer geöffnet wurde, scheint die Welt kleiner und der Raum größer geworden zu sein.

22 Pavillon der USA Auch wenn es vorhersehbar scheint, passt dieses Mini-Monticello doch gut nach Venedig – immerhin hat Palladio die Villa Rotunda in Vicenza entworfen, die das Vorbild für die Heimstatt von Thomas Jefferson in Virginia lieferte.

23 Skandinavischer Pavillon Während die anderen Pavillons entschlossen zu sein scheinen, die Giardini in ein Industriegelände zu verwandeln, ist Sverre Fehns Pavillon der skandinavischen Länder (außer Finnland) von 1958–62 von Bäumen inspiriert. Kühles Licht fällt durch die Lattendecke, wie durch ein nordisches Blätterdach, und drei majestätische Bäume sprießen aus dem Boden und wachsen durch die speziell für sie geformten Löcher im Plastikdach.

24 Pavillon von Venezuela Schon Jahrzehnte, bevor Beton als angesagt galt und der industrielle Chic zum dominierenden Designtrend wurde, baute der avantgardistische venezianische Architekt Carlo Scarpa 1956 diese hoch aufragende Konstruktion aus nackten Betonplatten um einen *cortile* (Innenhof). Das durch die hohen, zu Oberlichtern gebogenen Fenster einfallende Licht vermittelt beim Betreten des Hauptausstellungsraums das Gefühl, als schritte man unter Wasser dahin.

25 Koreanischer Pavillon 1996 hat Seuk Chul Kim ein altes Kraftwerk in einen topmodernen Pavillon für koreanische Kunst verwandelt. Die Fenster und Balkone mit Blick auf den Kanal sind eine Hommage an die Architektur des Canal Grande und haben das Industriegebäude der Natur geöffnet.

Grobe Stoffe und durchscheinende Wandschirme schaffen einen idealen Raum, in dem Funktion und Phantasie überlappen und Grenzen nicht existieren.

26 Englischer Pavillon Man stelle sich diesen Skandal vor: Ein englischer Landsitz ist aus Derbyshire geflohen und führt nun an einem Kanal in Venedig ein Bohemeleben unter Künstlern. Edwin Alfred Rickards Pavillon von 1909 bringt die neopalladianische Architektur wieder nach Hause, ohne seine britische Zurückhaltung aufzugeben – was schade scheint, tatsächlich aber einen neutralen Hintergrund für die gewagten Shows umstrittener britischer Künstler wie Tracy Emin und Steve McQueen liefert.

27 Kanadischer Pavillon Diese Kreuzung aus einer Skihütte und einem Terrarium war ihrer Zeit weit voraus. Der kanadische Pavillon wurde 1958 vom Mailänder Architekturbüro BBPR entworfen und um eine Eiche gebaut, die in der Mitte des hoch aufragenden Holzbaus in einem gläsernen Atrium wächst. Die spiralige Form nach Art eines Schneckengehäuses ist eine Anspielung auf die Lage an der Lagune, die Treppe des Palazzo Contarini del Bovolo (S. 80) und auf die Fibonacci-Reihe. Und es entsteht dabei nie der Eindruck, als hätte man sich hier zu sehr bemüht.

28 Französischer Pavillon Frankreich sieht seinen 1912 von Faust Finzi entworfenen Pavillon nicht als Ausstellungsstück konzipiert, sondern als Ausgangspunkt für eine gedankliche Reise. In den letzten Jahren bedeutete dies, Künstler dazu einzuladen, Gedichte an die Türen zu schreiben, wie Stellenvermittler Plakate anzubringen und eine voll funktionsfähige Kommune mit Sauna und Dachgarten einzurichten. Ohne allzu existenzialistisch klingen zu wollen – die hier gezeigte Missachtung von Institutionen entspricht genau den Absichten der Kunst und macht diesen Pavillon zugleich zum traditionellsten und am wenigsten traditionellen der Giardini.

29 Australischer Pavillon Dem hinter dem französischen Pavillon im Gebüsch versteckten, 1988 von Peter Cox entworfenen Australischen Pavillon gelingt es nur durch seine umstrittene Architektur, die Aufmerksamkeit in diese abgelegene Ecke zu richten. Der flache, rechteckige Kasten wird oft mit einem Wohncontainer verglichen. Er ist in einem

STADTVIERTEL STADTSPAZIERGÄNGE

Gelb gestrichen, das den Kanarienvögeln der Umgebung nachts zweifellos den Schlaf raubt. Zugegeben, der überdachte bogenförmige Eingang und die Lage am Kanal verleihen dem Ganzen einen Hauch von Strandhausflair, aber manche Australier scheinen richtig Freude daran zu haben, ihren Pavillon zu hassen. „Wohl eher ein ziemlich schäbiges Strandhaus", spottete kürzlich ein Besucher von Downunder.

30 Paradiso (S. 222) Abfeiern wie ein Starkünstler kann man in dieser Bar am Rand der Biennale, in der eine ordentliche *ombra* aus Prosecco serviert wird. Designercouchen auf der Terrasse laden zur Entspannung ein und der starke Espresso bringt einen danach schnell wieder auf die Beine.

Der Vaporetto-Anleger Biennale ist direkt vor dem Paradiso, was verschiedene Möglichkeiten zum Weiterkommen öffnet: Mit dem Rundfahrt-Vaporetto 42 oder 52 nach San Zaccaria fahren und den Spaziergang fortsetzen oder mit der 1 den Canal Grande befahren und die Sehenswürdigkeiten bequem im Sitzen betrachten. Alternativ ist aber auch die angenehm schattige Wanderung durch die Giardini Pubblici am Wasser entlang zum Riva degli Schiavoni genannten Plankenweg möglich.

Von der Biennale zum Rialto

31 La Pietà (S. 119) Genau an der Stelle, an der es landeinwärts geht, steht die von Giorgio Massari entworfene Kirche mit dem offiziellen Namen Chiesa di Santa Maria della Visitazione, die aber meistens nur La Pietà genannt wird. Von 1703 bis 1740 war Antonio Vivaldi der musikalische Leiter des angrenzenden *ospedaletto,* wo er unterrichtete und mehrere Stücke für das Orchester des Waisenhauses schrieb. Massaris Kirche wurde zwar erst nach Vivaldis Tod 1760 fertiggestellt, aber ihre klassischen Proportionen haben dennoch eine gewisse Harmonie. Und die ovale Halle ist perfekt für ihre jetzige Verwendung als Konzertsaal geeignet.

32 Chiesa di San Giorgio dei Greci (S. 118) Die Gebühren, die griechische Schiffe bei der Ankunft zahlen mussten, trugen zur Finanzierung dieser kleinen, aber majestätischen orthodoxen Kirche bei, die 1573 für die recht große griechische Gemeinde Venedigs gebaut wurde. Der Haupteingang liegt am Rio dei Greci. Innen gibt es neben einer klassischen hohen Galerie für die Frauen unzählige Ikonen. Sieht man aus einiger Entfernung den Fluss hinunter, fällt auf, dass sich der von einer Kuppel gekrönte Glockenturm über das Wasser neigt.

33 Museo delle Icone (S. 117) Neben der Kirche und hinter einer von Baldassare Longhena entworfenen Mauer befindet sich die ebenfalls von Longhena stammende Scuola di San Nicolo. Sie wurde lange Zeit als Armenhaus genutzt und beherbergt heute das Ikonenmuseum des Hellenischen Instituts, das mehr als 80 Werke der Andachtskunst zeigt.

34 Chiesa di San Zaccaria (S. 109) Es geht über die Brücke und beim Schlendern auf der *fondamenta* lassen die Geschäfte für Karnevalsmasken erahnen, dass die Piazza San Marco nicht mehr weit weg ist. Doch zunächst folgt man dem Weg nach links unter einem gotischen Bogen hindurch, auf dem die Jungfrau Maria und Jesus dargestellt sind. Sie entstanden um 1430 und werden einem Bildhauer aus der Toskana zugeschrieben.

Weiter geht es auf den Campo San Zaccaria mit Mauro Codussis beeindruckender Renaissancefassade der Chiesa di San Zaccaria. Diese Kirche ist innen und außen gleichermaßen faszinierend: von den freigelegten Mosaikschätzen in der Krypta aus dem 8. bis 12. Jh. bis hin zu Giovanni Bellinis *Maria mit Heiligen* von 1505 und Andrea del Castagnos Deckenfresken aus der Mitte des 15. Jhs. in der gotischen Seitenkapelle.

Draußen, über dem Souvenirladen in Nr. 4967, kann eine in Stein gemeißelte Tafel entdeckt werden, auf der die Erlauchten und Erhabenen Vollstrecker der Blasphemie (so lautet der übersetzte Titel) warnen, dass „alle Spiele, lärmendes Benehmen, lautes Reden, obszöne Worte, Akte der Unredlichkeit, die Verbreitung von Schmutz, das Aufstellen von Bootsmasten oder vergleichbaren Gegenständen, das Liegenlassen von Abfall oder anderen Dingen streng verboten sind und mit schwersten Strafen geahndet werden…".

Diese Bekanntmachung sollte eigentlich die Halbstarken vom Kloster neben der Chiesa di San Zaccaria fernhalten, aber das war vermutlich nur Wunschdenken.

In jener Zeit wurden die widerspenstigen Töchter reicher Venezianer nach San Zaccaria geschickt, damit sie aus ihren Fehlern lernten. Stattdessen war das Kloster bald berüchtigt für seine Maskenbälle.

35 Palazzo Grimani (S. 109) Jetzt geht es wieder zurück zur *fondamenta*, über die Brücke und die Ruga Giuffa hinauf. Vor dem nächsten Kanal führt eine Abzweigung nach rechts zum Ramo Grimani. Der Landeingang des weitläufigen Renaissancepalazzo Grimani ist Nr. 4858, aber die zum Rio di San Severo gerichtete Seite ist wesentlich imposanter. Ursprünglich gehörte der Palast dem Dogen Antonio Grimani (der von 1521 bis 1523 regierte), aber jetzt ist er im Besitz der Stadt und war die letzten 27 Jahre für Besucher geschlossen, während die fremdländisch anmutenden venezianisch-römischen Extravaganzen sorgfältig restauriert wurden. Jetzt werden endlich geführte Touren angeboten, die sich wirklich lohnen. Mythologische Fresken und Grotesken überziehen Wände und Decken und zwischen den weiten mehrfarbigen Marmorflächen gibt es auch eine Wendeltreppe, die Palladio zugeschrieben wird. Dieser hatte einen Entwurf für den Palazzo eingereicht.

36 Palazzo Querini Stampalia (S. 119) Nach dem Überqueren der nächsten Fußgängerbrücke zum Campo Santa Maria Formosa folgt scharf links eine erstaunlich moderne Brücke, die von der Marmor-*fondamenta* zurück über den Kanal und zu einem *palazzo* aus dem 16. Jh. führt. Carlo Scarpas Brücke von 1963 ist der erste Hinweis darauf, dass dies kein gewöhnlicher venezianischer Palast ist. Er war im Familienbesitz, bis ihn der letzte Nachkomme 1869 der Stadt stiftete. Die Salons im *piano nobile* sind mit kleineren Arbeiten von Bellini und Tiepolo noch genauso prunkvoll wie im 18. Jh., aber Scarpa wurde beauftragt, das Erdgeschoss zu überarbeiten. Statt das Wasser draußen zu halten – was bei den venezianischen *palazzi* ein immerwährender Kampf ist – hat Scarpa es hereingebeten: er lässt es durch ein System von islamisch inspirierten *khattara* (Kanäle) aus nacktem Beton bis zu dekorativen Becken im Garten laufen. Scarpas zeitweiliger Schüler und Mega-Modernist Mario Botta entwarf die Bibliothek und die QCoffee Bar (S. 223) im Erdgeschoss mit viel glänzendem Marmor und sich wiederholenden geometrischen Mustern – ein feines Plätzchen für einen architektonisch wertvollen Gespritzten.

37 Palazzo Vitturi Der Palast auf der rechten Seite des Campo Santa Maria Formosa ist ein klassisches Beispiel für den venezianisch-byzantinischen Stil des 13. und 14. Jhs., wie die Reihe von Spitzbögen entlang des *piano*

nobile beweist, die von kleinen scheibenförmigen Reliefs gekrönt werden.

38 Chiesa di Santa Maria Formosa (S. 109) Der Legende zufolge stammt der ungewöhnliche Name dieser Kirche (Kirche der kurvenreichen heiligen Maria) nicht von der Form der Kirche, sondern entstand durch eine Verwechslung. In einem der Häuser auf diesem *campo* lebte Veronica Franco, eine der bekanntesten Kurtisanen der Stadt.

Die Dame, zu deren Kunden Persönlichkeiten wie der französische König Heinrich III. gehörten, wurde im 16. Jh. im Katalog der besseren Begleiterinnen folgendermaßen beschrieben: „Vero. Franco a Santa Mar. Formosa. Pieza so mare. Scudi 2." Dieser knappe Eintrag sollte vermutlich besagen, dass Veronica bei Santa Maria lebte, weibliche Kurven besaß und von intelligenter Konversation bis zu horizontalen Volkstänzen alles für den ziemlich üppigen Preis von 2 scudi (großen Silbermünzen) anbot. Als dann die ersten verwirrten Leser dieses Katalogs auftauchten und nach der Adresse Santa Maria Formosa (kurvenreiche heilige Maria) suchten, fanden das die Einheimischen so komisch, dass der Name schließlich hängenblieb.

39 Palazzi Donà Am oberen Ende des *campo* stehen diese Häuser aus dem 15. Jh., die von der Gotik zur Spätgotik variieren und Reihe um Reihe hoher, schmaler Kalksteinbögen aufweisen. Die Ladenfront und das große Portal im Stil der Renaissance wurden später aus praktischen Erwägungen hinzugefügt. Die Palazzi sind für die Öffentlichkeit nicht zugänglich.

40 Campo Santa Marina Folgt man der Calle Pindemonte vom *campo* aus in Richtung Nordwesten, geht es über eine Brücke auf den Campo Santa Marina mit dem gotischen Palazzo Dolfin aus dem 13. Jh. auf der rechten Seite am Kanal. Bemerkenswert ist aber, was hier fehlt: Die Kirche, die dem Platz seinen Namen gab, wurde 1820 abgerissen, um Platz für ein Wohnhaus zu schaffen, das heute als Hotel genutzt wird.

41 Chiesa di San Lio (S. 119) Von der Westseite des Platzes folgt man der Calle Carminati Richtung Süden hinunter bis zum Campo San Lio. Von Pietro Lombardos Originaldesign aus dem 16. Jh. ist außer dem Portal bei dieser Kirche (Mo–Sa 9–12 Uhr) seit der Um-

STADTVIERTEL STADTSPAZIERGÄNGE

gestaltung der Fassade im 18. Jh. nicht mehr viel zu sehen. Die wunderschöne Gussoni Kapelle im Innern ist jedoch Lombardos Werk, ebenso die Fresken, deren Fragmente vor kurzem in der Kuppel entdeckt wurden. Sehenswert sind außerdem die Deckenmalereien von Giandomenico Tiepolo und ein Altargemälde von Palma il Giovane.

42 | Rusteghi (S. 198) In dieser abgeschiedenen *enoteca* kann man Castello und den Rest der Welt hinter sich lassen, sich von Sommlier Giovane d'Este *cicheti* und den neuesten Lieblingswein servieren lassen und seinen interessanten Geschichten über Castello lauschen, wo er geboren wurde und aufgewachsen ist.

top picks

SHOPPEN

Inmitten der weltberühmten Museen und Kirchen Venedigs verpassen viele Besucher das am besten gewahrte Geheimnis der Stadt: Pst! – es geht ums Einkaufen! Venedig ist das Highlight einer jeden illustren Einkaufskarriere und hat sich auf Angebote spezialisiert, die Handwerkskünstler in Handarbeit fertigen – oft Unikate. Die vielen Stände, an denen jede Menge Porzellanmasken und Andenken angepriesen werden, dienen eigentlich bloß dazu, weniger engagierte Shopper von der Fährte abzulenken, die zu den wahrhaftig vortrefflichen Stücken führt – wobei die gestreiften Hemden der Gondoliere in einem anderen Kontext übrigens durchaus ganz hip sein können.

Falls sich die Reisebegleitung fürs Shoppen nicht begeistern kann, hier ein überzeugendes Argument: Die ganze Angelegenheit lässt sich als pädagogische Erfahrung betrachten. In den Ateliers und Werkstätten in den Hinterhöfen werkeln Handwerkskünstler aus Venedig, die ihre jahrhundertealten Traditionen pflegen, aber auch um neue Einfälle nicht verlegen sind: eine modische Handtasche, die mit Hilfe von Techniken aus der Buchbinderei hergestellt wurde, maßgearbeitete Schuhe mit Lederabsätzen in Form einer Skulptur, ein Wasserfall aus Glas, der als Kette getragen wird. Der Verkäufer, der den Kunden solche Raffinessen zeigt, ist oft sogar der Künstler höchstpersönlich und wird mit Freuden ein *„Complimenti"* (herzlichen Glückwunsch!) hören. Während in der industrialisierten Welt die Handwerkskünste verschwunden oder zu Relikten vergangener Zeiten verkommen sind, bleibt Venedig ein wahrer Außenposten an Originalität.

KOSTEN

Schnäppchenjäger werden mit Freuden hören, dass die Schätze in Venedig weniger kosten, als man oft meint. Von handgeblasenen *murrine*-Glasperlen, die einzeln tolle Ohrgehänge abgeben (1 bis 3 €), bis zu nach Kundenwünschen gefertigten Lüstern (300 € mit Auf-wärtstrend) hat das in Venedig hergestellte Kunsthandwerk recht akzeptable Preise für die überaus spezialisierte Arbeit, die damit einhergeht. Außerdem kostet einheimische Couture weniger als Designerklamotten, die als Massenware produziert wurden. Die in diesem Kapitel erwähnten Geschäfte bieten jedenfalls viel fürs Geld. Wirklich Hervorra-

EINKAUFSSTRASSEN

Ein Einkaufsbummel in einem Shoppingcenter lässt sich mit dem Thrill, den eine Schatzsuche in Venedig bedeutet, gar nicht vergleichen. Hier nun ein Überblick, wo die verschiedenen venezianischen Spezialitäten zu finden sind:

- Antiquitäten – verborgene Schätze tauchen auf den Open-Air-Märkten am Campo Santa Maria dei Miracoli und am Campo Santa Margarita auf; ansonsten lohnt ein Streifzug durch die Geschäfte in den Seitengassen von Castello und Dorsoduro, vor allen aber in der Calle delle Bottege.
- Kunsthandwerk – in Venedig ballen sich die Ateliers und Werkstätten nur so; wer nach einem Unikat sucht, sollte sein Glück in den Kunsthandwerksvierteln San Polo rund um die Calle dei Saoneri, in Santa Croce rund um die Calle Lunga und die Calle del Tentor, in Dorsoduro im Umkreis der bekannten Sammlung Peggy Guggenheim und natürlich auf Murano versuchen.
- Zeitgenössische Kunst – zwischen den Biennalen sorgen in Venedig die vielen Galerien mit zeitgenössischer Kunst dafür, dass die Passanten aus dem Staunen gar nicht mehr herauskommen; Augen auf heißt es rund um den Campo San Maurizio und die Salizada San Samuele in San Marco sowie an der Fondamenta San Biagio auf Giudecca. Empfehlenswerte Galerien in diesen Vierteln siehe S. 69.
- Gourmet-Esswaren – je nachdem, wie viel Kilo Übergepäck die jeweilige Fluglinie zulässt, geben die Esswaren und Weine aus den Gourmetgeschäften in Venedig in der Nähe der Märkte von Rialto in San Polo Souvenirs schier zum Anbeißen ab. Empfehlungen für solche essbaren Andenken finden sich auf S. 201.
- Italienische Designer – Venedig kann in der Calle Larga XXII Marzo und in der Calle dei Fabbri in San Marco mit allen gängigen italienischen Designerlabels aufwarten, die auch zu Hause erhältlich sind – von Armani bis Zegna. Fällt der Venedigbesuch nicht gerade in den Winterschlussverkauf im Januar oder in den Sommerschlussverkauf im Juli und August, sind hier keine Schnäppchen zu haben – aber allein schon ein Schaufensterbummel ist wirklich phantastisch.

gendes wird außerdem in den Kästen in diesem Kapitel vorgestellt.

Transport & Steuern

Kerzenleuchter, antike Überseekoffer und andere sperrige oder auch zerbrechliche Artikel muss man sich vielleicht zustellen lassen. Viele Geschäfte organisieren den Transport zu geringen Kosten – am besten vor dem Kauf danach erkundigen. Informationen zur Erstattung der Mehrwertsteuerer außerhalb der EU siehe S. 299.

ÖFFNUNGSZEITEN

Die meisten Geschäfte sind montags bis samstags von etwa 9 Uhr bis 13 Uhr sowie von 15.30 Uhr bis 19 Uhr (oder auch von 16 bis 19.30 Uhr) geöffnet. In touristischen Gegenden haben manche Läden täglich von 9 Uhr oder 10 Uhr bis 19 Uhr durchgehend offen; Geschäfte, die nicht an den Hauptdurchgangsstraßen liegen, sind am Montagvormittag oder Samstagnachmittag geschlossen. Viele Läden machen an den italienischen Feiertagen (S. 290) und im August ganz oder teilweise zu. In der folgenden Übersicht sind die Öffnungszeiten nur angegeben, wenn sie erheblich von den üblichen Geschäftszeiten abweichen.

SESTIERE DI SAN MARCO

Wer die Geschäfte von San Marco sieht, in denen sich die Regale unter Papierbeschwerern aus Murano-Glas in der Größe von Findlingen (das perfekte Geschenk für ungeliebte Freunde) und Souvenirpackungen mit dreifarbiger Pasta biegen (weil die italienische Flagge ja nun bekanntlich so lecker ist), hat vielleicht das Gefühl, in einer Touristenfalle gelandet zu sein. Doch je weiter man sich von den Hauptstraßen und bekannten Markennamen entfernt, desto näher kommt man an die eigentlichen Einkaufshits heran: handgearbeitete Hüte, ultraexklusive geklöppelte Kissen und Tuben mit sinnlicher tizianroter Ölfarbe.

ANTIQUUS Karte S. 76–77   Antiquitäten
☎ 041 520 63 95; Calle Crosera 3131;
🚉 San Samuele
Piraten, aber auch die Nachfahren der Dogen würden sich unter den mit Edelsteinen besetzten Trinkbechern und verschmitzt zwin-

top picks

SOUVENIRS UNTER 25 €

- Il Pavone de Paolo Pelosin (S. 185) Reisetagebücher mit Marmorpapier
- Linea Arte Vetro (S. 191) Ringe aus Murano-Glas
- Drogheria Mascari (S. 185) Weine von Winzern der Region
- VizioVirtù (S. 184) Selbstgemachte Schokoladenspezialitäten
- Penny Lane Vintage (S. 185) Nostalgisches, das Fellini zur Ehre gereicht

kernden Barockporträts in diesem seit Generationen bestehenden Nobelgeschäft sicher wohlfühlen. Auch wer kein silbernes Kaffeeservice für 5000 € erstehen will, sollte sich doch einen Blick auf diese unvergleichliche Pracht gönnen, z. B. auf die Kette mit Granatäpfeln aus Gold und Kernen aus Rubinen.

ARCOBALENO Karte S. 76–77   Künstlerbedarf
☎ 041 523 68 18; 3457 Calle delle Botteghe;
🚉 Accademia
Wer die zahlreichen alten Meister aus Venedig betrachtet hat, den juckt es vielleicht in den Fingern, selbst einmal zum Pinsel zu greifen. Im Arcobaleno ist alles an Materialien erhältlich, die nötig wären, um in Venedig seine eigene Kunstbewegung zu inszenieren. Jedenfalls sind die Regale voll von Gläsern mit allen wichtigen Farbpigmenten: das Rot von Tizian, das Himmelblau von Tiepolo, das Rosé von Veronese und das Aquamarin von Tintoretto.

LIBRERIA STUDIUM Karte S. 76–77   Bücher
☎ 041 522 23 82; Calle di Canonica 337; 🕐 Mo–Sa 9–19.30, So 9.30–13.30 Uhr; 🚉 San Zaccaria
Das bibliophile Personal weiß, welche Ferienlektüre besonders empfehlenswert ist, es kennt jedes fesselnde Geschichtsbuch über Venedig und empfiehlt natürlich die besten italienischen Kochbücher, unter deren Last die Regale sich biegen. Viele Titel sind auf Englisch und Französisch erhältlich, und die Abteilung mit Lonely Planet-Reiseführern kann sich auch sehenlassen – aber klar, Eigenlob stinkt ...

MONDADORI Karte S. 76–77   Bücher
☎ 041 522 50 68; Salizada San Moisè 1346;
🕐 Mo–Sa 10–20, So 11–19.30 Uhr;
🚉 Vallaresso, San Marco

KLEIDERGRÖSSEN

Damenkleidung

Deutschland	36	38	40	42	44	46
Italien	34	36	38	40	42	44

Damenschuhe

Deutschland	38	38	39	39	40	41
Italien	4,5	5	5,5	6	6,5	7

Herrenkleidung

Deutschland	46	48	50	52	54	56
Italien	46	48	50	52	54	56

Herrenhemden (Kragenweiten)

Deutschland	38	39	40	41	42	43
Italien	38	39	40	41	42	43

Herrenschuhe

Deutschland	41	42	43	44	45	46
Italien	7	7,5	8,5	9,5	10,5	11

Alle Maße sind nur ungefähre Angaben. Vor dem Kaufen unbedingt anprobieren!

Die enorme Auswahl an Reiseführern und italienischer Literatur ist in diesem Megaladen auf mehreren Stockwerken die Hauptattraktion; er gehört zu einer der bekanntesten Ladenketten für Bücher – Hauptaktionäre sind die Finninvest-Gruppe und ein gewisses Familienunternehmen mit dem klingenden Namen Berlusconi. Hier lässt sich übrigens auch alles über bevorstehende Autorenlesungen erfahren, und den Top-Bestseller können die Kunden dann ins angesagte Bacaro (S. 217) zum Schmökern mitnehmen.

OTTICA CARRARO Karte S. 76–77   Augenoptik
☎ 041 520 42 58; www.otticacarraro.it; Calle della Mandola 3706; 🚤 Sant'Angelo
Die Sonnenbrille am Lido verloren? Keine Sorge: Ottica Carraro fertigt eine Brille innerhalb von 24 Stunden. Das Geschäft bietet unter dem Label „Venice" eine eigene Hausmarke an, die von Retro-Sonnenbrillen der 1980er-Jahre mit gelbem Gestell bis zu mattierten Gummirahmen in Bronze und Hellgrün so ziemlich alles umfasst.

BEVILACQUA Karte S. 76–77   Stoffe
☎ 041 528 75 81; www.bevilacquatessuti.com; Fondamenta Canonica 337b; 🕙 Mo–Sa 10–19, So 10–17 Uhr; 🚤 San Zaccaria
Ein Fernsehzimmer wird mit venezianischer Grandezza von Bevilacqua zum eleganten

Salon. Das Unternehmen stellt bereits seit 1800 Brokat, Damast und Seidentroddeln her. Die Stoffe werden traditionell hier im Atelier sowie in der Filiale (Campo di Santa Maria del Giglio 2520, San Marco; 🚤 Santa Maria del Giglio), mit viel handwerklicher Kunst und großer Sorgfalt gewebt.

FIORELLA GALLERY Karte S. 76–77   Mode
☎ 041 520 92 28; www.fiorellagallery.com; Campo Santo Stefano 2806; 🕙 Di–Sa 9.30–13.30 & 15.30–19, Mo 15–19 Uhr; 🚤 Accademia
Für die Rockstar-Mode von Fiorella brauchen männliche Kunden eigentlich bloß noch ein Groupie. Die Panneesamt-Jacken in anrüchigen Tönen wie Lavendel oder Blutrot werden von Hand mit Mustern bemalt, die an barocke Tapeten erinnern. Und das Markenzeichen von Fiorella: naive Ratten. Die Preise fangen bei mehreren hundert Euro an, aber nett ist es ja auch schon, sich nur einmal so im mit Graffiti versehenen Ettore Sotsass-Spiegel zu betrachten und einfach cool zu tun.

POT-POURRI Karte S. 76–77   Mode
☎ 041 522 13 32; www.potpourri.it; Ramo dei Fuseri 1810; 🚤 Vallaresso, San Marco
Im Fall einer unerwarteten Einladung zum Fünf-Uhr-Tee am Canale Grande lohnt ein Notbesuch bei Pot-Pourri. Dort empfehlen unfehlbare Modeberater dann eine babyblaue Leinenjacke made in Italy oder ein Jaquard-Hängerchen aus Seide in Weißtönen, das beim Gehen raschelt. Service vom Feinsten und hervorragende Änderungen zu Preisen von der Stange.

PROMOD Karte S. 76–77   Mode
☎ 041 241 06 68; www.promod.eu; Campo San Bartolomeo; 🕙 Mo–Sa 9.30–20, So 11–19.30 Uhr; 🚤 Rialto
Wer am Sonntagnachmittag in der Lagune vom Nebel erwischt wird und keinen Pulli dabeihat, findet bei Promod, direkt an der Rialto-Brücke, ein breites Angebot. Diese Ladenkette mit Damenbekleidung ist eine fetzige Antwort auf H&M und Topshop zu ähnlichen Preisen. Allerdings sind die eingesetzten Farbkombinationen spektakulärer und die Stoffe besser.

VENETIA STUDIUM Karte S. 76–77   Mode
☎ 041 523 69 53; www.venetiastudium.com; Palazzo Zuccato 2425; 🕙 Mo–Sa 10–19 Uhr; 🚤 Santa Maria del Giglio

Am besten setzt man sein „Ich bin gerade aus Monaco zu meiner Vernissage eingetroffen"-Gesicht auf, das Bohemiens so lieben, die sich gut verheiratet haben. In den überaus dramatischen Delphi-Tuniken sieht jede Frau wie eine um Aufmerksamkeit heischende moderne Tänzerin oder auch Erbin aus – Isadora Duncan und Peggy Guggenheim zählten beide zu den Fans dieses Geschäfts. Die handbedruckten Taschen aus Samt und Seide sind eher kunstvoll als protzig (Preise von 25 bis 120 €).

LE BOTTEGHE Karte S. 76–77
Souvenirs, Haushaltswaren

☎ 041 522 75 45; Rialto 5164;
⏲ Mo–Sa 10–19 Uhr; 🚈 Rialto
In dieser Fair-Trade-Boutique an den Stufen der Rialto-Brücke trifft italienische Sensibilität für Design auf globale Achtsamkeit. Wer mit der Gondel fahren möchte, braucht einen zusammenfaltbaren Strohhut, den ein Kollektiv in Bangladesh in satten Farben wie Safrangelb oder Fuchsia gefertigt hat. Die Kids, die zu Hause auf ein Mitbringsel hoffen, sind sicher von den Spielzeugflugzeugen aus recycelten Dosen beeindruckt, aber auch von den cleveren Börsen für Münzen, die sich Handwerkskünstler aus Westafrika haben einfallen lassen.

CAMUFFO Karte S. 76–77
Glas

Calle delle Acque 4992; 🚈 Vallaresso, San Marco
Kids, Insektenkundler und Glassammler marschieren über die Brücke, durch das Tor und in die zweite *calle* (Gasse) links, um zur tollsten Auswahl an Lampwork-Glaskäfern und Libellen der ganzen Stadt zu kommen. Mit einer winzigen Lötlampe und einer wahren Engelsgeduld ergänzt Signor Camuffo das geschmolzene Glas mit Metallfolien, um schimmernde Flügel zu gestalten. Zwischen den Käfern erzählt er von seiner Arbeit und verkauft Stränge mit Murano-Glasperlen zu hervorragenden Preisen.

L'ISOLA Karte S. 76–77
Glas

☎ 041 523 19 73; www.lisola.com; Campo San Moisè 1468; 🚈 Vallaresso, San Marco
In diesem Tempel des Meisters des modernen Murano-Glas, Carlo Moretti, verbreiten indirekt beleuchtete Trinkgefäße und angestrahlte Vasen einen schier überirdischen Schein. In die strengen Formen sind wirbelnde Orange- und Rottöne eingearbeitet. Gläser, die mit Fischgratmustern graviert

wurden, geben den modernen Arbeiten den entsprechenden Pfiff. Die Preise für ein Wasserglas fangen bei 47 € an.

MA.RE Karte S. 76–77
Glas

☎ 041 523 11 91; www.mareglass.com; Via XXII Marzo 2088; ⏲ Mo–Sa 10–19 Uhr; 🚈 Vallaresso, San Marco
Form verbindet sich mit Funktion bei diesen geblasenen, gravierten und modernen Glaswaren in kühnen Farben von einem der größten Namen in Sachen Murano-Glas überhaupt: Salviati. Wer Champagnerflöten mit Karogravur auf dem Tisch stehen hat, ist für die höchsten Staatsoberhäupter gerüstet – solange sie nur vorsichtig anstoßen.

DAVINIA DESIGN Karte S. 76–77
Glas, Schmuck

☎ 041 520 57 54; www.daviniadesign.com; Calle dei Fuseri 4457; ⏲ Mo–Sa 10–13 & 15–19, So 11–19 Uhr; 🚈 Rialto
Weniger ist mehr, so lautet jedenfalls die Losung in diesem Atelier, in dem einfache, dramatische Ohrgehänge aus ziegelrotem Murano-Glas erhältlich sind, aber auch Manschettenknöpfe, die aussehen wie winzige Seeigel, die sich an die Knöchel krallen. In der Regel ist die aus Belgien importierte Handwerkskünstlerin Davinia hier am Werk. Von ihr stammen die witzigen, dezenteren Gänseblümchen-Ohrringe, die eleganter aussehen, aber dennoch weniger kosten als die blumigen Phantasiegebilde rund um die Piazza San Marco. Die Auswahl von 19 € bis 37 € ist jedenfalls gut.

ANTICA MODISTERIA GIULIANA LONGO Karte S. 76–77
Hüte

☎ 041 522 64 54; www.giulianalongo.com; Calle l'Ovo 4813; 🚈 Rialto
Schuhläden sind etwas für Amateure: Giulianas Geschäft ist hingegen der Realität gewordene Traum in Sachen Hüte für jeden wahren Bekleidungsfetischisten. Die Palette ist breit – von handgemachten Montecristi-Panamahüten in extrafeiner Webart bis hin zur modernen knallig pinkfarbenen Filzkreation, die aussieht wie eine Dogen-Kappe für Peggy Guggenheim. Giuliana ist die meiste Zeit persönlich anwesend, poliert Fliegerkappen aus Leder oder bringt ein breites Band an einem der *bareteri* an, der Kreissäge aus Stroh mit breiter Krempe, die sich die Gondoliere gern frech schräg auf den Kopf setzen.

EPICENTRO Karte S. 76–77 Haushaltswaren

☎ 041 522 68 64; Calle dei Fabbri 932; ⏰ Di–Sa 9.30–13.30 & 15–19, Mo 15–19 Uhr; 🚇 Vallareso

Hier gibt's alle Geheimnisse für einen perfekten italienischen Espresso: Espressomaschinen mit eingebauten Druckventilen für die Herdplatte, nachfüllbare Milchschäumer und Espressotassen in futuristischen Formen. Die Boutique ist noch kleiner als im Allgemeinen die vollgestopften Küchen in Venedig, aber auf den Stahlregalen türmt sich die ganze Palette an Alessi-Produkten – Milchkännchen in Affengestalt und Kobolde, die Zahnbürsten umklammern.

GLORIA ASTOLFO Karte S. 76–77 Schmuck

☎ 041 520 68 27; www.gloriastolfo.com; Frezzeria 1581; 🚇 Vallareso

Man lasse sich in Modefragen von den Meisterwerken der venezianischen Malerei in diesem Flaggschiff der venezianischen Glasperlenkunst inspirieren. Ausgeschnittene T-Shirts wirken mit Girlanden aus Glas-Tigerlilien sofort ultracool, und die barocken Perlohrringe würden sanft die Schultern berühren, falls einem beim Opernbesuch in La Fenice die Müdigkeit übermannt. Die Preise beginnen in diesem Laden bei 35 € und sind erstaunlich zivil für diesen überaus originellen und handwerklich gut gearbeiteten Schmuck, zumal das Geschäft nicht weit von der Piazza San Marco entfernt ist.

MATERIALMENTE Karte S. 76–77 Schmuck, Deko

☎ 041 528 68 81; www.materialmente.it; Mercerie San Salvador 4850; ⏰ Mo–Sa 10–19 Uhr; 🚇 Rialto

Kein Palast in Venedig wäre ohne die opulenten Spiegel und aufwendigen Wandteppiche vollständig, und Maddelena Venier und ihr Bruder Alessandro Salvadori haben diesen Luxuseffekt in ihren modernen Spiegeln mit Barockmustern im Siebdruck geschickt kombiniert. Die begabten Geschwister kreieren auch einfallsreiche Lampen, die wie Vogelkäfige aussehen, und Siegelringe, die sich vortrefflich eignen, um Liebesbriefe mit Wachs zu versiegeln.

DANIELA GHEZZO Karte S. 76–77 Schuhe

☎ 041 522 21 15; Calle dei Fuseri 4365; 🚇 Rialto

Eine goldene Kette ist direkt am Eingang befestigt, aber das bedeutet nicht, dass Daniela nicht anwesend ist. Sie unterhält sich nur gerade mit einem Kunden über die unterschiedlichen Vorlieben bei Schuhen, während sie am Fuß Maß nimmt. Das Atelier lag früher in den Händen der legendären Schuster-Familie Segalin. Meisterin Ghezzo führt die Tradition maßgearbeiteter Schuhe nun fort, und somit muss kein Kunde befürchten, dass er seine ochsblutfarbenen Stiefeletten je an den Füßen eines anderen Kunstsammlers finden wird – oder die florentinerbraunen Schnabelschuhe bei einem konkurrierenden Industriemagnaten. Ihre Schuhe sind für jeden Kunden einzigartig.

ANTIKE ANDENKEN

An einem sonnigen Sommerwochenende landet man in Venedig ganz unwillkürlich auf einem der vielen Märkte unter freiem Himmel, die so vollgestopft sind mit Barockspiegeln, Wandgobelins und anderen venezianischen Stücken, sodass der Eindruck entsteht, die Requisitenkammer von La Fenice veranstaltet einen Ausverkauf. Am Campo Santa Margherita finden sich auf dem Mercato delle pulci (Flohmarkt) inmitten des üblichen Trödels auch Schätze aus den Speichern der Paläste. Am gleichen campo (Platz) organisieren zwei gepflegte venezianische Brüder gelegentlich den Ärzte-ohne-Grenzen-Trödelmarkt, um Geld für wohltätige Zwecke einzutreiben. Die beiden Venezianer waren irgendwann zu dem Schluss gekommen, dass „das Rentnerdasein langweilig ist und die Welt wirklich alle Hilfe braucht, die sie nur kriegen kann". Ausgebuffte Shopper entdecken hier vielleicht antike Likörgläser, Ohrringe in der Form von Seepferdchen aus Murano-Glas und nostalgische italienische Kochbücher mit lang verschollenen kulinarischen Geheimnissen – und das alles unter 10 €. Wer handgearbeitete Keramik sammelt, findet auf dem jährlich stattfindenden Bochaleri in Campo (www.bochaleri.it; Campo San Maurizio, San Marco; ⏰ am letzten Wochenende im Mai, 9–17 Uhr) allerlei aus verschiedensten Epochen und in vielen Stilrichtungen – von klassischen Tellern mit Renaissance-Porträts bis hin zu Raku-Skulptur in freien Formen. Auf dem Mercantino dei Miracoli (Campo Santa Maria Nova oder Via Garibaldi; ⏰ jeweils am ersten Wochenende eines Monats, 9–13 & 15.30–19.30 Uhr; 🚇 Ca' d'Oro) und dem Mercantino dell'Antiquario (☎ 333 965 99 94; Campo San Maurizio; ⏰ jeweils am letzten Wochenende eines Monats, 9–17 Uhr) verhökern gewitzte Verkäufer edle Emaillemedaillons, nostalgische Vespa-Werbung und Sonnenbrillen aus den 1950er Jahren, die Marcello Mastroianni gut zu Gesicht gestanden hätten. Die Preise stehen allerdings bisweilen Sotheby's in nichts nach – aber mal ganz ehrlich: Wo sonst wird schon ein Gondelbug angeboten, der nur ein paar leichte Dellen hat?

MILLEVINI Karte S. 76–77   Wein

☎ 041 520 60 90; Ramo del Fontego dei Turchi 5362; 🚋 Rialto

Ein erstklassiger Wein aus dem Veneto zum Preis eines Souvenir-T-Shirts, empfohlen vom versierten Personal hier, könnte sich als Highlight des Besuchs erweisen – neben DOC *Prosecco* sind auch Merlots aus dem Veneto erhältlich, die es in sich haben, und erstaunlicherweise auch samtene Valpollicellas. Der Weinkeller mit rohen Ziegeln befindet sich direkt am Fuß der Rialto-Brücke und gibt für alle die einen netten Zwischenstopp ab, die später auf der Hotelterrasse einen Trinkspruch auf den Sonnenuntergang aussprechen wollen.

SESTIERE DI DORSODURO

Die Großmutter würde kaum das venezianische Kunsthandwerk erkennen, das aus den modernen Kunst-Outlets von Dorsoduro kommt: Teekannen mit Schaumstoffgriffen, eine lagunengrüne Halskette aus Papier mit einer handgeblasenen dunkelroten Perle als Anhänger, Schals, die wie Seetang bei Flut herumwirbeln. Aber Dorsoduro hat sein Gespür für die Geschichte nicht verloren – in den Gassen lassen sich mit etwas Glück noch Bakelit-Broschen und nostalgische Ferragamo-Absätze finden.

ANTIQUARIATO CLAUDIA
CANESTRELLI Karte S. 86–87   Antiquitäten, Schmuck

☎ 041 522 70 72; Campiello Barbaro 364a; 🚋 Salute

Rosettenförmige Spiegel und von Hand kolorierte Lithografien von prähistorisch anmutenden Lagunenfischen sind reizende Andenken an Venedigs vergangenen Glanz. Die Sammlerin und Künstlerin Claudia Canestrelli erweckt mit ihren antikisierenden Ohrringen die barocke Eleganz zu neuem Leben. Claudia sammelt vereinzelte Glas-Mosaik-Rosen, glitzernde Zitrine und unregelmäßig geformte barocke Perlen aus zerbrochenen Diademen und gestaltet sie in einzigartige Erbstücke um, die romantisch und von moderner Schlichtheit zugleich sind – ihre Ohrringe sehen jedenfalls zu Jeans ebenso toll aus wie zu einem Ballkleid.

3856 Karte S. 86–87   Mode

☎ 041 72 05 95; Calle San Pantalon 3749; 🚋 San Tomà

Venedig gibt sich in der Regel legerer und herzlicher, als so mancher Besucher erwartet, und so kommt das 3856 mit seinen luftigen, hippen Hängerchen mit U-Boot-Ausschnitt, lässig bedruckten Sonnenkleidern und figurbetonten Baumwollblazern Frauen und Kids gerade recht. Die Kleidungsstücke haben Pfiff, kosten aber nicht mehr als Sportklamotten und können von morgens bis abends getragen werden – vielleicht noch aufgepeppt mit einer Kette aus Murano-Glas.

VINTAGE A GO GO Karte S. 86–87   Mode

☎ 041 277 78 95; www.vintagegogo.altervista.org; Calle Lunga San Barnaba 2755; 🚋 Ca' Rezzonico

In diesem Geschäft in der Größe eines begehbaren Kleiderschranks wird Nostalgisches aus allen möglichen Dekaden gemischt und kombiniert, bis ein neuer Look entsteht. Jedenfalls gibt es hier jede Menge romantische Kaschmirpullis aus den 1950er-Jahren, psychodelische Pucci-Loungewear aus den '60ern, Ledertrenchcoats aus den '70ern und knalltürkise Pumps aus den '80ern. Die Preise sind nichts für Knauserige, liegen aber unterhalb des Wiederverkaufswerts bei eBay.

ARRAS Karte S. 86–87   Mode, Accessoires

☎ 041 522 64 60; Campiello del Squellini 3235; 🚋 Ca' Rezzonico

Die handgewebten Seidentücher stapeln sich nur so in den Regalen des Arras. Sie sind so toll, dass einem die Worte fehlen: Jedes edle, luxuriöse Textil steht für die gemeinschaftlichen Bemühungen dieser Weberei-Kooperative, die auch Workshops zur beruflichen Bildung für Menschen mit einer Behinderung anbietet. Handgewebte Wolljacken der Designer sorgen, geschickt drapiert, für den größtmöglichen Effekt bei einer Galerieeröffnung. Außerdem lässt sich mit dieser echt einheimischen Kleidung der abendlichen Kühle an den Kanälen gut ein Schnippchen schlagen.

LE FORCOLE DI SAVERIO PASTOR
Karte S. 86–87   Forcole

☎ 041 522 56 99; www.forcole.com; Fondamenta Soranzo detta Fornace 341; 🕐 Mo–Sa 8.30–12.30 & 14.30–18 Uhr; 🚋 Salute

Mick Jagger ließ sich seine *forcola* hier maßarbeiten – und nein, die ganze Angelegenheit ist nicht so schlüpfrig, wie sie sich vielleicht anhört. Eine *forcola* ist eine Art Holzgabel, auf der die Ruder einer Gondel ruhen; sie wird aus Akazien- oder Eichenholz gefertigt, und zwar so, dass sie für die Größe und das Gewicht des jeweiligen Gondoliere genau passt – deshalb gerät die Gondel dann auch nicht aus dem Gleichgewicht. Jedenfalls baut Saverio Pastor *forcole*, die sich im perfekten Gleichgewicht drehen und neigen – genau das Richtige also für begabte Nachwuchsgondoliere, aber auch als Skulptur für zu Hause.

AQUA ALTRA Karte S. 86–87
Souvenirs, Haushaltswaren

☎ 041 521 12 59; www.aquaaltra.it; Campo Santa Margherita 2898; ⏱ Di–Sa 9.30–12.30 & 16–19.30, Mo 16–19.30 Uhr; 🚢 Ca' Rezzonico

Diese Fair-Trade-Kooperative hat trotz ihrer globalen Gesinnung den Geschmack der Italiener dennoch klar im Kopf. Verkauft werden Schokolade aus Kollektivplantagen in Sierra Leone, modische grafitgraue Sandalen von palästinensischen Handwerkern und wettkampftaugliche Fußbälle, die in einer Kooperative in Pakistan hergestellt wurden. Die Gruppe organisiert gelegentlich auch Stände mit Bioessen in der ganzen Stadt, auch unweit der Piazzale Roma.

MADERA Karte S. 86–87   Souvenirs, Haushaltswaren

☎ 041 522 41 81; www.maderavenezia.it; Campo San Barnaba 2762; ⏱ Di–Sa 10–13 & 15–18 Uhr; 🚢 Ca' Rezzonico

Das Geschäft ist ein Aushängeschild in Sachen modernes Design – hier schaut jeder wirklich zweimal hin. Holzlöffel sehen wie Zungen aus, elegante Pastateller wurden aus recycelten Plastikbeuteln hergestellt, und die Teekannen in Teewärmern aus Schaumstoff machen den Eindruck, als würden sie eine Ausrüstung zum Tiefseetauchen tragen. Die meisten Stücke stammen

---

GESTOCHEN SEHEN: AVANT-GARDE-BRILLEN AUS VENEDIG

Jahrhunderte vor dem Schick der Griechen trug man anno 1348 im Veneto bereits die ersten Brillen in Europa, und seitdem schleifen in Venedig die Optiker die Gläser von Hand und fertigen auch wirklich Aufsehen erregende Brillengestelle. Wer auf Rezept eine Sonnenbrille in limitierter Auflage ergattern will, muss nur mit dem entsprechenden Schein einen der hier in diesem Kapitel erwähnten Optiker aufsuchen – oder er schnappt sich einfach eine Kopie der ausgeflippten Brillengestelle von Peggy Guggenheim im Museumsladen der Sammlung (S. 87).

---

von der Besitzerin und Designerin Francesca Meratti, es gibt aber auch Entwürfe anderer italienischer Designer – inklusive skandinavische und japanische Einflüsse. Die gepflegte Sammlung an Originalobjekten beginnt bei einem Preis von 15 €.

MARINA E SUSANNA SENT Karte S. 86–87
Glas, Schmuck

☎ 041 520 8136; www.marinaesusannasent.com; Campo San Vio 669; ⏱ Di–Sa 10–13 & 15–18.30, Mo 15–18.30 Uhr; 🚢 Accademia

In Mailand ist auf den Laufstegen auffälliger Schmuck angesagt, doch die Wasserfall-Colliers aus geeistem Glas der Schwestern Marina und Susanna Sent stehlen ihm locker die Schau. Museumsläden in ganz Venedig zeigen die Arbeiten der Geschwister, darunter gestreifte Glasbroschen in der Form eines magischen Schilds aus dem Palazzo Ducale oder auch ihre typischen „Seifen"-Halsketten: geschäumte Schnüre mit großen, durchsichtigen Glasblasen, mit denen die Trägerin sowohl schick wie auch frisch geschrubbt aussieht. Eine Zweigstelle des Geschäfts befindet sich in Ponte San Moisè (s. Spaziergang durch San Marco, S. 138). Ein Interview mit Marina Sent auf S. 130 gibt weitere Aufschlüsse.

GUALTI Karte S. 86–87   Schmuck, Accessoires

☎ 041 520 1731; www.gualti.it; Rio Terà Canal 3111; 🚢 Ca' Rezzonico

Entweder ist zufällig gerade eine Sternschnuppe auf der Schulter gelandet, oder es war jemand gerade im Gualti, wo auf einer interstellaren Brosche schillerndes orangefarbenes Glas durchsichtigen Harzstängeln entspringt. Die gefältelten Seidenstolen für den Abend sind am Rand gewellt wie Seetang, der in der Lagune in der Strömung schaukelt. Das Gualti wiederholt sich nicht gern, dennoch liegen die Preise ab 80 € niedriger, als man es bei Designer-Unikaten erwarten würde.

CA' MACANA Karte S. 86–87   Masken, Kostüme

☎ 041 277 61 42; www.camacana.com; Calle delle Botteghe 3172; ⏱ So–Fr 10–18.30, Sa 10–20 Uhr; 🚢 Ca' Rezzonico

Mit welchem Talent die venezianischen Karnevalsmasken gefertigt sind, ist schon beachtlich. Jedenfalls haben sie Stanley Kubrick offensichtlich so beeindruckt, dass er für seinen Film *Eyes Wide Shut* gleich jede Menge bestellt hat. Aus dem breiten Angebot an Charakteren aus Pappmachée kann sich jeder das Passende aussuchen – von langnasigen Pestärzten bis hin zu Kurtisanen mit feinen Gesichtszügen. Aber es besteht auch die Möglichkeit, an einem von Ca' Macana organisierten Workshop teilzunehmen und sich seine eigene Maske zu basteln.

IL PAVONE DI FABIO PELOSIN
Karte S. 86–87   Papier

☎ 041 523 45 17; Fondamenta Venier dai Leoni 721; ⌚ Di–Sa 10–13 & 14.30–18 Uhr; 🚊 Accademia

Baccalà mantecato – die berühmte Fischpastete aus Venedig – gelingt noch besser, wenn sie nach einem handgefertigten Kochbuch zubereitet wird, das mit Mustern im Stil der venezianischen Gotikarchitektur bedruckt ist. Die Kochbücher, Reisetagebücher und Timer von Il Pavone sind mit metallischen Pigmenten gedruckt, sollten aber dennoch nicht nur nach ihrem schimmernden Einband beurteilt werden. Innen sind sie perfekt strukturiert mit Tabellen und Überschriften, sodass sich geplante Mahlzeiten, die Highlights bei Ausflügen und bevorstehende Geburtstage bestens auffinden lassen.

SIGNOR BLOOM Karte S. 86–87
Spielwaren, Schnitzereien

☎ 041 522 63 67; Campo San Barnaba 2840; 🚊 Ca' Rezzonico

Die Kids müssen die Erwachsenen manchmal regelrecht von diesen farbenfrohen 2D-Puzzlespielen aus Holz und grinsenden Holzenten in dem Geschäft an der Rialto-Brücke wegzerren, denn diese geschickt gemachten Spielsachen lassen Erwachsene nur so in Nostalgie schwelgen. Das Mobile im Stil Calders aus geschnitzten roten Gondelbügen könnte auch in einem Kunstforum oder in einem Kindergarten zu Hause sein.

SESTIERI DI SAN POLO & SANTA CROCE (SANTA CROSE)

Wer sich in Venedig unbedingt verlaufen will, sollte das am besten hier tun. In den verwinkelten, engen Gassen von Santa Croce warten die Kunstateliers nur darauf, endlich entdeckt

zu werden; Gourmet-Fundstücke lauern im Schatten der Märkte von Rialto; und Haute Couture findet sich zu erschwinglichen Preisen in den Gassen zwischen I Frari und der Rialto-Brücke.

SERENA VIANELLO Karte S. 94–95   Accessoires

☎ 041 522 33 51; www.serenavianello.com; Campo Sant'Aponal 1226, San Polo; 🚊 San Silvestro

Prachtvolle Seidenstoffe aus Como und akribische Verarbeitung unterscheiden diese zeitlosen venezianischen Designs von der vergänglichen Massenware. Die Seidentaschen in zwei Farbtönen bedienen sich der Farbgebung Tiepolos in Himmelblau und Gold, und ein Seidenblazer in hauchzarten Grüntönen mit terracottafarbenen Paspeln erinnert an einen Spaziergang durch Venedig.

CAMPIELLO CA' ZEN
Karte S. 94–95   Antiquitäten

☎ 041 71 48 71; www.campiellocazen.com; Campiello Zen 2581; ⌚ Mo–Sa 9–13 & 15–19 Uhr; 🚊 San Tomà

Eine antike Lampe aus Murano-Glas ist wohl das letzte, was ins Reisegepäck gequetscht werden sollte – so denken jedenfalls die meisten, bevor sie den silbernen Lüster von Salviati aus dem 1940er-Jahren gesehen haben oder auch die hypermoderne Venini-Vase. Der kobaltblaue handgeblasene Kelch erscheint vergleichsweise noch praktisch, aber dann drängt sich auch schon unweigerlich der gefährliche Gedanke auf: Man könnte sich ja auch einfach alles per Post oder Kurierdienst zustellen lassen.

GILBERTO PENZO Karte S. 94–95   Boote

☎ 041 71 93 72; www.veniceboats.com; Calle 2 dei Saoneri 2681, San Polo; ⌚ Mo–Sa 9–12.30 & 15–18 Uhr; 🚊 San Tomà

Ja, es ist wirklich möglich in der Lagunenstadt, in der Tasche eine Gondel mit nach Hause zu nehmen. Jeder, der von den zahlreichen Modellen im Museo Storico Navale (S. 117) begeistert war, dreht hier inmitten all dieser handgefertigten Holzmodelle von allen erdenklichen venezianischen Booten schier durch, darunter einige, die sogar seetauglich sind – oder zumindest badewannentauglich. Signor Penzo hat auch noch verschiedene Bausätze im Angebot, und somit können Bastler und Kids sich auch selbst versuchen.

MARE DI CARTA

Karte S. 94–95   Bücher, Navigationshilfen

☎ 041 71 63 04; www.maredicarta.com; Fondamenta dei Tolentini 222, Santa Croce; 🚊 Ferrovia

Segler, Piraten und Ohrensessel-Matrosen sollten sich unbedingt auf den Weg zu diesem Geschäft am Kanal machen, in dem jede Seekarte und Navigationshilfe erhältlich ist, die für die Erkundung der Lagune, die Wartung eines Bootes und zum Bestimmen der Meerestiere hier unerlässlich ist. Wer mit dem Gedanken spielt, Ruderunterricht zu nehmen oder eine Exkursion mit dem Segelboot zu unternehmen – und wer täte dies nach ein paar Tagen Aufenthalt an der Lagune nicht? – schaut erst einmal hier vorbei, um sich über das Angebot an Workshops und Ausflügen zu informieren.

BOTTEGA DEGLI ANGELI

Karte S. 94–95   Keramik

☎ 041 71 08 66; www.bottegangeli.com; Calle del Cristo 2224, Santa Croce; 🕐 Mo–Sa 10–13 & 15–18 Uhr; 🚊 Rialto

Matte Tonvasen mit einem tiefdunkelroten Muster aus Buntglas, Fliesen mit einem schüchternen Fisch, der sich im Seetang versteckt, und Halsketten mit Anhänger in Stil der 1970er-Jahre aus Keramik: In diesem Geschäft ist für jeden Geschmack und Geldbeutel etwas zu finden. Der Stil reicht von gewagten modernistischen Formen bis hin zu von japanischer Anime inspirierten Fröschen. Absolutes Markenzeichen ist die leuchtend rote Lasur, die – wie jeder, der sich ein wenig mit Keramik auskennt gern bestätigen wird – ziemlich schwer zu bewerkstelligen ist.

VIZIOVIRTÙ

Karte S. 94–95   Schokolade

☎ 041 275 01 49; www.viziovirtu.com; Calle del Campaniel 2898a, Santa Croce; 🕐 10–18.30 Uhr; 🚊 Ca' Rezzonico

Es macht einfach viel Spaß, sich durch die dekadentesten Laster und köstlichsten Tugenden Venedigs zu kämpfen, indem man immer wieder dem Heiße-Schokolade-Brunnen, dem im Sommer selbst gemachten *gelato* und den Pralinen mit Ganache-Füllung in Fünf-Gänge-Menü-Geschmacksrichtungen einen Besuch abstattet: Barolo-Wein, Heidelbeere und Veilchen, Olivenöl, Balsamico-Essig und „Freud" – mit dem herben Geschmack von Zigarren, was auch sonst.

ARTISTICA FERRO

Karte S. 94–95   Kunsthandwerk

☎ 041 520 0490; Calle Lunga 2137, Santa Croce; 🚊 San Stae

Eisen verwandelt sich in diesem Atelier in einen feuerroten Dekoartikel. Zu den handgearbeiteten Vorzeigeobjekten aus Metall zählen Kaminsets, Zuckerdosen aus Gusseisen, die wie eine Glocke klingen, wenn sie mit dem winzigen Löffel bearbeitet werden, und ein komplettes *fero de prova,* die klassische Eisenverzierung an einer Gondel mit sechs Querbalken, die die sechs alten *sestieri* (Stadtviertel) Venedigs symbolisieren.

CARTAVENEZIA

Karte S. 94–95   Kunsthandwerk

☎ 041 524 12 83; Calle Lunga 2125, Santa Croce; 🕐 Di–Sa 11–13 & 15.30–19.30, Mo 15.30–19.30 Uhr; 🚊 San Stae

Papier ist hier bei weitem keine zweidimensionale Angelegenheit: Anstelle des Marmorpapiers, das in Venedig seit 150 Jahren Tradition hat, stellt CartaVenezia handgefertigtes, geprägtes Baumwollpapier her, das zu nahtlosen Schalen und Lampenschirmen, handgebundenen Skizzenbüchern und zur Papierversionen von Marmorfriesen geformt wird, die auch in einem griechischen Tempel oder in einem modernen Loft zu Hause sein könnten.

IL GUFO ARTIGIANO

Karte S. 94–95   Kunsthandwerk

☎ 041 523 4030; Ruga degli Speziali 299, San Polo; 🚊 Rialto

Kupfer und extrem sorgsame Verarbeitung sind das Geheimnis dieses geprägten Lederdesigns, das Tagebücher, Handtaschen und Brieftaschen in diesem Kunstatelier ziert. Die antiken Muster, zu sehen an den Schmiedeeisen an den Fenstern und Balkonen Venedigs, inspirieren das dynamische Design, wobei das Leder in lebhaften Farben für einen unerwartet modernen Kick sorgt: orangefarbene Schultaschen, safrangelbe Fotoalben und grüne Timer.

CARTÈ

Karte S. 94–95   Kunsthandwerk, Papier

☎ 320 024 87 76; Calle di Cristi 1731, San Polo; 🚊 San Tomà

Auf den handgebundenen Portfolios und Papierhalsketten tauchen ganz geheimnisvoll das Kielwasser der Gondeln und die gekräuselten Wellen der Lagune auf – das Ergebnis der ruhigen Hand und der unermüdlichen Phantasie der Meisterin des Marmorpapiers, Rosanna Corrò. Nachdem sie jahrelang alte venezianische Manuskripte und Bücher restauriert hatte, beschloss Rosanna etwas wirklich Originelles zu machen – und hier ist nun also das Resultat: wie Bücher gebundene Börsen mit Holzmaserdesign, flippige gelbe Op-Art-Ohrringe und Fotoalben mit prächtigen Pfauenaugenmustern, in denen dann die schönsten Venedig-Fotos erst so richtig zur Geltung kommen.

IL PAVONE DE APOLO PELOSIN
Karte S. 94–95   Kunsthandwerk, Papier
☎ 041 522 42 96; Campiello dei Meoni 1478, San Polo; 🚤 San Silvestro
Die handgebundenen Timer und Fotoalben aus Marmorpapier von Paolo sind eine Herausforderung, denn nun muss sich jeder Erinnerungen an Venedig einfallen lassen, die eines so einfallsreichen Kunsthandwerks würdig sind. Gästebücher für Restaurants sind in eigenwilligen violettgoldenen Art-Déco-Mustern zu haben, lagunenblaue Skizzenbücher inspirieren zu spontanen Meereslandschaften, und in Papier verpackte Schreibsets scheinen mit einem Anflug von Rot und Orange Feuer gefangen zu haben.

OTTICA VASCELLARI Karte S. 94–95   Brillen
☎ 041 522 93 88; www.otticavascellari.it; Ruga Rialto 1030, San Polo; 🚤 Rialto
Die Mitglieder der Familie Vascellari sind bereits in der zweiten Generation als Augenoptiker tätig, aber auch als erstklassige Brillenstilisten. Ein kurzer Blick auf das Rezept und ein langer Blick, um die Gesichtsform und den persönlichen Stil des Kunden zu eruieren, und schon sind die Bedürfnisse in Sachen neue Brille klar. Kantige Gesichtszüge schreien nach Vascellaris kühner architekonisch anmuter Brillenkollektion mit Gläsern in zwei Farbtönen. Feine Gesichtszüge bekommen eine elegante Brille mit Satin-Finish angepasst. Und wer eine der sagenhaften Sonnenbrillen mit Goldrand trägt, dem gibt beim Filmfest von Venedig die Menge den Weg frei.

HIBISCUS Karte S. 94–95   Mode
☎ 041 520 89 89; Ruga Rialto 1060, San Polo; 10–18.30 Uhr; 🚤 San Silvestro
Mit Venedigs kreativen Stilmischungen, die Stück für Stück höchst unterschiedlich in den Hibiscus entworfen werden, ist man für die

Biennale gut gerüstet: lässige italienische Matrosenhosen aus Leinen, einzigartige Jacken mit nostalgischen Einsätzen aus Seidenstickerei, japanische Socken mit Wasserfarbenmustern und ein Maria Calderara-Ring, der aussieht, als hätte sich die Trägerin ein Korallenriff um den Finger gewunden.

PENNY LANE VINTAGE Karte S. 94–95   Mode
☎ 041 524 41 34; Salizada San Pantalon 39, Santa Croce; 🕐 Mo–Sa 9.30–13 & 15.30–20.30 Uhr; 🚤 Ferrovia
Wer meint, dass ihm nostalgische italienische Farbschattierungen besser stehen als Faschingsmasken, ist bei Penny Lane an der richtigen Adresse. Venedig und London bewundern sich hier gegenseitig – vom Yellow Submarine-Decor und den Ben Sherman-Shirts bis hin zu den heißen Lagunen-Hängerchen und hautengen gestreiften Pullis im Matrosenlook für Frauen und Männer. Nostalgisch inspirierte neue Kleidung ist in den vorderen Räumlichkeiten des Geschäfts erhältlich, die wirklich tollen Nostalgieschnäppchen fristen ihr Dasein im Hinterzimmer – so z. B. ein durchsichtiger Vinylregenmantel für 10 € oder ein italienischer Intellektuellenpulli mit Schildkrötkragen aus den 1970er-Jahren für schlappe 5 €.

ZAZU Karte S 94–95   Mode
☎ 041 71 54 26; Calle dei Saoneri 2750, San Polo; 🕐 Di–Sa 9.30–13.30 & 14.30–19.30, Mo 14.30–19.30 Uhr; 🚤 San Tomà
Der Laden ist etwas für alle, die gerne Misses Marco Polo der Modewelt sein möchten – mit Abstechern zu in Italien entworfenen Gobelin-Taschen, einzigartigen Kleidern aus Barcelona und schicken Wickeloberteilen aus Japan. Die Stücke kosten mehr als Sportklamotten, aber nicht so viel wie Couture; auf dem Ständer mit den Schnäppchen hinten im Laden finden sich meist tolle Sachen für 50 € bis 100 €.

DROGHERIA MASCARI
Karte S. 94–95   Lebensmittel, Wein
☎ 041 522 97 62; www.imascari.com; Ruga degli Spezieri 381, San Polo; 🕐 Mo/Di & Do–Sa 8–13 & 16–19.30, Mi 8–13 Uhr; 🚤 San Silvestro
Wie der Turm von Babylon häuft sich hier der Cayennepfeffer, der Sternanis ist schon am Abrutschen, und das Olivenöl aus eigenem Anbau nimmt mehrere Reihen

ein – kein Wunder, dass Liebhaber von erlesenen Esswaren in Scharen die Schaufester der Drogheria Mascara betrachten. Innen greifen sich die Kunden die winzigen Gläschen mit weißen Trüffeln wie heilige Reliquien. Das Personal ist benommenen Kunden, die zum ersten Mal hier sind, behilflich, sich durch die Auswahl an sizilianischen Kapern und 50 verschiedenen aromatisierten Honigarten zu manövrieren. Denkwürdige italienische Weine von kleinen Weingütern sind ab 7 € erhältlich. Die *enoteca* (Weinbar) im Hinterzimmer sollte man keinesfalls verpassen.

I VETRI A LUME DI AMADI Karte S. 94–95 Glas
☎ 041 523 80 89; Calle Saoneri 2747, San Polo;
🕑 Mo–Sa 9 bis Mitternacht & 15–18 Uhr;
🚊 San Silvestro
Es gibt wohl kaum eine faszinierendere Glasmenagerie als die von Signor Amadi, den Kunden gehen hier schier die Augen über: Freche kleine Glaskrabben machen sich an Seeanemonen mit rosa Rand heran, und Glaserbsen ergießen sich aus einer getupften Erbsenschote. So mancher fühlt sich versucht, eine lebensechte Mücke aus Glas zu erschlagen, und die Konturen von galoppierenden Pferden in blauem Gas würden Picasso alle Ehre machen.

MARCO FRANZATO VETRATE ARTISTICHE Karte S. 94–95 Glas, Schmuck
☎ 041 24 07 70; Calle Lunga 2155a, Santa Croce;
🚊 San Stae
Zusammengehauen, zusammengesetzt und wieder zunichtegemacht: In dieser experi-

mentellen Galerie-Kooperative moderner Glasdesigner geht es echt ausgeflippt zu. Moderne Glasuhren sind das Werk von Atelierchef Marco Franzato, der auch eine anständige Auswahl an Ketten aus matten Glasplättchen zu einem akzeptablen Preis anbietet – sie haben etwas von Ufos, die um den Hals kreisen. Außerdem gibt's hier Krüge mit handgemachten Murono-Glasperlen, in die Rosenblüten oder Sterne eingearbeitet sind – die Preise beginnen bei 0,40 € pro Stück.

GIUSEPPE TINTI Karte S. 94–95 Glas, Lampen
☎ 041 524 12 57; www.tintimuranoglass.com; Campo San Cassian 2343, Santa Croce; 🕑 Mo–Sa 9–13 & 15–19 Uhr
Das Leben von seiner hell erleuchteten Seite sieht, wer sich eine der Murano-Glaslampen im Stil Victor Vasarelys mit viereckigen Inlays in Op-Art oder auch eine der orange und rot gestreiften Lampen, die von Kostümen der Commedia dell'Arte inspiriert sind, genehmigt. Die Lampen kosten bis zu 155 € (plus Versankosten). Prima transportieren lassen sich erschwingliche Souvenirs wie die Glasfisch-Magneten, die Chef Tinti höchstpersönlich (4 € bis 7 €) entworfen hat.

FANNY Karte S. 94–95 Handschuhe, Lederwaren
☎ 041 522 82 66; Calle dei Saoneri 2723, San Polo;
🕑 10–19.30 Uhr 🚊 San Tomà
Bei diesem Namen gibt es gar nichts zu grinsen – wenn es in Venedig kalt wird und die Gliedmaßen schmerzen, dann ist mit Sicherheit jeder froh, dass er diese

HANDEL IN VENEDIG: FAIR & DIREKT

In den guten alten Zeiten war Venedig als Seemacht nicht immer der fairste Handelspartner – daher der ganze zusammengeklaute Marmor aus Ägypten und die Schätze aus der Türkei, die in den Museen und an den Monumenten Venedigs zu bestaunen sind. In jüngster Zeit ist Venedig jedoch federführend bei einer neuen Handelsstrategie – gemeint sind Fair-Trade-Boutiquen wie Le Botteghe (S. 179) und Aqua Altra (S. 182), in denen der Erlös aus Sonnenhüten à la Sofia Loren oder dekadenten venezianischen Kakaogetränken direkt den Handwerkskollektiven in den Entwicklungsländern zugutekommt, aus denen die jeweiligen Artikel stammen.

Der wirklich absolut direkte Handel in Venedig kauft jedoch bei den vielen Handwerkern und Handwerkskünstlern vor Ort. Diese Handwerker und Handwerkskollektive, die einen Großteil ihrer Arbeit in den Ateliers und Werkstätten von Venedig leisten, sind besonders darum bemüht, sich ihrer Gemeinde erkenntlich zu zeigen. Alle diese lokalen Kunsthandwerker, die für ihre Arbeiten auch heimische, nachhaltige oder recycelte Materialien verwenden, werden im GreenDex (S. 319) gewürdigt. Wer hier Waren kauft, tut etwas Positives für die gesamte Lagune und sogar darüber hinaus, denn durch diese Art des Handels werden Familien aus Venedig unmittelbar unterstützt, Industrieabfälle reduziert, der durch den Transport bedingte CO_2-Ausstoß verringert und kreative Alternativen zur Massenproduktion geschaffen. In einer Welt der gedankenlosen Billigkopien und der Nullachtfünfzehn-Kultur bedeutet die Unterstützung der Handwerkstradition in Venedig ein Votum für den Fortbestand der Originalität und Authentizität dieser Stadt.

Fundgrube an kunstvollen Lederhandschuhen entdeckt hat. Und es besteht hier auch nicht die unbedingte Notwendigkeit, Schick zugunsten von Wärme zu opfern: Wie wäre es vielleicht mit den schokobraunen Handschuhen mit Kaschmirfutter und eisblauen Paspeln? Oder lieber die dunkelroten mit den Tupfen? Bei den Preisen hier sieht sich so mancher versucht, sich auch noch die kirschrote Ledereinkaufstasche zu genehmigen, um die soeben erstandenen Handschuhe adäquat zu transportieren.

SABBIE E NEBBIE Karte S. 94–95 Haushaltswaren, Souvenirs

☎ 041 71 90 73; Calle dei Nomboli 2768a, San Polo; ☾ Mo–Sa 10–12.30 & 16–19.30 Uhr; 🚊 San Tomà

Die aktuellen Ost-West-Handelsrouten scheinen jetzt hier anzufangen – mit von Japan inspirierter Keramik von Rina Menardi, gewebten Opernstolen, die auf der einen Seite safranfarben und auf der anderen paprikarot sind, und mit handgemachten Büchern aus Bologna, die aus Papier mit japanischen Marmoriertechniken gefertigt sind.

ATTOMBRI Karte S. 94–95 Schmuck

☎ 041 521 25 24; www.attombri.com; Sotoportego Oresi 74, San Polo; 🚊 Rialto

Der Schmuck von Attombri ist kühn genug, um auf den Laufstegen in Mailand Furore zu machen. Seine Colliers und Armbänder aus skulpiertem Draht bildenen Kameen aus Glas. Sie wogen in grünen Wellen aus Glasperlen und ergießen sich in kostbare Granatblüten. Die Preise fangen bei rund 40 € an. Der Schmuck von Attombri zählt sicher als eine der besten Designerstücken, die je die Seiten der italienischen Ausgabe von *Vogue* geziert haben.

LA BOTTEGA DI GIO Karte S. 94–95 Schmuck

☎ 041 71 46 64; www.labottegadigio.it; Fondamenta dei Frari 2559a, San Polo; 🚊 San Tomà

Wer der Meinung ist, dass die Ketten aus Murano-Glas, die im Allgemeinen so in den Geschäften zu sehen sind, irgendwie nicht recht zu ihm passen, sollte es hier versuchen: Wie wäre es, aus Lampwork-Murano-Glasperlen (ab 1 €) einfach eine Kette selbst zu machen? Für Bastler ist in diesem Geschäft eine breite Auswahl an buntem Draht, Seidenfaden und auch Lederbändern erhältlich. Zur Aufbewahrung

top picks

MODE AUS VENEDIG

- **Giovanna Zanella** (S. 188) Schuhe nach Maß
- **Ottica Carraro** (S. 178) Sonnenbrillen
- **Marina e Susanna Sent** (S. 182) Glasschmuck
- **Banco 10** (S. 190) Couture-Blazer
- **Cartè** (S. 184) Handtaschen aus Papier

des edlen Stücks bietet sich zusätzlich ein handbestickter Schmuckbeutel an, den eine Glasperle ziert (15 € bis 25 €).

LABERINTHO Karte S. 94–95 Schmuck

☎ 041 71 00 17; www.laberintho.it; Calle del Scaleter 2236, San Polo; 🚊 San Stae

Der symbolische Schmuck im Schaufenster ist ein spannender Hinweis auf den Originalschmuck, den dieses vielseitige Goldschmiedeatelier für seine Kunden anfertigt: einen viereckigen Goldring, der dezent mit Elfenbein ausgekleidet ist, eine Kette aus funkelndem Glas mit Goldgliedern oder ein goldener Trauring, in den oben und unten Opale und Türkise eingearbeitet sind.

MOSAICO! Karte S. 94–95 Mosaike

☎ 349 520 08 92; www.mosaicoavenezia.it; Calle del Tentor 1864, Santa Croce; ☾ Mo–Sa 8.30–mittags & 14–18 Uhr; 🚊 San Stae

Marta Bertaggia pflügt den alten Kunsthandel in Venedig mit den gleichen Werkzeugen um, die vor tausend Jahren für die Mosaiken von San Marco verwendet wurden: einem winzigen Hammer und Stangen von Rohglas. Das Glas wird sachte in viereckige *tesserae* (kleine Kacheln) gegeben und dann sorgsamst zu schimmernden Mosaikvasen, Spiegelrahmen, einer beeindruckenden Faschingsmaske, zum Wappen mit dem Löwen von San Marco und vorsichtigen Reproduktionen von Gemälden Egon Schieles verarbeitet. Es besteht auch die Möglichkeit, hier eine Arbeit in Auftrag zu geben und so ein individuelles Andenken an Venedig mit nach Hause zu nehmen.

MILLE E UNA NOTA
Karte S. 94–95 Musikinstrumente

☎ 041 523 18 22; Calle di Mezzo 1235, San Polo; 🚊 San Tomà

O-TON: GIOVANNA ZANELLA

Von der Pieke angefangen Ich begann meine Ausbildung in der Modebranche, doch nachdem ich zehn Jahre bei einem Schuhmachermeister gelernt hatte, um den Kontakt, der zwischen dem Fuß und dem Boden besteht, zu verstehen, kann ich nun sagen, dass ich Schuhmacherin bin. Meine Schuhe nehmen manchmal Formen an, die wie Architektur oder Skulpturen anmuten; es besteht allerdings ein wirklich grundlegender Unterschied: Schuhe sind im Wesentlichen Behälter für die Füße, und man kann ihnen nicht einfach irgendwelche Formen aufzwingen. Sie müssen den Fuß unterstützen, ansonsten ist man sie in einer Stadt wie Venedig, wo man überall zu Fuß geht, schnell leid.

Schuhe zum Wohlfühlen Wer sich in den Seitenstraßen verirrt, sieht ganz normale Handwerker bei der Arbeit und Leute, die beruflich unterwegs sind. Venedig ist kein Disney-Film. Die Leute machen sich noch immer ihre Gedanken, steuern noch immer ihre Ideen bei, und deshalb hat Venedig bis heute seinen Stellenwert auf dieser Welt.

Der Soundtrack des Lebens Ich lebe in San Marco und arbeite nicht weit von der Rialto-Brücke entfernt, wo ich die Nebelhörner und Klänge der vielen Sprachen höre, die hier alle gleichzeitig gesprochen werden. Mein Gehämmer ist Bestandteil der lebendigen Symphonie dieser Stadt.

Bea vita Das Leben ist schön in Venedig, und diese Freude macht sich in meinen Schuhen bemerkbar. Manchmal fahre ich weg – nicht weil mir die Diskotheken oder der Verkehr fehlen, sondern um eine neue Perspektive zu gewinnen. Aber ich komme immer wieder zurück.

Giovanna Zanella ist Avantgard-Calzolaia (Schuhmacherin) und gibt müden Füßen neuen Schwung (S. 191).

Auf diese Idee kommt so ziemlich jeder, nachdem er in Venedig ein Konzert gehört hat: Ob es schon zu spät ist, noch ein Instrument zu erlernen? Am einfachsten wäre wohl Harmonika, und Mille e Una Nota kann da wirklich mit einer beeindruckenden Auswahl an nostalgischen wie auch modernen Instrumenten aus den italienischen Alpen aufwarten. Leute mit viel Ehrgeiz können hier auch die Noten zur Musik von Albinoni erstehen und sogar eine Laute.

GMEINER Karte S. 94–95   Schuhe
☎ 338 896 21 89; www.gabrielegmeiner.com; Campiello del Sol 951, San Polo; 🚤 Rialto
London, Paris und Tokio: Gabriele Gmeiner erlernte ihre Schuhmacherkunst bei den besten Handwerks-Adressen rund um die Welt, und nun suchen globale Jetsetter

top picks

HAUSHALTSDEKO AUS VENEDIG

- Campiello Ca' Zen (S. 183) Antike Lüster aus Murano-Glas
- Atelier Alessandro Merlin (S. 190) Cappuccino-Tassen mit Meereskreaturen
- de Rossi (S. 189) Fischerlaternen
- Madera (S. 182) Teekannen mit Teewärmern aus Tauchmaterial
- Fortuny (S. 121) Wandbehänge

ihr verstecktes Atelier in Venedig auf, wenn sie ultracoole Slipper mit verdeckten Nähten und detailreichen Lochornamenten wünschen – Stich für Stich von Hand gefertigt. Alle angebotenen Damen- und Herrenschuhe sind natürlich Maßarbeit. Wenn Gabriele nicht gerade in ihrem Atelier sitzt und näht, ist sie vermutlich im Frauengefängnis auf Giudecca unterwegs, wo sie ein Ausbildungsprogramm in Schuhdesign leitet.

VENEZIASTAMPA Karte S. 94–95   Papier
☎ 041 71 54 55; www.veneziastampa.com; Campo Santa Maria Mater Domini 2173, Santa Croce; ⏱ Mo–Fr 8.30–12.30 & 14.30–19.30, Sa 8.30–12.30 Uhr; 🚤 San Stae
Das Gequietsche und Gemahle der alten Heidelberger Druckpresse ist Teil einer spannende Zeitreise in die Vergangenheit: Damals waren Postkarten noch Lithografien, Bücher waren mit speziell angefertigten Exlibris versehen, die die Leser an den rechtmäßigen Besitzer erinnerten, und Casanovas luden ihre Angebeteten ins Obergeschoss ein, sich „ihre Radierungen" anzusehen. Jedenfalls können sich die Kunden hier das passende handbedruckte Briefpapier mit eindrucksvollen, aber auch zweideutigen Symbolen aussuchen – einen muskulösen Arm, einen undichten Wasserhahn oder eine Straußenfeder – oder Einladungskarten und Poster mit rüstigen Commedia dell'Arte-Figuren von einheimischen Künstlern.

IL BAULE BLU
Karte S. 94–95   Spielwaren, Nostalgisches

☎ 041 71 94 48; www.ilbaeleblu.com;
Campo San Tomà 2916a, San Polo;
🕑 Mo–Sa 10.30–12.30 & 16–19.30 Uhr;
🚊 San Tomà

In diesem Kuriositätenkabinett mit
Schätzen aus vergangenen Zeiten geben
sich alte Steiff-Teddybären, graue Miu-
Miu-Schuhe aus Lackleder, nostalgische
Murano-Glasperlen *(murrine) und eine
auffällige Röhrenlampe aus gelbem Glas von*
Scarpa ein Stelldichein. Wenn das Lieblings-
spielzeug der Kids durch die Reise gelitten
hat, dann gibt's hier auch Erste Hilfe und
tröstliche Worte im zugehörigen Teddy-
Krankenhaus.

SESTIERE DI CANNAREGIO

Ladenketten und Souvenirläden für Touristen säumen die Haupteinkaufsstraße in
Cannaregio zwischen dem Bahnhof (Ferrovia) und Rialto. Trotz dieser Übermacht
finden sich inmitten der italienischen
Fußballtrikots und Ringelshirts für kleine
Gondoliere dann doch recht bemerkenswerte Kunsthandwerker.

GIUNTI AL PUNTO
Karte S. 104–105   Bücher

☎ 041 275 01 52; Campo San Geremia 282;
🕑 Mo–Mi 9–20, Do 9–22, Fr & Sa 9–Mitternacht,
So 10–22 Uhr; 🚊 Guglie

Die langen Öffnungszeiten, die gut sortier-
ten Taschenbücher in mehreren Sprachen,
die nützlichen Kochbücher und die Karten
von Venedig machen dieses Geschäft zu
einem praktischen Laden in Sachen Ferienlektüre und Informationen.

SOLARIS
Karte S. 104–105   Comics

☎ 041 524 10 98; www.libreriasolaris.com;
Rio Terà de la Maddalena 2332;
🕑 Mo–Sa 10–12.30 & 16.30–19.30,
So 16.30–19 Uhr; 🚊 San Marcuola

Die Handlung verdichtet sich in Venedigs berühmtesten Büchergeschäft für
Comics, Fantasy und Science-Fiction. Der
winzige Laden ist vollgepfropft mit DVDs,
Büchern und Zeitschriften, die hintere
Wand besteht aus einem einzigen riesigen
Bücherregal, und es gibt eine komplette
Abteilung nur für Corto Maltese, eine viel
beachtete Krimireihe, die der bekannte
italienische Comicmeister Hugo Pratt
grafisch gestaltet hat.

DOLCEAMARO
Karte S. 104–105   Esswaren, Wein

☎ 041 523 87 08; Campo San Canciano 6051;
🕑 Mo–Sa 10–13 & 16–19.30, So 11.30–13.30 &
16.40–19.30 Uhr 🚊 Rialto

Selbst für den weit gereisten Gourmet,
der hier dieses gegessen und dort jenes
gekostet hat, gibt's hier etwas wirklich
Originelles: eine Miniplatte mit italienischem Käse aus Schokolade. Ja, das gibt
es hier tatsächlich. Das Dolceamaro führt
aber auch Wein, besonders edlen Grappa
aus dem Veneto und andere lukullische
Genüsse, darunter abgelagerten Balsamico-
Essig und ganze Trüffel.

DE ROSSI
Karte S. 104–105   Glaslaternen

☎ 041 522 24 36; Strada Nuova 4311;
www.derossiferrobattuto.com; 🚊 Ca' d'Oro

Wer ein bisschen venezianische Romantik in seinen heimischen Garten bringen
möchte, probiert es einmal mit einer echten Fischerlaterne, einer Art Glasblase in
einem schmiedeeisernen Gestell. Dieses
Atelier ist ein Familienbetrieb und zählt zu
den letzten – und besten – Laternenherstel-
lern in Venedig. Der hier angebotene Stil ist
vielfältig – von traditionell bis modern aus
buntem oder mattiertem Glas und Formen,
die von *zucca* (Kürbis) bis zu modernistischen Kreationen aus der Mitte des letzten
Jahrhunderts reichen.

GIANNI BASSO
Karte S. 104–105   Druckerei

☎ 041 523 46 81; Calle del Fumo 5306;
Mo–Sa 9–13 & 14–18 Uhr;
🚊 Fondamente Nuove

Signor Basso muss für seine Druckerei-
dienste eigentlich nur mit einem werben:
den Visitenkarten mit den vertrauten
Namen und passenden Symbolen, die sich
in seinem kleinen Schaufenster stapeln.
Der Restaurantkritiker Gale Greene wird
von Messer und Gabel gerahmt, der Name
des produktiven Verfassers von Mystery-
Romanen Scott Turow balanciert oben auf
einem Stapel Bücher, und der Spitzname
von Hugh Grant erscheint neben einem
erstaunlich zahmen Löwen. Wer hier seine
Geschäftskarten, Speisekarten oder Einla-
dungen in Auftrag geben möchte, sollte
Bargeld mitbringen; man kann sich dann
darauf verlassen, dass notfalls auch alles
per Post zugestellt wird. Die angegebenen
Öffnungszeiten sind nicht immer verbindlich. Dennoch lohnt sich ein Einkaufsbesuch
hier auf alle Fälle.

SESTIERE DI CASTELLO

Castello ist eher ein Wohnviertel als eine Touristengegend. Somit sind die Handwerker und Künstler hier in den beschaulichen Gassen weniger auf die gängigen Touristenartikel ausgerichtet und experimentieren gern auch einmal ein bisschen herum.

QUESTOEQUEO Karte S. 110–111 Bücher

☎ 041 522 37 43; www.questoequeo.it; Calle San Antonin 3542b; ⏱ 10.30–12.30 Uhr; 🚇 San Zaccaria

Man serviere den Nachtisch auf Kuchentellern, die mit venezianischer Architektur geschmückt und mit gotischen Rosetten bemalt sind, die einem Balkon am Canale Grande alle Ehre machen würden. Die Keramikkünstlerin Martina Purisiol hat einen ganz charakteristischen Marmoreffekt und Farbverläufe entwickelt, die an die Marmorböden mit Intarsien von San Marco erinnern und die eigenen Kochkünste gut zur Geltung bringen.

ATELIER ALESSANDRO MERLIN

Karte S. 110–111 Keramik

☎ 041 522 58 95; Calle del Pestrin 3876; 🚇 Arsenale

Ein köstliches Frühstück verziert mit einem Akt, einem Bildnis hoch zu Ross oder mit dem Porträt einer Qualle – all das kreiert Alessandro Merlin auf bemerkenswerten schwarz-weißen Cappuccino-Tassen und Untertellern. Seine ausdrucksstarken Figuren sind modern, seine Sgraffito-Technik hingegen hat ihre Ursprünge in der Römerzeit: Weiße Linien werden in schwarzen Untergrund geritzt.

BANCO 10 Karte S. 110–111 Mode

☎ 041 522 14 39; Salizada Sant'Antonin 3478a; 🚇 San Zaccaria

Pflaumenfarbener Seidensamt ist in dieser nicht-profitorientierten Boutique in: Die luxuriösen Samtfracks und Cocktailkleider entstanden im Rahmen einer Umschulungsmaßnahme im Frauengefängnis auf Giudecca; La Fenice kleidete ihre Divas mit Gewändern aus diesem Programm. Verwendet werden reiche Seidenstoffe, Samt und Gobelins, die von Fortuny (S. 81) und Bevilaqua (S. 178) gespendet wurden, um schicke Blazer und Handtaschen herzustellen, übrigens allesamt überaus kreative Entwürfe der inhaftierten Frauen. Die Boutique wird von Freiwilligen betrieben, und mit dem

Verkaufserlös werden das Ausbildungsprogramm im Frauengefängnis sowie die Integrationsmaßnahmen nach der Freilassung finanziert.

ARTE VETRO MURANO

Karte S. 110–111 Glas, Schmuck

☎ 041 523 75 14; www.artevetromurano.com; Calle delle Rasse 4613; ⏱ Mo–Sa 10–13 & 15–18 Uhr; 🚇 San Zaccaria

Sämtliche Konventionen in Sachen Glas kommen ins Wanken durch die neuen Stilrichtungen, die sich diese Murano-Glas-Designer einfallen lassen. Davide Penso macht Ketten aus flachen orangefarbenen Pfützen, die wie geschmolzene Lava wirken, und die ungleichen, aber einander dennoch ergänzenden Ohrringe aus Lampwork-Glas von Artematte haben zur Folge, dass bei der Eröffnung der Biennale jeder gleich zweimal hinguckt.

SIGFRIDO CIPOLATO

Karte S. 110–111 Schmuck

☎ 041 522 84 37; San Lio Caselleria 5336; 🚇 San Zaccaria

Im Schaufenster von der Größe eines Goldfischglases liegt Beute, die jedem Piraten ins Auge sticht: ein Ring mit sternförmiger Fassung, eine winzige emaillierte grüne Schlange, die ihre Klauen in tropfenförmige, mit einer Perle und einem Diamanten versehene Ohrgehänge haut, die zu allem Überfluss auch noch mit einem emaillierten Schädel aus Gold enden. Auch wenn diese kleinen Wunderwerke wie alte Erbstücke anmuten, wurden sie doch von Meisterjuwellier Sigfridio vor Ort gefertigt. Hier sind sie übrigens halb so teuer wie in einem der noblen Schmuckgeschäfte in der Nähe von San Marco, wo die Arbeiten von Cipolato auch verkauft werden.

SCHEGGE Karte S. 110–111 Masken

☎ 041 522 57 89; Calle Lunga Maria Formosa 6185; ⏱ Mo–Sa 10–21 Uhr; 🚇 Rialto

Wer mit Stil inkognito herumlaufen möchte, greift zu einer dieser überaus originellen Masken, die ganz unterschiedliche Einflüsse erkennen lassen – von gotischer Architektur bis hin zu Modigliani. Bis spät am Abend sitzt das engagierte Duo aus Mutter und Tochter hier im Geschäft und schwingt die winzigen Pinsel, um an den Klimt-Masken am Rand entlang barocke Ranken erblühen zu lassen.

PAROLE E MUSICA Karte S. 110–111 — Musik

☎ 041 523 50 10; www.intermusic.biz;
Salizada San Lio 5673; ✆ Mo–Sa 10–19.30,
So 11–19.30 Uhr; ⛫ Rialto

Dieses Geschäft hat sich auf Italo-Pop,
klassische Musik und Oper spezialisiert, darunter neue Einspielungen aus Italien sowie
Indie-Labels aus allen möglichen europäischen Ländern, die sonst schwer aufzutrei-
ben sind. Hier kann man sich musikalisch
inspirieren lassen und die gewünschte
Musik dann mit nach Hause nehmen.

GIOVANNA ZANELLA Karte S. 110–111 — Schuhe

☎ 041 523 55 00; Calle Carminati 5641;
✆ Mo–Sa 9.30–13 & 15–19 Uhr; ⛫ Rialto

Gewebt, skulpiert und mit einem Schopf
versehen wie die Vögel in der Lagune: Die
Schuhe von Zanella fordern förmlich, dass
vor einem der rote Teppich ausgerollt wird.
Der venezianische Designer macht Schuhe
nach Maß, und so lautet die Antwort
immer: Ja, diese vorne offenen Pumps sind
auch in Gelb und Grau, in Größe 42 und in
extra schmal erhältlich. Dieser Service hat
natürlich seinen Preis.

KALIMALA CUOIERIA

Karte S. 110–111 — Schuhe, Kunsthandwerk

☎ 041 528 35 96; www.kalimala.it; Salizada San Lio
5387; ⛫ Rialto

Elegante, geschmeidige Gürtel mit Schließen aus gekämmtem Stahl, moderne Map-
pen und Männertaschen sowie kniehohe
rote Stiefel: Kalimala fertigt Lederwaren, bei
denen Bequemlichkeit und moderner Stil
Trumpf sind. Der extra beschwingte Schritt
beruht auf den Naturgummisohlen der
schokobraunen Halbstiefel – und die Preise
für diese von Kunsthandwerkern gefertigten Schuhe beginnen bei knapp 75 €.

RUND UM DIE LAGUNE

Die Venedig vorgelagerten Inseln können
mit ganz besonderer Handwerkskunst
aufwarten: Murano ist für sein Glas weltberühmt (auf das Gütesiegel achten!),
Burano ist für seine Spitze bekannt, und
Giudecca tut sich mit dem Fortuny-Atelier
(S. 122) hervor, aus dem herrliche Stoffe
kommen. Beachtenswert sind auch die
feuerroten Haushaltsartikel, die aus den
Glasschmelzöfen von Murano hervorge-
hen, die sich hinter den schicken Show-
rooms an der Fondamenta Vetrai und

Ramo di Mula verbergen. Das Personal dort
gestattet den Kunden, die Stücke selbst
zu transportieren; große Pakete und große
Taschen sollten jedoch mit Vorsicht behandelt werden, damit dem Glas nichts passiert. An sonnigen Tagen sind auf Burano
manchmal einheimische Frauen zu sehen,
die auf bunt gestrichenen Veranden Spitze
klöppeln. Hauptattraktion der Insel ist die
Via Galuppi: Dort reiht sich ein Spitzenge-
schäft ans andere. Trotzdem sollten Käufer
unbedingt auf das Gütesiegel achten, das
„fatto a Burano" (auf Burano hergestellt)
garantiert, denn ein Großteil der Ware ist
importiert.

MURANO

CESARE SENT Karte S. 128 — Glas

☎ 041 527 47 52; www.cesaresent.com; Fondamenta Vetrai 8b, Murano; ✆ Mo–Sa 10–18 Uhr;
⛫ Colonna

Mitten im Gefunkel und Geglitzer an der
Fondamenta Vetrai stechen die modernen
Kreationen aus Mattglas und die zurückhaltende Farbpalette mit Schwarz, Ziegelrot
und dunklem Violett von Cesare Sent
besonders ins Auge. Und sogar die Preise
sind angenehm minimalistisch: Mattglas-
ringe sind ab 20 € erhältlich, und rechteckige Teller mit amöbenförmigen *murrine*
(Glasinlays, meist Blumen oder Sterne)
fangen bei 75 € an.

LINEA ARTE VETRO Karte S. 128 — Glas

☎ 041 73 68 56; Fondamenta Rivalonga 30, Murano;
✆ Mo/Di & Do–Sa 10.30–17.30 Uhr; ⛫ Museo

Glasperlen in flammendem Orange gibt
es zuhauf, ebenso Regale mit Glasringen
wie die Tentakel eines Tintenfischs – jedenfalls sind Anhänger von Kreativität und
Schnäppchenjäger von diesem Künstler-
kollektiv, das so tolles Murano-Glas kreiert,
total begeistert. Bei den Preisen wird dann
so mancher zum Sammler von Murano-
Glas: Glasperlen sind ab 30 € und Ringe ab
7 € erhältlich.

OROVETRO MURANO KARTE S. 128 — Glas

☎ 041 73 66 78; www.orovetro.it;
Fondamenta Vetrai 45, Murano;
✆ Mo–Sa 10–18.30 Uhr; ⛫ Colonna

Nicht für alle Lüster aus Murano-Glas ist
ein barocker Ballsaal erforderlich. Diese
dramatischen modernen Designs in
Schwarz, Rot und Giftgrün haben tatsäch-

lich das Zeug, ein Zimmer in eine Suite in einem Boutique-Hotel zu verwandeln und eine Kneipe in eine wirklich schicke Lounge-Bar. Die Preise liegen in der Regel unter 1000 € für Beleuchtungskörper mit limitierter Stückzahl; die von Architekten entworfenen Lüster mit mehr geschwungenen Armen, als Göttin Kali sie hat, gehen in die Fünfstelligen Preise.

NASONMORETTI Karte S. 128   Glas

☎ 041 527 48 66; www.nasonmoretti.com; Fondamenta Manin 52, Murano; ⊙ Mo—Sa 10—18 Uhr; 🚇 Colonna
Unerwartete und auffällige asymmetrische Formen und auffällige Kombinationen aus zwei Farbtönen sind seit den 1950er-Jahren das Markenzeichen von Nason-Moretti. Heute schichten Glasdesigner in der dritten Generation schweres Kristall auf neonfarbiges Glas für Vasen, die wie mit Eis umfangene Isotope anmuten. Die Preise beginnen bei 44 € für signierte, handgeblasene Trinkgläser.

RAGAZZI & CO Karte S. 128   Glas

☎ 041 73 68 18; Ramo da Mula 16, Murano; ⊙ Mo—Sa 9.30—17.30 Uhr; 🚇 Museo
Das Bullaugen-Design hier ist eine Abstraktion der traditionellen *millefiori*(tausend Blumen)-Muster von Murano, und diese Bullaugen ballen sich nun zu Hunderten zu winzigen kleinen ovalen Tellerchen zusammen oder zu quadratischen mit Stahl überzogenen Schlüsselketten. Die Preise beginnen bei 38 €.

TOFFOLO GALLERY Karte S. 128   Glas

☎ 041 73 64 60; www.toffolo.com; Fondamenta Vetrai 67a, Murano; ⊙ Mo—Sa 10—18 Uhr; 🚇 Colonna
Klassische mit Blattgold versehene Kelche und unvorstellbare Miniaturen sind das Markenzeichen dieses Murano-Glasbläsers. Daneben finden sich hier aber auch dramatische Besonderheiten: kobaltblaue Vasen mit Gravur, glänzende schwarze Kerzenständer, die wie Minarette in Dubai anmuten, und Ohrringe, die etwas Hypnotisierendes haben.

ESSEN

top picks

- **All'Arco** (S. 204)
- **Trattoria Corte Sconta** (S. 208)
- **Anice Stellato** (S. 206)
- **Vecio Fritolin** (S. 201)
- **Antiche Carampane** (S. 202)
- **Osteria Alla Vedova** (S. 206)
- **I Rusteghi** (S. 198)
- **I Figli delle Stelle** (S. 210)
- **Trattoria Al Gatto Nero** (S. 211)
- **Met** (S. 207)

ESSEN

Seit Jahrhunderten hat Venedig seine Besucher mit phantasievollen Festessen verwöhnt. Das außergewöhnlichste Mahl, das je in Europa stattfand, wurde hier 1575 zu Ehren des französischen Königs Heinrich III. gegeben. Dabei wurden 1200 Gänge und 300 verschiedene Süßspeisen serviert – die Servietten bestanden aus feinsten Zuckerfäden. Wer nicht gerade als Staatsoberhaupt die Stadt besucht, wird sicherlich nicht so viel essen müssen – aber es gibt ein riesiges und faszinierendes Angebot an *cicheti* (klassische Bar-Snacks) während der Happy Hour und verführerische Kuchen in den venezianischen Bäckereien. Und die heiße Schokolade im Caffè Florian (S. 216) würde auch den verwöhntesten französischen Königen und Aztekengöttern gefallen.

Das aktuelle Glaubensbekenntnis aller Feinschmecker – man nehme „einheimische Zutaten!" – ist hier in Venedig absolut nichts Neues; hier kocht man schon lange nach diesem Prinzip. Die Lagune von Venedig bietet frische Meeresfrüchte in großer Vielfalt dazu, auf den kleinen Inseln wächst Obst und Gemüse. Viele Köstlichkeiten werden direkt noch am gleichen Tag in den venezianischen *bacari* (altmodischen Bars) und *osterie* (einfache Restaurants) angeboten und schaffen gar nicht erst den Weg aufs Festland. Ist es ein Wunder, dass in dieser Stadt mitten in der Lagune jede Menge Fisch und Meeresfrüchte auf den Tisch kommen? Dazu gibt es Fleisch vom Festland, die lokalen Favoriten Reis und Polenta und natürlich die klassischen italienischen Pastagerichte. Die Gemüsebeilagen sind oft mindestens genauso gut wie die Hauptgerichte. Frühaufsteher können die Händler beobachten, die auf überladenen Lastkähnen *radicchio trevisano* (bitteren roten Chicorée) und den preisgekrönten Spargel aus Bassano del Grappa anbieten.

Venedigs kosmopolitische Einstellung beeinflusst auch die Küche, die manchmal große Überraschungen bietet. So können venezianische Gerichte schon mal ziemlich türkisch oder griechisch schmecken – denn über tausend Jahre wurden durch den Seehandel auch exotische Aromen mitgebracht, die seither raffiniert mit einheimischen Rezepten kombiniert werden. Die Gewürze der Gewürzstraße entlang des Mittelmeers und darüber hinaus finden sich zum Beispiel im typisch venezianischen Gericht *sarde in saor* wieder, bei dem Sardinen mit einer würzigen Zwiebelsauce sowie Pinienkernen und Sultaninen verfeinert werden. Auch aus anderen Teilen Italiens finden die schmackhaftesten Zutaten ihren Weg in die venezianische Küche – darunter Rinderfilets aus der Toskana, *mozzarella di bufala* (Mozzarella aus Büffelmilch) aus Kampanien und Blutorangen aus Sizilien.

Aber egal was auf den Tisch kommt: Die meisten Venezianer trinken am liebsten ihre lokalen Weine. Kein Mahl wäre perfekt ohne mindestens eine *ombra* –ein Glas Wein (die besten lokalen Weine werden im Kasten S. 215 vorgestellt). *Ombra* heißt wörtlich übersetzt „Schatten" – der Name geht wahrscheinlich auf die Weinstände im Schatten des Campanile di San Marco zurück, an denen die Gondolieri früher ihre Pausen einlegten. Zum Mittagessen passt auch ein prickelnder Prosecco, besonders in Kombination mit der riesigen Auswahl an tagesfrischen Fischgerichten wie Tintenfischsalat, schwarzem Risotto (mit der Farbe der Tintenfische gefärbt) und *granseola* (Seespinne).

WOHIN ZUM ESSEN?

Seit Jahrzehnten hält sich der schlechte Ruf Venedigs, dass es unmöglich sei, in der Stadt zu einem akzeptablen Preis gut zu essen. Deswegen halten sich die meisten Tagestouristen immer noch an die aufgetaute Pizza im Stadtviertel San Marco. Dabei kann man etwas abseits für den gleichen Preis wunderbare *crostini* mit Scampi und gegrillten Artischocken bekommen oder Tartar vom Thunfisch mit Walderdbeeren und Balsamico probieren.

Und in den Bars findet sich immer ein Platz, um phantastische *cicheti* zu essen. Selbst in erstklassigen Restaurants sind Reservierungen (fast immer) problemlos möglich – vor allem abends, wenn die Tagestouristen die Stadt verlassen haben.

Wer weiß, wonach er suchen muss, der findet in Venedig ein gastronomisches Paradies. Die besten Lokale verstecken sich in kleinen Gassen und auf Plätzen (*campi*) – die Restaurants rund um San Marco, am Bahnhof und an den Hauptstrecken sind durchwegs

CICHETI: DIE GÜNSTIGSTE ART, SATT ZU WERDEN

Selbst in den einfachen venezianischen *osterie* (Bars mit Restaurantbetrieb) und *bacari* (Bars) kostet das Essen normalerweise mehr als im restlichen Italien. Ein gewisser Preisaufschlag ist schon akzeptabel, denn alles muss mit dem Boot in die Lagunenstadt gebracht werden. Doch es gibt eine Alternative: Die *cicheti*, die venezianische Form der Tapas, zählen zum Besten, was das Land kulinarisch zu bieten hat. Es gibt sie frisch zubereitet mittags und zwischen 18 und 20 Uhr, begleitet von einem Glas Wein aus dem Veneto. *Cicheti* können fast alles sein: einfache Bar-Snacks wie scharfe Fleischbällchen oder Bruschetta mit Tomaten und Basilikum, aber auch ausgefallene Kleinigkeiten wie weißer Spargel aus Bassano oder saftige, in Pancetta gewickelte Shrimps (z.B. im All'Arco, S. 204) oder *crostini* mit einheimischer Salami und getrüffeltem Pecorino aus der Toskana (z.B. im I Rusteghi, S. 198).

Die Preise beginnen bei 1 € für Fleischbällchen und steigen dann bis auf 6 € für die kulinarischen Highlights. Cicheti isst man üblicherweise im Stehen oder auf Barhockern am Tresen. Sättigender sind *panini* (Sandwiches oder belegte Brötchen), *crostini* (eine Scheibe Brot belegt mit Meeresfrüchten oder Fleisch, Salat und Käse) und *tramezzini* (Sandwiches mit weichem Brot und Mayonnaise). Sie kosten an der Theke zwischen 1,50 und 4 €. Günstige *Cicheti* mit superfrischen Zutaten bieten die *osterie* in den kleinen Gassen und an den Kanälen in den Stadtvierteln Cannaregio, Castello, San Polo und San Marco. Weitere Adressen finden sich im Kasten auf S. 205.

Touristenfallen. Speisekarten mit vielen Sternchen zeigen, dass die meisten Gerichte *surgelati* (tiefgefroren) sind. Lasagne, Spaghetti Bolognese und Pizza sind keine venezianischen Spezialitäten und sprechen nicht wirklich für das Restaurant!

Besonders lohnend sind oft die Lokale ohne Speisekarte oder lediglich mit einer schnell auf eine Tafel gekritzelten Karte. Hier bietet der Küchenchef täglich ein anderes Menü – mit den frischen Zutaten, die der Markt gerade bietet. Allerdings ist das Timing wichtig – manchmal muss man sein Lieblingsessen, die *cicheti* mit einer *ombra*, eben schon um 18.30 Uhr an der Theke essen, weil sie gerade in dem Moment frisch zubereitet herausgestellt werden. Schlussendlich zahlt man meist nicht einmal 15 €.

WAS AUF DEN TISCH KOMMT

Auch wenn immer mehr Fisch und Meeresfrüchte importiert werden, werben viele venezianische Restaurants damit, dass sie nur frische, einheimische Produkte verwenden, auch wenn sie dafür schon in aller Herrgottsfrühe in der Pescaria (Fischmarkt; S. 93) sein müssen. Restaurants, die sich besonders für lokale Produkte einsetzen, stehen im Green-Dex (S. 319).

Ängstliche Esser, die bei den Touristenmenüs hängenbleiben, werden mit Sicherheit enttäuscht sein. Aber wer etwas wagt und sich an saisonale Spezialitäten traut (s. S. 196), wird reich belohnt und muss oft sogar weniger zahlen. *Cicheti* sind immer eine gute frische Alternative zu Fastfood, aber manchmal will man auch ein gemütliches Essen im Sitzen genießen, sei es in einer abgelegenen *osteria* oder in

einem Restaurant an einem der zahlreichen Kanäle. Niemand erwartet von Touristen, dass sie ein dreigängiges Menü plus *antipasti* und Dessert schaffen, aber jede Speisekarte lockt mit vielen leckeren *piatti* (Gerichten). Zu den Antipasti (Vorspeisen) zählen gebratenes Gemüse, frische *crudi* (venezianische Sushi) aus der Lagune (z.B. Garnelen) oder ein Teller mit Schinken und Käse.

Die *primi* (erster Gang) bestehen normalerweise aus Pasta oder Risotto; eine typische venezianische Spezialität sind *bigoli*, dicke Nudeln. In einigen Restaurants bekommt man auch die aus Verona stammenden Gnocchi, kleine Kartoffelklößchen. Typisch venezianisch dagegen ist Polenta – Maisgrieß, der nach dem Kochen noch gebraten wird. Ein venezianisches Sprichwort heißt „Xe non xe pan, xe polenta" („Auch wenn es kein Brot mehr gibt, gibt es immer noch Polenta") – eine nette Art, eine gewisse Unbekümmertheit auszudrücken.

Secondi (zweiter Gang oder Hauptgerichte) bestehen üblicherweise aus Fleisch oder Fisch. Eine beliebte Spezialität ist *fegato alla veneziana*, geschnetzelte Leber mit gebratenen Zwiebeln und einem Spritzer Rotwein. Wer keine Innereien mag, findet auch das übliche Angebot an *manzo* (Rind), *agnello* (Lamm) und *vitello* (Kalb). Überzeugte Fleischesser sollten unbedingt das *carpaccio* probieren – dünngeschnittenes rohes Rindfleisch, das in Harry's Bar (S. 215) mit einer Sauce aus Mayonnaise, gewürfelten Tomaten, Sahne, Senf und Worcestershire-Sauce serviert wird. Das Gericht wurde nach dem venezianischen Maler Vittore Carpaccio benannt, der berühmt für seine großzügige Verwendung von blutroter Farbe war.

Bei den *contorni* (Beilagen) findet man eine große Auswahl an *verdure* (Gemüse). Vegetarier sollten hier zuerst nachschauen – aber auch für die Fleischfans ist diese Rubrik wichtig, denn häufig werden *secondi* ohne Beilage serviert. Besonders gut schmecken immer die saisonalen Gemüsesorten.

Zu den *dolci* (Desserts) zählen auch Kuchen und Kekse. Sie sind in Venedig meistens *fatti in casa* (hausgemacht) – wenn nicht, gibt es immer noch die *gelaterie* (Eisdielen), die für 1 bis 2 € köstliche Kugeln in allen erdenklichen Geschmacksrichtungen anbieten.

SAISONALE SPEZIALITÄTEN

Die Gezeiten in der Lagune und die wechselnden Jahreszeiten auf der nahe gelegenen Garteninsel Sant'Erasmo versorgen die Küchen der Stadt rund ums Jahr mit Köstlichkeiten. Die folgenden Spezialitäten der venezianischen Küche sollten unbedingt probiert werden, die besten Restaurants werden gleich dazu genannt.

Winter

Anatra (Wildente) Dazu wird bei **Bea Vita** (S. 206) eine köstliche Waldheidelbeersauce serviert.

Fritole (süßes Schmalzgebäck) Kauft man während des **Carnevale** (S. 18) und der **Festa della Madonna della Salute** (S. 21) direkt bei den Händlern auf den größeren Plätzen.

Granseola (Spinnenkrabbe) Ein Augen- und Gaumenschmaus, der zusammen mit roten Tagliolini bei **Vecio Fritolin** (S. 201) serviert wird.

Moscardini (Baby-Tintenfisch) Perfekt im Meeresfrüchtesalat bei **Pronto Pesce Pronto** (S. 203).

Radicchio trevisano (bitterer roter Chicorée) Gegrillt als Beilage zu einem saftigen Steak im **Ristorante La Bitta** (S. 199).

Frühling

Bisi (Erbsen) Unentbehrliche Zutat für *risi e bisi,* ein Risotto mit Erbsen und oft auch Schinken und Parmesan. Besonders gut schmecken sie in der **Enoteca ai Artisti** (S. 200).

Bruscandoli (wilde Hopfenknospen) Ausgezeichnet im Risotto als Alternative zu den üblichen *bisi;* sehr gut zubereitet in der **Osteria La Zucca** (S. 203).

Castraure (kleine Artischocken) Am besten frisch aus Sant'Erasmo – zart und heiß, mit oder ohne Meeresfrüchte im **All'Arco** (S. 204).

Moeche (Weichschalenkrabben) Die isst man bei **Anice Stellato** (S. 206) im Ganzen gebraten und spült sie mit einem süffigen Soave nach.

Sommer

Peoci (Miesmuscheln) In Weißwein gedünstet, dazu gibt's Pasta in der **Enoteca Il Volto** (S. 198).

Sardele (Sardinen) Ein Gedicht als Zutat in *sarde in saor* mit der typischen würzigen Sauce mit Pinienkernen, Zwiebeln und Sultaninen, z.B. in der **Ristoteca Oniga** (S. 200).

Sardone (Anchovis) Ganz frisch ohne das sonst übliche Öl bei **Al Fontego dei Pescatori** (S. 205).

Seppie (Tintenfisch) Schwimmt in der **Osteria da Alberto** (S. 207) in der eigenen schwarzen Tinte zusammen mit Polenta.

Herbst

Barbon (rote Meeräsche) Liefert den legendären *bottarga* (getrockneter Fischrogen), der bei **Antiche Carampane** (S. 202) zusammen mit Pasta serviert wird.

Canoce (Heuschreckenkrebs) Das Highlight einer Meeresfrüchteplatte bei **Al Covo** (S. 208).

Capasanta & canastrelo (große und kleine Jakobsmuscheln) Die leckeren roten Füße liegen in der **Trattoria Corte Sconta** (S. 208) auf schwarzen Tintenfischnudeln.

Sfogio (Seezunge) Auf den Punkt perfekt gegrillt in der **Trattoria da Ignazio** (S. 202).

PRAKTISCH & KONKRET
Öffnungszeiten

Wenn man ein bestimmtes Restaurant besuchen möchte, empfiehlt es sich vorher telefonisch zu reservieren. Manchmal geht es auch ohne, aber während der Hauptsaison sollte man nichts riskieren. Für den kleinen Hunger zwischendurch empfehlen sich Bars und Cafés, die von 7.30–20 Uhr geöffnet haben und auch Snacks anbieten.

Manche haben sogar bis in die Nacht hinein geöffnet. Restaurants und Bars haben üblicherweise einen Ruhetag in der Woche, meistens ist es der Sonntag. Öffnungszeiten werden in diesem Kapitel nur angegeben, wenn sie erheblich von den hier erwähnten abweichen.

Prima colazione (Frühstück) gibt es zwischen 8 und 10 Uhr. Italiener setzen sich selten zum Frühstück, sondern trinken auf dem Weg zur Arbeit in einer Bar einen schnellen Cappuccino und essen ein *brioche* (Croissant) oder ein Gebäckstück (*pastine*) dazu.

Pranzo (Mittagessen) wird zwischen 12 und 15 Uhr serviert. Die meisten Restaurants nehmen nach 14 Uhr keine Bestellung mehr auf. Das Mittagessen ist die Hauptmahlzeit des Tages, viele Geschäfte schließen daher mittags für zwei bis drei Stunden. Man sollte es wie

PREISE

Die angegebenen Preise sind allesamt nur Richtwerte. Ein Menü besteht aus einem Hauptgang, einem Glas Wein sowie *pane e coperto* (Preis für das Gedeck mit Brot).

€€€	über 40 €
€€	20–40 €
€	unter 20 €

die Einheimischen halten und abends nur *cicheti* essen.

Die Happy Hour findet zwischen 18 und 20 Uhr statt. In den Bars werden *cicheti* serviert, die problemlos eine Mahlzeit ersetzen können. Im Kasten S. 205 stehen die besten Adressen.

Das Abendessen – *cena* – wird zwischen 19 und 23 Uhr eingenommen. Die Öffnungszeiten der Restaurants variieren, in der Regel wird es aber gegen 19.30 Uhr voll. Nach 22 Uhr werden häufig keine Bestellungen mehr angenommen.

Was kostet wie viel?

Wegen der vielen Tagestouristen ist ein Mittagessen in Venedig oft genau so teuer wie ein Abendessen. Viele Bars bieten köstliche und sättigende *cicheti* während der Mittagszeit oder zu den abendlichen *aperitivi* an. Ansonsten bleibt als langweilige Alternative eine Pizza *al taglio* (stückweise). Da diese Stücke meistens über längere Zeit warm gehalten werden, wartet man entweder auf ein Stück frisch aus dem Ofen oder hält durch, bis die *cicheti* auf dem Tresen stehen. Dritte Möglichkeit ist der Besuch eines *alimentari* (Lebensmittelgeschäft). Dort gibt es für 3 bis 4 € ein *panino* nach eigenen Wünschen belegt oder alle Zutaten für ein leckeres Picknick (s. Kasten S. 201).

Die meisten Restaurants berechnen für das Gedeck *(pane e coperto)* eine Extragebühr zwischen 1 und 6 €. Dazu kommen noch weitere 10–15 % für den Service, bei hervorragender Bedienung auch mehr.

SESTIERE DI SAN MARCO

In San Marco gibt es nur zwei Möglichkeiten: entweder gutes Essen oder gute Sicht. Beides zusammen ist fast unmöglich, noch dazu, wenn es bezahlbar bleiben soll. Die Piazza San Marco genießt man am besten bei einem Kaffee oder *aperitivi* (s. S. 215), um anschließend in die engen Seitenstraßen zu gehen: Dort kann man in einer *osteria* oder einem romantischen Restaurant gut essen. Für ein bezahlbares Essen mit Blick aufs Wasser empfehlen sich Cannaregio oder Giudecca.

VINI DA ARTURO
Karte S. 76–77   Italienisch, Steaks €€€
☎ 041 528 69 74; Calle dei Assassini 3656; Gerichte 50–70 €; ◷ Mo–Sa 19–23 Uhr; 🚊 Santa Maria del Giglio
Alle Gäste des schlauchartigen Restaurants haben nur einen Wunsch: das mit Cognac und Senf marinierte Pfeffersteak, auf Wunsch auch sehr blutig serviert. Der Wirt zeigt gerne, dass schon Prominente wie Nicole Kidman hier ein Steak gegessen haben.

SANGAL Karte S. 76–77
Kreative Venezianische Küche €€€
☎ 041 319 27 47; Campo San Gallo 1089; Gerichte 35–50 €; ◷ Mi–Mo 10–24 Uhr; 🚊 Vallaresso
Eine atemberaubende Küche, ein Marmor- und Leder-Ambiente wie aus „Schöner Wohnen" und eine romantische Beleuchtung sorgen für einen glanzvollen Abend. Die Karte bietet traditionelle venezianische Gerichte wie Kutteln mit Polenta, aber auch kulinarische Höhenflüge wie venezianische Nudeln gefüllt mit rohen Jakobsmuscheln und Seeigeln oder Ananas-Carpaccio mit Olivenöleis. Bei schönem Wetter können die Gäste im Freien essen. Mittags gibt es eine Extrakarte.

VINO VINO Karte S. 76–77   Cicheti, Venezianisch €€
☎ 041 241 76 88; Calle della Veste 2007a; Gerichte 25–40 €; ◷ Mi–Mo; 🚊 Santa Maria del Giglio
Ein riesiges Angebot an *cicheti* und über 300 verschiedene Weine. Der Kellner oder die Tischnachbarn helfen gerne bei der Auswahl. Salat vom Tintenfisch oder *sarde in saor* (Sardinen in einer würzigen Zwiebelsauce) sind für den kleinen Appetit zu empfehlen – wer viel Hunger hat, sollte Perlhuhn oder Spanferkel probieren.

DA MARIO Karte S. 76–77   Venezianisch €€
☎ 041 528 59 68; Fondamenta della Malvasia Vecchia 2614; Gerichte 20–30 €; ◷ So–Mo; 🚊 Santa Maria del Giglio
In einem Mix aus Bootslampen, Tonkrügen und Aquarellmalerei treffen sich gerne die Einheimischen. Es gibt offenen Wein und große Portionen Nudeln mit Meeresfrüchten. Die klassische, altmodische *osteria* liegt abseits der Touristenströme und doch nur we-

VIER WICHTIGE REGELN FÜRS ESSENGEHEN

Schmeicheleien schaden nie: Diese vier Gesten zeigen dem Kellner und dem Küchenchef, dass man *una buona forchetta* („eine gute Gabel", also ein guter Esser) ist:

- Einfach die Speisekarte ignorieren und stattdessen den Kellner nach den Spezialitäten des Hauses und der Jahreszeit fragen, zwei Vorschläge auswählen und ihn dann um seine Empfehlung bitten. Anschließend die Speisekarte zuklappen und sagen „*Allora, facciamo cosi, per favore!*" (Okay, dann machen wir das bitte so!) Jetzt ist der Tag des Kellners gerettet und der Chef geschmeichelt – gute Voraussetzungen für ein gelungenes Mahl.
- Überlegt Getränke bestellen: Es muss kein abgefülltes Wasser in Flaschen sein – *acqua del rubinetto* (Leitungswasser) ist gut trinkbar und aus Umweltgründen zu empfehlen. Zu einem guten Essen gehört ein ordentlicher Wein, häufig bekommt man ihn auch als offenen Wein oder in halben Flaschen. Auch wenn man den Wein nicht kennt: Kleine Weingüter machen meist keine Werbung und exportieren den Wein nicht einmal innerhalb Italiens, weil meist die gesamte Ernte gleich von venezianischen *osterie* (Kneipen) und *enoteche* (Weinlokalen) aufgekauft wird.
- *Primi* zunächst einmal ohne zusätzliche Sauce oder Würze probieren. Die venezianischen Meeresfrüchte-Risotti und Pastagerichte haben so ein reiches Aroma, dass sie weder zusätzliche Gewürze noch Parmesan brauchen.
- Unbedingt frische venezianische Meeresfrüchte probieren. Keiner erwartet, dass man unbedingt eine Vorspeise oder einen *secondo piatto* (zweiten Gang) bestellt – aber wenn, dann sollten es Antipasti mit Fisch oder *frittura* (frittierte Meeresfrüchte) sein. Und auch hier gilt, erst einmal *senza limone* (ohne Zitrone) probieren: Die Venezianer sind fest davon überzeugt, dass zu dem feinen Geschmack ihrer Meeresfrüchte nur Pfeffer und Salz passen. Statt des Zitronensafts empfiehlt sich ein spritziger Weißwein aus dem Veneto, der das feine Aroma verstärkt. Leider ist der Kabeljau für die venezianische Spezialität *baccala mantecato* (Kabeljaucreme) selten geworden und der aus Norwegen importierte Fisch nur ein schwacher Ersatz. Dafür lohnen sich jedoch einheimische Schalentiere und Fische – siehe Spezialitäten der Saison (S. 196).

nige Minuten von der Gallerie dell'Accademia und dem Palazzo Grassi entfernt.

OSTERIA ALLA BOTTE
Karte S. 76–77   Cicheti, Venezianisch €
☎ 041 520 97 75; www.osteriaallabotte.it; Calle della Bissa 5482; Gerichte 15–25 €; ☽ Mo–Mi, Fr & Sa Mittag-& Abendessen, So Mittagessen; 🚇 Rialto
Eine beliebte Adresse, um gut und günstig zu essen. Zu jeder Sorte *cicheti* kann man an der Bar einen anderen Wein trinken – es gibt über 25 verschiedene! Im Speisesaal ist es nicht ganz so voll; hier werden die üblichen Pastagerichte mit Meeresfrüchten serviert. Manchmal gibt es auch Kutteln.

CAVATAPPI Karte S. 76–77   Cicheti, Venezianisch €
☎ 041 296 02 52; Campo della Guerra 525; Gerichte 8–15 €; ☽ Di–Sa 11.15–16 Uhr, Fr & Sa auch 19–22 Uhr; 🚇 San Zaccaria; Ⓥ
Einfach toll: leckere *cicheti* je nach Jahreszeit und Käse vom Bauern, offener Wein und etwas, was es eigentlich in Venedig nicht gibt – ein leckeres Essen für unter 10 €. Ein wirklich guter Tipp ist das Tagesgericht (Pasta oder Risotto) und der Schafskäse mit Honig zum Dessert.

I RUSTEGHI Karte S. 76–77   Cicheti, Panini €
☎ 041 523 22 05; Corte del Tentor 5513; Mini Panini 2–5 €; ☽ Mo–Sa 10.30–15 & 18–21 Uhr; 🚇 Rialto

Fantastische Weinkarte und *cicheti* mit außergewöhnlichem Belag wie Wildschweinsalami, Pancetta und mild geräuchertem *lardo di Colonnata*, der einfach umwerfend gut ist. Es lohnt sich, den Sommelier und Besitzer Giovanni zu bitten, persönlich den Wein auszusuchen. Nach einem langen Blick auf den Gast wählt er mit absoluter Sicherheit den passenden!

ENOTECA IL VOLTO
Karte S. 76–77   Cicheti, Italienisch €
☎ 041 522 89 45; Calle Cavalli 4081; Cicheti 2–3 €; ☽ Di–Sa Mittag- & Abendessen; 🚇 Rialto
Gut besuchte Bar mit einer großen Auswahl an Wein und *cicheti*. Wer früh genug kommt, kann hinten im gemütlichen Speisesaal Riesenportionen Pasta mit Muscheln und einem DOC Soave genießen oder dicke Steaks mit einem großen Glas Amarone (ein kräftiger trockener Rotwein) vertilgen.

CAFFE MANDOLA Karte S. 76–77   Panini €
☎ 041 523 76 24; Calle della Mandola 3630; Panini 2–4 €; ☽ Mo–Sa 9–19 Uhr; 🚇 Vallaresso
Die Spezialität des Hauses sind *panini* (Sandwiches). Auf frisch zubereiteter *focaccia* tummelt sich kräftiger Thunfisch mit Kapern oder magere bresaola, arugula und Parmesan. Und für müde Beine gibt es zusätzlich natürlich auch bequeme Barhocker.

ALL'ANGOLO Karte S. 76–77 Panini €

☎ 041 522 07 10; Campo Santo Stefano 3463; Panini 1,50–3,50 €; ◔ So–Fr 8–21 Uhr; 🏛 Accademia

Das All'Angelo erinnert ein bisschen an eine Eckkneipe. Die Vitrine ist gefüllt mit verführerischen *tramezzini* (Sandwiches), die schicken Sitzecken in Samt und die tolle Lage laden geradezu dazu ein, Leute zu beobachten. Am interessantesten ist es gegen 18.30 Uhr bei einem Glas *spritz* (Getränk mit Prosecco): Dann trudeln die Venezianer ein.

SESTIERE DI DORSODURO

Dorsoduro ist gastronomisch derzeit das angesagteste Viertel, hier findet man gut besuchte Restaurants auf belebten Plätzen und an sonnigen Kanälen. Mehrere exzellente Lokale liegen auch in erreichbarer Nähe der Bars, in denen man den obligatorischen *aperitivi* am Campo Santa Margherita einnimmt.

Im Zweifelsfall geht man in die Calle Lunga San Barnaba: Dort findet sich mit Sicherheit ein nettes Restaurant. Zattere ist die Adresse für *gelato* (Eis) mit Blick auf den Canale della Giudecca.

AI GONDOLIERI
Karte S. 86–87 Kreative venezianische Küche €€€

☎ 041 528 63 96; www.aigondolieri.com; Fondamenta Ospedaletto 366; Gerichte 45–60 €; ◔ Mi–Mo Mittag- & Abendessen; 🏛 Accademia; Ⓥ

Die Küche des Restaurants mit Blick auf den Kanal bietet Leckereien wie gefüllte Ravioli mit Fasan oder Schweinefleisch mit Birne und wildem Fenchel. Auch Vegetarier kommen auf ihre Kosten, z. B. bei einer Polentatorte mit einer Lauch-Bohnen-Sauce. Zum Nachtisch gibt es Tiramisu mit Marzipan. Wer nicht schnell bestellt, hat Pech und illustre Gäste wie Meryl Streep und Woody Allen essen schon vorher alles auf.

RISTORANTE CANTINONE STORICO
Karte S. 86–87 Venezianisch €€

☎ 041 523 95 77; Fondamenta di Ca' Bragadin 660/661; Gerichte 30–40 €; ◔ Mo–Sa 12–15 & 19–22 Uhr, Nov. & Jan. geschl.; 🏛 Accademia

Tagliatelle mit Spargel, Garnelen und Artischocken in *busura* (Krabbensauce) hören sich einfach an, sind aber ein Erlebnis für die Geschmacksnerven. Die Gerichte der klassischen venezianischen Küche sind hier vielleicht etwas teurer als anderswo, aber die Zutaten sind ebenso ausgezeichnet wie der Service. Dazu kommen die Lage am Kanal und die Nähe zur Gallerie dell'Accademia und zur Peggy Guggenheim Collection.

RISTORANTE LA BITTA
Karte S. 86–87 Fleisch €€

☎ 041 523 05 31; Calle Lunga San Barnaba 2753a; Gerichte 30–40 €; ◔ Mo–Sa Abendessen; 🏛 Ca' Rezzonico

Das Tagesmenü steht jeweils aktuell auf einer kleinen Staffelei, die rustikale Kost sieht wie ein Stillleben aus und schmeckt wie ein Traum: Gnocchi mit Kürbis und Kräutern oder Perlhuhn in Mascarpone-Sauce. Leider gibt es keinen offenen Wein, aber dafür werden halbe Flaschen angeboten. Kreditkarten werden nicht akzeptiert.

PANE VINO E SAN DANIELE
Karte S. 86–87 Italienisch €€

☎ 041 523 74 56; Campo Anzolo Raffaele 1722; Gerichte 30–35 €; ◔ Do–Di; 🏛 San Basilio

Diese gemütliche Trattoria, die schon seit Nachkriegszeiten bei Malern und Künstlern beliebt ist, verlässt kein Gast hungrig! Als ersten Gang kann man Gnocchi wählen, um anschließend eine sardische Spezialität wie Kaninchen mit Myrthe zu bestellen. Als Vorspeise empfiehlt sich natürlich der schmackhafte San-Daniele-Schinken.

CASIN DEI NOBILI
Karte S. 86–87 Italienisch €€

☎ 041 241 18 41; Calle Lunga San Barnaba 2765; Gerichte 25–40 €; ◔ Fr–Mi; 🏛 Ca' Rezzonico; Ⓥ

So ähnlich muss ein Essen bei einer exzentrischen, aber nachgiebigen Tante schmecken! Man isst in einem Hof voll skurriler Kunstwerke und die Speisekarte ist ein Segen für Familien und unentschlossene Esser, denn sie bietet alles von Pizza bis zu Steaks, wenn auch in unterschiedlicher Qualität. Eine gute Wahl sind die angebotenen hausgemachte Gnocchi, Nudeln mit Meeresfrüchten und himmlischen Schokoladensoufflés. Unbedingt vorher reservieren.

DO FARAI Karte S. 86–87 Meeresfrüchte €€

☎ 041 277 03 69; Calle del Cappeller 3278; Gerichte 25–35 €; ◔ Mo–Sa; 🏛 Ca' Rezzonico

Das schlichte Restaurant liegt etwas versteckt in einer Straße und bietet wählerischen Essern einen holzgetäfelten Raum mit Meisterschaftsschals der großen italienischen Fußballmannschaften, aber auch leckere Gerichte mit Meeresfrüchten: Pasta mit Venus- und Miesmuscheln und Scampi, gegrillten Seebarsch mit Zitrone und venezianische *tris di saor sarde, scampi e sogliole* (Sardinen, Scampi und Seezunge in der würzigen venezianischen *Saor*-Sauce). Die Bedienung könnte flotter sein, aber die Wartezeit lässt sich gut mit einem Negroni-Cocktail verkürzen.

RISTOTECA ONIGA

Karte S. 86–87   Venezianisch €€

☎ 041 522 44 10; www.oniga.it; Campo San Barnaba 2852; Gerichte 18–30 €; ⊗ Mi–Mo Mittag- & Abendessen; 🚇 Ca' Rezzonico

Puristen kommen wegen Annikas exzellenter Meeresfrüchteplatten und der hervorragend zubereiteten Krebse mit Lauch – mutige Feinschmecker bestellen saisonale Gerichte wie Tortelloni mit Scampi und frischen Pfifferlingen. Man kann draußen in der Sonne sitzen oder drinnen in einer gemütlichen Ecke. Ein echter Genuss!

ENOTECA AI ARTISTI

Karte S. 86–87   Venezianisch €

☎ 041 523 89 44; www.enotecaartisti.com; Fondamenta della Toletta 1169a; Gerichte 15–20 €; ⊗ Mo–Sa 12–16 & 16.30–22 Uhr; 🚇 Ca' Rezzonico; Ⓥ

Köstliche Pasta, schmackhafte *bruschette* je nach Jahreszeit unterschiedlich zubereitet und außergewöhnlicher Käse, dazu ein überzeugendes Angebot an offenen Weinen. Die großen Fenster laden zum Verweilen und Beobachten der Vorbeiflanierenden ein. Da das Lokal klein ist, sollte man auf jeden Fall rechtzeitig reservieren.

OSTERIA ALLA BIFORA

Karte S. 86–87   Fleischgerichte €

☎ 041 523 61 19; Campo Santa Margherita 2930; Gerichte 8–15 €; ⊗ tgl. 10–2 Uhr; 🚇 Ca' Rezzonico

Kronleuchter und Ziegelwände aus dem 12. Jh. schmücken die Fleischerei, die zu einer Bar umgewandelt wurde. Hinter dem Tresen steht eine feuerrote Wurstschneidemaschine. Man sitzt an langen Tischen, trinkt Wein und isst Platten mit Schinken, Käse und gegrilltem Gemüse.

IMPRONTA CAFÉ Karte S. 86–87   Venezianisch €

☎ 041 275 03 86; Calle Crosera 3815; Gerichte 8–15 €; ⊗ Mo–Sa 11–23 Uhr; 🚇 San Tomà; Ⓥ

Hier trifft sich der aufs Geld bedachte Jetset Venedigs zum Prosecco, Espresso und günstigen Gerichten mit Polenta, Salami und Salat. Tafeln mit gemalten Kochtöpfen und ein Buddha über der Bar geben dem eleganten Ambiente etwas Pfiff.

DA NICO Karte S. 86–87   Eis €

☎ 041 522 52 93; Zattere 922; Eis 2,50–8 €; ⊗ Fr–Mi 7–22 Uhr; Ⓥ

Gelato zum Mitnehmen ist wesentlich günstiger für die Reisekasse, aber an sonnigen Tagen sitzt es sich hier einfach gut. Besonders lecker ist Da Nicos *gianduiotto,* Haselnusseis mit *panna* (Schlagsahne) oder *panna in ghiaccio,* gefrorene Schlagsahne zwischen Waffeln.

PIZZA AL VOLO Karte S. 86–87   Pizza €

☎ 041 522 54 30; Campo Santa Margherita 2944; Pizzastücke 2–4 €; ⊗ tgl. 12–1 Uhr; 🚇 Ca' Rezzonico; Ⓥ

Hungrige Nachteulen haben in Venedig ein echtes Problem, da die meisten Restaurants gegen 22 Uhr schließen. Das hier ist eine günstige und leckere Alternative: Die Pizza ist dünn und knusprig, und zerbricht nicht so leicht.

GROM Karte S. 86–87   Eis €

☎ 041 099 17 51; www.grom.it; Campo San Barnaba 2761; Eis 2,50 €; ⊗ tgl. 12–23 Uhr; 🚇 Ca' Rezzonico; Ⓥ

Haselnüsse aus der Langhe für *bacio* (Schokolade mit Haselnüssen), frische Bio-Eier für eine echte Eiercreme und Zitronen aus Amalfi fürs Sorbet: Grom bietet „Slow Food"-Genüsse aus ganz Italien. Die in Turin ansässige Firma erhielt die begehrte Auszeichnung „Master of Slow Food" verliehen. Dem Eis aus weißen Pfirsichen mit Schokoladenchips könnte man sogar auch den Ehrentitel „Mittagessen" verleihen.

PASTICCERIA TONOLO

Karte S. 86–87   Gebäck €

☎ 041 532 72 09; Calle dei Preti 3764; Gebäckstücke 1 bis 3 €; ⊗ Mo–Sa 8–20, So 8–1 Uhr; 🚇 Ca' Rezzonico; Ⓥ

Hier kann man dem häufig schrecklichen B&B-Frühstück mit eingeschweißten Croissants entfliehen, denn es gibt leckeren Apfelstrudel und mächtige *pain au chocolat* (Schokoladen-Croissants) oder Beignets mit Schokoguss und einer üppigen Füllung aus Haselnuss-Mousse. Ein wahrer Genuss!

SELBSTVERSORGER

Auf den meisten Plätzen ist Picknick nicht erlaubt – Venedig versucht dadurch sein Müllproblem in den Griff zu bekommen, denn der gesamte anfallende Abfall muss mit Lastschiffen abtransportiert werden. Bei den meisten B&Bs, Apartments oder Hotels ist eine kleine Party auf der Terrasse oder im Hof trotzdem möglich. Ein tolles Mittagessen mit Superblick über die Lagune lässt sich bei einem Picknick am Strand des Lido oder den Biennale Gärten genießen.

Bauernmärkte

Die Märkte am Rialto (☺ tgl. 7–15.30 Uhr; ⚓ Rialto) in San Polo bieten hervorragende einheimische Produkte. Daneben liegt die berühmte Pescaria, Venedigs 600 Jahre alter Fischmarkt; siehe S. 93. Obst und Gemüse frisch aus dem Gefängnis werden jeden Donnerstag in Giudecca am Lebensmittelstand (☎ 041 296 06 58; Fondamenta de la Convertiti 712, Giudecca; ☺ Do 8–12 Uhr; ⚓ Redentore) angeboten. Am Rio Terà dei Pensieri gibt es Obst, Gemüse und Kräuter, die im Gefängnis angebaut werden. Der Erlös fließt in ein Resozialisierungsprogramm. Bei gutem Wetter kommt auch ein Marktboot zum Campo San Barnaba bei der Ponte dei Pugni – aber unter einem halben Kilo tun es die Verkäufer nicht. Wer nur einen einzigen Pfirsich möchte, muss woanders einkaufen.

Lebensmittelgeschäfte

Billa Supermarkt (Karte S. 104–105; Strada Nuova 3660, Cannaregio; ☺ Mo–Sa 8.30–20, So 9–20 Uhr) ist ein gut sortierter Supermarkt, aber Feinschmecker sollten zum Coop (Karte S. 94–95; ☎ 041 296 06 21; Piazzale Roma, Santa Croce; ☺ Mo–Sa 9–13 & 16–19.30 Uhr; ⚓ Piazzale Roma) gehen, eine Filiale findet man am Campo San Giacomo dell'Orio. Auch eine gute Wahl ist Punto SMA (Karte S. 86–87; Rio Terà della Scoazzera 3113, Dorsoduro; ☺ Mo–Sa 9–12.50 & 16.30 bis 20 Uhr; ⚓ Ca' Rezzonico). Eine gute Auswahl an frischem Brot und Gebäck bietet Mauro El Forner de Canton (S. 204) und natürlich die in diesem Kapitel angegebenen Bäckereien.

Spezialitäten

Aliani (Karte S. 94–95; ☎ 041 522 49 13; Ruga Vecchia di San Giovanni 654, San Polo; ⚓ Rialto) hat außergewöhnlich guten Schinken, heimischen Käse, gefüllte Nudeln, 40 Jahre alten Balsamico-Essig und *bottarga di muggine* (Paste aus dem Kaviar der roten Meeräsche). Alle Einkäufe werden für die Heimreise auch vakuumverpackt. Gewürze, Olivenöl, Nüsse, Süßigkeiten und andere Spezialitäten von den einstigen Gewürzrouten bietet die Drogheria Mascari (S. 185). Für Liebhaber von Bio-Lebensmitteln ist Rio Bio (☎ 041 71 89 13; Campo San Giacomo dell'Orio 1628, Santa Croce; ☺ Di–Sa 9–13 & 16.30–19.30, Mo 16.30–19.30 Uhr; ⚓ San Stae) der richtige Ort. Hier gibt es ein kleines, aber feines Angebot an zertifizierten Konfitüren, Weinen, Nudeln und anderem.

Wein

Wer etwas ganz besonders haben will, sollte sich bei Drogheria Mascari (S. 185) oder Millevini (S. 181) beraten lassen. Einen einfachen Tafelwein aus dem Veneto gibt es aber auch direkt vom Fass bei Nave d'Oro, einer Kette, die überall in der Stadt Filialen hat. So auch in Cannaregio (Karte S. 104–105) und Dorsoduro (Karte S. 86–87).

SESTIERI DI SAN POLO & SANTA CROCE (SANTA CROSE)

Das Gebiet um die von allen Venedig-Besuchern aufgesuchte Rialto-Brücke war früher die Heimat von Venedigs Rotlichtbezirk. Heute sind hier die Restaurants der Hauptanziehungspunkt. *Cicheti* sind zu richtigen Mahlzeiten mutiert, aus dem Tagesfang des Fischgeschäfts wird im Zusammenwirken mit einem guten Wein ein kulinarisches Festessen in einer Trattoria. Trotz der neu gewonnenen Aufmerksamkeit haben die *bacari* und Restaurants in Santa Croce ihren Ruf als günstige Lokale behalten.

VECIO FRITOLIN
Karte S. 94–95   Kreatve venezianische Küche €€

☎ 041 522 28 81; www.veciofritolin.it; Calle della Regina 2262, Santa Croce; Gerichte 30–50 €; ☺ Di–Sa Mittag- & Abendessen; ⚓ San Stae
Die Spaghetti mit Langusten und Zucchini sind ein echtes „Slow Food"-Gedicht. Auch das Tagesmenü ist immer eine gute Empfehlung. Alle Zutaten kommen von den Märkten der Umgebung, die Desserts sind hausgemacht. Und wer aufs Geld achten muss: Für

10 € gibt es *frittura* (frittierte Meeresfrüchte) zum Mitnehmen.

ANTICHE CARAMPANE
Karte S. 94–95   Venezianisch €€

☎ 041 524 01 63; www.antichecarampane.com; Rio Terà delle Carampane 1911, San Polo; Gericht 30–45 €; Di–Sa; San Stae
Liegt versteckt in den früher mal schattigen Gassen hinter der Ponte delle Tette und ist deswegen schwierig zu finden, aber die Suche lohnt sich. Fast genauso schwierig ist es, einen Tisch zu reservieren. Das Lokal brüstet sich damit, kein Touristenmenü zu haben, dafür gibt es statt pampiger Lasagne frische *crudi* (venezianische Sushi) aus der Lagune, Pasta mit *bottarga* und *filetto di San Pietro* (Steak mit Artischocken oder *radicchio trevisano*).

OSTERIA AL DIAVOLO E L'ACQUASANTA
Karte S. 94–95   Venezianisch €€

☎ 041 277 03 07; Calle della Madonna 561b, San Polo; Gerichte 30–35 €; Mi–So Mittag- & Abendessen, Mo Mittagessen; Rialto
Die Andenken an den Wänden erinnern an eine Zeit, als die Stammgäste noch nicht so grau waren und die *bigoli* (dicke Nudeln) und *seppia in nero* (Tintenfisch in eigener Tinte) gerade erst berühmt wurden. Man muss eigentlich immer auf einen freien Tisch warten, kann aber gut in der Zeit an der Bar einen *nervetti* genießen.

TRATTORIA ALLA MADONNA
Karte S. 94–95   Meeresfrüchte €€

☎ 041 522 38 24; Calle della Madonna 594, San Polo; Gerichte 25–35 €; Do–Di; Rialto
Ein traditionelles Restaurant in der Nähe der Pescaria. Die Gäste sitzen dicht gedrängt, die Kellner tragen weiße Jacketts und schwarze Krawatten und schlängeln sich geschickt zwischen den Tischen durch. Die Speisekarte wurde seit der Eröffnung 1954 nicht mehr geändert. Auf der Karte stehen klassische Gerichte wie gegrillter Fisch, aber auch Spezialitäten wie *capelonghe* (Muscheln) in Weißweinsauce oder *uova di seppia* (Tintenfischrogen), die wie Störkaviar schmecken.

TRATTORIA DA IGNAZIO
Karte S. 94–95   Italienisch €

☎ 041 523 48 52; Calle dei Saoneri 2749, San Polo; Gerichte 25–30 €; Mo–Sa Mittag- & Abendessen; San Tomà
Elegante Kellner servieren gegrillten Fisch aus der Lagune und hausgemachte Pasta mit

großer Geste an Tische, die mit gelben Tischdecken und Orchideen geschmückt sind. An sonnigen Tagen oder warmen Nächten trifft sich das halbe Viertel in der mit Trauben bewachsenen Gartenlaube.

AL NONO RISORTO
Karte S. 94–95   Italienisch, Pizza €€

☎ 041 524 11 69; Sotoportego de Siora Bettina 2338, Santa Croce; Pizza 7–9 €, Gerichte 20–30 €; Do–Di Mittag- & Abendessen; San Stae; V
Manifest oder Menü? Bei Al Nono Risorto stehen auf der Karte neben den Pizzen Aufrufe wie „Setzt keine Tiere aus!" oder „Mehr Rechte für Schwule!". Die Preise sind Mitte links und die Kellner zu abgehoben, um durch Bestellungen belästigt zu werden. An sonnigen Tagen trifft sich ganz Venedig im Garten, um Tintenfisch mit Polenta zu essen und dazu Prosecco zu trinken.

OSTERIA AE CRAVATE
Karte S. 94–95   Italienisch, Venezianisch €

☎ 041 528 79 12; Salizada San Pantalon 36, Santa Croce; Gerichte 15–30 €; Di–So 9.30–16 & 18–23 Uhr; San Tomà; V
Von der Decke hängen unzählige *cravate* (Krawatten), die von dankbaren Gästen gespendet wurden. Brunos Lieblingsstück ist eine Krawatte mit Mücken, die von einem ausgehungerten Insektenkundler gespendet wurde. Die frische Pasta ist traumhaft, besonders gut sind die hausgemachten Ravioli. Aber auch die Desserts haben es in sich.

ANTICA BIRRARIA LA CORTE
Karte S. 94–95   Pizza, Italienisch €€

☎ 041 275 05 70; Campo San Polo 2168; Gerichte 12–25 €; tgl. 12–23 Uhr; San Silvestro; V
Aus dem ehemaligen Rinderpferch wurde im 19. Jh. unter österreichischer Besetzung eine Brauerei. Noch heute wird im Lokal viel Wert auf gutes Bier und gegrilltes Fleisch gelegt. Ebenso lohnend ist die Pizza, zum Beispiel die mit arugula, *bresaola* und Parmesan. Da das Lokal 150 Plätze bietet, findet man immer einen Tisch und muss selten warten.

MURO
Karte S. 94–95   Pizza €€

☎ 041 524 16 28; www.murovenezia.com; Campiello dello Spezier 2048, Santa Croce; Pizza 8–12 €; tgl. 12–23 Uhr; San Stae; V
Bequem zur Mittagszeit, trendig während der Happy Hour und schick zum Abendessen: Dieser Mix aus Restaurant, Bar und Pizzeria beeindruckt mit originellen Pizzen, riesigen

VEGETARIER & VEGANER

In einer Stadt, die für ihre Meeresfrüchte bekannt ist, müssen Vegetarier nicht verzweifeln: Mit ein bisschen Planung hat man hier mehr Auswahl als zu Hause! Die mit einem Ⓥ gekennzeichneten Restaurants bieten eine gute Auswahl an fleischlosen Gerichten zu akzeptablen Preisen. Veganer und alle, die eine spezielle Diät einhalten müssen, können sich sehr gut selbst versorgen (s. Kasten S. 201). Und wenn man vorher Bescheid sagt, bemühen sich auch die Restaurants und *osterie*, Diätwünsche zu berücksichtigen.

Highlights der venezianischen Küche für Vegetarier und Veganer:

Primi Zum ersten Gang mit Pasta, Risotto und Polenta gehören lokale Spezialitäten wie Waldpilze, Artischocken, Spargel und Radicchio. Man sollte aber trotzdem aufpassen, denn häufig werden auch Fleisch, Schinken oder Anchovis für die Sauce verwendet. Am besten den Kellner fragen oder noch besser gleich bei der Reservierung darauf hinweisen, sodass der Küchenchef vorbereitet ist.

Contorni Besucher der Märkte am Rialto wissen, dass es in Venedig ausgezeichnetes einheimisches Gemüse gibt. Bei den *contorni* (Beilagen) findet man viele saisonale Spezialitäten, zum Beispiel gegrilltes Gemüse und Salat, die als Hauptmahlzeit völlig ausreichen.

Pizza Auch wenn Pizza nicht gerade eine venezianische Spezialität ist, gibt es doch einige gute Pizzerien. Für Veganer bietet sich eine Pizza ohne Käse (*pizza rosso*) an.

Gebäck *Forno* (Bäckerei) und *pasticceria* (Konditorei) sind nicht nur eine gute Adresse für das Frühstück – es gibt auch fleischlose Leckereien wie Käsegebäck, saftige Pasteten und *pizzette* (Mini-Pizzen).

Cicheti Zu den „venezianischen Tapas" zählen auch die vielen kleinen fleischlosen Gerichte wie *bruschette* (getoastetes Brot) mit frischen Tomaten, Basilikum oder anderem Gemüse; *crostini* (Sandwiches) mit Gorgonzola und Birnen sowie unzählige weitere vegetarische Kombinationen. Lecker sind auch gegrillte, frittierte oder marinierte Zucchini, Paprika, Auberginen etc. und leckere frittierte Snacks wie *arancini* (frittierte Reisbällchen).

Gelato & sorbetto Normalerweise sind Eis und Sorbets fleischlos, eine Ausnahme ist da möglicherweise das Restaurant Met (S. 207). Sorbets werden normalerweise *senza latte* (ohne Milch) zubereitet, bei Grom (S. 200) und Alaska (S. 205) wird Veganern Gefrorenes *senza uova* (ohne Ei) und *senza miele* (ohne Honig) empfohlen.

Salaten und einer tollen Auswahl an Bier und Wein. Man kann wunderbar draußen auf der Piazza sitzen oder sich drinnen auf weichen Polstern zwischen Ziegelwänden lümmeln.

OSTERIA LA ZUCCA
Karte S. 94–95 　　　Kreative italienische Küche €€
☎ 041 524 15 70; www.lazucca.it; Calle del Tentor 1762, Santa Croce; kleine Gerichte 5–10 €; Mo–Sa Mittag- & Abendessen; San Stae; Ⓥ
Eine gute Wahl für Vegetarier: Hier werden lokale Produkte zu Köstlichkeiten wie Zucchini mit Ingwer, Currymöhren mit Yoghurt oder Kürbiskuchen verarbeitet. Wer mehr auf Fleisch steht, bekommt Kaninchen mit Prosecco oder gegrilltes Lamm mit Kräutern.

PRONTO PESCE PRONTO
Karte S. 94–95 　　　Cicheti, Meeresfrüchte €€
☎ 041 822 02 98; Rialto Pescheria 319, San Polo; Cicheti 3y8 €; Mo–Sa 11–19.30 Uhr; Rialto
Sogar ein japanischer Sushi-Koch wäre beeindruckt von den hier zubereiteten Leckerbissen. Der Designerladen liegt direkt gegenüber der Pescaria und hat sich auf gut gemachte Meeresfrüchtesalate und kunstvolle

crudi spezialisiert. Spritzer von Olivenöl krönen die Leckereien mit fangfrischem Fisch. Zum zarten Salat von *folpetti* (Baby-Tintenfisch) oder den saftigen *crudi* mit Garnelen passt ein Glas Prosecco. Wer möchte, kann draußen am Canale Grande sitzen.

ALL'ANFORA Karte S. 94–95 　　　Pizza €
☎ 041 524 03 25; Lista dei Bari 1223, Santa Croce; Pizzen 8–10 €; Do–Di; Riva de Biasio; Ⓥ
Hintendurch kommt man in einen schönen Hof und kann dort aus einer Riesenauswahl an leckeren Pizzen wählen. Besonders beliebt ist die Pizza all'Anfora, auf der sich Schinken, Artischocken und Spargel türmen.

ANTICO PANIFICIO Karte S. 94–95 　　　Pizza €
☎ 041 277 09 67; Campiello del Sol 929, San Polo; Pizzen 8–10 €; Mi–Mo 12–15 & 19–23 Uhr; San Silvestro
Die meisten Pizzerien in Venedig werden nur von Touristen besucht – diese hier ist eine Ausnahme. Man sollte sich schnell auf einen freien Tisch stürzen und entschlossen bestellen. Pizza mit Würstchen oder eine einfache *Margherita* beleidigen den Koch, besser ist es,

203

eine mit Anchovis oder Zucchiniblüten zu ordern. Oder einfach schauen, was die Einheimischen am Nebentisch bestellt haben.

AE OCHE Karte S. 94–95   Pizza €

☎ 041 524 11 61; www.aeoche.com; Calle del Tentor 1552a, Santa Croce; Pizzen 7–13 €; ☾ Mo–Fr 12–14.30 & 19–22.30, Sa & So 12–14.30 & 19–23.30 Uhr; 🚢 San Stae; Ⓥ
Architekturstudenten und Feinschmecker mit kleiner Börse treffen sich hier. Es gibt mehr als 70 verschiedene Pizzen und Bier zu ausgezeichneten Preisen. Wer mutig ist, bestellt die *mangiafuoco* (Feuerschlucker) mit scharfer Salami, Pepperoni aus Kalabrien und Tabascosauce; Bewunderer von Palladio halten sich besser an die klassische, weiße *estiva* mit Rauke, Parmesan und Kirschtomaten.

SNACK BAR AI NOMBOLI
Karte S. 94–95   Panini €

☎ 041 523 09 95; Rio Terà dei Nomboli 271c, San Polo; Panini 3–4 €; ☾ Mo–Sa 8–20 Uhr; 🚢 San Tomà; Ⓥ
Eine schicke venezianische Alternative zu McDonald's: große Sandwiches aus frischen, knusprigen Brötchen, voll gepackt mit Käse, gegrilltem Gemüse, leckerer Salami, Prosciutto, Roastbeef und anderen Leckereien. Knackiges Gemüse ist bei diesen Sandwiches mehr als nur Garnierung und bei den Saucen gibt es alles vom scharfen Senf bis zur Wildnesselsauce. Zwei Sandwiches ergeben eine sättigende Mahlzeit, wer drei schafft, hat sich ein Glas Brunello an der Bar dazu verdient.

ALL'ARCO Karte S. 94–95   Cicheti €

☎ 041 520 56 66; Calle dell'Arco 436, San Polo; Cicheti 1,50–4 €; ☾ Mo–Sa 7–17 Uhr; 🚢 Rialto Mercato
Hier gibt es wahrscheinlich die besten *cicheti* Venedigs: Was drauf ist, entscheiden Maestro Francesco und sein Sohn Matteo jeden Tag neu, nachdem sie auf dem Markt von Rialto einkaufen waren. Wenn man nett fragt und etwas Zeit mitbringt, schütteln sie eine neue Kreation aus dem Ärmel, zum Beispiel kleine Artischocken mit Raspeln von *bottarga* oder Thunfisch-Tartar mit Minze, Erdbeeren und Balsamico. Selbst wenn man dazu einen Prosecco trinkt, zahlt man selten mehr als 20 €, hat aber ein 4-Sterne-Essen genossen. Also nichts wie hin!

DAI ZEMEI Karte S. 94–95   Cicheti €

☎ 041 520 85 46; www.ostariadaizemei.it; Ruga Vecchia di San Giovanni 1045, San Polo; Cicheti 1,50–3,50 €; ☾ 9–20 Uhr; 🚢 San Silvestro

Wie der Name sagt, wird diese Eckkneipe von Zwillingen *(zemei)* betrieben. Der Ansturm der Stammgäste und gut informierten Touristen beginnt gegen 11.45 Uhr. Dann locken Leckereien wie *baccalá mantecato* (Stockfischpürree) mit Knoblauchsprossen, *crostini* mit cremigem, fetten Speck, *panini* mit arugula oder Gorgonzola mit Walnüssen und Cognacsauce. Besser als Prosecco passen dazu ein kräftiger Raboso oder ein Refosco.

MAURO EL FORNER DE CANTON
Karte S. 94–95   Bäckerei €

☎ 041 522 28 90; Ruga Vecchia di San Giovanni 603, San Polo; Gebäckstücke 1–4 €; ☾ Mo–Sa 7–19 Uhr; 🚢 Rialto; Ⓥ
Eine Brotboutique in der Nähe von Rialto: Hier gibt es goldene Grissini, die allgegenwärtigen *bovoli* (Schnecken), knuspriges Brot für *panini* und als Besonderheit Vollkornbrot.

PASTICCERIA RIO MANIN
Karte S. 94–95   Bäckerei €

☎ 041 71 85 23; Fondamenta Rio Manin 784/5, Santa Croce; Gebäckstücke 1–3,50 €; ☾ Mo–Di & Do–Sa 6.30–20.30 Uhr; 🚢 Riva de Biasio; Ⓥ
Es ist ein Vergnügen, an diesem verträumten Kanal zu sitzen und den Gondolieri bei der Arbeit zuzuschauen. Dabei kann man frische Käsekräcker oder Obsttörtchen essen und einen frischen *spritz* genießen.

LA RIVETTA Karte S. 94–95   Cicheti €

☎ 041 71 84 98; Calle Sechera 637a, Santa Croce; Cicheti 1–3 €; ☾ Mo–Sa 9–21.30 Uhr; 🚢 Ferrovia
Der Cabernet kommt aus dem Schlauch und Teller voll herzhafter Köstlichkeiten machen ihre Runde in diesem beliebten *bacaro* (altmodische Bar). Hier sitzen alte Seeleute und schrille Typen aus der Umgebung. Besonders gut sind die gemischten Platten mit dicken Salamischeiben, durchsichtigen Streifen *pancetta* (magerer Speck) und gegrilltem Gemüse. Dazu wird knuspriges Brot gegessen. Besonders begehrt sind die Plätze am Kanal, aber auch der Innenraum – geschmückt mit alten Fahrradteilen und staubigen Whiskyflaschen aus Vorkriegszeiten – lohnt immer einen Besuch.

PASTICCERIA RIZZARDINI
Karte S. 94–95   Bäckerei €

☎ 041 522 38 35; Campiello dei Meloni 1415, San Polo; Gebäckstücke 1–3 €; ☾ Mi–Mo 7.30–20 Uhr; 🚢 San Silvestro; Ⓥ

„Seit 1742" steht an dem einfachen Laden-
schild und drinnen findet man alle Köstlichkeiten der Welt: umwerfend gute gefüllte
Blätterteigtaschen und unwiderstehliche
Donuts. Die Konditorei bietet typisch venezianische Süßigkeiten *(dolci tipici venexiani)*
wie *lingue di suocere* (Schwiegermutterzun-
gen) oder *pallone di Casanova* (Casanovaku-
geln). Wer Tiramisu haben möchte, sollte
recht früh erscheinen.

GELATERIA SAN STAE Karte S. 94–95　　Eis €
☎ 041 71 06 89; Salizada San Stae 1910,
Santa Croce; 1–2 Kugeln 1–2 €;
🕐 Di–So 11–21 Uhr; 🚤 San Stae; Ⓥ
Hier werden nur die besten Zutaten verarbei-
tet – seien es die Haselnüsse aus dem Pie-
mont oder die Vanille aus Madagaskar. Glück
bedeutet hier eine Waffel für 1 € mit einer
Kugel Vanilleeis … das Paradies sind zwei
Kugeln Pistazieneis für 2 €.

ALASKA GELATERIA Karte S. 94–95　　Eis €
☎ 041 71 52 11; Calle Larga dei Bari 1159,
Santa Croce; 1–2 Kugeln 1–1,60 €;
🕐 9–13 & 15–20 Uhr; 🚤 Riva de Biasio; Ⓥ
Die Tagestouristen bestellen meistens nur
einen Vanille-Eis-Shake, Venezianer kommen
wegen der phantastischen Eissorten aus Bioprodukten: Eis mit gerösteten Pistazien, Eis
mit *carciofi* (Artischocken), zu dem besonders gut eine Kugel Zitroneneis schmeckt.
Die Kombination Sellerie/Pfirsich ist überaus
gewöhnungsbedürftig, aber das Eis so günstig, dass man durchaus kulinarische Risiken
eingehen kann.

SESTIERE DI CANNAREGIO

Die Bars an der Hauptstrecke zwischen dem
Bahnhof und San Marco bieten Sandwiches,
Gebäckstücke und Snacks, einige sogar in
wirklich guter Qualität. Wer richtig essen
möchte, sollte sich jedoch besser in den Seitenstraßen entlang der *fondamente* (Kanalufer) eine *osteria* suchen.

FIASCHETTERIA TOSCANA
Karte S. 104–105　　Venezianisch €€€
☎ 041 528 52 81; Salizada San Giovanni Grisostomo
5719; Gerichte 40–80 €; 🕐 Do–Mo Mittag- & Abendessen, Mi Abendessen; 🚤 Ca' d'Oro
Ein Klassiker mit gleichbleibend guter Qualität. Das Restaurant besitzt eine Weinkarte

top picks

CICHETI

- **All'Arco** (S. 204) Während Francesco und Matteo
  eine *fantasia* aus Meeresfrüchten und anderen
  heimischen Spezialitäten zubereiten, genießt man
  schon mal einen Prosecco.
- **I Rusteghi** (S. 198) *Panini* (belegte Brötchen) und
  crostini (Sandwiches) mit erstklassigem Käse und
  Schinken von einem der besten Fleischer der
  Toskana, dazu empfiehlt sich einer der guten
  offenen Weine.
- **Osteria Alla Vedova** (S. 206) Viele Einheimische besuchen diese Bar, um hier für 1 € Fleischbällchen oder
  köstliche *crostini* zu essen.
- **Snack Bar ai Nomboli** (S. 204) Herzhafte *panini* mit
  frischem Brot, erstklassigem Schinken und Käse und
  Rucola (arugula).
- **Pronto Pesce Pronto** (S. 203) Die Meeresfrüchte
  werden fast wie japanische Bento-Kästchen serviert:
  unbedingt die *crudi* (italienische Sushi) mit Olivenöl,
  weißem Pfeffer und Meersalz probieren.

mit 600 Weinsorten, zum Teil absolute Spitzenweine, die Küche ist mindestens genauso
lohnenswert. Frisch gefangene Meeresfrüchte, besonders die *crudi*, Risotto mit Meeresfrüchten und *frittura della Serenissima* (frittierte Meeresfrüchte) – alles ist empfehlenswert. Wer aber so allmählich kein Meeresge-
tier mehr sehen kann, findet hier auch gutes
Fleisch, Wild vom Festland und Chianina-
Steak, das besser als jedes Kobe-Rind ist. Und
unbedingt noch etwas Platz lassen für Ma-
riuccias *rovesciata,* eine Art venezianische ka-
ramellisierte *tarte tatin* mit Äpfeln! Auch die
Mittagskarte ist hervorragend.

AL FONTEGO DEI PESCATORI
Karte S. 104–105　　Kreative venezianische Küche €€€
☎ 041 520 05 38; Calle Priuli 3726; Gerichte 35–50 €;
🕐 Mi–So 12–15 & 19–22.30 Uhr; 🚤 Rialto
Ein wunderbares Gartenlokal und dazu werden passende Gerichte serviert: Küchenchef
Bruno verwendet wilde Kräuter und heimi-
sches Gemüse. Natürlich gibt es auch frische
Meeresfrüchte. *Bigoli* (dicke Nudeln) mit Tintenfisch und frischer Minze, Pasta mit wildem
Spargel und Muscheln oder Risotto mit
Shrimps sind unbedingt zu empfehlen. Aber
im Prinzip ist jedes Gericht mit einem ausgefallenen Gemüse oder einem Meerestier mit
unaussprechlichem Namen eine gute Wahl.

top picks

SOUVENIRS FÜR FEINSCHMECKER

- Il Pavone di Paolo Pelosin (S. 183) Notizbücher, um Anmerkungen zu den Restaurants festzuhalten.
- Aliani (s. Kasten S.201) Verkauft köstliche *bottarga di muggine* (Paste aus dem Kaviar der roten Meeräsche).
- Cesare Sent (S. 82) Fertigt Teller für *cicheti* aus mattem Muranoglas.
- VizioVirtù (S. 184) Ein außergewöhnlicher Genuss: Schokolade mit *aceto balsamico*.
- Kochen in Venedig (S. 296) So bleibt auch zu Hause immer noch ein Stück Venedig erhalten.

TAVERNA DEL CAMPIELLO REMER

Karte S. 104–105 Venezianisch €€

☎ 349 3365168; Campiello del Remer 5701; Gerichte 35–40 €; ☾ Do–Di; ☗ Rialto

Die Taverne liegt etwas versteckt abseits der Touristenpfade an einem einsamen Platz beim Canale Grande. Mittags gibt es eine Art Büfett mit *affettati* (Trevisana-Würste und Schinken) und frischer Pasta für rund 20 €. Abends werden riesige Teller mit unterschiedlich zubereiteter Pasta als *primi* serviert, sodass man schon kämpfen muss, um noch etwas Platz für frisch gegrillten Fisch und das obligatorische Tiramisu zu lassen. Die Tagesempfehlungen kommen vom Kellner, es gibt kein Touristenmenü *(menú turistico non ghe xe)*. Eine Reservierung ist absolut ratsam, sonst muss man bei einem *aperitivo* und *cicheti* warten.

ANICE STELLATO

Karte S. 104–105 Kreative venezianische Küche €€

☎ 041 72 07 44; Fondamenta della Sensa 3272; Gerichte 25–40 €;

☾ Mi–So Mittag- & Abendessen; ☗ Sant'Alvise; ☑

Das erste Abenteuer besteht schon darin, dieses dorch ziemlich abseits gelegene Lokal zu finden, das zweite sind die Gerichte auf der Speisekarte: Frisch zubereitetes Lammfilet in Pistazienkruste, frischer Seebarsch mit aromatischen Kräutern und auf den Punkt gebratene *moecche* (Weichschalenkrabben), die man im Ganzen herunterschluckt. Das Wasser zum Essen kommt aus der Leitung statt aus Flaschen, Zinnleuchter schmücken die langen Tische, die meisten Gäste sind Einheimische, die die regionale Küche wirklich zu schätzen wissen. Ein besonderes Erlebnis!

ANTICA ADELAIDE

Karte S. 104–105 Venezianisch €€

☎ 041 523 26 29; Calle Priuli 3728; Gerichte 25–30 €; ☾ Di–So; ☗ Ca' d'Oro

Das Essen genießt man im Salon eines kürzlich restaurierten venezianischen Hauses, das bereits seit dem 18. Jh. als Lokal dient. Es lohnt sich, hier Tee zu trinken, *cicheti* zu genießen oder für 8–10 € Pasta mit Fisch oder solch seltsame Gerichte wie *arrosto di cuore* (gebratenes Herz) zu bestellen. Der Service ist von Fall zu Fall recht unterschiedlich, das Leutebeobachten ersetzt jedoch jede Theatervorführung.

AI QUATTRO RUSTEGHI

Karte S. 104–105 Venezianisch €€

☎ 041 71 51 60; Campo Ghetto Nuovo 2888; Gerichte 20–25 € ☗ San Marcuola; ☑

Es gibt kaum etwas Schöneres, als das Treiben auf diesem historischen *campo* bei einem Teller hausgemachter Gnocchi, Pasta mit Zucchiniblüten und Scampi oder *bigoli in salsa* (Nudeln mit Anchovis und Zwiebeln) zu beobachten. Direkt daneben liegt die Schola Italiana.

OSTERIA ALLA VEDOVA

Karte S. 104–105 Venezianisch, Cicheti €€

☎ 041 528 53 24; Calle del Pistor 3912; Cicheti 1–3,50 €, Gerichte 15–40 €; ☾ Mo–Mi Mittag- & Abendessen, Fr–So Abendessen; ☗ Ca' d'Oro

Eine der ältesten und traditionsreichsten *osterie* in Venedig. Hier findet man weder *spritz* noch Kaffee auf der Karte und zahlt auch höchstens 1 € für den Snack mit Fleischbällchen an der Theke. Gut sind auch die preisgünstigen *cicheti*. Und bloß nicht nach Spaghetti Bolognese fragen!

BEA VITA

Karte S. 104–105 Kreative venezianische Küche €€

☎ 041 275 93 47; Fondamente delle Cappuccine 3082; Gerichte 15–30 €; ☗ Guglie

Das Restaurant hinter der Bar ist eine lohnende Entdeckung. Eine Spezialität ist das Risotto mit *anatra* (Ente), das mit einer Sauce aus Balsamico und Waldheidelbeeren serviert wird. Der Wirt empfiehlt gerne einen passenden Wein von der umfangreichen und recht guten Weinkarte. Die Preise sin zivil und bewegen sich zwischen 11 und 40 € pro Flasche.

OSTERIA DA ALBERTO

Karte S. 104–105   Meeresfrüchte €€

☎ 041 523 81 53; Calle Larga Gallina 5401; Gerichte 15–25 €; 🕐 Mo–Sa 12–15 & 18–23 Uhr; 🚇 Fondamente Nuove

Hier findet man alles, was eine echte venezianische *osteria* ausmacht: Eine abgelegene Lage, Weinfässer, uralte Kronleuchter, dazu solide Preise, *cicheti* je nach Jahreszeit, leckere frittierte Meeresfrüchte und himmlische Panna Cotta mit Erdbeeren. Achtung: Die Küche schließt früh, wenn nicht viel los ist.

DALLA MARISA Karte S. 104–105 Fleischgerichte €€

☎ 041 72 02 11; Fondamenta di San Giobbe 652b; Gerichte 8–30 €; 🕐 tgl. Mittagessen, Di & Do–Sa Abendessen; 🚇 Tre Archi

Man muss entweder früh oder spät kommen, um zwischen den Hafenarbeitern und Professoren noch einen Platz zu finden. Die Tageskarte bietet solide Kost zu günstigen Preisen: Ein *primo* mit Hauswein und Kaffee kostet 8 €, mit *secondo* und Gemüsebeilage nur 14 €. Abends gibt es ein festes Menü für 30–40 € mit solchen Leckerbissen wie Reh, Ente, Fasan oder Lamm, natürlich auch mal Fisch oder Meeresfrüchte.

AL CICHETI Karte S. 104–105 Cicheti €

☎ 041 71 60 37; Calle delle Misericordia 367; Gerichte 6–10 €; 🕐 Mo–Fr 7.30–19.30, Sa 7.30–13 Uhr; 🚇 Ferrovia; Ⓥ

Ein Imbiss im Zug oder im Flugzeug wäre ein enttäuschendes Ende für einen kulinarischen Besuch in Venedig. Also nichts wie rein in diesen *bàcaro* in der Nähe des Bahnhofs. Ein Glas Prosecco und das Tagesgericht (5 €) sind ein würdiger Abschluss. Vielleicht gibt es sogar Risotto mit Spargel oder *pasta e ceci* (Nudeln mit Kichererbsen).

LA CANTINA Karte S. 104–105 Cicheti €

☎ 041 522 82 58; Campo San Felice 3689; Cicheti 2–6 €; 🕐 Di–Sa 11–21.30 Uhr; 🚇 Ca' d'Oro; Ⓥ

Wahres Slow Food: Erstklassige *cicheti* werden nach Wunsch zubereitet während der Gast draußen sitzt und das hausgebraute Morgana-Bier genießt. Die frischen Bruschette sind dick belegt, es gibt auch herzhafte Suppen.

OSTARIA AL PONTE Karte S. 104–105 Cicheti €

☎ 041 528 61 57; Calle Larga Gallina 6378; Cicheti 1,50–4 €; 🕐 Mi–So 11–15 & 19–23 Uhr; 🚇 Ospedale

Einen Tisch ergattert man hier wirklich nur, wenn man entweder sehr früh kommt, Beziehungen hat oder aber ein Wunder passiert. Aber die kleine Bar „al ponte" (an der Brücke) mit der roten Tür bietet auch gute *cicheti* und *ombre* an der Bar. Freitags locken leckere *crudi*, ansonsten *panini* mit Salami, *crostini* mit Salat vom Baby-Tintenfisch und andere Spezialitäten.

PASTICCERIA DAL MAS

Karte S. 104–105   Bäckerei €

☎ 041 71 51 01; Rio Terà Lista di Spagna 150a; Gebäckstücke 0,90–1,50 €; 🕐 tgl. 7–18 Uhr; 🚇 Ferrovia; Ⓥ

Für alle, die früh abreisen oder zur Arbeit müssen, bietet diese Bäckerei in der Nähe des Bahnhofs Leckereien wie Apfeltaschen, Krapfen oder ein klassisches *curasan* (Croissant). Dazu trinkt man einen *macchiatone* (Espresso mit etwas Milch).

SESTIERE DI CASTELLO

Für den hungrigen Touristen bietet Castello die unterschiedlichsten Möglichkeiten der Einkehr: von einfachen *cicheti* in einer lauten Eckkneipe bis hin zum abgehobenen Essen im Spitzenrestaurant. Und wer die extravaganten Kreationen in Castello genossen hat, wird sich schwer wieder an das alltägliche Angebot gewöhnen. Aber im Gegensatz zur kulinarischen Avantgarde anderswo vergessen die Spitzenköche in Castello nie, dass Essen zum Genießen gekocht wird und nicht, um es kritisch zu untersuchen.

MET Karte S. 110–111 Kreative italienische Küche €€€

☎ 041 520 50 44; www.hotelmetropole.com; Hotel Metropole, Riva degli Schiavoni, Castello 4149; Gerichte 60–100 €; 🕐 Di–So Abendessen; 🚇 San Zaccaria

Michelin-Sterne haben in Venedig keine große Bedeutung. Der letzte Franzose, den die Venezianer ernst nahmen, war Napoleon und der hatte immerhin eine Armee hinter sich. Aber selbst Einheimische geben zu, dass Küchenchef Corrado Fasolato seine Sterne verdient hat. Wenn das Essen serviert wird, wird selbst der einzigartige Blick auf die Lagune zur Nebensache. Wild vom Festland und Meeresfrüchte aus der Lagune werden zu Köstlichkeiten wie Cannelloni mit Fasan oder Pasta gefüllt mit Aal verarbeitet. Dagegen sieht jede Foie Gras müde aus. Und zum Hauptgang gibt es ein Sorbet aus Rotwein

O-TON: EUGENIO ORO

Erde, Wasser, Feuer Ich stamme aus Vicenza, daher schaue ich bei den Zutaten nicht nur aufs Wasser, sondern auch aufs Land. In Vicenza verwenden wir mehr Fleisch, mehr Kräuter und alles, was aus der Erde stammt. In Venedig konzentriert sich die Küche mehr auf Fisch, Schalen- und Krustentiere. Aber es gibt hier das ganze Jahr ausgezeichnete Zutaten: Selbst im Winter findet man weiße Trüffel, Kürbis und *radicchio trevisano* (bitteren roten Chicorée). Im Frühjahr kommen dann Spargel, aromatische Kräuter, Beeren und *castraure* (Baby-Artischocken) auf den Markt. Mich reizt es, diese unterschiedlichen Aromen neu zu kombinieren.

Die geheime Zutat Für einen Küchenchef ist Leidenschaft ganz wichtig. Die Arbeit dauert lange, dazu kommt die tägliche Fahrt von Vicenza nach Venedig. Normalerweise laufe ich so gegen 8 Uhr vom Bahnhof über die Märkte am Rialto hierher. Wir haben Lieferanten, die uns mit Meeresfrüchten versorgen, aber ich sehe auch gerne, was der Markt aktuell bietet. Wenn ich dann im Lokal ankomme, habe ich den Kopf voller Ideen. Abends fahre ich mit dem letzten Zug heim. Ich habe meiner Frau gesagt, ich würde das ein Jahr lang ausprobieren – das war vor sechs Jahren. (Er lacht.) Aber das ist nicht nur einfach Arbeit, man kann das nicht mit einem Job in einer Fabrik vergleichen. Die meisten Leute kommen nur einmal im Leben nach Venedig, vielleicht nur für einen Tag – wenn sie dann hierher zum Essen kommen, kann ich es für sie zu einem einmaligen Erlebnis werden lassen.

Vom Lido auf den Tisch Es ist nicht schwierig, in Venedig auf neue Ideen zu kommen. Am Strand auf dem Lido kam mir die Idee für ein neues Dessert: Wellen von Pistazienmousse auf einem Biskuitteig, der mich an den goldenen Sand erinnerte. Nur viel leckerer.

Küchenchef und kulinarischer Alchemist Eugenio Oro aus der Trattoria Corte Sconta (s. unten).

und Meerrettich. Der richtige Ort für ein Date, aber ohne eine dick gefüllte Brieftasche geht hier nichts.

TRATTORIA CORTE SCONTA
Karte S. 110–111   Kreative venezianische Küche €€€
☎ 041 522 70 24; **Calle del Pestrin 3886; Gerichte 40–60 €;** Di–Sa 11.30–15.30 & 18–22.30 Uhr; Arsenale
Der Jahr für Jahr zur Biennale einfallende internationale und nationale Jetset besucht den mit Wein bewachsenen *corte sconta* (versteckten Hof) wegen der einfallsreichen hausgemachten Pasta und den superfrischen Meeresfrüchten. Schalentiere werden auf dem Teller wie Farbkleckse auf einer Malerpalette angerichtet, schwarze Tintenfisch-Pasta wird mit orangem Kürbis und den roten Füßen der *cappesante* (Jakobsmuscheln) dekoriert und der gebratene Aal schlängelt sich mit einer Reduktion aus Balsamico wie die Brenta über den Teller.

AL COVO
Karte S. 110–111   Kreative venezianische Küche €€€
☎ 041 522 38 12; www.ristorantealcovo.com; **Campiello della Pescaria 3968; Gerichte 35–50 €;** Fr–Di 19–23 Uhr; Arsenale
Al Covo bietet alles, was eine typische venezianische Trattoria auszeichnet – niedrige Holzdecken, Ziegelwände und viele Stammgäste, aber die klassischen Gerichte haben hier das gewisse Etwas. Der Caprese-Salat

wird mit Basilikum, *mozarella di buffala* und einem himmlischen Gelee aus Kirschtomaten verfeinert. Die Tintenfisch-Pasta ergänzen Venusmuscheln und Kürbisblüten und der Thunfisch aus der Adria wird von fünf Saucen begleitet. Die Preise gehören allerdings auch in die Spitzenkategorie, werden aber durch moderate Preise bei den Weinen aufgefangen. Ein lohnendes Angebot mit stimmigen Preis-Leistungsverhältnis ist das Menü für 47 € mit *primo*, Hauptgericht, Dessert oder Käse und Gedeck.

IL RIDOTTO
Karte S. 110–111   Kreative italienische Küche €€€
☎ 041 520 82 80; www.ilridotto.com; **Campo SS Filippo e Giacomo 4509; Gerichte 35–50 €;** Fr–Di 15 & 19–23 & Do 19–23 Uhr; San Zaccaria
Die offene Küche ist nur so groß wie ein Abstellraum, trotzdem leistet die Küchenmannschaft Erstaunliches: ein Häppchen appetitanregender toskanischer Brotpudding, venezianische *crudi* in Form eines glitzernden Mosaiks, ein seidiger Pistazien-Flan. Die Hauptgerichte sind dagegen relativ enttäuschend und teuer, aber Antipasti wie der Salat von Hummer und Nektarinen oder die kreativen *primi* wie die mit Wildkräutern gefüllte Gnocchi lohnen das Kommen. Es gibt nur fünf Tische im Lokal, ohne Reservierung geht hier rein garnichts. Der Küchenchef und Besitzer Gianni Bonaccorsi ist sehr aufmerksam und freundlich, das ganze Ambiente sehr romantisch.

OSTERIA DI SANTA MARINA

Karte S. 110–111　　　　Kreative venezianische Küche €€€

☎ 041 528 52 39; Campo Santa Marina 5911; Gerichte 30–50 €; ⏲ Di–Sa Mittag- & Abendessen, Mo Abendessen; 🚇 Rialto

Die schlichte Ausstattung täuscht – hier konzentriert sich alles auf das Essen. Am meisten für sein Geld bekommt man beim Tagesmenü für 55 €. Eine Steigerung ist das Feinschmeckermenü für 75 €, bei dem jeder Gang aus kleinen Häppchen mit venezianischen Klassikern besteht: eine Garnele im Paprikanest, schwarze Tintenfischravioli mit *branzino*, Artischocken und Krebse mit einer Kürbis-*Saor* (typische würzige Sauce). Ein Dessert ist ein Muss, besonders selbst gemachtes Eis oder der warme Schokoladenkuchen.

TAVERNA SAN LIO

Karte S. 110–111　　　　Kreative venezianische Küche €€

☎ 041 277 06 69; www.tavernasanlio.com; Salizada San Lio 5547/46; Gerichte 25–40 €; ⏲ Di–Sa 19–23 Uhr; 🚇 Rialto

Die Taverna ist modern, aber trotzdem typisch venezianisch. Die Gerichte mit Meeresfrüchten, z. B. Jakobsmuscheln mit Thymian, rosa Pfeffer und Safran oder hausgemachte Ravioli mit Meerbrassen in Pesto sind hier besonders zu empfehlen. Dazu gibt es einen süffigen Pinot Grigio. An den niedrigen Holztischen lässt es sich gut reden, die großen Fenster bieten eine schöne Sicht auf das pulsierende Leben vor dem Lokal.

ACIUGHETA ENOTECA

Karte S 110–111　　　　Cicheti, Italienisch €€

☎ 041 522 42 92; Campo SS Filippo e Giacomo 4357; Gerichte 25–35 €; ⏲ tgl.; 🚇 San Zaccaria; Ⓥ

Egal, was andere sagen: Das Pizza-Menü bietet eine große Auswahl an so leckeren Dingen wie Mini-Pizzen, Fleischbällchen, *crostini* und weiteren *cicheti* mit einem schönen Glas Wein. Man steht zusammen mit Einheimischen am Marmortresen oder erwischt mit viel Glück einen Platz im Speiseraum bei den Stammgästen.

TRATTORIA DA PAMPO

Karte S. 110–111　　　　Cicheti, Venezianische Küche €€

☎ 041 520 84 19; Calle Chinotto 3, Sant'Elena; Gerichte 20–30 €; ⏲ Mi–Mo Mittag- & Abendessen; 🚇 Giardini

Das Restaurant liegt zwar in der ruhigsten Ecke der Stadt gegenüber von einem Park, aber es wirbt zu Recht damit, dass – *„dal pampo non c'é scampo"* (niemand kann Pampo entkommen) – *ombre* und *cicheti* hier unwiderstehlich sind. Während der Biennale fallen hier Scharen von deutschen und amerikanischen Künstlern ein, machen sich über die Teller mit Meeresfrüchterisotto oder *polenta con seppie in umido* (mit Tintenfisch in Tomatensauce) her und schwirren anschließend gut gesättigt in einer Wolke von schwarzer Seide anschließend zu den Premieren.

CONCA D'ORO

Karte S. 110–111　　　　Pizza €

☎ 041 522 92 93; Campo SS Fillipo e Giacomo 4338; Gerichte 15–20 €; ⏲ tgl. Mittag- & Abendessen; 🚇 San Zaccaria; Ⓥ

Wer es noch nicht gewusst hat: Pizza ist keine venezianische Spezialität. Aber in diesem Lokal direkt hinter San Marco wurde 1960 die erste Pizza Venedigs gebacken. Seitdem werden hier wunderbare Pizzen mit knusprigem, dünnen Boden und einfallsreichem Belag produziert. Man sollte etwas Zeit mitbringen und ganz entspannt die Sonne und das Leben auf der Piazza genießen.

PIZZERIA ALLA STREGA

Karte S. 110–111　　　　Pizza €

☎ 041 520 33 77; Barbaria delle Tole 6418; Pizzen 7–12 €; ⏲ Di–So 19–24 Uhr; 🚇 Ospedale; Ⓥ

Die langen Öffnungszeiten und die tollen Beläge sind das Geheimnis von Alla Strega („Hexe"). Egal wie kritisch die Besucher auch sind: Alle verlassen zufrieden die Pizzeria. Die Einrichtung erinnert an eine Burg, überall lauern Hexenfiguren und die Hintertür könnte direkt zum Bahnhof Hogwarts führen. Irrtum – dahinter liegt ein bezaubernder kleiner Garten, in dem man seine Pizza Inferno (mit Peperoni) genießen kann.

BACARO RISORTO

Karte S. 110–111　　　　Cicheti €

☎ 041 528 72 74; Campo San Provolo 4700; Cicheti 1,50–4 €; ⏲ Mo–Sa; 🚇 San Zaccaria

Eine klitzekleine Eckkneipe in der Nähe der Piazza San Marco mit einem guten Angebot an Wein und *cicheti*. Dazu gehören auch *crostini* mit einem Haufen *baccalà mantecato*, Käse oder Melone mit Schinken und gelegentlich auch Sushi.

AL PORTEGO

Karte s. 110–111　　　　Cicheti, Venezianische Küche €

☎ 041 522 90 38; Calle de la Malvasia 6015; Cicheti 1,50–3 €; ⏲ Mo–Sa 10–15 & 18–22 Uhr; 🚇 Rialto

Das Al Portego liegt unter einem Säulengang (daher der Name) und ist ein winziger *bacaro*. Irgendwie gelingt es der Bedienung, die vielen Gäste mit *cicheti* und Wein zu versorgen. Wenn man an einem der Mini-Tische Pasta mit Scampi oder Schwertfisch mit Balsamico-Sauce essen möchte, muss man unbedingt reservieren.

PASTICCERIA DA BONIFACIO
Karte S. 110–111   Bäckerei €

☎ 041 522 75 07; Calle degli Albanesi 4237; Gebäck 1–4 €; ⏲ Fr–Mi 8–20 Uhr; 🚤 San Zaccaria; Ⓥ
Direkt um die Ecke vom Palazzo Ducale liegt in einer engen Gasse das Bonifacio mit einer guten Auswahl an *pizzette* (Mini Pizzen), Petit-fours und typisch venezianischen Keksen wie den *zaletti* (Maismehlkekse mit Rosinen). Dazu passt hervorragend der hauseigene Americano Cocktail (süßer Vermouth, Magenbitter und Soda).

RUND UM DIE LAGUNE
Zu einem schönen Sonnentag an der Lagune gehört ein gemütliches Essen. Und dafür gibt es genug Adressen: erstklassige Restaurants auf Giudecca, einige gute Lokale in Burano, Sandwiches und Eis auf Murano nach der Besichtigung der Glasbläsereien und Hausmannskost in faszinierender Umgebung auf den Inseln Torcello und Lido. Wer allerdings in der Nachsaison zwischen November und März die Lagune erkundet, sollte sich ein Brot mitnehmen. Viele Restaurants, besonders auf dem Lido, haben dann geschlossen.

GIUDECCA
HARRY'S DOLCI
Karte S. 121   Kreative venezianische Küche €€€

☎ 041 522 48 44; www.cipriani.com; Fondamenta San Biagio 773, Giudecca; Gerichte 80–120 €; ⏲ April–Okt. Mi–Mo 10.30–23 Uhr; 🚤 Palanca
Die verblichene blaue Markise am Wasser ist für viele Mitglieder des Jetset ein Zuhause, wenn sie in Venedig sind. Der Service ist zurückhaltend, die Einrichtung retro (Bistrostühle und Fliesen) und die Preise mindestens in Höhe der Inflationsrate gestiegen. Aber wer 15 € für *dolci* (Süßspeisen) ausgibt – das kostet auch ein Liegestuhl am Lido – kann mit Billigung der Kellner fast den ganzen Tag hier zubringen.

I FIGLI DELLE STELLE
Karte S. 121   Apulisch, Venezianisch €€

☎ 041 523 00 04; www.ifiglidellestelle.it; Fondamenta delle Zitelle 70, Guidecca; Gerichte 20–35 €;

top picks
ESSEN IM FREIEN

- **Trattoria Corte Sconta** (S. 208) Stilvoller Innenhof, versteckt zwischen alten Häusern und perfekt, um Paparazzi zu entkommen.
- **Trattoria da Ignazio** (S. 202) In der Weinlaube trifft sich eine gesellige Runde, die Bedienung ist sehr aufmerksam.
- **Al Nono Risorto** (S. 202) Ein mit Glyzinien bestandener Hof am Kanal mit einer ziemlich lauten Besucherschar.
- **Al Fontego dei Pescatori** (S. 205) Treffpunkt für Gourmets, die im schattigen Hof frische Meeresfrüchte genießen.
- **La Favorita** (gegenüber) Singvögel streiten sich an diesem sonnigen Platz in der Nähe des Strandes um die letzten Krümel.

⏲ Di–Sa 12–15.30 & 19–24, So 12–14.30 Uhr; 🚤 Zitelle; Ⓥ
Liebesschwüre in Venedigs romantischstem Restaurant sind verdächtig: Vielleicht wird die Stimmung durch die gute Küche des apulischen Kochs Luigi, seine Herz erwärmende Pasta und die Suppen beeinflusst? Die Suppe aus dicken Bohnen mit Chicorèe und frischen Tomaten schmeichelt dem Gaumen, die gemischte Fischplatte für zwei mit Langusten, Seezunge und frischen Sardinen ist immer eine exzellente Wahl. Die Preise sind angesichts der Lage am Wasser und des guten Essens recht günstig.

MISTRÀ
Karte S. 121   Venezianisch, Ligurisch €€

☎ 041 522 07 43; Giudecca 212a; Gerichte 15–30 €; ⏲ Mi–So Mittag- & Abendessen, Mo Mittagessen; 🚤 Redentore
Zu einem Ausflug in das echte Giudecca gehört der Besuch von Mistrà. Über der Werkstatt eines Gondelbauers locken leckere Gerichte mit Meeresfrüchten. Mittags kommen die Schiffszimmermänner, um hier ordentliche Portionen Pasta mit Muscheln oder original Genueser Pesto zu vertilgen. Bei einem starken Espresso werden dann die bevorstehenden Regatten besprochen. Abends ist das Essen teurer, dafür gibt es auch eine größere Auswahl an Spezialitäten. Der Weg ist etwas kompliziert: Bei der Nr. 211 auf der Fondamenta di San Giacomo biegt man in einen engen Gang ab und folgt der Beschilderung zum Restaurant.

LA PALANCA Karte S. 121   Venezianisch €€

☎ 041 528 77 19; Fondamenta al Ponte Piccolo 448, Giudecca; Gerichte 20–25 €; ☾ Mo–Sa Mittagessen; 👤 Palanca

Hier mittags einen Tisch am Kanal zu ergattern, ist fast so schwierig wie sechs Richtige im Lotto anzukreuzen. Mit dem Blick auf Zattere schmecken die *tagliolini ai calamaretti* (dünne Bandnudeln mit kleinen Calamari) sogar noch um einiges besser. Und mit 6–8 € für einen vollen Teller mit Pasta zahlt man nur die Hälfte dessen, was dieser am Kanal in San Marco kostet.

AI TRE SCALINI Karte S. 121   Venezianisch €€

☎ 041 522 47 90; Calle Michelangelo 53c, Giudecca; Gerichte 15-25 €; ☾ Fr–Mi Mittagessen, Di–Mi, Sa & So Abendessen; 👤 Zitelle

Ein beliebtes Lokal bei den Einheimischen mit Riesenportionen Pasta und Meeresfrüchten. Der Wein kommt direkt vom Fass; wer will, kann draußen im Garten essen.

AL PONTIL DEA GIUDECCA

Karte S. 121   Klassisch Venezianische Küche €€

☎ 041 528 69 85; Calle Redentore 197a, Guidecca; Gerichte 15–25 €; ☾ Mo–Fr 12–15.30 Uhr; 👤 Redentore

Hier fühlt sich mancher wie zu Hause bei Oma: Keine Speisekarte, aber es gibt drei Gerichte zur Auswahl. Nach dem Essen stellt sich meist das Bedürfnis ein, beim Abwaschen zu helfen.

LIDO DI VENEZIA
TRATTORIA ANDRI

KARTE S. 125   Klassisch Venezianische Küche €€

☎ 041 526 54 82; Via Lepanto 21, Lido; Gerichte 30–40 €; ☾ Mi–So 13.30–16 Uhr; 👤 Lido

Während andere sich die Sonne auf den Bauch scheinen lassen, strömen Feinschmecker zu diesem Restaurant am Kanal. Auf der Karte stehen klassische Gerichte mit Meeresfrüchten wie Shrimpssalat, gegrillter Fisch und *fritto misto* (frittierte Meeresfrüchte), dazu trinkt man günstigen Wein. Nach dem Dessert – ein hausgemachtes Sorbet – geht's dann zurück in den Liegestuhl.

LA FAVORITA Karte S. 125   Meeresfrüchte €€

☎ 041 526 1626; Via Francesco Duodo 33, Lido; Gerichte 20–35 €; ☾ Mi–So Mittagessen, Di–So Abendessen, Jan.–Mitte Feb. geschl.; 👤 Lido

Gnochetti (Mini-Gnocchi) mit Krebsen, Fischrisotto und crudi zu gutbürgerlichen Preisen

machen das Lokal zu einem echten Favoriten. Wer im Garten essen will, sollte vorher reservieren. Hier übertönt während des Internationalen Film Festivals der Gesang der Vögel sogar das Handyklingeln der Filmbosse.

DA TIZIANO Karte S. 125   Pizza, Cicheti €

☎ 041 526 72 91; Via Sandro Gallo 96, Lido; Pizzen 6–8,50 €; ☾ Di–So Mittag- & Abendessen; 👤 Lido; Ⓥ

Wer auf dem Lido wenig ausgeben möchte, sollte hier einkehren. Die Pizza ist gut und günstig, Gleiches gilt für die *cicheti*. Das Tiziano hat viele Stammgäste, die sich nicht daran stören, sollte doch mal ein Filmstar reinschneien. Die Pizzeria liegt in der Nähe des Palazzo della Mostra del Cinema.

MURANO
BUSA ALLA TORRE

Karte S. 128   Meeresfrüchte €€€

☎ 041 73 96 62; Campo Santo Stefano 3, Murano; Gerichte 35-50 €; ☾ tgl. Mittagessen; 👤 Faro

Während man mit einem Glas Wein auf das gute Essen anstößt, kann man auf der Piazza Touristen beobachten. Die Karte bietet Köstlichkeiten aus dem Meer wie frittierte *moeche* (Weichschalenkrabben) oder Ravioli mit Seebarsch in *granseola* (Spinnenkrabbensauce).

GELATERIA AL PONTE

Karte S. 128   Eis, Panini €

☎ 041 73 62 78; Riva Longa 1c, Murano; Snacks 2–5 €; ☾ Mo–Sa 9–17 Uhr; 👤 Museo; Ⓥ

Panini mit Schinken und Käse oder ein Eis geben müden Venedigbesuchern neue Kraft, ohne zu sehr das Budget für die geplanten Glaseinkäufe zu belasten. Sandwiches kosten zwischen 3 und 5 €, Eis 2 €. Die Bedienung ist manchmal etwas langsam – wer es eilig hat, sollte am Tresen bestellen.

BURANO & MAZZORBO
TRATTORIA AL GATTO NERO

Karte S. 130   Burano-Küche €€

☎ 041 73 01 20; www.gattonero.com; Fondamenta della Giudecca 88, Burano; Gerichte 30–40 €; ☾ Di–So 12–15.30 & 19.30–22 Uhr; 👤 Burano

Für die selbst gemachten Tagliolini mit Spinnenkrabben, den im Ganzen gegrillten Fisch und die hausgemachten Burano-Kekse lohnt sich die Fahrt mit der Fähre. Und für das traumhafte Risotto mit Langusten könnte man sogar von Venedig rüber schwimmen.

Entweder vorher reservieren oder ganz früh vor den VIPs erscheinen, vielleicht erwischt man sogar einen Tisch am Kanal.

ALLA MADDALENA
Karte S. 130 Wild, Meeresfrüchte €€

☎ 041 730 151; Fondamenta di Santa Caterina 7c, Mazzorbo; Gerichte 30 €; ⏱ Fr–Mi 8–20 Uhr; 🚹 Mazzorbo
Die kleine Insel Mazzorbo liegt nur eine Brückenlänge von den Touristenscharen auf Burano entfernt. Am Kanal oder im Garten des Lokals werden Pasta mit Meeresfrüchten oder Fisch serviert , während der Jagdsaison im Herbst außerdem jede Menge Wild. Mittags gibt es cicheti – und Reisegruppen.

TRATTORIA-LOCANDA AL RASPO DE UA Karte S. 130 Venezianisch €€

☎ 041 730 095; www.alraspodeua.it; Via Galuppi 560, Burano; Gerichte 20–30 €; ⏱ Mittagessen
Bei einem Teller Pasta mit Shrimps lassen sich die Horden nach Spitzen suchenden

Besucher aus sicherer Entfernung beobachten. Ein typisches Dessert als Abschluss ist ein Glas vin santo mit essi buranelli, den für Burano typischen Keksen in S-Form. Übernachtungen sind auch möglich; siehe dazu S. 245.

TORCELLO
RISTORANTE AL TRONO DI ATTILA
Karte S. 130 Venezianisch €€

☎ 041 73 00 94; www.altronodiattila.it; Fondamenta Borgognoni 7a, Torcello; Gerichte 20–30 €; ⏱ tgl., Nov.–März Mo geschl. 🚹 Torcello
Von den vier Restaurants, die auf dem Weg von der Anlegestelle zur Kirche Santa Maria Assunta am Wasser liegen, ist dies das netteste und günstigste. Hier sitzen die Gäste in einem hübschen Garten und genießen risotto di pesce (Risotto mit Fisch, 20 € für 2 Pers.). Alle Restaurants haben nur über Mittag geöffnet, eine Ausnahme wird bei Reservierungen für Gruppen gemacht.

UNTERHALTUNG

top picks

Wenn die Sirenen zur Ankündigung von *acqua alta* (Hochwasser) heulen, schließen die Venezianer brav ihre Geschäfte, eilen nach Hause, um ihren Hochwasserschutz in Stellung zu bringen, streifen dann ihre Stiefel über – und sind schon wieder fort. Warum sollte Hochwasser die Abendunterhaltung stören? Auf Archivfotos von der Überschwemmung von 1966 ist zu sehen, wie ein Barkeeper ganz lässig einem in hüfthohem Wasser stehenden Gondoliere, der seine Gondel direkt vor einer Bar festgemacht hat, einen Drink serviert. Welche Hindernisse auch immer sich in den Weg stellen, Venezianer finden einen Weg, sich das Leben zu versüßen.

Gäste, die länger bleiben, um die Stadt über die Tagesausflüglerzeiten hinaus zu erleben, lernen das Venedig hinter seiner Maske kennen. Bei Konzerten und in Lounge Clubs ist zu spüren, wie es in Venedig „grooved", wenn sich ein Cellist mit einem Vivaldi-Vorhalt ins Zeug legt oder ein DJ sich mit einem Mix aus Hip-Hop und Fellini-Filmmusik improvisierend in Szene setzt. Wer sich wirklich anpassen und „venezianisieren" (*Venexianàrse*) möchte, sollte einige Brocken Venezianisch aufpicken, ein bisschen venezianisch kochen oder in einem Crashkurs malen lernen. Diejenigen, die es zu sportlicher Meisterschaft bringen möchten, sollten versuchen aufrecht stehend zu rudern *(voga alla veneta)*. Sie können auch ihre Stimmbänder trainieren, indem sie das lokale Fußballteam anfeuern (das wirklich jede denkbare Unterstützung benötigt).

Wer sich einen Überblick über das abendliche Unterhaltungsangebot verschaffen möchte, sollte die Beilage Shows & Events im alle zwei Monate von der Touristeninformation herausgegebenen *La Rivista di Venezia* durchsehen. Auch die monatlichen, an Zeitungskiosken erhältlichen *VeNews* und das kostenlose *VDV (Venezia da Vivere)*, das überall in der Stadt verteilt wird oder online abrufbar ist, bieten Informationen. Im Winter schließen viele Lokalitäten früher als im Sommer. Dieser rückt dann wieder zurecht, was der Dramatiker und Librettist Goldoni in seinen bekannt anmaßenden Sätzen versprach: *„Semo a Venessia, sala! No ghe nasse gnente, e ghe xe de tutto; e a tutte le ore, e in t'un bater d'occio se trova tutto quel che se vol."* (Wir sind in Venedig, oder! Nichts wächst hier, und doch gibt's hier alles, und zu jeder Zeit lässt sich von einem Augenblick zum anderen alles finden, was das Herz begehrt.) Denn im Sommer haben viele Treffpunkte und Strandklubs bis spät in die Nacht hinein geöffnet, und der Kalender ist randvoll mit Angeboten.

AUSGEHEN

Ausgehen in Venedig, das scheint ein grenzenloses Vergnügen zu sein. Happy Hour in Venedig von 18 bis 19 Uhr? Eher zweimal täglich von 11 bis 15 und 18.30 bis 20.30 Uhr und eine zusätzliche Bonusrunde um 8 Uhr in der Früh für hart arbeitende Fischer. Wein und Schnaps lässt sich nicht mischen? Die venezianischen Cocktails beweisen das Gegenteil, unter ihnen *spritz*, aus Prosecco, Sodawasser und süß-bitterem Aperol oder bitterem Campari gemixt. Keine Drinks für harte Männer? Wer das glaubt, sollte sich einmal mit einem kräftigen Bootsbauer unterhalten, der einen Spumante (Schaumwein) genießt.

Das reichhaltige Getränkeangebot macht die Auswahl nicht gerade einfach. Der Preis ist kein Qualitätshinweis. Man bezahlt vielleicht zwei Euro für einen süffigen *spritz* und bedauert es, einen 15 € teuren Bellini (wow!) bestellt zu haben. Wem der Drink nicht schmeckt, lässt ihn einfach stehen und wandert zur nächsten *bacaro* (Bar alten Stils). Venedig ist zu klein und das Leben zu kurz, um sich mit Fusel abzugeben. Die meisten *osterie* (Gaststätten) und *enoteche* (Weinbars) bieten offene Weine an oder Halbliterflaschen. So lässt sich herausfinden, was einem mundet, ohne gleich eine ganze Flasche bestellen zu müssen. Selbst angehende Weinspezialisten sollten sich den Rat der Enotheken-Betreiber einholen, die sich gern Zeit nehmen, weil es ihrem Lokalpatriotismus schmeichelt, für ihre Gäste den Lieblingswein zu finden. Ein Tipp ist auch, andere Gäste nach ihrer Empfehlung zu fragen – die Happy Hour in Venedig ist eine gesellige Zeit. *Cin-cin!* (zum Wohl!)

Wohin zum Ausgehen

Die stilechte *giro d'ombra* (Happy-Hour-Wanderung) startet um 18.30 Uhr an den wichtigsten Treffpunkten der Zecher, die

WEIN AUS VENETIEN

Ob zertifizierter Kellermeister oder eigentlich eher ein Biertrinker, Venetien hält für jeden Geschmack eine verwirrende Vielfalt an himmlischen Tropfen aus weniger hoch eingeschätzten Trauben bereit. Es ist durchaus nicht ungewöhnlich, von den allermeisten der venezianischen Weinnamen oder Rebsorten niemals zuvor gehört zu haben: Die meisten der Spitzenprodukte gelangen direkt aus den Weinkellern auf die Tische der Venezianer, und nur wenige exzellente Weine werden exportiert. Venezianische Winzer, die Trauben aus kleinen Lagen keltern, können sich nicht um die äußeren Bewertungskriterien wie dem offiziellen Qualitätssiegel DOC (*denominazione d'origine controllata*; qualitätsgeprüft) und dem höchsten Siegel DOCG *(denominazione d'origine controllata e garantita;* garantierte Qualität) kümmern. Diese staatlichen Vorschriften könnten sie in ihrer Kreativität einengen, außerdem haben viele der besten Weinbauern Venetiens mit venezianischen Osterien und Enotheken Abnahmeverträge.

Ein Venedig-Besuch könnte daher eine nicht so schnell wiederkehrende Gelegenheit sein, Weine zu probieren, die es einfach nirgendwo anders gibt (s. Kasten S. 216). Wichtig ist, offen für alles zu sein. Unter den ungewöhnlichen Wachstumsbedingungen Venetiens – von sumpfigen bis alpinen Böden ist alles vertreten – können allgemein bekannte Rebsorten außergewöhnliche Eigenschaften bekommen: Ein Merlot könnte sich daher als der heimliche Favorit auf der Speisekarte entpuppen. Weinliebhaber sollten die von uns empfohlenen Weine probieren, es aber nicht dabei bewenden lassen: Man sollte sich im Weingebiet um Verona (S. 276) und Conegliano (S. 277) umsehen und sich dabei von seinem Geschmackssinn leiten lassen.

rund um den Rialtomarkt, den Campo Santa Margherita in Dorsoduro, den Campo Zanipolo und den Campo Maria Formosa in Castello sowie an der Fondamenta degli Ormesini in Cannaregio liegen. Wer pünktlich eintrifft, könnte schneller als die vielen anderen an die Bar vordringen und einen guten venezianischen Tropfen für nur 1,50 € ergattern und *cicheti* (Snacks), solange sie frisch sind.

Osterie und *enoteche* sind für ihre Speisen und Getränke bekannt, eine Auswahl findet sich auf S. 194. Wer seinen Magen vor dem Weingenuss mit Kaffee, Pasteten oder Pasta auskleiden möchte, sollte sich die Cafébars in diesem Kapitel ansehen: Statt des Cappucino empfiehlt sich die stärkere lokale Spezialität auf Basis von Espresso, der *macchiatone* (Espresso mit einem großen Schuss heißer Milch). In den historischen Barockcafés um die Piazza San Marco wird Kaffee und heiße Schokolade zu Live-Orchestermusik serviert, die vielleicht hilft, den Schock angesichts der Rechnung zu überwinden. Aber so ist nun mal Venedig, und ein wenig Dekadenz kann auch nicht schaden.

Öffnungszeiten

Bars (gemeint sind italienische Bars, in denen es Kaffee und Sandwiches gibt) haben normalerweise von 7.30 bis 20 Uhr geöffnet. Einige haben allerdings auch nach 20 Uhr noch geöffnet. Sie werden dann zu Lokalen, die mit einem Pub zu vergleichen sind. Nacht-Pubs und -Bars schließen zumeist nicht später als 1 Uhr, doch einige halten bis etwa 2 Uhr durch.

SESTIERE DI SAN MARCO

Die legendären Cafés und Bars rund um die Piazza San Marco sind eine Sünde wert, auch eine Cocktailstunde kann in einer der schicken Lounges stilvoll zelebriert werden. Heute werden im Windschatten der architektonischen Sehenswürdigkeiten rund um San Marco auch Espressos in versteckten Gartencafés und Beat-Ohrwürmer von DJs in Tanzlokalen serviert.

AURORA Karte S. 76–77   Bar
☎ 041 528 64 05; www.aurora.it;
Piazza San Marco 48–50; ☷ Mi–So 20–2 Uhr;
⚓ Vallaresso, San Marco
Unermüdlich hält dieser Treffpunkt die Piazza San Marco wach und übernimmt mit Cocktails, lokalen DJs und Kunstvernissagen das Kommando, wenn die artigen *caffè*-Orchester um etwa 20 Uhr zusammengepackt haben. Tagsüber kommt Aurora eher bescheiden daher, verkauft Eis und ziemlich teure Cappucinos. Die Cocktails zu 2 € sind jedoch das Lebenselixier der Sonntagsnächte und die sporadischen Kunstevents locken Venedigs eher scheue Künstler aus ihren Mansarden hierher.

HARRY'S BAR Karte S. 76–77   Bar
☎ 041 528 57 77; Calle Vallaresso 1323; Cocktails 10–18 €; ☷ 12–23 Uhr; ⚓ Vallaresso, San Marco
Angehende Schriftsteller drängen sich an der Bar, die einst von Ernest Hemingway, Charlie Chaplin, Truman Capote, Orson Wells und anderen besucht wurde, genießen dort den charakteristischen Bellini zu 18 € (das Origi-

215

top picks

WEINE ZUR HAPPY HOUR

- **Prosecco** Der spritzige (frizzante) Weiße, gehört zu jeder venezianischen Party.
- **Refosco dal Peduncolo Rosso** Stark und sinnlich, ein wirklich besonderer Tropfen mit der richtigen Note
- **Tocai** Ein Weißwein mit harmonischer Struktur, der Palladio alle Ehre macht
- **Raboso del Piave** Wie James Bond – frisch und dreist, wenn jung, brillant, wenn gereift
- **Amarone** Ein fundierter, stimulierender Roter: der Titan unter den Weinen

nalrezept Giuseppe Ciprianis von 1948: frisch gepresster Pfirsichsaft und Prosecco) mit Blick auf ihren künftigen Ruhm. Trotz seines schlichten Bistro-Dekors gehört dieses Lokal zu den teuersten Restaurants Italiens – wer an der Bar bleibt, spart Geld für seinen Durchbruch im Filmgeschäft.

TORINO@NOTTE Karte S. 76–77   Bar
☎ 041 522 39 14; Campo San Luca 4592;
🕑 Di–Sa 20–1 Uhr; 🚇 Rialto
Flippig, vielseitig und laut bereichert Torino mit seinen ausgefallenen Drinks nach dem Abendessen das sonst eher seriöse Viertel San Marco. Während der nächtlichen Öffnungszeiten werden zur Livemusik einer Band, zum spontan vorgetragen Singalongsong eines Collegestudenten oder zu einigen von DJs gebotenen traditionellen Reggaes Drinks zu 2–4 € serviert.

CAFFÈ FLORIAN Karte S. 76–77   Café-Bar
☎ 041 520 56 41; www.caffeflorian.com;
Piazza San Marco 56–59; 🕑 April–Okt.
Do–Di 10 Uhr–Mitternacht, Nov.–März 10–23 Uhr;
🚇 Vallaresso/San Marco
Sollte der Torre d'Orlogio (Glockenturm von San Marco) eines Tages in sich zusammenfallen, gäbe es eine andere Möglichkeit, die Zeit zu bestimmen. Man brauchte nur das seit 1720 ablaufende tägliche Ritual im Café zu beobachten: Bis zum Mittag schmusen Liebende auf eleganten Sitzmöbeln beim späten Frühstück, statt Lunch servieren uniformierte Kellner dickflüssige heiße Schokolade auf Silbertabletts und wenn die Prosecco-Korken knallen und die Mosaike über dem Portal von San Marco unter den Strahlen der

untergehenden Sonne golden zu glühen beginnen, spielt das Orchester zum Tanz auf. Für die Plätze auf der Piazza wird allerdings ein Aufpreis für die Musik von 6 € verlangt, so könnte man ebenso gut tanzen, um etwas für sein Geld zu bekommen.

CAFFÈ QUADRI Karte S. 76–77   Café-Bar
☎ 041 522 21 05; Piazza San Marco 120;
Teegedeck 16–20 €; 🕑 Di–So 9–23.30 Uhr;
🚇 Vallaresso, San Marco
Gepuderte Perücken würden so recht in das Ambiente des unverwechselbar barocken Salons passen. Das seit 1683 bestehende Café war ein beliebter Treffpunkt zur Zeit der Gebrüder Vivarini unter der Habsburger-Besatzung im 19. Jh. Venezianer mit Langzeitgedächtnis denken instinktiv immer noch an das alte Österreich und verpassen dabei die extravaganten Desserts wie gebackene Eiscreme, heiße Schokolade mit *panna* (Schlagsahne) zu 16 € und das venezianische Gebäck. Während der Karnevalszeit ist eine Reservierung notwendig, dann ist das Quadri gesteckt voll mit kostümierten Nachtschwärmern, die feiern als ob's 1699 wär.

MOSCACIEKA Karte S. 76–77   Café-Bar
☎ 041 520 80 85; Calle dei Fabbri 4717;
🕑 Mo–Fr 11 Uhr bis Mitternacht; 🚇 Rialto
Wer von der schieren Pracht San Marcos überfüttert ist, verdient einen erholsamen Drink in diesem fröhlichen, einfachen Pub. Die Bar besteht aus zusammengefügten Kachelscherben, die Tische stehen unter offenen gotischen Bögen, und eine aus Kartonage gefertigte Riesenfliege an der Decke trinkt auf die Gesundheit der Gäste. Tafeln informieren über die Spezialitäten des Hauses, aber auch die Männer hinter der Bar in schwarzen T-Shirts können Empfehlungen zu Wein, Bier, Cocktails und Sandwiches geben.

PALAZZO FRANCHETTI CAFFÈ
Karte S. 76–77   Café-Bar
☎ 041 240 77 11; www.istitutoveneto.it;
Campo Santo Stefano 2945; 🕑 Mo–Fr 9 –18 Uhr;
🚇 Accademia
Nur in Venedig kann die Wegbeschreibung zu einem Café sich wie eine Märchenerzählung anhören: Durch das schmiedeeiserne Portal und den von Efeu überwucherten Vorhof gelangen die Besucher in das Innere des golden schimmernden gotischen Palasts und teilen dem Wärter mit, sie seien auf einen Espresso gekommen. Nach der Besichtigung

der Accademia ist dieses neu eingerichtete Klostercafé das ideale Refugium: Man entflieht den Menschenmengen und erquickt sich gleichzeitig am Grün hinter verglasten Bogengängen.

TEAMO Karte S. 76–77 — Café-Bar

☎ 347 366 50 16; www.teamo.it; Rio Terà della Mandola 3795; ⏰ 8–22 Uhr; 🚢 Sant'Angelo
Tagsüber eine sonnige Teestube, bei Nacht eine gepflegte Bar mit Hintergrundbeleuchtung – dieses Lokal ist rundum fabelhaft. Wer bis spätestens 19 Uhr eintrifft, ist Nummer eins bei den *cicheti* an der Bar und bei den Hinguckern auf den Lederbänken – diese Bar besuchen sowohl Homos als auch Heteros, so ist für jeden gesorgt.

B BAR Karte S. 76–77 — Lounge-Bar

☎ 041 240 68 19; Campo di San Moisè 1455; ⏰ Mi–So 18.30–1 Uhr; 🚢 Vallaresso, San Marco
An der mit Goldmosaiken verkleideten B-Bar kommt schnell die Vision auf, man gehöre zur nächtlichen Hautevolee. Hier werden Cocktails bester Qualität und Häppchen aufmerksam serviert. Ein Klavierspieler spielt leise im Hintergrund, um den VIPs nicht die Schau zu stehlen. Es gibt eine ganze Karte voller einfallsreicher Varianten zum klassischen venezianischen *spritz*, so etwa der bitter-süßliche Rialto (Prosecco, Gin mit einem Spritzer Grenadine-Sirup).

BACARO Karte S. 76–77 — Lounge-Bar

☎ 041 296 06 87; Salizada San Moisè 1348; ⏰ 9–2 Uhr; 🚢 Vallaresso, San Marco
Für die Schönen und die Smarten: Die Bar im Bacaro ist ein schimmerndes Oval, das ein gutes Licht auf seine Gäste wirft. Die businessmäßig-sportlich Gekleideten, die hier nur ihren nachmittäglichen Espresso trinken, werden nach Ende der Lesungen im Mondadori nebenan von den literarisch Interessierten verdrängt, die auf einen *spritz* hereinschauen. Und auch Liebende der nicht seltenen Ferienromanzen stellen sich hier um Mitternacht für einen Absacker ein.

CENTRALE Karte S. 76–77 — Lounge-Bar

☎ 041 296 066 64; www.centrale-lounge.com; Piscina Frezzaria 1659b; Cocktails 9–12 €; ⏰ Mi–Mo 19–2 Uhr; 🚢 Vallaresso, San Marco
Unter stimmungsvollen Lüstern aus Murano-Glas könnte man in dieser mit nackten Ziegelwänden ausgekleideten Lounge Juliette Binoche, Spike Lee, Charlize Theron und diversen italienischen Mogulen begegnen. Die Preise für die Speisen sind hoch, und der auf Wunsch angebotene Bodyguard-Service ist wohl ein bisschen übertrieben. Das Centrale zieht jedoch zahllose Nachtschwärmer wegen der Mojitos (Cocktails mit weißem Rum), der mitternächtlichen Snacks und der entspannenden DJ-Einlagen und gelegentlichen Live-Jazzdarbietungen an.

SESTIERE DI DORSODURO

Selbst in der toten Winterzeit und während der Sommerhitze ist auf dem Campo Santa Margherita, dem Zentrum des Nachtlebens in Venedig, mit Sicherheit etwas los.

Der quirlige längliche Platz ist gesäumt von Restaurants und Bars. Hier wird regelmäßig werktags der Fischmarkt und hin und wieder auch der Flohmarkt abgehalten. Kinder benutzen den Campo als Schauplatz für ihre spontan erfundenen Spiele. Zur Happy Hour trifft sich hier ein bunt gemischtes Völkchen: Studenten, Jazzer, Biennale-Kuratoren, Anwohner. Gleich in der Nähe, an der Calle dei Preti unweit der Chiesa di San Pantalon, gibt's mehrere beliebte Bars. Ihre Gäste zählen im engeren Sinn zur Studentenschaft.

Ein legendäres Ziel zum sommerlichen Ausgehen ist El Chioschetto an der von der Sonne beschienenen Uferstraße Le Zattere.

AI DO DRAGHI Karte S. 86–87 — Bar

☎ 041 528 97 31; Calle della Chiesa 3665; ⏰ Fr–Mi 7.30–2 Uhr; 🚢 Ca' Rezzonico
„Permesso!" (Pardon!) ist das meist wiederholte Wort in dieser historischen *bacaro* (venezianische Form der Osteria). Hier quellen die sich drängelnden Gäste aus dem Gastraum auf den Bürgersteig. Im Stehen versucht man, nichts von seinem Getränk zu verschütten. Wem es gelingt, sich nach innen durchzuarbeiten und sich an der winzigen Holzbar vorbeizuzwängen, findet nach hinten hinaus weitere Sitzgelegenheiten im Freien.

CAFÉ NOIR Karte S. 86–87 — Bar

☎ 041 71 09 25; Calle San Pantalon 3805; ⏰ Mo–Fr 7–2, Sa 5–2, So 9–2 Uhr; 🚢 San Tomà
Am Morgen kehren die vielen Gäste, die hier bis spät nachts herumlungern, zum Espresso wieder, aber wegen all der guten Cocktails von 6 bis 8 € nun etwas mitgenommener. Ar-

chitekturstudenten, Musiker und Fremde treffen sich hier zum *spritz* auf der *calle* (Gasse), und am besten gelingt eine Konversation nach folgenden Allgemeinplätzen: Calatrava (spanischer Architekt) wird überschätzt, Albinoni (venezianischer Komponist)wird unterschätzt und ein *spritz* mit Aperol ist besser als einer mit Campari.

CANTINONE GIÀ SCHIAVI Karte S. 86–87   Bar
☎ 041 523 00 34; Fondamenta Maravegie 992; ⏱ Mo–Sa 8.30–20.30 Uhr; 🚉 Zattere
Gute Lungen und lange Arme sind notwendig, um während der Happy Hour in der Bar Cantinone seine Bestellung loszuwerden. Wegen der *pallottoline* (kleine Flaschen Bier), der *salame crostini* (Sandwichhälften mit Salami) und der eingelegten Artischocken fällt das gesamte Viertel hier ein. Studenten, Gondelbauer und Kunsthistoriker von der Accademia stehen am Quai zusammen, feiern und begrüßen die *nonna* (Oma) des Viertels, um ihr ein Glas Soave zu organisieren.

EL CHIOSCHETTO Karte S. 86–87   Bar
☎ 348 396 84 66; Fondamente Zattere al Ponte Lungo 1406a; ⏱ Nov.–März 7.30–17, April–Okt. 7.30–1 Uhr; 🚉 San Basilio

Vor dem Gebäudekomplex der Università di Ca' Foscari , unten an den Zattere-Docks, breiten sich rund um eine budenartige Bar – sie sieht eher wie ein Zeitungskiosk aus – Tische aus. Hier gibt's einen passablen *spritz*. Studenten sind hier das ganze Jahr über zu sehen, aber von Mitte Mai bis Mitte September haben DJs und Live-Bands ihre Saison. Gelegentlich startet bei Sonnenuntergang von hier aus ein Partyboat, das den Guidecca-Kanal hinunterfährt (15 € inkl. Getränk).

IL CAFFÈ ROSSO Karte S. 86–87   Bar
☎ 041 528 79 98; Campo Santa Margherita 2693; ⏱ Mo–Sa 7–1 Uhr; 🚉 Ca' Rezzonico
Ein sonniger Campo ist der richtige Ort, um sich von der nächtlichen Orgie und den morgendlichen Zeitungsschlagzeilen über die Wirtschaftskrise zu erholen. Dann beginnt um 18 Uhr das ganze Spiel mit *spritz*-Cocktails und herbeiströmenden Studentenmassen von neuem. Die Bewohner des Viertels nennen diesen nicht allzu bekannten Treffpunkt, in Anspielung auf sein rotes Namensschild, liebevoll *caffè rosso*. Seinem Spitznamen macht das Lokal nachts mit einem preiswerten *spritz*, dem ein großer

GIRI D'OMBRE: DREIMAL VENEDIG FEUCHT-FRÖHLICH

Dorsoduro
Der echte venezianische *giro d'ombra* (Spaziergang zur Happy Hour) beginnt in der Cantinone Già Schiavi (S. 218) mit einem *ombra* (Glas Wein) oder einer *pallottoline* (kleine Flasche Bier). Dann folgt eine kleine Unterbrechung, um eine gemischte Platte mit Aufschnitt, mariniertem Gemüse, Käse und einem Hauswein in der Osteria alla Bifora (S. 200) zu konsumieren. Eine Alternative wäre direkt zu seinem *spritz* ins Caffè Rosso (S. 218) oder ins Café Imagina (S. 219) zu gehen – beide befinden sich auf dem Campo Santa Margherita. Im Café Impronta (S. 200) angekommen, ist die Zeit reif für gebackene Polenta mit Pilzen und vielleicht anschließend einen belebenden Espresso.

Rialto
Für faule Zecher ist dies der perfekte *giro*, denn alle Einkehrmöglichkeiten liegen nur wenige Straßenzüge voneinander entfernt. Das I Rusteghi (S. 198) macht den Anfang. Hier gibt's einen kleinen Imbiss von der Bar und vollmundige Rote (ein *spritz* steht hier außer Diskussion), beides an niedrigen Patio-Tischen serviert. Weiter geht's über die Brücke ins Al Mercà (S.219) für ein *ombra* mit DOC-Prosecco. Als Nächstes käme Muro Vino e Cucina (S. 220) infrage, wo sich die Gäste auf der Piazza niederlassen könnten, um beim nächsten Glas zu verweilen. Zum Schluss bietet sich noch das Sacro e Profano (S. 220) an, wo die letzte Pasta-Spezialität dieser Nacht serviert wird.

Cannaregio
Das Bar-Hopping am Wasser sollte ganz ausgekostet werden: Es beginnt mit Fleischbällchen und einem guten Tropfen von der Bar in der Osteria Alla Vedova (S. 206). Anschließend geht's weiter zum Rio Tera della Maddalena, an diesem entlang und dann durch das Ghetto, schließlich über die nächste Brücke ins Al Timon (S. 221), um dort einige der nun verdienten *crostini* zu verzehren und an einem der am Kanal aufgestellten Tische einen Schluck zu genießen. Wo die nächste Stadion sein soll, ist wirklich schwer zu entscheiden: Bier in der nahe gelegenen Osteria agli Ormesini (S. 221) oder Risotto und preisgünstigen Wein im unkomplizierten Bea Vita (S. 206)? Erfahrene Kneipenbesucher (und jeder weiß selbst, ob er dazu zählt) wissen schon die Antwort: Beide!

Schuss leuchtend roten Aperols beigegeben wird, wirklich alle Ehre.

IMAGINA CAFÉ Karte S. 86–87 Bar
☎ 041 241 06 25; www.imaginacafe.it; Rio Terà Canal 3126; 🕙 Di–So 9–2 Uhr; 🚇 Ca' Rezzonico
Bilder von jungen Künstlern an den Wänden, gemütliche Separées und eine überaus stattliche Sammlung Aperol-Flaschen hinter der Bar locken eine kreative, schwulenfreundliche Stammkundschaft an, die vielleicht langsam einmal damit beginnen sollte, Miete zu zahlen. Die Tische draußen sind normalerweise von Ansässigen mit kleinen Hunden in Beschlag genommen. Sie aalen sich in der Sonne und baden sich in der Bewunderung Vorübereilender.

TEA ROOM BEATRICE Karte S. 86–87 Teestube
☎ 041 724 10 42; Calle Lunga San Barnaba 2727A; 🕙 10–18 Uhr 🚇 Ca' Rezzonico
Nach einem langen Besichtigungstag in Venedig bietet das Beatrice eine willkommene Alternative zu einem an der Bar eingenommenen Espresso. Regentage sind besonders geeignet, sich in dieser japanisch angehauchten Teestube eine Kanne grünen Tees mit Mandelkuchen zu genehmigen. Für Sonnentage ist der auf der Terrasse servierte Eistee mit gesalzenen Pistazien als Beigabe ein ideales Getränk.

SESTIERI DI SAN POLO & SANTA CROCE (SANTA CROSE)

Die Happy Hour am Rialto-Markt beginnt um 8 Uhr morgens – die Fischer, seit 3 Uhr nachts auf dem Wasser, haben ihren Tagesfang angelandet und einen Drink, ihre Version des Mittagessens, wohlverdient. Danach eilen sie an ihre Fischmarktstände, um bis zur Mittagszeit die Tintenfische für Küchenchefs und Feinschmecker zu verkaufen. Um 12 Uhr füllen sich die *osterie* in den Gassen hinter der Ruga del Speziali mit Anwälten und Handwerkern. Man trifft sich zu *cicheti, prosecco* sowie Espresso als Abschluss und gibt dem venezianischen Arbeitstag damit einen entschieden positiven Anstrich.

Wenn die Sonne in der Lagune versinkt, übernehmen die Venezianer Rialto von den Souvenirhändlern, sie stecken ihre Reviere auf dem Campo Cesare Battisti und an den Kais ab, wo sie ihren *spritz* oder ihren *ombra* zu sich nehmen. Wer einen Streifzug durch Bars an weniger überlaufenen Orten bevor-

zugt, dem seien die Lokale in San Giacomo dell'Orio oder an der Fondamenta Rio Manin ans Herz gelegt.

AI POSTALI Karte S. 94–95 Bar
☎ 041 71 51 76; Fondamenta Rio Marin 821, Santa Croce; 🕙 Mo–Sa 18–2 Uhr; 🚇 Ferrovia
Bis in den frühen Morgen hinein begleitet Jazzmusik im Hintergrund das Stimmengewirr; hier sollen sich um Mitternacht lokale Musiker mit einer improvisierten Jam-Session vorgestellt haben. Vor langer Zeit diente die Bar nicht im Dienst befindlichen Postboten zur Einkehr – daher der Name – heutzutage erkämpft sich, wer in Santa Croce jung und cool ist, seinen Platz am Kanal, um seinen unkonventionellen *spritz* mit Olive zu ordern.

AL MERCÀ Karte S. 94–95 Bar
☎ 393 992 47 81; Campo Cesare Battisti 212-213, San Polo; 🕙 Mo–Sa 12–15 & 16–21 Uhr; 🚇 Rialto
Anspruchsvolle drängen sich in dieser peppigen Bar, um erstklassige Proseccos und DOC-Weine, das Glas zu 2 bis 3,50 € , zu genießen und das Dinner zugunsten der *cicheti* ausfallen zu lassen: Fleischbällchen und Mini-Panini gibt's schon für1 €. Wer die größte Auswahl an Snacks haben und einen Platz an der Bar ergattern möchte, muss um 18.30 Uhr da sein. Andernfalls heißt es, sich unter die vielen Nachzügler zu mischen, die bis an den Kai zum Canal Grande stehen – es gibt keine Sitzmöglichkeit, und in dieser Perle von Bar stehen die Gäste äußerst dicht gedrängt.

ANCORÀ Karte S. 94–95 Bar
☎ 041 520 70 66; Fabbriche Vecchie, San Polo 120; 🕙 9.30–2 Uhr; 🚇 Rialto
Der Meister des Minimalismus, Tadao Ando, hätte seine Freude an dieser schicken Bar. Schmucklos, nur nackte Ziegelwände, aufgepeppt mit viereckigen Metalltischen für zwei Personen, liegt sie versteckt auf einer Innengalerie in einem der alten Lagerhäuser unter dem Säulengang am Rialto-Kai. Jazz, Blick über den Canal Grande, Prosecco, frische Austern, Bio-Produkte, dazu ein moderner romantischer Rahmen – all dies sind Spezialitäten des Hauses.

ANTICA OSTERIA RUGA RIALTO
Karte S. 86–87 Bar
☎ 041 521 12 43; Ruga Rialto 692, San Polo; 🕙 18.30 bis Mitternacht; 🚇 Rialto
Obwohl Meeresfrüchtesalat und das klassische *fritto misto e pattatine* (kurz frittierte

Meeresfrüchte aus der Lagune und Kartoffeln) – Venedigs Äquivalent von Fish & Chips – dieser Osteria ihre lokale Stammkundschaft sichern, sind es normalerweise Getränke, die gegen Mitternacht hier konsumiert werden. Der hintere Raum dient gleichzeitig als Galerie, in dem sich junge Künstler präsentieren. Die gelegentlich dargebotene Livemusik füllt den schmalen Durchgang bis hinunter zum Canal Grande mit Nachtschwärmern.

BAGOLO Karte S. 94–95 Bar

☎ 041 71 75 84; Campo San Giacomo dell'Orio 584, Santa Croce; ☽ Sept.–April 7 Uhr bis Mitternacht, Mai–Aug. 7–2 Uhr; 🚊 Riva de Biasio

Knarrende Holzböden, stimmungsvolle Innenbeleuchtung und Kerzen auf den Tischen draußen sorgen für eine etwas andere Art von Romantik, die man während entspannter Happy Hours auf diesem malerischen Platz genießen kann. Die Bar profitiert davon, dass sich eine Reihe weiterer vielbesuchter Treffpunkte unmittelbar um die Ecke an der Calle del Tentor befindet.

DO MORI Karte S. 94–95 Bar

☎ 041 522 54 01; Sotoportego dei do Mori 429, San Polo; ☽ Mo–Sa 8.30–20 Uhr; 🚊 Rialto

Hinter einem von Kiosken gesäumten Touristendurchgang zum Rialto-Markt in einer Nebengasse versteckt liegt diese bacaro von 1462. Aber sie lässt sich ihr Alter nicht ansehen: Matt glänzende, gewaltige Kupfertöpfe baumeln auf beängstigende Weise über den Köpfen der Gäste. Nicht dazu passend gibt's appetitliche, kleine Sandwiches, francobolli (Briefmarken) genannt. Wer früh erscheint, erwischt die besten cicheti (3–4 €) und bekommt auch den örtlichen Tratsch mit.

EASYBAR Karte S. 94–95 Bar

☎ 041 524 03 21; Campo Santa Maria Mater Domini 2119, Santa Croce; 🚊 San Stae

Man muss nach Venedig kommen, um eine Sportkneipe mit Crossover-Appeal zu finden. Ihre gepflegte Bar macht sie zur bevorzugten Kneipe für Architekturstudenten der Università di Foscari, während die ombre (Glas offener Wein) für 0,90 € und die Fußball-Fernsehmöglichkeit das breite Publikum anziehen.

MURO VINO E CUCINA Karte S. 94–95 Bar

☎ 041 523 74 95; Campo Cesare Battisti 222, San Polo; ☽ Mo–Sa 9–15 & 17–2 Uhr; 🚊 Rialto

Obwohl es bei dieser Edelbar zu erwarten wäre, gibt es hier keine Absperrung: Bar aus

Aluminium, sexy indirekte Beleuchtung und Panoramafenster, um zu sehen und gesehen zu werden. Auch die Preise sind gästefreundlich. Es gibt offene Weine, das Glas ab 2 €, solide Cocktails von 5 € aufwärts und an der Bar cicheti zwischen 1,50 und 3,50 €. Das Restaurant im 1. Stock ist protzig, dagegen ist es an den niedrigen Tischen draußen unterhaltsamer als in jeder VIP-Lounge.

SACRO E PROFANO Karte S. 94–95 Bar

☎ 041 523 79 24; Ramo Terzo del Parangon 502, San Polo; ☽ Mo–Di & Do–Sa 11.30–13 & 18.30–1 Uhr, So 11.30–14 Uhr; 🚊 Rialto

Musiker, Künstler, Esoteriker und ganz normale Verrückte sorgen dafür, dass es für die Gäste, die in dieser Bar unter der Rialto-Brücke bei einem Drink sitzen, außergewöhnlich unterhaltsam wird. Wer erst einmal in ein Gespräch verwickelt ist, bestellt meist auch einen großen Teller Pasta oder ein Huhn-Curry. Möglicherweise ergeht aber auch eine Einladung zur Ska-Show: Die Bar wird von einem ehemaligen venezianischen Ska-Bandleader geführt, was eine Erklärung für die Trompeten an der Wand ist.

TAVERNA DA BAFFO Karte S. 94–95 Bar

☎ 041 520 88 62; Campiello Sant'Agostin 2346, Santa Croce; ☽ 17–2 Uhr; 🚊 San Tomà

Diese peppige Bar, nach dem lasterhaften Dichterfreund Casanovas benannt und mit dessen unzweideutigen Versen auf weibliche Formen dekoriert, lockt ein junges Publikum an: Es gibt einen anständigen spritz und importiertes Bier. Im Sommer ist rechtzeitiges Erscheinen angesagt, um sich einen Platz an einem der Tische draußen und die Aufmerksamkeit des Barinhabers zu sichern.

CAFFÈ DEI FRARI Karte S. 94–95 Café

☎ 041 524 18 77; Fondamenta dei Frari 2564, San Polo; ☽ 8–20 Uhr; 🚊 San Tomà

Espresso mit historischer Zugabe gibt's an dieser jahrhundertealten beschnitzen Holzbar. Wer sich von den vielen visuellen Eindrücken nach Besichtigung der Frarikirche erholen möchte, bekommt hier auch ein Sandwich, ein Glas Wein und eine leichte Unterhaltung an den kleinen Café-Tischen im Inneren geboten.

CAFFÈ DEL DOGE Karte S. 94–95 Café

☎ 041 522 77 87; www.caffedeldoge.com; Calle dei Cinque 608, San Polo; ☽ Mo–Sa 8.30–20, So 9–1 Uhr; 🚊 San Silvestro

Man folge seiner Nase zum Doge, wo besonders geschulte Kaffee-Kenner die zahlreichen Kaffeespezialitäten auf der Karte, von Äthiopien bis Guatemala importiert und alle im Haus frisch geröstet, durchprobieren. Die Ausstattung ähnelt mehr einem Labor als einem klassischen venezianischen Café und die immer wieder abgespielte Videoreklame wirkt aufdringlich, aber die hier angebotenen Kaffeesorten haben international ihre Anhänger gefunden.

SESTIERE DI CANNAREGIO

Pendler und Tagesausflügler hetzen vom Rialto-Markt über die Verbindungsachse der Strada Nuova zum Bahnhof und versäumen auf diese Weise einige der besten Einkehrmöglichkeiten ganz Venedigs zur Happy Hour an den *fondamente* (Kanalufern) von Cannaregio. Die Fondamenta della Misericordia scheint wegen ihres Namens ein unpassender Treffpunkt zur Happy Hour zu sein: So bleiben die nicht ganz so Unerschrockenen fern und überlassen den Anwohnern weitgehend die Bar und die besseren Plätze bei Livemusikdarbietungen. Bier ist hier, vor allem im Sommer, das bevorzugte Getränk, und in einigen Bars des Viertels können die Gäste unter Importbieren und guten Bieren aus lokalen Bierbrauereien wählen.

AL TIMON Karte S. 104–105 Bar
☎ 346 320 99 78; Fondamenta degli Ormesini 2754; Di–So 12–15 & 18–2 Uhr; Guglie
Wer die beginnende nächtliche Parade beobachten möchte, ziehe seinen Regiestuhl an den Kanal: Mit Farbe beschmierte Bohemiens treffen an der Bar mit ausgehungerten Studenten und manchmal auch einem herumziehenden japanischen Jazzer zusammen, wo sich dann alle über die *crostini* (Sandwichhälften) hermachen. Wegen der guten Getränke verläuft der Abend bis zur nachmitternächtlichen Stunde feucht-fröhlich.

IL SANTO BEVITORE Karte S. 104–105 Bar
☎ 041 71 75 60; Calle Zancani 2393a; Mo–Sa 7.30 bis Mitternacht; Ca' d'Oro
San Marco mag seinen glanzvollen Dom haben, doch hier im Schrein des „Heiligen Trinkers" gibt's die große Auswahl an hellen Bieren und roten Ales, Plätze im Freien am Kanal oder drinnen, wo im Fernsehen Fußball läuft. Nachmittags gibt's Internetzugang und gelegentlich nachts eine Live Band.

OSTERIA AGLI ORMESINI
Karte S. 104–105 Bar
☎ 041 71 58 34; Fondamenta degli Ormesini 2710; Mo–Sa 18.30–2 Uhr; Madonna dell'Orto
Während die übrige Stadt sozusagen in Wein schwimmt, ist hier das Getränk der Wahl Bier:

VENEZIANISCHER AUSGEH-KNIGGE

Bitte Hinweise beachten An Vaporetto-Anlegern befinden sich Warnschilder, dass jeder, der unverhüllt herumläuft, mit einem Bußgeld rechnen muss. Das ist ein unmissverständliches Zeichen: Jede Kommune, die öffentlich zur Schau gestellter Nacktheit einen Riegel vorschieben muss, ist offensichtlich ein lebenslustiges Pflaster.

Aufgepasst In Venedig gibt es zwar kein Problem mit Alkohol am Steuer, aber da einige der besten Bars an glatten *fondamente* (Kanalufern) ohne Sicherheitsgeländer liegen, könnten sich sicherer Stand und schnelle Reflexe als recht nützlich erweisen.

Nicht kostenlos In den meisten Bars ist die Toilette nur für zahlende Gäste gedacht. Aber nicht alle Lokale besitzen eine solche: Wer es eilig hat, sollte vor dem Bestellen schauen, ob ein WC-Zeichen da ist. Frei zugängliche Toiletten findet man unter Umständen in den Lobbys schicker Hotels.

Müde Beine An Tischen servierte Drinks können doppelt so teuer sein. Wer also ein anstrengendes Sightseeing-Programm absolviert, sollte seine schmerzenden Füße in das Tagesbudget mit einkalkulieren.

Angemessenes Trinkgeld Für aufmerksamen Service kann ein kleines Wechselgeld nach dem Bezahlen auf der Bar liegen gelassen werden; in einer eleganten Lounge, in der serviert wird, schlägt man bis zu 10 % auf die zu bezahlende Rechnung auf.

Sich einen Weg bahnen Wer seinen Drink an einer überfüllten Bar ergattert hat, kann sich damit durch die Menge schlängeln, indem er immer wieder *Permesso*! (Entschuldigung!) sagt. Als älteres Semester mit grauem Haar hat man auch Vorteile: Jeder ab einem gewissen Alter wird an der Bar zuerst bedient.

Bitte kein Gegröle Da jede Art von Lärm wegen des Kopfsteinpflasters der *campi* (Plätze) und in den engen *calli* (Gassen) ein Echo erzeugt, sollte die Gesprächslautstärke gedrosselt werden.

Es werden, 120 zumeist ausländische Sorten angeboten. Zur Happy Hour, wenn es die *panini* gibt, quellen die Gäste bis auf die Straße hinaus. Doch wird darum gebeten, den Lärmpegel bei aller Fröhlichkeit niedrig zu halten, andernfalls reagieren die Nachbarn und die Betreiber der Bar gereizt.

PARADISO PERDUTO Karte S. 104–105   Bar

☎ 041 72 05 81; Fondamenta della Misericordia 2640; ☻ Mi–So 19–1 Uhr; ⚑ Madonna dell'Orto
Wem es in einer heißen Sommernacht nach einem kühlen Bier am Kanalufer gelüstet, ist das „Verlorene Paradies" mit seinen gelegentlichen Livemusik-Konzerten ein guter Tipp. In den letzten 25 Jahren traten die italienische Jazzgröße Massimo Urbani, der Chansonnier Vinicio Capossela und Keith Richards auf der kleinen Bühne des Paradiso auf. An Samstagen wechseln sich von zwei verschiedenen lokalen Labels veranstaltete Jam-Sessions mit Vernissagen lokaler Kunstausstellungen ab.

UN MONDO DI VINO Karte S. 104–105   Bar

☎ 041 521 10 93; Salizada San Canciano 5984a; ☻ Di–So 12–21 Uhr; ⚑ Rialto
Frühes Eintreffen ist notwendig, um den ersten Zugriff auf die zumeist unfrittierten Häppchen an der Bar zu haben – mit Glück sind es eingelegte Artischocken und Muscheln, – und es gibt einige Quadratzentimeter Fenstersimse, die helfen, mit vollen Tellern und Gläsern besser umherzubalancieren. Angeboten werden 45 offene Weine zwischen 1,50 und 4 €. Die Empfehlung des Barbetreibers ist ein wertvoller Hinweis.

ARDIDOS Karte S. 104–105   Café-Bar

☎ 041 894 61 83; Campiello dei Fiori 2282; ☻ 7.30–23.30 Uhr; ⚑ Ca' d'Oro
Wie wegen der metallicfarben gestrichenen Wände, der freiliegenden Holzteile und des ausladenden Leuchters in Form eines Oktopus zu vermuten, handelt es sich bei der Besitzerin Beatrix um eine Designerin, und zwar aus Mailand. Der mit Kerzen beleuchtete Innenhof ist ein recht schicker Ort, um venezianische Weine zu einer echten Mailänder Salami- und Käseplatte zu genießen. Die eigentliche Überraschung aber ist eine exzellente Auswahl an Kaffeesorten aus aller Herren Länder und frischen Smoothies (Ganzfruchtgetränke).

CAFFÈ COSTA RICA Karte S. 104–105   Café-Bar

☎ 041 71 63 71; Rio Terà San Leonardo 1337; ⚑ San Marcuola

Wer auf dem Weg zum Bahnhof ist, kann sich durch die verlockenden Gerüche aus dem kleinen Laden – die Front ist mit Jute-Kaffeesäcken dekoriert – schnell zu einem spontanen Abstecher verleiten lassen. Seit 1930 importiert die Familie Marchi Kaffeebohnen aus Costa Rica und anderen Gebieten für Kaffeespezialitäten. Sie werden zur Freude der Kaffeekenner frisch sogar im Haus geröstet und gemahlen.

SESTIERE DI CASTELLO

Bei Sonnenuntergang strömen die Bewohner Castellos zum Abendspaziergang (*passegiato*) an die Hafenpromenade und in die Parkanlagen, anschließend enteilen sie auf die Plätze (*campi*) zu ihrem abendlichen Apéritif.

Die Cafés auf dem Campo Santa Maria di Formosa, Campo di Bandiera e Mori und Campo Zanipolo sind bevorzugte nächtliche Ausgehziele. Wer aber Cocktails mit Blick auf die Inseln und die illuminierten Palladio-Monumente auf der anderen Lagunenseite wünscht, sollte sich nicht lumpen lassen und dafür vielleicht die Bars der Designerhotels an der Riva degli Sciavoni aufsuchen, die aleerdings nicht ganz billig sind.

BAR TERAZZA DANIELI Karte S. 110–111   Bar

☎ 041 522 64 80; www.starwoodhotels.com; Riva degli Schiavoni 4196; ☻ 15–18.30 Uhr; ⚑ San Zaccaria
Gondeln gleiten gemächlich am Kai vorüber zu ihren Anlegestellen, auf der anderen Lagunenseite beginnt der weiße Marmor der Palladio-Kirche San Giorgio Maggiore im Kanalwasser golden zu schimmern: Der Blick am Spätnachmittag von der unlängst restaurierten Balkonbar des Hotels Danieli kann nur mit einem Toast gefeiert werden. Wer nach dem Mittagessen eintrifft, könnte es sich den Nachmittag mit einem *spritz* (10 €) oder Cocktail (18–22 €) hier gemütlich machen. Zu empfehlen ist ein der Farbe des Sonnenuntergangs angepasster Cocktaildrink des Hauses: ein Danieli mit Gin, Aprikosen- oder Orangensaft und einem Spritzer Grenadine. Das Getränk wird mit Gratis-Knabbereien und gelegentlich auch dem Anblick eines VIPs serviert.

ENOTECA MASCARETA Karte S. 110–111   Bar

☎ 041 523 07 44; Calle Lunga Santa Maria Formosa 5138; ☻ Fr–Di 19–2 Uhr; ⚑ Rialto

Entweder man nimmt draußen an der Bar *cicheti* und *ombra*, einen Öko-Wein für weniger als 10 € zu sich oder entscheidet sich für drinnen. Dort gibt's *ombra* für 3 € und eine *taier misto* (Platte mit verschiedenen Sülzen und Käsesorten) für 15 €, die als leichtes Essen für zwei durchgehen könnte.

L'OLANDESE VOLANTE Karte S. 110–111 Bar
☎ 041 528 93 49; Campo San Lio 5658;
🕐 Mo–Sa 10–14 & 17–24.30 , So 10–14 Uhr;
🚊 Rialto

Nach einer weiteren chaotischen Nacht im „Fliegenden Holländer" geht's beschwingt, aber heiser heim. Hier mischen sich ganz von selbst ausländische Studenten und lokale Exzentriker und lachen lauthals beim preiswerterten Bier. Die Sitzplätze draußen sind heiß begehrt, doch kurz vor Schließung ist es möglich, sich mit anderen einen Tisch zu teilen.

OBILLOK Karte S. 110–111 Café-Bar
☎ 041 528 46 39; www.obillok.it; Campo Santi Giovanni e Paolo 6331; 🕐 11–20 Uhr; 🚊 Ospedale

Verführerisch-attraktiv und kunstvoll venezianisch mit überdimensionalen barocken Schnörkeln an den Wänden, Stühle in Tizianrot und eine Designer-Messingbar, an der das Bier in schiefen Gläsern ausgeschenkt wird – das alles kennzeichnet diese Bar. Abgesehen davon gehört der *macchiatone* zu den besten der ganzen Stadt. Der passable *spritz* und die supertolle Jazzmusik locken Unzählige zur Happy Hour.

PARADISO Karte S. 110–111 Café-Bar
☎ 335 622 30 79; Giardini della Biennale 1260;
🕐 9–19 Uhr; 🚊 Biennale

Hier umwerben Kuratoren scheue Künstler auf modernen Couchen und halten Stararchitekten unter Sonnenschirmen Hof – eine Szenerie, die selbst zwischen den Biennalen hier zur Tagesordnung zählt. In Strömen fließt der Kaffee, und die Cocktails begleiten die Auftritte. Die Getränke kosten weniger als angesichts der Designerstühle, der Lage am Wasser und der fehlenden Konkurrenz zu erwarten wäre – im Umkreis gibt es für Damen mit hochhackigen Schuhen kein anderes erreichbares Café.

QCOFFEE BAR Karte S. 110–111 Café-Bar
☎ 041 528 97 58; Fondazione Querini Stampalia 5252; 🕐 Di–Do 10–19, Fr & Sa 10–21, So 10–18 Uhr ; 🚊 San Zaccaria

Wer durch die Querini Stampalia-Buchhandlung hindurchgeht, verschafft sich mit einem einzigen Getränk Zugang zu den Werken von zwei Architekturmeistern der Moderne. Regentage sind gerade das Richtige für eine heiße Schokolade in dem von Mario Botta gestalteten neoklassizistischen Café: Weiße Wände setzen sich hier von den schwarz-polierten Zementfußböden mit regelmäßigen Karos ab. Draußen im Freien werden durch die von Carlo Scarpa entworfenen Bewässerungsgräben aus Zement, geschickt nach mittelöstlichem Vorbild gestaltet, die venezianischen Kanäle quasi in das Café integriert und verleihen dem ein oder anderen im sonnigen Garten eingenommen *spritz* einen industriell-kühlen Touch.

ZENZERO Karte S. 110–111 Café-Bar
☎ 041 241 28 28; Campo Santa Marina 5902;
🚊 Rialto

BEVOR ES LOSGEHT

Um sich über das kommende Veranstaltungsprogramm Venedigs zu informieren, werden folgende praktische Websites empfohlen:

- **APT** (www.comune.venezia.it) Venedigs offizielle Website für Touristen bietet über ihren Venice Connected Service Veranstaltungsprogramme und Ermäßigung bei der Online-Buchung.
- **A Guest in Venice** (www.aguestinvenice.com) Die Hotelier-Vereinigung stellt Informationen über künftige Ausstellungen, Ereignisse und Vorträge zur Verfügung.
- **Agenda Venezia** (www.agendavenezia.org) Die Kulturstiftung listet alle Events in Venedig nach Datum auf.
- **Biennale di Venezia** (www.labiennale.org) Auf der offiziellen Biennale-Website gibt's die Programme für Kunst- und Architekturveranstaltungen, die Premieren des Filmfestivals Venedig sowie die von der Biennale unterstützten Theater-, Tanz- und Performance-Events.
- **Venezia da Vivere** (www.veneziadavivere.com) Eine clevere Insider-Auswahl von bevorstehenden Musikdarbietungen, Filmvorführungen, Möglichkeiten für das Nachtleben und anderes mehr.
- **Music in Venice** (www.musicinvenice.com) Ein umfassendes Programm, das über bevorstehende Konzerte der beliebtesten und bekanntesten Musikgruppen informiert, und ein zuverlässiger Service für Online-Buchungen.

Blitze können kaum mit der wahrhaft wachrüttelnden Kraft des Espresso bei Zentero konkurrieren, der mit frisch gebackenen Profiterolen (kleine Windbeutel) und anderen süßen Leckereien, die normalerweise in null Komma nichts weg sind, zu sich genommen wird. Wenn die Wirkungskraft der hier erhaltenen Koffeinspritze bis zum Sonnenuntergang nicht nachgelassen hat, sollte man zu erstklassigen Aperitifs auf den Campo Santa Marina zurückkehren.

RUND UM DIE LAGUNE

Um entspannt Drinks mit Blick über die Lagune zu genießen und nebenbei vielleicht auch noch den einen oder anderen Filmstar zu Gesicht zu bekommen, lohnt die kurze Vaporetto-Fahrt nach Giudecca oder zum Lido: Dort lädt eine Reihe eleganter Bars zum Verweilen ein.

HARRY'S DOLCI Karte S. 121   Café-Bar

☎ 041 522 48 44; www.cipriani.com; Fondamenta San Biagio 773; 🕙 April–Okt. Mi–Mo 10.30–23 Uhr; 🚊 Palanca

Dolci ist das ultimative Insel-Refugium für das Designerbrillen-Publikum mit den gleichen klassischen Cocktails wie das Tochterunternehmen Harry's Bar. Bedient wird unter einem tiffany-blauen Sonnenvordach am Giudecca-Kanal. Der Service ist allerdings eher schwach, und drinnen ist das Café mit altmodischen Kacheln gefliest, die aussehen, als ob sie aus einer U-Bahn stammten. Also lieber keinen Luxus erwarten. Bei Sonnenschein lässt sich's aber hier trotzdem in den hausgemachten dolci (Backwaren) und Kaffeeangeboten (15 €) schwelgen, bis sich hoffentlich die zündende Idee für den nächsten brillanten Roman eingestellt hat.

COLONY BAR Karte S. 125   Lounge

☎ 041 526 59 21; Hotel Des Bains, Lungomare Marconi 17; 🕙 tgl. 9–1 Uhr; 🚊 Lido

Oh, das ist das Leben am Lido: VIPs zu Gesicht bekommen und dabei Cocktails auf einer historischen Jugendstil-Veranda von 1900 schlürfen, die sich elegant hinter Pinien versteckt. Die Getränkerechnung wird mit Sicherheit genau so hoch ausfallen wie die Tagesmiete einer Strandkabine. Aber dafür gibt's die Annehmlichkeiten eines 5-Sterne-Hotels – sehr aufmerksamer Service, Drinks bester Qualität und sogar freien kabellosen Internetzugang, das alles auch ohne eine Zimmerbuchung.

NACHTLEBEN
CLUBBING

Im Zentrum Venedigs hallt jeder Schritt in den calle (Gassen) wider und daher machen die bestehenden Regeln zur Lärmvermeidung alle Hoffnung auf eine Tanzclubszene zunichte. Wer allerdings etwas Glück hat, könnte auf die gelegentliche „Stille Nacht-"Fete auf dem Campo San Polo stoßen: Die Jugend tanzt dann scheinbar ohne Musik nach einer bestimmten auf den MP3-Player heruntergeladenen Musikfolge. Die trübe Situation hellt sich im Sommer auf, wenn die Strandclubs am Lido öffnen und ein halbes Dutzend Bars in Jesolo, etwa eine Autostunde nordöstlich von Venedig entfernt, ihren Betrieb aufnehmen. (Jesolo wird überlicherweise Lido di Jesolo (S. 278) genannt und ist nicht mit der nahe gelegenen venezianischen Insel Lido di Venezia zu verwechseln.) Die Eintrittspreise in den Club liegen zwischen 5 und 20 €, manchmal ist das erste Getränk inbegriffen.

Jesolo ist ganz leicht mit öffentlichen Verkehrsmitteln zu erreichen: Der ATVO-Bus 10a, der von der Piazzale Roma aus startet, benötigt etwa 70 Minuten nach Jesolo, und die Fahrt kostet 3,80 € (hin & zurück 6,70 €). Das Problem ist nur: wie zurückkommen? Der letzte Bus fährt im Sommer normalerweise bereits um 23.20 Uhr. Eventuell ein Taxi? Dann ist man mit 80 € und mehr dabei, je nach Verkehr. Wer also nicht von vornherein lieber die in der Stadt und am Hauptstrand liegenden Clubs ansteuern möchte, sollte die Kosten für ein örtliches Taxi ins nächtliche Vergnügungsbudget mit einkalkulieren.

In Mestre und einer Reihe weiterer kleiner Orte auf dem Festland gibt's ebenfalls einige Clubs und Gemeindezentren mit Livemusik und DJs. Die meisten von ihnen liegen in Außenbezirken und sind am besten per Auto zu erreichen, obwohl es einige sporadisch fahrende Nachtlinien zwischen Mestre und Venedig gibt. Andernfalls sind Nachtschwärmer auf Taxis angewiesen.

AURORA BEACH CLUB Karte S. 125

☎ 335 526 80 13; www.aurora.st; Piazzale Bucintoro, Lungomare D'Annunzio 20x, Lido; 🕙 Mai–Mitte Sept. 9–2 Uhr; 🚊 Lido

Wer sich den lieben langen Tag lang auf einem Lido-Clubsessel ausgeruht hat , für den gibt's nichts Besseres, als sich auch mal auf einem Strand-Himmelbett zu entspannen. In diesem frechen Strandclub gehen die Tage mit zahllosen Unterhaltungsangeboten in die Nächte über: eine kostenlos zu benutzende Bibliothek mit Büchern und Zeitschriften, markierte Strandsport- und Entspannungszonen, Livemusik, Cocktailbars, Open-air-Kino und am Wochenende DJ-Einsätze, die garantiert für Tanzvergnügen bis zum Umfallen sorgen.

IL MURETTO

☎ 393 410 11 20; www.ilmuretto.net, auf Italienisch; Via Roma Destra 120d, Lido di Jesolo; Eintritt ab 20 €; ⏲ April–Sept. Mi & Fr–So 11–4 Uhr; Bus 10a, Taxi

Eine ganze Armee von DJs offeriert zumeist House in diesem angesagtesten aller Sommer-Tanzlokale, das abseits von Jesolo und vom Strand liegt (nur mit dem eigenen Auto oder per Taxi zu erreichen). Die Veranstaltungen werden über Mundpropaganda verbreitet; Flyer liegen in den Bars von Venedig bis Padua aus. Für Club-Hopper gibt's auch an der gleichen Straße liegende andere Clubs, aber wer bis frühmorgens im Muretto feiert, kann durch das offene Dach die Morgendämmerung hereinbrechen sehen.

MARINA CLUB

☎ 0421 37 06 45; www.marinaclubjesolo.com, auf Italienisch; Via Roma Destra 120b, Lido di Jesolo; Eintriff frei; ⏲ 20–4 Uhr; Bus 10a, Taxi

Luftige Pavillons und Kerzen sorgen für viel Atmosphäre während der sommerlichen Patio-Partys im Marina, das nicht unmittelbar am Wasser liegt, sondern in der Nähe eines Kanals, vom Muretto etwas weiter die Straße abwärts. Dieser Club ist eine weitläufige Anlage mit zahlreichen Lounges, Gärten, Restaurants, gelegentlichen Live-Auftritten von Musikern und an Wochenenden DJ-Unterhaltung, die die Sonnengebräunten aus ihrer häuslichen Umgebung hierher locken. Der Eintritt ist frei, aber elegante Kleidung ist notwendig, um den prüfenden Blicken der Türsteher um Mitternacht standzuhalten.

TERRAZZAMARE

☎ 0421 37 00 12; www.terrazzamare.com, auf Italienisch; Vicolo Faro 1, Lido di Jesolo; Eintritt 15 €; ⏲ April–Juni Di–Sa 18–4 Uhr, Juli–Sept. jede Nacht; Bus 10a, Taxi

Alles was von einem italienischen Strandclub erwartet wird, ist hier zu finden: Sonnengebräunte Stammkunden mit riesigen Sonnenbrillen, die sich bis weit nach Sonnenuntergang auf Designer-Clubsesseln in Lippenstift-

Rot lässig entspannen, und blasse Biennale-Besucher, die hinter Kunst-Installationen knutschen. Den offenen Pavillons auf einer erhöhten Plattform, dem Tanzvergnügen am darunterliegenden Strand und den gelegentlichen DJ-Duellen verdankt das Terrazza seinen Ruhm als „Theater-Bar".

ULTIMA SPIAGGIA DI PACHUKA Außerhalb der Karte S. 125

☎ 348 396 84 66; Spiagga San Nicolò, Lido; 🚊 San Nicolò

Stadtentwicklungsplanung und die Baumaßnahmen am Projekt Mose sind dafür verantwortlich, dass die sommerlichen Strandpartys an diesem legendären „Letzten Strand" weit draußen am Lido immer seltener werden. Die kostenlosen Livemusik-Konzerte und DJ-Auftritte bis spät in die Nacht werden nur über Flyer und per Mundpropaganda publik gemacht – aber gerade deswegen lohnt es sich, darauf zu achten: Die Flyer sind in der Gegend des Campo Santa Margherita zu finden, ansonsten müssen Interessierte herumfragen, ob es Events im Pachuka gibt.

CASINOS

In Venedigs *ridotti* (Spielcasinos) sind schon große Vermögen angehäuft und ganze Reiche für Jahrhunderte verspielt worden. Wer Mut hat, sollte sein Glück versuchen. Voraussetzung allerdings ist ein Mindestalter von 18 Jahren – der Ausweis wird immer geprüft.

CASINÒ DI VENEZIA Karte S. 104–105

☎ 041 529 71 11; www.casinovenezia.it; Palazzo Vendramin-Calergi 2040, Cannaregio; Eintritt 5 € oder mit 10-€-Spielmünze & erm. Parken auf der Piazzale Roma 10 €; ⏲ So–Do 15–2.30, Fr & Sa 15–3 Uhr; 🚊 San Marcuola

Keine Opernvorstellung kann die Dramen toppen, die sich seit dem 16. Jh an den Spieltischen Venedigs abspielen: Richard Wagner überlebte die 20 Jahre Arbeit an seinem ungestümen Werk „Der Ring des Nibelungen", um dann schließlich sein Leben 1883 hier im Casino auszuhauchen. Um an den Tischen mit hohem Einsatz Platz nehmen zu können, ist ein Jackett obligatorisch und eine gute Konstitution empfehlenswert. Die Wagner-Räume sind heute Museum, aber die eigentlichen Anziehungspunkte sind das Roulette und die Marathon-Sessions Blackjack. Hotelgäste bekommen normalerweise einen Coupon für freien Eintritt von ihrem Portier. Eine kostenlose Shuttle-Fähre verkehrt etwa alle 10 Minuten zwischen dem Casino di Venezia und einer Haltestelle am Canal Grande, in der Nähe des Piazzale Roma (s. Karte S. 94-95).

VENICE CASINO Außerhalb der Karte S. 72

☎ 041 529 71 11; www.casinovenezia.it; Ca' Noghera, Via Triestina 222, Tessera; Eintritt 5 € oder mit 10-€-Spielmünze 10 €; ☾ So–Di 11–2.30, Fr & Sa 11–3 Uhr

Caribbean Poker, Automatenspiele und Amerikanisches Roulette sind die Magneten in diesem legeren Casino, in dem es keinen Dresscode gibt und selbst die Gewinner auf dem Teppich bleiben. Dieses weitläufige Casino liegt in der Nähe des Flughafens und hat auch so etwa den Charme eines Flughafens.

KUNST & KULTUR

Karten für Konzerte, Theater und andere wichtige kulturelle Ereignisse in Venedig sind an den Kartenverkaufsstellen HelloVenezia (☎ 041 24 24; www.hellovenezia.it) erhältlich, die an den Hauptanlegestellen der Vaporettos oder an den ACTV-Fahrkartenschaltern zu finden sind. Karten für Kassenschlager wie etwa die Biennale oder die Opern im La Fenice sollten auf jeden Fall im Voraus über die jeweilige Websites oder www.vivaticket.it gebucht werden. Wer etwas Glück hat, kann bei Weekend a Venezia (http://en.venezia.waf.it) auch kurzfristig reduzierte Karten erwischen.

MUSIK

Besucher sollten an den mit Knickerbockern und anderen peinlichen Aufzügen bekleideten Straßenhändlern, die vor der Accademia ihre Show abziehen, keinen Anstoß nehmen: Venedigs Musikszene ist einfach lebendig und vielschichtig. Sie reicht von einem mit äußerster Verve gespielten Vivaldi-Konzert bis zu improvisierten Jazz-Sessions, die in Bossa Nova hinübergleiten. Venedig ist der Ort, an dem Barockmusik und -opern an Originalschauplätzen dargeboten werden.

Die Tonschöpfungen erklingen im freskengeschmückten Ospedaletto (S. 116) und erfüllen die Säle bis an die von Tiepolo gestalteten Decken in den Palästen am Canal Grande, so etwa im Ca' Rezzonico (S. 88) und im Musiksalon der Casa di Goldoni (S. 98). Musik wird in venezianischen Kirchen inmitten von Meisterwerken venezianischer Kunst zur religiösen

Offenbarung, und vielleicht hat der ein oder andere das Glück, ein Konzert in der Basilica di San Marco (S. 73) zu erleben.

In einigen Restaurants und Bars wird hin und wieder Livemusik geboten, normalerweise Jazz, Blues, Reggae und *leggera* (Pop). Zu den Bars mit Musikeinlagen zählen: Paradiso Perduto (S. 222), El Chioschetto (S. 218), Torino@Notte (S. 216), Il Santo Bevitore (S.221), und Antica Osteria Ruga Rialto (S. 219). Wer erst spät am Abend eintrifft und dann noch die Show miterleben möchte, hat Pech, denn wegen der örtlichen Lärmschutzvorschriften müssen die Konzerte in den Bars um 23 Uhr beendet sein.

Im Sommer finden ab und zu Konzerte in Jesolo statt –bitte die örtliche Presse vor allem im Juli und August beachten, da manchmal internationale Showgrößen wie die Band Franz Ferdinand gratis Strandkonzerte veranstalten. Das alljährliche Großereignis in Forte Marghera in Mestre ist Marghera Estate Village (www.villagestate.it, auf Italienisch). Die nächtliche Livemusik von Juni bis Ende August kann sich mit ihrem Programm durchaus sehenlassen. In jüngster Zeit traten auf: die venezianische Salsa-Band BatistoCoco, Venedigs eigene Ska-Jazz-Band, einige freche venezianische Country- und Bluegrass-Bands sowie die ein oder andere von Madonna, den Beatles oder Bob Dylan beeinflusste Band mit venezianischem Kolorit.

Karten für klassische und Barockmusik-Konzerte gibt's normalerweise online unter musicinvenice.com und an den Kartenverkaufsstellen HelloVenezia (☎ 041 24 24; www.hellovenezia.it). Sie können aber auch bereits im Voraus an den Veranstaltungsorten erworben werden. Karten für Jazz- und andere Livemusik-Konzerte werden normalerweise direkt bei Einlass am Veranstaltungsort gekauft. Größere Konzerte finden manchmal auch in der Konzerthalle PalaGalileo (Karte S. 125) statt, die hinter dem Palazzo della Mostra del Cinema auf dem Lido liegt.

COLLEGIUM DUCALE Karte S. 110-111

☎ 041 98 42 52; www.collegiumducale.com, auf Italienisch; Palazzo delle Prigioni; Erw./Stud. & Sen. 25/20 €; ☾ Vorstellungsbeginn 21 Uhr; 🚣 San Zaccaria

Für einen rundum vergnüglichen Abend sorgt dieses aus sechs Musikern bestehendes Kammerorchester: Bei diesen Konzerten dringt aus hohen, vergitterten Fenstern der umgebauten Zelle eines Gefängnisses Musik von Bach- und Albioni nach außen. Opernsänger treten zuweilen unter Begleitung der Gruppe mit Arien auf, und das kann dann wegen des Echos in der steinernen Konzerthalle laut werden. Wessen Ohren nicht durch übersteuerte MP3-Player trainiert sind, sollte vielleicht lieber Konzerte in der benachbarten Chiesa di Santa Maria Formosa (S. 118) besuchen, wo die Akustik für das Gehör besser zuträglich ist.

INTERPRETI VENEZIANI Karte S. 76–77
☎ 041 277 05 61; www.interpretiveneziani.com; Chiesa di San Vidal 2862, San Marco; Erw./Stud. 24/19 €; ☽ Einlass 20.30 Uhr ⚏ Accademia
Was landläufig an Vivaldi-Musik in Aufzügen und als Handy-Klingeltöne zu hören ist, bieten die Interpreti Veneziani vollkommen anders dar: Sie spielen Vivaldi auf Instrumenten des 18. Jhs., gewissermaßen als musikalische Untermalung des Lebens in dieser faszinierenden Stadt. Danach wird man nie mehr die *Vier Jahreszeiten* anhören, ohne gleichzeitig im Ohr zu haben, wie sich die Sommerstürme über der Lagune zusammenbrauen oder in einer Winternacht die Schritte eines Menschen nachhallen, der auf dem Weg zum Rendezvous über eine Fußgängerbrücke eilt.

LABORATORIO OCCUPATO MORION
Karte S. 110–111
☎ 041 520 84 37; http://morion.samizdat.net; Calle di Morion 2951; ☽ Mi 21–1, Fr & Sa 21–2 Uhr; ⚏ Celestia
Wenn es nicht gerade eine Gegen-Kunstbiennale organisiert oder Proteste gegen das Mose-Projekt, veranstaltet das alternative Sozialzentrum teuflisch gute Tanzpartys mit Auftritten von Bands aus ganz Venetien. Die Events werden entweder in ihrem Blog (auf Italienisch)oder durch überall in der Stadt angeklebte Poster bekannt gemacht.

VENICE JAZZ CLUB Karte S. 86–87
☎ 041 523 20 56; www.venicejazzclub.com; Ponte dei Pugni 3102, Dorsoduro; Eintritt inkl. erstem Getränk 20 €; ☽ Einlass 19, Sessionbeginn 21 Uhr, Aug. geschl.; ⚏ Ca' Rezzonico
Der noch lange nicht ausgestorbene Jazz swingt in Dorsoduro, wo das hier beheimatete Venice Jazz Club Quartet Miles Davis und Charles Mingus mit irren Improvisationen die Ehre erweist und bei italienischen Jazz-Standards so richtig loslegt. Die Preise für Drinks sind gesalzen, deswegen nehmen sich Enthaltsamkeitskünstler schon vorher einige zur Brust und kommen spätestens um 20 Uhr, um sich auf die kalten Platten mit Aufschnitt zu stürzen.

THEATER, OPER & TANZ
In Venedig ist das legendäre, in Brand gesteckte Teatro La Fenice beheimatet, eines der weltgrößten Opernhäuser. Es wird ganzjährig mit Theater- und Tanzaufführungen bespielt, insbesondere im Sommer während der Biennalen und während des International Festival of Contemporary Dance (Internationales Fest des zeitgenössischen Tanz), das normalerweise in die ersten beiden Juniwochen fällt. Der jeweilige Spielplan und Veranstaltungsorte sind unter der Biennale-Website zu finden (www.labiennale.org).

Im Vorverkauf sind Karten oftmals an den Verkaufsstellen von HelloVenezia (☎ 041 24 24; www.hello venezia.it),online oder telefonisch über die Theaterkasse erhältlich, ansonsten gibt es auch Karten direkt an der Theaterkasse, die eine Stunde vor der Vorstellung abgeholt werden müssen.

MUSICA A PALAZZO Karte S. 76–77   Oper
☎ 340 971 72 72; www.musicapalazzo.com; Fondamenta Barbarigo o Duodo 2504, San Marco; 50 €; ☽ Einlass 20 Uhr; ⚏ Santa Maria del Giglio
Tiefe Eindrücke kann sich das Publikum vom Weinkonsum hier in den intimen Salons erwarten: Wegen der hohen Sopranstimmen muss zuweilen befürchtet werden, die Gläser könnten zerspringen, dann wieder fahren die donnernden Baritontöne den Zuhörern in alle Glieder. Über eineinhalb Stunden werden ausgewählte dramatische Arien von Verdi bis Rossini geboten, während sich die 70 Gäste mit ihren Drinks an die Fersen der Sänger in Straßenkleidung heften. Diese legen ihr ganzes Herzblut in die Gesangsdarbietungen, ob sie Ouvertüren in einem Empfangssalon vortragen oder ein herzzerreißendes Finale in einem Schlafgemach.

TEATRO FONDAMENTA NUOVE
Karte S. 104–105   Theater & Tanz
☎ 041 522 44 98; www.teatrofondamentanuove.it; Fondamenta Nuove 5013, Cannaregio; Erw./Student & Senior/Saisonkarte 12/10/20 €; ⚏ Fondamente Nuove
Überraschungen bietet die Experimentierbühne in Canareggio: von Wasser und Arithmetik inspirierte Tanzdarbietungen, Freedom Jazz Dance , elektronische Musikimprovisationen und britische Aktionskunst auf Italienisch. Außerdem treten fortlaufend anerkannte Künstler auf – von brasilianischen bis zu finnländischen Landsleuten ist alles dabei.

TEATRO GOLDONI Karte S. 76–77 — Theater

☎ 041 240 20 14; www.teatrostabileveneto.it, auf Italienisch; Calle Teatro Goldoni 4650b, San Marco; 7–30 €; ☷ Kasse: Mo–Mi 10–13 & 15–17, Do 10–13 Uhr; ☷ Rialto

Das nach dem größten Dramatiker Venedigs benannte wichtigste Theater der Stadt bietet ein beeindruckendes Programm von Goldoni-Komödien über Shakespeare-Dramen (zumeist italienisch) bis zu Ballettvorführungen und Konzerten. Auch an Freitagen und Samstagen, wenn Vorstellung ist, hat die Kasse geöffnet.

TEATRO JUNGHANS Karte S. 121 — Theater

☎ 041 72 06 35; www.veneziainscena.com; Piazza Junghans 494a, Giudecca; 5–20 €; ☷ Redentore

Innovatives Theater – sein Spitzname lautet, weil es wie ein Käsestück aussieht, Kleines Käsetheater – gibt es hier auf dieser Bühne vom Feinsten, und das Publikum sitzt dabei im Zuschauerraum im Zuschauerraum an drei Seiten. In diesem Experimentiertheater mit insgesamt 150 Plätzen wird aber nicht nur gesessen: Das Teatro Junghans bietet im August Workshops für Kostümdesign an, im Juli und September Workshops für Maskentheater sowie im August und September *commedia dell'arte*-Workshops. Wer aber lieber auf die Profis vertraut, der sollte sich online den Theaterplan mit den Spielzeiten ansehen.

TEATRO LA FENICE Karte S. 76–77 — Oper

☎ 041 78 66 11; www.teatrolafenice.it; Campo San Fantin 1965, San Marco; Karten ab 20 €; ☷ Santa Maria del Giglio

Venedigs unsterbliches „Phönix-aus-der-Asche"-Theater ist zweimal nach verheerenden Bränden wieder auferstanden. Über der kleinen Bühne, wo u. a. die Premieren bedeutender Rossini-, Bellini- und Verdi-Opern stattfanden, scheint offenbar eine schützende Hand zu schweben. Geführte Touren mit telefonischer Voranmeldung (☎ 041 24 24) werden zwar angeboten, doch am besten erlebt man das La Fenice in Aktion: zusammen mit den *loggione* (den wahren Opernfans auf den billigen Galeriesitzen), die von hoch oben über die Qualität der Produktionen fachsimpeln. Während der Theaterferien sollten sich Musikliebhaber nach dem Programm für Symphonien und Kammermusikkonzerten im La Fenice oder nach Opernvorstellungen im charmanten, aber winzigen Teatro Malibran aus dem 17. Jh.

(Karte S. 104–105; Calle del Teatro 5870, Cannaregio; Karten: 10–95 €; ☷ Rialto) erkundigen.

KINO

In Venedig sind meist italienische oder italienisch synchronisierte Filme zu sehen mit einer rühmlichen Ausnahme: Während des Venice International Film Festivals (S. 19) kommen die Streifen in Originalsprache auf die Leinwand. Kinofans verzichten dann lieber auf ihren Schlaf und konsumieren ihr jährliches Pensum an Kino in nur wenigen Wochen. Auch wenn es sich um schlechte Filme handelt: Den Publikumsauflauf vorher und nachher sollten Besucher auf keinen Fall verpassen. Gleiches trifft auf die Gratis-Filmvorführungen im Sommer auf dem Campo San Polo zu.

CASA DEL CINEMA Karte S. 94–95

☎ 041 524 13 20; www.comune.venezia.it; Palazzo Mocenigo, Santa Croce 1990; Jahresmitgliedskarte Erw./Student 25/20 €, Premieren 6/5 €; ☷ San Stae

In diesem Filmarchiv mit angegliederter Forschungsstelle finden manchmal Filmabende statt. Es gibt Klassiker, Probevorstellungen und Events mit Filmemachern. Die meisten Veranstaltungen sind nur für Mitglieder zugänglich, wer einen guten Platz haben will, muss rechtzeitig da sein.

CINEMA GIORGIONE MOVIE D'ESSAI
Karte S. 104–105

☎ 041 522 62 98; Rio Terà di Franceschi 4612, Cannaregio; Erw./Student 7/5 €; ☷ Fondamente Nuove

Die Vorführungen von Oskarpremierten Filmen sowie restaurierten Klassikern in diesem modernen Kino im Zentrum Venedigs werden viel beworben. Es gibt zwei Leinwände, davon eine sehr klein, und drei Vorstellungen pro Tag (Beginn etwa 17, 19.30 und 22 Uhr).

MULTISALA ASTRA Karte S. 125

☎ 041 526 57 36; Via Corfù 9, Lido 30126; Erw./Senior & Student 7/5 €; ☷ Vorstellungen 17.30–22 Uhr ☷ Lido

Wer am Strand zu viel Sonne abbekommen hat, sollte sich lieber in die Dunkelheit dieses jüngst umgebauten und klimatisierten Kinos zu einer Filmvorführung zurückziehen. Das Programm wird von der Filmkommission Venedigs zusammengestellt, daher gibt's im gleichen Kino sowohl untertitelte Programmkino-Streifen als gelegentlich auch echte Kassenschlager, italienisch synchronisiert.

SUMMER ARENA Karte S. 94–95

Campo San Polo; 🗓 Juli–Aug.; ⚓ San Silvestro

Während des Sommers verwandelt sich der historische Campo San Polo in die Sommerarena der Avantgarde mit Open-Air-Kino, Konzerten und Theateraufführungen. Aber auch das ganze Jahr über fungiert der Campo als Sammelbecken für neue Ideen: Aufgepasst also, hier kann es politische Demonstrationen oder auch Blitzfeten ohne Lärm geben.

SPORT & AKTIVITÄTEN

Bootssport ist am populärsten in Venedig, mit großem Abstand gefolgt von der italienischen Fußballleidenschaft. Das Gleiche gilt für den italienischen Radsport, dessen Ausübung in Venedig (S. 284), abgesehen vom Lido, verboten ist. Allerdings gibt's in Venetien leichte Routen durch das abwechslungsreiche Flachland und Strecken in den Ausläufern der Dolomiten, die eine größere Herausforderung darstellen (S. 278). Laufen gewinnt in Venedig immer mehr Anhänger, obwohl die meisten Bewohner es beim leichten Joggen durch die Parks bewenden lassen. Nur einige gut trainierte Läufer tun sich während des Venedig-Marathons die Strecke vom Ufer der Brenta über Pontonbrücken bis zum Markusplatz an. Wer seine Fitness testen möchte, sollte sich die weiteren Strecken auf S. 296 ansehen.

RUDERN & SEGELN

Wenn für diese unglaubliche schwimmende Stadt eine alle Zeiten überdauernde Lektion gültig ist, dann diese: Phantasie ermöglicht alles – auch das Stehend-Rudern *(voga alla veneta)*. Es kommt für einen normalen Menschen, keinen Messias, dem Wandeln auf dem Wasser am nächsten. Regatten finden vom Frühjahr bis in den Herbst hinein statt. Segeln wird ganzjährig leidenschaftlich betrieben, insbesondere das *vela al terzo* mit traditionellen Lagunen-Flachbooten und dreieckigen Großsegeln. Wer in der nautischen Szene Venedigs Fuß fassen möchte (hoffentlich ohne dabei durchnässt zu werden), kann Ruder-

unterricht (S. 296) nehmen, an einen Segelausflug in der Lagune (S. 291) denken oder an einer Brenta-Bootsfahrt (S. 252) teilnehmen. Für die Gäste mit eigenem Boot: Segelkarten gibt's bei Mare di Carta (S. 184). Aber absolute Vorsicht für alle Segelfreunde – Segeln ist in der Lagune mit ihren gefährlichen Untiefen fast nicht möglich.

FUSSBALL

Fußball wird hier mit vergleichsweise weniger Leidenschaft betrieben als in den Inlandregionen Italiens. Allerdings sollten sich Besucher das Karnevalsereignis in Faschingskostümen, das Match Calcio Storico, nicht entgehen lassen. Die Lage Venedigs sorgt für eine interessante Logistik, wenn der AC Venezia (☎ 041 520 68 99; www.veneziacalcio.it, auf Italienisch) ein Heimspiel in seinem Inselstadion bestreitet. Hin und wieder geht das Gerücht um, dass Geldmittel für den Bau eines neuen Stadions auf dem Festland locker gemacht werden sollen. Aber bis es so weit ist, spielt das Team im Stadio Penzo (außerhalb der Karte S. 110–111) auf der Isola di Sant'Elena, auf einer ziemlich großen Insel hinter dem Stadtteil Castello.

Venezia, genannt die *arancioneroverde* (Orangenen, Schwarzen und Grünen), existiert seit 1907. Der Club entwickelte sich gut und gewann während des Zweiten Weltkriegs bedeutende Meisterschaften. Nach dem Krieg jedoch stieg Venezia in die Serie B (2. Liga) ab und in jüngster Zeit sogar in die Serie C (3. Liga), in der das Team sich wieder fing und eine Meisterschaft gewann.

Eintrittskarten sind am Stadio Penzo erhältlich und an den Kartenverkaufsstellen HelloVenezia (☎ 041 24 24; www.hellovenezia.it). Je nach Platz kosten sie zwischen 15 und 20 € und sind normalerweise problemlos am Spieltag zu bekommen. Wenn gespielt wird, gibt es eine Fährverbindung von den Parkplätzen der Isola del Tronchetto nach Sant'Elena. Alle in Venedig ankommenden Busse werden zunächst nach Tronchetto umgeleitet, wo sie ihre Ladungen an Fußballfans, alle in den Clubfarben des AC Venezia, ausspucken.

Hotels & Hostels

Wer noch mehr Tipps zu Unterkünften sucht, als wir in diesem schmalen Band unterbringen konnten, kann sich auf **lonelyplanet.com/hotels** umschauen. Dort gibt's auch ausführlichere Beschreibungen und Fotos. Und jeder Traveller hat die Möglichkeit, eigene Erfahrungen weiterzugeben. Also einfach die Liste unabhängiger Empfehlungen checken und das gewünschte Zimmer sicher buchen.

SCHLAFEN

top picks

- **Novecento** (S. 235)
- **Bauer Palladio Hotel & Spa** (S. 244)
- **Oltre il Giardino** (S. 239)
- **Domus Orsoni** (S. 241)
- **Palazzo Soderini** (S. 242)
- **Locanda Ca' del Console** (S. 242)
- **Ca' Angeli** (S. 239)
- **Locanda Barbarigo** (S. 238)
- **Palazzo Abadessa** (S. 240)
- **Charming House DD.724** (S. 237)

SCHLAFEN

Für viele ist es ein unvergessliches Erlebnis, in einem *palazzo* (Palast) zum Geräusch der sanft gegen das *fondamente* (Kanalufer) plätschernden Lagune einzuschlafen und mit dem Ruf der Gondoliere aufzuwachen – und günstiger, als man denkt. Spitzenklassehotels sind heute keineswegs die einzigen Orte für eine unvergessliche Unterbringung in erstklassiger Lage, denn in letzter Zeit haben viele Venezianer ihre historische Wohnhäuser als *locande* (Gästehäuser), B&Bs, *affittacamere* (Zimmervermietung) und Ferienwohnungen für Besucher geöffnet.

Wer auch immer das Gerücht verbreitet, in Venedig gäbe es nicht genügend Betten und nichts unter 200 € pro Zimmer, arbeitet mit Informationen, die seit etwa einem Jahrzehnt überholt sind. Im letzten Jahrzehnt haben viele Paläste ihre Tore für Gäste geöffnet. Die weltweite Wirtschaftskrise hat zusätzlich noch für eine Abnahme des Tourismus gesorgt, weshalb man sich vielleicht sogar eine unvergessliche Unterkunft in Venedig aussuchen kann.

Eine Übernachtung in Mestre auf dem Festland ist überhaupt nicht mit einem zauberhaften Abend in Venedig zu vergleichen. Auf dem Festland muss man aber auch nicht schlafen, denn mit diesem Buch und einem Computer findet jeder eine passende Unterkunft im Zentrum Venedigs. Außer den in diesem Kapitel vorgestellten Unterkünften gibt es noch über 400 weitere Optionen unter www.lonelyplanet.com. Die APT Touristeninformation (www.turismovenezia.it) vermittelt über 200 B&Bs, über 250 *affittacamere* und mehr als 275 Mietwohnungen in Venedig. Noch mehr Auswahl bieten die Websites der Associazione Veneziana Albergatori (Venezianischer Hotelverband; www.veniceby. com, www.veneziasi.it; ☎ aus Italien 199 173309, aus dem Ausland 0039/041 522 22 64; ☾ Ostern–Okt. 8–22 Uhr, Nov.–Ostern 8–21 Uhr). Wer ohne Hotelreservierung in Venedig aufkreuzt, braucht auch nicht zu verzweifeln: Die Associazione Veneziana Albergatori unterhält Reservierungsbüros im Bahnhof (Karte S. 104–105), auf den Parkplätzen auf der Piazzale Roma (Karte S. 94–95) und auf Tronchetto (Karte S. 72).

Hotels heißen teilweise auch *alberghi* oder *locande*. Wie eine *pensione*, so ist auch eine *locanda* normalerweise ein kleineres familiengeführtes Haus und irgendwo zwischen einem B&B und einem günstigen Hotel angesiedelt. Viele Hotels bieten Zimmer mit Möbeln im „venezianischen Stil", was Antiquitäten und Muranoglas-Leuchter einschließen kann, meist aber moderne Nachbauten barocker Möbel (u.a. lackierte Bettgestelle mit Goldverzierung, säbelbeinige Nachttischchen und massive Schränke) bedeutet. Nicht alle Hotels in Venedig sind großartig: Manche sind beengt, zugig und abgenutzt und haben ein lustlos arbeitendes Personal. Solche Unterkünfte werden nicht in diesem Kapitel vorgestellt, bei einer Suche über das Internet stößt jedoch auf viele Exemplare dieser Kategorie – mit teilweise tollen Kritiken! Günstige und Mittelklasseunterkünfte rund um den Bahnhof sind in der Regel nicht gerade aufregend und für eine Besichtigungstour eher unpraktisch.

Die Viertel Dorsoduro und San Polo bieten dennoch einige interessante Unterkünfte, die von angesagten Boutique-Hotels bis zu *pensioni* wie aus einem venezianischen Krimi reichen. Wer mehr Luxus wünscht, für den gibt es die Lido-Urlaubsanlagen am Meer und die historischen Hotels in San Marco am Canal Grande.

Viele venezianische B&Bs und Privatzimmer *(affittacamere)* bieten eine familiäre Gastfreundschaft, die zum Höhepunkt der Reise werden könnte. Wenn nicht ausdrücklich erwähnt, braucht man sich keine Hoffnung auf ein ordentliches Frühstück zu machen. *Affittacamere* bieten meist kein Frühstück, was auch daran liegt, dass die venezianischen Gesetze Speiselokalen strenge Auflagen vorschreiben. So dürfen die meisten B&Bs nicht viel mehr als abgepackte Croissants servieren. Das ist aber nicht weiter tragisch, wenn man es den Venezianern gleich tut und morgens einfach eine Zwischenstation in einer Bäckerei oder einem Café einlegt. Dort bekommt man leckeres Gebäck und einen Cappuccino. B&Bs in Castello und Cannaregio bieten ein gutes Preis-Leistungs-Verhältnis in authentischen Stadtvierteln.

Hostels sind auch als *foresterie* bekannt. Reisende, die auf Schnäppchen aus sind, sollten zeitig da sein, um sich die Doppelstockbetten mit Kanalblick in der Jugendherberge auf Giudecca oder die Privatzimmer im prunkvollen Palazzo Zenobio und der mit Fresken versehenen Foresteria Valdese zu sichern. Wohnheime stehen Touristen nur im Sommer offen, die Residenzia Junghans in Giudecca bietet jedoch allen ganzjährig Unterkünfte zu Studentenpreisen.

PREISE & SONDERANGEBOTE

Die besten Angebote bekommt man in Venedigs Nebensaison – normalerweise November, Anfang Dezember und Januar (außer Neujahr) – sowie in der Zeit zwischen Karneval und Ostern. Auch während der Sommerhitze im Juli und August findet man schon einmal ein Schnäppchen. Wenn das Geschäft schlecht läuft, reduzieren viele Hoteliers die Preise. Es lohnt sich, immer zur Wochenmitte, bei längeren Aufenthalten oder bei kurzfristiger Anreise nach einem Rabatt zu fragen.

Alleinreisende haben die besten Chancen, in der Hauptsaison ein Bett im Schlafsaal zu ergattern, ansonsten haben nur wenige Hotels überhaupt Einzelzimmer – und die sind oft beengt und ungemütlich. Manche Unterkünfte bieten „Sonderpreise" auf Doppelzimmer, die als Einzelzimmer genutzt werden: normalerweise zwei Dritteln bis drei Viertel des üblichen Zimmerpreises.

Die Preise in den Beschreibungen sind als Richtwerte zu verstehen. Wo möglich, gibt die Spanne den oberen Preis für die Neben- bzw. die Hauptsaison an: „Einzelzimmer 40–60 €, Doppelzimmer 80–130 €" bedeutet, dass ein Einzelzimmer in der Nebensaison maximal 40 € und ein Doppelzimmer in der Hauptsaison maximal 130 € kostet. Sonst sind die angegebenen Preise ganzjährige Durchschnittspreise. Die aufgeführten Preise stellen lediglich eine Orientierung dar, da die Hotels sie jahreszeitlich bedingt oder auch willkürlich ändern und viele Hotels für Onlinebuchungen Preisnachlässe gewähren.

Beim Reservieren kann es geschehen, dass man eine Kreditkartennummer angeben oder eine Anzahlung leisten muss (norma-

MIETWOHNUNGEN

Wer länger in Venedig zu bleiben plant oder in einer Gruppe von drei oder mehr Personen unterwegs ist, für den lohnt es sich, eine Wohnung zu mieten. Die bietet auch den Vorteil, dass man selbst kochen kann. Wohnungen werden normalerweise wochen- oder monatsweise vermietet.

ApartmentsApart (www.apartmentsapart.com) Vermietet Wohnungen tageweise, ab etwa 50 €.

Guest in Italy (www.guestinitaly.com) Bietet Apartments und B&Bs, die zwischen 100 und 350 € pro Nacht kosten. Bei manchen Objekten muss man ein Buchungsformular ausfüllen, um einen Einblick in die Preise zu bekommen.

HomeExchange (http://homeexchange.com) Listet mehr als 50 Immobilien in Venedig auf, deren Besitzer an einem Wohnungstausch während der Ferien interessiert sind – die gefragtesten Orte sind allerdings London, New York und Paris. Die Registrierung kostet 100 US$ für ein Jahr; die einzelnen Wohnungstauschaktionen sind kostenlos.

Interhome (www.interhome.co.uk) Hat eine Auswahl an meist kleinen Wohnungen (etwa 50 m2) für drei bis vier (etwas beengt) Personen zum Preis von 730–1100 £ pro Woche.

Venetian Apartments (☎ 020-3178 41 80; www.venice-rentals.com; 403 Parkway House, Sheen Lane, London SW14 8LS) Organisiert Unterkünfte in teilweise sehr luxuriösen Wohnungen. Apartments für zwei bis vier Personen beginnen bei rund 895 € pro Woche.

Venice Apartments Italy (☎ 041 241 16 97; www.venice-apartments-italy.com) Vermietet über 28 Apartments in unterschiedlichen Größen und Qualitäten. Die Preise reichen von 720 € für zwei Personen pro Woche bis zu 1750 € für fünf Personen pro Woche.

Weitere Internetseiten, über die Wohnungen vermietet werden:

BB Planet (www.bbplanet.it)

Bianco Holidays (www.apartmentinitaly.com)

RentalinItaly (www.rentalinitaly.it)

Venice Apartment Rental (www.veniceapartment.com)

Wer einen Monat oder länger bleiben will, sollte sich nach Mietwohnungen umschauen, die man über Craigslist Venice (http://venice.it.craigslist.it) oder über Mundpropaganda findet. Wem es nichts ausmacht, mit Studenten zusammen zu wohnen, kann sich am Schwarzen Brett der Università Ca' Foscari (Karte S. 86–87; Calle Larga Foscari, San Polo) umsehen, wo man unter Umständen ein WG-Zimmer für 300–600 € im Monat finden kann (die günstigeren befinden sich allerdings meist in Mestre auf dem Festland). Für eine Einzimmerwohnung ist mit 800–1200 € zu rechnen.

PREISE

Die Preise gelten für ein normales Doppelzimmer mit Bad pro Nacht (die Hotelpreise schwanken allerdings erheblich je nach Saison und Festivitäten):

€€€	über 200 €
€€	120–200 €
€	bis zu 120 €

lerweise den Preis einer Übernachtung), um die Reservierung verbindlich zu machen. Die Anreise sollte man mindestens 72 Studen vor der Ankunft nochmals bestätigen – sonst glaubt das Hotel womöglich, dass man seine Pläne geändert hat und streicht die Reservierung wieder.

AUSSTATTUNG

Viele Unterkunftsmöglichkeiten in Venedig befinden sich in historischen Gebäuden – natürlich super hinsichtlich der geschichtsträchtigen Atmosphäre und der Ausblicke, allerdings nicht so toll hinsichtlich Größe und Komfort. Selbst in großen Hotels sind die Zimmer eher klein. Das Gute daran ist, dass die meisten Hotels und B&Bs ihren Gästen Aufenthaltsräume in Form von Salons, Bibliotheken, Lounges, Innenhöfen und Dachterrassen bieten. Soweit nicht anders angegeben, haben die Zimmer ein eigenes Bad. Das ist mit einer Dusche (seltener mit Wanne), Toilette und Bidet ausgestattet.

In ganz Venedig gibt es jetzt für eine geringe Gebühr WLAN, aber es kann sein, dass das Signal durch die dicken Stein- oder Ziegelwände nicht empfangen werden kann – den besten Internetzugang hat man in Gebäuden mit den Symbolen 🖳 (Internet) und 🛜 (WLAN) oder in einem Internetcafé (S. 293). Geschäftsräume sind selbst in schicken Hotels nicht besonders gut ausgestattet oder besetzt, da davon ausgegangen wird, dass die Gäste zum Vergnügen hier sind. Obwohl man in Venedig von Wasser umgeben ist, haben nur wenige große Hotels einen Pool oder Strand – sie findet man vor allem auf dem Lido. Die entsprechenden Hotels sind mit einem 🛋 🛜 Symbol gekennzeichnet.

VOM/ZUM HOTEL

Je weniger Gepäck man in Venedig dabei hat, umso leichter tut man sich. Denn es kann schnell zur Herausforderung werden, die Koffer zum Hotel zu transportieren, wenn zwischen dem Hotel und der nächstgelegenen Vaporetto-Haltestelle Fußgängerbrücken liegen. Ein Shuttle-Service vom Bahnhof, Flughafen oder der Busstation zum Hotel wird meist nur von Spitzenklassehotels angeboten, aber wer mit viel Gepäck unterwegs ist und weiß, dass sein Hotel oder B&B an einem Kanal liegt und einen Zugang zum Wasser hat, kann ein Wassertaxi von der Piazzale Roma oder Ferrovia aus nehmen (S. 286). Kleinere Hotels und B&Bs haben nicht zwingend einen Fahrstuhl; barrierefreie Unterkünfte können bei der Touristeninformation und dem venezianischen Reisediensteng angefragt werden (s. S. 300).

Wer es einrichten kann, sollte bei Tageslicht ankommen, um sein Hotel in Ruhe finden zu können. Nachts nach einem Hotel zu suchen, kann sehr unangenehm sein: Viele Straßen sind spärlich beleuchtet, für Neuankömmlinge wirken sie verwirrend und unter Umständen ist kein Venezianer greifbar, den man nach dem Weg fragen kann. Die Kriminalitätsrate ist in Venedig ganz niedrig, aber die engen, dunklen Gassen der Stadt wirken auf Fremde doch furchterregend (das ändert sich, sobald man sie bei Tageslicht durchlaufen hat). Wer dennoch nicht vermeiden kann, nach Einbruch der Dunkelheit anzukommen, sollte sich vom Hotel eine gute Wegbeschreibung geben lassen und sich vorab einen detaillierten Venedig-Stadtplan kaufen.

SESTIERE DI SAN MARCO

Hier ist man schon beim Aufwachen von den Wahrzeichen in San Marco umgeben – vor allem, wenn man in einem historischen *palazzo* übernachtet. Schnäppchen gibt es kaum und die Zimmer zum Canal Grande hin sind meist schon mit Hochzeitspaaren belegt. Da bleibt nur eins: rechtzeitig buchen und viel Geld mitbringen. B&Bs, die etwas abseits des Markusplatzes liegen, bieten mehr Platz und mehr Stil zu einem günstigeren Preis als die großen Hotels, die oft für ihren Ruf überraschend kleine Zimmer anbieten.

Gritti Palace Karte S. 76–77　　　Luxushotel €€€
☎ 041 79 46 11; www.hotelgrittivenice.com; Campo Traghetto 2467; DZ 500–2500 €; 🛥 Santa Maria del Giglio; 🞕 🖳
Wer im Gritti, dem traditionsreichen Dogenpalast (1525) und Highlight jeder großen

Stadtbesichtigung übernachtet, wird wohl nicht zum Sightseeing kommen. Viele moderne Hotels bieten größere Zimmer, dafür hat das Gritti 90 individuell eingerichtete Gästezimmer mit traditionellen Muranoglas-Kronleuchtern, Seidenvorhängen und handbemalten antiken Möbeln. Damit ist es nach wie vor das prächtigste Hotel am Canal Grande. Luxusexperte Starwood hat vor kurzem das Management übernommen und tüchtiges Personal eingestellt. Er lässt in seinem am Kanal gelegenen Restaurant Chefkoch Daniele Turco venezianische Rezepte kochen, bei denen man die Einflüsse des einstigen Gewürzhandels herausschmeckt.

HOTEL MONACO & GRAND CANAL

Karte S. 76–77   Luxushotel €€

☎ 041 520 02 11; www.hotelmonaco.it; San Marco 1332; EZ 115 €, DZ 180–240 €; 🚊 San Marco/ Vallaresso; ⊠ ▣

Venedigs beliebter Ridotto von 1648 (S. 138) ist dank einer Generalüberholung (2004) durch den mailändischen Architekten Piero Lissoni jetzt ein guter Tipp für einen glanzvollen Aufenthalt am Canal Grande. Der umgestaltete Ridotto-Flügel bietet moderne Junior-Suiten in meergrün und dunkelblau. Die Standardzimmer des Monaco-Flügels zeigen pfirsich- und cremefarbene venezianische Eleganz mit Details aus Walnussholz. Wenn das Haupthotel belegt ist, können die Gäste auf kleinere, dunkle Zimmer im Nebengebäude ausweichen, die das noble Preisschild aber nicht so recht wert sind. Die Cocktail Hour in der verglasten Bar auf der Terrasse mit Blick auf den Canal Grande ist spitze!.

NOVECENTO Karte S. 76–77   Boutique-Hotel €€

☎ 041 241 37 65; www.novecento.biz; Calle del Dose 2683/84; DZ 140–260 €; 🚊 Santa Maria del Giglio; ⊠ ▣

Weltreisende möchten die neun Zimmer im Boheme-Schick mit türkischen Kelim-Kissen, Fortuny-Wandverkleidung und Bettgestellen mit geschnitzten Muschelschalen (19. Jh.) meist gar nicht mehr verlassen. Die Gäste genießen ihr Frühstück im Garten unter einem indischen Sonnenschirm, nehmen an den vom Hotel organisierten Kochkursen teil und mischen sich an der Bar unter die Leute.

HOTEL FLORA Karte S. 76–77   Boutique-Hotel €€

☎ 041 520 58 44; www.hotelflora.it; Calle Bergamaschi 2283a; DZ 150–200 €; 🚊 San Marco, Vallaresso; ⊠ ▣ ▣

Dieses versteckt liegende Gartenrefugium in einer Seitengasse der glamourösen Via Larga XXII Marzo läuft den Top-Hotels in seiner Nachbarschaft heimlich den Rang ab. Alle 43 Gästezimmer sind mit antiken geschnitzten Betten mit weichen Matratzen und flauschigen, nicht zu kurzen Bettdecken ausgestattet. Die schönsten Zimmer sind die reich vergoldeten Zimmer Nr. 3 und Nr. 32, die zum grünen Garten hinausgehen.

HOTEL LOCANDA FIORITA

Karte S. 76–77   Pension €€

☎ 041 523 47 54; www.locandafiorita.com; Campiello Nuovo 3457; EZ/DZ inkl. Frühstück 85/145 €; 🚊 Accademia; ⊠ ▣ ▣

Beim Frühstück auf diesem wunderbar versteckten Platz würde man nie darauf kommen, dass der hektische Campo Santo Stefano gleich um die Ecke liegt. Die Zimmer sind in traditionell venezianischem Stil gehalten (Holzdecken und Überdecken aus Damast). Es lohnt sich, nach dem geräumigen Zimmer 1 mit Blick über den Platz oder nach Zimmer Nr. 10 mit eigener Terrasse zu fragen.

LOCANDA BARBARIGO Karte S. 76–77 B&B €€

☎ 041 241 36 39; www.locandabarbarigo.com; Fondamenta Duodo o Barbarigo 2503a; EZ 70–160 €, DZ 85–180 €, 3BZ & 4BZ 170–220 €; 🚊 Santa Maria del Giglio; ⊠ 🛜

Der palastartige Rückzugsort liegt hinter den Arkaden des historischen Palazzo Barbarigo, gleich beim Canal Grande. Die gemütlichen Zimmer sind im überbordenden Barockstil mit Damastwänden, vergoldeten Spiegeln, krummbeinigen Waschtischen und phantastischen Kronleuchtern ausgestattet. Hier sollte man versuchen, das gemütliche Eckzimmer in zitronen-limettenfarbenem Anstrich mit Blick über einen Seitenkanal oder das kleine gelbe Dachzimmer mit einem schmiedeeisernen Bett und freiliegenden Holzbalken zu erwischen.

BLOOM/7 CIELO Karte S. 76–77   B&B €

☎ 340 149 88 72; www.bloom-venice.com, www.settimocielo-venice.com; Campiello Santo Stefano 3470; DZ inkl. Frühstück 90–180 €; 🚊 Accademia; ⊠ 🔀

Die B&Bs nehmen zwei obere Etagen eines historischen Gebäudes mit Blick auf Santo Stefano auf der anderen Seite der Straße ein. Das Bloom bietet eine sensationelle barocke Einrichtung mit karminrotem, kobaltblauem und zitronengelbem Seidendamast, vergoldeten Betten und Blick auf die Kathedrale. 7 Cielo (alias Siebenter Himmel) ist künstlerischer und romantischer und bietet elegante Badewannen in Badezimmern mit schimmernden Muranoglas-Fliesen und Designerbetten, die für Flitterwochenstimmung sorgen. Es gibt eine Frühstücksterrasse.

LOCANDA ART DECO Karte S. 76–77   B&B €

☎ 041 277 05 58; www.locandaartdeco.com; Calle delle Botteghe 2966; DZ inkl. Frühstück 75–170 €; 🚢 San Samuele; 🚭

Schöne cremefarbene Gästezimmer mit bequemen Betten, maßgeschneiderten schmiedeeisernen Bettgestellen und Parkettböden. Im Loft frühstücken die Gäste unter den dunklen Dachsparren, das hilfsbereite Hotelpersonal organisiert auf Wunsch Massagen auf dem Zimmer und private Gondelfahrten. Zum Abschluss eines schönen Tages kann man dann auf dem benachbarten Campo San Stefano einen *spritz* trinken.

LOCANDA ANTICO FIORE
Karte S. 76–77   B&B €

☎ 041 522 79 41; www.anticofiore.com; Corte Lucatello 3486; DZ 70–140 €; 🚢 Sant'Angelo; 🚭 🖳 📶

Das gemütliche B&B in einem ruhigen Hof hat viel Lokalkolorit, dazu tragen die Besitzer, ein künstlerisch veranlagtes Mutter-Tochter-Gespann, aber auch die acht Gästezimmer in venezianischem Stil in den beiden oberen Etagen bei. Es lohnt sich, nach dem grünen Zimmer mit Kanalblick im Obergeschoss oder nach dem hübschen gelben Zimmer unter dem Dachvorsprung zu fragen.

LOCANDA CASA PETRARCA
Karte S. 76–77   Pension €

☎ 041 520 04 30; www.casapetrarca.com; Calle delle Schiavine 4386; EZ/DZ 95/125 €, mit Gemeinschaftsbad 70/112 €; 🚢 Rialto; 🚭

Ein familiengeführter Ort mit sechs schnörkellosen, glänzenden Zimmern in einem antiken Wohnhaus. Dies ist sicher eine der schönsten günstigen Unterkünfte im Viertel San Marco. Vom Campo San Luca geht es zunächst in die Calle dei Fuseri, dann biegt man in die zweite Straße links ein und dann rechts in die Calle delle Schiavine.

HOTEL AI DO MORI Karte S. 76–77   Hotel €

☎ 041 520 48 17; www.hotelaidomori.com; Calle Larga San Marco 658; DZ 50–150 €; 🚢 San Zaccaria; ✖ 🚭

Hier bekommt man Künstlermansarden in beneidenswerter Lage zu Schnäppchenpreisen. Wer ein Zimmer im Obergeschoss mit Holzbalken, Parkettböden und Sicht über die Basilika haben will, muss lange im Voraus reservieren. Die Zimmer mit Aussicht kosten genauso viel wie die ohne eine solche, daher um Zimmer Nr. 11 mit eigener Terrasse und Blick über den Markusplatz bitten.

SESTIERE DI DORSODURO

Zwischen den modernen Kunstmuseen am Nordostufer von Dorsoduro liegen sensationelle Designer-Boutique-Hotels, während es auf der Zattere-Seite entspannte *pensioni* mit Sicht auf den Giudecca-Kanal gibt – und auch dazwischen, in den benachbarten Straßen, verbergen sich so manche Überraschungen.

CA' PISANI HOTEL
Karte S. 86–87   Boutique-Hotel €€€

☎ 041 240 14 11; www.capisanihotel.it; Rio Terà Antonio Foscarini 979a; DZ 160–456 €; 🚢 Accademia; 🚭 🖳

Ein perfekter Ort direkt hinter der Accademia, um sich vor den Paparazzi zu verstecken, aber trotzdem wie ein Star behandelt zu werden. Dieses individuell im Retro-Glamour-Stil eingerichtete Hotel hat durch Whirlpool, Art-Déco-Betten aus Walnussholz mit Intarsienarbeiten und die neuste Technik (die sich geschickt hinter den Möbeln versteckt), auf jeden Fall Starqualitäten. Die Dachzimmer (Nr. 31 ist eines der besten) haben schräge Holzbalken und sind praktisch gelegen für das Dampfbad und die Terrasse mit Außendusche, die ziemlich frech auf die Chiesa della Salute schaut.

PENSIONE ACCADEMIA VILLA MARAVEGE Karte S. 86–87   Pension €€€

☎ 041 521 01 88; www.pensioneaccademia.it; Fondamenta Bollani 1058; EZ/DZ 140/229 €; 🚢 Accademia; 🚭

Wer durch das Tor dieser Gartenvilla aus dem 17. Jh. gleich beim Canal Grande tritt, vergisst sofort, dass er sich nur einen Block von der Accademia und ein paar weitere vom Palazzo Grassi entfernt befindet. Im Sommer wird das Frühstücksbüffet auf dem Rasen serviert; nachts sorgen Gartenschaukeln für Romantik unterm Sternenhimmel.

Alle Zimmer sind gemütlich mit Parkettböden, hellen Wänden und modernen Bädern eingerichtet – aber einige sind einen Tick besser als die restlichen und haben Himmelbetten, Holzdecken und sogar Kanalblick. „Thelma" ist ein besonders schönes Doppelzimmer mit eigener Rasenfläche. Es wurde nach einem Stammgast benannt, der/die gerne im Garten las.

CHARMING HOUSE DD.724
Karte S. 86–87   B&B €€€

☎ 041 277 02 62; www.thecharminghouse.com; Ramo de Mula 724; DZ inkl. Frühstück 200–410 €; 🚶 Accademia; 🔲 🖥 🛜

Hier kann man es Peggy Guggenheim nachmachen und sich in seinem eigenen, mit Kunst gefüllten, modernistisch-schicken venezianischen Schlupfloch verkriechen. Die üppigen Frühstücksbüffets werden in der Bibliothek serviert, und es gibt extra ein Zimmer, um Filme anzuschauen. Die Gästezimmer sind von Designern schick, aber gleichzeitig gemütlich eingerichtet worden. Wer Glück hat, bekommt das tolle Doppelzimmer mit Badewanne und Balkon und Blick über den Guggenheim-Garten.

CASA REZZONICO
Karte S. 86–87   B&B €€

☎ 041 277 06 53; www.casarezzonico.it; Fondamenta Gherardini 2813; DZ/3BZ/4BZ 150/180/220 €; 🚶 Ca' Rezzonico; 🔲 🖥

„La Serenissima" macht ihrem rumvollen Namen in diesem ruhigen B&B mit schönen antiken Bettgestellen und Parkettböden alle Ehre. Hier sollte man ein Zimmer mit Blick über den ruhigen Kanal wählen und sich beim Frühstück oder ein paar Drinks im Hofgarten entspannen.

LOCANDA SAN BARNABA
Karte S. 86–87   B&B €€

☎ 041 241 12 33; www.locanda-sanbarnaba.com; Calle del Traghetto 2785-6; DZ ab 120 €; 🚶 Ca' Rezzonico

Dieser *palazzo* aus dem 16. Jh. bietet die perfekte Kulisse für romantische Intrigen. Der Salon in der ersten Etage stellt außergewöhnliche einfarbige Fresken aus dem 19. Jh. zur Schau, Eckschränke verbergen geschickt eine Geheimtreppe. Hier sollte man um das romantische Dachzimmer „Poeta Fanatico" oder das „Campiello" bitten, das durch ein Dachfenster Sicht auf einen benachbarten Glockenturm *(campanile)* bietet. Die besten Zimmer sind mit Deckenfresken aus dem 18.

Jh. geschmückt, eines hat sogar zwei Balkone über dem Kanal. Im Sommer bevölkern Sonnenschirme und Sitzflächen den Garten, eine rund um die Uhr geöffnete Bar sorgt für einen schönen Ausklang des Tages.

LA CALCINA
Karte S. 86–87   Hotel €€

☎ 041 520 64 66; www.lacalcina.com; Fondamenta delle Zattere ai Gesuati 780; EZ 90–120 €, DZ 110–220 €; 🚶 Zattere; 🔲

Ein idyllischer Zufluchtsort auf der Meerseite mit Dachterrasse, Restaurant im Erdgeschoss und mehreren mit Antiquitäten gefüllten Gästezimmern, die auf den Giudecca-Kanal und die von Palladio entworfene Il Redentore hinausgehen. In Nr. 2 wohnte der Schriftsteller John Ruskin (*Die Steine von Venedig;* 1876).

CA' SAN TROVASO
Karte S. 86–87   Pension €€

☎ 041 277 11 46; www.casantrovaso.com; Fondamenta delle Eremite 1351; EZ/DZ 95/125 €; 🚶 Zattere

Die üblichen venezianischen Verzierungen – Damastwände, weißlackierte Barockbetten, *terrazzo alla Veneziana* (venezianische Marmorsplitterböden) – und dazu eine entspannte Atmosphäre am Wasser. Und das alles nur fünf Minuten von der Accademia entfernt! Die Zimmer sind gemütlich und rosenrot gestrichen, die begehrtesten blicken auf den Kanal. Tagsüber strömen die sonnenhungrigen Gäste auf die kleine sonnige Gemeinschaftsdachterrasse (*altana*).

HOTEL GALLERIA
Karte S. 86–87   Pension €

☎ 041 523 24 89; www.hotelgalleria.it; Campo della Carità 878a; EZ 60–95 €, DZ 95–160 €; 🚶 Accademia

Der Heilige Gral der Schnäppchenjäger: ein familiengeführtes Hotel in einer Villa aus dem 17. Jh. direkt am Canal Grande, nur ein paar Schritte vom Ponte dell'Accademia entfernt. Die Zimmer haben alle modernisierte Bäder, Zimmer Nr. 7 und 9 sind kleine Doppelzimmer mit Blick auf den Canal Grande, Nr. 8 hat ebenfalls Sicht auf den Kanal. Nr. 10 bietet Platz für fünf Schlafgäste, hat ein Original-Deckenfresko und zwei Fenster, die zum Canal Grande hinausgehen.

ANTICA LOCANDA MONTIN
Karte S. 86–87   Pension €

☎ 041 522 71 51; www.locandamontin.com; Fondamenta di Borgo 1147; DZ 100–160 €, mit

Gemeinschaftsbad EZ 40–70 €, DZ 75–120 €;
🏛 Accademia; 🚫

In der Locanda Montin können die Gäste in den ruhigen Zimmern, die zum Garten hinausgehen, ruhig und entspannt schlafen. Nach dem Schlemmen im Restaurant im Erdgeschoss (in dem auch schon Brad Pitt, David Bowie und Yoko Ono gespeist haben) steigt man über die Hintertreppe nach oben und gelangt über einen Salon voller Kunst zu den abwechslungsreich eingerichteten Gästezimmern, in denen schon Ezra Pound, Amedeo Modigliani und Gabriele D'Annunzio, bekannt als neuromantischer Huldiger des Faschismus, übernachtet haben. Arbeiten von D'Annunzio zieren die Wände von Zimmer Nr. 12 und nicht einmal Modigliani, der im Ruf eines miesepetrigen Gesellen stand konnte in den Zimmern 5 und 8, in denen Balkons mit Blick über den Kanal für Inspiration sorgen, ein berüchtigt langes Gesicht machen.

PENSIONE SEGUSO
Karte S. 86–87　　　　　　　　　　Pension €

☎ 041 528 68 58; www.pensioneseguso.it; Fondamenta delle Zattere ai Gesuati 779; EZ 50–160 €, DZ 70–190 €, mit Gemeinschaftsbad EZ 40–122 €, DZ 65–180 €, alle inkl. Frühstück; 🕙 März–Nov.; 🏛 Zattere
Eine authentische *pensione* in einer Villa aus dem Jahre 1500, die in einem Krimi von Donna Leon mitspielen könnte: Hier findet man antike Hutständer, gespenstische Spiegel, Bleiglasfenster und förmlich gekleidetes Personal. Fast alle 34 Zimmer haben Kanalblick und 24 sogar ein eigenes Bad. Das Restaurant öffnet nur für Hotelgäste, auf Wunsch packt das Personal für den nächsten Tag einen leckeren Picknickkorb zusammen.

CA' DELLA CORTE Karte S. 86–87　　B&B €

☎ 041 71 58 77; www.cadellacorte.com; Corte Surian 3560, Dorsoduro; DZ inkl. Frühstück 75–150 €; 🏛 Piazzale Roma; 🚫 🚫 💻 📶
In diesem Familiendomizil aus dem 16. Jh., das nur zehn Minuten von der Piazzale Roma und dem Campo Santa Margherita entfernt liegt, kann man wie ein Venezianer leben. Was das heißt, erfährt der gast an Ort und Stelle. Die Gästezimmer gehen zum Innenhof hinaus, es gibt einen prächtigen Musiksalon mit Fresken und ein Frühstück, das auf der Dachterrasse mit Blick über Terrakottadächer serviert wird. Das englischsprachige Personal organisiert Konzerte, Malstunden im Freien, Ruder- und Bootstrips und mehr.

PALAZZO ZENOBIO
Karte S. 86–87　　　　　　　　　　Pension €

☎ 041 522 87 70; www.collegioarmeno.com; EZ/DZ/3BZ/4BZ 65/100/120/140 €, mit Gemeinschaftsbad 30/56/80/100 €; 🏛 Ca' Rezzonico
Ein vergoldeter Palast aus dem Jahr 1690, in dem einst eine Schule der armenischen Gemeinschaft Venedigs untergebracht war und der seine Türen erst kürzlich gegen eine geringe Gebühr für Schüler und Gäste geöffnet hat. Die Unterkünfte sind spartanisch, aber die Trompe l'Oeil-Deckenfresken des Palastes sind herrlich und sein verwilderter formaler Garten gehört zu Venedigs größten und schönsten.

SESTIERI DI SAN POLO & SANTA CROCE (SANTA CROSE)

Die meisten Unterkünfte in der Gegend konzentrieren sich in der Nähe des Bahnhofs in Santa Croce und um den Rialto in San Polo. Sie reichen von günstigen Studentenschlafsälen bis zu Spitzenklassehotels. Dazwischen befinden sich einige historische Wohnhäuser, die ihre Türen jetzt als erstklassige B&Bs für Gäste geöffnet haben, u.a. einige mit Blick auf den Canal Grande.

HOTEL PALAZZO BARBARIGO
Karte S. 94–95　　　　　　Luxushotel €€€

☎ 800 3746 83 57; www.designhotels.com; San Polo 2765; 320–490 €; 🏛 San Tomà; 🚫 💻
Das hier ist nichts für romantische Omas auf Venedigbesuch! Der Palazzo Barbarigo ist Venedigs sensationellstes New-Design-Hotel. Ein traditionelles Schleusentor wurde hier in eine Kneipe verwandelt – mit einer von Art-Déco inspirierten Bar und interessanter Beleuchtung, die an eine Club-Lounge im Flughafen erinnert. Die 18 Gästezimmer haben genau den richtigen modernen, unaufdringlichen Luxus mit prächtigem Samt und zeitgemäßen, kurvenreichen Möbeln. Hier sollte man um eine der Junior-Suiten mit Blick über den Canal Grande oder ein Standardzimmer mit Sicht auf den Rio San Polo bitten.

LE SUITES DI GIULIETTA E ROMEO
Karte S. 94–95　　　　　Boutique-Hotel €€

☎ 041 72 28 33; www.bertoliresort.com; Campo San Cassian, San Polo 1858; Zi. inkl. Frühstück 130–350 €; 🏛 Rialto Mercato; 🚫 💻

Der Schauplatz ist bereit für moderne Romantik in sechs individuell gestalteten Gästezimmern mit Whirlpool und von unten beleuchteten Betten. Der Kontrast zwischen der modernen Ausstattung (etwa die Fluoreszenz im Spiegelzimmer) und der historischen Kulisse irritiert manchen zunächst. Aber das ändert sich, wenn der Kronleuchter des pinkfarbenen Zimmers Lichtkaskaden über die Mosaikwände schickt.

OLTRE IL GIARDINO

Karte S. 94–95   Boutique-Hotel €€

☎ 041 275 00 15; www.oltreilgiardino-venezia.com; Fondamenta Contarini, San Polo 2542; DZ 150–250 €; San Tomà;

Hier kann man in Gästezimmern, die vor historischem Charme und modernem Komfort nur so übersprudeln, einen Designertraum genießen: Schreibtische mit Intarsien und Flachbildschirm-TV, Kerzenleuchter und farbenfrohe Minikühlschränke, Pokerstühle aus dem 19. Jh. und Kinderbetreuung. Alma Mahler, einst Ehefrau des Komponisten Gustav Mahler, Freigeist und Muse der Bohemiens, kaufte dieses Haus 1922 – das seither nichts an Romantik und Inspiration verloren hat. Alle sechs Schlafzimmer mit hohen Decken sind lichtdurchflutet; das türkisfarbene ist jedoch großzügiger als die anderen geschnitten, das grüne nimmt eine private Ecke des ummauerten Gartens ein und das graue hat ein schmiedeeisernes Bettgestell unter einer kathedralenartigen Decke.

AL PONTE MOCENIGO Karte S. 94–95   B&B €€

☎ 041 524 47 97; www.alpontemocenigo.com; Santa Croce 2063; DZ ab 120 €; San Stae;

Das Haus liegt gleich beim Canal Grande, nur wenige Schritte von der Vaporetto-Haltestelle San Stae entfernt. Von hier läuft man zehn Minuten zu Fuß durch gewundene Gassen zum Rialto. Die Boudoir-Gästezimmer mit Kronleuchtern, die von hohen Holzbalkendecken hängen, sind sogar trotz Himmelbetten, Schränken mit Goldrand und Salon-Sitzecken meist groß genug für Gymnastikübungen. Hier sollte man um die Zimmer mit Blick auf den Rio San Stae oder den Innenhof bitten.

CA' ANGELI Karte S. 94–95   Boutique-Hotel €€

☎ 041 523 24 80; www.caangeli.it; Calle del Traghetto della Madonnetta 1434, San Polo; EZ 95 €, DZ 105–125 €, alle inkl. Frühstück; San Silvestro;

Die Brüder Giorgio und Matteo haben diese Villa am Canal Grande geerbt und sie in ein

STUDENTENUNTERKÜNFTE

Esu (☎ 041 72 10 25; www.esuvenezia.it), die Studentenverwaltung der Stadt, öffnet im Sommer ihre Wohnheime ausschließlich für Studenten und Akademiker, die die Stadt besuchen. Es gibt Einzel-, Doppel- und Dreibettzimmer, die Gäste haben auch Zugang zur *mense* (Mensa). Von Mitte Juli bis Mitte September stehen EZ/DZ für 30/50 € in der **Residenza Maria Ausiliatrice** (Karte S. 110–111; Fondamenta San Gioacchin 454, Castello), der **Residenza Abazia** (Karte S. 104–105; Fondamenta Misericordia 3547, Cannaregio), der **Residenza Jan Palach** (Karte S. 121; Giudecca 186) und der **Residenza San Tomà** (Karte S. 94–95; Campo San Tomà 2846, San Polo) zur Verfügung.

Hotel und antiken Schauplatz mit original Muranoglas-Lüstern, Engeln aus dem 16. Jh. und einem restaurierten Louis-XIV.-Sofa im Lesesaal auf der Canal-Grande-Seite verwandelt. Das geräumige Zimmer Nr. 1 hat Blick auf den Canal Grande und einen Whirlpool; Nr 5 dafür eine tolle Terrasse. Das Frühstück besteht aus Bioprodukten und wird im Speisesaal auf antiken Tellern serviert.

LOCANDA ARCO ANTICO

Karte S. 94–95   Hotel €

☎ 041 241 12 27; www.arcoanticovenice.com; Corte Petriana 1451, San Polo; EZ 45–120 €, DZ 60–180 €; San Silvestro;

Dieser Palazzo aus dem 16. Jh., den man unter einem gotischen Torbogen hindurch und über den Hof gehend erreicht, bietet zu einem Bruchteil der Hotelpreise von San Marco eine schöne Unterkunft, die nur wenige Schritte vom Canal Grande entfernt liegt. Die Gästezimmer sind mit dunklen Holz, cremefarbenem und gelbem Brokat und Intarsienkommoden unter sichtbar gelassenen Deckenbalken möbliert – das beste von allen ist das sonnige Zimmer im Obergeschoss mit Blick auf den Hof.

PENSIONE GUERRATO

Karte S. 94–95   Pension €

☎ 041 528 59 27; www.pensioneguerrato.it; Ruga due Mori 240a, San Polo; DZ inkl. Frühstück 140 €, mit Gemeinschaftsbad 95 €; Rialto Mercato;

Diese vor kurzem modernisierten Gästezimmer in einem charakteristischen Gebäude, das einst als Herberge für Ritter auf dem Weg zum Dritten Kreuzzug diente, haben ihren Sinn für Geschichte nicht verloren. Schön sind die Zimmer mit Fresken oder Sicht auf den Rialto-Markt und den Canal Grande. Das englischsprachige Personal kann gute Tipps hinsichtlich lokaler Restaurants und Künstlerwerkstätten geben.

CA' SAN GIORGIO

Karte S. 94–95   Boutique-Hotel €

☎ 041 275 91 77; www.casangiorgio.com; Salizada del Fontego dei Turchi, Santa Croce 1725; DZ 75–110 €; 🚤 San Marcuola; ⊠

Der erste Eindruck zählt: Über einen Hof, vorbei am Brunnen aus dem 14. Jh., geht es eine Steintreppe hinauf in einen sonnendurchfluteten Empfangsbereich mit Sichtmauerwerk, Balkendecken und Säulen aus dem 15. Jh. Die Gästezimmer sind eher modern als mittelalterlich eingerichtet, mit gelben und blauen Tagesdecken, Polstermöbeln und Vorhängen sowie Badezimmern mit Mosaiken. Nach dem Altana-Zimmer fragen: Die gemütliche Suite mit Dachschrägen bietet tolle Ausblicke über Venedigs Dachlandschaft.

ALBERGO CASA PERON

Karte S. 94–95   Pension €

☎ 041 71 00 21; www.casaperon.com; Salizada San Pantalon 84, Santa Croce; EZ 50–90 €, DZ 85–100 €, alle inkl. Frühstück; 🚤 San Tomà; ⊠

Typisch venezianisch: Die Gästezimmer erreicht man über ein Labyrinth aus Treppen und Fluren, die Wände sind im Salon-Stil mit Gemälden bedeckt und der Papagei Pierino begrüßt die Gäste in der Lobby. Das Hotel liegt etwas versteckt: Von I Frari geht man die Gasse hinunter und am Campo Santa Margherita um die Ecke. Das Hotel hat einfache, aber freundliche Zimmer – unbedingt nach Zimmer Nr. 5 mit einer Terrasse und Blick über I Frari fragen.

HOTEL ALEX Karte S. 94–95   Pension €

☎ 041 523 13 41; www.hotelalexinvenice.com; Rio Terà 2606, San Polo; DZ 60–112 €, 3BZ 80–150 €, 4BZ 100–190 €, mit Gemeinschaftsbad EZ 35–54 €, DZ 40–84 €, 3BZ 60–114 €, 4BZ 80–144 €, alle inkl. Frühstück; 🚤 San Tomà; ⊠

Dieses Hotel an einer geheimen Abkürzung der Einheimischen zwischen I Frari und Campo San Polo bietet auf drei Etagen 19 spärlich möblierte, sonnige Zimmer mit Lackmöbeln und modernisierten Bädern. Manche Zimmer im Obergeschoss haben Balkon oder Terrasse mit Blick auf zwei Kanäle.

HOSTEL DOMUS CIVICA

Karte S. 94–95   Hostel €

☎ 041 522 71 39; www.domuscivica.com; Campiello Ciovare Frari 3082, San Polo; EZ/DZ 38/64 €; ⏱ Juni–Sept.; 🚤 Piazzale Roma; ⊠ 🖳

Das Haus, das während des Schuljahres ein Mädchen-Schlafsaal ist, wird im Sommer zum Hostel mit Gemeinschaftseinrichtungen (u. a. einem Aufenthaltsraum mit TV und kostenlosem Internetzugang) umfunktioniert. Die einfachen, sauberen Schlafsäle sind mit Einzelbetten, Tischen und Waschbecken ausgestattet. Auf jeder Etage stehen den Übernachtungsgästen fünf Gemeinschaftsbäder zur Verfügung. Um 0.30 Uhr ist Zapfenstreich, wer einen leichten Schlaf hat, sollte Ohrstöpsel mitbringen: Die Gänge hallen – Gleiches gilt auch für Kirchenglocken auf der anderen Straßenseite.

SESTIERE DI CANNAREGIO

Wer spät ankommt, landet möglicherweise in einem der Touristenhotels an Venedigs belebter Hauptstraße in der Nähe des Bahnhofs. Doch nur wenige Schritte entfernt liegen in einer ruhigen Straße einige fröhliche Hotels und Designer-B&Bs.

PALAZZO ABADESSA

Karte S. 104–105   Boutique-Hotel €€€

☎ 041 241 37 84; www.abadessa.com; Calle Priuli 4011; DZ 145–325 €; 🚤 Ca' d'Oro; ⊠ ⊠ ⊠

Die Abende in diesem prächtigen venezianischen *palazzo* von 1540 scheinen verzaubert zu sein, wenn die Besitzerin Maria Luisa die Kissen aufschüttelt, den Gästen zwischen den Mahlzeiten Kuchen aufdrängt und wie eine gute Fee alle Wünsche erfüllt. Die luxuriösen Gästezimmer sind mit plüschigen Betten, handgefertigten seidenen Damastwänden und antiken Waschtischen aus dem 18. Jh. ausgestattet. Wer sich für Barock interessiert, sollte nach einem der Zimmer mit Original-Deckenfresken bitten. Im Garten lassen sich Cocktails genießen, bis man vom hoteleigenen Boot zu den eigens vom Hotel reservierten Opernplätzen gebracht wird.

CA' POZZO Karte S. 104–105   Boutique-Hotel €€

☎ 041 524 05 04; www.capozzovenice.com; Sotoportego Ca' Pozzo 1279; EZ 90–180 €, DZ 100–320 €; 🚤 Guglie; 🅿 ⊠ 🖳 📶

Reisende, die wegen der Biennale kommen, finden in diesem Design-Juwel in der Nähe des historischen Ghettos ein Zuhause, das ihre Vorstellungen aus den Design-Zeitschriften noch übertrifft. Die minimalistische Ausstattung spiegelt den künstlerischen Anspruch wider: übergroße abstrakte Kunstwerke, winzige Fernseher und als Hommage an die historische Umgebung frei liegende Deckenbalken. Einige Zimmer haben Balkone, zwei sind behindertengerecht eingerichtet, das Zimmer 208 ist unglaublich groß.

DOMUS ORSONI

Karte S. 104–105   Boutique-Hotel €€

☎ 041 275 95 38; www.domusorsoni.it; Corte Vedei 1045; EZ 80–150 €, DZ 100–250 €, 3BZ 120–280 €, alle inkl. Frühstück; 🚊 Tre Archi; ✖ 🖳

Das niedrige venezianische Haus in einer ruhigen Seitenstraße bietet insgesamt fünf elegant wirkende Zimmer. Das Frühstück wird im Garten bei der Mosaikfabrik Orsoni serviert, die hier seit 1885 ihren Firmensitz hat. Das erklärt auch die Mosaikphantasien, die aus den Bädern, von den Wänden und Kopfenden der geräumigen Zimmer glänzen. Selbst das Einzelzimmer ist ein Schrein für Mosaikkunst – mit blattvergoldeten Nischen in der Mosaik-Bettrückwand, Teakholzböden mit Mosaikeinlegearbeiten und einem Mosaik-Beistelltisch.

LOCANDA AI SANTI APOSTOLI

Karte S. 104–105   Pension €€

☎ 041 521 26 12; www.locandasantiapostoli.com; Campo dei Santi Apostoli 4391a; DZ inkl. Frühstück 70–350 €; 🚊 Ca' d'Oro; ✖

Hier kann man im Zentrum vieler Sehenswürdigkeiten und in der Nähe des Rialto in einem ruhigen, eingefriedeten Gartenhotel mit Blumenvorhängen und Polstermöbeln in elf fröhlichen Gästezimmern übernachten. Die meisten haben Terrazzo-alla-Veneziana-Böden, manche haben frei liegende Holzbalkendecken und alle sind einfach eingerichtet. Das „Luxus"-Zimmer unterscheidet sich von den anderen nur durch den Blick auf den Canal Grande. Die Preise variieren je nach Saison erheblich, auf der Homepage finden sich ab und an aber Angebote.

LOCANDA LEON BIANCO

Karte s. 104–105   Boutique-Hotel €€

☎ 041 523 35 72; www.leonbianco.it; Corte Leon Bianco 5629; DZ inkl. Frühstück 80–250 €; 🚊 Ca' d'Oro; ✖

Turner malte in diesem Hotel am Kanal und man erkennt einiges wieder: abschüssige Terrazzo-alla-Veneziana-Böden, schwere Holztüren und massive antike Möbel. Seit Turners Zeiten hat sich ganz offensichtlich nicht viel geändert. Drei etwas größere „Luxus"-Zimmer bieten Ausblick auf den Canal Grande, u. a. das Eckzimmer Nr. 4 mit ihrer Postkartenansicht. Wer sich für ein Zimmer auf der Kanalseite entscheidet, sollte allerdings Ohropax mitbringen, denn das Treiben auf dem Rialto-Markt gegenüber beginnt um 4 Uhr.

RESIDENZA CA' RICCIO

Karte S. 104–105   Boutique-Hotel €

☎ 041 528 23 34; www.cariccio.com; Campo dei Miracoli 5394a; EZ 70–90 €, DZ 95–130 €, alle inkl. Frühstück; 🚊 Fondamente Nuove; ✖ 🖳

Wer von Casanovas Haus die Straße hinuntergeht, stößt auf die liebevoll restaurierte und etwas versteckt liegende Residenz der Familie Riccio aus dem 14. Jh. Die sieben Zimmer in den beiden oberen Etagen gehen auf einen Hof hinaus und präsentieren sich mit einfachen schmiedeeisernen Betten, Holzbalkendecken, Terrakottaböden und getünchten Wänden.

HOTEL ROSSI Karte S. 104–105   Hotel €

☎ 041 71 51 64; www.hotelrossi.ve.it; Lista di Spagna 262; EZ 56–72 €, DZ 80–95 €; 🚊 Ferrovia; ✖

Einfache holzverkleidete, getünchte Zimmer bieten eine Erholung von Venedigs Reizüberflutung. Wer spät ankommt oder früh abfährt, wird die Lage in Nähe des Bahnhofs in einer ruhigen Gasse abseits der geschäftigen Rio Terà Lista di Spagna zu schätzen wissen. Nach den günstigeren Zimmern mit Gemeinschaftsbad und nach Preisen in der Nebensaison fragen.

ALLOGGI GEROTTO CALDERAN

Karte S. 104–105   Pension €

☎ 041 71 53 61; www.casagerottocalderan.com; Campo San Geremia 283; B/DZ/3BZ/4BZ 25/85/90/ 112 €; 🚊 Ferrovia; 🖳

Das Hotel liegt praktischerweise direkt über einem Buchladen am belebten Campo San Geremia in der Nähe des Bahnhofs. Die Zimmer sind nicht sehr groß, haben aber saubere Bäder, einen Internetzugang auf dem Zimmer und hübsche Tagesdecken. Manche Zimmer überraschen noch mit traditionell venezianisch bemalten Kopfenden (z. B. mit Rosenknospen) und krummbeinige Nachttischchen.

HOTEL VILLA ROSA Karte S. 104–105   Hotel €

☎ 041 71 65 69; www.villarosahotel.com; Calle della Misericordia 389; DZ ab 70 €; 🚇 Ferrovia; 🛜

Dieses tolle mit Blumenkästen geschmückte Hotel in der Nähe des Bahnhofs ist ein fröhlicher Anblick von der geschäftigen Lista di Spagna aus. Die gemütlichen bonbonfarbenen Zimmer haben Muranoglas-Lampen, barocke Tapeten und verströmen viel Atmosphäre. Einige haben eine eigene Terrasse, andere rustikale Deckenbalken. Ein kostenloses kontinentales Frühstück wird in der gemütlichen Rezeption mit Holzbalken oder im Freien im Innenhof serviert. WLAN ist ebenfalls vorhanden.

SESTIERE DI CASTELLO

Wer Luxus mit Lagunenblick sucht, findet ihn in prachtvollen Hotels entlang der Riva degli Schiavoni, die damit schon seit zwei Jahrhunderten Gäste ködern. Wer auf der Suche nach günstigen Zimmern ist, sollte wissen, dass manche Unterkünfte in Castello näher am Markusplatz liegen als diejenigen mit einer Adresse in San Marco. Und oft werden sie für einen Bruchteil der San-Marco-Preise vermietet. Wer von der Piazza zehn Minuten zu Fuß in Richtung Arsenale läuft, übernachtet noch günstiger: Dort fallen die Preise zur richtigen Zeit um bis zu 50 %.

HOTEL DANIELI Karte S. 110–111   Luxushotel €€€

☎ 041 522 64 80; www.starwoodhotels.com/luxury; Riva degli Schiavoni 4196; DZ 319–2800 €; 🚇 San Zaccaria; 🔲

Das Danieli, das so exzentrisch, luxuriös und ausgelassen wie Venedig selbst ist, zieht seit mehr als einem Jahrhundert künstlerisch veranlagte Bohemiens, unbedeutende Adlige und ihre Millionärsgeliebten an. Das Hotel erstreckt sich entlang der Lagune neben dem Palazzo Ducale über drei charakteristische Gebäude: Die *casa vecchia* (altes Haus; 14. Jh.) wurde für den Dogen Enrico Dandolo erbaut, ihre Räume begeistern mit Fresken und Antiquitäten. Die *casa nuova* (neues Haus) bietet gemütlichere Räume im venezianischen Stil und Gold bis unter die Decke. Das Danielino, ein nüchternes faschistisches Gebäude, bekam 2008 für mehrere Millionen Euro von Jacques Garcia eine moderne luxuriöse Innenausstattung verpasst – die originalen Badewannen und Kronleuchter blieben aber erhalten. Hinzu kamen ein von Hand aufgeriebener venezianischer Wandputz, karmesinro-

te Seidenvorhänge und herrliche Betten mit aufwändigen Damastkopfenden.

PALAZZO SODERINI Karte S. 110–111   B&B €€

☎ 041 296 08 23; www.palazzosoderini.it; Campo Bandiera e Mori 3611; DZ inkl. Frühstück 150–200 €; 🚇 Arsenale; 🔲 🛜

Egal, ob man sich gerade toppaktuelle Kunst auf der Biennale oder barocke Meisterwerke im Palazzo Ducale angesehen hat: Dieser ruhige und ganz in Weiß gehaltene Rückzugsort mit Seerosenteich im Garten ist eine willkommene Atempause von der visuellen Attacke Venedigs. Die minimalistische Ausstattung unterstreicht mit klaren Linien und scharfen Kanten, mit Möbeln mit Metalleinfassung und kahlen Wänden die einfachen Formen und klaren Linien; ein unerwartet blaues Sofa in der Lobby ist sozusagen das Überraschungselement. Die drei Zimmer verfügen über allen modernen Komfort: TV, WLAN, Minibar, Klimaanlage und Heizung.

CA' DEI DOGI Karte S. 110–111   B&B €€

☎ 041 241 37 51; www.cadeidogi.it; Corte Santa Scolastica 4242; EZ 90 €, DZ 130–210 €, alle inkl. Frühstück; 🚇 San Zaccaria 🔀 🖥

Selbst die Seufzerbrücke im benachbarten Prigioni Nuove kann die Munterkeit des sonnengelben Ca' Dei Dogi mit Fenstern, die in den Kreuzgang des Klosters nebenan schauen, nicht dämpfen. Die modernen Zimmer mit schrägen Holzbalkendecken, Kommoden, die an Schiffskoffer erinnern, und Badezimmern mit Mosaiken sehen wie Kajüten aus. Ein Zimmer hat eine Terrasse und einen Whirlpool. Das Personal organisiert auf Wunsch Konzerte, Bootsausflüge und Gondelfahrten bei Sonnenuntergang.

LOCANDA CA' DEL CONSOLE
Karte S. 110–111   B&B €€

☎ 041 523 31 64; www.locandacadelconsole.com; Calle Trevisana 6217; EZ 110 €, DZ 120–160 €, alle inkl. Frühstück; 🚇 Rialto; 🔀 🖥 🛜

Hier lebte im 19. Jh. ein österreichischer Botschafter. Ein eleganter Salon führt zu acht geschmackvoll restaurierten Zimmern mit Sichtbalkendecke, Stuck, Fresken und Stilmöbeln aus der Zeit des Konsuls sowie modernen Bädern. Zwei Zimmer gehen auf einen Kanal hinaus, aber auch alle anderen sind groß geschnitten und einladend eingerichtet. Und die Besitzerin Signora Marina vermittelt jedem Gast das feierliche Gefühl, bedeutend zu sein.

LA RESIDENZA Karte S. 110–111   Hotel €

☎ 041 528 53 15; www.venicelaresidenza.com; Campo di Bandiera e Mori 3608; EZ 50–100 €, DZ 80–180 €; 👤 Arsenale; ▨

Die großartige Villa aus dem 15. Jh. dominiert einen Platz, der einst Schauplatz öffentlicher Hinrichtungen war. Die großzügig geschnittenen Räume sind in venezianischem Stil mit cremefarben lackierten Schränken und Betten mit mutig gestreiften Tagesdecken eingerichtet. In der oben gelegenen Rezeption – einem von Lüstern erleuchtetem Salon, der mit Stuck aus dem 18. Jh. bekränzt ist – steht ein prächtiges Klavier, um das sich die Gäste zur Happy Hour versammeln.

LOCANDA SANT'ANNA
Karte S. 110–111   Pension €

☎ 041 528 64 66; www.locandasantanna.com; Corte del Bianco 269; DZ inkl. Frühstück 100–125 €, mit Gemeinschaftsbad 70–85 €; 👤 Giardini; ▨ 🖥

Auf einem ruhigen Plätzchen im verschlafenen Teil von Castello, in den sich die Touristen nur selten verirren, Boote vorbeifahren und Möwen den ganzen Tagen ziellos umherkreisen, kann man endlich den Massen entkommen. Antike Waschtische, Bettgestelle mit Intarsien und Parkettböden verleihen den großen getünchten Zimmern viel Atmosphäre. Einige der Zimmer schauen auf die Isola San Pietro. Die Panoramaterrasse ist ideal für sonnige Tage, das Lesezimmer ein willkommener Rückzugsort, wenn Nebel über der Lagune hängt.

HOTEL RIVA Karte S. 110–111   Pension €

☎ 041 522 70 34; www.hotelriva.it; Ponte dell'Angelo 5310; EZ 80–90 €, DZ 100–120 €, mit Gemeinschaftsbad EZ 60–70 €, DZ 80–100 €; 👤 San Zaccaria; ✕ ▨

Das Haus liegt an der Kreuzung zweier Kanäle, im barocken gepolsterten Bett unter hohen Holzbalkendecken liegend hört man beim Einschlafen unter sich das Pfeifen der vorbeifahrenden Gondolieri und beim Aufwachen das Glockengeläut des nahe gelegenen Markusdoms. Getreu der venezianischen Tradition sind alle Zimmer mit Muranoglas-Leuchtern ausgestattet, nur einige haben Klimaanlage. Das lässt sich aber angesichts der sehr guten Preise verschmerzen – schließlich liegt Venedig nicht in den Tropen.

LOCANDA SILVA Karte S. 110–111   Hotel €

☎ 041 522 76 43; www.locandasilva.it; Fondamenta del Rimedio 4423; EZ 45–80 €, DZ 60–130 €, alle inkl. Frühstück; 👤 San Zaccaria

Das familiengeführte Hotel an einem Kanal liegt nur fünf Gehminuten vom Markusplatz entfernt. Es hat 23 saubere Zimmer mit Möbeln aus hellem Holz. Wer Glück hat, bekommt eines der sonnigen Zimmer auf der Kanalseite. In der vierten Etage befindet sich schwindelerregend hoch eine Dachterrasse, von der aus man einen Blick auf den Glockenturm des Markusdoms werfen kann.

ALLOGGI BARBARIA
Karte S. 110–111   Pension €

☎ 041 522 27 50; www.alloggibarbaria.it; Calle delle Cappuccine 6573; EZ 40–100 €, DZ 60–120 €, alle inkl. Frühstück; 👤 Ospedale

Die *pensione* in einem authentischen venezianischen Stadtviertel in der Nähe des Fondamente Nuove ist nicht leicht zu finden – aber das gehört zum Charme des Hauses dazu. Das Frühstück wird auf dem Gemeinschaftsbalkon eingenommen. Alle sechs Zimmer sind weiß, hell und geräumig gehalten und haben gefliste Böden. Die Preise erreichen selten die hier angegebenen Höchstmieten.

FORESTERIA VALDESE
Karte S. 110–111   Hostel €

☎ 041 528 67 97; www.diaconiavaldese.org/venezia; Palazzo Cavagnis 5170; B pro Pers. 23–24 €, DZ ab 78 €, alle inkl. Frühstück; 👤 Ospedale

Der Palast, der der Waldenserkirche gehört, vermietet Gästezimmer in der ersten Etage – mit Fresken von Bevilacqua aus dem 18. Jh. Die Zimmer ein Stockwerk höher haben dafür Kanalblick. Die Betten im Schlafsaal werden nur an Familien oder Gruppen abgegeben, generell sollte man rechtzeitig reservieren.

RUND UM DIE LAGUNE

Eine Verschnaufpause von der palastartigen Erhabenheit Venedigs bieten die auf der Meerseite liegenden und im Liberty-Stil gebauten Villen am Lido, die ländlichen Orte auf Sant'Erasmo und Torcello, die einfachen *pensioni* auf Burano und Murano sowie die supergünstigen Unterkünften auf Giudecca. Wie wäre es mit einer Luxusunterkunft in einem Frauenkloster auf der Insel Giudecca, einem Irrenhaus auf der Isola di San Clemente oder einem der am Meer gelegenen Landmarken des Lido?

GIUDECCA

BAUER PALLADIO HOTEL & SPA

Karte S. 121   Luxushotel €€€

☎ 041 520 70 22; www.palladiohotelspa.com;
Fondamenta della Croce 33; DZ 296–490 €;
⚑ Zitelle; ⊠ ▢

Wer die finanziellen Möglichkeiten hat, sollte sich eine Übernachtung in einem von Palladio entworfenen ruhigen ehemaligen
Kloster mit Blick auf San Marco spendieren.
Das Hotel hat eine eigene, mit Solarantrieb
fahrende Bootsflotte und ein herrliches Spa.
Hier lebten früher Nonnen und Waisenkin-
der, heute schlafen die Gäste in himmli-
schem Komfort in 37 rosenfarbenen, heiter-
sittsamen Gästezimmern, von denen viele
eine Gartenterrasse oder Blick auf den Giudecca-Kanal bieten. Auf dem Frühstücksbüffet findet man einheimische Bioproduk-
te. Das Spa bietet umweltfreundliche Behandlungen wie etwa ein Milch-Honig-Ro-
sen-Bad (90 €), außerdem kostenlosen
Zugang zu Sauna, Whirlpool und dem
Dampfbad aus Marmor.

RESIDENZA JUNGHANS Karte S. 121   Hostel €

☎ 041 521 08 01; www.residenzajunghans.com,
auf Italienisch; Terzo Ramo della Palada 394,
Giudecca; EZ/DZ 40/70 €; ⚑ Palanca

Manch einer, der in diesem günstigen modernen Studentenwohnheim mit sofortigem
Anschluss übernachtet, spart Geld und denkt
mit Wehmut an die Schulzeit zurück. Die Regeln sind streng: Vorauszahlung, Nachtruhe
um 23 Uhr und verschlossene Türen um
1.30 Uhr. Nach Wochenpreisen fragen.

OSTELLO VENEZIA Karte S. 121   Hostel €

☎ 041 523 82 11; www.ostellovenezia.it;
Fondamenta delle Zitelli 86, Giudecca; B inkl. Frühstück 21–26 €; ⚑ Zitelle

Durch die beruhigenden Blicke auf den Kanal
meint man, das Hostel mit seinen Doppelstockbetten stehe meilenweit von den Massen und den überzogenen Preisen des Markusplatzes entfernt. Und doch liegen die touristischen Highlights dank der Vaporetti nur
einen Katzensprung entfernt. Laken, Decken
und Kissen sind im Preis inbegriffen, aber wer
sich das tolle Doppelstockbett am Fenster ergattern will, muss pünktlich um 15.30 Uhr da
sein, wenn aufgeschlossen wird. Die beiden
Privatzimmer ohne Kanalblick müssen früh
reserviert werden. Check-in-Zeit ist von
15.30 bis 22 Uhr, Check-out-Zeit um 9.30 Uhr.

LIDO DI VENEZIA

HOTEL DES BAINS Karte S. 125   Luxushotel €€€

☎ 041 526 59 21; www.desbainsvenezia.com;
Lungomare Marconi 17; EZ 128 €, DZ 230–420 €;
☼ April–Okt.; ⚑ Lido; ⓟ ⊠ ▢ ⊜ ▣

„Wahnsinn" denkt sich mancher, der das erste Mal das Hotel aus der Belle Epoque betritt.
Seit über einem Jahrhundert setzt es die
Maßstäbe am Meer. Übergroße Schlüssel
baumeln über der Rezeption aus Ebenholz,
die von einem Kronleuchter beleuchtet wird,
der selbst für Murano-Verhältnisse ungeheuer gleichmäßig gearbeitet ist. Oben liegen
Gästezimmer, die größer sind als venezianische Wohnungen. Sie bieten eine Original-
Jugendstileinrichtung, ein angenehmes Farb-
spektrum (Creme und Weiß) und hohe Fenster mit Blick auf den Garten, den Pool oder
die Adria. Zuletzt wechselte das Management und das rückwärtige Gebäude wurde
zu luxuriösen Eigentumswohnungen umgebaut. Wer noch einen Blick auf die alte venezianische Pracht werfen will, sollte also bald
vorbeikommen.

ALBERGO QUATTRO FONTANE

Karte S. 125   Hotel €€€

☎ 041 526 07 26; www.quattrofontane.com; Via
Quattro Fontane 16; EZ 140–210 €, DZ 188–520 €;
☼ April–Nov.; ⚑ Lido; ⓟ ⊠ ▢

Seltsam aber wahr: Dieses Chalet in alpinem
Stil liegt nur einen Steinwurf von den Stränden des Lido entfernt; die schattigen Gärten
und Tennisplätze wimmeln während des
Filmfestivals in Venedig nur so vor Holly-
woodstars. Promis sind für dieses Gasthaus
mit schachbrettartigen Böden und einer
schillernden Vergangenheit als Casino nichts
Ungewöhnliches. Im 16. Jh. besuchten Mitglieder des Königshauses das Casino, im
19. Jh. war es eine Taverne, in der nicht nur
Robert Browning und seine Bohemien-Clique
gerne einkehrten. Die Zimmer im Anbau aus
den 1970er-Jahren sind riesig und unübersehbar retro. Das Originalgebäude bietet kleinere, traditionellere Quartiere mit hübschen
schmiedeeisernen Betten. Das Haus bietet einen Fahrradverleih, einen Wäscheservice und
eine Kinderbetreuung.

VILLA MABAPA Karte S. 125   Hotel €€

☎ 041 526 05 90; www.villamabapa.com; Riviera
San Nicolò 16; DZ 109–380 €; ⚑ Lido; ⓟ ⊠ ▢ ▣

Hier kann man einen Tag am Lido in einer
Gartenvilla aus den 1930er-Jahren, die nur

rund 100 m von einem Privatstrand entfernt liegt, vertrödeln. Die Zimmer im Hauptgebäude sind elegant im Liberty-Stil und mit Jugendstilmöbeln eingerichtet. Das Hotel bietet Blicke über die Lagune nach Venedig und Restaurantplätze im Garten. Private Motorboote schippern die Gäste für den Sundowner in zehn Minuten über das Wasser ins Herz Venedig und holen sie – hoffentlich – auch wieder ab.

HOTEL VILLA CIPRO Karte S. 125   Hotel €€

☎ 041 73 15 38; www.hotelvillacipro.com; Via Zara 2, Lido; EZ 70–160 €, DZ 80–170 €; 🚊 Lido; 🅿 ⊠
Die von Pinien beschattete Villa liegt weit entfernt von den engen Straßen Venedigs, aber nur ein paar Blocks von der Vaporetto-Haltestelle entfernt. Das Haus bietet geräumige Zimmer mit hohen Decken, die mit Muranoglas-Kronleuchtern und Wände, die mitgroßen Fenstern verziert sind; manche haben auch Balkone mit Blick über den Garten. Das Frühstück wird im Hof serviert, Cocktails gibt es in der klassischen Bar oder im Garten. Der Strand ersterckt sich nur zwei Häusergruppen weiter.

CA' DEL BORGO

außerhalb der Karte S. 125   Hotel €€

☎ 041 77 07 49; www.cadelborgo.it; Piazza delle Erbe 8; EZ 65–140 €, DZ 70–140 €, 3BZ 90–180 €; 🚊 Lido; ⊠ 🅿
In diesem historischen Hotel auf der Meerseite des Lido lässt sich die Uhr sechs Jahrhunderte bis zu Venedigs glorreichen Tagen der Seefahrt, als die Stadt den östlichen Mittelmeerraum beherrschte, zurückdrehen: Alle Zimmer sind mit Muranoglas-Lampen, gepolsterten Betten, traditionellen Möbeln und Parkettböden mit antiken Teppichen eingerichtet. Am schönsten ist das blaue Zimmer unter dem freiliegenden Dachvorsprung – es verströmt das meiste nostalgische maritime Flair. Private Motorboote bieten einen Shuttleservice von und nach Venedig, was vielleicht insgesamt eine Viertelstunde in Anspruch nimmt.

MURANO

HOTEL AL SOFFIADOR Karte S. 128   Hotel €

☎ 041 73 94 30; www.venicehotel.it; Calle Bressagio 10, Murano; EZ 50–65 €, DZ 53–89 €; 🚊 Faro; ⊠ ▭
Wer im „Glasbläser" absteigt, einen Steinschlag entfernt von etlichen Glasfabriken und Verkaufsräumen im Zentrum von Murano, kann beim Übernachten Geld für den Glaskauf sparen. Die Zimmer sind schlicht und gepflegt, die Bäder vor kurzem renoviert worden und glänzen nun mit neuen Armaturen und Marmorwaschbecken. Im Erdgeschoss liegt ein Restaurant, nach hinten raus lädt ein Patio zum Frühstücken ein. In den ruhigen Stunden vor und nach der Öffnung der Verkaufsräume ist man sogar auf Murano mit seinen Gedanken und den Glasbläsern alleine.

BURANO & TORCELLO

LOCANDA CIPRIANI

Karte S. 130   Boutique-Hotel €€

☎ 041 73 01 50; www.locandacipriani.com; Piazza Santa Fosca 29, Torcello; EZ & DZ pro Pers. 100–130 €, HP 150–180 €; 🕙 Jan. geschl.; 🚊 Torcello
Seit dieser rustikale Weinladen 1934 von Giuseppe Cipriani, dem Gründer der Harry's Bar, in einen Landgasthof umgewandelt wurde, hat sich hier nicht viel verändert. Man wird Ernest Hemingway zwar nicht beim Schleppen seiner Jagdtrophäen oder beim Arbeiten an seinen Manuskripten sehen, kann aber noch immer herzhafte Pasta und *anatra* (Wildente) am Kamin (*fogher*) oder unter der Rosenpergola im Garten genießen. Die sechs geräumigen Zimmer erinnern eher an Suiten und eignen sich für einen literarischen Rückzug: Um die gut sortierte Bibliothek so richtig genießen zu können, ersetzen hier Sessel die Fernseher. Wer aufs Geld schauen muss, sollte sich lieber für die normalerweise erschwinglichere Halbpension im Restaurant als für einen Besuch in Harry's Bar entscheiden.

LOCANDA AL RASPO DE UA

Karte S. 130   Pension €

☎ 041 73 00 95; www.alraspodeua.it; Via Galuppi 560, Burano; EZ 45–55 €, DZ 85–95 €; 🚊 Burano; ⊠
Den wilden Ansturm auf die Vaporettos pünktlich zum Sonnenuntergang zurück nach Venedig kann man sich schenken und für ein geselliges Abendessen auf dem Gehweg von Buranos Hauptpromenade und einen guten Nachtschlaf gleich die Treppe hinauf auf der Insel bleiben. Die getäfelten Gästezimmer wirken fröhlich chaotisch und künstlerisch angehaucht – dazu tragen die bunt zusammengewürfelten Möbel und die echten abstrakten Gemälden und Landschaftsbilder bei. Wer essen gehen will, findet Tippas auf S. 212.

Kleine Inseln
ISOLA DI SAN CLEMENTE
SAN CLEMENTE PALACE

Karte S. 125   Luxushotel €€€

☎ 041 244 50 01; www.sanclementepalacevenice.com; Isola di San Clemente; EZ/DZ 370/410 €;
❌ 🖵 ☎

Verrückt nach Luxus? Dann sollte man in diesem rosafarbenen Spitzenklassehotel und ehemaligen Irrenhaus einchecken, das sich mit 205 Zimmern und Suiten, zwei Swimmingpools, herrlichen Gärten, Tennisplätzen, einem Golfplatz und einem Spa mit umfangreichen Angebot (Schönheitsbehandlungen auf Meeresalgenbasis) den größten Teil der Insel einnimmt. Die Zimmer sind mit Seidendamast verkleidet, die Badezimmer aus italienischem Marmor bieten eine Badewanne und individuell gemischte beruhigende Aromatherapieprodukte. Das Hotel ist also genau das Richtige, um nach den Kunstexzessen der Biennale und dem wilden Muranoglas-Einkaufsorgien zur Ruhe zu kommen. Blick auf die Lagune gibt es reichlich, regelmäßig verkehren vier kostenlose private Shuttleboote nach San Marco.

SANT'ERASMO
IL LATO AZZURRO Karte S. 72   Hotel €

☎ 041 523 06 42; www.latoazzurro.it; Via Forti 13, Sant'Erasmo; B 25–30 €, EZ 50–55 €, DZ 70–80 €;
🚣 Sant'Erasmo Capannone

Auf Venedigs Garteninsel Sant'Erasmo schlafen die Gäste in einer Landvilla mit rotem Dach umgeben von Anpflanzungen für Artischocken – und dennoch nur 25 Bootsminuten vom Zentrum Venedigs entfernt. Die geräumigen Gästezimmer sind mit Parkettböden und schmiedeeisernen Betten ausgestattet und öffnen sich zu einer umlaufenden Veranda. Die Mahlzeiten werden soweit es möglich ist, aus biologisch angebauten und fair gehandelten Produkten sowie verschiedenen Gemüsesorten und Salat und solchen aus eigenem Anbau zubereitet. Es können Fahrräder ausgeliehen werden, das Wasser liegt gleich die Gasse hinunter. Wer Insekten magisch anzieht, sollte unbedingt ausreichend Mückenschutzmittel mitbringen. Das Hotel bietet als Extraservice Ausflüge in die Natur und zu archäologischen Ausgrabungen an. Zudem können sich Künstler erkundigen, ob sie im Austausch für einen Auftritt kostenlos übernachten dürfen.

AUSFLÜGE IN VENETIEN

Als ob Venedig für sich allein nicht schon genug Anziehungspunkte besäße, liegen überall in der Region weitere Traumziele verstreut. Das ländliche Veneto (deutsch: Venetien) bietet viele ummauerte mittelalterliche Städte, urige Landgasthöfe und Ortschaften, in denen sich ein Unesco-Weltkulturerbe an das andere reiht. Im Rahmen bequemer Tagestouren können Venedigbesucher viele Villen an der Riviera del Brenta besichtigen, in Padua Giottos Fresken aus der Frührenaissance anschauen, die elegante Architektur Palladios in Vicenza bewundern und bei einem Glas kräftigem, dunkelroten Amarone in Verona über die unglückliche Romanze von Romeo und Julia nachdenken. Trotz der Anziehungskraft Venedigs lohnt sich noch eine ganze Reihe weiterer Ausflüge aufs Festland – zu einer Weinprobe, zu einem Skiausflug in die Dolomiten und zu den Clubs an den Stränden der Adriaküste.

Bis ins 15. Jh. rivalisierten eine Reihe Stadtstaaten um die Vorherrschaft in der ländlichen Region Venetien – zu den einflussreichsten zählten Padua, Vicenza und Verona. Als sich jedoch Venedig von einem byzantinischen Provinznest zu einer Seehandelsmacht erhob, reichte seine Vorherrschaft nicht von Konstantinopel bis nach Kroatien, sondern auch landeinwärts bis in die Lombardei. Das venezianische Hinterland anzugreifen oder gar im Überraschungscoup zu erobern, war nicht einfach: An der Nordflanke Venetiens erstrecken sich die eindrucksvollen und gleichzeitig abweisenden Ausläufer der Dolomiten und einer der größten norditalienischen Seen, der Gardasee. Richtung Norden und Süden konnte die Serenissima jedes sich nähernde Schiff schon eine Seemeile vor den adriatischen Küste orten. Die Südgrenze der Region markiert Italiens größter in die Adria mündender Fluss, der Po. Überall im Veneto – ob an den Mauern der Brenta-Villen oder in den befestigten Gebirgsdörfern – prangte das Emblem Venedigs: der geflügelte Löwe von San Marco mit der Pranke auf einem geöffneten Buch ruhenden Pranke.

Doch trotz seiner Bekanntheit und seines Einflusses ist Venetien alles andere als ein geöffnetes Buch. Die ehemaligen Stadtstaaten bewahrten sich durch die Jahrhunderte hindurch ihre Eigenarten – das spiegelt sich auch in ihrer Kunst und Architektur. Die Region besitzt so viele Meisterwerke, dass ständig irgendetwas restauriert werden muss, um es für die nächste Generation zu erhalten. Das gilt für die Palladio-Gebäude in Vicenza und an der Riviera del Brenta ebenso wie für die Giotto-Meisterwerke in Padua und die Gemälde Mantegnas in Verona. Einige Privatvillen und -paläste können heutzutage besichtigt werden – sie bieten Zugang zu Tiepolos Deckenmalereien (die zum Teil beklemmende Einblicke in die himmlische Welt liefern) und zu Veroneses Fresken rund um Vicenza.

Oft liegen nur wenige Kilometer Entfernung zwischen kulinarischen Welten. Nach einigen Tagen Venedig fällt es oft nicht mehr schwer, die Standardgerichte Venetiens zu erkennen: *bigoli* (lange dicke Nudeln aus Buchweizen), *baccalà mantecato* (als Stockfisch gedörrter Kabeljau in Rahmsoße) und *risi e bisi* (Erbsenrisotto). Doch diese Gerichte werden, je weiter es ins Hinterland geht, immer deftiger und herzhafter. Auch für Kenner italienischer Gerichte und Weine bietet das ländliche Venetien ungeahnte Gaumenfreuden. Einige der am höchsten geschätzten Weine sind nur in kleinen Weingütern der Regionen Valpolicella und Soave erhältlich. Und es gibt nur eine Möglichkeit, sich eine eigene Meinung zum ewigen Streit zu bilden, wer Fisch, Wildenten und die lokalen Fleischspezialitäten wie Rind- und Pferdefleisch am besten zubereitet: indem man alles probiert, was das ländliche Venetien so bietet. Wer das befolgt, wird die Region so schnell nicht mehr vergessen!

VENETIENS VILLEN & LANDSITZE

Den Schönheiten Venedigs den Rücken zu kehren, gilt bei nicht wenigen als Gipfel hedonistischer Häresie. Auch in der Vergangenheit trennten sich die Venezianer allgemein nur selten von ihren *sestiere* (Vierteln) und noch weniger gern verließen sie die Insel, auf der sie wohnten. Angesichts der Reputation Venedigs als Handelsmacht und Metropole der Unterhaltung konnten die Bewohner sicher sein, dass die Welt früher oder später

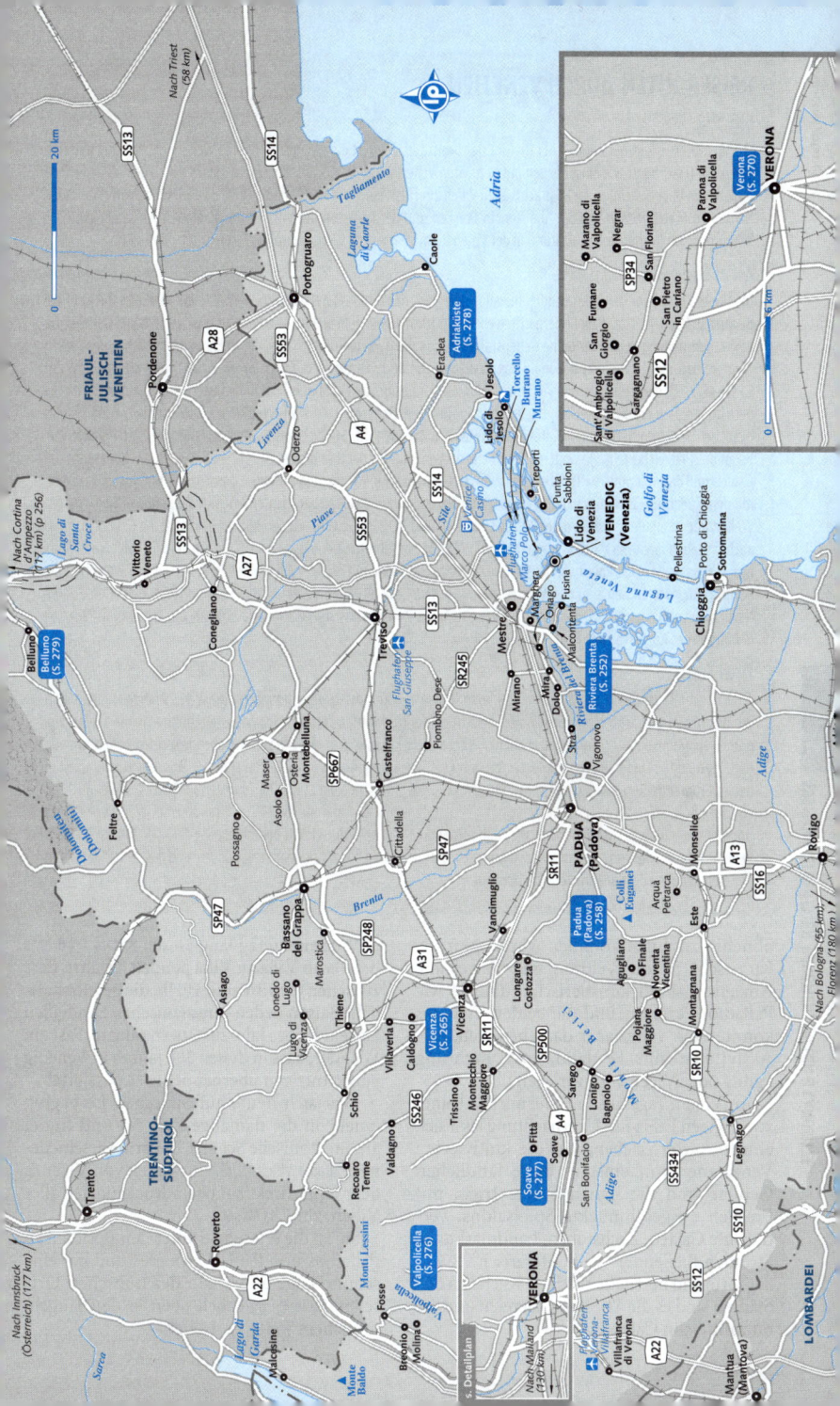

REISEROUTEN DURCH VENETIEN

Ein Tag

Eine gemütliche Radtour entlang der Riviera del Brenta (S. 252) ist eine Möglichkeit, eine weitere ist die Fahrt mit dem *burchiello* (Flachboot) wie einst bei den gut betuchten Venezianern des 16. Jhs. Bei einem Glas Prosecco genießen die Passagiere den Blick auf einige der 80 prachtvollen Villen am Fluss. Ein Muss sind Palladios Villa Foscari mit dem irreführenden Namen La Malcontenta (S. 252), die Tiepolo-Fresken und der Irrgarten der Villa Pisani Nazionale (S. 253) sowie das Schuhmuseum (Museo della Calzatura) in der Villa Foscarini Rossi (S. 253), die im 18. Jh. errichtet wurde.

Zwei Tage

Die Bootsfahrten auf der Brenta enden in Padua. Hier lädt das ruhige Hotel Belludi37 (S. 264) mit direktem Blick auf die Basilica del Santo (S. 261) zum Übernachten ein. Das Gotteshaus ist dem hl. Antonius von Padua geweiht, dem Schutzpatron für Wunderheilungen und verlorene Gegenstände. Sehr sehenswerte Kunstschätze, die zu Ehren des hl. Georg geschaffen wurden, befinden sich direkt nebenan: das freskengeschmückte Oratorio di San Giorgio (S. 262) und die Scoletta del Santo (S. 262), die Fresken von Tizian besitzt. Nur mit Vorausbuchung gelingt es, das kunsthistorische Highlight Paduas zu besichtigen: den Freskenzyklus Giottos in der Capella degli Scrovegni (S. 258). Wer keinen Zutritt erhält, kann sich im historischen Zentrum mit einem Cafébesuch unter den Arkaden des Stadtplatzes trösten, der aus zwei miteinander verbundenen Plätzen besteht. Ein weiteres Ziel könnte die Besichtigung der Universität (S. 260) sein. Sie birgt den Vorlesungssaal Galileis und das Anatomische Theater, um das sechs Galerien für die Studenten verlaufen. Nach dem Mittagessen wäre Zeit, mit dem Zug in 15–30 Minuten nach Vicenza zu fahren und nachmittags zu beobachten, wie sich das Sonnenlicht in sanften Wellen über die hohen Fassaden der Paläste von Palladio (S. 265) bewegt. Zu den hübsch beleuchteten Gebäuden zählt auch die legendäre Villa Valmarana 'ai Nani' (S. 268). Die berühmten Tiepolos – Vater Giambattista und Sohn Giandomenico – schmückten ihre Palastwände über die gesamte Haushöhe mit wundervollen Fresken. Anschließend kann man die Happy Hour im alten Gemäuer des Weinrestaurants Antica Casa della Malvasia (S. 269) aus dem 10. Jh. genießen. Für die Nacht bietet sich das geschmackvoll restaurierte ehemalige Palais Relais Santa Corona (S. 270) an, das in einer von Palladio-Gebäuden gesäumten Straße liegt.

Drei Tage

Am nächsten Tag sollte Verona auf dem Programm stehen. Am Vormittag werden zunächst die Werke Andrea Mantegnas in der Basilica di San Zeno Maggiore (S. 271) besichtigt, den Nachmittag lädt zum Schaufensterbummeln in die Via Mazzini und zu einer entspannten Kaffeepause auf der Piazza delle Erbe (S. 275) ein. Die Sommerabende werden beherrscht von den Opernaufführungen im Amphitheater, der antiken Römischen Arena (S. 271). Die Tragödie *Romeo und Julia* spielt in den mit romantischen Balkonen geschmückten rückwärtigen Gässchen der Stadt. Die Touristen sind geradezu verpflichtet, vor der Abreise den veronesischen Liebestrank – den dunkelroten Amarone (S. 275) – zu probieren. Wer wegen eines Opernbesuchs über Nacht bleiben möchte, sollte sich vorher um eine Unterkunft bemühen oder doch per Zug zurück nach Venedig fahren. Hier empfängt den Rückkehrer der unvergessliche Chor der singenden Gondoliere und das sanfte Plätschern der Wellen gegen die Kanalmauern (*fondamente*).

ohnehin zu ihnen kommen würde. Nur die Kunstschätze von Weltrang und die geballte Anziehungskraft künstlerischer Talente wie Palladio, Veronese und die beiden Tiepolos konnten die Venezianer dazu bewegen, ihre Aktivitäten aufs Festland, etwa Richtung Padua oder Vicenza zu verlegen.

Auf einem Tagesausflug oder auch auf einer zweitägigen Fahrt mit Übernachtung lässt sich eindrucksvoll erleben, was die kultivierten Venezianer von einst in diese ländlichen Gebiete und die nahen Städte trieb: mit Fresken ausgeschmückte Spielsalons, verträumte Gärten, Zechstuben, Landmärkte, in Strömen fließender Wein, literarische Rückzugsorte und herzhafte rustikale Küche; in den Städten sind es die Theater, Galerien und die oft zahlreichn Cafés.

Wer einen Tag lang an der Riviera del Brenta (S. 252) von Villa zu Villa pendelt, erfährt, dass zwischen dem 16. und 19. Jh. die gesellschaftliche Saison in den venezianischen Landvillen fast ein halbes Jahr zu dauern pflegte. Fast ein Wunder, dass in diesen 300 Jahren in Venedig außer Intrigen überhaupt etwas passierte!

Wer sich heute auf Spurensuche begibt, taucht in die damalige Zeit ein und findet architektonische Schätze in Form verschiedener Palladio-Villen (S. 257) im Süden von Vicenza oder fährt direkt zur beeindruckendsten aller Villen, zur Villa Maser.

Sie ist die erlesenste unter den Residenzen Palladios und Paolo Veroneses und hat eine schöne Lage außerhalb der hübschen Ortschaft Asolo (S. 256) hoch oben in den Hügeln mit einem weiten Ausblick.

DIE PRACHT DER STADTSTAATEN

Jahrhundertelang in bewaffnete Konflikte untereinander verstrickt, liegen die beeindruckenden ehemaligen Stadtstaaten Venetiens heute artig vereint an einer Haupteisenbahnstrecke. Die erste Station ist Padua (S. 258): Nur 37 Zugkilometer von Venedig entfernt liegt die Stadt mit ihren leuchtenden Fresken von Giotto, dem mittelalterlichen Stadtzentrum, der mystischen Schatzkapelle des hl. Antonius, der politisch belasteten Vergangenheit und einer alten Universität kulturell scheinbar Welten von der Lagunenstadt entfernt. Nächster Halt ist das nur 32 km nordwestlich von Padua gelegene Vicenza (S. 265).

Die Stadt besitzt mehrere Palladio-Villen, unzählige mit wertvollen Fresken ausgeschmückte Säle und eine unverwechselbare Küche. Nach weiteren 51 km hält der Zug in Verona (S. 269): Hier singen die Operndiven aus voller Kehle im antiken Amphitheater (S. 270) und wandeln Liebespaare durch eine romanische Kulisse.

LAND DER ROT- UND WEISSWEINE

Ob Liebhaber von Weiß- oder Rotwein, Perlwein oder scharf Gebranntem – das Weinland Veneto löscht jeden Durst! Wenn die Häuserzeilen Veronas aus dem Blickfeld verschwunden sind, die romanischen Schlösser und die hügeligen Weinberge die Landschaft bestimmen, dann hat man eine der am höchsten gelobten Weinanbauregionen Italiens erreicht. Weingüter liegen rund um das von einer Burg überragte Weinstädtchen Soave (S. 277) und reihen sich in den Tälern der Weinregion Valpolicella (S. 276) aneinander. Doch nicht nur das Hinterland Veronas produziert Spitzenweine: Wer einen guten Tropfen mit dem Qualitätssiegel *denominazione d'origine controllata e garantita* (DOCG) genießen möchte, muss weiter in das nordöstliche Venetien nach Conegliano (S. 277) reisen.

Und wenn es noch hochprozentiger sein soll, dann ist Bassano del Grappa (S. 269) die richtige Adresse: Dort gibt es nicht nur den gleichnamigen Schnaps zu verkosten, sondern auch berauschende Sehenswürdigkeiten wie die von Palladio entworfene Brücke und die „Glasblasen" des Stararchitekten Massimiliano Fuksas (Distillerie Nardini) zu bewundern.

SKI- & UND BADEORTE

Die Urlaubsorte an der Adriaküste und hoch oben in den Dolomiten sind ganzjährig angenehme Fluchtorte, wenn es einem in Venedig zu voll und zu laut wird. Die Strände von Lido di Jesolo (S. 278) quellen am Tage über von Sonnenschirmen, nachts treffen sich die Sonnenanbeter in den Strandbars wieder. Wer eine gemütlichere Atmosphäre vorzieht, der sollte sich für Caorle (S. 278) mit seinen sofort ins Auge springenden bunten Häusern entscheiden. Gebirgsluft und Wildblumenteppiche erfrischen ermüdete Städtereisende im Nationalpark bei Belluno (S. 279), während es Skihasen und für Olympia trainierende Skifahrer nach Cortina d'Ampezzo (S. 280) zieht.

VILLEN & LANDSITZE

Das Vermögen verspielt, Mädchen von Klerikern verführt, Liebesbriefe in der Öffentlichkeit breit getreten – im Venedig hatten Ende des 16. Jhs. unangenehme Praktiken dieser Art derart Schule gemacht, dass den gelangweilten vornehmen Herrschaften am Ende nichts anderes übrigblieb, als die Stadt zu verlassen und stattdessen die ländliche Bevölkerung in ihren friedlichen Weilern auf dem Lande zu schockieren. Zu Beginn des Sommers verließ die vornehme Gesellschaft ihre *palazzi* und nistete sich scharenweise auf dem Land ein. Hier konnten sie sich von der vergifteten Atmosphäre der Lagunenstadt erholen und neue Möglichkeiten ersinnen, ihre Nachbarn zu unterhalten bzw. Anstoß zu erregen. Sechs Monate im Jahr beschäftigten sich die venezianischen Adligen in ihren mit Fresken ausgeschmückten Villen hauptsächlich mit Spaß und Spiel. Nur der Doge und dessen Spione mussten auf Partys politische Ränkespiele beobachten, Spielsuchtprobleme erkennen (möglicherweise verbunden mit dem Verlust von Steuereinnahmen) und Liebesaffären im Auge behalten (die in gefährliche strategische Allianzen hätten münden können).

Auch heute noch umweht die Besucher nach dem Durchschreiten der eindrucksvoll hohen Portale in den Villen Palladios der Hauch von Intrigen und verbotenen Affären. An die Riviera kann man – wie jahrhundertelang vorher schon der venezianische Adel – per Boot reisen und sich die Villenparade entlang des Flussufers in aller Ruhe vom Wasser aus anschauen. Fahrrad, Bus und Zug bieten sich als Alternativen an. Wer mit dem

Auto unterwegs ist, kann die Villen Palladios rund um Vicenza auf eigene Faust ansteuern, darunter auch das prachtvollste aller seiner Bauwerke: die einmalig schöne Villa Maser. Sie liegt inmitten von Weinbergen oberhalb von Asolo und ist mit herrlichen Fresken von Paolo Veronese ausgeschmückt.

RIVIERA DEL BRENTA

300 Jahre lang wurde jährlich am 13. Juni der Sommer offiziell mit einem Schiffsstau auf dem Canal Grande eröffnet: Dann setzte sich nämlich die Flottille der vornehmen Venezianer in Richtung Brenta in Bewegung. Alle verfügbaren Ballkleider und Spieltische wurden auf die Frachtkähne geladen, um für die Lustbarkeiten und Vergnügungen bis in den November hinein zur Verfügung zu stehen. Herzen wurden erobert, Vermögen verspielt – Blutfehden (vendettas) und Villen aber überdauerten die Zeiten.

Napoleons Eroberung der Region 1797 läutete offiziell das Ende der großen Party ein, 80 Villen haben jedoch alle politischen Unruhen überdauert und präsentieren sich noch heute in all ihrer Eleganz entlang der Brenta, unter ihnen auch einige, die erst unter österreichischer Herrschaft im 19. Jh. errichtet wurden. Da sich so manche Privathäuser hinter Hecken verstecken, bleibt vieles der Vorstellungskraft der Betrachter überlassen; immerhin sind gegenwärtig vier historische Landhäuser als Museen öffentlich zugänglich, weitere öffnen ab und zu ihre Pforten für Teilnehmer organisierter Boots- und Fahrradtouren. die entlang des Flusses führen. Einfacher lassen sich dagegen die prunkvollen Villen um Vicenza (S. 265) besichtigen.

Die romantischste der Brenta-Villen ist die von Palladio 1555–60 entworfene Villa Foscari (☎ 041 520 39 66; www.lamalcontenta.com; Via dei Turisti 9, Malcontenta; Erw./Stud. 10/8€; Di & Sa 9–12 Uhr, 15. Nov.–31. März geschl.; Gruppen von 10 oder mehr Personen können für 8 € pro Pers. auch andere Zeiten buchen). Sie trägt den Spitznamen La Malcontenta (die Unzufriedene) nach einer herrschaftlichen Dame aus dem Foscari-Clan. Sie wurde angeblich hierher verbannt, weil sie ihren Ehemann betrogen haben soll. Die beschwingt-luftigen Gesellschaftssalons wirken allerdings nicht wirklich wie eine ernsthafte Strafversetzung! Die Villa stand Jahre verwaist da, vor kurzem wurden jedoch die Fresken von Giovanni Zelotti restauriert. Dazu zählen das Fresko in der Bibliothek ebenso wie die weinseligen Szenen im Schlafzimmer mit Bacchus und Cupido

zwischen Trompe-l'œil-Reben über dem Bett. Palladios prachtvolle Fassade ist zum Fluss hin ausgerichtet und mit hoch aufragenden ionischen Säulen verziert. Darüber spannt sich ein klassisches Tympanon, sodass sich Augen und Gedanken der Betrachter unwillkürlich nach oben orientieren. Moderne Künstler und Architekten waren eingeladen worden, vor Ort zu Raum und Umgebung passende Projekte zu realisieren. Für eine kürzlich fertiggestellte Installation benutzte die Architektin Zara Hadid Palladios architektonischen Entwurf als Vorbild und schuf eine sich ständig wie Wasser bewegende 3D-Skulptur aus Fiberglas.

Wer Gartenarchitektur und „angewandte Sozialwissenschaft" an der Riviera del Brenta studieren möchte, der sollte die Villa Widmann Rezzonico Foscari (☎ 041 560 06 90; www.riviera-brenta. it; Via Nazionale 420, Mira; Erw./Stud. 6/5 €; Nov.–März Sa & So 10–17 Uhr, Mai–Sept. Di–So 10–18 Uhr) unmittelbar westlich von Oriago besuchen: In der Villa aus dem 18. Jh. – ursprünglich im Besitz eines persisch-venezianischen Adelshauses – sind alle Elemente vereint, die die Dekadenz der Rokoko-Spätzeit an der Brenta kennzeichnen: Lüster mit Seeungeheuern aus Muranoglas und ein mit Fresken geschmückter riesiger Ballsaal mit einer Zuschauergalerie. Über diese gelangt man in den im ersten Stock liegenden Damen-Spielsalon, in dem einst – so wird erzählt – unter hohem Einsatz Villen beim Zocken verspielt wurden. Die nicht stilgerecht modernisierten Toiletten und die befremdlichen Auslagen modernen Kunsthandwerks kann man getrost ignorieren und sich in den Garten begeben, wo ein weißer Pfau inmitten von mit Moos überwucherten Nymphenstatuen und Putten lauthals den vergangenen Zeiten nachtrauert. Das Kassenhäuschen an der Pforte fungiert auch als APTV-Auskunft (☎ 041 42 49 73), dort werden Broschüren über die Riviera del Brenta verkauft.

Auf der anderen Flussseite, gegenüber der Villa Widmann Foscari, liegt hinter Hecken verborgen die Villa Barchessa Valmarana (☎ 041 426 63 87; www.villavalmarana.net; Eintritt 6 €; März–Okt. Di–So 10–18 Uhr), die ein Jahrhundert später entstand und heute hauptsächlich als Konferenzzentrum genutzt wird. Schwer vorstellbar, wie man sich hier im Speisesaal (der die doppelte Zimmerhöhe hat) und umgeben von phantasiereichen Fresken auf's Geschäftliche konzentrieren kann.

Um den ewig feiernden venezianischen Adel an die Kandare zu nehmen und in monumentaler Größe zu dokumentieren, wer das Sagen hatte, ließ Doge Alvise Pisani 1774 die **Villa Pisani Nazionale** (☎ 041 271 90 19; www.villapisani. beniculturali.it; Via Alvise Pisani 7, Strà; Erw./EU-Bürger 18–25 Jahren/unter 18 Jahren 10/7,50 €/frei, nur Garten 7,50/5 €/frei; ☯ Okt.–März Di–So 9–18 Uhr, April–Sept. Di–So 9–20 Uhr, letzter Einlass 1 Std. vor Schließung) errichten. Sie ist – als Zeichen der Bedeutung des Dogen – von einem Buchsbaumhecken-Labyrinth und Teichen umgeben.

Wenn die Wände der 114 Zimmer sprechen könnten, würden sie schamlos die Namen historischer Persönlichkeiten ausplaudern. Dazu zählen auch die Wände der Spielsalons, in denen die einflussreichen Pisanis ihre Schulden anhäuften, die sie schließlich dazu zwangen, ihr herrschaftliches Anwesen an Napoleon zu verkaufen. Zu nennen ist auch das großzügige Bad mit einem kleinen hölzernen Thron, auf dem Napoleon 1807 während seiner Regentschaft als König von Italien saß. Sodann ein Schlafzimmer mit einem durchgelegenen Bett, in dem Viktor Emanuel II. sich als König des unabhängig gewordenen Italien offenbar herumwälzte. Und Ironie der Geschichte: Es war die große Empfangshalle, in der sich Mussolini und Hitler 1934 zum ersten Mal trafen, und zwar unter Tiepolos meisterhafter Deckenmalerei *Genien des Friedens*. Unbedingt ansehen sollte man sich die hervorragenden Wechselausstellungen in den oberen Salons und im Park. Gezeigt wurden ganz unterschiedliche Kunststile – angefangen von Werken des zeitgenössischen Bildhauers Mimmo Paladino mit seinen sich in den Teichen spiegelnden Schlafenden bis hin zu Bildern der Malerin Emma Ciardi aus dem 19. Jh. Sie schuf stimmungsvolle Szenen im Morgengrauen, auf denen Nachtschwärmer vor venezianischen Villen zu sehen sind.

Gut betuchten Venezianern wäre es nicht im Traum eingefallen, ohne ihre bevorzugten Schuster an die Brenta aufzubrechen – und riefen auf diese Weise die lokale Tradition der Herstellung hochwertiger Schuhe ins Leben. Heute stellen 950 Firmen in der Region Brenta jährlich 20 Mio. Paar Schuhe her. Das Wirken der Brenta-Schuster wird in einem eigenen Museum gewürdigt, dem **Schuhmuseum** in der aus dem 18. Jh. stammenden **Villa Foscarini Rossi** (☎ 049 980 10 91; www.villafoscarini.it; Via Doge Pisani 1/2, Strà; Erw./12–18 Jahre & Sen. über 65 Jahre 5/2,50 €; ☯ Nov.– März Di–Fr 9–13, Mo 9–12.30 Uhr; April–Okt. Di–Fr 9–12.30, 14.30–18, Sa 11–18, So 14.30–18 Uhr). Das Museum ist eine aus mehreren Räumen bestehende

„Schatztruhe": Zu sehen sind Slipper aus dem 19. Jh., Schuhe der Trendsetterinnen Marlene Dietrich und Catherine Hepburn sowie eigens von Hand gefertigte Pumps für Yves Saint Laurent und Pucci. Die Villa kann auch auf eine eindrucksvolle Ahnenreihe von Architekten verweisen: Unter den vielen am Bau beteiligten war auch Vincenzo Scamozzi (einer der führenden venezianischen Architekten des 16. Jhs.), der sich an den Entwürfen Palladios orientierte. Das gegenwärtige Erscheinungsbild der Villa ist allerdings teilweise das Ergebnis eines später entstandenen neoklassizistischen Umbaus.

An Sonntagen und während der Ferien im Juni, September und Oktober werden im Rahmen der Initiative Ville Aperte (Offene Villen) geführte Besichtigungstouren zu weiteren Villen in der Region angeboten. Informationen zum Tag der offenen Tür erhält man bei APT in Venedig (S. 278).

Auf der Bootstour an die Riviera begegnet man einem Wunderwerk der Technik, dem im 15. Jh. entwickelten hydraulisch betriebenen Schleusensystem. Mit ihm wird die Brenta umgeleitet, sodass sie in das offene Meer mündet. Auf geniale Weise wurde und wird so verhindert, dass die Flusssedimente sich in der Lagune absetzen und Venedig allmählich in ein Wattenmeer verwandeln. Die meisten Boote fahren nur Schritttempo, bei niedrigem Wasserstand ist die Aussicht auf das Ufergelände nicht ganz so einladend. Immerhin sind die Fronten der meisten Villen auf den Fluss ausgerichtet, und so ziehen sie geruhsam an den Ausflüglern vorüber – ganz im Sinne Palladios und seiner Zeitgenossen.

Il Burchiello (☎ 049 820 69 10; www.ilburchiello.it; Tagesausflug Erw. 66–79, 12–17 Jahre 52 €, 6–11 Jahre 37 €, unter 6 Jahre frei; Halbtagesausflug Erw. & 12–17 Jahre 44 bis 48 €, 6–11 Jahre 36–37 €, unter 6 Jahre frei) ist eine moderne Version des Luxuskahns, der einst die Brenta befuhr. Auf ihm lässt sich das ländliche Venetien aus der Perspektive eines venezianischen Höflings erleben. Die Passagiere bewundern von bequemen Samtsofas den Blick auf rund 50 Villen. Auf Tagesrundfahrten wird an den Villen La Malcontenta, Widmann und Pisani haltgemacht, auf Halbtagesrundfahrten (Di, Mi, Do und Fr) nur zwei Villen angefahren. Die Boote der Tagestouren starten in Venedig (Di, Do und Sa) oder Padua (Mi, Fr und So). Bustransfers zu den jeweiligen Bahnhöfen sind möglich.

Tagestouren mit Halt an drei Villen werden auch von **I Battelli del Brenta** (☎ 049 876 02 33; www.

battellidelbrenta.it; Halbtagesausflüge 44–48 €, Tagesausflüge 66–85 €; ☻ mit Voranmeldung März–Nov. Di–So) angeboten. Die Gäste sehen unterwegs auf ihrer Brentafahrt, die teilweise auf restaurierten hölzernen *burci* (Lastkähnen) durchgeführt wird, auch drei Hebebrücken und neun Schleusen. Auf Halbtagestouren können je nach Wunsch auch gleich Mittagessen und der Transfers von und nach Venedig oder Padua gebucht werden.

Die landschaftlich schönen Ebenen an der Riviera del Brenta bieten sich für leichte, vergnügliche Fahrradausflüge an. Die Radfahrer können auf einem 150 km langen Radwegenetz ohne großev Steigumgen an den erwähnten Ausflugsbooten vorbeiflitzen.

Rental Bike Venice (☎ 346 84 71 14; www.rentalbikevenice.blogspot.com; Via Gramsci 85, Mira; Stadtrad & Mountainbike/ Klappfahrrad pro Tag 10/14 €; ☻ 8–20 Uhr) ist ein kundenfreundlicher Fahrradverleih, der von Venedig, Mestre oder Padua (Anfahrt s. Website) erreicht werden kann.

Die Firma verleiht Stadträder mit Körben, Mountainbikes und handliche Klappfahrräder zur Mitnahme in Bussen. Im Service inbegriffen sind freies Parken, Pannenhilfe, Routenvorschläge sowie Hinweise auf Restaurants und Geschäfte am Wege.

Leihfahrräder sind auch im **Center Bike Bartolomielo** (☎ 041 42 01 10; www.rentalbikevenice.blogspot.com; Via Mocenigo 3, Mira Porte; Fahrrad pro Tag 10 €; ☻ Mo–Sa, So nur nach Voranmeldung) erhältlich.

Der ACTV-Regionalbus 53 (Venedig–Padua) fährt halbstündlich von der Piazzale Roma in Venedig ab und hält auf seinem Weg nach Padua an fast allen wichtigen, am Brenta-Ufer liegenden Orten.

Die vom Bahnhof Santa Lucia in Venedig startenden Züge halten auf der Fahrt nach Padua unterwegs in Dolo (2,35–3,55 €, 30 Min.). Autofahrer nehmen die SS11 von Mestre Richtung Padua und wechseln dann weiter auf die Autobahn A4 nach Dolo/Padua.

Praktische Informationen

IAT Touristeninformation Padua (☎ 049 875 20 77; www.turismopadova.it); Bahnhof Padua (☻ Mo–Sa 9–19, So 9–12 Uhr); Mira Porte (☎ 041 560 06 90; Villa Widmann Foscari, Via Nazionale 420; ☻ April Di–So 10–17 Uhr, Mai–Sept. Di–So 10–18 Uhr, Nov.–März Sa, So & Feiertage 10–17 Uhr)

APT-Zentrale (Karte S. 76–77; ☎ Information: 041 529 87 11; www.turismovenezia.it; Piazza San Marco 71f, Venedig; ☻ Mo–Sa 9–15.30 Uhr)

Feste & Events

Dolo Mercatino dell'Antiquariato (Antiquitätenmarkt; Isola Bassa, Dolo) Wer seiner Wohnung den Hauch einer Brenta-Villa verleihen möchte, wird vielleicht auf dem größten Antiquitätenmarkt der Region fündig. Dieser findet bei gutem Wetter von April bis Oktober an jedem vierten Samstag im Monat statt.

StraOrganic (www.comune.stra.ve.it) Die Brenta-Region ist stolz auf ihre Ausstellung, die am letzten Aprilwochenende in Strà stattfindet. Regionale biologische Lebensmittel und aus Naturprodukten hergestelltes Kunsthandwerk werden dort angeboten.

Riviera Fiorita (www.turismovenezia.it) Bei diesem Ereignis am zweiten Septemberwochenende handelt es sich um die Brenta-Regatta im Stil der historischen Vorläufer von 1627. Die Teilnehmer sind in barocken Kostümen zwischen der Villa Pisani und der Villa Widman unterwegs. Historische Märkte bilden den Rahmen; selbst Eis wird in den Geschmacksrichtungen des Barocks verkauft.

Venedig-Marathon (www.venicemarathon.it) Wie Casanova auf frischer Tat ertappt laufen? Der Marathon startet an der Villa Pisani und führt am Ufer der Brenta entlang nach Venedig. Auf dem letzten Streckenabschnitt geht es über Pontonbrücken. Mit dem normalerweise im Oktober stattfindenden Lauf werden Wasseraufbereitungsprojekte in Afrika unterstützt.

Essen

Ristorante da Bepi el Ciosato (☎ 041 69 89 97; www.hotel gallimberti.it; Via Malcanton 33, Malcontenta; Gerichte 26 €; ☻ Mittag-& Abendessen) Das Landrestaurant liegt gegenüber der Villa La Malcontenta; serviert wird *pasticcio di pesce* (Fischpastete) oder Fisch im Artischockenmantel.

Trattoria Prandin (☎ 049 50 23 70; Via Pertile 124, San Pietro di Strà; Mahlzeit 15–20 €; ☻ Mittag- & Abendessen) Nach Besichtigung der weitläufigen Villa Pisani ist der Hunger vielleicht so gewaltig, dass man ein ganzes Pferd verspeisen könnte: Kein Problem, denn Pferdefleisch ist eine der traditionellen Spezialitäten Venetiens, das in dieser nahe gelegenen Trattoria auf der Speisekarte steht. Zur Alternative gibt es aber auch ein wunderbares Steak mit hausgemachten Röstkartoffeln.

Schlafen

Villa Rizzi-Albarea (☎ 041 510 09 33; www.villa-albarea. com; Via Albarea 53; DZ 200–280 €; P ⌕) Das ehemalige Kloster in einer der ältesten Villen entlang der Brenta ist heute eine Luxusherberge in der Nähe von Dolo. Sie liegt 3 km nördlich der Ausfahrt Dolo an der A4 (es gibt auch einen

Shuttleservice vom Bahnhof Venedig und vom Flughafen Marco Polo). Das herrschaftliche Anwesen in einem 2 ha großen Park besitzt vornehme, mit Antiquitäten ausgestattete Zimmer. Zur Angebotspalette gehören Brenta-Bootsausflüge, eine Fahrrad- und Autovermietung, ein Service für chinesische Tees und eine restaurierte Kirche von 1100, zu der Bräute einst pilgerten, um sich ihren ehelichen Segen zu holen.

RUND UM VICENZA

Um seinen venezianischen Nachbarn nicht nachzustehen, begannen die einflussreichen Adligen Vicenzas schon im 15. Jh. mit dem Bau eigener beeindruckender Landresidenzen. Wegen einer Verfügung des venezianischen Senats sind jedoch keine Gräben oder Befestigungsanlagen um diese Paläste zu finden: Venedig verbot dem Landadel Vicenzas und anderer Städte, in seinem Herrschaftsbereich auf dem Festland Burgen zu errichten. So sollte verhindert werden, dass überall auf dem Festland mächtige Forts aufragten. Diese wären für die Steuereintreiber des Dogen unter Umständen unzugänglich gewesen ... Das Verbot des Dogen wurde zwar nicht missachtet, doch nun stachen die Adligen Vicenzas ihre venezianischen Gegenspieler alleine schon durch die schiere Pracht ihrer Villen aus. Sie ließen sie überreich mit Fresken ausschmücken und wählten als Standorte ihrer „Juwelen" grüne Hanglagen oder ausgedehnte, durch Tore abgeschottete Parks. Viele der einst Tausenden Villen existieren noch heute, allerdings sind die meisten in Privathand und für die Öffentlichkeit unzugänglich.

Nordschleife: Von Vicenza nach Asolo

Die in Vicenza beginnende Rundfahrt führt durch einen der mondänsten Landstriche Italiens, vorbei an Meilensteinen moderner Kunst und Architektur zu den prachtvollsten Villen Venetiens – wenn nicht ganz Europas. Die Fahrt dauert in jeder Richtung jeweils eine Stunde und 15 Minuten, mit einer Mittagspause in Bassano del Grappa (S. 269) lässt sich diese auch zu einem Tagesausflug ausdehnen.

Auf der SR211 geht es aus der Stadt nordwärts in Richtung der ummauerten Ortschaft Castelfranco, die unter den venezianischen Stadtstaaten aus einem einfachen Grund heiß begehrt und umkämpft war: Die Regenten befreiten jeden, der bereit war, sich hier nie-

derzulassen, von allen Steuern. Die Stadt ist außerdem als Geburtsort des rätselhaften Malers Giorgione berühmt geworden. Eigentlich hieß er Giorgio da Castelfranca. Wenig ist über sein Leben bekannt und nur ein halbes Dutzend Werke können ihm sicher zugeschrieben werden. Eines seiner wichtigsten – *Maria mit dem Kinde und den Heiligen Franziskus und Liberale* – ist im Dom (☉ 9 bis 12 & 15–18 Uhr) im Stadtzentrum zu sehen. Weitere Informationen hält die Touristeninformation (☎ 0423 49 14 16; Via F M Preti 66; ☉ Mo–Fr 9–12.30, Di, Do & Fr 15–18, Sa & So 9.30–12.30 & 15–18 Uhr) bereit.

Von Castelfranco fährt man über die SP667 nach Norden, dann Richtung Westen nach Asolo und an der Abzweigung Osteria nach etwa 2 km wieder nordwärts auf die Via Caldretta. Nach 3 km ist die Villa Masèr (Villa Barbaro; ☎ 0423 92 30 04; www.villadimaser.it; Via Barbaro 4; mit/ohne PalladioCard 3/6 €; ☉ April–Juni & Sept.–Okt. Di–Sa 10–18 & So 11–18 Uhr, März & Juli–Aug. Di, Do, Sa 10–18, So 11–18 Uhr, Nov.–Dez. Sa & So 14.30–17 Uhr, Jan.–Feb. Sa 10–17, So 11–17 Uhr) erreicht. Der Prachttempel des venezianischen *bea vita* (angenehmen Lebens) liegt inmitten von Weinbergen. Eindrucksvoll erbaute Palladio die gelbe Villa mit ihren Arkaden in den Hang, so dass sie über das Tal blickt, und errichtete auch eine reich verzierte Grotte in einem Park. Im Innern jedoch stellt Paolo Veronese den Meister mit seiner höchst einfallsreichen Trompe-l'œil-Innenarchitektur in den Schatten.

In den am Eingang ausgegebenen obligatorisch zu tragenden Filzpantoffeln schlendern die Besucher durch die prächtig ausgestatteten Räume: Weinreben klimmen an den Wänden des Stanza di Baccho (Bacchus-Zimmer) empor, ein aufmerksamer Wachhund beobachtet die Tür des Stanza di Canuccio (Raum des Kleinen Hundes), in einer Nische des freskengeschmückten großen Salons hat der Maler offenbar seine mit Farbe bespritzten Schuhe und seinen Besen vergessen. Inmitten der vielen Ballszenen gibt es auch ein zärtliches Innehalten: Veroneses Selbstbildnis schaut durch mehrere geöffnete Salontüren hindurch, lässt seinen Blick über die Köpfe in den überfüllten Räumen schweifen, bis er schließlich liebevoll auf dem Porträt seiner Nichte ruhen bleibt.

Im Probierraum am Parkplatz können die Besucher ein Glas Prosecco zu Ehren Palladios und Veroneses trinken. Der Schaumwein, ein Produkt aus den hauseigenen Weinbergen, trägt das DOC-Qualitätssiegel (*denominazione d'origine controllata*).

Zurück auf der SP248, fährt man 7,5 km Richtung Westen, bis unmittelbar hinter der Abzweigung nach Asolo das Hinweis auf das Brioni-Familiengrab (Via del Cimitero; ⏱ 9–19 Uhr) in Sicht kommt. Von dort sind es weitere 5 km Richtung Süden auf der Via Castellana. Das Grabmal der Industriellenfamilie Brioni ist das letzte und bedeutendste Werk von Carlo Scarpa, dem venezianischen Meisterarchitekten des Modernismus; man findet es auf dem städtischen Friedhof von San Vito d'Altivole. Inmitten der anderen Grabsteine kann man den von 1969–78 errichteten Komplex nicht verfehlen: Eine bogenförmige Brücke aus nacktem Beton aus dem Leben nach dem Tod wölbt sich über eine im Zen-Stil gestaltete Parkanlage. Über Trittsteine in einem Wasserbecken gelangt man in die überkuppelte Kapelle, in der die Sarkophage der Familie Brioni stehen. Scarpa wünschte sich stehend in der Nähe seiner Auftraggeber beerdigt zu werden, an der Grenzmauer zwischen altem und neuem Friedhof.

Zurück geht es über Asolo (8590 Ew.), das wegen seiner panoramaartigen Lage am Hang auch die „Stadt der 100 Ausblicke" genannt wird. Auf der entzückenden Piazza Garibaldi liegt die Touristeninformation (☎ 0423 52 90 46; Piazza Garibaldi 73; ⏱ Mo–Fr 9–12.30, Di, Do & Fr 15–18, Sa & So 9.30–12.30 & 15–18 Uhr), umrahmt von eng beieinander stehenden golden schimmernden Häuserzeilen. In der südlich des Platzes aufragenden Kathedrale finden sich einige Gemälde von Jacopo Bassano und Lorenzo Lotto.

Robert Browning verbrachte einige Zeit in Asolo, aber die wichtigste lokale Berühmtheit ist Caterina Cornaro, die ehemalige venezianische Königin Zyperns, die Ende des 15. Jhs. die Stadt, das Kastell (heute als Theater genutzt) und den umliegende Gau als Domäne zum Ausgleich für ihre Abdankung geschenkt bekam. Im Museo Civico (☎ 0423 95 23 13; Via Regina Cornaro 74; Erw./Rentner & unter 26 Jahren/unter 6 Jahren 4/3/€/frei; ⏱ Sa & So 10–12 & 15–19 Uhr) ist eine Abteilung dem Leben und den Reisen Caterinas gewidmet. Sie wurde alsbald nach ihrer Ankunft die „Königin" der lokalen Gelehrten und Künstler, veranstaltete literarische Salons, die im Werk des Dichters Pietro Bembo ihren Niederschlag fanden. Wer zum nördlich der Stadt liegenden Cimitero di Sant'Anna hinaufsteigt, kann anderen dort begrabenen Künstlerinnen seinen Respekt bezeugen: Eleonora Duse (1858–1924), einer bedeutenden Schauspielerin, die privat und politisch mit dem Nationaldichter Gabriele d'Annunzio verbunden

war, und der britischen Forschungsreisenden und Schriftstellerin Freya Stark (1893–1993), die sich zwischen ihren Streifzügen nach Asolo zurückzog.

Nach diesem Anstieg wäre ein geruhsames Mittagessen bestehend aus Spanferkel mit Röstkartoffeln oder Tagliatelle mit Rebhuhnsauce doch genau das Richtige! Dafür empfiehlt sich das mit Antiquitäten möblierte Ca' Derton da Nino (☎ 0423 52 96 48; Piazza d'Annunzio 11; Mahlzeit 20–30 €; ⏱ Di–Sa Mittag- & Abendessen), das in Familienbesitz ist. Überlegenswert wäre auch eine Übernachtung im hübschen Asolo: Wer allerdings ein Zimmer im Hotel Villa Cipriani (☎ 0423 52 34 11; www.villacriprianiasolo.com; Via Canova 298, Asolo; DZ 200–520 €) – der berühmten Nobelherberge mit Blick über ganz Asolo – beziehen will, muss vorab reservieren. Eher hat noch das Hotel Duse (☎ 0423 55 241; www.hotelduse.com; Via Browning 190, Asolo; EZ 55-70 €, DZ 110–130 €) freie Zimmer. Das elegante, vierstöckige Hotel liegt direkt im Herzen der Stadt mit einladendem Blick auf die Hügel.

Vor der Rückfahrt nach Vicenza – auf der SS248 Richtung Westen nach Bassano oder nach Venedig (über die SP667 nach Castelfranco und die SR245 nach Mestre) – empfiehlt sich von Asolo aus ein 11 km langer Abstecher nach Norden: Auf der SP6 erreicht man Possagno, Geburtsort und letzte Ruhestätte des italienischen Meisters neoklassizistischer Skulptur – Antonio Canova. Ein lokales Wahrzeichen ist der 1832 errichtete Tempio (☎ 0423 54 40 40; Eintritt frei; ⏱ Di–So 9–12 & 15–18): Canova hinterließ die gewaltige Kirche seiner Heimatstadt, die Kirche erinnert viele an einen nach Venetien verpflanzten römischen Tempel. Canova erfüllte den Marmor mit Leben, doch vor der Meisterschaft steht bekanntlich harte Arbeit: Seine Rohentwürfe in Gips sind in der Gipsoteca (☎ 0423 54 43 23; www.museocanova.it; Possagno; Erw./Stud./unter 6 Jahren 7/4 €/ frei; ⏱ Di–So 9–12.30 & 15–18 Uhr) ausgestellt. Das Gebäude ist ein Entwurf von Carlo Scarpa, dem für die Moderne stilprägenden Stararchitekten. Es wurde 1957 vollendet.

Südschleife: Von Vicenza nach Noventa Vicentina

Die 110 km lange Südschleife führt über die SR11 westlich von Vicenza und setzt sich dann in nördliche Richtung auf der SS246 nach Montecchio Maggiore fort. Dort thronen zwei Burgen hoch oben auf einem Hügel über der Landschaft. Klassizistische Skulpturen weisen den Weg zur eleganten, 1742 von Massari erbauten Villa Cordellina Lombardi (☎ 0444 90 81 41; Via Lovara 36; Erw./Student 2,10/1,80 €; ☺ April–Okt. Di–Fr 9–13, Sa & So 9–13 & 15–18 Uhr); der Landsitz liegt 3 km östlich des Doms (über die Via De Gasperi). Obwohl die Villa die so luftig-leichten Stilelemente Palladios aufweist, erlebte sie auch Zeiten, in denen hier hart gearbeitet wurde. Während beider Weltkriege fand sie eine militärische Verwendung und diente auch einmal als Farm zur Aufzucht von Seidenraupen. Aber der sorgfältigen Restaurierung der Innenräume ist es zu verdanken, dass das Fresko Giambattista Tiepolos – *Der Triumph der Klugheit über die Unwissenheit* – sich nun unversehrt präsentiert. Auf dem Gemälde bläst die eindrucksvolle Klugheit Trompetenstöße in den Saal hinein, während die gewaltige Dummheit vom Pfeil einer Putte getroffen von der Decke fällt.

Von Montecchio Maggiore führt die Rundfahrt auf der SP500 Richtung Süden, wo 3 km vor Sarego die ziemlich heruntergekommene Palladio-Anlage Villa Trissino zu sehen ist. Die Fahrt setzt sich durch hügelige Weinberge fort, ein paar Kilometer südlich von Sarego taucht umgeben von Pferdekoppeln und Kuhweiden Lonigo, ein Ensemble aus drei Villen, auf. Am eindrucksvollsten ist die auf einem Hügel thronende und mit einer Kuppel geschmückte Rocca Pisana (☎ 0444 83 16 25; 5 €; ☺ Besichtigung nach vorheriger Anmeldung März–Nov. Di 15–17.30 Uhr), die 1576 nach Plänen Scamozzis errichtet wurde. Der 2 km lange Weg dorthin ist ausgeschildert. Zur rund 4 km weiter südlich liegenden Ortschaft Bagnolo gehört die stolze, von Palladio entworfene Villa Pisani Ferri Bonetti (☎ 0444 83 11 04; 7€; ☺ April–Sept. 10–12 & 14–18 Uhr, Vorausbuchung notwendig), deren Fassade aus dem 16. Jh. sich über hügelige Rasenflächen und den Fluss Guà erhebt.

Von Bagnolo führen mehrere kurvenreiche Landstraßen südostwärts nach Pojana Maggiore und weiter zu einem anderen Bauwerk Palladios unmittelbar südlich der Stadt an der Straße nach Legnago. Die Villa Pojana (☎ 0444 89 85 54; 4 €; ☺ Nov.–März Sa & So 10–12.30 & 14–16, April–Okt. tgl. 10–12.30 & 14–16 Uhr) ist mit Fresken geschmückt und wurde 1550 vollendet. 3 km östlich von ihr stößt man in Noventa Vicentina auf die Villa Barbarigo (☎ 0444 78 85 11; www.comune. noventa-vicentina.vi.it; Eintritt frei; ☺ Di, Mi & Fr 10–13, Mo & Do 10–13 & 15–17 Uhr) aus dem 17. Jh., die von der relativ kleinen Gemeinde als (ziemlich eindrucksvolles) Rathaus genutzt wird. An den Wänden der herrschaftlichen Salons hinter der tiefen Vorhalle und zwei massiven Säulenreihen wurden unlängst Fresken entdeckt und liebevoll restauriert. Die unmittelbar östlich der Ortschaft verlaufende SS247 nach Norden führt an Finale mit ihrer prachtvollen Villa Saraceno (☎ 0444 89 13 71, Via Finale 8, Finale di Agugliaro; ☺ Besichtigung April–Okt. Mi 14–16 Uhr; Ⓟ Ⓡ) vorbei, sie liegt gleich südlich von Agugliaro. Diesen restaurierten Palladio-Landsitz aus dem 16. Jh. kann man für ein paar Stunden besichtigen oder auch vor Ort im Gebäude übernachten: Die Villa wird für 400–1100 € pro Nacht vermietet und bietet bis zu 16 Personen Platz.

Nach 22 km nordwärts Richtung Vicenza zweigt die Straße nach Westen zur alten, schönen Ortschaft Costozza ab, die sich mit gleich mehreren Villen schmückt. Hauptattraktion ist der Ville da Schio (Park: 5 €; ☺ Di–So 9.30–19.30) genannte Komplex: Dabei handelt es sich um freskengeschmückte Landsitze, die in Hanglage inmitten eines reich mit Skulpturen geschmückten Parks liegen. Im benachbarten Weinlokal Botte del Covolo können die Eintrittskarten für die Besichtigung des Parks gekauft werden. Es lohnt sich, durch die am Fuß der Hügelkette Berici (schönes Wandergebiet) liegenden Ortschaft zu bummeln, die Natur zu bewundern und in der einen oder anderen Vinothek einzukehren.

Einige Kilometer nördlich führt bei Longare eine Landstraße Richtung Nordosten über die Autobahn hinweg nach Vancimuglio (rund 8 km, auf der SR11). Die Villa Chiericati da Porto Rigo ist in Privatbesitz, aber von der Straße aus zu sehen. Sie macht einen zwar verwitterten, aber charmanten Eindruck: Efeu klettert an den Säulen hoch, Glyzinien wachsen beinahe bis auf die Eingangstreppe. Jetzt sind es nur noch rund 12 km Richtung Westen nach Vicenza. Ein Muss auf der Rückfahrt ist die Besichtigung der Palladio-Villa La Rotonda (S. 268) und der mit Tiepolo-Fresken geschmückten Villa 'Ai Nani' (S. 268).

STADTSTAATEN

Venedigs Nachbarstädte, die ebenfalls zu Recht um die Gunst der Touristen buhlen, liegen hintereinander an einer Haupteisenbahnlinie und sind von daher bequem zu erreichen. Wer nur einen Tag von Venedig aus unterwegs sein will, sucht sich entweder eine Stadt aus, oder nimmt sich zwei oder drei Tage Zeit, um eine nach der anderen zu besichtigen (s. S. 251). Die Reihenfolge, in der

Padua, Vicenza und Verona in diesem Abschnitt vorgestellt werden, hat mit ihrer Entfernung zu Venedig zu tun. Aber die Fahrt zwischen den drei Städten dauert mit dem Zug jeweils nur eine halbe Stunde (oder sogar weniger). Es hängt daher von den Interessen der einzelnen Ausflügler ab, wo sie beginnen: Padua vermittelt unvergessliche Eindrücke durch Giottos Meisterwerke, eine Kaffeepause unter den Arkaden und den Besuch der historisch bedeutenden Universität. Die Stadt besitzt außerdem einen medizinischen Garten und Heiligenreliquien, die bei Krankheiten Wunder wirken sollen. Vicenza begeistert mit seinen Palladio-Villen, der herzhaften rustikalen Küche, den leuchtenden Wahrzeichen der Stadt und der bezaubernden Villa, die vom Boden bis zur Decke mit Tiepolos unnachahmlichen Traumgebilden geschmückt ist. Verona schafft den Rahmen für romantische Erlebnisse: prickelnde Opernaufführungen, Balkone, von denen Liebespaare durchbrennen möchten, und Osterien in versteckten Gassen, in denen die romantischen Gefühle geradewegs aus der Weinflasche zu kommen scheinen.

PADUA (PADOVA)

Obwohl nur 37 km westlich von Venedig gelegen, präsentiert sich Padua (212 500 Ew.) mit ungewöhnlich geschnittenen mittelalterlichen Plätzen, einer studentischen Bevölkerung, die der Stadt ihre ungezwungen-lockere Atmosphäre verleiht und breiten Boulevards. Einerseits werden diese von eleganten Jugendstilgebäuden gesäumt, andererseits von scheußlichen Bauten aus der faschistischen Zeit und Architektur im Stil der Nachkriegs-Plattenbauten. Mailand besitzt zwar Leonardo da Vincis Das letzte Abendmahl, aber Padua das Schlüsselwerk des Künstlers, dem der größte Einfluss auf da Vinci zugeschrieben wird: die von Giotto ausgestaltete Cappella degli Scrovegni.

Padua hat zweifellos seit seiner Gründung Ende des 12. Jhs. v. Chr. Federn lassen müssen, seine Kunst und Architektur zeigt aber eindrücklich, wie der stetige Wiederaufbau zu einem Markenzeichen wurde. Die Römer folgten den venetischen Stämmen aus dem Nordosten und tauften die Stadt in Patavium um. Dann wurde sie von den Goten belagert und nach dem Eindringen der Langobarden 602 n. Chr. dem Erdboden gleich gemacht. Abermals zerstört wurde die Stadt 1164 durch Stadtbrände, aber auch danach erstand sie

wieder aus den Ruinen, erhob Anspruch auf Vicenza und gründete 1222 die drittälteste Universität Italiens – ein Anziehungspunkt für Gelehrte, besonders des Rechtstudiums, und Künstler. Padua rivalisierte stets mit Verona und stellte sich wiederholt dem Machtanspruch Venedigs entgegen, bis dieses dem Streit durch Einnahme des Gebiets 1405 ein Ende setzte. Padua blieb auch während der Besatzung Österreichs und nach der Unabhängigkeit Italiens an Venedig gebunden, nahm allerdings als Armeebasis Italiens während des Ersten Weltkriegs eine Sonderstellung ein.

Als strategisch wichtiges militärisch-industrielles Zentrum wählte Mussolini Padua zum Exerzierplatz, auf dem er seine Reden hielt und machte es zum Aushängeschild faschistischer Architektur. Es wurde Ziel alliierter Bombenangriffe und Geheimzentrum des italienischen Widerstands, der seine Basis an der Universität hatte. Nachdem Padua den Fängen des Faschismus entronnen war, entstand innerhalb eines Jahres östlich der Stadt ein neues Industriegebiet, es herrschte wieder Lehrbetrieb an der Universität, auch die Überreste der Fresken Andrea Mategnas in der zerstörten Eremitenkirche wurden wieder zusammengefügt. Kurz: Es begann erneut die Puzzlearbeit, Padua zu dem zu machen, was es heute ist.

Beinahe 200 Jahre vor Michelangelos Sixtinischer Kapelle und da Vincis weltberühmten Werk Das letzte Abendmahl entstand in Padua ein anderes bahnbrechendes Renaissance-Werk (1303–05): Giottos bewegender, neuartig gestalteter Freskenzyklus in der Capella degli Scrovegni (Scrovegni-Kapelle; ☎ 049 201 00 20; www.cappelladegliscrovegni.it; Giardini dell'Arena; Erw./6–17 Jahre & Sen./unter 6 Jahren 12/8/1 €, Abendöffnung 8/6/1 €, mit PaduaCard frei; ☽ Callcenter Mo–Fr 9–19, Sa 9 bis 18 Uhr). Kirchgänger im Mittelalter waren daran gewöhnt, dass ausdruckslose, flächig gemalte Heilige – hoch über ihnen auf goldenen gotischen Thronen sitzend – auf sie herabschauten. Giotto hingegen malte zum ersten Mal biblische Figuren als Charaktere in ihrem spezifischen Umfeld und in besonderen Situationen: Zuschauer tratschen darüber, wie Anne, eine Frau mittleren Alters, Joachim zärtlich küsst und in ihren späten Lebensjahren dem Wunderkind Maria das Leben schenkt. Der gerade Vater gewordene Josef schläft in der Krippe sitzend, während Schafe und Engel die Nachtwache beim Jesuskind übernehmen. Oder eine andere Szene: Jesus zwingt Judas seinen Blick zu senken, als der Verräter sich

PADUA (PADOVA)

0 ———————— 400 m

PADUA FÜR WENIG GELD

Die PadovaCard ist ein 48 oder 72 Stunden gültiger Pass (15/20 €), der einem Erwachsenen mit einem Kind unter 14 Jahren die kostenlose Nutzung der öffentlichen Verkehrsmittel und den freien Eintritt in zwölf der Hauptsehenswürdigkeiten Paduas gewährt. Dazu gehören die Cappella degli Scrovegni (plus 1 € Reservierungsgebühr; Reservierung notwendig), das Musei Civici agli Eremitani, der Palazzo della Ragione, das Museo del Risorgimento e dell'Età Contemporanea im Caffè Pedrocchi, das Baptisterium des Doms und der Orto Botanico. Kartenbesitzer bezahlen auch in einigen Restaurants, B&Bs und Geschäften weniger. Dazu kommt noch ein reduzierter Eintritt in 24 historischen Stätten außerhalb Paduas, unter anderem Petrarcas Haus in Arquà Petrarca und Palladios Teatro Olimpico in Vicenza. Die PaduaCard wird in den Touristeninformationen und in den Kunstdenkmälern, für die der Pass gültig ist, verkauft.

anschickt, Jesus den Kuss zu geben, der sein Schicksal besiegelt.

Dante, da Vinci, Boccacio und Vasari – sie alle schreiben Giotto das Verdienst zu, mit seinen strahlend-leuchtenden Farben offiziell das spätmittelalter beendet und das Renaissance-Zeitalter des Aufbruchs eingeläutet zu haben. In der neuen Multimedia-Galerie haben Besucher die Möglichkeit, sich über eine Video-Projektion und mittels einer maßstabgenauen Wiedergabe jeder einzelnen Szene des Zyklus' einen Eindruck von der Überzeugungskraft Giottos zu verschaffen. Sein erstaunlich humanistischer Ansatz veränderte nicht nur die Sichtweise der Menschen auf Heilige, sondern auch die Art und Weise, wie sie sich selbst sahen: nicht länger als demütige Vasallen, sondern als Abbild des Göttlichen, mit wie vielen Fehlern auch immer behaftet. Diese menschenbezogene Darstellung war besonders gut für die Kapelle geeignet, die Enrico Scrovegni als Erinnerung an seinen Vater in Auftrag gab, dem als Geldverleiher ein christliches Begräbnis verwehrt worden war.

Die Kapelle liegt zwar nur fünf Minuten Fußweg vom Bahnhof entfernt und ist täglich geöffnet, aber sie kann nur nach Online- oder telefonischer Voranmeldung (mindestens drei Tage im Voraus) besichtigt werden. Wer sie zwischen April bis Oktober besichtigen will, muss möglicherweise Wochen vorher Karten reservieren. Informationen über reduzierte Eintrittskarten während der Nebensaison und unter der Woche findet man auf der Homepage. Die Besichtigungszeit ist auf 15 Minuten beschränkt. Allerdings erlaubt das Ticket „doppelte Dauer" während der Abendöffnung einen Aufenthalt von 30 Minuten (Erw./Kind 7–17 Jahre und Sen./Kind unter 7 Jahren 12/6/1 €; von 19–21.20 Uhr). Der Besuch im Multimediaraum ist für eine Dauer von 30 bis 90 Minuten möglich.

In den angrenzenden **Musei Civici agli Eremitani** (☎ 049 820 45 50; Piazza Eremitani 8; nur Museum Erw./Kind 7–17J./unter 7 Jahren 10/8 €/frei, Eintritt mit PadovaCard oder Ticket für die Capella degli Scrovegni frei; ⌚ Di–So 9–19 Uhr) – einem umgebauten Kloster – sind im Erdgeschoss archäologische Fundstücke aus der vorrömischen Zeit Paduas zu sehen und im oberen Stock bedeutende Kunstwerke von venezianischen Künstlern des 14. bis 18. Jhs. – die Bandbreite reicht von Bellini bis Canova. Größter Schatz ist ein Giotto-Kruzifix, das Maria zeigt, der das Herz bricht und die mit ihren Händen ringt, als sie das Blut Jesus durch das felsige Erdreich hindurch direkt in die leeren Augenhöhlen eines menschlichen Schädels tropfen sieht.

Mit demselben Ticket kann man auch den in der Nähe liegenden **Palazzo Zuckermann** (Corso di Garibaldi 33; ⌚ Di–So 10–19 Uhr) besichtigen, in dem 1912-1914 für den Industriellen Enrico Zuckermann errichteten Gebäude ist das **Museo d'Arti Applicate e Decorative** (Museum für angewandte und dekorative Kunst) untergebracht ist. Im Erdgeschoss und ersten Stock ist Verschiedenstes von Tischbesteck bis Mode ausgestellt, der 2. Stock, das **Museo Bottacin**, ist eine Schatztruhe, in der kunstvoll gearbeitete alte Münzen, Pistolen und Messer sowie Medaillen und Ehrenzeichen für alle möglichen Schandtaten präsentiert werden.

Als 1944 die 1448–57 geschaffenen Fresken Andrea Mantegnas in der Capella Overtari Bombeneinschlägen zum Opfer fielen, war der kunsthistorische Verlust unkalkulierbar groß. Die Kapelle gehört zur **Chiesa degli Eremitani**; (☎ 049 875 64 10; Piazza Eremitani; ⌚ Mo–Fr 7.3012 & 15.30–19, Sa & So10–12.30 & 16–19 Uhr). Nach einem halben Jahrhundert akribischer Restaurierung konnten die zertrümmerten, von Feuchtigkeit angegriffenen Fresken über die Leidensgeschichten des hl. Jakobus und hl. Christophorus wieder zusammengesetzt werden: Voller Lebendigkeit präsentieren sich nun die extrem perspektivisch gemalten Kompositionen, sodass Mantegnas Heilige gleichsam wie Superhelden erscheinen.

Zum **Palazzo del Bò** – Sitz der **Universität** (☎ 049 827 30 47; Via VIII Febbraio; Erw./Stud. & Kind 5/2 €; ⌚ Führungen Di, Do & Sa 9.15, 10.15 & 12.15, Mo, Mi & Fr 14.15, 16.15

& 17.15) – führt die Via VIII Febbraio. Der Hort der Gelehrsamkeit wurde von abtrünnigen Gelehrten aus Bologna gegründet, deren Ziel eine größere intellektuelle Freiheit war. Einige der umstrittensten Denker, unter ihnen Kopernikus, Galileo und Casanova, lehrten hier. Zu erwähnen ist auch die weltweit erste Frau, der hier der Doktortitel in Philosophie verliehen wurde: Das Standbild der Eleonora Lucrezia Cornaro Piscopia schmückt den Treppenaufgang. Die Führungen leiten in Galileos Vorlesesaal und das weltweit erste Anatomietheater, einen Saal mit sechs konzentrischen Etagen für die Studenten. Er wurde 1594 für wissenschaftliche Autopsien erbaut, noch bevor das damit verbundene Risiko für den Menschen bekannt war. Die Leichen wurden anschließend in einen unterirdischen Strom versenkt.

Die Altstadt Paduas präsentiert sich in Form zweier eleganter, miteinander verbundener Plätze, die von Arkaden gesäumt werden: der Piazza delle Erbe und der Piazza della Frutta. Zwischen ihnen ragt der dreistöckige gotische Palazzo della Ragione (☎ 049 820 50 06; Piazza delle Erbe; Erw./Kind 4/2 €, Wechselausstellungen 8/5 €; Di–So 9–19 Uhr) auf, der 1218 errichtete Gerichtshof der Stadt. Die Fresken im Innern wurden von Künstlern aus dem Umfeld Giottos, Giusto de' Menabuoi und Nicolò Mireto gemalt und thematisieren die astrologischen Theorien von Pietro d'Abano. Auf den Szenen sind die Monate, die Jahreszeiten, Heilige, Tiere und bekannte Persönlichkeiten Paduas dargestellt. Leider mussten die Fresken nach einem Feuer 1420 und der Zerstörung durch Sturm (1756) rekonstruiert werden. Es handelt sich daher größtenteils nicht mehr um Originale.

Südlich des Palastes erhebt sich der Dom (☎ 049 66 28 14; Piazza del Duomo; Mo–Sa 7.30–12 & 15.30–19.30, So & Feiertage 8–13 & 15.30–20.45), dessen heutige Gestalt aus einem vielfach veränderten Entwurf Michelangelos hervorging und der von dem angrenzenden Baptisterium (☎ 049 65 69 14; Piazza del Duomo; Erw./Kind 2,80/1 €, mit PadovaCard frei; 10–18 Uhr) aus dem 13. Jh. in den Schatten gestellt wird. Dieser romanische Schatz ist vollständig mit Fresken ausgestaltet – leuchtenden biblischen Szenen von Giusto de' Menabuoi. Der von Giotto beeinflusste Meister (und was die Kuppel betrifft durchaus diesem ebenbürtig) stellte Hunderte von männlichen und weiblichen Heiligen dar, als ob sie für ein Schulabschlussfoto posierten: Sie tauschen Blicke aus und schauen verstohlen auf Maria mit dem Kind. Im Innern des Doms ist Christus Pantocrator (der Allmächtige) zu sehen, der ein geöffnetes Buch mit der Zeile *Ego sum alpha et omega* (Ich bin Anfang und Ende) in der Hand hält. Auf der rückwärtigen gemalten Apsiswand ist die Bedeutung des Herrn in biblischen Geschichten von Schöpfung, Erlösung und Apokalypse dargestellt.

Herz der Stadt ist die Basilica del Santo (Basilica di Sant'Antonio; www.basilicadelsanto.org; Nov.–Feb. 6.30–19 Uhr, März–Okt. 6.30–7.45 Uhr), eine wichtige Pilgerstätte und die Grabstätte des Schutzheiligen der Stadt, Antonius von Padua (1193–1231). Man kommt zur Basilika von der Piazza delle Erbe, wenn man ostwärts durch die Via San Francesco läuft, dann in die Via del Santo nach rechts abbiegt und bis zum gleichnamigen Platz weitergeht. Die Errichtung der Basilika, von den Einwohnern der Stadt „Il Santo" genannt, begann 1232; im Lauf der Jahrhunderte verwandelte sie sich in ein Bauwerk, das verschiedene Stilelemente aufweist: Auf dem Grundriss in Form des christlichen Kreuzes erhebt sich ein Ziegelbau im Stil der italienischen Gotik. Dieser wird von mehreren Kuppeln und Türmen gekrönt, die offenbar byzantinischen Einfluss verraten.

Im rechten Querschiff des Kirchenraums drängen sich um das Grabmal des Heiligen – über und über bedeckt mit Fürbitten und Danksagungen für erfolgte Heilungen und Hilfe beim Wiederfinden von Verlorenem – die Gläubigen. Hinter dem Hochaltar im rückwärtigen Teil der Kirche befinden sich strahlenförmig gruppiert neun Kapellen, die zumeist im 20. Jh. ausgeschmückt wurden. Deren Mittelpunkt bildet die barocke Cappella del Tesoro (Schatzkapelle), in der 1745 die Reliquien des Heiligen überführt wurden. Nach jahrhundertealter Tradition sind den Gläubigen zur Erbauung einige seiner Körperteile ausgestellt: Sein Kinn und seine grau-grüne Zunge können in zwei exquisit gearbeiteten Goldmonstranzen betrachtet werden. Möglicherweise erfuhr die Zunge des Heiligen besondere Verehrung, weil dieser zu Lebzeiten ein überzeugender Redner und Schlichter von Streitigkeiten unter der Bevölkerung war.

Unter dem gotischen Deckengewölbe mit Fresken, die den sternenklaren Nachthimmel darstellen, haben weitere bedeutende Werke ihren Platz: so das lebensgroße Kruzifix des veronesischen Meisters Altichiero da Zevio in der ebenfalls mit Fresken geschmückten Kapelle des hl. Jakobus. Weiterhin zu nennen ist das wundervolle, 1528 geschaffene Sakristei-Fresko des hl. Antonius, der zu einem verzauberten Fisch predigt, das ein Schüler von Girolamo Tessari malte; schließlich die Hochaltar-Reliefs des florentinischen Renaissance-Bildhauers Donatello (für die Besichtigung den Wärter um Einlass bitten). Das die Piazza del Santo überragende Reiterstandbild Donatellos von 1453 – es erinnert an den venezianischen Söldnerführer des 15. Jhs. mit dem Spitznamen Gattamelata („Honigkatze") – gilt als eine der ersten bedeutenden Bronzestatuen der italienischen Renaissance.

Durch das östliche Portal geht's in das unmittelbar an die Basilika angebaute Kloster mit fünf Kreuzgängen. Der älteste, aus dem 13. Jhr. stammende Bogengang um den Innenhof ist der Chiostro della Magnolia, so genannt nach der wundervollen in der Mitte stehenden Magnolie. Das Museo Antoniano (☎ 049 822 56 56; Piazza del Santo; Erw./Kind 2,50/1,50 €; ☽ Di–So 9–13 & 14–18 Uhr) beherbergt eine Kunstsammlung und religiöse Kultobjekte, die für die Basilika und das Frauenkloster angefertigt wurden.

Zwei der größten Schätze am anderen Ende des Platzes werden häufig übersehen: Das Oratorio di San Giorgio (☎ 049 875 52 35; Eintritt inkl. Scoletta del Santo 2 €; ☽ April–Sept. 9–12.30 & 14.30–19, Okt.–März 9–12.30 & 14.30–18 Uhr) wurde 1378 in glanzvollen Farben von Altichiero da Zevio und Jacopo Avanzi mit Fresken ausgestaltet, die Episoden aus dem Leben des hl. Georg, der hl. Lucia und der hl. Katharina zeigen. Das Oratorium wurde vorübergehend von Napoleon als Gefängnis genutzt: Offenbar missverstand er die Botschaft, dass der hl. Georg durch Racheengel von seiner Folter aus dem Richtrad befreit worden war. Das Ticket berechtigt auch zum Eintritt in die Scoletta del Santo nebenan im ersten Stock. Sie besitzt ergreifende Werke Tizians, unter anderem das 1511 gemalte Porträt des hl. Antonius, der unter den Augen eines Zuschauers seelenruhig einen jungen Mann heilt (www.basilica delsanto.org), der sich seinen eigenen Fuß abgehauen hatte. Aus der Hand von Tizians Bruder Francesco Vecellio stammt eine fesselnde Parabel: Genau zu dem Zeitpunkt, als ein Arzt entdeckt, dass einem Geizkragen das Herz fehlt, holt dessen Nachbar das fehlende blutende Herz aus einer Schatzkiste hervor.

Südlich der Piazza del Santo blüht ein Unesco-Welterbe: Paduas Orto Botanico (☎ 049 827 21 19; Erw./Stud. & Kind 4/1 €; ☽ April–Okt. 9–13 & 15–18 Uhr, Nov.–März Mo–Sa 9–13 Uhr) wurde 1545 von der Medizinischen Fakultät der Universität angepflanzt, um die medizinischen Eigenschaften seltener Pflanzen zu studieren. Er diente im Zweiten Weltkrieg dem Hauptquartier der Widerstandbewegung als heimlicher Treffpunkt. Der älteste, bereits 1585 angepflanzte Baum des Gartens trägt den Spitznamen „Goethes Palme", denn der Weimarer erwähnte ihn in seinem Werk *Die Italienische Reise*.

Nach einem nur kurzen Spaziergang erreicht man den ungewöhnlichen Prato della Valle, einen elliptischen Platz, auf dem seit langem Markt abgehalten wird. Der schmale ihn umgebende Kanal ist von 78 Statuen historischer Größen Paduas gesäumt; außerdem sind zehn leere Sockel zu sehen, auf denen einst die Statuen von zehn venezianischen Dogen standen. Diese ließ Napoleon nach der Besetzung Venedigs 1797 abmontieren.

Praktische Informationen

Feltrinelli International (☎ 049 875 07 92; Via San Francesco 7; ☽ Mo–Fr 9–19.30, Sa 9–20, So 10–13 & 15.30–19.30 Uhr) Buchhandlung und Verlag. Erhältlich sind Bücher in verschiedenen Sprachen, außerdem gibt es eine hervorragende historische Abteilung.

ANFAHRT: PADUA (PADOVA)

Entfernung von Venedig 37km

Richtung Westen

Bus Regelmäßiger Verkehr mit SITA-Bussen (☎ 049 820 68 11; www.sitabus.it) von Venedig. Abfahrt: Piazzale Roma (3,50 €, 45–60 Min.), Ankunft auf der Piazzale Boschetti, 500 m südlich vom Hauptbahnhof. Im Internet finden sich Informationen über den Busverkehr zu den Ortschaften der Colli Euganei (S. 264).

Auto & Motorrad Die A4 (Turin – Mailand – Venedig – Triest) führt im Norden an Padua vorbei, die A 13 nach Bologna beginnt ganz im Süden der Stadt. Vorschläge für eine Autofahrt in die Colli Euganei finden sich auf S. 264.

Zug Von Venedig nach Padua fährt man am besten mit dem Zug (2,90–15,70 €, 30–50 Min., 3–4 Züge stündl.). Von Padua fahren Züge über die Ortschaften Monselice und Este in den Colli Euganei (S. 264) nach Montagnana (3,40 €, 20–60 Min.). Paduas Bahnhof liegt 500 m nördlich der Cappella degli Scrovegni.

IAT Touristeninformation (Informazione Azienda Turistica; www.turismopadova.it). Hauptbahnhof (☎ 049 875 20 77; 🕑 Mo–Sa 9–13.30 & 15–19 Uhr); Galleria Pedrocchi (☎ 049 876 79 27; 🕑 Mo–Sa 9–13.30 & 15–19 Uhr); Piazza del Santo (☎ 049 875 30 87; 🕑 März–Okt.) Die Namensähnlichkeit sollte einen nicht irritieren: iPadova tours liefert kostenlose Audio-Downloads auf das iPod mit dazugelieferten PDF-Karten für faszinierende Spaziergänge durch Padua, während Giscover Padova die Besucher per GPS oder Smartphone durch die Stadt führt. Beide geführte Touren sind unter www.turismopadova.it abrufbar, wenn man auf Soundtouring klickt.

Ospedaliera Padova (☎ 049 821 11 11; Via Giustiniani 1) Zentrales allgemeines Krankenhaus.

Polizei (☎ 049 820 51 00; Piazzetta Palatucci 5)

Post (Corso Garibaldi 33; 🕑 Mo–Sa 8.15–19.30)

Pannenhilfe (☎ 116)

Essen

Enoteca Angelo Rasi (☎ 049 871 97 97; www.angelorasi.it; Riviera Paleocapa 7; Mahlzeit 30 €; 🕑 Di–So Abendessen) Schon manch einer, der nur auf ein Glas Wein und für ein paar *cicheti* (Snacks) hier einkehren wollte, ist anschließend am Kanal hocken geblieben und hat sich ein Abendessen unter Linden bestellt. Die rustikalen Gerichte werden hier mit einem extravaganten Touch zubereitet: Der Kabeljau in Rahm wird mit herzhaften Pfannkuchen aus Tintenfisch-Polenta serviert, die Ricotta-Gnocchi mit einer etwas gewöhnungsbedürftigen Sauce aus Zucchini-Mousse abgerundet und die Käseplatte hat das Aussehen einer Uhr.

Osteria Dal Capo (☎ 049 66 31 05; Via degli Obizzi 2; Mahlzeit 25 €; 🕑 Di–Sa Mittag- und Abendessen, Mo Abendessen) Hier sitzt man zum Abendessen Seite an Seite mit Einheimischen an winzigen Tischen, auf denen die traditionellen venezianischen Fisch- und Meeresfrüchtegerichte äußerst beengt aufgebaut werden müssen. Dazu werden lokale offene Weine und einige ausgefallene Kreationen wie *caviale di melanzane con bufala* (Auberginen-Kaviar mit Büffelmozzarella auf knuspriger Waffel) serviert. Unbedingt reservieren und gute Laune mitbringen

Trattoria San Pietro (☎ 049 876 03 30; Via San Pietro 95; Mahlzeit 30 €; 🕑 Mo–Sa Mittag- und Abendessen, Juli geschl.) Hinter dieser Küchentür mischen sich die Einflüsse Venedigs und Mailands – das Ergebnis ist eine echte Padua-Küche: Dazu zählen u. a. die venezianischen Artischocken auf Kalbfleisch nach Mailänder Art oder das Safran-Risotto mit Meeresfrüchten. Eine Reservierung ist erforderlich

Trattoria Le Sette Teste (☎ 049 66 47 53; Via Cesare Battisti 44; Mahlzeit 9–15 €; 🕑 Mo–Sa 18.30–24 Uhr) Riesige Pastaportionen (9 €) werden hier zu einer echten Herausforderung für die Taille,, die Fleischhauptgerichte sowie die Schokoladendesserts drohen alle Pläne für die nachmittägliche Besichtigung des Palazzo della Ragione (unmittelbar um die Ecke gelegen) über den Haufen zu werfen.

Caffè Cavour (☎ 049 875 12 24; www.caffecavour.com; Piazza Cavour 10; Gebäck 1,50–3 €; 🕑 Mi–Mo 7.30–24 Uhr) Pistazien-Makronen, Waldbeerkuchen und andere schnelllebige Sünden hellen die Mienen der Verkehrspolizisten auf, die hier an der geschwungenen Granit-Kaffeebar ihren Espresso hinunterstürzen.

Ausgehen

Erst nach einem *spritz* auf der Piazza delle Erbe oder der Piazza dei Signori ist der Sonnenuntergang offiziell eingeläutet.

Caffè Pedrocchi (☎ 049 878 12 31; www.caffepedrocchi.it; Via VIII Febbraio 15; 🕑 So–Mi 9–22, Do–Sa 9–1 Uhr) Seit 1831 ist dieses neoklassizistische Wahrzeichen der Stadt ein Lieblingstreffpunkt. Stendhal und andere wichtige Persönlichkeiten der Kaffeehaus-Gesellschaft frequentierten und frequentieren das Café wegen seines starken aufputschenden Kaffees und des *caffè correto* (Kaffee mit Schuss). Der prachtvolle erste Stock wurde in den unterschiedlichsten Stilen ausgestaltet – mal altägyptisch, mal königlich. Unter Tags kann man das Museo del Risorgimento e dell'Età Contemporanea (☎ 049 878 12 31; Galleria Pedrocchi 11; Erw./Kind 4/2,50 €; 🕑 tgl. 9.30–12.30 & 15.30–18 Uhr) besichtigen, in dem die lokale und nationale Geschichte vom Niedergang Venedigs bis zur republikanischen Verfassung von 1848 in Originaldokumenten, -bildern und Erinnerungsstücken veranschaulicht wird.

Café El Pilar (☎ 049 65 75 65; Piazza dei Signori 8; 🕑 Mo–Sa 8.30–13 Uhr) Zur Bar muss man sich durchkämpfen und der Barkeeper hat statt eines Mixers eine ganz eigene Technik, die Zutaten für seine ausgefallenen Cocktails zu zerkleinern. Eine nette Adresse, um einen schönen Tag in Padua ausklingen zu lassen.

Enoteca Santa Lucia (☎ 049 875 94 83; Piazza Cavour 15; 🕑 Mo–Sa 19–24 Uhr) Wie in der Schwester-Enoteka in Mailand werden auch hier hochklassige offene Weine (Glas 5–10 €) und ein kostenloses Büffet mit lokalen Spezialitäten und verschiedenen Käsesorten (19–22 Uhr) serviert. Entweder nimmt man seinen Kampfplatz am verglasten Büffet mit Paduas preisbewusster Schickeria ein oder gesellt sich gleich zu den Weinliebhabern in der antiken, mit Steinwänden ausgekleideten Taverne.

Bibulus (☎ 049 65 41 17; Via Porciglia 32; Mo–Fr 7–20, Sa 7–21.30) Dieser ganztägig geöffnete Treffpunkt in der Nähe der Piazza Eremitani trägt den Spitznamen „die Bibliothek", da die Universitätsstudenten hier praktisch leben. Angezogen werden sie von dem orangefarbenen Op-Art-Dekor, den saisonal wechselnden Pastagerichten, 15 verschiedenen offenen Weinen und dem Büffet zur Happy Hour – allesamt zu studentenfreundlichen Preisen.

Schlafen

Die Tourismusinformation veröffentlicht Broschüren und listet online 90 B&Bs und 60 Hotels auf (www.turismopadova.it). Durch Vermittlung der **Koko Nor Association** (www.bbkoko nor.it; DZ 60–80 €) können Weltenbummler auch eine Unterkunft in der historischen Altstadt von Padua finden. Vermietet werden tibetisch inspirierte Apartements, Zimmer mit Balkon oder Künstlerbodenkammern im Besitz von gastfreundlichen, weltoffenen italienischen Familien. Man sollte auch ruhig vorhandenes Interesse am privaten italienischen Konversationsunterricht bekunden! Weitere Listen von B&Bs außerhalb von Padua findet man auf einer weiteren Website: www.bedand breakfastpadova.it.

Belludi37 (☎ 049 66 56 33; www.belludi37.it; Via Luca Belludi 37; EZ 55–80, DZ 120–150 €, Frühstück inkl.;) Ein gepflegtes kleines Luxushotel mit Charme: großzügige Betten mit tollem Blick auf die Basilica di Sant'Antonio und hilfreiches Personal, das Tipps für preisgünstiges Einkaufen, kostenlose Getränke, Radrouten und Wanderungen gibt. Auch Einkehrmöglichkeiten, in

---

ABSTECHER: COLLI EUGANEI (EUGANEISCHE HÜGEL)

Die südwestlich von Padua gelegenen Euganeischen Hügel sind eine Traumlandschaft: ummauerte Ortschaften auf Bergkuppen, in Nebel gehüllte Weinberge, hier und da eine Burg, heiße Quellen, die aus Erdspalten hervorquellen. Die Touristeninformation Paduas verteilt oder verkauft Karten; über das Internet (www.turismotermeeuganee.it) erhält man Hinweise zu Unterkünften, Wanderwegen sowie Verkehrsmittel & -routen. Wer mit dem Auto von Padua in die Euganeischen Hügel fahren will, sollte die SS16 Richtung Süden nach Monselice und Arquà Petrarca nehmen und dann nach Westen auf die SS10 Richtung Este und Montagnana abbiegen. Eine offizielle Karte kann aus dem Internet heruntergeladen werden, man kann aber auch einfach den Hinweisschildern der Strada dei Vini dei Colli Euganei (Weinstraße der Euganeischen Hügel) folgen. Lohnend ist es, auf dem Abstecher von Padua Pausen an folgenden Punkten einzulegen:

Terme (Heiße Quellen)

Gebirgsquellwasser aus den Voralpen kommt nördlich von Padua an die Oberfläche, es ist 85 °C heiß und reich an Mineralsalzen. Auskunft über die rund 100 Hotels, die über Kureinrichtungen mit heißem Quellwasser verfügen, findet man über den *Terme*-Führer im Internet (www.turismotermeeuganee.it) oder die Touristeninformationen in **Abano Terme** (☎ 049 866 90 55; Via Pietro d'Abano 18) und **Montegrotto Terme** (☎ 049 79 33 84; Viale Stazione 60).

Stadt der Sonnette

Italiens bedeutender Dichter Francesco Petrarca verbrachte die letzten fünf Jahre seines Lebens im mittelalterlichen Dorf **Arquà Petrarca**. Die Besichtigung seines steinernen Wohnhauses ist möglich (☎ 0429 71 82 94; Via Valleselle 4; Erw. 3 €, Eintritt mit PadovaCard frei; März–Okt. Di–So 9–12, 15–18.30 Uhr, Nov.–Feb. Di–So 9–12, 14.30–17 Uhr), wer will, kann sich mit einem eigenen Beitrag in den Gästebüchern verewigen, in denen schon die Namenszüge von Rilke und Mozart stehen. Oder warum nicht einmal mit einem richtigen Sonnet Petrarcas einbalsamierter Lieblingskatze die Ehre erweisen? Busse von Padua halten auf dem Weg nach Este im Ort (2,70 €, 55 Min., 3-mal tgl.).

Mittelalterliche befestigte Städte

Die Ortschaften Monselice, Este und Montagnana freuen sich heute über Gäste, die per Bus oder mit dem Zug von Padua nach Montagnana anreisen (3,40 €, 20–60 Min.). Im Mittelalter jedoch sollten die eindrucksvollen Festungsanlagen unerwünschte Besucher fernhalten – seien es die Franzosen oder von Ort zu Ort reisende Händler. Alleine die Ortschaft **Monselice** hat insgesamt fünf Befestigungsringe (11.–15. Jh.) und wird von einer restaurierten **Burg** (☎ 0429 7 29 31; Via del Santuario; Erw./Kind 6–14 J./unter 6 J. 5,50/3€/frei; einstündige geführte Touren April–Nov. Di–So 9–12, 15–18 Uhr) dominiert. Auf der Fahrt Richtung Mantua gelangt man in die westlich von Monselice liegende Ortschaft Este. Der Pfad, der hinter der romantischen Burgruine nordwärts ansteigt, führt zur **Villa Kunkler**, einem Privatanwesen, in dem Lord Byron und Mary Shelley einst wohnten (s. Schild an der Außenfassade). Ungefähr 12 km westlich von Este ragt der beeindruckende 2 km lange Verteidigungswall von Montagnana mit seinen 24 Türmen und vier Toren auf.

denen die Spezialitäten der Region probiert werden können, bekommt man hier im Hotel genannt.

Hotel Sant'Antonio (☎ 049 875 13 93; www.hotelsan tantonio.it; Via San Fermo 118; EZ 63–69 €, DZ 82–94 €; 🗐) Ein ruhiges, am Kanal liegendes Hotel unweit des alten Stadttors mit einfachen, luftigen Räumen. Auch einige preisgünstige Einzelzimmer mit Gemeinschaftsbad auf dem Flur (39–42 €) sind vorhanden. Unten findet man ein Café (Frühstück 7 €).

Camping Sporting Center (☎ 049 79 34 00; www. sportingcenter.it; Via Roma 123, Montegrotto Terme; pro Pers./ Zelt 8,30/12 €; 🕑 März–Mitte Nov.; 🅿 🖭) Der einzige Campingplatz in der Provinz Padua ist eine weitläufige Anlage und liegt 15 km vom Stadtzentrum entfernt; man erreicht ihn vom Hauptbahnhof aus mit dem Stadtbus M. Das Schwimmbad und die Kureinrichtungen dürfen auch von der „Laufkundschaft" benutzt werden, auch einige Läden sind vorhanden.

Ostello Città di Padova (☎ 049 875 22 19; www.ostello padova.it; Via dei A Aleardi 30; B inkl. Frühstück 19 €; 🕑 7.15–9.30 & 6.30–24 Uhr) Rechtzeitiges Eintreffen ist notwendig, um einen Platz in einem der 16 Etagenbetten zu ergattern; es ist auch möglich, ein Familienzimmer mit vier Etagenbetten und eigenem Bad (46–76 €) im Voraus zu buchen. Nachtschwärmer brauchen gar nicht erst vorzusprechen: Zapfenstreich ist um Mitternacht, Frühstück um 7.15 Uhr und Checkout-Zeit um 9.30 Uhr. Nachteulen können mit den Buslinien 3, 8 oder 12 vom Bahnhof nach Prato della Valle fahren und sich von dort zum Ostello durchfragen.

VICENZA

Dass die Unesco Palladios Werk in und um Vicenza (113 500 Ew.) zum Weltkulturerbe erklärt hat, überrascht nicht: Palladios eigenständige klassizistische Architektur ist hier so geballt wie sonst nirgendwo vertreten. Vicenza, das in römischer Zeit Vicentia hieß, bot Palladio ein gutes klassisches Fundament, auf dem er aufbauen konnte. Als die Stadt 1404 in die venezianische Republik einging, entstanden gotische Gebäude mit dem Hoheitszeichen des Markuslöwen, im 17. Jh. kamen noch barocke Akzente hinzu. Palladio jedoch bevorzugte klare Linien und schuf somit diesen unverwechselbaren Baustil, dem Vicenza im Lauf seiner bewegten Geschichte über die Jahrhunderte hinweg treu geblieben ist. Nach dem Zweiten Weltkrieg wurde die Stadt durch die Textil- und Computerindustrie wohlhabend und blieb doch relativ be-

www.lonelyplanet.de

PALLADIO FÜR WENIG GELD

Für alle Architekturinteressierten ist die Palladio Card (www.palladiocard.it, 10 €) interessant, die kostenlosen Zugang zu sechs seiner Sehenswürdigkeiten in und um Vicenza und außerdem Ermäßigungen bei sechs weiteren Gebäuden des Architekten bietet (10 Tage ab dem 1. Eintritt gültig). Dazu zählt auch der Palazzo Barbaran, 2 € Ermäßigung gibt es außerdem auf die Kombi-Karte für das Teatro Olimpico und das Museo Civico sowie 3 € Ermäßigung für den Eintritt in die Villa Masèr (S. 255). Der aktuelle Stand hinsichtlich der Ermäßigungen für die Villen im Süden von Vincenza (S. 257) sind auf der Website zu erfahren.

---

scheiden. Das spiegelt sich auch in der Hausmacherkost aus *salumi* (Geräuchertem), Wild und handgemachter Pasta.

Vom Bahnhof in den Gärten des Campo Marzo führt die Viale Roma zum Piazzale de Gasperi, von wo aus der Corso Palladio durch die Stadttore hindurch in das historische Zentrum verläuft.

Vicenza lässt sich am besten zu Fuß erkunden. Je nachdem, wie viel Aufmerksamkeit den architektonischen Schätzen gewidmet wird, lässt sich die kompakte Innenstadt an einem Tag oder Nachmittag durchstreifen. Der Corso Palladio beginnt mit landesüblicher Grandezza entlang einer Reihe von Piazzen, die sich zu den von Palladio-Palästen gesäumten Contrà Porti und Contrà di Santa Corona hin steigert. Krönender Abschluss bilden Palladios Teatro Olimpico und sein Museo Civico. In den Seitenstraßen befinden sich einige Paläste mit sehr sehenswerten Fresken, im Süden der Stadt – zu Fuß erreichbar – stehen zwei der schönsten Villen der Region Veneto.

Dem Corso Palladio folgend, erreicht man zunächst die Piazza Castello mit einigen großartigen Bauten, darunter dem etwas gestutzt erscheinenden, unvollendeten Palazzo Breganze am Südende. Von Palladio entworfen und von Vincenzo Scamozzi erbaut, muten die übergroßen Säulen ohne entsprechendes Umfeld seltsam an und sind doch beeindruckend in ihrer klassischen Struktur. An der Piazza del Duomo nebenan steht Vicenzas Stadtkirche, der Duomo, der nach seiner Zerstörung durch die Alliierten im Zweiten Weltkrieg wiederaufgebaut wurde. Viele der Kunstwerke gingen jedoch unwiderruflich verloren.

Im historischen Zentrum Vicenzas liegt die Piazza dei Signori, wo Palladio den Regierungsgebäuden durch das Spiel von Licht und

AUSFLÜGE IN VENETIEN STADTSTAATEN

Schatten etwas Verspieltes verlieh. Blendend weiße Piovene-Steinarkaden beschatten die doppelten Loggien der von Palladio 1549 entworfenen Basilica Palladiana (☎ 0444 32 36 81), die nur für Sonderausstellungen geöffnet wird. An der Nordwestecke der Piazza verzieren weißer Stein und Stuck die roten Ziegelmauern des Säulengangs der 1571 von Palladio entworfenen Loggia del Capitaniato, die bei seinem Tod unvollendet blieb.

In der Contrà Porti, nördlich des Corso Palladio, befindet sich der etwa 1569–70 von Palladio erbaute Palazzo Barbaran (☎ 0444 32 30 14; Contrà Porti 11; www.cisapalladio.org; Erw. & Stud. 5 €, Eintritt mit PalladioCard frei; ☉ Mi–So 10–18 Uhr). Er wurde neu restauriert und zeigt einen imposanten doppelten Säulengang entlang der Fassade und eine luftige, zweistöckige Loggia zum Innenhof, die viel Licht einlässt. Reiche Stuckarbeiten und Giambattista Zelottis Fresken umhertollender Götter heben die Dachkonstruktion über die ausladenden Galerien des Erdgeschosses hinaus. Vom Fenster der Toilette aus lässt sich ein Blick auf Palladios geschickten Einsatz des rechtwinkligen Kreuzgewölbes erhaschen.

Das Bankgebäude an der Contrà Porti 12 ist das 1556–58 unter Palladios Bauaufsicht begonnene Palazzo Thiene (☎ 0444 54 21 31; Eingang Contrà San Gaetano Thiene; Eintritt frei; ☉ Okt.–April Di–Mi 9–12, 15–18 Uhr, Mai–Sept. Mi, Fr 9–12, 15–18, Sa 9–12 Uhr; im Voraus buchen) mit seinen rustikalen Steinbögen, über denen sich elegante korinthische Wandpfeiler mit Fenstern abwechseln, die von Giebeln gekrönt sind. Der Palast mit der Hausnummer 21 ist Palladios blendend weißer Palazzo Iseppo da Porto, 1549–53 erbaut und unvollendet. Acht ionische Säulen im oberen Geschoss stützen Skulpturen und Wandpfeiler entlang des Dachgeschosses.

Zwei Straßen östlich der Contrà Porti befindet sich die nach der Chiesa di Santa Corona (☉ Mo 16–18, Di–So 8.30–12, 15–18 Uhr) benannte Contrà di Santa Corona. Sie wurde 1261 von den Dominikanern als Reliquienschrein für ein Stück der Dornenkrone Christi erbaut. Die romanische Kirche aus Ziegelstein birgt drei Meisterwerke: Palladios Valmarana-Kapelle von 1576 in der Krypta, Paolo Veroneses Anbetung der Könige, die Goethe so gelobt hat, und Giovanni Bellinis leuchtende Taufe Christi. Sie wird von drei venezianischen Schönheiten und einem seltsamen roten Vogel beobachtet.

Obwohl einem Bankgebäude ähnlich, befinden sich ganz andere Schätze in der Gallerie di Palazzo Leoni Montanari (☎ 800 578875; www.palazzo-montanari.com; Contrà di Santa Corona 25; Erw./Stud. 4/3 €; ☉ Di–So 10–18 Uhr). An den Nymphen vorbei führt die extravagante Stucktreppe empor zu großartigen Salons voll mit Canalettos geheimnisvollen Lagunenlandschaften und Pietro Longhis ironischen Genrebildern wie Die Familie Venier, in deren Mitte sich der kleine Sohn keck präsentiert, während der Hauslehrer schlapp im Sessel hängt. Im Obergeschoss befindet sich in abgedunkelten Galerien die prächtige Sammlung der Banca Intesa mit rund vierhundert russischen Ikonen, die zum leisen Klang gregorianischer Gesänge effektvoll in Szene gesetzt werden. Die Sammlung ist überwältigend: Heilige vor silbernem Heiligenschein und mit riesigen Augen blicken von Türen aus dem 16. Jh. herab; Kalender der heiligen Tage aus dem 19. Jh. zeigen 99 fein gearbeitete winzige Miniaturen von Heiligen, phantastische Madonnen-Ikonen (mit Juwelen überhäuft) lassen verstehen, warum Taschen im Foyer eingeschlossen werden müssen. Eine solche Sammlung ist äußerst rar, besonders außerhalb Russlands. Angesichts des enormen Wertes ist man fast überrascht, dass die Schätze überhaupt öffentlich gezeigt werden.

An der Piazza Matteoti endet der Corso Palladio zwischen zwei weiteren Bauwerken Palladios. Hinter einem ummauerten Garten (ideal für Picknicks) glänzt das Renaissancejuwel des Teatro Olimpico (☎ 0444 22 28 00; www.olimpico.vicenza.it; Museo-Civico-Kombiticket Erw./Stud./unter 15 Jahren 8/6 €/frei, Erw. mit PalladioCard 6 €; ☉ Di–So 9–17 Uhr), das Palladio 1580, inspiriert durch römische Bauwerke, begann. Nach seinem Tod vollendete Vicenzo Scamozzi das elliptische Theater und schuf eine Bühne, die sich an der Stadt Theben im klassischen Griechenland orientiert und durch perspektivische Bauten den Eindruck einer bis zum Horizont erstreckenden Stadt erweckt. 1585 wurde das Theater mit einer Aufführung des Oedipus Rex eröffnet – doch bald danach brach eine Deckenkonstruktion ein. Jahrhundertelang lag das Bauwerk brach, bis es dann 1934 wieder restauriert wurde. Heute reißen sich italienische Künstler darum, auf dieser Bühne aufzutreten. Karten für Opern und klassische Aufführungen sind im Internet erhältlich. Auch die Jazzkonzerte im Mai lohnen einen Besuch.

Eintrittskarten zum Teatro Olimpico gelten auch für das Museo Civico (☎ 0444 32 13 48; www.museicivicivicenza.it; Palazzo Chiericati, Piazza Matteotti 37/39;

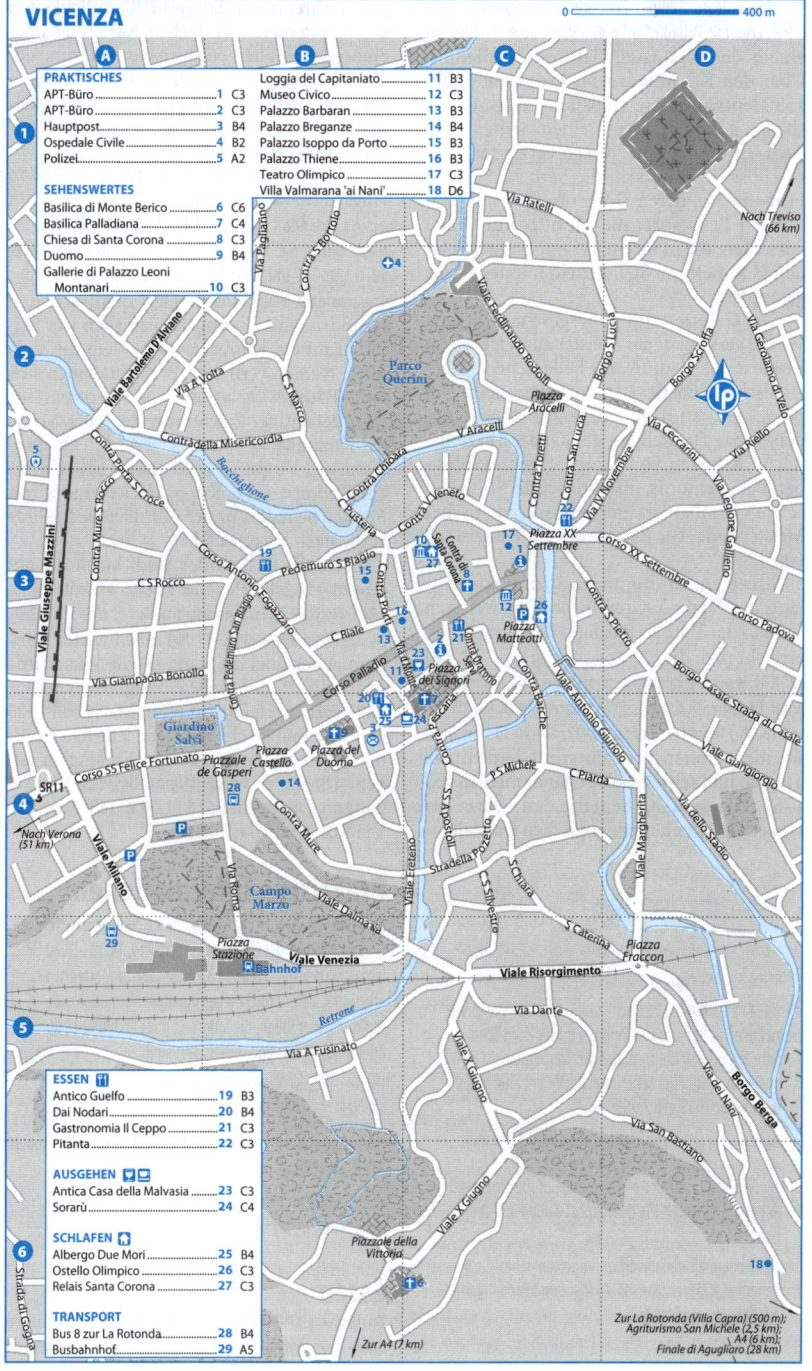

VICENZA

0 ————————— 400 m

Nach Treviso
(66 km)

Parco
Querini

Piazza
Aracelli

Piazza XX
Settembre

Corso XX Settembre

Piazza
Matteotti

Piazza
dei Signori

Giardino
Salvi

Piazza
Castello

Piazza
de Gasperi

Piazza del
Duomo

Campo
Marzo

Piazza
Stazione

Bahnhof

Viale Venezia

Viale Risorgimento

Retrone

Piazzale della
Vittoria

Nach Verona
(51 km)

Zur A4 (7 km)

Zur La Rotonda (Villa Capra) (500 m);
Agriturismo San Michele (2,5 km);
A4 (6 km);
Finale di Aguglaro (28 km)

Kombiticket Teatro Olimpico Erw./Stud./unter 15 Jahren 8 €/6 €/frei, Erw. mit PalladioCard 6 €; ☺ Di–So 9–17 Uhr) in einem der schönsten Bauwerke Palladios. Über den Kolonnaden im Erdgeschoss des 1550 entworfenen Gebäudes thront eine ebenso hohe Loggia mit einem weiten Vordach. Im üppig mit Fresken verzierten Erdgeschoss befindet sich die barocke Sala dal Firmamento, deren Deckenfresken von Domenico Brusasorci die Mondgöttin Diana darstellen, die in ihrem Triumphwagen über den Himmel zum Stelldichein mit der Sonne galoppiert.

Die Galerien im Obergeschoss zeigen Werke verschiedener Meister aus Vicenza im Kontext der Hauptwerke bedeutender venezianischer Künstler (darunter Veronese, Tiepolo, Tintoretto), außerdem Hans Memlings detaillierte Darstellung des Kreuzes, aktionsreiche Arbeiten von Jacopo Bassano, Elisabetta Marchionis überbordende Stillleben sowie Giambattista Piazzettas dramatisches Meisterwerk „Die Ekstase des Hl. Franziskus" von 1729.

Mit einem 20-minütigen Spaziergang entlang der Viale X Giugno und im weiteren Verlauf der Via San Bastiano Richtung Osten erreicht man die Villa Valmarana „ai Nani" (☎ 0444 32 18 03; www.villavalmarana.com; Via dei Nani 8; Erw./Stud./ unter 12 Jahren 8 €/4 €/frei; ☺ März–Okt. Di–So 10–12, 15–18 Uhr, Nov.–Feb. Sa, So 10–12, 14–16.30 Uhr) mit wunderschönen Fresken von Giambattista Tiepolo und seinem Sohn Giandomenico von 1757. Gianbattista bemalte den Palazzina-Flügel mit seinen mythologischen Darstellun-

gen, während sein Sohn die Räumlichkeiten der Foresteria mit ländlichen, Karnevals- oder chinesischen Themen ausmalte. Aufgrund der 17 Zwergstatuen entlang der Gartenmauern „ai Nani" (bei den Zwergen) genannt, ist dies der ideale Ort für ein Sommerkonzert (Termine im Internet).

Von der Villa Valmarana führt ein 500 m langer Fußweg zur Villa Capra, auch bekannt als La Rotonda (☎ 0444 32 17 93; Via Rotonda 29; La Rotonda Eintritt 6 €, Garten 3 €; ☺ Garten März–Nov. Di–So 10–12, 15–18 Uhr, Villa März–Nov. Mi 10–12, 15–18 Uhr, Gruppen nach Vereinbarung). Den quadratischen Grundriss mit Kolonnaden an allen vier Seiten krönt ein Kuppelgewölbe, dem die Villa ihren Namen verdankt. Weltweit haben sich viele Baumeister an diesem Stil orientiert. (Der derzeitiger Eigentümer der Villa, Mario di Valmarana, ist emeritierter Architekturprofessor aus Virginia.) Das runde Atrium ist bis zur Trompe-l'œil-Kuppeldecke hinauf mit Fresken bemalt. Vor der Villa hält die Buslinie 8, die nach Vicenza fährt.

Ebenfalls südlich der Stadt bietet die auf einem Hügel gelegene Basilica di Monte Berico (☎ 0444 32 09 98; Piazzale della Vittoria; ☺ Mo–Sa 6–12.30, 14.30–19, So & Feiertag 6–19 Uhr) einen weiten Panoramablick über die Stadt. Die Basilika wurde im 18. Jh. an der Stelle eines gotischen Bauwerks errichtet. Die Jungfrau Maria soll 1426 hier zweimal erschienen sein. Zur Kirche hinauf führt ein eindrucksvoller Säulengang aus dem 18. Jh., er verläuft parallel zur Viale X Giugno. Die Buslinie 18 (1,50 €) fährt von der Via Roma zur Basilika.

ANFAHRT: VICENZA

Entfernung von Venedig 69km

Richtung Westen

Bus FTV (☎ 0444 22 31 15; www.ftv.vi.it). Die Busse zu Zielen außerhalb von Venedig fahren vom Busbahnhof unweit des Bahnhofs ab. Verbindungen bestehen zu vielen der sehenswerten Villen, allerdings mit unregelmäßigen Zeiten.

Auto & Motorrad Die Stadt liegt an der A4, die Mailand mit Venedig verbindet, außerdem an der SR 11 von Vicenza nach Verona und Padua. Große Parkplätze findet man in der Nähe der Piazza Castello und des Bahnhofs.

Zug Regelmäßige Zugverbindungen bestehen nach Venedig (4,25–11,90 €, 45 75 Min.) und Padua (2,90–10,90 €, 15–30 Min.).

Praktische Informationen

APT-Office (www.vicenzae.org) Piazza dei Signori (☎ 0444 54 41 22; Piazza dei Signori 8; ☺ 10–14, 14.30–18.30 Uhr); Piazza Matteotti (☎ 0444 32 08 54; Piazza Matteotti 12; ☺ 9–13, 14–18 Uhr) Diese Touristeninformation gibt Auskunft über Villen, die aufgrund ihrer Architektur, Kunst oder natürlichen Lage sehenswert sind.

Hauptpostamt (Contrà Garibaldi 1; ☺ Mo–Sa 8.30–18.30 Uhr)

Ospedale Civile (☎ 0444 99 31 11; Viale Ferdinando Rodolfi 37) Krankenhaus.

Polizeistation (☎ 0444 54 33 33; Viale Giuseppe Mazzini 213)

Essen

Dai Nodari (☎ 0444 54 40 85; Contrà do Rode 20; Mahlzeiten unter 10 €; ☺ Mo–Sa 12–15.30, 19–23 Uhr) In diesem

Lokal im historischen Zentrum wird einfache Kost auf moderne Art zubereitet. Stadtbewohner genießen hier Mittagsmenüs für 7 € (Abendmenüs 9 €): Hähnchen mit Pilzen aus der Gegend, anschließend ein Stück Sachertorte oder eine Käseplatte mit örtlichen Spezialitäten wie den in Grappa eingelegten Bastardo di Grappa.

Gastronomia Il Ceppo (☎ 0444 54 44 14; 196 Corso Palladio; Fertiggerichte pro 100 g 3–5 €; ⊗ Mo–Di & Do–Sa 8–13, 15.30–19.45, Mi 15.30–19.45 Uhr) San-Daniele-

Schinken hängen über der 10 m langen Theke mit frischen Meeresfrüchte-Salaten, hausgemachter Pasta und Käsespezialitäten. Ist kein Tisch frei, lohnt es sich, das Essen mit einer Flasche Wein aus der Gegend für ein Picknick am Teatro Olimpico gegenüber einpacken zu lassen.

Antico Guelfo (☎ 0444 54 78 97; Contrà Pedemuro San Biagio 92; Mahlzeiten 35–40 €; ⊗ Mo–Fr Mittag- & Abendessen, Sa Abendessen) Ein kulinarischer Geheimtipp für Liebhaber kreativer Kochkunst mit

ABSTECHER: BASSANO DEL GRAPPA

Wenn Vicenza die Herzen höher schlagen lässt, dann könnte das erst recht auf Bassano del Grappa (41 900 Ew.) zutreffen. Berühmt in ganz Italien ist die Kleinstadt für ihren weißen Spargel, ihre Keramiken, den Hauptsitz des Modelabels Diesel und die Malerfamilie Da Ponte. Insbesondere aber kennt wohl jeder den als Grappa verkauften Tresterbrand. Die Italiener schwören darauf, dass dieser starke Digestif gerade das richtige und ärztlich empfohlene Mittel ist, Berge von Pasta zu verdauen. Von Venedig aus gibt es eine Direktverbindung per Zug. Wer mit dem Auto unterwegs ist, nimmt im Norden von Vicenza die SP 248. Bassano liegt nur etwa 10 km vom malerischen, östlich liegenden Asolo (Villa Masèr) entfernt.

Westlich vom Bahnhof Bassano und in nur fünf Gehminuten erreichbar liegt das historische Zentrum um die beiden miteinander verschmolzenen Plätze Piazza Garibaldi und Piazza Libertà, hier befindet sich auch das Fremdenverkehrsamt APT. Von der Piazza Libertà folgt man der Via Matteotti nach Norden zum Ponte degli Alpini (Ponte Vecchio). Die geschlossene Holzbrücke über die Brenta ist ein Entwurf Palladios. Dort befindet sich auch das Poli Museo della Grappa (☎ 0424 52 44 26; www.poligrappa.com; Via Gamba 6, Ponte Vecchio; Eintritt frei; ⊗ 9–19.30 Uhr), in dem die Geschichte des Feuerwassers (und Markenzeichens Bassanos) dargestellt wird. Es soll das Lieblingsgetränk von Ernest Hemingway gewesen sein, obwohl dies auch von vielen anderen guten Tropfen Venetiens gesagt werden könnte.

Obwohl Grappa in ganz Italien produziert wird, waren es die Bewohner Venetiens, die den Schnaps ab dem 16. Jh. brannten: Seit 1601 existierte außerdem das Institut der Grappa-Schnapsbrenner in Venedig. Zu den Herstellern mit dem größten Verbreitungsgebiet zählt Nardini: Die Firma betreibt ein Zentrallabor 3 km südlich des Zentrums von Bassano an der SP47 nach Padua. Eine Sehenswürdigkeit für sich sind die auf dem Rasen installierten Bolle di Nardini – zwei elliptische tropfenähnliche Strukturen auf spindeldürren Beinen. Sie sind ein Werk des internationalen Stararchitekten Massimiliano Fuksas. Die wie Raumschiffe aussehenden Konstruktionen sollen an das 2004 begangene Jubiläum der 225-jährigen äußerst erfolgreichen Geschichte der Grappa-Brennerei erinnern. Eine Besichtigung ist nur nach telefonischer Absprache möglich (☎ 0424 22 77 41; www.nardini.it; Via Madonna Monte Berico 7; ⊗ März–Okt. nach Voranmeldung). Als Alternative bietet sich die Nardini-Bar für Grappa-Verkostungen in Bassanos historischem Zentrum an (☎ 0424 22 77 41; Ponte degli Alpini 2, Bassano; ⊗ 9–20 Uhr), man findet sie neben der Brücke.

Aber Bassano hat noch mehr als das Sinnieren über einem Glas Grappa zu bieten: Das unmittelbar an die Chiesa di San Francesco auf der Piazza Garibaldi angebaute Museo Civico (☎ 0424 52 22 35; Via del Museo 12, Bassano; Erw./Student inkl. Museo della Ceramica 4,50/3 €; ⊗ Di–Sa 9–16.30, So 15.30–18.30) präsentiert 500 Gemälde. Unter ihnen sind 17 Arbeiten von Jacopo Bassano zu sehen, auch das 1545 gemalte Meisterwerk *Flucht nach Ägypten*. Bassano stellt darauf eine Bäuerin dar, die ihre Lasten angesichts der heiligen Familie zu Boden fallen lässt. Diese zieht eilends, in einen Wirbel aus Tuch gehüllt, vorüber, um mit einem offenbar unter Zeitdruck stehenden Engel Schritt halten zu können. Ein Hund schnüffelt unterdessen an Blumen, während ein Saufbruder als Wachposten das Schlusslicht bildet. In einem Erweiterungsbau des Museums von 2009 hat die Bibliothek und eine große, dem Bildhauer Canova gewidmete Abteilung jetzt deutlich mehr Platz. Gezeigt werden auch rund 2000 Zeichnungen des neoklassizistischen Meisters, Briefe, Bücher und seine Gipsabdrücke. Eine eigene Keramiksammlung mit über 1000 Porzellanobjekten präsentiert das Museo della Ceramica (☎ 0424 52 49 33; Palazzo Sturm, Via Schiavonetti; Erw./Stud. inkl. Museo Civico 4,50/3 €; ⊗ April–Okt. Di–Sa 9–12.30, 15.30–18.30, So 15.30–18.30 Uhr; Nov.–März Fr 9–12.30, Sa & So 15.30–18.30 Uhr) im Palazzo Sturm am Ufer der Brenta.

Das Ristorante Ottone (☎ 0424 52 22 06; Via Matteotti 50, Bassano; Mahlzeit 20–30 €; ⊗ Mi–So Mittagessen & Abendessen, Mo Mittagessen) in unmittelbarer Nähe der Piazza della Libertà hat seit 1870 einen guten Ruf wegen seiner rustikalen Küche. Hier werden deftige Pastagerichte und eine lokale Spezialität serviert: gegrilltes Pferdefleisch. Unter dem mittelalterlichen Festungsturm und 200 m von der geschlossenen Brücke entfernt liegt das schicke Hotel Al Castello (☎ 0424 22 86 65; www.hotelalcastello.it; Via Bonamigo 19, Bassano; EZ 40–60, DZ 70–100 €; Ⓟ ⊠) mit seiner gelben Fassade. Es vermietet elf sonnige Zimmer mit Parkettböden und (teilweise) freiliegenden Deckenbalken.

Produkten frisch vom Markt. Wie wäre es mit einem Amarone-Risotto oder Buchweizen-Crêpes mit Bastardo-di-Grappa-Käse? Spezialisiert auf glutenfreie Küche, passt sich der Küchenchef den Diäten der Gäste an.

Pitanta (☎ 0444 51 35 10; Contrà San Lucia 8; Mahlzeiten 7–15 €; ☽ Mo–Sa 7.30–1, So 12.30–14.30 Uhr) Eine einheimische *osteria* mit Fußball-Reliquien von Vicenza an der Wand. Auf den Tellern häufen sich große Portionen *bigoli* (dicke, lange Nudeln) mit Entensauce (6 €), dazu trinkt man ein Glas respektablen Hauswein (0,80 €).

Ausgehen

Sorarù (☎ 0444 32 09 15; Piazzetta Palladio; ☽ Mo–Sa 8–20 Uhr) Historische Bar mit Marmortheke, an der zwischen hausgemachtem Gebäck Espresso und Cocktails serviert werden. In den geschnitzten Holzregalen stehen einladende Gläser mit Süßigkeiten.

Antica Casa della Malvasia (☎ 0444 54 37 04; Contrà delle Morette 5; Mahlzeiten 35 €; ☽ Di–So Mittag- & Abendessen) Die Casa della Malvasia ist seit 1200 Weinlieferant der Stadt. Damals importierten venezianische Händler Malvasier-Weine aus Griechenland. Heute stehen 80 Weine auf der Karte, auch erstklassig italienischer Malvasier, dazu 100 Grappasorten aus dem nahen Bassano del Grappa.

Enos (Contrà Pescherie Vecchie 16; ☽ Di–Do, So 8–1, Fr, Sa 8–2 Uhr) Eine coole Cocktailbar unter Lüstern. Nebenan kann mit Plastikkarten Wein aus dem Automaten geholt werden.

Schlafen

Auf der Internetseite der Touristeninformation (www.vicenzae.org) sind an die 50 Hotels in und um Vicenza aufgeführt. Ein Duzend B&Bs findet man unter www.vitourism.it.

Agriturismo San Michele (☎ 0444 53 37 54; www.agrismichele.it; Strada della Pergoletta 118, an der Viale Riviera Berica; DZ 88–145 € inkl. Frühstück; ℗) Am südlichen Stadtrand unweit von Palladios La Rotonda (S. 268) wurde dieser Landsitz aus dem 18. Jh. in minimalistischem Palladio-Stil eingerichtet. Die geräumigen Suiten sind ganz in weiß gehalten und bieten Ausblicke auf Weinberge, Olivenhaine und Obstplantagen mit biologischem Anbau. Jacuzzis stehen im formell angelegten Garten, gemütliche Mahlzeiten werden im hauseigenen Restaurant angeboten, auch Ausritte sind möglich.

Relais Santa Corona (☎ 0444 32 46 78; www.relaissantacorona.it; Contrà Santa Corona 19; EZ/DZ inkl. Frühstück

87/104 €; ℗ ⊠ 🖳 🛜) Das Santa Corona ist eine günstige Unterkunft in einem stilvollen Palast aus dem 18. Jh., ideal gelegen in einer Straße mit weiteren schönen Gebäuden. Die Gästezimmer sind schalldicht und mit guten Matratzen ausgestattet. Die Einrichtung ist dezent, der Zugang ins Internet kostenlos.

Albergo Due Mori (☎ 0444 32 18 86; www.hotelduemori.com; Contrà do Rode 26; EZ ohne Bad 48 €, DZ mit/ohne Bad 88/55 €; 🖳 🛜) Direkt neben der Piazza dei Signori liegt dieses historische Hotel von 1854 an einer Straße mit Kopfsteinpflaster und kleinen Läden. Vor kurzem im Liberty-Stil renovierte Betten und antike Schränke sorgen für eine nette Atmosphäre. Statt Klimaanlage und TV gibt es schwirrende Ventilatoren. Der Internet-Zugang und das WLAN funktionierten beim letzten Besuch leider nicht.

Ostello Olimpico (☎ 0444 54 02 22; www.ostellovicenza.com; Viale Antonio Giuriolo 9; B 20 €; ☽ Mitte März–Mitte Nov. 7.30–9.30, 15.30–23.30 Uhr) Günstige Jugendherberge in einem schönen Gebäude beim Teatro Olimpico.

VERONA

Ursprünglich war Siena angedacht, doch dann wählte Shakespeare das schöne Verona (264 200 Ew.) als Schauplatz seines Dramas um Romeo Montague und Julia Capulet. Wie üblich hatte der Schriftsteller die richtige Wahl getroffen: Für Romanzen, Dramen und tödliche Familienfehden ist Verona seit Jahrhunderten bekannt.

Verona war ab 300 v. Chr. ein römisches Handelszentrum, davon legen die antiken Stadttore und das großartige Amphitheater Zeugnis ab. Der lombardische König Alboin eroberte die Stadt 569 n. Chr. und wurde nur drei Jahre später von seiner Frau ermordet. Als Mastino della Scala (auch Scaligeri genannt) 1262 von den Bürgern Veronas nicht wiedergewählt wurde, erzwang er sich durch Truppenverstärkung die alleinige Herrschaft über die Stadt. Als es den Adligen Veronas zu viel wurde, verbündeten sie sich gegen ihn und ermordeten ihn 1277. Unter Mastinos Sohn Cangrande I. (1308–28) erstreckte sich Veronas Einflussgebiet bis nach Padua und Vicenza. Im großen Zeitalter der Kunst unterstützte die Stadt Dante, Petrarch und Giotto. Mastinos Urenkel Cangrande II. (1351–59) war ein Tyrann, dessen Ermordung durch seinen Bruder nicht gerade betrauert wurde – doch nach einem weiteren Brudermord wurden die della Scalas (oder Scaliger) 1387 aus der Stadt verjagt.

Mailand erhob Anspruch auf Verona, 1404 folgte Venedig, das trotz der Aufstände der Scaliger an der Stadt festhielt, bis Napoleon 1797 sie eroberte. Als Kriegstrophäe ging Verona dann an die Habsburger und wurde schließlich 1866 Teil Italiens.

Von 1938–45 war die Stadt eine Hochburg der Faschisten, ein Zentrum für Verhöre von Widerstandskämpfern und Durchgangslager für Juden, die in deutsche Konzentrationslager abgeschoben wurden. All dies hat die Stadt überlebt und ist heute Unesco-Weltkulturerbe und Weltstadt.

Auch heute noch hat das schöne Verona viele Bewunderer, die sich in die Stadt verlieben und bleiben: Jedes fünfte Kind in der Stadt hat nichtitalienische Eltern.

Vor dem Bahnhof im Süden der Stadt fahren Busse in die Altstadt ab. Zu Fuß geht man Richtung Norden am Busbahnhof vorbei und folgt 1,5 km lang dem Corso Porta Nuova bis zur Piazza Brà, von dort aus entlang der Via Mazzini bis zur Via Capello. Linkerhand liegt dann die Piazza delle Erbe.

Die Basilica di San Zeno Maggiore (www.chieseverona. it; Piazza San Zeno; Kombi-Kirchenticket/Einzelticket 5/2,5 €; ☾ März–Okt. Mo–Sa 8.30–18, So 13–18 Uhr, Nov.–Feb. Di–Sa 10–13, 13.30–16, So 13–17 Uhr) ist ein Meisterstück romanischer Architektur mit einer auffallend gestreiften Fassade aus Ziegeln und Tuffstein. Sie wurde vom 12. bis 14. Jh. zu Ehren des Stadtpatrons von Verona erbaut. Ein anmutiger Kreuzgang voll Blumen führt zum riesigen Kirchenschiff mit seinen Fresken aus dem 12.–15. Jh. Sie zeigen Jesus, eine züchtig mit ihrem goldenen Haar bedeckte Maria Magdalena und den hl. Georg, der von einem aufscheuenden Pferd herab lässig einen Drachen tötet. Unter dem Rosettenfenster, das das Glücksrad darstellt, befinden sich fein ausgearbeitete Bronzetüren aus dem 12. Jh. Eine davon zeigt einen Exorzismus, bei dem ein Dämon aus dem Mund einer Frau gezerrt wird. Der Flügelaltar *Die Erhabenheit der Jungfrau von Mantegna*, ein Polyptichon von 1457–59, wird derzeit restauriert. Die Malerei ist perspektivisch und technisch so ausgefeilt, dass es aussieht, als hingen Girlanden frischer Früchte hinter dem Thron der Madonna. In der gruseligen Krypta blicken steinerne Gesichter von mittelalterlichen Kapitellen; der geisterhaft beleuchtete Leichnam des hl. Zeno ruht in einem gläsernen Sarg.

Die Römische Arena (☎ 045 800 51 51; www.arena.it; Piazza Brà, Kartenausgabe Ente Lirico Arena di Verona, Via Dietro Anfiteatro 6b; Eintritt 15–150 €, Führungen Erw./Stud./ Kind 4/3/1 €; ☾ Opernsaison Juni–Aug., Führungen Okt bis Mai Di–So 8.30–19.30, Mo 13.45–19.30 Uhr, Juni–Aug. tgl. 8–15.30 Uhr) aus rosafarbenem Marmor wurde im 1. Jh. n. Chr. erbaut und überstand das verheerende Erdbeben im 12. Jh. Heute ist sie Veronas berühmtes und von Gästen aus aller Welt besuchtes Freiluft-Opernhaus mit Plätzen für 30 000 Zuhörer. In der Opernsaison Juni bis August werden 50 Aufführungen mit Spitzenstars gegeben; Placido Domingo debütierte hier. Im Winter finden Klassikkonzerte gegenüber in der Ente Lirico Arena aus dem 18. Jh. statt.

Unweit der Via Mazzini, der Hauptgeschäftsstraße Veronas, liegt die berühmte Casa di Giulietta (Julias Haus; ☎ 045 803 43 03; Via Cappello 23; Erw./Stud./Kind 4/3/1 €; ☾ Di–So 8.30–19.30, Mo 13.45–19.30 Uhr). Auch wenn Romeo und Julia rein fiktive Figuren waren, die nichts mit den Veronesern zu tun hatten und der schmale Steinbalkon in Wirklichkeit viel zu klein für zwei Personen ist, suchen auch heute noch Romantiker das Haus aus dem 14. Jh. auf, fügen dem Graffiti im Innenhof ihre vergeblichen Liebesschwüre hinzu und reiben die rechte Brust der bronzenen Julia für mehr Glück in der Zukunft. Manch einer besucht anschließend die Tomba di Giulietta (Julias Grab; ☎ 045 800 03 61; Via del Pontiere 35; Erw./Stud./Kind 3/2/1 €; ☾ Di–So 8.30–18.30, Mo 13.45–19.30 Uhr), einen Kreuzgang mit einem Sarg aus rotem Marmor, der lange Zeit zweckentfremdet als Viehtränke gedient hatte. Ein paar römische Amphoren aus dem 1. Jh. sowie im oberen Teil Fresken in eher durchschnittlicher Qualität aus dem 16. Jh. vervollständigen das Bild.

In den Cafés um die Piazza delle Erbe, ursprünglich ein römisches Forum, wird eifrig geplaudert. Der Platz wird eingefasst von den schönsten Bauten Veronas, darunter dem barocken Palazzo Maffei am nördlichen Ende mit dem angrenzenden Torre del Gardello aus dem 14. Jh. Am Ostende des Platzes steht die mit Fresken bemalte Casa Mazzanti, die Residenz der berühmt-berüchtigten Familie della Scala.

Der Arco della Costa trennt die Piazza delle Erbe von der Piazza dei Signori. Eine Walrippe hängt von ihr herab – der Legende nach soll sie auf die erste „rechtschaffende" Person fallen, die unter dem Tor hindurchgeht. Seit Jahrhunderten schon hängt sie da, obwohl doch Politiker und Päpste ein und ausgegangen sind! Der gestreifte Torre dei Lamberti (☎ 045 803 27 26; Eintritt Lift/Treppe 3/2 €; ☾ Di–So 9–19.30, Mo 13.30–19.30 Uhr) ist ein im 12. Jh. begonnener Wachturm, der 1463 fertiggestellt wurde, als

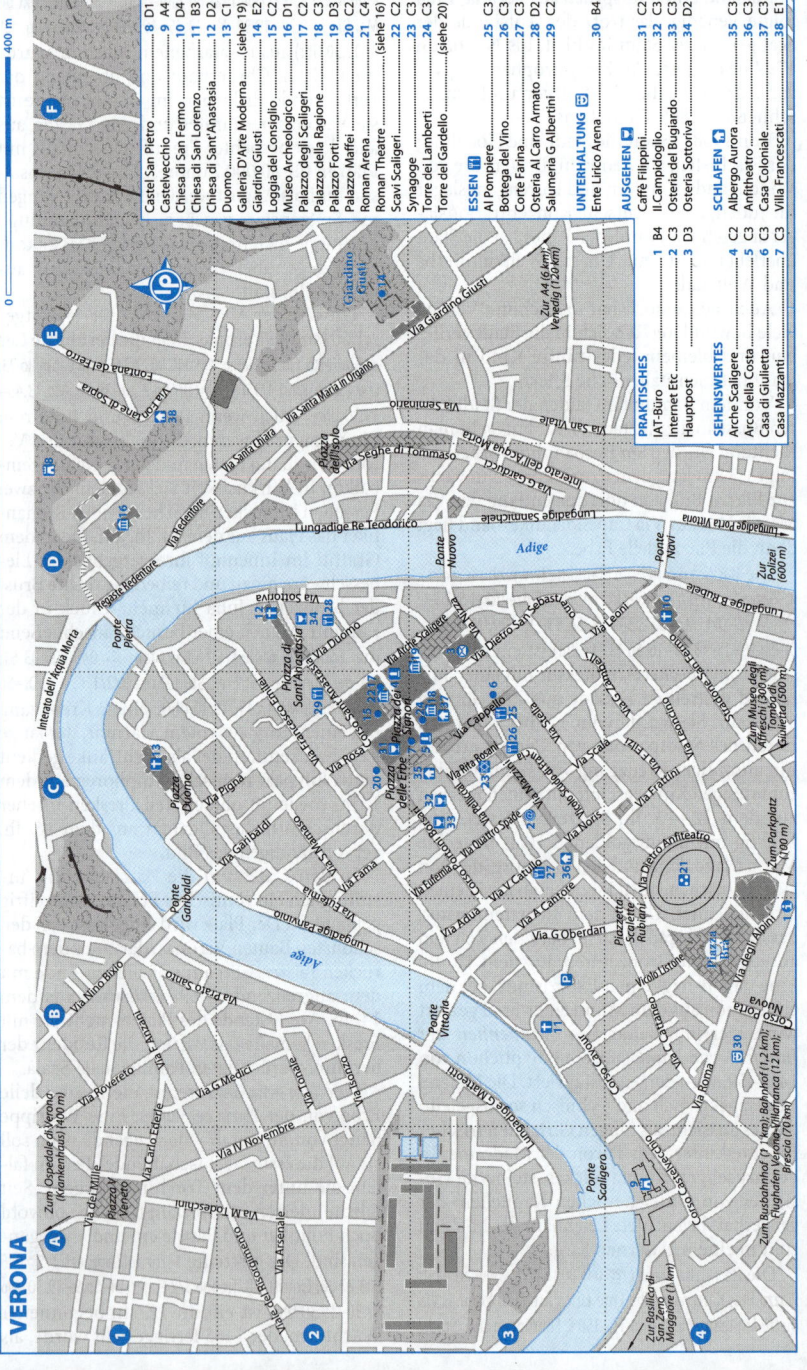

VERONA

0 — 400 m

Castel San Pietro	8	D1
Castelvecchio	9	A4
Chiesa di San Fermo	10	D4
Chiesa di San Lorenzo	11	B3
Chiesa di Sant'Anastasia	12	D2
Duomo	13	C1
Galleria D'Arte Moderna	(siehe 19)	
Giardino Giusti	14	E2
Loggia del Consiglio	15	C3
Museo Archeologico	16	D1
Palazzo degli Scaligeri	17	C3
Palazzo della Ragione	18	C3
Palazzo Forti	19	D3
Palazzo Maffei	20	C3
Roman Arena	21	C4
Roman Theatre	(siehe 16)	
Scavi Scaligeri	22	C3
Synagoge	23	C3
Torre dei Lamberti	24	C3
Torre del Gardello	(siehe 20)	

ESSEN

Al Pompiere	25	C3
Bottega del Vino	26	C3
Corte Farina	27	C3
Osteria Al Carro Armato	28	D2
Salumeria G Albertini	29	C2

UNTERHALTUNG

Ente Lirico Arena	30	B4

AUSGEHEN

Caffè Filippini	31	C2
Il Campidoglio	32	C3
Osteria di Bugiardo	33	C3
Osteria Sottoriva	34	D2

SCHLAFEN

Albergo Aurora	35	C3
Anfiteatro	36	C3
Casa Coloniale		C3
Casa della Costa		C3
Villa Francescati	38	E1

PRAKTISCHES

IAT-Büro	1	B4
Internet Etc	2	C3
Hauptpost	3	D3

SEHENSWERTES

Arche Scaligere	4	C2
Arco della Costa	5	C3
Casa di Giulietta	6	C3
Casa Mazzanti	7	C3

Zur A4 (6 km);
Venedig (120 km)

Giardino
Giusti

Fontana del Ferro

Piazza
dell'Isolo

Adige

Lungadige Re Teodorico

Lungadige Sanmichele

Lungadige Porta Vittoria

Ponte
Nuovo

Ponte
Navi

Zur Zoll
Parkplatz
(600 m)

Piazza di
Sant'Anastasia

Piazza
delle Erbe

Adige

Zum Museo degli
Affreschi (300 m);
Grab der Giulietta (500 m)

Piazza
Duomo

Ponte
Pietra

Intratto dell'Acqua Morta

Ponte
Garibaldi

Piazzetta
Scalette
Rubiani

Piazza
Bra

Ponte
Vittoria

Zum Parkplatz
(100 m)

Adige

Ponte
Scaligero

Zum Busbahnhof (1 km); Bahnhof (1,2 km);
Flughafen Verona-Villafranca (12 km);
Brescia (70 km)

Zur Basilica di
San Zeno
Maggiore (1 km)

Zum Ospedale di Verona
(Krankenhaus) (400 m)

Piazza V
Veneto

272

es schon zu spät war, die anrückenden Venezianer rechtzeitig zu erspähen. Von oben hat man aber einen schönen Blick auf die Stadt. Im Palazzo Forti (Palazzo della Ragione; ☎ 199 199111; www.palazzoforti.it; Erw./Stud. 6/5 €; ☾ Di–So 10.30–19 Uhr) ist die neue Galleria d'Arte Moderna untergebracht. Sie enthält 90 Kunstwerke ab 1970, ambitionierte Installationen internationaler Künstler wie MC Escher und Sol LeWitt sowie ausgesuchte Fotoausstellungen in den angrenzenden Scavi Scaligeri.

Am nördlichen Ende der Piazza dei Signori erhebt sich ein frühes Renaissance-Juwel, die Loggia del Consiglio aus dem 15. Jh. Hier tagte damals der Stadtrat. Gleich daneben, wohl um ein wachsames Auge auf die aufmüpfigen Stadträte zu haben, liegt der Palazzo degli Scaligeri, die einstige Hauptresidenz der Scaliger. Hinter dem Torbogen am anderen Ende der Piazza liegen die Arche Scaligere (Via Arche Scaligere; Eintritt inkl. Torre dei Lamberti Lift/Treppe 4/3 €; ☾ Juni–Sep. Di–So 9.30–19.30, Mo 13.45–19.30 Uhr), die aufwendig gestalteten gotischen Grabstätten der Familie della Scala, in denen Brudermörder und Opfer fast Seite an Seite liegen.

Südwestlich der Piazza delle Erbe lag einst Veronas historisches Judenghetto. Von hohen Häusern eingefasst, wurde die schmale Via Rita Rosani nach der Widerstandskämpferin benannt, die bis 1944 eine Gruppe Partisanen anführte und schließlich im Alter von 24 Jahren im Kampf gegen die Faschisten fiel. Im Südosten der Via Rosani steht Veronas neu restaurierte Synagoge, die jüdischen Besuchern offen steht. Signor Willis, Aufseher und Gemeindehistoriker, öffnet die Tür gerne auch anderen ernsthaft Interessierten.

Veronas gestreifter romanischer Duomo (Kathedrale, Piazza del Duomo; Kombi-Kirchenticket/Einzelticket 5/2,5 €; ☾ März–Okt. Mo–Sa 10–17.30, So 13.30–17.30 Uhr, Nov.–Feb. Di–Sa 10–13, 13.30–16, So 13–17 Uhr) aus dem 12. Jh. sticht durch mehrfarbige Reliefs an der Westseite hervor. Die glupschäugigen Statuen zeigen Roland und Oliver, Paladine Karls des Großen – ein Werk aus der Hand des mittelalterlichen Meisters Nicolò. Die nüchterne Fassade verbirgt eine reiche Innenausstattung, die im 16. und 17. Jh. mit Fresken von Engeln im Trompe-l'œil-Stil ausgeschmückt wurde. Links des Kirchenschiffs befindet sich die von Jacopo Sansovino entworfene Kapelle Cartolari-Nichesola mit einer Himmelfahrt von Tizian, in der eine erstaunte Menge auf die auffahrende Madonna weist.

Nördlich der Arche Scagliere steht die gotische Chiesa di Sant'Anastasia (Piazza di Sant'Anastasia;

☾ März–Okt. Mo–Sa 9–18, So 13–18 Uhr, Nov.–Feb. Di–Sa 10–13, 13.30–16, So 13–17 Uhr) aus dem 13. bis 15. Jh., Veronas größte Kirche und Vorzeigeprojekt Veroneser Kunst. Die schiere Menge an Fresken ist überwältigend! Zu den wichtigsten zählt Pisanellos Der hl. Georg macht sich auf, die Prinzessin vom Drachen zu befreien; das Fresko befindet sich in der Pisanelli-Kapelle. Außergewöhnlich ist auch das 1495 von Paolo Veroneses Vater Gabriele Caliari geschaffene Weihwasserbecken mit einem glücklichen Bucklingen.

Südwestlich der Piazza delle Erbe, am Ufer der Etsch, liegt die 1354–56 erbaute Burg Castelvecchio des Tyrannen Cangrande II. Unter Napoleon und später im Zweiten Weltkrieg wurde sie so beschädigt, dass sie zunächst unrettbar schien. Anstatt die bunte Vergangenheit Castelvecchios durch Renovierungen zuzukleistern, gab Carlo Scarpa ihr 1960 ein neues Gesicht, indem er über Grundmauern Brücken legte, gähnende Löcher verglaste und auf einem Betonpfeiler über dem Innenhof eine Statue von Cangrande I. aufstellte. Scarpas neues Castelvecchio beherbergt heute Veronas Museum (☎ 045 806 26 11; Corso Castelvecchio 2; Erw./Stud./Kind 8/7/1 €; ☾ Di–So 8.30–19.30, Mo 13.45–19.30 Uhr) mit Ausstellungen verschiedener Fresken, Schmuckstücke, mittelalterlicher Gebrauchsgegenstände und Gemälden von Pisanello, Giovanni Bellini, Tiepolo, Carpaccio und Veronese. Die hervorragenden und regelmäßig wechselnden Ausstellungen reichen von Andrea-Mantegna-Retrospektiven bis zu moderner Glaskunst.

Am Ende der Via Leoni steht die Chiesa di San Fermo (Stradone San Fermo; ☾ März–Okt. Mo–Sa 10–18, So 13–18 Uhr, Nov.–Feb. Di–Sa 10–13, 1.30–16, So 13 bis 17 Uhr), die eigentlich eine Doppelkirche ist: Im 13. Jh. errichteten die Franziskaner eine gotische Kirche direkt über einer romanischen aus dem 11. Jh. Im Innern der gotischen

Hauptkirche blickt man auf eine großartige *carena di nave*, eine an einen Schiffsrumpf erinnernde Holzdecke. Das rechte Seitenschiff beherbergt Fresken aus dem 14. Jh., die zum Teil Episoden aus dem Leben des hl. Franziskus darstellen. Im Kreuzgang führen Stufen zur kleinen, aber stimmungsvollen romanischen Kirche hinunter.

Südwestlich der Piazza delle Erbe in Richtung Ponte Scagliero steht die Chiesa di San Lorenzo (Corso Cavour; März–Okt. Mo–Sa 10–18, So 13–18 Uhr, Nov.–Feb. Di–Sa 10–13, 13.30–16, So 13–17 Uhr), eine romanische Kirche aus dem 12. Jh. mit gotischen und Renaissance-Anbauten. Am ungewöhnlichsten – in Italien (ohne Südtirol) wahrscheinlich sogar einzigartig – sind die beiden Rundtürme am Eingang.

Nördlich der Stadt liegt der Ponte Pietra, deren beide linke Pfeiler aus der Zeit der römischen Republik im 1. Jh. v. Chr. datieren, während die übrigen drei im 13. Jh. erneuert wurden. Diese alte Brücke blieb bis 1945 fast ganz intakt, erst die abziehenden deutschen Truppen sprengten sie in die Luft. Die Bevölkerung holte die Fragmente später wieder aus dem Fluss hervor und baute die Brücke in den 1950er-Jahren akribisch wieder auf.

Auf der anderen Seite die Brücke steht das geschickt in den Hügel gebaute Amphitheater aus dem 1. Jh. v. Chr., von dem aus man auf eine Schleife des Flusses blickt. Ein Aufzug im hinteren Teil des Theaters führt zu einem ehemaligen Nonnenkloster, das heute im Museo Archeologico (045 800 03 60; Regaste Redentore 2; Erw./Stud./Kind 3/2/1 €; Di–So 8.30–19.30, Mo 13.45–19.30 Uhr) eine interessante Sammlung griechischer und römischer Stücke enthält.

Auf einem Hügel hoch über Theater und Museum steht das von den Habsburgern über eine Vorgängerburg errichtete Castel San Pietro.

Wenn man vom Ponte Pietra aus etwa 200 m am Fluss entlang nach Süden läuft und dann etwa 600 m der Via Redentore und ihrer Verlängerung folgt, kommt man zum großartig angelegten Giardino Giusti (045 803 40 29; Via Giardino Giusti 2; Eintritt 5 €; April–Sept. 9–20 Uhr, Okt.–März 9 Uhr bis Sonnenuntergang). Die Gartenanlage wurde nach der Adelsfamilie benannt, die sich seit der Öffnung der Anlage für das Publikum 1591 um die Erhaltung des Parks und des Herrenhauses kümmert. Die Bepflanzung ist eine italienische Mischung aus in Form geschnittenen und natürlich gewachsenen Stauden, darunter auch Bäume. etwa hohe Zypressen, die der Anlage besondere Schönheit verleihen. Goethe hat eine der Zypressen in seiner Italienischen Reise verewigt. Der Legende nach bleiben Liebende, die sich in dem kleinen Labyrinth am rechten Ende des Gartens finden, für immer beisammen. Am hinteren Ende des Gartens wird man nach einer kleinen Klettertour mit einem weiten Blick über die Stadt belohnt.

Praktische Informationen

Medizinischer Notruf (118)

IAT-Office (www.tourism.verona.it) Bahnhof Verona (045 800 08 61; Mo–Sa 8–19, So 9–17 Uhr); Verona-Villafranca Airport (045 861 91 63; April–Nov. Mo–Sa 9–18, So 9–15 Uhr, Dez.–März Mo–Sa 9–16, So 9–15 Uhr); Via degli Alpini (045 806 86 80; Via degli Alpini 9; Mo–Sa 8.30–19, So 9–17 Uhr)

ANFAHRT: VERONA

Entfernung von Venedig 120 km

Richtung Westen

Flughafen Air Verona-Villafranca (VRN; 045 809 56 66; www.aeroportoverona.it): Der Flughafen liegt 12 km außerhalb der Stadt und ist mit dem zwischen Flughafen und Bahnhof pendelnden APTV Aerobus (4,50 €, 15 Min., alle 20 Min., 6.30–23.30 Uhr) erreichbar. Verona wird von Flughäfen in ganz Italien und einigen europäischen Städten angeflogen, unter anderem aus Amsterdam, Barcelona, Berlin, Brüssel, Düsseldorf, London und Paris.

Bus Der zentrale Intercity-Busbahnhof befindet sich vor dem Bahnhof im Porta-Nuova-Areal. Die Busse fahren viele Orte in der Provinz an, die keine Zuganbindung haben. Die AMT-Stadtbuslinien 11, 12, 13 und 14 (Buslinie 91 oder 92 an Sonn- und Feiertagen) verkehren zwischen Bahnhof und Piazza Brà (Fahrkarten 1 Std./1 Tag 1/3,50 €). Die Busfahrkarten müssen vor Fahrtantritt an Zeitungs- und Tabacchi-Kiosken gekauft werden. Zu Fuß sind es 20 Minuten über den Corso Porta Nuova in die historische Altstadt Veronas.

Zug Am bequemsten ist die Zugverbindung von und nach Venedig (6,15 €, 2 Std.). Von Verona fahren Züge nach Padua, Vicenza, Mailand, Mantua, Modena, Florenz und Rom. Außerdem bestehen regelmäßige Zugverbindungen nach Österreich, in die Schweiz und nach Deutschland (tgl. zehn Züge von und nach München).

Internet Etc (☎ 045 800 02 22; Via Quattro Spade 3b; Std. 5,50 €; ☒ Mo 14.30–20, Di–Sa 10.30–20, So 3.30–20 Uhr)

Ospedale di Verona (☎ 045 807 11 11; Piazza A Stefani) Krankenhaus nordwestlich des Ponte Vittoria.

Polizei (☎ 113; Lungadige Galtarossa 11) Unweit des Ponte Navi.

Postamt (Piazza Viviani 7; ☒ Mo–Sa 8.30–18.30 Uhr)

Essen

Al Pompiere (☎ 045 803 05 37; www.alpompiere.com; Vicolo Regina d'Ungheria 5; Mahlzeiten 25–40 €; ☒ Di–Sa Mittag- & Abendessen, Mo Abendessen) Der Feuerwehrhelm *(pompiere)* hängt zwar noch an der Wand, aber alles konzentriert sich hier auf die riesige Auswahl an Käse und Platten mit den berühmten *salumi*, dem Geräucherten. Zu den Antipasti gibt es offenen Wein, danach *bigoli con le sarde* (dicke Spaghetti mit Sardinen) oder Ravioli gefüllt mit karamellisierten Zwiebeln. Eine Vorbestellung wird empfohlen.

Bottega del Vino (☎ 045 800 45 35; www.bottegavini. it; Vicolo Scudo di Francia 3a; Mahlzeiten 60–70 €; ☒ Mi–Mo Mittag- & Abendessen) In dieser historischen Getränkehandlung steht der Wein im Mittelpunkt. Der Sommelier berät die Gäste gern und findet einen guten Tropfen zum Hummersalat, dem Amarone-Risotto oder dem Spanferkel. Einige der besten Weine werden speziell für die Bottega abgefüllt.

Corte Farina (☎ 045 800 04 40; Corte Farina 4; Pizza 7–12 €; ☒ Di–Do Mittag- & Abendessen) In dieser populären Pizzeria bekommt man auch im Ofen gebackene Empanadas (herzhafte argentinische Fleischpasteten). An den Tischen vor der Pizzeria, die nicht weit von der Arena entfernt liegt, lässt sich das Straßenleben entspannt beobachten.

Osteria Al Carro Armato (☎ 045 803 01 75; Vicolo Gatto 2a; Mahlzeiten 20–30 €; ☒ Di–So Mittag- & Abendessen) In dieser heimischen Osteria mit ihren hohen Decken sitzen die Gäste auf einfachen Holzbänken. Es gibt offenen Wein und herzhafte Lokalgerichte wie *tagliata di manzo* (dünne Scheiben Rindfleisch auf Rucola) oder *pastissada di cavallo*, Veronas legendären Pferdefleischeintopf.

Salumeria G Albertini (☎ 045 803 10 74; Corso Sant'Anastasia 39; ☒ Mo–Sa 8–14, 15–20 Uhr) Ein Bild von einer trattoria, mit vielen verschiedenen Pastasorten, Wurst- und Fleischwaren, Asiago-Schafskäse aus der Gegend und Wein – sprich allem, was man für ein Picknick am Fluss oder im Amphitheater braucht.

Ausgehen

Osteria Sottoriva (☎ 045 801 43 23; Via Sottoriva 9a; ☒ Do–Di 11–22.30 Uhr) Die letzte der historischen *osterie*, die einst diese Gasse am Fluss belebten. Veroneser kommen gerne zu Sottoriva, um sich an einfachen Holztischen unter den Arkaden mit offenem Wein zu vernünftigen Preisen und traditionellen Schweinswürsten und Pferdefleischklößen zu verlustigen.

Il Campidoglio (☎ 045 59 10 59; Piazzetta Tirabosco 4; ☒ Di–So 11–2 Uhr) Das Lokal ist eine kühle, schattige Insel – versteckt auf einer über Treppen erreichbaren Terrasse unweit der Piazza delle Erbe. Während der Happy Hour (täglich 18–21 Uhr) werden bei schönem wetter gehaltvolle Cocktails im Freien serviert.

Caffè Filippini (☎ 045 800 45 49; Piazza delle Erbe 26; ☒ Do–Di 8–2 Uhr) Absolut in und angesagt ist dieses 1901 eröffnete Café. Die Hausspezialität ist der Filippini, ein Killer-Cocktail aus Wermut, Gin, Zitrone und Eis. Morgens gibt es Kaffee, und bevor man sich's versieht, bleibt man bis zum Sonnenuntergang.

Osteria del Bugiardo (☎ 045 59 18 69; Corso Portoni Borsari 17a; ☒ Di–So 11–22 Uhr) Am verkehrsreichen Corso Portoni Borsari trifft man sich bei Bugiardo für ein Glas hauseigenen Valpolicella, der speziell für die Osteria abgefüllt wird. An der Bar werden Polenta und *sopressa* zu einem kräftigen Amarone angeboten.

Schlafen

Die Cooperativa Albergatori Veronesi (☎ 045 800 98 44; www.veronapass.com) reserviert kostenlos 2-Sterne-Hotels. Privatübernachtung außerhalb des Stadtzentrums findet man unter Verona Bed & Breakfast (www.bedandbreakfastverona.com).

Anfiteatro B&B (☎ 347 24 84 62; www.anfiteatro-bed andbreakfast.com; Via Alberto Mario 5; EZ 60–90 €, DZ 80–130 €, 3BZ & 4BZ 100–150 €, inkl. Frühstück) Operndiven und Fashionistas erholen sich gerne in diesem vor kurzem restaurierten Stadthaus aus dem 19. Jh. Es liegt unweit der Arena und der mit Geschäften gesäumten Via Mazzini. Die geräumigen Zimmer haben hohe Fachwerkdecken, antike Schränke und weiche Polstergarnituren.

Casa Coloniale (☎ 337 47 27 37; www.casa-coloniale. com; Via Cairoli 6; EZ 50–70 €, DZ 80–110 €, inkl. Frühstück; ☒) Trendiges neues B&B unweit der Piazza Erbe mit drei Gästezimmern, die jeweils in einer anderen Farbe eingerichtet wurden.

Villa Francescati (☎ 045 59 03 60; www.ostellionline. org; Salita Fontana del Ferro 15; B in Mehrbettzimmer 18/20 €

inkl. Frühstück; ☻ 7–11.30 Uhr) Die Jugendherberge in einer Villa aus dem 16. Jh. mit weitläufigem Garten hat freundliche Mitarbeiter, die bei der Buchung von Veranstaltungen helfen und Bars empfehlen. Für die Mahlzeiten werden 10 € verlangt, es darf nicht selbst gekocht werden. Die Buslinie 73 (wochentags) und die Buslinie 90 (sonn- und feiertags) fahren vom Hauptbahnhof dorthin.

Albergo Aurora (☎ 045 59 47 17; www.hotelaurora.biz; Piazza XIV Novembre 2; EZ 90–130 €, DZ 100–150 €, inkl. Frühstück; ☻) Direkt bei der geschäftigen Piazza Erbe und doch ruhig gelegen, bietet dieses neu renovierte Hotel geräumige, einfache Zimmer mit hohen Decken. Einzelzimmer ohne Bad (58 bis 70 €) werden hier ebenfalls vermietet. Von der Sonnenterrasse aus blickt man über die Piazza.

WEINREGIONEN

Eine Fahrt durch den Südwesten der Region Veneto ist wie eine Studienreise zum Thema Wein. Wer nicht Auto fahren will, kann viele der Weinkellereien mit Zug oder Bus erreichen – oder bei angenehmen Wanderungen durch die Weinberge. Für Rot- bzw. Weißweintrinker werden zwei unterschiedliche Weinrouten vorgestellt. Nördlich und nordwestlich von Verona liegt das Valpolicella-Land und zwar schon seit der Römerzeit. Östlich von Verona in Richtung Vicenza keltern die Winzer ihren Soave-Wein. Bei einer Autofahrt durch das Valpolicella-Gebiet lockt ein Abstecher nach Bassano del Grappa (S. 269) und weiter nach Asolo (S. 255) und zur Villa Masèr (S. 255). Da zu einem guten Weißwein nichts besser passt als die Architektur Palladios, sollte man seine südlich von Vicenza gelegenen Villen (S. 257) in die Soave-Tour mit einbeziehen.

ROTWEINROUTE: VALPOLICELLA

Das große Weinanbaugebiet wird nur hier und da von einer romanischen Kirche, einer Villa aus dem 16. Jh. oder einem Dörfchen unterbrochen, aber Vorsicht bei der Reiseplanung: viele Weingüter sind sonntags geschlossen. Die Fahrt geht von Verona aus entlang der SS12 nach Nordwesten, dann auf der SP4 nach Norden, dann westlich nach **San Pietro in Cariano**, wo die **Touristeninformation** Pro Loco Valpolicella (☎ 045 770 19 20; www.valpolicellaweb.it; Via Ingelheim 7; ☻ Mo–Fr 9.30–13, 13.30–17.30, Sa 9–13 Uhr)

besucht werden kann. Alternativ dazu fährt Buslinie 3 etwa jede halbe Stunde ab der Porta Nuova in Verona nach San Pietro (www.apt. vr.it; 2,30 €, 40 Min.). Die Touristeninformation bietet Karten zum Wandern und für Fahrrad- und Busfahrten zu den schönsten Plätzen für eine Weinverkostung. Bei Vorbestellung kann man die **Montecariano-Kellerei** (☎ 045 683 83 35; Via Valena 3, San Pietro; ☻ Mo–Sa nach Vereinbarung) unweit der zentralen Piazza San Giuseppe besuchen und ihren preisgekrönten Valpolicella, den DOC Amarone, verkosten.

Im Städtchen **Fumane** nördlich von San Pietro isst man hervorragend in der **Enoteca Valpolicella** (☎ 045 683 91 46; Via Osan 45; Mahlzeiten 25–35 €; ☻ Di–Sa Mittag- & Abendessen, So Mittagessen). Der Besitzer hat eine Scheune aus dem 15. Jh. zu einem Lokal umgebaut. Die Gerichte – Risotto mit Wildkräutern, Wild mit Polenta – werden dezent gewürzt, damit sie nicht mit den 700 italienischen Weinen auf der Karte (einschließlich 70 aus der Region) in Konflikt geraten. Die Eigentümer der Enoteca betreiben auch das reizende **La Meridiana B&B** (☎ 045 683 91 46; Via Osan 16/c, Fumane; www.lameridiana-valpolicella.it; EZ/DZ inkl. Frühstück 70/90 €; ☻) in einem umgebauten Stall aus dem 17. Jh., dessen Gästezimmer neu renoviert wurden. Interessant ist das Gartenzimmer mit rundem Steingewölbe. Ein Schwimmbad findet man etwa 1 km entfernt.

Gargagnano, einige Kilometer westlich von San Pietro, ist für den DOC Amarone bekannt. Weinproben mit DOC Amarone von Gargagnano und leichteren DOC Valpolicella-Rotweinen aus anderen Regionen gibt es nach einer Vorbestellung im **Weingut Corte Leardi** (☎ 045 770 13 79; www.cortealeardi.com; Via Giare 15; ☻ Mo–Sa 8.30–19, So 9–12, nach Vereinbarung). Eine kurze Autofahrt in westlicher Richtung führt ins Bergstädtchen **Sant'Ambrogio di Valpolicella**, in das auch ein gut beschilderter 5 km langer Wanderweg führt. Als Nächstes folgt das malerische Dorf **San Giorgio** mit seiner mit Fresken und Kreuzgang ausgestatteten romanischen Kirche **Pieve di San Giorgio** (☎ 045 770 15 30; ☻ 7 bis 18 Uhr) aus dem 8. Jh. Auf halbem Weg zwischen Sant'Ambrogio und San Giorgio liegt die Weinkellerei **Boscaini Carlo** (☎ 045 773 14 12; www.boscainicarlo.it; Via Sengia 15; ☻ Mo–Sa 10–12, 13.30–19 Uhr), die für ihre preisgekrönten DOC Amarone und Valpolicella berühmt ist, ebenso wie für einen besonders gehaltvollen Ripasso, der nur dort erhältlich ist. In San Giorgio serviert die **Trattoria Dalla Rosa Alda** (☎ 045 770 10 18; www.dallarosalda.it; Mahlzeiten 30–35 €; ☻ Di–Sa Mittag- & Abendessen, So Mittagessen) gute Hausmannskost wie etwa selbst gemachte Gnocchi und Schmorbraten in einer Weinsoße aus Amarone. Außerdem bietet sie zehn Zimmer für Übernachtungen (EZ/DZ 75/100 €).

WEISSWEINROUTE: SOAVE

In Venetien mangelt es nicht an guten Weißweinen, aber in der Region Soave – zwischen Verona und Vicenza – wird der gleichnamige DOC-Weißwein in malerischer Umgebung serviert. Die mittelalterliche Stadt ist das Zentrum der venezianischen Weingenossenschaft. Die besten Amarone- und Valpolicella-Weine finden sich ebenfalls in diesen Stadtmauern. Mit dem Zug auf der Strecke Mailand–Venedig erreicht man San Bonifacio von Verona aus in 20 Minuten (2,35–3,55 €). Von dort geht es mit der APTV-Buslinie 30 weiter. Wer mit dem Auto unterwegs ist, verlässt die Autobahn A4 bei der Ausfahrt San Bonifacio, fährt dann in Richtung Norden entlang der Viale della Vittoria und erreicht nach rund 2 km das Stadtzentrum. Die insgesamt 24 Wachtürme der Stadtmauer von Soave sollten heutige Besucher keineswegs abschrecken. Sie wurden im Mittelalter von den brudermordenden Scaligern begonnen, die mehr vor der eigenen Familie zu fürchten hatten als vor plündernden Invasoren. Das Castello (☎ 045 68 00 36; Erw./Kind 4,50/3 €; ☻ April–Mitte Okt. Di–So 9–12, 15–18.30 Uhr, Mitte Okt.–März 9–12, 15–17 Uhr) ist leicht zu Fuß auf markierten Wegen durch Gärten und Weinberge erreichbar. Über die Zugbrücke an der Nordseite der Burg geht es durch zwei Innenhöfe hindurch zur Treppe des großen Verteidigungsturms Mastio, der immer mal wieder auch als Verlies gedient hat. Bei Restaurierungsarbeiten wurde ein 2 m hoher Berg aus menschlichen Knochen darin freigelegt.

Unterhalb der Burg hat die Großkellerei Cantina del Castello (☎ 045 768 00 93; www.cantinacastello.it; Corte Pittora 5; Führung & Verkostung 8 €; ☻ nach Vereinbarung Mo–Sa 9–12.30, 14.30–18.30 Uhr) ihren Sitz. Eine Führung durch die Weinkeller endet mit der Verkostung verschiedener Soaves – vom spritzigen Brut Soave bis hin zum Qualitätsdessertwein Recioto di Soave. In der Altstadt bietet gegenüber der Kirche die Azienda Agricola Coffele (☎ 045 768 00 07; www.coffele.it; Via Roma 5; ☻ nach Vereinbarung Mo–Sa 9–12.30, 14–19 Uhr) Proben ihres fruchtigen DOC Soave Classico und der Beerenauslese DOCG Recioto di Soave mit dem typischen Geschmack nach Mandeln an. Soave-Weine sind nicht für Komplexität bekannt, doch das will die Kellerei Suavia (☎ 045 767 50 89; Frazione Fittà, Via Centro 14; ☻ Mo–Fr 9–13, 14–18 Uhr, Sa 9–13 Uhr, nach Vereinbarung) im 8 km entfernten, über die SP39 erreichbare Städtchen Fittà nun ändern. Hier kann man nach Voranmeldung den herausragenden DOC Monte Carbonare Soave Classico verkosten: Er hat eine tropische Note mit mineralischem, salzig-frischem Abgang.

Rustikale Küche in Kombination mit günstig angebotenen Weinspezialitäten bietet die

ABSTECHER: CONEGLIANO & DIE PROSECCO-STRASSE

Die Kleinstadt Conegliano (37 500 Ew.) ist stolz darauf, dass 2009 ein Prosecco, dessen Trauben in und um den Ort angebaut werden, die höchste önologische Auszeichnung Italiens zuerkannt bekam: die DOCG (denominazione d'origine controllata e garantita). Die Auszeichnung ist die offizielle Garantie, dass der Prosecco aus regional angebauten Reben nach erprobten und vorgeschriebenen Methoden gekeltert wird und damit höchsten Ansprüchen genügt. Der Conegliano-DOCG-Prosecco ist einer von 38 landesweit mit dem DOCG-Gütesiegel ausgezeichneten Weinen und einer von vier aus dem Veneto (Venetien), außerdem der einzige aus dem Hinterland Veronas.

Für Schaumwein-Liebhaber war die Auszeichnung keine Überraschung. In Conegliano hat Italiens älteste Schule für Weinbau ihren Sitz, die Kleinstadt ist seit langem der Stolz der Region Veneto. Hier werden trockene, klare Weißweine aus Prosecco-Reben in den Handelssorten Schaumwein (spumante), Perlwein (frizzante) und Stillwein (Wein ohne nennenswerten Gehalt an Kohlensäure) gekeltert. Ein Abstecher zur Prosecco-Straße von Conegliano nach Valdobbiadene lässt sich per Internet planen (www.coneglianovaldobbiadene.it). Auch die APT-Touristeninformation in Conegliano (☎ 0438 2 12 30; Via XX Settembre 61; ☻ Di–Mi 9–12.30, Do–So 9–12.30 & 15–18 Uhr) hilft weiter.

Wer mit dem Zug oder dem Auto über die nördlich von Treviso verlaufende A27 in die Dolomiten reist, für den liegt Conegliano praktisch auf dem Weg. Dort hat man die Möglichkeit, den prämierten Prosecco zu kosten. In der Via XX September in im Stadtzentrum ist die Scuola dei Battuti unübersehbar: Sie ist innen und außen überreich mit Fresken aus dem 16. Jh. (von Ludovico Pozzoserrato) geschmückt. Im Gebäude wohnte früher eine als battuti (Flagellanten) bekannt gewordene Laienbruderschaft, die hingebungsvoll Selbstgeißelung betrieb. Durch die Scuola gelangt man in den Dom, in dem sich Werke einiger früher venezianischer Künstler befinden. Besonders zu erwähnen ist das 1492–93 gemalte Altarbild des aus dieser Region stammenden Meisters Cima da Conegliano.

140 Jahre alte Osteria **Al Gambero** (☎ 045 768 00 10; Corso Vittorio Emanuele 5; Mahlzeiten 20–30 €; ☺ Di–So). Die Hausspezialität ist Soave *sopressa* mit Polenta, sehr lecker auch die zu Liebesknoten gebundene Tortellini auf Valeggio-Art. Eine etwas noblere Küche wird im ehemaligen Nonnenkloster aus dem 16. Jh. bei **Lo Scudo** (☎ 045 768 07 66; Via San Matteo 46; Mahlzeiten 30–40 €; ☺ Di–So Mittag- & Abendessen) serviert. Hier wird genussvoll langsam gegessen, doch sollte man früh kommen, um noch frische Fischgerichte und Risotto mit Veronas pikantem Käse Monte Veronese bestellen zu können.

DIE KÜSTE & DIE DOLOMITEN

Die Region Veneto bietet vom Strandleben bis zum Hochgebirge alles, was das Herz begehrt. Wer Skifahren, Wandern oder auf Bergwiesen in der Sonne liegen mag, sollte sich den spektakulären Anblick und die anspruchsvollen Pisten der Skiorte in den Dolomiten entlang der Grenze zum Trentino und Südtirol nicht entgehen lassen. An heißen Sommertagen lockt auf jeden Fall das rege Leben der Adriaküste mit ihren Stränden voller Sonnenschirme und Liegestühle.

Während der Skisaison und im August wird man dabei von einem Großteil der venezianischen Bevölkerung begleitet. Zu dieser Zeit sollte man auf jeden Fall Hotels im Voraus buchen und auf die Verkehrsnachrichten achten. An der Küste herrscht immer nette Urlaubsstimmung und ein freundliches Miteinander der in Urlaubermassen.

DIE ADRIAKÜSTE

Die Badeorte entlang der Adriaküste nordöstlich von Venedig sind bei den Einheimischen ebenso beliebt wie bei den Besuchern aus dem Norden, die auf der Suche nach besserem Wetter an die Küste reisen. Meist kann man am Sonnenbrand erkennen, woher der Einzelne kommt. An Wochenenden sind die Strände oft mit Liegestühlen und Sandburgen überfüllt und nicht jedermanns Sache. Aber in den Strandbars macht sich abends eine Stimmung wie in Ibiza breit, und die DJs lassen nicht locker, bis auch der letzte seinen hart eroberten Liegestuhl verlässt und barfuß im Sand tanzt.

Informationen zur Adriaküste bietet der **Palazzo del Turismo** (☎ 041 37 06 01; www.turismojesolo-eraclea.it) an der Piazza Brescie in Jesolo sowie das **APT-Büro** (☎ 0421 8 10 85) in Caorle. Jesolo ist auch öffentlich mit der Fähre nach Punta Sabbioni oder der ATV-Buslinie 10a ab der Piazzale Roma erreichbar (einfach/hin & zurück 3,80/6,70 €, 70 Min.). Aber Vorsicht: Im Sommer fährt der letzte Bus gegen 23.20 Uhr, das Taxi kostet mindestens 80 €.

Der Lieblingsstrand der Venezianer ist der **Lido di Jesolo**, ein Streifen Sand wenige Kilometer außerhalb von Jesolo, dem wichtigsten Badeort an der Adria. Der Sand ist feinkörnig und sauber, das Wasser warm und die meiste Zeit über recht ruhig. Im Sommer ist in den Nachtclubs die Hölle los. DJs und Biennale-Flüchtlinge treffen sich im Szene-Lokal **Terazzamare (S. 225)**, im **Marina Club (S. 225)** genießt man die frische Brise beim Essen im Garten zwischen Pavillons, und im **Il Muretto (S. 225)** feiern die Kids bis zum Morgengrauen. Oft sind die ungeplanten oder nur lose geplanten Veranstaltungen die besten. Wer also im Juli und August am Lido di Jesolo seine Sonnenbräune pflegt, sollte immer die Augen offenhalten nach irgendwelchen Flugzetteln, die mit freiem Eintritt in einen Club werben (normalerweise 5–20 €) oder kostenlose Strandkonzerte ankündigen. **Jesolo** (23 620 Ew.) liegt am nördlichen Ende der schmalen Halbinsel, die weiter südlich zum Litorale del Cavallino wird und die in Punta Sabbioni endet. Zusammen mit dem gegenüber liegenden Lido di Venezia bildet sie einen der drei Zugänge von der Adria in die Lagune von Venedig.

Etwas entspannter geht es im verschlafenen **Caorle** (11 800) zu, das 30 km nordöstlich von Jesolo liegt. Ursprünglich eine Hafenstadt der Römer im 1. Jh. v. Chr., ist es heute immer noch ein Fischerstädtchen. Auf seine Unabhängigkeit bedacht, wehrte sich Caorle bis ins 15. Jh. erfolgreich gegen die Übernahme durch Venedig.

Heute noch bewahrt es mit dem runden Campanile an der Kathedrale aus dem 11. Jh. seinen mittelalterlichen Charakter. Wie Burano, so hat auch Caorle künstlerische Ambitionen und eine Vorliebe für leuchtende Kontrastfarben an den Häuserwänden, was die Venezianer mit ihrer Vorliebe für Pastellfarben allerdings erschauern lässt. Auch Caorles Strände sind im Sommer voll, aber das Ganze macht einen viel gesitteteren Eindruck als Jesolos ruhelos stampfende Strandbäder. Im Stadtzentrum mit einigen wenigen Hotels und vielen Restaurants lässt es sich ungestört promenieren. Zum Abendessen gibt es frischen Fisch.

BELLUNO

Direkt unterhalb der schneebedeckten Dolomiten liegt Belluno (35 600 Ew.), das ein idealer Standort für Ausflüge in die Berge ist. Die historische alte Stadt mit ihren Renaissance-Gebäuden ist sehr attraktiv.

Die zentrale Piazza dei Martiri (Märtyrerplatz) liegt mitten in der Fußgängerzone. Sie wurde so benannt, nachdem hier im Zweiten Weltkrieg vier Partisanen erhängt worden waren. Die Piazza del Duomo wird von der Cattedrale di San Martino, einem Renaissancegebäude aus dem frühen 16. Jh., dem Palazzo Rosso aus dem 16. Jh. und dem Palazzo dei Vescovi mit auffallendem Turm aus dem 12. Jh. eingerahmt.

Nordwestlich von Belluno bietet der großartige Nationalpark Parco Nazionale delle Dolomiti Bellunesi (www.dolomitipark.it) Wanderwege in verschiedenen Schwierigkeitsgraden. Im Frühling und Frühsommer begeistert nicht nur die frische Bergluft, sondern auch die Wildblumenpracht.

Von Ende Juni bis in den frühen September hinein sind Wanderer von Belluno aus auf den sechs Höhenwege der Dolomiten –den Alte Vie delle Dolomiti – zu verschiedenen Berghütten unterwegs. Der erste, 150 km lange Wanderweg beginnt in Belluna und endet nach rund 13 Tagen am Lago di Braies im Pustertal.

Busse halten direkt vor dem Bahnhof. Züge ab Venedig (5,70–6,15 €, 2–2,5 Std.) fahren über Treviso und/oder Conegliano etwa fünf Mal am Tag. Eventuell muss man umsteigen, was in diesem Fall zu einer längeren Reisezeit (plus 1 Std.) führt.

Vor dem Bahnhof am westlichen Ende der Stadt bietet Dolomiti Bus (☎ 0437 94 12 37; www.dolomitibus.it) einen regelmäßigen Busverkehr nach Cortina d'Ampezzo, Conegliano und weiteren kleinen Bergorten.

Wer mit dem Auto anreisen will, nimmt am besten die A27 von Venedig (Mestre) – die Strecke ist zwar nicht gerade romantisch, aber so vermeidet man normalerweise den dichten Verkehr bei Treviso.

Praktische Informationen

Touristeninformation (☎ 0437 94 00 83; www.infodolomiti.it; Piazza del Duomo 2; ☻ Mo–Sa 9–12.30, 15.30–18.30, So 9–12.30 Uhr) Vom Bahnhof/Busbahnhof läuft man entlang der Via Dante (die zur Via Loreto wird) und biegt dann links in die Via Matteotti zur zentral gelegenen Piazza dei Martiri ab. Das Büro und seine Webseite bieten Informationen für Skifahrer, Wanderer und alle sonstigen sportlich Ambitionierten, außerdem Wetterberichte und allgemeine Tipps zum Aufenthalt in den Bergen.

www.infodolomiti.it Informationen über Unterkünfte.

www.webdolomiti.net Wanderinformationen für die Dolomiten.

Schlafen & Essen

Die Internetseiten www.infodolomiti.it und www.dolomitipark.it bieten Informationen zu Hotels, B&Bs, Zeltplätzen und Agriturismo-Unterkünften (oft mit Halbpension) in Belluno, dem Parco Nazionale und dem Hinterland.

Die Azienda Agrituristica Sant'Anna (☎ 0437 2 74 91; www.aziendasantanna.it; Via Pedecastello 27, Castion; Zi. & Apt. 80–120 €) ist ein idyllisches Bauernhaus 4 km außerhalb Bellunos, sie liegt am Ostufer der Piave beim Ponte nelle Alpi. Die vor kurzem renovierten Gästezimmer bieten allen modernen Komfort, ohne auf ihren rustikalen Charme in Form von knarrenden Dielen und Holzbalken zu verzichten. Die enthusiastischen Gastgeber bieten Italienischkurse, Anschauungsunterricht in der Milchwirtschaft und Wanderungen durch die Natur an. Online oder kurzfristig lassen sich oft noch Preisnachlässe aushandeln.

La Taverna (☎ 0437 2 51 92; Via Cipro 7; Mahlzeiten 20–30 €; ☻ Mo–Sa) In der Nähe der Piazza dei Martiri bekommt man an der Bar exzellente Bruschetta und *Prosecco*. Im Restaurant daneben stärkt man sich nach dem Wandern mit *porcini tagliolini* (Pilze, meist getrocknete Steinpilze, mit Bandnudeln) oder mit den jahreszeitlich unterschiedlichen Gourmet-Spezialitäten der Taverna: im Winter schon mal mit Aal und Schnecken, im Frühjahr mit Kaninchen und Zucchiniblüten.

Ostello Imperina (☎ 0437 6 24 51; www.parks.it/ost/imperina; Località Le Miniere; B inkl. Frühstück/Halbpension/Vollpension 20/35/47 €; ☻ April–Mitte Okt.) Die nächstgelegene und recht ansehnliche Jugendherberge liegt im Parco Nazionale delle Dolomiti Bellunesi, 35 km nordwestlich von Belluno in Rivamonte Agordino. Die Räume befinden sich in einem ehemaligen Zentrum des Kupferbergbaus (um 1400), um das Haus liegt ein Netz von 50 km Wanderwegen. Im April und Mai sollte man auf jeden Fall im Voraus buchen. Der Bus nach Agordo braucht von Belluno aus etwa 50 Minuten dorthin.

Albergo Cappello e Cadore (☎ 0437 94 02 46; www.albergocappello.com; Via Ricci 8; EZ 45–75 €, DZ 90–103 €; P 🐕) Ein gemütliches rosa Gasthaus in der

Nähe der Piazza dei Martiri mit Zimmern, die mit ihren einfachen Holzbetten fast klösterlich wirken. Daneben gibt es auch Doppelzimmer mit Jacuzzi.

CORTINA D'AMPEZZO

Der Star unter den Skiorten Italiens – Cortina d'Ampezzo (6600 Ew., 1224 m) – ist mondän, teuer, eisig und unbestreitbar schön. Die steinernen Kirchtürme und freundlichen Plätze stehen vor einer beeindruckenden Bergkulisse: Im Uhrzeigersinn erheben sich rund um das Städtchen der Monte Cristallo, die Marmarole- und Sorapiss-Gruppe, der Antelao, der Becco di Mezzodi, die Croda da Lago, die Nuvolau-Gruppe, die Cinque Torri und die Tofanen. Weiter im Süden glänzen die Gipfel von Pelmo und Civetta. Von Dezember bis April genießen Skitouristen erstklassige Abfahrten und Langlaufloipen, während Bergfexe von Juni bis Oktober die Kletterwände und Wanderpfade bevölkern. Über Seilbahnen oder Skibusse erreicht man ganz unterschiedliche Ausgangspunkte für Abfahrten, Winterwanderwege und Langlaufloipen. Das Skigebiet Dolomiti Superski (www.dolomitisuperski.com) bietet Pisten für Anfänger und Fortgeschrittene. Die Liftanlagen sind ab Mitte Dezember bis April in der Regel von 9–17 Uhr in Betrieb, ebenso von Juni bis September oder Oktober. Ski- und Snowboard-Abfahrten reichen von Anfängerpisten bis zur legendären Staunies-Rinne für Extremskifahrer. Skipässe sind im Skipassbüro (☎ 0436 86 21 71; Via G Marconi 15; 1-/2-/3-Tagespässe 36/72/104 €; ☽ unterschiedliche Öffnungszeiten) erhältlich.

Cortina bietet außerdem Hundeschlittenfahrten an sowie Wasserfallklettern und Schlittschuhlaufen im Olympischen Eisstadion (☎ 0436 88 18 11; Via dello Stadio; Erw./Kind inkl. Schlittschuh-Ausleihe 10/9 €), das für die olympischen Winterspiele 1956 gebaut wurde.

Bei geeignetem Wetter bietet die Gruppo Guide Alpine Cortina (☎ 0436 86 85 05; www.guidecortina.com; Corso Italia 69a) Kletterkurse (Dreitageskurs einschließlich Ausrüstung 270 €) und geführte Naturwanderungen (unterschiedliche Preise) an. Im Sommer tummeln sich Kletterer und Wanderer auf den weltbekannten Gipfeln des Tre Cime di Lavoredo bei Cortina.

Von der Bushaltestelle in Cortina (Via G. Marconi) aus fahren die SAD-Busse (☎ 0471 45 01

11; www.sad.it) zu den Städten in der Umgebung und nach Südtirol (Alto Adige). Dolomiti-Busse (☎ 0437 94 12 37; www.dolomitibus.it) fahren kleinere Bergorte, Belluno und andere Städte der Region Veneto an.

Mit dem Auto fährt man über die A27 ab Venedig (Mestre) bis zur Abzweigung auf die SS51 bei Belluno, von dort geht es dann in nordwestlicher Richtung direkt weiter nach Cortina.

Praktische Informationen

Croce Bianca (☎ 0436 86 20 75) Medizinische Notfallversorgung.

Touristeninformation (☎ 0436 32 31; www.infodolimiti. it; Piazzetta San Francesco 8; ☽ Dez.–April 9–12.30, 15.30–18.30 Uhr)

Schlafen & Essen

Die vielen Pizzerien und Cafés in Cortinas Fußgängerzone eignen sich am besten für günstige Mahlzeiten.

Weitere Informationen zu Hotels, B&Bs, Zeltplätzen, *Agriturismo*-Unterkünften und Zimmervermietung *(affittacamere)* in Cortina bietet www.infodolomiti.it.

Oltres B&B (☎ 346 520 31 75; www.oltres.com; Jan.–Nov. DZ 60–100 €, Dez. 100–140 €, inkl. Frühstück; ℗ ✗) Es heißt, dass Tizian in diesem typischen Bauernhaus aus dem 17. Jh. südöstlich von Cortina geboren wurde. Die Bergwiesen mit ihren Wildblumen wären auch heute noch eine Zeichnung oder ein Gemälde wert. Die Gästezimmer sind holzgetäfelt, gemütlich und anheimelnd, die Bäder modern und sauber.

Hotel Montana (☎ 0436 86 04 98; www.cortina-hotel. com; pro Pers. 40–80 €; ▯ ☎) In dem Skihotel aus den 1920er-Jahren mitten in Cortina haben schon olympische Curling-Spieler übernachtet. Im Winter werden die Zimmer nur wochenweise vermietet (Samstag auf Samstag oder Sonntag auf Sonntag) – wenn das Hotel nicht ausgebucht ist, ist möglicherweise auch eine kürzere Mietdauer möglich.

International Camping Olympia (☎ 0436 50 57; www. campingolympiacortina.it; Zeltplätze pro Erw. 4,50–8 €, Stellplatz für Zelt & Auto 7–9 €; ℗) In Fiames, 4 km nördlich von Cortina, kann man unter riesigen Fichten zelten. Der Campingplatz hat eine eigene Pizzeria, nach Cortina besteht von hier aus eine Busverbindung.

Flüge, Rundtouren und Bahntickets können einfach und bequem online auf www.lonely planet.com/travel_ services gebucht werden.

AUTO & MOTORRAD
Anfahrt
Ein kleiner Überlick zu Distanzen: Venedig ist 279 km von Mailand, 529 km von Rom und 579 km von Genf entfernt. Von Paris sind es 1112 km, von Berlin 1135 km, von London 1515 km und von Madrid 1820 km. Die wichtigsten Autorouten und Fernverkehrsverbindungen nach Italien sind: von Frankreich aus der Mont-Blanc-Tunnel bei Chamonix – er führt zur A 5 nach Turin und weiter Mailand; von der Schweiz aus der Große-Sankt-Bernhard-Tunnel, der ebenfalls zur A 5 führt; und von Österreich aus der Brenner-Pass, von dem es zur A 22 Richtung Bologna geht.

In Italien geht's dann – von Osten oder Westen – am schnellsten über die A 4 nach Venedig. Sie verbindet Turin mit Triest über Mailand und Mestre. Von Mestre aus ab der Ausfahrt Venezia einfach den Schildern in die Stadt folgen. Wer vom Brenner-Pass kommt, fährt bei Verona auf der A 22 ab auf die A 4. Reisende aus dem Süden des Landes nehmen ab Bologna die A 13; sie trifft dann im weiteren Verlauf bei Padua auf die A 4.

Nach der Überquerung des Ponte della Libertà muss das Fahrzeug auf den Parkplätzen an der Piazzale Roma oder auf der Insel Tronchetto abgestellt werden. Die Autofahrer müssen hier mit Gebühren von 20 € oder mehr für jeden angebrochenen Tag rechnen. In Mestre sind die Parkgelegenheiten günstiger. Die Autofähre 17 verkehrt zwischen Tronchetto und dem Lido.

Autovermietung
Die hier aufgeführten Autovermietungsgesellschaften sind an der Piazzale Roma und am Flughafen Marco Polo vertreten, zum Teil auch im Bahnhof von Mestre oder nahebei.

Avis (Karte S. 94–95; ☎ 041 523 73 77)

Europcar (Karte S. 94–95; ☎ 041 523 86 16)

Expressway (Karte S. 94–95; ☎ 041 522 30 00)

Hertz (Karte S. 94–95; ☎ 041 528 40 91)

DIE DINGE ÄNDERN SICH ...
Die Informationen in diesem Kapitel sind ständigen Änderungen unterworfen. Es ist ratsam, sich direkt bei der Fluglinie oder dem Reisebüro nach Fahrpreisen und Tickets sowie den aktuellen Sicherheitserfordernissen im internationalen Reiseverkehr zu erkundigen. Die Einzelheiten, die in diesem Kapitel aufgeführt sind, sollten nur als Richtlinie, nicht aber als Ersatz für eigene, aktuell gültige Recherchen verstanden werden.

Parken
Hinter dem Ponte delle Libertà, die Venedig mit dem Festland verbindet, liegen die Parkplätze an der Piazzale Roma oder auf der Isola del Tronchetto. Aber hier sind die Parkgebühren sehr hoch, und die Verkehrsdichte ist enorm. In der Sommerzeit und an langen Wochenenden verbringen viele Tagesausflügler mehr Zeit damit, auf dem Ponte della Libertà das Auto ihres Vordermannes anzustarren als die Sehenswürdigkeiten in der Stadt anzuschauen. Der Verkehr war zuweilen schon so stark, dass die Polizei die Straßen nach Venedig ganz absperren musste.

Um diesen Ärgernissen aus dem Weg zu gehen, sollten motorisierte Besucher die Parkmöglichkeiten in Mestre nutzen. Von dort gibt es Bus- und Zugverbindungen nach Venedig. Die Parkgebühren in Mestre fallen deutlich geringer aus. Nichts, was auch nur im weitesten Sinne ein Wertgegenstand sein könnte, sollte während der Zeit des Aufenthalts in Venedig im Auto verbleiben, da auf den öffentlichen Parkplätzen die Gefahr besteht, dass das Auto aufgebrochen wird.

Serenissima (☎ 041 93 80 21; Viale Stazione 10, Mestre; pro Tag von 0–24 Uhr 6 €, wochentags & feiertags 10 €; ⏱ 24 Std.) Einer von vielen Parkplätzen nahe des Bahnhofs von Mestre.

Garage Brega (☎ 041 92 64 78; Piazzale Favretti 1, Mestre; pro Tag überdacht/draußen 12/6 €) 350 m entfernt vom Bahnhof in Mestre.

Garage Europa Mestre (☎ 041 95 92 02; www.garageeuropamestre.com; Corso del Popolo 55, Mestre; 1. Tag 14 €, jeder weitere Tag 12 €) Der ACTV-Bus 4 nach Venedig und zurück hält direkt vor dem Parkhaus.

Autoremissa Comunale (Karte S. 94–95; ☎ 041 272 72 11; www.asmvenezia.it; Piazzale Roma; Pkw in Neben-/Hochsai-

son 24/28 €, Autos über 1,85 m Höhe 27/31 €;
🕐 24 Std.) Ermäßigungen bei Online-Reservierungen;
Fahrer mit Behinderungen parken sechs Stunden kostenlos.

Garage San Marco (Karte S. 94–95; ☎ 041 523 22 13;
www.garagesanmarco.it; Piazzale Roma; pro 12/24 Std.
24/30 €; 🕐 24 Std.) Gäste bestimmter Hotels erhalten hier
Ermäßigung; 900 Plätze.

Parking Sant'Andrea (Karte S. 94–95; ☎ 041 272 73 04;
Piazzale Roma; pro zwei Std. oder weniger 4,50 €; 🕐 24
Std.) 100 Plätze; bestens geeignet für Kurzzeitparker.

Tronchetto (☎ 041 520 75 55; www.veniceparking.it; Isola
del Tronchetto; pro 24 Std. 21 €; 🕐 24 Std.)

ILLEGALES PARKEN

Wer seinen Wagen nicht mehr dort wieder-
findet, wo er ihn ursprünglich eimal abgestellt
hat, muss bei *vigili urbani* (städtische Polizei)
unter ☎ 041 274 70 70 anrufen. Sie verfrach-
tet die abgeschleppten Autos zu einem der
drei Betriebshöfe auf dem Festland. Für das
Abschleppen kassieren die Ordnungshüter
100 € plus 40 € Gebühr pro Tag auf dem Hof
– und dazu kommt noch das Knöllchen. Dadurch ist Falschparken schnell sehr teuer.

BUS

Alle Busse in die Innenstadt Venedigs enden
im Busbahnhof an der Piazzale Roma; allerdings gibt es auf dem Lido auch Busverkehr.
Aufgeführt sind hier die wichtigsten Busge-
sellschaften:

ACTV (Azienda del Consorzio Trasporti Veneziano; ☎ 041
24 24; www.actv.it) Rund um die Uhr verbinden Busse des
ACTV die Piazzale Roma mit Mestre und Umgebung; auch der
Lido wird bedient. Die Tickets kosten 1 € (eine Mehrfahrten-
karte mit 10 Fahrten wird für 9 € angeboten), müssen bei
Fahrtantritt an den entsprechenden Automaten im Bus entwertet werden und sind dann eine Stunde lang gültig. Die
Fahrkarten sind erhältlich am zentralen Busbahnhof an der Piazzale Roma (Karte S. 94–95), an Zeitungsständen oder in einer tabaccheria. Zuweilen gelten die Tickets der Vaporetti
auch für die ACTV-Busse (siehe S. 290).

Die Busse der **ATVO** (Azienda Trasporti Veneto Orientale;
☎ 041 520 55 30) verkehren im ganzen östlichen Veneto.
Fahrkarten und Informationen erteilt das Büro der ATVO an
der Piazzale Roma (Karte S. 94–95).

Eurolines (www.eurolines.com) arbeitet in Verbindung mit
anderen wichtigen Busunternehmen in ganz Europa. Auf der

VERKEHRSVERBINDUNGEN VOM FLUGHAFEN MARCO POLO

Es gibt vier Möglichkeiten, um vom Flughafen Marco Polo nach Venedig zu gelangen: mit dem Bus, mit der Fähre, mit dem
Wassertaxi oder mit dem Auto-Taxi. Der Fußweg zu den Anlegestellen der Fähren und Wassertaxis dauert etwa 10 Minuten.
Reisende, die am Flughafen ein einfaches Taxi oder den Bus nehmen, müssen an der Piazzale Roma in eine Fähre umsteigen
oder zu Fuß gehen, um ihr Hotel in San Marco, Dorsoduro, Castello, Giudecca oder im Lido zu erreichen.

Schiff

Bequem und reizvoll ist die 60- bis 80-minütige Fahrt mit einer Fähre der Alilaguna (☎ 041 240 17 01; www.alilaguna.
com) vom Anleger nahe des Flughafens nach Venedig (13 €). Es gibt verschiedene Verbindungen: die Linie A (arancia, ital.
für orange) nach Guglie (nahe des Bahnhofs) und nach Rialto; die Linie B (blau) mit Halt in Fondamente Nuove, Lido, San
Marco, Zattere und Giudecca, die Linie R (rot) nach Murano, Lido, Arsenale, San Marco und Zattere. Die schnellere und direkte Gold-Linie von und nach San Zaccaria nahe San Marco benötigt 35 Minuten und kostet 25 € (7-mal tgl. im Abstand von
30 Min.). Fahrkarten für die Fähren der Alilaguna nach Venedig sind in der Ankunftshalle des Flughafens erhältlich.

Eine bequeme, aber kostspielige Option bieten die Wassertaxis, die die Reisenden direkt zu ihrem Hotel bringen können.
Im Consorzio Motoshafi Venezia (☎ 041 522 23 03) liegen Boote, die Fahrten zwischen dem Flughafen und Venedig für
bis zu vier Personen zu einem Preis von 90 bis 100 € (mit viel Gepäck möglicherweise auch mehr) anbieten. Reisende sollten
sich in ihrer Pension oder in ihrem Hotel erkundigen, ob es noch andere Gäste gibt, die ungefähr zur gleichen Zeit am Flughafen ankommen oder wieder dort sein müssen – dann kann die Fahrt mit dem Wassertaxi günstiger werden.

Bus

Der Bus ist das günstigste Verkehrsmittel in Venedig.

Die Busse der ATVO (☎ 041 38 36 72; www.atvo.it) fahren alle halbe Stunde vom Flughafen zur Piazzale Roma (3 €,
20 Min.). Die Haltestelle und die Fahrkartenautomaten befinden sich außerhalb des Ankunftsterminals des Flughafens. Ein
weiterer Bus verkehrt zwischen dem Flughafen und dem Bahnhof von Mestre (2,50 €).

Der Bus 5 der ACTV (☎ 041 24 24; www.actv.it) fährt vom Flughafen Marco Polo zur Piazzale Roma (1,50 €, 30 Min.).

Taxi

Zur Sicherheit gibt es auch noch die Möglichkeit, mit einem normalen Taxi (☎ 041 595 20 80) für ca. 40 € vom Flughafen
zur Piazzale Roma (15–30 Min.) zu fahren.

KLIMAWANDEL & REISEN

Der Klimawandel stellt eine ernste Bedrohung für unsere Ökosysteme dar. Zu diesem Problem tragen Flugreisen immer stärker bei. Lonely Planet sieht im Reisen grundsätzlich einen Gewinn, ist sich aber der Tatsache bewusst, dass jeder seinen Teil dazu beitragen muss, um die globale Erwärmung zu verringern.

Fliegen & Klimawandel

Fast jede Art der motorisierten Fortbewegung erzeugt CO_2 (die Hauptursache für die globale Erwärmung), doch Flugzeuge sind mit Abstand die schlimmsten Klimakiller – nicht nur wegen der großen Entfernungen und der entsprechend großen CO_2-Mengen, sondern auch weil sie diese Treibhausgase direkt in hohen Schichten der Atmosphäre freisetzen. Die Zahlen sind erschreckend: Zwei Personen, die von Europa in die USA und wieder zurück fliegen, erhöhen den Treibhauseffekt in demselben Maße wie ein durchschnittlicher Haushalt in einem ganzen Jahr.

Emissionsausgleich

Die englische Website www.climatecare.org und die deutsche Internetseite www.atmosfair.de bieten sogenannte CO_2-Rechner. Damit kann jeder ermitteln, wie viel Treibhausgase seine Reise produziert. Das Programm errechnet den zum Ausgleich erforderlichen Betrag, mit dem der Reisende nachhaltige Projekte zur Reduzierung der globalen Erwärmung unterstützen kann, beispielsweise Projekte in Indien, Honduras, Kasachstan und Uganda.

Lonely Planet unterstützt gemeinsam mit Rough Guides und anderen Partnern aus der Reisebranche das CO_2-Ausgleichs-Programm von climatecare.org. Alle Reisen von Mitarbeitern und Autoren von Lonely Planet werden ausgeglichen. Weitere Informationen gibt's auf www.lonelyplanet.com.

Webseite sind Links zu den nationalen Anbietern zu finden. In Venedig sind Euroline-Tickets in der Agenzia Brusutti (Karte S. 94–95; ☎ 041 38 36 71; Piazzale Roma 497e, Santa Croce) erhältlich. Die Busse verkehren mehrmals pro Woche z. B. von London, Paris, Barcelona und anderen europäischen Zentren nach Venedig und zurück.

FLUGZEUG

Nach Venedig gehen zahlreiche Direktflüge aus italienischen Städten, aber auch aus dem europäischen Ausland. Wer aus Italien anreist, landet in der Regel auf dem Flughafen Marco Polo (VCE; ☎ 041 260 9260; www.venice airport.it); dort landen vor allem Maschinen aus Rom und Mailand, aber gelegentlich auch solche aus Neapel, Olbia und Palermo.

Billigfluglinien entlasten zwar die Reisekasse, aber nicht unbedingt die Luftqualität in der Stadt Venedig. Wer mit dem Flieger unterwegs ist, sollte also vielleicht einmal über einen CO2-Ausgleich (siehe S. 283) nachdenken. Im Übrigen reist man in Norditalien sowieso bequemer und günstiger mit dem Zug (S. 287) – und natürlich umweltfreundlicher.

Fluglinien

Über 40 Fluglinien, die mehr als 60 Zielorte ansteuern, verbinden Venedig mit dem Rest der Welt. Das heißt aber noch nicht, dass die Linien auch Büros und Niederlassungen vor Ort eingerichtet hätten; am besten bucht man die Flüge online, per Telefon oder über ein Reisebüro.

Air Dolomiti (EN; ☎ 199 400044; www.airdolomiti.it) Flüge nach Frankfurt und Wien.

Air One (AP; ☎ 199 207080; www.flyairone.it) Gehört zu Alitalia und bietet preiswerte Inlandsflüge an.

Alitalia (AZ; ☎ 06 2222; www.alitalia.it, auf Italienisch) Fliegt u.a. von Rom, Mailand und Sizilien, aber auch aus anderen europäischen Städten nach Venedig.

Austrian Airlines (OS; ☎ in Österreich 05 1766 1001; www.aua.com) Fliegt von Wien direkt nach Venedig.

British Airways (BA; ☎ in Großbritannien 0870 850 9850, in Italien 199 712266; www.britishairways.com) Für die Anreise aus Großbritannien.

Easyjet (U2; ☎ in Italien 899 678 999, in Deutschland 0900 11 00 161; www.easyjet.de) Flüge ab Berlin.

Flybaboo (BBO; ☎ in der Schweiz 0848 445445; www.babooairways.com) Fliegt von Genf nach Venedig.

Germanwings (4U; ☎ in Deutschland 0900 191 9100, in Italien 199 404747; www15.germanwings.com) Preiswerte Direktflüge nach Köln und Salzburg (aber auch nach Prag, St. Petersburg, Istanbul, Bukarest etc.).

Lufthansa (LH; ☎ in Deutschland 0180 5 83 84 26; www.lufthansa.com) Bietet aus verschiedenen deutschen Städten und Zürich Direktflüge nach Venedig an.

Ryanair (FR; ☎ in Deutschland 0900 116 0500, in Italien 899 678910; www.ryanair.com) Fliegt von Bremen, Frankfurt (Hahn) und Düsseldorf (Weeze) nach Treviso.

Swiss (LX; ☎ in der Schweiz 848 700 700) Von Zürich nach Venedig.

Transavia (HV; ☎ in den Niederlanden 0900-0737, in Italien 02 696 82 615; www.transavia.com) Preiswerte Flüge ab Amsterdam.

TUIfly (X3; ☎ in Deutschland 0900 109 9595, in Italien 1 99 192692; www.tuifly.com) Flüge ab Berlin und aus anderen deutschen Städten.

Flughäfen

Venedigs Flughafen **Marco Polo** (VCE; ☎ 041 260 92 60; www.veniceairport.it) liegt ca. 12 km außerhalb Venedigs, östlich von Mestre. *Arrivi* (Ankunft) ist im Erdgeschoss des Flughafens, wo auch eine Azienda di Promozione Turistica (APT), Autovermietungen (S. 281), Zimmerreservierungen, das Bureau de Change, die *deposito bagagli* (Gepäckaufbewahrung) und die *bagagli smarriti* (Fundbüro) ansässig sind.

Der Check-in und der Abflugbereich liegen im 1. Stock. Auf beiden Ebenen gibt es Bankfilialen, Geldautomaten, Cafés und Geschäfte (öffentliche Verkehrsmittel vom Flughafen siehe S. 282).

Einige Budget-Airlines wie etwa Ryanair fliegen den kleinen Flughafen **San Giuseppe** (TSF; ☎ 042 231 51 11; www.tre visoairport.it) an, der etwa 5 km südwestlich von Treviso und eine Autostunde von Venedig entfernt liegt. In der Ankunftshalle befinden sich ein mager ausgestattetes regionales Touristenbüro, ein Fundbüro, ein Bureaux de Change und verschiedene Autovermietungen. Nebenan bei den Departures gibt es einen Geldautomaten und einige Counter von Reiseanbietern und Fluggesellschaften (u.a. Ryanair). Eurobus (bzw. ATVO) verbindet den Flughafen mit der Piazzale Roma (einfache Fahrt/ hin und zurück 5/9 €, 1 Std. 5 Min.). Taxis (75 €) benötigen bei dem alltäglichen starken Verkehrsaufkommen etwa eine Stunde.

FAHRRAD

Trotz aller Brücken wäre es zwar machbar, aber das Fahrradfahren ist in der Altstadt Venedigs verboten. Auf den größeren Inseln

Lido und Pellestrina bietet das Fahrrad allerdings eine schöne Möglichkeit, die Stadt zu erkunden und weiter entfernt liegende Strände zu erreichen. Um die Haltestellen der Vaporetti sind viele Verleihstationen ansässig. (Karte S. 125), darunter z. B. **Lido on Bike** (☎ 041 526 80 19; www.lidoonbike.it; Gran Viale 21/B; Einzel-/Tandem-/Doppel-/Familien-Fahrräder pro Std. 3/6 bis 18/7/14 €, Einzel-/Tandem-Fahrräder pro Tag 9/18 €; ◷ tgl. 9–19 Uhr, wetterabhängig).

SCHIFF

Die Schifffahrtsgesellschaften **Minoan Lines** (www.minoan.gr) und **Anek** (www.anekitalia.com) betreiben regelmäßige Fährverbindungen zwischen Griechenland (Korfu, Igoumenitsa und Patras) und Venedig, während die **Venezia Lines** (www.venezialines.com) Fahrten nach Kroatien und Slowenien anbieten. Obwohl dieses eine reizvolle Art des Reisens zu sein scheint, sollte man sich auch ihrer Nachteile bewusst sein. Die ökologischen Folgewirkungen der Langstreckenfähren, Kreuzfahrtschiffe und Schnellboote auf das winzige Venedig und die fragile Wasserwelt der Lagune sind enorm. Die alten Fundamente der Gebäude werden durch die Wellen der Highspeed-Boote und die verschiedenen Abwässer aus den Passagierschiffen angegriffen. Züge sind dagegen ein umweltfreundlicheres Verkehrsmittel, und Venedig wird es danken.

Bootsvermietung

Ehrgeizige Bootsfahrer mit Nerven aus Stahlseilen können sich mit einem in **Brussa** (Karte S. 104–105; ☎ 041 71 57 87; www.brussaisboat.it, auf Italienisch; Fondamenta Labia 331, Cannaregio; ◷ Mo–Fr 7.30–17.30, Sa 7.30–12.30 Uhr) gemieteten Boot in den Verkehr auf den venezianischen Wasserwegen stürzen. Ein sieben Meter langes Schiff (mit Treibstoff) für bis zu sechs Personen kostet pro Stunde 22 € bzw. pro Tag 140 €; auch längere Vermietungen sind möglich. Eine Bootslizenz ist nicht nötig, aber die

Skipper müssen vor Ort noch einmal ihre Fähigkeiten beweisen. Auf jeden Fall sollten sie sich vor der Abfahrt die Lage der vier venezianischen Schiffstankstationen auf einer Karte zeigen lassen. Lagunenfahrten (siehe S. 291) sind die entspanntere Alternative – die Urlauber können in Ruhe einen Drink nehmen, während sie den Experten das Ruder überlassen.

Gondeln

Die Fahrt mit einer Gondel eröffnet Perspektiven, die den Fußgängern verschlossen bleiben – wie etwa der Blick vom Wasser aus in die Hinterhöfe der Palazzi. Die offiziellen Preise sind während des Tages 80 € für 40 Minuten bzw. 100 € zwischen 19 und 8 Uhr morgens. Darin sind Gesang und Trinkgeld nicht enthalten und müssen separat verhandelt werden. Darüber hinaus werden alle weiteren 20 Minuten mit jeweils 40 € am Tag und 50 € in der Nacht berechnet. Der Preis sinkt bei schlechtem Wetter oder um die Mittagszeit, wenn die meisten Touristen eine Mittagspause machen oder es ihnen zu heiß ist. Um nachträgliche Aufschläge zu vermeiden, sollten Verhandlungen über den Preis und die Fahrtzeit vor der Abfahrt geführt werden.

Die Gondeln stehen an den *stazi* (Haltestellen) am Canal Grande, an der Haltestelle nahe des Bahnhofs (☎ 041 71 85 43), am Rialto (☎ 041 522 49 04) und in der Nähe der größeren Sehenswürdigkeiten (u.a. an der I Frari, dem Ponte Sospiri und an der Accademia) bereit, aber es kann jederzeit auch ein anderer Einstieg verabredet werden (☎ 041 528 50 75).

GÜNSTIGER NERVENKITZEL AUF DEM CANAL GRANDE: DIE TRAGHETTI

Wenn man nicht unbedingt übers Wasser laufen möchte, ist der *traghetto* (Gondelfähre) sicher die nächstbeste Möglichkeit. Viele Einheimische nutzen dieses Angebot z. B., um schnell über den Canal Grande zu gelangen, wenn keine Brücke in der Nähe ist. Die Fahrt kostet 1 €, aber die Passagiere müssen auf einen Balanceakt vorbereitet sein, da man während der gesamten Fahrt über den Kanal in der Gondel stehen muss. Die *Traghetti* verkehren normalerweise zwischen 9 und 18 Uhr, auf manchen Strecken aber auch nur bis 12 Uhr. Manche fahren an ruhigen Tagen oder bei schlechtem Wetter gar nicht. Die wichtigsten *Traghetto*-Strecken sind auf den Stadtplänen von Venedig markiert.

Vaporetto

Die wichtigsten öffentlichen Verkehrsmittel der Stadt sind die Vaporetti (Stadtfähren). Die ACTV (☎ 041 24 24; www.actv.it) betreibt in Venedig den öffentlichen Nahverkehr an Land und auf dem Wasser.

Eine Fahrt mit dem Vaporetto ist meistens sehr reizvoll, insbesondere bei schönem Wetter und in der Dunkelheit. Aber manchmal sind die Fußgänger an Land auch schneller unterwegs, insbesondere, wenn das Boot der Linie 1 auf dem Canal Grande an allen Stationen hält. Auf anderen Strecken gibt es nur wenige Stopps und die vor allem während der Stoßzeiten zwischen 8 und 10 Uhr morgens und 18 und 20 Uhr am Abend. Diesbezüglich sollten Fahrgäste immer auf die Angaben am Boot achten. Eilige schauen auf die digitalen Displays oder die Fahrpläne – Vaporetti verkehren ziemlich pünktlich.

Die größeren Fähren *motonave,* übernehmen die Fährverbindungen nach Murano, Torcello und zu den anderen Laguneninseln. Normalerweise werden die Passagiere an Bord dieser Fähren nicht seekrank. Aber vor längeren Fahrten ist ein Blick auf den Wetterbericht und die Mitnahme von Reisetabletten dennoch ratsam.

Die Vaporetti können ziemlich voll werden, und Passagiere, die ihre Haltestelle nicht verpassen wollen, scharen sich meistens um die Ausgänge. Es ist deshalb oftmals nötig, bei einem Halt mit den anderen zusammen auszusteigen und dann, nachdem alle von Bord gegangen sind, wieder zuzusteigen. Reisende mit Behinderungen haben immer den Vortritt; Hilfe ist hier stets willkommen.

TICKETS

Die Tickets sind an den Verkaufstationen von HelloVenezia (☎ 041 24 24; www.hellovenezia.com) und an den Haltestationen erhältlich, ebenso wie kostenlose Fahrpläne und Streckenkarten. Einzelfahrscheine gibt es auch an Bord; mit mehr als einem Gepäckstück ist unter Umständen ein Preisaufschlag fällig.

Statt Einzelkarten für 6,50 € zu lösen, gibt es als Alternative die VENICEcard (S. 290) oder eine Karte, die innerhalb eines Zeitraumes unbegrenzt viele Fahrten erlaubt. Sie muss vor Beginn der Fahrt an den gelben Automaten nahe der Anleger entwertet werden. Erhältlich sind diese Tickets für einen Zeitraum von 12/24/36/48/72 Stunden zu einem Preis von 16/18/23/28/33 €; sieben Tage kosten 50 €. Passagiere zwischen 14 und 29 Jahren erhalten mit der Rolling VENICEcard (siehe S. 290) ein kostengünstiges Dreitagesticket für 18 €.

Normalerweise werden die Tickets gleich beim Verkauf für die sofortige Nutzung mit einer Uhrzeit versehen und damit entwertet. Auf Nachfrage wird die Entwertung aber auch unterlassen.

Gültige Karten müssen vor Antritt der Fahrt in den Automaten, die an allen Haltestellen stehen, entwertet werden. Passagiere ohne gültigen Fahrschein werden aufgefordert, neben einem regulären Ticket auch noch eine Strafe von 60 € zu zahlen.

ROUTEN

Mit dem Vaporetto 1 geht's im Zickzackkurs von der Piazzale Roma den Canal Grande hinunter nach San Marco und weiter zum Lido. Ein idealer Einstieg für Venedigbesucher, die es nicht eilig haben! Das Vaporetto 17 transportiert Fahrzeuge vom Tronchetto bei der Piazzale Roma zum Lido.

Wie oft die Vaporetti fahren, hängt von der Linie und der Tageszeit ab. Das Vaporetto 1 fährt tagsüber normalerweise alle 10 Minuten; die Linien 41 und 42 verkehren alle 20 Minuten. Vaporetti nach Burano und Torcello starten sogar noch seltener. Nachts fahren die Boote teilweise nur im Stundentakt. Auf manchen Linien ist gegen 21 Uhr Feierabend – also besser in den Fahrplan schauen.

Die Strecken der Linien und die Liniennummerierung können sich verändern, und die Linien verkehren auch nicht immer in beide Richtungen. Aufgelistet sind hier die wichtigsten Linien der Vaporetti und die größten Haltestellen. Im Laufe des Jahres kann es hierbei zu Abweichungen kommen.

No 1 Piazzale Roma–Ferrovia–Canal Grande (alle Haltestellen)–Lido und zurück.

No 2 Ringlinie: San Zaccaria–Redentore–Zattere–Trochetto–Ferrovia–Rialto–Accademia–San Marco.

No 5 San Zaccaria–Murano und zurück.

No 8 Sacca Fisola–Zattere–Redentore–Giardini–Lido.

No 13 Fondamente Nuove–Murano–Vignole–Sant'Erasmo–Treporti und zurück.

No 17 Autofähre: Tronchetto–Lido und zurück.

No 18 Murano–Sant'Erasmo–Lido und zurück (nur im Sommer).

No 20 San Zaccaria–San Lazzaro–Lido und zurück.

No 41 Ringlinie: Murano–Fondamente Nuove–Ferrovia–Piazzale Roma–Redentore–San Zaccaria–Fondamente Nuove–San Michele–Murano.

No 42 Ringlinie in entgegengesetzter Richtung zu No 41.

No 51 Ringlinie Lido–Fondamente Nuove–Riva de Biasio–Ferrovia–Piazzale Roma–Zattere–San Zaccaria–Giardini–Lido.

No 52 Ringlinie in entgegengesetzter Richtung zu No 51.

No 61 Ringlinie mit nur wenigen Stopps und nur wochentags: Piazzale Roma–Santa Marta–San Basilio–Zattere–Giardini–Sant'Elena–Lido.

No 62 Ringlinie mit nur wenigen Stopps und nur wochentags in entgegengesetzter Richtung zu No 61.

N Nachtlinie zu allen Stationen: Lido–Giardini–San Zaccaria–Grand Canal (alle Haltestellen)–Ferrovia–Piazzale Roma–Tronchetto–Zattere–Redentore–San Giorgio–San Zaccaria (23.30 – ca. 5 Uhr).

N A Zweite Nachtlinie, auch als NMU bezeichnet, von Fondamente Nuove nach Murano (hält überall – drei oder vier Fahrten nach Mitternacht.)

N Die dritte Nachtlinie, die NLN, bietet in unregelmäßigen Abständen eine Verbindung zwischen Fondamente Nuove und Burano, Mazzorbo, Torcello und Treporti.

DM (Diretto Murano) Tronchetto–Piazzale Roma–Ferrovia–Murano und zurück.

LN (Laguna Nord) San Zaccaria–Lido–Burano–Mazzorbo–Murano (Faro)–Fondamente Nuove und zurück.

T Torcello–Burano (halbstündlich) und zurück (7–20.30 Uhr).

ANDERE BOOTE

Alilaguna (☎ 041 240 1701; www.alilaguna.com) bietet eine eingeschränkte Fährverbindung zum Flughafen Marco Polo über Murano (Linie R), Giudecca (Linie B), San Marco und dem Lido (Linien R&B); weitere Schiffe dieser Gesellschaft fahren von den Parkplätzen auf dem Festland und den Busbahnhöfen an der Punta Sabbioni und in Treporti nach Fondamente Nuove (Linie G). Außerdem gibt es eine direkte Verbindung von der Stazione Marittima nach San Marco (Linie M).

Die **Linea Fusina** (Karte S. 86–87; www.terminalfusina.it; Campo di Sant'Agnese 909c, Dorsoduro) verbindet Venedig (Zattere) direkt mit den Stränden in Alberoni auf dem Lido (einfache Fahrt/hin und zurück 5/10 €, 45 Min., bis zu 5-mal tgl.); der Fahrplan ist auf der Webseite veröffentlicht. Von Zattere aus gibt es weiterhin eine direkte Verbindung zu den Park- und Campingplätzen in Fusina (einfache Fahrt/hin und zurück 7/12 €, 25 Min., bis zu 15-mal tgl.).

Wassertaxi

Die **Wassertaxis** in Venedig (☎ 041 522 23 03, 041 240 67 11) sind zwar ein eher kostspieliges Fortbewegungsmittel, erweisen sich aber als sehr vorteilhaft, wenn man Gefahr läuft, zu spät zur Oper zu kommen oder sehr viel Gepäck bzw. Einkaufstüten mit sich führt. Die Preise können im Voraus festgelegt oder verhandelt werden. Die offiziellen Tarife fangen bei 8,90 € plus 1,80 € pro Minute an. 6 € zusätzlich kostet ein Fahrtbeginn vom Hotel aus. Weitere Kosten entstehen bei Nachtfahrten (22–7 Uhr), viel Gepäck oder bei mehr als vier Personen. Selbst eilige Passagiere sollten die Fahrer aber auf keinen Fall zum schnelleren Fahren auffordern – die bei hoher Geschwindigkeit entstehenden *motoschiaffi* (Motorbootwellen) richten an den alten Fundamenten der venezianischen Gebäude hohe Schäden an (S. 41).

Die Wassertaxis sind deutlich mit einer Lizenznummer auf einem gelben Streifen gekennzeichnet. Illegale Wassertaxis sind dafür berüchtigt, ahnungslose Touristen an Orte zu bringen, die sie eigentlich gar nicht ansteuern wollten (z. B. zum Glasgeschäft eines Cousins in Murani). Die Fahrer verlangen dafür auch noch atemberaubende Gebühren. Auf der Insel Tronchetto stellen die illegalen Wassertaxis ein ganz besonderes Problem dar. Hier drängen sie sich an den Parkplätzen den gerade erst angekommenen Touristen auf und behaupten, die einzige Bootsverbindung nach Venedig zu sein – was nicht der Wahrheit entspricht, denn Vaporetto 2 verkehrt hier regelmäßig.

STANDSEILBAHN

"Il People Mover di Venezia" (APM, www. apmvenezia.com) wird 2010 für den Verkehr freigegeben. Die von dem Architekten Francesco Cocco entworfene, oberirdische Standseilbahn bringt die Passagiere in nur drei Minuten von den Parkplätzen der Isola del Tronchetto zur Piazzale Roma. Der emissions- und geräuscharme Zug kann pro Fahrt etwa 200 Personen transportieren und soll während der Stoßzeiten in Abständen von drei Minuten verkehren.

TAXI

Auf der Piazzale Roma (Karte S. 94–95) stehen Taxis (☎ 041 595 2080) für die Fahrt zum Festland bereit.

ZUG

Zuverlässig, erschwinglich, reizvoll und ökologisch verträglich – Züge sind sicher das beste Transportmittel nach Venedig. Die Stazione Santa Lucia (Ferrovia) in Venedig ist Ziel vieler Züge aus anderen Orten Italiens und aus ganz Europa. Die Vaporetti (Stadtfähren) halten direkt vor dem Bahnhof. Fahrkarten sind direkt am Automaten im Bahnhof, vorab auch online auf www.trenitalia.it, oder im Reisebüro erhältlich.

Die Tickets müssen unbedingt vor dem Einstieg in den Zug in den orangefarbenen Automaten auf den Bahnsteigen entwertet werden. Wer das nicht beachtet, muss unter Umständen bei Kontrollen eine sofort fällige Strafgebühr zahlen.

Venedig ist mit dem Zug aus Frankreich, Österreich, Deutschland, der Schweiz, Slowenien und Kroatien zu erreichen. Intercity(IC)-Züge sind schnelle Verbindungen zwischen den großen Städten innerhalb Italiens; Eurocity(EC)-Züge verbinden europäische Großstädte miteinander. Die Regionalzüge machen dagegen auch an kleineren Stationen innerhalb Italiens Halt. Die Hochgeschwindigkeitszüge der Eurostar Italia (ES), die *pendolini*, können bis zu 300 km/h erreichen. Sie sind mit bequemen Sitzen und Tischen ausgestattet, die auf die Benutzung von Laptops und anderem Equipment ausgerichtet sind. Sogar in der ersten Klasse kann es aber sein, dass sich die Passagiere einen Tisch oder ein Abteil mit anderen Reisenden teilen müssen.

Fast jeder Zug, der die Stazione di Santa Lucia verlässt, hält auch in Mestre (1 €, 10 Min.); Fahrkarten sind an den Automaten oder in den *tabaccherie* des Bahnhofs erhältlich. Venedig ist per Bahn von verschiedenen Städten aus verkehrsgünstig zu erreichen: u. a. aus Padua (2,90–15,70 €, 30–50 Min., 3- oder 4-mal tgl.), aus Verona (6,15–25,20 €, 1¼–2½ Std., 2-mal stündl.), aus Bologna (8,90–35,20 €, 1¾–2¾ Std.) oder aus Florenz (21,50–54,50 €, 2¾–3¾ Std.).

Orient Express

Der Venice Simplon-Orient-Express (☎ in Deutschland 02 21 3380 351; www.orient-express.com, auf Englisch) verkehrt donnerstags und sonntags (Ende März–Nov., zwei Tage und eine Nacht) zwischen London und Venedig über Paris, Innsbruck und Verona. Die einfache Fahrt (die meisten Teilnehmer fliegen anschließend zurück) kostet um die 2100 €. Im Preis enthalten sind der Service, die vom Chefkoch zubereiteten Mahlzeiten und Bellini-Cocktails. Wer anschließend im Hotel Cipriani wohnen möchte, kommt unter Umständen in den Genuss vergünstigter Pauschalangebote.

Bahnhöfe

Bei dmem Kauf von Bahnfahrkarten sollte man unbedingt und immer wieder darauf achten, das Ticket auf den Bahnhof Venezia Santa Lucia (VSL; Karte S. 104-105) ausstellen zu *lassen, denn er liegt in der Innenstadt von Venedig. In der Stazione gibt es einen Informationsschalter (☉ 7–21 Uhr) gegenüber vom APT-Büro.

Die Gepäckaufbewahrung, deposito bagagli (☎ 041 78 55 31; 4 € pro Gepäckstück für die ersten 5 Std.,

für die nächsten 7 Std. je 0,60 €, danach 0,20 € pro Std.; ☉ 6 – 24 Uhr), liegt gut erreichbar direkt gegenüber von Gleis 14.

Der von vielen Fahrgästen genutzte Bahnhof Venezia Mestre auf dem Festland bietet ebenfalls eine Auskunftsstelle für Fahrgäste, einen Schalter für Hotelreservierungen in Venedig und einen Gepäckaufbewahrungsschalter (☉ 041 78 44 46; 4 € pro Gepäckstück für die ersten 5 Std., für die nächsten 7 Std. je 0,60 €, danach werden 0,20 € pro Std. fällig; ☉ 7–23 Uhr).

ARBEITEN/STUDIUM

EU-Bürger benötigen keine Erlaubnis, um in Italien leben, arbeiten oder ein Geschäft eröffnen zu können. Wer sich jedoch *hier dauerhaft niederlassen möchte,* sollte sich bei einer Polizeistation registrieren lassen *(questura).* Menschen, die nicht aus der EU stammen, benötigen für einen längeren Arbeits- oder Studienaufenthalt in Venedig entsprechende Visa, die von den zuständigen Behörden im Heimatland ausgestellt werden.

Studenten und Universitätsabsolventen können bei einem italienischen Unternehmen ein Praktikum machen. Die Association of International Students for Economics & Commerce (www.aiesec. org) bietet in aller Welt ihren Mitgliedern Hilfe bei der Suche nach geeigneten Praktikumsstellen an.

Kunststudenten und Graduierte haben die Möglichkeit, sich über die angeschlossene Kunstschule bei der Peggy Guggenheim Collection um ein Praktikum zu bewerben. In der Ausstellung oder in anderen Bereichen können ausländische Studenten bis zu drei Monate tätig sein.

BOTSCHAFTEN & KONSULATE

Die meisten ausländischen Botschaften in Italien sind in Rom ansässig. Die Anschriften der gesuchten Botschaften oder Konsulate gibt es online auf www.chorusesteri.it oder auf den Webseiten der Ministerien für Auswärtige Angelegenheiten der betreffenden Landes.

Alle deutschsprachigen Länder unterhalten Konsulate in Venedig:

Österreich (Karte S. 94–95; ☎ 041 524 05 56; Fondamenta Condulmer 251, Santa Croce)

Deutschland (Karte S. 76–77; ☎ 041 523 76 75; Campo Sant'Anzolo 3816, San Marco)

Schweiz (Karte S. 86–87; ☎ 041 522 59 96; Campo di Sant'Agnese 810, Dorsoduro)

ERMÄSSIGUNGEN

Wer die International Student Identity Card (ISIC; www. isic.org) besitzt, bekommt in einigen Fällen (wie etwa bei der Scuola Grande sie San Rocco) den Eintritt ermäßigt. Manchmal sind damit auch günstigere Flugtickets zu haben. Ansonsten sind die ISIC-Vergünstigungen in Venedig nur in beschränktem Umfang erhältlich. Nur sehr wenige Bars, Restaurants, Kinos und Geschäfte gewähren auf diese Karte einen Preisnachlass.

Lehrer können die ITIC beantragen, Nichtstudenten unter 26 Jahren die IYTC, die von Studentenvereinigungen, Hostelorganisationen und einigen speziell auf Jugendliche ausgerichteten Reisebüros ausgegeben wird. Mit diesen Ausweisen ist häufig auch eine Reiseversicherung verbunden.

Chorus Pass

Die Vereinigung der venezianischen Kirchen bietet Besuchern den ein Jahr gültigen Chorus Pass (☎ 041 275 04 62; www.chorusvenezia.org; Erw./Kind/Familie 9/6/18 €; ☺ für Besuche Mo–Fr 10–17 Uhr) an. Er berechtigt zum einmaligen Eintritt in jeweils eine der angeschlossenen 16 historischen venezianischen Kirchen wie etwa die I Frari, die Chiesa di Santa Maria dei Miracoli, die Chiesa di San Sebastiano oder die Chiesa di Madonna dell'Orto.

Normalerweise kostet der Eintritt in diese Kirchen jeweils zwischen 3 und 3,50 €. Die Ausweise gibt es an den Ticketkassen der Kirchen; die Erlöse kommen den Restaurierungsarbeiten und dem Erhalt der Kirchen in der ganzen Stadt zugute.

Museum Pass

Der Museum Pass (www.museicivicivenezianie.it; Erw./Kind 18/12 €) ist bei den Touristeninformationsbüros der APT erhältlich und ermöglicht über einen Zeitraum von sechs Monaten den Eintritt in elf städtische Museen, wie etwa in den Palazzo Ducale (Itinerari Segreti, s. S. 75; Extragebühren), in das Ca' Rezzonico, das Ca' Pesaro, in den Palazzo Mocenigo, das Museo Correr und in das Museo del Vetro (Glasmuseum) auf der Isola di Murano.

Für Kurzurlauber eignet sich vielleicht eher der San Marco Museum Plus Pass (Erw./Kind 13/7 €), der für vier Museen (Palazzo Ducale, Museo Correr, das angegliederte Archeologico Nazionale sowie die Biblioteca Nazionale Marciana) rund um die Piazza San Marco gilt sowie für ein weiteres Museum nach Wunsch. Die Karteninhaber bekommen Ermäßigungen für die Itinerari Segreti (s. oben) im Palazzo Ducale sowie im Museo Fortuny und im Torre d'Orlogio. Familien erhalten eine Ermäßigung auf den zweiten Erwachsenenpreis.

Andere Kombitickets

Kunstliebhaber, die während ihres Venedigbesuches die Gallerie dell'Accademia, die Sammlungen für moderne oder asiatische Kunst im Ca' Pesaro und die Franchetti Kunstsammlung in der Ca' d'Oro besuchen möchten, profitieren von einem kombinierten Ticket, das ihnen einen Preisnachlass von 9 € gewährt (Erw./Kind 12/6,50 €). Das Ticket ist drei Monate gültig.

Zur Zeit von Sonderausstellungen ist es manchmal nicht erhältlich. Eine Eintrittskarte für die Gallerie dell Accademia ermöglicht dem Besitzer einen ermäßigten Eintritt in den erst kürzlich eröffneten Palazzo Grimani, was einem ersparten Betrag von 6,50 € gleichkommt.

Ein Kombiticket für den Palazzo Grassi und die Punta della Dogana kostet statt im Einzelverkauf 30 € nur 20 €; aber das Ticket ist leider nur drei Tage lang gültig. Besucher der Peggy Guggenheim Sammlung können mit diesem Kombinationsticket ebenfalls noch eine Ermäßigung von 3 € in Anspruch nehmen.

Rolling VENICEcard

Für Besucher zwischen 14 und 29 Jahren (Ausweis erforderlich) ist es ratsam, für 4 € die Rolling VENICEcard zu kaufen, mit der sie eine drei Tage gültige Fahrkarte für die öffentlichen Verkehrsmittel der Stadt für 18 € erhalten, dazu außerdem ermäßigten Eintritt in Museen oder anderen Sehenswürdigkeiten, Ermäßigungen bei Kulturevents und auch reduzierte Preise für Lebensmittel, Unterkunft und Unterhaltung.

Die Rolling VENICEcard ist bei den Touristeninformationen, den Verkaufsstellen der ACTV und der HelloVenezia (☎ 041 24 24; www.hellovenezia.com; Callcenter tgl. 8 bis 19.30 Uhr) erhältlich. Auf einem speziellen Stadtplan sind alle Einrichtungen mit Ermäßigungen gekennzeichnet.

VENICEcard

Mit der VENICEcard Transport & Culture (3 Tage gültig, Junior/Senior 66/73 €, 7 Tage gültig, Junior/Senior 87/96 €; Callcenter tgl. 8–19.30 Uhr) können die Vaporetti und Busse der APTV unbegrenzt genutzt

werden. Außerdem verschafft sie dem Besitzer freien Eintritt zu elf Museen (nicht darunter die Accademia, Guggenheim, Grassi und die Punta della Dogana) und 16 Kirchen sowie Ermäßigungen bei kulturellen Veranstaltungen und Sonderausstellungen.

Die VENICEcard ist erhältlich bei der San Marco Touristeninformation und an den Verkaufsstellen der HelloVenezia (☎ 041 24 24; www. hellovenezia.com) in der Ferrovia, bei der Porta Romana, an den Ferrovia Vaporetto Haltestellen sowie vor Reiseantritt mit 15 % Ermäßigung auch online.

FEIERTAGE & FERIEN

Die wichtigsten Ferienzeiten für Italiener und damit auch für die Venezianer sind die Sommermonate Juli und August, die Tage um Weihnachten und Neujahr sowie um Ostern. Obwohl es zum Ende des Sommers immer wieder gute Angebote gibt, sollten Reisende auf jeden Fall bedenken, dass der August sehr heiß werden kann und viele Geschäfte geschlossen sind, weil es in dieser Zeit alle Italiener an die Strände zieht. Restaurants, Geschäfte und viele andere Angebote ruhen in den Tagen um Ferragosto (Mariä Himmelfahrt, 15. August).

Informationen über die vielen Festivals und anderen Events in Venedig gibt es auf S. 17. Im Folgenden sind die gesetzlichen Feiertage Italiens aufgeführt.

Capodanno/Anno Nuovo (Neujahr) 1. Januar

Epifania/Befana (Dreikönigstag) 6. Januar

Venerdí Santo (Kakrfreitag) März/April

Pasquetta/Lunedì dell'Angelo (Ostermontag) März/April

Giorno della Liberazione (Tag der Befreiung) 25. April; Sieg der Alliierten in Italien und Befreiung vom Faschismus 1945

Festa del Lavoro (Tag der Arbeit) 1. Mai

Festa della Repubblica (Tag der Republik) 2. Juni

Ferragosto (Mariä Himmelfahrt) 15. August

Ognissanti (Allerheiligen) 1. November

Immaculata Concezione (Mariä Empfängnis) 8. Dezember

Natale (Weihnachten) 25. Dezember

Festa di Santo Stefano (2. Weihnachtstag) 26. Dezember

FRAUEN UNTERWEGS

Angesichts der insgesamt niedrigen Kriminalitätsrate in Venedig dürfte diese Stadt zu den sichersten touristischen Hochburgen Italiens gehören. Die größten Unannehmlichkeiten bereiten wohl (verbal) aufdringliche Menschen auf der Piazza San Marco oder an den beliebten Stränden des Lido. Meistens reicht ein *„Non mi interessa"* („Ich habe kein Interesse") oder ein deutlich ablehnender Gesichtsausdruck, um in Ruhe gelassen zu werden. Zwei erwähnenswerte Organisationen für Frauen sind hier aufgeführt:

Centro Anti-Violenza (☎ 041 269 06 11; Villa Franchin, Viale G Garibaldi 155a, Mestre; ☺ Juli –Aug. Mo–Fr 9–18, Rest des Jahres Mo–Fr 9–20 Uhr) Ein Frauenzentrum mit allgemeiner Rechtsberatung, Unterstützung und Beratung für Frauen, die Gewalt erfahren haben – egal, welcher Nationalität. Alle Dienste sind kostenlos. Zu erreichen mit Bus 2 ab der Piazzale Roma.

Centro Donna (☎ 041 269 06 30; www.comune.venezia.it/ c-donna, auf Italienisch; Villa Franchin, Viale G Garibaldi 155a, Mestre; ☺ Mo & Fr 9–18, Sa 9–13 Uhr) Im selben Gebäude wie das Centro Anti-Violenza besitzt das Centro Donna eine mehrsprachige Bibliothek, ein Archiv mit historischen Fotos zur Geschichte, kulturelle Angebote mit Themenschwerpunkt auf dem Kampf der Frauen für Selbstbestimmung, ihre Erfolge und Aktivitäten und auch ein Kunstprojekt für Frauen anlässlich der Biennale.

GEFÜHRTE TOUREN

Das Magazin *Un Ospite di Venezia*, das bei den Touristeninformationen erhältlich ist, informiert über Führungen in den Kirchen und anderen Sehenswürdigkeiten Venedigs. Die Azienda di Promozione Turistica (APT) hat eine aktuelle Liste der autorisierten Touristenführer, die individuelle Stadtführungen anbieten. Viele Museen, darunter auch der Palazzo Ducale, bieten gegen eine Gebühr geführte Besichtigungen an.

In einigen Museen gibt es Führungen ohne weiteren Preisaufschlag, dazu gehören das Museo Archeologico und die Libreria Nazionale Marciana. Die gemeinnützige **Associazione Sant'Apollonia** (☎ 041 270 24 64; http://assap.provincia. venezia.it, auf Italienisch) organisiert von April bis Oktober Besichtigungen unbekannterer Kirchen wie etwa der Cattedrale di Santa Maria Assunta in Torcello. In Reisebüros und an den Hotelrezeptionen werden auch immer wieder Stadtführungen empfohlen, die den speziellen Interessen der Touristen entsprechen. Aufgelistet sind hier einige der aktuell empfehlenswerten Touren.

Allegro in Venice (☎ 041 528 77 78; www.allegroinvenice. com; 2-stündige Touren 20–35 €) Zu den kreativen Exkursionen dieser Organisation gehört eine Tour, die bereits um 7.30 Uhr beginnt und eine Besichtigung der Sehenswürdigkeiten ermöglicht, bevor alle anderen Touristen auf der Stra-

ße sind, sowie die Tour „Running Venice" für Jogger, die ihr tägliches Fitnessprogramm mit Sightseeing nutzen möchten. Beliebt sind die Abendführungen verbunden mit einer Happyhour-Tour mit *cicheti* (Snacks) durch beliebte Bars der Stadt. Die Nachtführung schmückt der Erzähler Manuel Vecchina mit Geistergeschichten und Legenden des 16. Jh. aus, die in Alberto Toso Feis lebhaften Erzählband „Leggende Veneziane e Storie di Fantasmi" (www.venetianlegends.it, auch auf Englisch) nachzulesen sind.

Azienda di Promozione Turistica (APT; ☎ 041 529 87 11; www.turismovenezia.it) Die APT bietet eine breite Palette von Führungen an, von den klassischen Gondeltouren (pro Person 39 €) bis hin zu den eher „Pikanten Touren" mit Geschichten über Casanovas Liebesspielen und gesellschaftliche Skandale im ehemaligen Rotlichtviertel des Rialto (pro Person 20 €) reichen.

Basilica di San Marco Mosaikführungen (☎ Reservierung 041 241 38 17; ☺ Mo–Fr 10–12 Uhr) Täglich gibt es hier kostenlose Führungen, in denen die Besucher lernen, wichtige Heilige oder biblische Geschichten in den 8500 m² großen Mosaiken der Basilika di San Marco zu entdecken. Sie starten von April bis Oktober täglich um 11 Uhr. Die interessanten Führungen werden in unterschiedlichen Sprachen angeboten: auf Italienisch montags bis samstags, auf Englisch montags, donnerstags und freitags sowie auf Französisch donnerstags.

Città d'Acqua (☎ 041 93 68 33; www.veniceitineraries. com; Centro Internazionale Città d'Acqua, Officina Viaggi, Via Col Moschin 14, Mestre; pro Person in einer mind. 40-köpfigen Gruppe 70–75 €, in einer mind. 10-köpfigen Gruppe. 90–95 €; ☺ 10–16.30 Uhr mit Reservierung) Mit den Maree Veneziane (Venezianische Gezeitentouren) bekommen Besucher Zugang zu Regionen der Lagune, die ihnen ansonsten verschlossen bleiben würden; hautnah erleben sie abgelegene Inseldörfer, Naturreservate von Umweltinitiativen sowie die Auswirkungen der *acque alte (Hochwasser)* und der modernen Technologien in der Seefahrt. Die Touren führen zu Inselklöstern, die normalerweise für die Öffentlichkeit nicht zugänglich sind. Sie bieten ein Inselhopping mit einzelnen Stopps zwischen Giudecca und Malamocco auf dem Lido, Le Vignole und Arsenale.

Eolo (☎ 049 807 8032; www.cruisingvenice.com; Via Mantegna 11, Brugine) Der Fischer-*bragozzo* (ein Doppelmaster) segelt der untergehenden Sonne entgegen, geht auf dreitägige Fahrt (pro Person 2000 € in einer sechs- bis zehnköpfigen Gruppe) oder bietet Touren mit Kochkursen an Bord. Die Teilnehmer übernachten in ausgesuchten Villen oder Palazzi in der Stadt bzw. in der Lagune, verbringen den Tag auf dem Meer und essen mittags frische Meeresfrüchte.

Laguna Eco Adventures (☎ 329 722 62 89; www. lagunaecoadventures.com; 2½–8-stündige Touren pro Person 40–150 €) Die venezianische *sampierota* ist ein kleines Boot mit zwei Segeln, das durch die schmalen Kanäle fahren kann, aber auch für das offene Meer tauglich ist. Höchstens fünf Personen haben hier Platz und können die Vögel der Lagune und die frische Meeresbrise ganz alleine genießen. Die Touren richten sich nach den Wünschen der Urlauber und haben als Ziel etwa die Strände des Lido, abgelegene Inseln der Lagune oder aber die venezianischen Kanäle im Licht der untergehenden Sonne. Reservierungen sind jedoch unbedingt erforderlich. Alle Fahrten sind abhängig von den Wetterverhältnissen

Terra e Acqua (☎ 347 420 50 04; www.terraeacqua.com; 4–9-stündige Fahrt inkl. Mittagessen 70–120 €) Der weibliche Skipper Cristina della Toffola lädt zu einer spritzigen Tour durch die Lagune ein und versorgt die Mitfahrenden mit vielen Informationen über das gefährdete Ökosystem der Lagune sowie mit historischen Leckerbissen, wie etwa mit der Geschichte des Nonnenklosters, das wegen eines Skandals während der Zeit der barocken Ausschweifungen geschlossen worden war. Die Teilnehmer bestimmen die Fahrtziele selbst und können dabei wählen zwischen Quarantäne-Inseln für Pestkranke, beliebten Plätzen zum Angeln oder zum Vögel beobachten oder Orten wie Burano, Torcello und anderen architektonischen Juwelen der Lagune. Cristina bereitet einen einen ganz ordentlichen Fischeintopf zu und schenkt bei Picknicks auf landschaftlich schönen Inselflecken *spritz* (ein Getränk mit Prosecco) aus. Auf den Fahrten achtet sie immer sehr darauf, das fragile Ökosystem der Gegend nicht zu stören. Ein *bragozzo* kann zehn Personen an Bord nehmen. Die Fahrten sind also gesellig und auch für nicht seetüchtige Mitfahrer geeignet. Rechtzeitige Reservierungen und eine Sonnencreme mit hohem Lichtschutzfaktor sind erforderlich.

Friends of Venice Club (☎ 041 71 58 77; www.friendsof veniceclub.com; Kurse und Exkursionen ab 75 €) Die Kursangebote reichen von italienischer Kochkunst, Kammermusik, Chorsingen in einem Palazzo, Rudern auf dem Canale della Giudecca bis hin zu Malen unter dem freien venezianischen Himmel. So lernt man Venedig ganz intensiv kennen. Die Kursleiter zeigen ihre Stadt, wie sie sie kennen und lieben, mit viel Geduld und natürlichem Enthusiasmus.

Venicescapes (www.venicescapes.org; 4–6-stündige Touren für 2 Erw./zus. Erw./unter 18 150–275/50/25 US$) Faszinierende Führungen der gemeinnützigen historischen Gesellschaft (die Erlöse kommen den Forschungen über Venedig zugute) mit Themen wie etwa „A City of Nations", in der die multiethnische Kultur Venedigs beleuchtet wird, und „A Most Serene Republic" mit Erläuterungen über die venezianischen Bemühungen zur Friedenserhaltung mit Mitteln der Politik bzw. der Spionage.

Walks Inside Venice (☎ 041 524 17 06; www.walksinside venice.com; 3–4-stündige Tour €55–70) Temperamentvolle Nachmittagsführungen dreier Venezianerinnen für vier bis acht Personen über versteckte Nebenstraßen zu den großen Sehenswürdigkeiten, wie etwa abseits der Touristenströme in das Cannaregio oder auf große Entdeckungstour durch Venedig mit Abstechern über Murano und die besuchenswerte Friedhofsinsel San Michele.

GELD

Italien hat als Währung den Euro. Es gibt Scheine à 500, 200, 100, 50, 20, 10 und 5 €, Münzen à 2 und 1 € sowie à 50, 20, 10, 5, 2 und 1 Cent.

Geldwechsel

Geldwechseldienste bieten Bankfilialen, Postämter und Bureaus de Change an. Ganz vorne in der Innenseite des Buchumschlags sind die Wechselkurse zum Zeitpunkt der Veröffentlichung des Buches aufgeführt.

Die Post- und Bankfilialen sind zwar verlässlich, können aber Gebühren für ihre Dienste verlangen. Bureaus de Change berechnen zuweilen bei Travellerschecks bis zu 10 % Zuschlag.

Filialen der meisten großen Banken und einige Geldautomaten befinden sich in der Nähe des Ponte di Rialto und um San Marco. Die Bank Monte dei Paschi (Karte S. 94–95; Fondamenta San Simeon Piccolo, Santa Croce) mit Geldautomaten ist vom Bahnhof und vom Busbahnhof aus gut zu erreichen.

Einige weitere Möglichkeiten zum Geldwechsel gibt es in der Nähe des Bahnhofs, in Rialto und San Marco, darunter die beiden Folgenden:

American Express (Karte S. 76–77; ☎ 041 520 08 44; Salizada San Moisè 1471, San Marco; ☻ Mo–Fr 9–17.30, Sa 9–12.30 Uhr) Der Geldautomat akzeptiert Amex-Karten.

Travelex Piazza San Marco (Karte S. 76–77; ☎ 041 528 73 58; Piazza San Marco 142, San Marco; ☻ Mo–Sa 9–18, So 9.30–17 Uhr); Rialto (Karte S. 76–77; Riva del Ferro 5126, San Marco) Für die Rückerstattung der Umsatzsteuer bei Einkäufen über 200 € müssen die vollständigen Formulare und die Kaufbelege vorgelegt werden.

Kreditkarten & EC-KARTEN

Hotels, Restaurants und Geschäfte in ganz Italien akzeptieren bekannte Karten wie Visa, MasterCard und die gängigen EC-Karten. Mit der EC-Karte kann man an vielen Geldautomaten Bargeld abheben. Wer seine Geheimzahl vergessen hat, kann sich in manchen Banken immerhin noch mit der Kreditkarte Bargeld besorgen, was aber umständlich ist und ziemlich lange dauert.

In solchen Fällen am besten vorab bei der heimischen Bank nach den Gebühren fragen, damit es nachher keine böse Überraschung gibt. Die meisten Banken kassieren rund 2,75 % Gebühr für Auslandstransaktionen. Beim Abheben am Automaten kommt noch einmal eine zusätzliche Gebühr hinzu – das kann eine Pauschale sein, aber auch bis zu 1,5 % des abgehobenen Betrages.

Bei Verlust bzw. Diebstahl der Karte oder wenn der Automat sie geschluckt hat, sofort sperren lassen. Hier einige kostenlose Nummern:

Amex ☎ 800 914912)

Diners Club (☎ 800 864064)

MasterCard (☎ 800 870866)

Visa (☎ 800 819014)

GEPÄCK

Mit sehr viel Gepäck kann der Weg von einer Vaporetto-Station zum Hotel schon sehr beschwerlich werden. *Portabagagli* (Gepäckträger) sind an unterschiedlichen Orten in der Stadt stationiert. Am Bahnhof und an der Piazzale Roma verlangen die Träger 18 € für ein Gepäckstück und ca. 6 € für jedes weitere, das innerhalb Venedigs transportiert werden soll.

Die Preise verdoppeln sich nahezu, wenn der Weg zum Lido oder auf die Giudecca geht. Die *portabagagli* stehen am Bahnhof (☎ 041 71 52 72), an der Piazzale Roma (☎ 041 522 35 90), der Piazza San Marco (☎ 041 523 23 85) und am Ponte dell'Accademia (☎ 041 522 48 91).

INTERNETZUGANG

Um Notebooks, Palms u. a. wieder aufladen zu können, sind die entsprechenden Adapter nötig. Auch Mehrfachsteckdosen mit Überspannungsschutz können sinnvoll sein, weil es in den älteren Gebäuden der Stadt doch häufiger zu Stromschwankungen kommen kann – was einerseits auf die alten Leitungen, andererseits aber auch auf das viele Wasser in der Stadt zurückzuführen ist, das die Elektriker stets in Atem hält.

Internetcafés

Wer als neuer Kunde ein Internetcafé nutzen möchte, muss wegen der italienischen Antiterrorismusgesetze zunächst den Ausweis vorlegen. Einige der nachfolgend aufgeführten Lokale bieten Studententarife, Ermäßigungen für einige Stunden bei Vorauszahlung oder günstige Telefongespräche ins Ausland. Viele orientieren sich an den normalen Ladenöffnungszeiten, sodass am Abend oder an Sonntagen in der Regel keine Mailaccounts abgerufen werden können.

Grace (Karte S. 121; ☎ 041 522 36 93; Fondamenta Sant'Eufemia 517, Giudecca; pro Std. 5 €; ☺ Mo–Fr 9.30–13 & 15.30–19.30 Uhr). Auch PC-Reparatur und Fotoservice.

Internet Corner (Karte S. 110–111; ☎ 041 277 05 15; Calle del Caffettieri 6661a, Castello; pro Std. 7 €; ☺ Mo–Sa 10–22, So 13–21 Uhr) Nahe der Zanipologelegen mit Druckservice; abends lange Öffnungszeiten und auch am Wochenende geöffnet.

Internet Point Gallery Bottega (Karte S. 76–77; ☺ 041 241 30 19; Campo Santo Stefano 2970, San Marco; pro 20 Min. 3 €; ☺ im Sommer 10–24, im Winter 10 bis 22 Uhr). In der Nähe des Ponte dell'Accademia; längere Öffnungszeiten am Wochenende.

Internet Point San Barnaba (Karte S. 86–87; ☎ 041 277 09 26; Campo San Barnaba 2759, Dorsoduro; pro 20 Min. 3 €; ☺ Mo–Sa 9–13.30 & 15.30–19 Uhr). PC-Plätze und Druckservice in einem Spielzeugladen, mit einer braven Katze, die es besonders liebt, auf warmen Keyboards zu schlafen – Achtung, Allergiker!

Net Gate (Karte S. 86–87; ☎ 041 244 02 13; Crosera San Pantalon; ☺ Mo–Sa 9.30–19 Uhr). Freundliches Personal,

WLAN

Venedig hat 2009 ein ehrgeiziges, mehrere Millionen Euro teures WLAN-Projekt gestartet. Mehr als 10 000 km Kabel wurden in der ganzen Stadt verlegt, mit dem hehren Ziel, einen Highspeed-Internetzugang mit 20 bis 100 Megabits pro Sekunde zur Verfügung zu stellen – für Venezianer kostenlos und für Touristen für 5 € pro Tag.

Dennoch ist es nicht gerade einfach, einen funktionsfähigen WLAN-Hotspot zu finden – die Signale können nicht von Raum zu Raum gelangen, weil sie die dicken alten Steinwände nicht durchdringen. Auch in Hotels, die mit WLAN werben, ist manchmal nur in der Lobby ein kabelloser Zugang ins Internet möglich. In kleinen Pensionen ist der WLAN-Service häufig kostenlos und sogar eher besser als in den großen Hotels, in denen Vorauszahlung und komplizierte Login-Prozesse erforderlich sein können. Selbst in Business-Zentren ist technischer Support nur selten verfügbar. Einige, aber nicht alle Internetcafés haben WLAN.

Eine andere Möglichkeit bieten die PCMCIA-Karten eines italienischen Mobilfunkanbieters, mit dem der kabellose Zugang ins Internet über das mobile Telefonnetz möglich ist. Üblicherweise sind dies Prepaid-Angebote, die aber jederzeit verlängert werden können.

schnelle Leitungen und viele Terminals; auch Druck- und Kopierservice sowie Handyverkauf und -dienstleistungen.

Planet Internet (Karte S. 104–105; ☎ 041 524 41 88; Rio Terà San Leonardo 1519, Cannaregio; pro Std. 8 €; ☾ 9 bis 23 Uhr) Fotodruck- und Kopierservice nahe des Bahnhofs; lange Öffnungszeiten.

Venetian Navigator (Karte S. 110–111; ☎ 041 277 10 56; Calle Casselleria 5300, Castello; pro Std. 7 €; ☾ im Sommer 10–22 Uhr, Herbst bis Frühling 10–20.30 Uhr) Nahe der Piazza San Marco, mit WLAN, CD und DVD-Brenner, Scan- und Druckservice; abends und am Wochenende geöffnet.

VeNice (Karte S. 104–105; ☎ 041 275 82 17; Lista di Spagna 149, Cannaregio; pro Std. 8 €; ☾ 9–23 Uhr) Druckservice in der Nähe des Bahnhofs; lange Öffnungszeiten.

World House (Karte S. 110–111; ☎ 041 528 48 71; www.world-house.org; Calle della Chiesa 4502, Castello; pro 31 bis 60 Min./3 Std. 8/18 €; ☾ 10–23 Uhr) Nahe der Piazza San Marco, abends lange Öffnungszeiten und auch am Wochenende geöffnet; CD-Brenner, Drucker und schnelle Leitungen.

KARTEN & STADTPLÄNE

Eigentlich sollten die Karten und Pläne in diesem Buch ausreichend sein. Empfehlenswert ist aber auch die weinrote *Venezia-Karte* des Touring Club Italiano (1:5000). Für einen längeren Aufenthalt lohnt sich auf jeden Fall die *Calli, Campielli e Canali* (Edizioni Helvetica).

Auf dieser Straßenkarte sind auch die kleinsten Seitenstraße und der winzigste Kanal aufgeführt. Außerdem hilft sie dabei, jede Adresse bis auf 100 m genau zu finden. Postboten werden mit ihrer Hilfe auf den Dienst in Venedig vorbereitet. Hilfreich ist natürlich auch der *Cityplan Venedig* aus dem Falk Verlag.

Straßennamen

Die *Venezianizzazione* (Venezianisierung) der Straßennamen hat unendliche Schwierigkeiten verursacht: Es gibt eine Unmenge Ungereimtheiten in der Schreibweise und in der Grammatik. Auf den *nizioleti* (Straßenschildern) der Stadt stehen an einer Straßenecke die venezianischen Namen, und nur einen Block weiter liest man sie auf Italienisch. Werden die Straßennamen gesprochen, wird häufig deutlich, dass sie sich doch mehr ähneln, als die Schreibweise vermuten lässt – z. B. Zanipolo (venezianisch) und San Giovanni e Paolo (italienisch). Die Straßenschilder geben nicht immer die auf Visitenkarten, Webseiten oder Straßenkarten angegebene Adresse wieder. In diesem Buch wird der venezianische Straßenname nur dann angegeben, wenn er bekannter ist als die italienische Variante.

Hausnummern

Venedigs ganz eigene Art der Hausnummernvergabe wurde im 19. Jh. von den Österreichern eingeführt. Statt die Nummerierung auf eine Straße zu beziehen, werden hier die Häuser einzelner *sestiere* (Stadtteil) durchnummeriert. Da die Reihenfolge nicht immer schlüssig ist, kann die Suche nach einer bestimmten Adresse mitunter auch mal frustrierend sein. Wer nicht unnötigerweise durch die Straßen irren möchte, sollte sich deshalb schon im Voraus nach der Lage des gesuchten Hauses erkundigen. Hierbei kann die Karte in diesem Buch helfen, die Webseite des Hotels oder der **Venice Xplorer** (www.venic-explorer.net). Die meisten venezianischen Straßen tragen hagen Namen, und soweit möglich, wurde in diesem Buch versucht, den Adressen sowohl den Straßennamen, als auch die *sestiere*-Nummer beizufügen.

KINDER

Das märchenhafte Venedig verweigert sich vielleicht der Vernunft der Erwachsenen – aber die Phantasie der Kinder kennt hier keine Grenzen. Die schönsten Sehenswürdigkeiten für Kinder sind auf S. 93 beschrieben. Einige der besten Aktivitäten für Kinder sind hier aufgeführt:

Fahrt auf dem Canal Grande Dies ist eine erlebnisreiche Bootsfahrt wie im Märchen – mit Gondeln, Palästen und neugierigen Lagunenvögeln. Wichtig ist es, die richtigen Tickets zu kaufen (s. S. 285). Dann ist es jederzeit möglich von Bord zu gehen, um die Gegend zu erkunden oder auch um eine Toilette zu suchen.

Itinerari Segreti (S. 75) Geheime Gänge, gruselige Gefängnisse und die wahre Geschichte von Casanovas großer Flucht wird im Palazzo Ducale die Phantasie der Kinder beflügeln.

Künstler bei der Arbeit beobachten Die Seitenstraßen von San Polo und Santa Croce zu erkunden und im I Vetri A Lume di Amadi (S. 186) Kunsthandwerker zu entdecken, die kleine Insekten aus Glas herstellen oder die bei Carté (S. 184) Schmuck aus Marmorpapier fertigen, macht Kindern sicher viel Spaß. Sie können auch dabei zuschauen, wie bei Veneziastampa (S.188) Radierungen frisch aus der alten Presse gezogen werden.

Haufenweise Gondeln Spannend ist es auch, zunächst in einer ausgewachsenen Gondel durch die Kanäle zu gleiten, dann beim Goldelbau in der Squero San Trovaso (S. 91) vorbeizuschauen und schließlich zu Gilberto Penzo (S. 183) zu gehen, wo Modellbausätze für Gondeln erhältlich sind, die als Souvenir mit nach Hause genommen werden können.

Italienische Comics Im Solaris können alle Interessierten die Sammlung der Abenteuer des Corte Maltese von Hugo Pratt (S. 189) vervollständigen.

Der Lido per Tandem Die nahe gelegenen Strände zu erkunden oder mit dem Fahrrad (S. 284) bis nach Malamocco (S. 126) zu radeln, wo es ein Mini-Venedig zu entdecken gibt, bringt interessante neue Erfahrungen für Kinder.

Fleißige Handwerker Die Kinder ahmen den venezianischen Künstlern nach und gestalten in der Ca' Macana ihre eigenen Masken (S. 182) oder ziehen in der La Bottega di Gio eine Perlenkette auf (S. 187).

Orchestermusiker treffen Wer rechtzeitig zu den Konzerten der Interpreti Veneziani (S. 227) kommt, hat Gelegenheit, die Musiker kennenzulernen und der klassischen Musik näherzukommen.

Bootsfahrten durch die Lagune Erst ein Picknick an Bord eines echten venezianischen Bootes der Terra e Acqua (S. 292), dann haben die Passagiere Gelegenheit, verlassene Inseln zu durchstreifen und durch die farbenfrohen Straßen der Isola di Burano zu schlendern.

Schatzsuche Kinder können im Sommer auf den Flohmärkten (*mercati delle pulci*) ihr eigenes kleines Stück venezianische Geschichte oder im *Il Baule Blu* (S. 189) einen alten Teddybären kaufen.

Spaziergang an den Zattere Die venezianische Promenade ist ein idealer Ort für entspannte Sommertage. Hier lässt es sich mit einem Eis von Da Nico an der Hand (S. 200) prima sitzen und den Schiffen hinterherschauen.

Praktisch & Konkret

In den öffentlichen Verkehrsmitteln, Museen und anderen Sehenswürdigkeiten erhalten Kinder unter 12 Jahren in der Regel eine Ermäßigung. Einige größere Hotels in Venedig bieten einen Babysitter-Service. Sonderwünsche wie etwa deutsch sprechende Betreuer – erfordern eine rechtzeitige Buchung.

An Wochenenden ist es wegen des Verkehrs ratsam, auf das Auto zu verzichten und mit der Bahn nach Venedig zu fahren. Reisende mit kleinen Kindern sollten wegen der langen Fußwege in jedem Fall einen Buggy mitnehmen. An den Brücken gibt es genug andere Passanten, die gern behilflich sind.

Praktische Bücher sind z. B. *Spaß mit Kunst und Kultur in Venedig* von Reinhard Keller und Bernd O. Schmidt und *Komm mit! Venedig für Kinder* von Stano Dusik. Sie enthalten jede Menge Bilder, Legenden, Anekdoten und Vorschläge für Unternehmungen. Allgemeine Tipps stehen im *Lonely Planet Travel with Children* von Cath Lanigan.

KLIMA

Der schwüle Hochsommer (Juli und August) bietet sich nicht gerade für eine Reise nach Venedig an. Die durchschnittlichen Tageshöchsttemperaturen liegen dann bei 27 °C und darüber, die Luftfeuchtigkeit ist hoch, der überwiegend aus Süden kommende Wind (scirocco) ist heiß und weil der Wasserpegel sinkt, kann es an den Kanälen zu stinken beginnen.

Im Frühling ist das Wetter bei angenehmen Temperaturen häufig klar, obwohl es von April bis Juni auch immer wieder regnen kann. Im Juli und August besteht abends die Gefahr heftiger Gewitter, deren Lichtspiele sich in der Lagune dramatisch widerspiegeln und die stürmischen Gemälde von Tintoretto oder das Violinen-Crescendo in Vivaldis *Vier Jahreszeiten* neu definieren.

Im Winter sind Stadt und Lagune zuweilen in Nebel gehüllt, der die Luft feucht und kühl macht. Dies ist die Zeit für nahezu dramatische Fotomotive. In der ersten Hälfte des Winters, also im November und Dezember, führen heftige Regenfälle häufig zu Überschwemmungen. Der Dezember und der Januar sind mit Temperaturen zwischen 0 und 7 °C die kältesten Monate des Jahres. Häufig klart in dieser Zeit das Wetter aber auch ganz plötzlich auf, und es erscheint ein kristallfarbener Himmel. Wegen der Lage an der Lagune ist Schnee in Venedig ein äußerst seltenes, dann aber spektakuläres Ereignis.

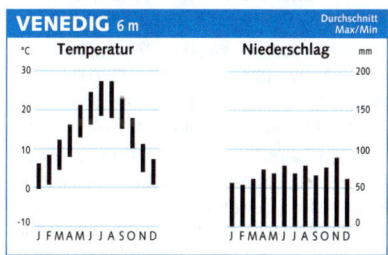

KURSE

Wie wird man ein echter Venezianer (*Venexianàrse*)? Es bedarf schon einiger Planungen im Voraus, aber Reisende können während ihres Aufenthalts in Venedig einige Fertigkeiten erwerben, die es ihnen ermöglicht, die Stadt aus der Sicht eines Einheimischen kennenzulernen.

Wer Interesse an weiteren Spezialkursen in Venedig hat oder bereits vor Reiseantritt seine Kenntnisse über die italienische Kultur vertiefen möchte, kann sich an ein staatliches Istituto Italiano di Cultura (IIC; Italienisches Kulturinstitut; www.esteri.it) wenden. In Deutschland gibt es Institute in Hamburg, Berlin, Köln, Frankfurt a. M., München, Stuttgart und Wolfsburg; weitere Institute sind in Wien und Innsbruck sowie in Zürich ansässig.

Bildende Kunst

Bottega del Tintoretto (Karte S. 158–159; ☎ 041 72 20 81; www.tintorettovenezia.it; Fondamenta dei Mori 3400; 30-stündiger Kurs über 5 Tage inkl. Mittagessen und Materialien 360 €). Interessierte können in diesem Studio, in dem sich einst die Werkstatt Tintorettos befand, ihr eigenes Kunstwerk im Bereich der Malerei, der Radierung oder der Bildhauerei gestalten (s. auch S. 164).

Ca' Macana (Karte S. 86–87; ☎ 041 522 97 49; www.camacana.com; Calle delle Botteghe 3172, Dorsoduro; abhängig von der Zahl der Teilnehmer etwa 60 €, 🕐 Workshops Mi & Fr 15 Uhr) In einem zweieinhalbstündigen Workshop werden venezianische Karnevalsmasken hergestellt. Angeboten wird entweder die Arbeit mit Pappmaché oder die Bemalung der Masken (s. S. 182).

Fondazione Giorgio Cini (Karte S. 121; ☎ 041 271 02 80; www.cini.it; Isola di San Giorgio Maggiore) Die Kurse, Seminare oder speziellen Workshops über zeitgenössische Kunstformen zwischen venezianischer Abstraktion und südindischem Tanz sind etwas ganz Besonderes, mit dem man sich von der Masse absetzen kann. Auf der Webseite gibt es detaillierte Informationen über die jeweiligen Kursangebote. Siehe auch S. 124.

Friends of Venice Club (☎ 041 715 877; www.friendsofveniceclub.com; 7-tägier Kurs ca. 280 €) Dieser Kurs verhilft vielleicht zu einer Karriere als Operndiva oder ermöglicht einen Auftritt in einem Benefizkonzert der Friends of Venice.

Istituto Europeo di Design (☎ 041 277 11 64; www.ied.it; Isola La Certosa; Kurs über 75 Std. 2800 €, Unterkunft 900 €) Hier entwerfen die Teilnehmer selbst. Es gibt neben den drei- bis vierwöchigen englischsprachigen Sommerkursen in den Bereichen Modedesign, Fotografie und Grafikdesign auch Jahreskurse und Kursprogramme, die mit anerkannten Masterabschlüssen abschließen.

Kochen

Am Venice Table wird von den Teilnehmern des Kochkurses mit frischen saisonalen Meeresfrüchten aus der Pescaria (S. 94) ein köstliches Mahl zubereitet, und die Sommelière Sara Sossiga stellt die Weine zusammen (www.venice-venetogourmet.com; 2–8 Pers. inkl. Essen & Wein 130 €).

Rudern

Ein Mitarbeiter der Associazione Canottieri Giudecca (Karte S. 121; www.canottierigiudecca.com, auf Italienisch; Fondamente del Ponte Lungo 259, Giudecca; 10 € pro Std.) vermittelt die Kunst, im Stile der Venezianer stehend über den Canale della Giudecca zu rudern. Weitere Empfehlungen für Unterricht auch in der Maredicarta (S. 295).

Sprache & Studium

Istituto Venezia (Karte S. 86–87; ☎ 041 522 43 31; www.istitutovenezia.com; Campo Santa Margherita 3116a, Dorsoduro; 4 Std. pro Tag, einwöchiger Intensivkurs 160 €). Ein Italienischkurs, der ein paar venezianische Wörter für die leichte, fröhliche Konversation liefert. Fortgeschrittene können sich in ein- bis vierwöchigen Kursen noch tiefer in die venezianische Materie hineinarbeiten (Kochen, Weine, Kunstgeschichte).

Venice International University (Karte S. 125; ☎ 041 271 95 11; www.univiu.org; Isola San Servolo) Die Kurse hier an der Universität behandeln Themen wie Titians Werke, Venezianische Musikwissenschaft, Minderheiten in Venedig, die Beziehungen Venedigs zur katholischen Kirche oder den Niedergang Venedigs und auch den Aufstieg der Ottomanen in Konstantinopel.

MEDIZINISCHE VERSORGUNG
Apotheken

Die meisten Apotheken in Venedig sind von 9 bis 12.30 bzw. von 15.30 bis 19.30 Uhr geöffnet und am Samstagnachmittag sowie am Sonntag geschlossen. Informationen über die Nachtdienste finden sich auf den Aushängen an den Apotheken oder in der kostenlosen Zeitschrift Un Ospite di Venezia (s. S. 300).

Krankenversicherung

Alle Ausländer erhalten wie die Italiener in öffentlichen Krankenhäusern kostenlos Erste Hilfe. EU-Bürger (und Schweizer) bekommen in öffentlichen Krankenhäusern eine komplette medizinische Versorgung, wenn sie ihre Europäische Krankenversicherungskarte (EHIC) vorlegen. Mit der sind die meisten Arztleistungen im Ausland abgedeckt, allerdings bleibt man z. B. auf den Kosten für einen Rücktransport sitzen. Deshalb besser zusätzlich eine private Auslandsreiseversicherung abschließen! Infos dazu gibt's bei den Krankenkassen.

Erster Anlaufpunkt in einem Notfall ist der pronto soccorso (Notfallaufnahme) eines jeden ospedale (Krankenhauses). Handelt es

sich um keinen Notfall, muss vor dem Arzt-
besuch erst ein Termin vereinbart werden.
Die jeweiligen Konsulate geben Auskunft
darüber, welche Ärzte welche Sprache sprechen. Bei speziellen gesundheitlichen Problemen sollte man Informationen über die
ärztliche Versorgung in Venedig schon vor
Beginn der Reise einholen.

Das italienische Gesundheitswesen wird
von örtlichen Zentren verwaltet, die in Venedig als ULSS bekannt sind, in anderen Regionen Italiens aber Azienda Sanitaria Locale
(ASL), Unità Sanitaria Locale (USL) oder
Unità Socio Sanitaria Locale (USSL) heißen.
Hier gibt es ausführliche Adresslisten; wichtig
ist die *Poliambulatorio* (Poliklinik) und die
Telefonnummer für die *accettazione sanitaria*
(Terminvereinbarungen). Sollten bei den Telefongesprächen Sprachprobleme auftreten,
könnten z. B. die Mitarbeiter des Hotels oder
der Pension behilflich sein.

Die hier aufgeführten Medizinischen
Dienste sind gute Anlaufstellen für Reisende
mit gesundheitlichen Problemen. Die Öffnungszeiten sind unterschiedlich; meistens
sind die Praxen aber montags bis freitags zwischen 8 und 12.30 Uhr geöffnet, manchmal
auch einige Stunden am Nachmittag oder am
Samstagvormittag.

Guardia Medica (☎ in Venice 041 529 40 60, in Mestre 041
95 13 32, im Lido 041 526 77 43) Dieser Ärzte-Nachtdienst ist
an Wochentagen zwischen 20 und 8 Uhr erreichbar und von
10 Uhr am Tag vor einem Feiertag (inkl. Sonntag) bis 8 Uhr
am Tag danach.

Ospedale Civile (Karte S. 110–111; ☎ 041 529 41 11; Campo SS Giovanni e Paolo 6777, Castello) Das größte Krankenhaus Venedigs; Notfälle und zahnärztliche Behandlungen sowie *pronto soccorso* (Notfallaufnahme).

Ospedale Umberto I (☎ 041 260 71 11; Via Circonvallazio-
ne 50, Mestre) Riesiges, modernes Krankenhaus auf dem
Festland gelegen.

NOTFALL

Es gibt eine kleine Polizeidienststelle in San
Marco (Karte S. 76–77; Piazza San Marco 67) und eine
größere Polizeistation etwas abseits des Zentrums (Karte S. 110–111; ☎ 041 270 55 11; Fondamenta
di San Lorenzo 5053, Castello). Die Hauptwache Venedigs liegt außerhalb in dem ehemaligen
Nonnenkloster Santa Chiara, nahe der Piazzale Roma (Questura; Karte S. 94–95; Santa Croce 500).

Wichtige Rufnummern für den Notfall
befinden sich ganz vorne, in der Innenseite
des Buchumschlags.

ÖFFNUNGSZEITEN

In Venedig sind die Läden und Geschäfte üblicherweise montags bis samstags von 9 bis
13 und von 15.30 bis 19 Uhr (oder 16 bis
19.30 Uhr) geöffnet (weitere Informationen
s. S. 176). Supermärkte sind in der Regel montags bis samstags durchgehnd zwischen 9 und
19.30 Uhr offen.

Die Öffnungszeiten der Banken sind montags bis freitags von 8.30 bis 13.30 Uhr und
von 15.30 bis 17.30 Uhr. Abweichungen sind
aber möglich, und einige öffnen auch am
Samstagvormittag (Öffnungszeiten der Restaurants s. S. 196, die der Bars s. S. 215.

POST

Italiens Post, Poste Italiane (☎ 803160; www.poste.it)
hat sich in den letzten Jahren gebessert, der
Versand von Briefen dauert aber immer noch
recht lange, und der Zustellservice bei Paketen
ist nicht besonders verlässlich. Briefmarken
(francobolli) gibt es auf Postämtern und in
Tabakläden *(tabacchi)* mit Verkaufserlaubnis
(nach dem großen „T", meistens Weiß auf
Schwarz, Ausschau halten).

Der Preis für einen Luftpostbrief *(via aerea)*
hängt von Gewicht, Größe und Bestimmungs-
land ab. Offiziell sollen Briefe innerhalb Italiens eigentlich am nächsten Tag ankommen;
an Adressen in Europa und im Mittelmeerraum sollte es drei Tage dauern und in den Rest
der Welt vier bis acht Tage.

Briefe mit dem Vermerk *fermo posta* (postlagernd) werden am entsprechenden Schalter
bei der jeweiligen Hauptpost gelagert. In Venedigs Hauptpost sind postlagernde Briefe an
Schalter 16 hinterlegt. Beim Abholen den Pass
nicht vergessen! Postlagernde Briefe müssen so adressiert werden: Paul-Otto Schulze
Mustermann, Fermo Posta, Posta Centrale,
30100 Venezia, Italien.

RADIO

Die staatlichen Radiosender RAI-1, RAI-2
und RAI-3 (www.rai.it) sind in ganz Italien
und im Ausland zu empfangen. Sie bieten
einen Mix aus Klassik und Popmusik, Nachrichten und Diskussionssendungen.

Außerdem gibt es eine Reihe Lokalsender,
zwei davon direkt in Venedig. Radio Venezia
(www.radiovenezia.it) bringt Nachrichten und Musik. Auf Radio Vanessa (www.radiovanessa.it, auf Italienisch) läuft alles von Operetten bis zu 1960er-
Jahre-Hits und Italopop. Wer genug Italie-

nisch versteht und kritisch-alternative Nachrichten und Meinungen schätzt, sollte einmal Radio Base (www.radiobase.net, auf Italienisch) einschalten. Der Sender sitzt in Mestre und gehört zum nationalen Sendernetz Radio Popolare.

Die Deutsche Welle läuft rund um die Uhr auf der Frequenz 6075 kHz. Gut zu empfangen ist auch der englischsprachige BBC World Service (6195 MHz, 7320 MHz, 9410 MHz, 12095 MHz und 15485 MHz).

RAUCHEN

Seit 2005 ist das Rauchen an allen öffentlichen Orten, also auch z. B. in Bars, Ämtern, Zügen oder auf Flughäfen verboten. In einigen venezianischen Hotelzimmern ist das Rauchen weiterhin gestattet, ihre Zahl ist mittlerweile aber stark zurückgegangen.

REISENDE MIT BEHINDERUNGEN

Mit all den Fußgängerbrücken, Treppen und der geringen Anzahl an Geländern entlang der Kanäle scheint Venedig für Reisende mit Behinderungen kein einfaches Urlaubsziel zu sein. Aber nachdem viele Millionen Euro in den Bau der Calatrava-Brücke gesteckt wurden, ohne dabei an rollstuhlgerechte Zugänge zu denken, hat die Stadt in den letzten Jahren einige Anstrengungen unternommen, die wichtigsten Sehenswürdigkeiten behindertengerecht zugänglich zu machen. Unterstützung finden Behinderte auf dem Bahnsteig 4 im Bahnhof Santa Lucia. Weitere Informationen über Zugänglichkeiten und Hilfen für Behinderte gibt es bei Informahandicap (s. unten).

In den Büros der APT sind Karten erhältlich, auf denen die Bereiche ohne Brückenwege gelb markiert sind. Einige große Brücken (z. B. zwischen dem Bahnhof und dem Rialto) sind mit *servoscale* (Fahrstühlen) ausgestattet. Auch diese sind in der Karte markiert. Venedigbesucher können bei den Touristenbüros (theoretisch) einen Schlüssel für diese Anlagen bekommen. Die APT-Filialen geben daneben auch noch die kleineren Stadtpläne *Accessible Venice* mit Beschreibung der Sehenswürdigkeiten und ihrer Zugänglichkeit für Behinderte aus.

Für Rollstuhlfahrer sind die Vaporetti am besten geeignet, um sich in der Stadt zu bewegen. Behinderte fahren hier kostenlos mit, und auch auf einigen größeren Lagunenfähren gibt es Ermäßigungen.

Fünf Buslinien sind auch für Rollstuhlfahrer geeignet: Linie 2 (Piazzale Roma bis Bahnhof Mestre), Linie 4 (Piazzale Roma bis Corso del Popolo in Mestre), Linie 5 (Piazzale Roma bis Flughafen Marco Polo), Linie 6 (Tronchetto und Piazzale Roma bis Festland) und Linie 15 (Buslinie auf dem Festland zwischen Flughafen Marco Polo und Mestre).

Die Stadt Venedig arbeitet zurzeit an einem Projekt für Sehbehinderte. Dazu gehören Stadtpläne zum Tasten, die Blinden einen guten Eindruck von der Stadt vermitteln. Mehr Infos (auf Italienisch) sind auf www2.comune. venezia.it/letturagevolata/ zu finden.

Organisationen

Accessible Italy (☎ 378 94 11 11; www.accessibleitaly. com) Die gemeinnützige Gesellschaft aus San Marino hat sich auf die Unterstützung von Behinderten im Urlaub spezialisiert – von der Rollstuhlvermietung bis hin zu Hochzeitsarrangements. Mit den Erlösen wird behindertengerechtes Bauen in ganz Italien unterstützt.

Allegro in Venice (☎ 041 528 77 78; www.allegroinvenice. com; 2hr tour €20–35) Ausgezeichnete Informationen über die Zugänglichkeit von Hotels, Sehenswürdigkeiten, Konzerten und anderen Events sowie Organisation der Easy Access Venice-Führungen für Menschen mit Behinderungen. Die Touren führen u. a. zur Basilica di San Marco, in den Palazzo Ducale, zur I Frari und zur Scula Grande di San Marco.

Holiday Care (☎ 0845 124 9971; www.holidaycare.org.uk; 7th fl, Sunley House, 4 Bedford Park, Croydon, Surrey CR0 2AP, UK) Hier ist eine Liste mit behindertengerechten Hotels erhältlich. Daneben werden auch Tipps für das Mieten von Rollstühlen gegeben. Weiterhin werden Reiseveranstalter genannt, die mit behindertengerechtem Reisen in Italien vertraut sind.

Informahandicap (www.comune.venezia.it/informahandicap, auf Italienisch); San Marco (Karte S. 76–77; ☎ 041 274 81 44; Ca' Farsetti 4136, San Marco); Mestre (☎ 041 274 61 44; Piazzale Candiani 5, Mestre) Webseite mit Details über behindertengerechte Hotels, mit Tipps für Stadtbesichtigungen und anderen Informationen.

SCHWULE & LESBEN

Homosexualität ist in Italien legal und wird in Venedig bzw. im Veneto auch gut toleriert. Die italienische Organisation für Schwule, Lesben, Bisexuelle und Transsexuelle, die ArciGay (www.arcigay.it), gibt Informationen über die GLBT-Szene in Italien. Auf der Webseite www.gay.it sind Events für Schwule und Lesben aufgeführt; in Venedig wird allerdings meistens wenig geboten. Ein ausgedehnteres, schwulenfreundliches Nightlife-Angebot gibt es dagegen in Padua, wo sich auch die nächstliegende GLBT-Organisation befindet, die ArciGay Tralaltro (Karte S. 259; ☎ 049 876 24 58; www.tralaltro.it, auf Italienisch; Corso Garibaldi 41).

STEUERN

Auf fast alles wird in Italien 20 % Imposta di Valore Aggiunto (IVA; Mehrwertsteuer) draufgeschlagen. Nicht-EU-Bürger können für Einkäufe von mehr als 155 € die Steuer bei der Ausreise zurückverlangen. Das gilt aber nur für Waren aus Läden mit dem Schild „Für Touristen steuerfrei". Die Käufer müssen beim Bezahlen ein Formular ausfüllen und es dann bei der Heimreise vom italienischen Zoll abstempeln lassen. Auf großen Flughäfen gibt's das Geld sofort in bar zurück; ansonsten wird der Betrag auf der Kreditkarte gutgeschrieben. Die beteiligten Geschäfte haben eine Broschüre mit genauen Informationen.

TELEFON

Bei Telefongesprächen ins Ausland folgt der jeweiligen Ländervorwahl mit der vorangestellten 00 die Ortsvorwahl ohne 0 und schließlich die Teilnehmernummer.

Kosten

Telefonate mit dem Handy können sehr teuer sein, besonders wenn Roaming-Gebühren hinzukommen – viele Italiener bevorzugen es deshalb bereits, SMS zu versenden oder das Festnetz zu nutzen. Comunicazione urbana (Ortsgespräche) von öffentlichen Telefonen kosten 0,10 € pro 70 Sekunden.

Ein dreiminütiges Telefongespräch in die meisten Länder des europäischen Auslands bzw. nach Nordamerika kostet ca. 2 €. Gespräche von einem privaten Telefonanschluss sind günstiger, Hotels dagegen verlangen Gebühren für die Nutzung. Internationale Anrufe sind in einigen Call-Centern günstiger. Sie werden auch in Venedig immer beliebter und sind meistens in Internetcafés integriert (S. 293).

Landes- und Ortsvorwahlen

Wer einen venezianischen Telefonanschluss über das Festnetz erreichen möchte, muss auch von innerhalb der Stadt die 041 als Vorwahlnummer wählen; örtliche Handynummern haben keine vorangestellte 0. Bei Telefonaten aus dem Ausland nach Italien ist zuerst die internationale Vorwahl 0039 zu wählen.

Italienische Handynummern beginnen immer mit einer Dreierkombination wie etwa 330, 335, 347 oder 368. Gebührenfreie Telefonnummern sind unter der Bezeichnung *numeri verdi* (grüne Nummern) bekannt und beginnen jeweils mit der 800. Die Nummern der Telefonauskunft befinden sich ganz vorne, in der Innenseite des Buchumschlags.

Handys

GSM- und Dreibandhandys können in Italien mit einer örtlichen SIM-Karte genutzt werden. Die Karten sind überall in der Stadt bei Vodafone oder Telecom Italia erhältlich.

Nur bei einem dauerhaften Aufenthalt in Italien lohnt sich der Abschluss eines neuen Handyvertrags. Alle Vertragsabschlüsse erfordern die Vorlage eines Personalausweises.

Öffentliche Telefone

Viele orangefarbene öffentliche Telefone der Telecom akzeptieren nur *carte/schede telefoniche* (Telefonkarten). Münztelefone gibt es noch am Bahnhof Santa Lucia, an der Piazzale Roma, der Camposanta Margherita und an der Piazza San Marco. Nahe dem Postamt an der Calle Galeazza ist eine ganze Reihe Telefone installiert (S. 76–77).

Telefonkarten

Telefonkarten (im Wert von 2,50 € oder 5 €) sind in Postämtern, Tabakläden und Kiosken erhältlich sowie an den Automaten der Telecomfilialen. Vor dem Gebrauch muss die perforierte Ecke entfernt werden. Je nach Zeitpunkt des Kaufs läuft die Gültigkeit der Telefonkarten entweder am 31. Dezember oder am 30. Juni ab. Die Telefonkarten der Telecom sind den „International Calling Cards" vorzuziehen, die an bestimmten Automaten im Flughafen Marco Polo erhältlich sind. Mit diesen Karten kosten Ortsgespräche 1 € pro Minute. Selbstbedienungsfilialen der Telecom ohne Personal gibt es an der Ecke Corte dei Pali und Strada Nuova in Cannaregio (Karte S. 104–105); in der Calle San Luca 4585, San Marco (Karte S. 76–77) und am Bahnhof Santa Lucia (Karte S. 104–105).

STROM

Die Stromspannung beträgt in Venedig 220 V/ 50 Hz. Es können Eurostecker mit dünnen Kontaktstiften benutzt werden. Für Schukostecker und bei älteren Steckdosen sind Adapter nötig.

TOILETTEN

In den meisten Bars und Cafés gibt es für zahlende Gäste Toilettenräume – in einem Notfall empfiehlt es sich also, einen kleinen Drink zu nehmen. Selbst Damentoiletten haben in Venedig und in Italien aber manchmal keine Sitz-WCs. Öffentliche Toiletten (1 €) gibt es überall in der Nähe der Sehenswürdigkeiten der Stadt (gekennzeichnet mit „WC Toilette"). Sie sind in der Regel von 7 bis 19 Uhr geöffnet.

TOURISTENINFORMATION

Das Monatsmagazin *Un Ospite di Venezia* (Ein Gast in Venedig) wird von einer Gruppe venezianischer Hoteliers herausgegeben und liegt in vielen Hotels aus.

Bei den Touristeninformationen ist La Rivista di Venezia erhältlich. Das alle zwei Monate erscheinende, kostenlose Magazin mit Berichten auf Italienisch und Englisch verfügt auch über eine Rubrik Shows & Events.

Ebenfalls kostenlos und praktisch ist das Venezia da Vivere, das in gedruckter Version in Bars ausliegt, aber auch online abzurufen ist (www.veneziadavivere.com, italienisch und englisch).

Die venezianische Ausgabe der Corriera della Sera (www. corriere.it) bietet viele aktuelle Informationen zu gegenwärtigen und kommenden Events.

Touristeninformationen in Venedig

Azienda di Promozione Turistica (APT; ☎ 041 529 87 11; www.turismovenezia.it) In den Filialen gibt es Informationen über Tagesausflüge, Events, Shows und Ausstellungen.

Zu den offiziellen APT-Büros gehören die folgenden Adressen (tgl. geöffnet):

Infopoint Giardini (Karte S. 76–77; Venice Pavilion, San Marco; 🕑 10–18 Uhr)

Lido (Karte S. 125; Gran Viale Santa Maria Elisabetta 6a, Lido; 🕑 Juni–Sept. 9–12.30 & 15.30–18 Uhr)

Flughafen Marco Polo (Ankunftshalle; 🕑 9.30–19.30 Uhr)

Piazzale Roma (Karte S. 94–95; Santa Croce; 🕑 Nov–März 9.30–13 & 13.30–16.30, April–Okt. 9.30–18.30 Uhr)

Piazza San Marco (Karte S. 76–77; ☎ 041 529 87 11; Piazza San Marco 71f, San Marco; 🕑 Mo–Sa 9–15.30 Uhr) Hauptbüro.

Stazione di Santa Lucia (Karte S. 104–105; Cannaregio; 🕑 8–18.30 Uhr)

TRINKGELD

In Restaurants, in denen die Kosten für die Bedienung der Rechnung nicht automatisch zugeschlagen werden, sind 10 Prozent Trinkgeld angemessen. Ein kleinerer Wechselbetrag kann in Cafés und Bars hinterlassen werden. Die Fahrer der Wassertaxis erwarten üblicherweise kein Trinkgeld; die Portiers in den Hotels erhalten 1 € Trinkgeld pro Gepäckstück.

VISA

Italien gehört – wie Deutschland und Österreich – zu den 16 Unterzeichnerländern des Schengen-Abkommens. Bürger aus Schengen-Ländern können ohne Visum nach Italien einreisen. Auch Schweizer brauchen für einen Aufenthalt zu Besuchszwecken für bis zu drei Monaten kein Visum.

ZEIT

Italien (also auch Venedig) liegt in derselben Zeitzone wie Deutschland, Österreich und die Schweiz. Am letzten Sonntag im März werden die Uhren um eine Stunde vorgestellt und am letzten Sonntag im Oktober wieder zurück.

ZEITUNGEN & ZEITSCHRIFTEN

An den Kiosken im Zentrum Venedigs und an Orten wie dem Bahnhof und dem Busbahnhof gibt es eine umfangreiche Auswahl an Tageszeitungen aus ganz Europa. *Der Spiegel, International Herald Tribune, Time* und *Economist* zählen zu den vielen internationalen Zeitschriften, die hier erhältlich sind.

Zu den wichtigen italienischen Tageszeitungen gehören der *Corriere della Sera aus* Mailand (mit einem guten venezianischen Lokalteil; englischsprachig auf www.corriere.it/Englisch), die rechtsgerichtete *La Stampa* aus Turin (www.lastampa.it, auf Italienisch) und die Mitte-linksorientierte *La Repubblica* aus Rom (www.repubblica.it, auf Italienisch, einige Beiträge auch auf Englisch). Dieses Trio beherrscht die italienische Presselandschaft, und jede dieser Zeitungen veröffentlicht im ganzen Land Lokalausgaben.

Zu den wichtigen lokale Zeitungen in Venedig gehört *Il Gazzettino* (www.gazzettino.it, auf Italienisch). Das Blatt erscheint seit 1887, den frühen Tagen der Republik, mit unterschiedlichen Ausgaben für die jeweiligen Provinzen des Triveneto (Venetien, Friuli Venezia Giulia und Trentino). Neben landesweiter bzw. internationaler Berichterstattung bietet es auch Lokalnachrichten. In Konkurrenz zu *Il Gazzettino* stehen die beiden Boulevardzeitungen *La Nuova Venezia* (http://nuovavenezia.gelocal.it) und *Il Venezia* (www.ilvenezia.it).

Das Monatsmagazin *VeNews* (www.venezianews.it; einige Berichte und Adresslisten auf Englisch) präsentiert neben vielen Berichten zu unterschiedlichen Themen auch die neuesten Informationen zu kulturellen Events, Kino und Musik.

ZOLLBESTIMMUNGEN

Duty-free-Verkauf wurde in der EU abgeschafft (aber Shoppen auf europäischen Flughäfen ist immer noch mehrwertsteuerfrei). Italienbesucher aus EU-Ländern dürfen Waren weitgehend zollfrei ausführen, es gelten nur bestimmte Höchstmengen (z. B. 800 Zigaretten, 10 l Spirituosen und 90 l Wein für Traveller über 17). Für Reisende aus Nicht-EU-Ländern wie der Schweiz gelten andere Obergrenzen: 1 l Spirituosen mit mehr als 22 % Alkohol, 2 l Wein, 60 ml Parfüm, 250 ml Eau de Toilette, 200 Zigaretten und andere Waren im Wert von insgesamt 175 €. Alles, was darüber liegt, muss später bei der Einreise angegeben und entsprechend verzollt werden. Wenn Nicht-EU-Bürger die EU verlassen, können sie die Mehrwertsteuer auf teure Einkäufe zurückverlangen.

SPRACHE

Das Italienische klingt recht angenehm, und Grundkenntnisse sind auch gar nicht so besonders schwer zu erwerben. Unter allen romanischen Sprachen weist das Italienische die größte Nähe zum Lateinischen auf; mit ein wenig Schullatein tut man sich also ganz besonders leicht, und auch die Aussprache bereitet keine allzu großen Schwierigkeiten, wenn Deutsch die Muttersprache ist – man muss einfach nur ein paar Grundregeln kennen.

Weltweit wird Italienisch von rund 65 Mio. Menschen gesprochen. In Italien selbst haben sich im Laufe der Geschichte zahlreiche regionale Dialekte entwickelt; manche von ihnen unterscheiden sich so deutlich von der italienischen Hochsprache, dass man sie durchaus als eigene Sprachen gelten lassen kann.

Italiener reagieren immer wieder begeistert, wenn Besucher sich ernsthaft bemühen, ihre Sprache anzuwenden. Es lohnt sich also, Italienisch zu lernen, zumal ein einfacher italienischer Satz schon beinahe wie eine Arie klingt. Wem der hier aufgeführte Wortschatz nicht reicht, sollte zum Lonely Planet *Sprachführer Italienisch* greifen.

Venezianisches Kauderwelsch

Das Italienische, wie es heute in Venedig gesprochen wird, hat seinen ganz eigenen Charakter. Fast jeder spricht hier aber auch die italienische Hochsprache, die aus dem toskanischen Dialekt Dantes hervorgegangen ist, doch besitzt die Hochsprache hier eine ganz eigentümliche Prägung und Klangfarbe.

Sprecher des Venetischen (das aus dem gleichnamigen antiken Dialekt hervorgegangen ist, der einst in ganz Venetien gesprochen wurde) neigen dazu, Konsonanten zu beschneiden oder völlig wegzulassen oder sie weicher zu artikulieren. *Ciao bello!* („Hallo Hübscher!") klingt in Venedig heute also eher wie *Ciao beo!*

Auch in der Schreibung gibt es Unterschiede zur italienischen Schriftsprache: So werden beispielsweise die im Italienischen häufigen Doppelkonsonanten auf einen einfachen Konsonanten reduziert (statt *sottoportico* schreibt man hier also *sotoportego*). Aus diesem Grund können Straßennamen also durchaus recht unterschiedlich geschrieben werden; siehe dazu auch S. 294. Einige nützliche venetische Wörter finden sich im Kasten auf S. 304 in diesem Reiseführer.

Viele Venezianer halten stur an ihrem Dialekt fest, andere verwenden eine bunte Mischung aus Venezianisch und Italienisch. Das hat zur Folge, dass Italiener aus anderen Landesteilen manchmal einen Moment lang glauben, sie verstünden alles, bevor sie dann vollkommen verwirrt reagieren.

Dokumente aus der Zeit der venezianischen Republik (vor der italienischen Einigung) sind in einem wilden Durcheinander aus Italienisch und Venezianisch verfasst. Erst durch die Standardisierung und die Schulbildung im Lauf des 20. Jhs. wurde der Dialekt (bzw. der Mix aus Dialekt und Hochsprache) in Venedig auf Rang zwei verwiesen – wie andernorts in Italien auch.

SOZIALES
Leute treffen
Hallo.
Buongiorno.
Auf Wiedersehen.
Arrivederci.
Bitte.
Per favore.
Danke (sehr).
(Mille) Grazie.
Ja/nein.
Sì/No.
Sprechen Sie Englisch?
Parla inglese?
Verstehen Sie (mich)?
(Mi) Capisce?
Ja, ich verstehe.
Sì, capisco.
Nein, ich verstehe nicht.
No, non capisco.

Würden Sie (das) bitte ...?
Potrebbe ...?

aufschreiben	scriverlo
langsamer sprechen	parlare più lentamente
wiederholen	ripeterlo

Ausgehen
Was ist ... los?
Che c'è in programma ...?
hier in der Nähe	in zona
dieses Wochenende	questo fine settimana
heute	oggi
heute Abend	stasera

Wo sind die ...?	Dove sono ...?
Clubs	dei clubs
Kneipen	dei pub
Restaurants	posti dove mangiare
Schwulentreffs	dei locali gay

Gibt es einen Veranstaltungskalender hier?
C'è una guida agli spettacoli in questa città?

PRAKTISCHES
Fragewörter
Wer?	Chi?
Was?	Che?
Wann?	Quando?
Wo?	Dove?
Wie?	Come?

Zahlen & Beträge
0	zero
1	uno
2	due
3	tre
4	quattro
5	cinque
6	sei
7	sette
8	otto
9	nove
10	dieci
11	undici
12	dodici
13	tredici
14	quattordici
15	quindici
16	sedici
17	diciasette
18	diciotto
19	dicianove
20	venti
21	ventuno
22	ventidue
30	trenta
40	quaranta
50	cinquanta
60	sessanta
70	settanta
80	ottanta
90	novanta
100	cento
200	duecento
1000	mille
2000	duemila

Wochentage
Montag	lunedì
Dienstag	martedì
Mittwoch	mercoledì
Donnerstag	giovedì
Freitag	venerdì
Samstag	sabato
Sonntag	domenica

Bank
Ich würde gern ...
Vorrei ...
einen Scheck einlösen	
	riscuotere un assegno
Geld wechseln	
	cambiare denaro
Reiseschecks einlösen	
	cambiare degli assegni di viaggio

Wo ist der/die nächste ...?
Dov'è il ... più vicino?
Geldautomat	bancomat
Wechselstube	cambio

Post
Wo ist die Post?
Dov'è la posta?

Ich möchte ... versenden
Voglio spedire ...
ein Paket	un pachetto
eine Postkarte	una cartolina

Ich möchte ... kaufen.
Voglio comprare ...
einen Luftpostbrief	un aerogramma
einen Umschlag	una busta
eine Briefmarke	un francobollo

Telefon & Handy
Ich möchte eine Telefonkarte kaufen.
Voglio comprare una scheda telefonica.
Ich möchte gern ...
Voglio fare ...
(nach ...) telefonieren.	
	una chiamata (a ...)
ein R-Gespräch führen	

fare una chiamata a carico
del destinatario

Wo bekomme ich ein/e/n ...?
Dove si trova ...
Ich hätte gern ein/e/n ...
Vorrei ...
Adapter
un addattatore
Ladegerät für mein Handy
un caricabatterie
Leihhandy
un cellulare da noleggiare
Prepaidhandy
un cellulare prepagato
SIM-Karte für Ihr Netz
una carta SIM per vostra rete telefonica

Internet

Wo gibt es hier ein Internetcafé?
Dove si trova un punto internet?
Ich würde gern ...
Vorrei ...
meine E-Mails abrufen
controllare le mie email
im Internet surfen
collegarmi a internet

Transport

Wann fährt der/die/das ...?
A che ora parte ...?

Bus	l'autobus
Fähre (groß)	la motonave
Fähre (Schnellboot)	il motoscafo
Flugzeug	l'aereo
Vaporetto	il batello/vaporetto
Zug	il treno

Wann fährt der/das ... Bus/Vaporetto?
A che ora passa ... autobus/batello?

erste	il primo
letzte	l'ultimo
nächste	il prossimo

Sind Sie frei? (Taxi)
È libero questo taxi?
Bitte schalten Sie das Taxameter ein.
Usa il tassametro, per favore.
Wie viel kostet es nach ...?
Quant'è per ...?
Bitte fahren Sie mich nach/zu
(dieser Adresse).
Mi porti a (questo indirizzo),
per favore.

ESSEN

Nähere Informationen über Essen und
Essengehen im entsprechenden Kapitel
vorn (S. 193).

Können Sie ein/e ... empfehlen?
Potrebbe consigliare un ...?

Bar/Kneipe	bar/pub
Café	bar
Restaurant	ristorante
Frühstück	prima colazione
Mittagessen	pranzo
Abendessen	cena
Snack/Zwischen-mahlzeit	spuntino/merenda
essen	mangiare
trinken	bere

Ist die Bedienung/das Gedeck in der Rechnung inbegriffen?
Il servizio/coperto è compreso
nel conto?

VENETISCH

Venezianer freuen sich, wenn Gäste sich bemühen,
einige Ausdrücke ihres Dialekts anzuwenden. Falls man
ansonsten passabel Italienisch spricht, darf man Wörter
aus dem Venetischen durchaus einstreuen.

Gewiss, mein Herr!	Siorsi!
Oh, nein!	Simènteve!
Und ob!	Figuràrse!
Glück gehabt!	Bénpo!
Perfekt.	In bròca.
Willkommen!	Benvegnù!
Prost!	Sanacapàna!
Vorsicht!	Ôcio!
Mir ist alles gleich.	De rufe or de rafe.
Kein Problem./Das ist OK.	Se non xe pan, xe poenta.
	(wörtlich: „Wenn es kein Brot gibt, gibt es eben Polenta.")
billiger Wein	brunbrün
Glas Wein	ombra (wörtlich: „Schatten")
Happy Hour	giro di ombra (wörtl. „Schattenrunde")
Venezianer werden	Venexianàrse
zechen	far el samartinéto
Venezianisch	venexiano/a (m/f)
ihr (Anrede)	voàltri

NOTFÄLLE

Dies ist ein Notfall!
È un'emergenza!
Würden Sie mir/uns bitte helfen?
Mi/Ci può aiutare, per favore?
Rufen Sie die Polizei/einen Arzt/einen Krankenwagen!
Chiami la polizia/un medico/un'ambulanza!
Wo ist die Polizeiwache?
Dov'è la questura?

GESUNDHEIT

Wo ist der/die/das nächste ...?
Dov'è ... più vicino?

(Nacht-)Apotheke	la farmacia (di turno)
Arzt	il medico
Krankenhaus	l'ospedale
Zahnarzt	il dentista

Ich brauche einen Arzt (der Deutsch/Englisch spricht).
Ho bisogno di un medico (che parli tedesco/inglese).

Symptome

Ich habe ...
Ho ...

Durchfall	la diarrea
Fieber	la febbre
Kopfschmerzen	mal di testa
Schmerzen	un dolore

GLOSSAR

Hier sind nützliche italienische Ausdrücke aufgelistet. Manche davon haben in Venedig (und im übrigen Venetien) eine ganz spezielle Bedeutung. Diese sind mit (Vz) markiert. Auch Ausdrücke aus dem venezianischen Dialekt, dem Venetischen, wurden aufgenommen und mit (V) gekennzeichnet.

abbonamento – Monatskarte

acqua alta (Sing.), acque alte (Pl.) – Hochwasser (in Venedig v. a. im Winter, wenn der Meeresspiegel steigt)

ACTV – Azienda Consorzio Trasporti Veneziano; Venedigs Verkehrsgesellschaft (Bus & Vaporetto)

affittacamere – Zimmer zu vermieten (manchmal billiger als eine pensione und nicht klassifiziert)

AIG – Associazione Italiana Alberghi per la Gioventù; italienischer Jugendherbergsverband

alimentari – Lebensmittelladen

alloggio – allgemeiner Ausdruck für eine Unterkunft; nicht klassifiziert

altana – traditionelle venezianische Dachterrasse

altar maggiore – Hochaltar

andata e ritorno – Hin- & Rückfahrt

aperitivo – Aperitif, Drink am frühen Abend

APT – Azienda di Promozione Turistica (örtliche Touristeninformation)

arco – Bogen

autonoleggio – Autovermietung

autostazione – Bushaltestelle

bacaro – (Vz) traditionelle venezianische Bar/Lokal

bagagli smarriti – verlorenes Gepäck

batello – Oberbegriff für alle Arten venezianischer Fähren

battistero – Baptisterium

biglietteria – Fahrkartenschalter

biglietto (Sing.), biglietti (Pl.) – Fahrschein

binario – Gleis

bucintoro – Staatsschiff des Dogen

calle (Sing.), calli (Pl.) – (V) Gasse

campanile – Glockenturm

campo – (V) Platz

cappella – Kapelle

carabinieri – Polizei mit militärischen und zivilen Aufgaben

carnet – Fahrscheinheft

Carnevale – Zeit des Karneval (zwischen Heilige drei Könige und Fastenzeit)

carta marmorizzata – marmoriertes Papier

cartapesta – Pappmaché (zur Herstellung von Karnevalsmasken)

casa – Haus

centro storico – (wörtlich „historisches Zentrum") Altstadt

chiaroscuro – (wörtlich „hell-dunkel") starker Kontrasteffekt in der Malerei, um die Hauptfiguren hervorzuheben

chiesa – Kirche

chiostro – Kloster

cicheti – (Vz) traditionelle „Häppchen" (werden in Bars und Weinstuben serviert)

consolato – Konsulat

contorno – Beilage

convalida – Gültigkeit (z. B. eines Zugfahrscheins)

coperto – Gedeck (im Restaurant)

corte – (V) Sackgasse

CTS – Centro Turistico Studentesco e Giovanile (Studenten-/Jugendreisebüro)

cupola – Kuppel

deposito bagagli – Gepäckaufbewahrung

digestivo – Digestif („Verdauungsschnaps")

doge (Sing.), dogi (Pl.) – Oberhaupt, Fürst

ENIT – Ente Nazionale Italiano per il Turismo (Staatliches italienisches Fremdenverkehrsamt)

enoteca (Sing.), enoteche (Pl.) – Weinbar

ES – Eurostar Italia; Hochgeschwindigkeitszug

espresso – Express-Sendung; kleiner schwarzer Kaffee

fermo posta – postlagernd
ferrovia – Eisenbahn
fiume – Fluss
fondamenta – (V) Straße an einem Kanal
forcola – (Vz) hölzernes Lager für das Ruder des Gondoliere
foresto – (Vz) Fremder, Ausländer (Nichtvenezianer)
fornaio – Bäckerei
gabinetto – Toilette
gelateria (Sing.), gelaterie (Pl.) – Eisdiele
intarsia – Einlegearbeiten in Holz, Marmor oder Metall
isola – Insel
IVA – Imposta di Valore Aggiunto (Umsatzsteuer)
lago – See
largo – (kleiner) Platz; Boulevard
lido – Strand
locanda – Gasthaus, kleines Hotel
lungomare – Straße oder Promenade am Meer
malvasia – Wirtshaus (benannt nach dem Wein von den griechischen Inseln, die früher Venedig unterstanden)
marzaria – (Vz) von Läden gesäumte Straßen im Herzen Venedigs
merceria – Kurzwarengeschäft, s. auch *marzaria*
motonave – große Fähre, die in der venezianischen Lagune zwischen den Inseln verkehrt
motorino – Moped
motoscafo (Sing.), motoscafi (Pl.) – Motorboot; in Venedig auch eine schnelle, komplett geschlossene Fähre/Wassertaxi
nave (Sing.), navi (Pl.) – Schiff
oggetti smarriti – verlorenes Hab und Gut
ombra – (V) kleines Glas Wein
orario – Fahrplan
ostello (per la gioventù) – (Jugend-)Herberge
osteria (Sing.), osterie (Pl.) – Bierlokal/Restaurant
pala d'altare – Altarbild, häufig auf Holz gemalt
palazzo (Sing.), palazzi (Pl.) – Palast, Villa; generell großes Gebäude, auch Wohnblock
panetteria – Bäckerei
panini – belegte Brötchen
passeggiata – traditioneller Spaziergang am Abend oder am Sonntag
passerella (Sing.), passerelle (Pl.) – erhöhter Fußweg
pasticceria – Konditorei
pendolini – Schnellzüge
pensione – Gästehaus, kleines Hotel
pescaria – (Vz) Fischmarkt
piano nobile – Hauptgeschoss
piazzetta – kleiner Platz
pietà – (wörtlich „Mitleid" oder „Erbarmen") Skulptur, Zeichnung oder Gemälde der Madonna mit Christus
pinacoteca – Kunstgalerie
poltrona – Sessel auf einer Fähre (wie im Flugzeug)
ponte – Brücke
portabagagli – Träger
portico – überdachter Fußweg, meist an einem Gebäude

porto – Hafen
posta aerea – Luftpost
primo piatto – erster Gang (einer Mahlzeit)
pronto soccorso – Erste Hilfe (Unfallstation)
prosecco – prickelnder Weißwein aus Venetien
punto informativo – Infoschalter
questura – Polizeiwache
ramo – (V) winzige Seitenstraße
rio (Sing.), rii (Pl.) – (V) Bezeichnung der meisten Kanäle in Venedig
rio terà – (Vz) Straße, die entlang eines zugeschütteten Kanals verläuft
ruga – (Vz) kleine Straße, gesäumt von Häusern und Läden
sala – Salon, Saal
salizada (Sing.), salizade (Pl.) – (Vz) breite Straßen; wurden in Venedig als erste gepflastert
salumeria – Feinkostgeschäft
scala mobile – Rolltreppe
scalinata – Treppe
scuola (Sing.), scuole (Pl.) – (wörtlich „Schule") religiöse Bruderschaft
secondo piatto – zweiter oder Hauptgang (einer Mahlzeit)
servizio – Bedienungsentgelt (in einem Restaurant)
sestiere (Sing.), sestieri (Pl.) – (V) Bezeichnung für die sechs historischen venezianischen Stadtteile
sirocco – heißer Südwind
spiaggia – Strand
spiaggia libera – öffentlicher Strand
spritz – klassischer venezianischer Aperitif aus Weißwein, Mineralwasser und Aperol oder Campari
squero (Sing.), squeri (Pl.) – Gondelbauer/Gondelwerkstatt
stazio (Sing.), stazi (Pl.) – Gondelanlegestelle
stazione – Bahnhof
stazione marittima – Fährterminal
strada – Straße
tabaccheria, tabaccaio – Tabakladen
terrazzo alla Veneziana – venezianischer Fußbodenbelag
tesoro – Schatz, Schatzkammer
traghetto – Fähre; eine Gondel, die auf dem Canal Grande von einer Seite zur anderen pendelt
trattoria (Sing.), trattorie (Pl.) – billiges Restaurant
Trenitalia – italienische Staatsbahn, auch bekannt als Ferrovie dello Stato (FS)
ufficio postale – Postamt
ufficio stranieri – Ausländerbüro (auf der Polizeiwache)
vaporetto (Sing.), vaporetti (Pl.) – venezianische Passagierfähre
vetrai – Glashersteller
via – Straße
vigili del fuoco – Feuerwehr
vigili urbani – örtliche Polizei
voga alla veneta – venezianische Form des Ruderns (im Stehen)

ÜBER DIESES BUCH

Dies ist die 2. deutsche Auflage von *Venedig & Venetien*, basierend auf der mittlerweile 6. englischen Auflage von *Venice & the Veneto*. Autorin dieses vollständig bearbeiteten und aktualisierten Bandes ist Alison Bing. Für die Aktualisierung der vorhergehenden 5. Auflage war Damien Simonis verantwortlich. Dieser Band wurde vom Londoner Büro von Lonely Planet in Auftrag gegeben; betreut haben ihn die folgenden Mitglieder im Lonely Planet Büro in Melbourne:

Verantwortliche Redakteurin Paula Hardy

Leitende Redakteurin Maryanne Netto

Leitung der Kartografie Ross Butler

Leitung des Layouts Aomi Hongo

Redaktion Liz Heynes

Kartografie Shahara Ahmed, Herman So

Layout Sally Darmody

Redaktionsassistenz Kim Hutchins, Tasmin McNaughtan, Jeanette Wall

Umschlaggestaltung Naomi Parker, lonelyplanetimages.com

Bildredaktion Aude Vauconsant, lonelyplanetimages.com

Projektleitung Rachel Imeson

Redaktion des Sprachführers Branislava Vladisavljevic

Dank an Sasha Baskett, Lucy Birchley, Daniel Corbett, Annelies Mertens, Katie O'Connell, Trent Paton, Lyahna Spencer

Fotos auf dem Umschlag Architektonisches Detail, Venedig, Ryan Fox/LPI (oben); Gondeln auf dem Canal Grande bei Sonnenuntergang, im Hintergrund Santa Maria della Salute, Cosmo Condina/Aurora Photos (unten).

Fotos im Innenteil S. 4 (1) 4Corners/Amantini Stefano; S. 5 (6) AA World Travel Library/Alamy; S. 6 (2) 4Corners/SIME/ Scatà Stefano; S. 8 (3) Grand Tour/Corbis/Guido Baviera; S. 10 (3) 4Corners/SIME/Kaos02; S. 11 (2) Ibex Images/Alamy; S. 12 (4) Alamy/Michael Morrison; S. 12 (1) AFP/Getty Images/ Patrick Hertzog/Staff; S. 143 (8) Cubolmages srl/Alamy; S. 145 (2) Alamy/Peter Erik Forsberg; S. 148 (4) SIME/Baviera Guido; S. 148 SIME/Fantuz Olimpio.

Alle weiteren Abbildungen stammen aus dem Bestand von Lonely Planet Images: S. 2, S. 141 Jon Davison; S. 3 Christopher Groenhout; S. 4 (2) (5), S. 5 (3) (4), S. 7 (5), S. 8 (1), S. 9 (5) (6), S. 10 (4), S. 11 (1), S. 142 (7), S. 143 (4), S. 144 (1) (5), S. 146 (2), Krzysztof Dydynski; S. 6 (1) (3), S. 7 (4), Juliet Coombe; S. 8 (2) David Tomlinson; S. 9 (4) Russell Mountford; S. 12 (2) Glenn Beanland; S. 144 (3) Diana Mayfield; S. 147 (8) David Tomlinson.

Sofern in diesem Werk nicht nicht anders angegeben, liegt das Copyright für alle Fotos bei den Fotografen selbst. Für viele Fotos aus diesem Reiseführer kann man allerdings bei Lonely Planet Images, www.lonelyplanetimages.com, eine Lizenz erworben werden.

DIE LONELY PLANET STORY

Am Küchentisch fing alles an – nachdem Tony und Maureen Wheeler 1972 eine lange, abenteuerliche Reise durch Europa, Asien und Australien unternommen hatten, trugen sie all ihre Informationen und Notizen zusammen. So entstand der erste Lonely Planet Reiseführer *Across Asia on the Cheap*.

Der Reiseführer wurde von Travellern geradezu verschlungen. Ermutigt durch ihren Erfolg, veröffentlichten die Wheelers weitere Bücher über Südostasien, Indien und andere Länder. Die Nachfrage war so ungeheuerlich groß, dass die Wheelers ihr Unternehmen erweiterten. Über die Jahre deckten sie mit ihrer Reiseliteratur den ganzen Globus ab und sie dehnten ihre Berichterstattung auf die virtuelle Welt von lonelyplanet.com und das Lonely Planet Messageboard Thorn Tree aus.

Lonely Planet wurde ein immer beliebterer Reisebuchverlag und Tony und Maureen konnten sich vor Aufträgen kaum mehr retten. Doch erst 2007 fanden sie einen verlässlichen Partner, bei dem sie sich sicher sein konnten, dass er dem Prinzip abenteuerlustiger, aber umweltbewusster Reisen treu blieb. Im Oktober dieses Jahres erwarb BBC Worldwide 75% der Anteile von Lonely Planet, mit dem Versprechen, die Grundsätze unabhängiges Reisen, vertrauenswürdige Auskünfte und redaktionelle Unabhängigkeit aufrechtzuerhalten.

Heute hat Lonely Planet Büros in Melbourne (Australien), London und Oakland (USA) mit über 500 Mitarbeitern und 300 Autoren. Tony und Maureen engagieren sich immer noch aktiv bei Lonely Planet. Sie reisen mehr als je zuvor und in ihrer Freizeit widmen sie sich wohltätigen Projekten.

Das Unternehmen wird nach wie vor von der Philosophie von Across Asia on the Cheap getragen: „Wichtig ist, dass du dich entscheidest zu gehen, dann hast du den härtesten Teil geschafft. Also, los geht's!"

DANK DER AUTORIN
ALISON BING

Mille grazie e tanti baci a le mie famiglie a Roma und in den Vereinigten Staaten – die Bings, Ferrys und Marinuccis. Tausend Dank auch an die wunderbare Redakteurin und unerschrockene Reisebegleiterin Paula Hardy; an die Intellektuellen von Venedig - Francesca Forni, Cristina Bottero, Rosanna Corrò, Giovanni d'Este, Francesco e Matteo Pinto, Davide Amadio und Marina Sent; und an den „Mitverschwörer" Damien Simonis. Danke auch an die Experten in Melbourne: Imogen Bannister, Herman So, Rachel Imeson und Maryanne Netto, ebenso an die Spezialisten fürs Kulinarische, Raj Patel, Cindy Hatcher, Cook Here & Now, Slow Food Viterbo. *Ma sopra tutto:* Marco Flavio Marinucci – für so vieles.

DANK VON LONELY PLANET

Ein Dank an folgende Leserinnen und Leser, die mit der letzten Auflage gereist sind und uns mit wertvollen Hinweisen, nützlichen Ratschlägen und Berichten über interessante Begebenheiten weitergeholfen haben:

Karen Hazlewood, Harald Kubel, Shirley Lim, Ugo Serandrei, Emanuela Tasinato

QUELLENNACHWEIS

Der Verlag dankt: © Actv SpA (2009) für die freundliche Genehmigung zum Abdruck des Vaporetto-Plans.

WIR FREUEN UNS ÜBER EIN FEEDBACK

Post von Travellern zu bekommen ist für uns ungemein hilfreich – Kritik und Anregungen halten uns auf dem Laufenden und helfen, unsere Bücher zu verbessern. Unser reiseerfahrenes Team liest alle Zuschriften genau durch, um zu erfahren, was an unseren Reiseführern gut und was schlecht ist. Wir können solche Post zwar nicht individuell beantworten, aber jedes Feedback wird garantiert schnurstracks an die jeweiligen Autoren weitergeleitet, rechtzeitig vor der nächsten Nachauflage.

Wer uns schreiben will, erreicht uns über www. lonelyplanet.de/kontakt

Hinweis: Da wir Beiträge möglicherweise in Lonely Planet Produkten (Reiseführer, Websites, digitale Medien) veröffentlichen, ggf. auch in gekürzter Form, bitten wir um Mitteilung, falls ein Kommentar nicht veröffentlicht oder ein Name nicht genannt werden soll. Wer Näheres über unsere Datenschutzpolitik wissen will, erfährt das unter www.lonelyplanet.com/privacy.

REGISTER

REGISTER

REGISTER

000 Verweis auf Karten
000 Verweis auf Fotos

GREENDEX

VERANTWORTUNGSVOLL REISEN

Die hier genannten Einrichtungen wurden ausgewählt, weil sie sich dem Ideal des nachhaltigen und verantwortungsvollen Tourismus verschrieben haben. So wurden beispielsweise Restaurants aufgenommen, die ausdrücklich Erzeugnisse aus der Region verwenden, außerdem Kunsthandwerksläden, die sich für die Bewahrung des traditionellen venezianischen Kunsthandwerks einsetzen, sowie Läden, die fair gehandelte Erzeugnisse anbieten oder die zu einer gemeinnützigen Einrichtung gehören. Die hier verzeichneten Unterkünfte bemühen sich um Recycling und einen sparsamen Verbrauch von Wasser und Energie. Weitere Hinweise zum verantwortungsvollen Reisen speziell in Venedig finden sich im Kapitel „Bevor es losgeht" (S. 23). Wer den Verlag auf eine Einrichtung aufmerksam machen möchte, die bisher an dieser Stelle nicht aufgeführt ist, schickt am besten eine E-Mail an www.lonelyplanet.com/contact. Weitere Hinweise auf verantwortungsvolles Reisen und die Position von Lonely Planet finden sich im Internet unter www.lonelyplanet.com/responsibletravel.

ESSEN

Alaska Gelateria 205
All'Arco 204
Anice Stellato 206
Bauernmarkt/Stand in
  Giudecca 201
Osteria La Zucca 203
Pronto Pesce Pronto 203
Rio Bio 203
Vecio Fritolin 201

SEHENSWERTES

Orto Botanico 262

SHOPPEN

Antica Modisteria Giuliana
  Longo 179
Antiquariato Claudia Canes-
  trelli 181
Antiquus 177
Aqua Altra 182
Arras 181
Attombri 187
Banco 10 190
Bevilacqua 178
Ca' Macana 182
Campiello Ca' Zen 183

CartaVenezia 184
Cartè 184
Daniela Ghezzo 180
Davinia Design 179
Giovanna Zanella 188
Gmeiner 188
I Vetri a Lume di Amadi 186
Il Baule Blu 189
Il Pavone de Paolo Pelosin
  185
Il Pavone di Fabio Pelosin
  183
Le Botteghe 179

Linea Arte Vetro 191
Marco Franzato Vetrate
  Artistiche 186
Marina e Susanna Sent
  182
Materialmente 180
Penny Lane Vintage
  185
Schegge 190
Vintage A Go Go 181

UNTERKUNFT

Il Lato Azzurro 246

KARTENLEGENDE

VERKEHRSWEGE

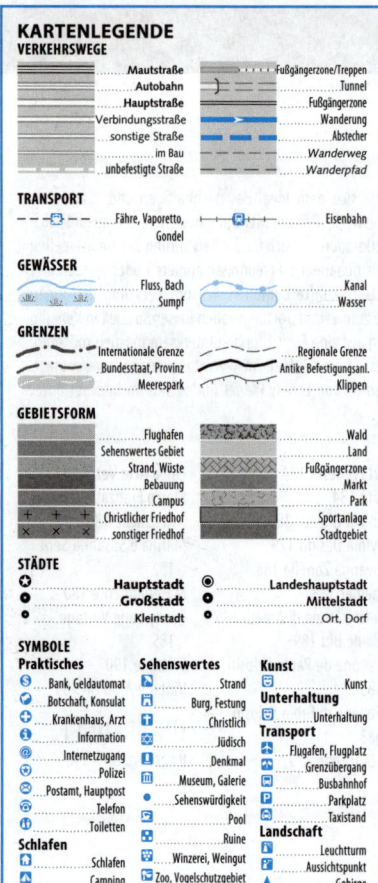

....................Mautstraße
....................Autobahn
....................Hauptstraße
....................Verbindungsstraße
....................sonstige Straße
....................im Bau
....................unbefestigte Straße

....................Fußgängerzone/Treppen
....................Tunnel
....................Fußgängerzone
....................Wanderung
....................Abstecher
....................Wanderweg
....................Wanderpfad

TRANSPORT

....................Fähre, Vaporetto, Gondel
....................Eisenbahn

GEWÄSSER

....................Fluss, Bach
....................Sumpf
....................Kanal
....................Wasser

GRENZEN

....................Internationale Grenze
....................Bundesstaat, Provinz
....................Meerespark
....................Regionale Grenze
....................Antike Befestigungsanl.
....................Klippen

GEBIETSFORM

....................Flughafen
....................Sehenswertes Gebiet
....................Strand, Wüste
....................Bebauung
....................Campus
....................Christlicher Friedhof
....................sonstiger Friedhof
....................Wald
....................Land
....................Fußgängerzone
....................Markt
....................Park
....................Sportanlage
....................Stadtgebiet

STÄDTE

○ .... **Hauptstadt**
● .... **Großstadt**
● .... Kleinstadt
◉ .... Landeshauptstadt
◎ .... Mittelstadt
○ .... Ort, Dorf

SYMBOLE

Praktisches
Ⓢ ....Bank, Geldautomat
◐ ....Botschaft, Konsulat
✚ ....Krankenhaus, Arzt
❶ ....Information
@ ....Internetzugang
◉ ....Polizei
✉ ....Postamt, Hauptpost
☎ ....Telefon
◐ ....Toiletten

Schlafen
⌂ ....Schlafen
▲ ....Camping

Essen
🍴 ....Essen

Sehenswertes
▣ ....Strand
▣ ....Burg, Festung
✝ ....Christlich
◧ ....Jüdisch
◫ ....Denkmal
🏛 ....Museum, Galerie
● ....Sehenswürdigkeit
▣ ....Pool
◈ ....Ruine
🍷 ....Winzerei, Weingut
🐾 ....Zoo, Vogelschutzgebiet

Shoppen
▣ ....Shoppen

Kunst
▣ ....Kunst

Unterhaltung
▣ ....Unterhaltung

Transport
✈ ....Flugafen, Flugplatz
▣ ....Grenzübergang
Ⓟ ....Busbahnhof
Ⓟ ....Parkplatz
◈ ....Taxistand

Landschaft
▣ ....Leuchtturm
▼ ....Aussichtspunkt
▣ ....Gebirge
▣ ....Nationalpark
Ⓥ ....Wasserfall, Brunnen

Lonely Planet Publications,
Locked Bag 1, Footscray,
Melbourne, Victoria 3011,
Australia

Verlag der deutschen Ausgabe:
MAIRDUMONT, Marco-Polo-Str. 1, 73760 Ostfildern,
www.mairdumont.com, lonelyplanet@mairdumont.com

Chefredakteurin deutsche Ausgabe: Birgit Borowski
Übersetzung: Dr. Dagmar Ahrens, Petra Dubilski, Monika Grabow,
Christel Klink, Jutta Ressel M.A., Daniela Schetar, Cristoforo
Schweeger, Beatrix Thunich, Anja Wiebensohn, Simone Wiemken
Redaktion: CLP Carlo Lauer & Partner, Aschheim
Technischer Support: CDN Media, München

Venedig
2. deutsche Auflage Juni 2010, übersetzt von *Venice & the Veneto* 6th
edition, Februar 2010 Lonely Planet Publications Pty

Deutsche Ausgabe © Lonely Planet Publications Pty, Juni 2010
Fotos © wie angegeben (S. 307)

Printed in China

Titelfotos: Architektonisches Detail in Venedig, Ryan Fox/LPI; Gondel
auf dem Canal Grande bei Sonnenuntergang, im Hintergrund Santa
Maria della Salute, Cosmo Condina/Aurora Photos.

Die meisten Fotos in diesem Reiseführer können bei Lonely Planet
Images, www.lonelyplanetimages.com, auch lizenziert werden.